丰宁满族自治县年鉴

（2019）

丰宁满族自治县
党史地方志编纂委员会办公室 编纂

UNITY PRESS
团结出版社

图书在版编目(CIP)数据

丰宁满族自治县年鉴. 2019 / 丰宁满族自治县党史地方志编纂委员会办公室编纂. -- 北京 : 团结出版社, 2019.11

ISBN 978-7-5126-7550-6

Ⅰ. ①丰… Ⅱ. ①丰… Ⅲ. ①丰宁满族自治县-2019-年鉴 Ⅳ. ①Z522.24

中国版本图书馆 CIP 数据核字(2019)第 254387 号

出　　版：团结出版社

(北京市东城区东皇城根南街 84 号　邮编：100006)

电　　话：(010)65228880　65244790

网　　址：http://www.tjpress.com

E-mail：65244790@163.com(出版社)

经　　销：全国新华书店

印　　刷：丰宁满族自治县职业技术教育中心印刷厂

装　　订：丰宁满族自治县职业技术教育中心印刷厂

开　　本：210mm×285mm　　1/16

印　　张：23.75

字　　数：730 千字

版　　次：2019 年 11 月　第 1 版

印　　次：2019 年 11 月　第 1 次印刷

书　　号：978-7-5126-7550-6

定　　价：150.00 元

丰宁满族自治县
第十届地方志编纂委员会

主　　任　杨宪军

副 主 任　桑爱民　张国强

成　　员　刘明阁　李保锋　吴艳宏　马明华

　　　　　李作刚　孙仕林　于占友　于凤云

　　　　　闫兴祥　杜雪飞　薛有岭　马铁松

年鉴编写人员

主　　编　马铁松

编　　审　李保锋　薛有岭

副 主 编　薛有岭　刘　泉

编　　辑　(按编写顺序排列)

　　　　　薛有岭　安玉霞　刘　泉　杨宝珠

　　　　　杨丽娟

2019 年基层年鉴编写人员名录

（按编写顺序排列）

政 治 部 类

吕占国	方曦晨	张林涛	刘占华	许　巍	张艳华	郭金平	王奕峥
陈志红	袁卫星	孙向超	怀逸晗	王俊飞	白燕飞	高喜荣	苑凌云
李　刚	石　磊	王博弘	李　岳	温亚宏	刘显政	杜明芝	刘笑茵
孟繁志	李建华	孙凤军	杨晓利	马宏宇	袁凤章	滕永明	

经 济 部 类

毛建谊	李云辉	张雪峰	李秀忠	兰亚雷	田桂兰	韩　旭	叶国春
王宏达	张　鑫	王立杰	孙长林	张丽华	赵允兰	冯　伟	马春元
张凤才	于占龙	马志遥	许秀霞	宋占元	吴志恒	曹艳玲	郭　惠
殷海志	布海军	许　可	师　琳	王瑞达	李向东	解国庭	张会颖
刘凤国	扶伟建	朱雪丽	董淑利	常险峰	王　燕	金淑云	佟丽红
王　斌	施雪冬	张秀平	刘润地	荣秀娟	李松岳	张国良	赵雪松
张树恒	孟　笑	李　林	刘晋成	王学民	王云峰	逯国海	

教科文卫部类

任　超	韩　伟	杜明芝	孙贵成	赵　娟	周黎明	林艳红	崔柏荣
杨　琳	宋文涛	李立红	高　峰	王　月	范瑞红	杨柏成	舒　清
于晓勇	于　宁	段亚阔	王立新	李志明	赵　魏	樊双禄	王淑森
刘　倩	宁桂艳						

社 会 部 类

许　巍　李高阳　李云辉　张艳华

乡 镇 部 类

陈树斌　潘国军　李玲杰　江小球　邱慧静　于　婧　石玉娥　李秀梅
李　楠　王　禄　兰晓萌　李金华　李桂平　王喜丽　曹　硕　金　伟
陈宗祥　于　微　尹宏伟　张　涛　王　颖　李天依　韩振英　郭　丹
韩秋杰　杨　光　张佳蔓　佟艳艳　邵立勇　赵振海　丛云飞　王　静
赵　然　张　冉　谭　彬　方　萍　申亚倩　敖世杰　王金玉　马丽娜
刘　艳　孙怀明　卢艳秋　王兴华　梁春雪　兰继玲　潘亚军　张延成
苏娜娜　李金奎　张淑奇　赵　静　王浩博　戚　迹　姜　楠　于倩倩
杨海龄　李　敏　张丽媛　赵美玲　刘　佳　王伟然　李海峰　张文辉
徐　坦　张　晟　赵晓丰　武敬立　孙　磊

出 版 说 明

一、《丰宁满族自治县年鉴》(2019)系根据国务院颁布的《地方志工作条例》规定，经中共丰宁满族自治县委、丰宁满族自治县人民政府批准，由丰宁满族自治县地方志编纂委员会主持编写、记载2018年度丰宁历史的综合性地方年鉴。

二、本年鉴的指导思想是：延续历史，服务当代，以马列主义、毛泽东思想、邓小平理论和“三个代表”重要思想为指导，贯彻落实科学发展观，落实习近平总书记关于“高度重视修史修志工作” 的指示和国务院李克强总理为全国第五次地方志工作会议所作的批示精神，如实记载2018年度丰宁的经济建设和社会事业发展状况，为领导决策服务，为现实服务，为续修县志积累历史资料。

三、本年鉴采用条目体记述史实。采用特载、大事记、条目、统计资料、文献资料儿、人物简介等体裁，以条目为主，一是一目。结构分为类目、分目、条目3种。各类资料分类以事记述，合理编排，全书共立22个类目，117个分目，906个条目，7个附录，121幅图片。

四、本年鉴采用记述文体和说明文体，述而不论。标点符号和数字按中华人民共和国国家质量监督检验检疫总局和中国国家标准化管理委员会于2011年12月发布的《标点符号用法》、《出版物上数字用法的规定》进行审正。

五、本年鉴中县级机构名称均标明“丰宁满族自治县”称谓，年鉴正文中简称“丰宁县”或“丰宁”。

六、本年鉴资料均来自全县局级以上单位和乡镇政府，有指定人员撰写，并经县直部门、乡镇和县委、县政府主管领导审定。统计资料来自县统计局《统计年鉴》，不足者由部门和乡镇提供。照片由县直部门和乡镇提供。

2018 年 1 月 12 日，中国共产党丰宁满族自治县第七届委员会第三次全体(扩大)会议主会场。

中共丰宁满族自治县县委书记方志勇在大会上作工作报告

代表们在大会上

中国共产党丰宁满族自治县第七届委员会第三次全体（扩大)会议第四讨论组

2018年2月1日，丰宁满族自治县八届人大二次会议在县城隆重开幕。

县长杨宪军作政府工作报告

县人大常委会主任刘海平代表县八届人大常委会向大会报告工作

县人民法院院长王艳军在县八届人大二次会议上作报告

县人民检察院检察长武瑞国在县八届人大二次会议上作报告

2018年1月31日，政协丰宁满族自治县第八届委员会第二次会议开幕。

县委书记方志勇在会上讲话

县政协主席郭锐向大会作政协丰宁满族自治县第八届委员会常务委员会工作报告

政协副主席丛雁飞作提案工作报告

主席台

2018年2月3日，丰宁满族自治县监察委员会举行挂牌仪式。

2018年2月3日，丰宁满族自治县监察委员会成立暨监委全体干部大会。

2018年3月1日，中国共产党丰宁满族自治县第七届纪律检查委员会第三次全体会议。

2018年6月29日，邀请党校老师为县纪委监委机关全体干部讲党课。

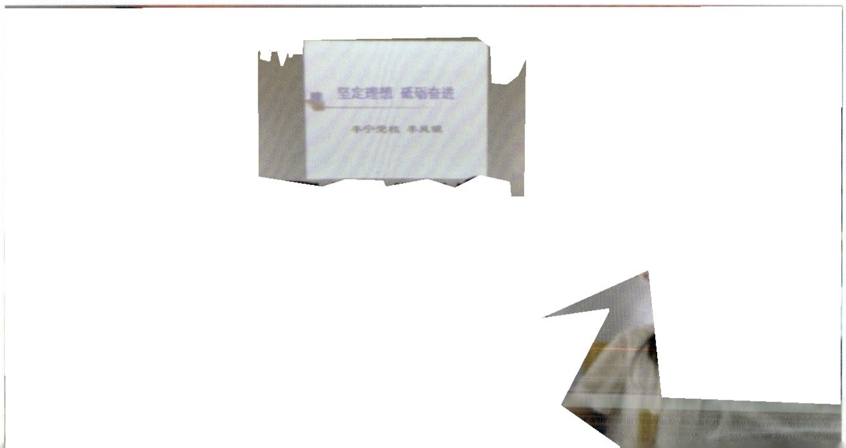

2018年2月12日，河北省人大常委会副主任、承德市委书记周仲明来丰宁参加指导2017年度县委常委班子民主生活会。

周仲明对丰宁县委常委班子专题民主生活会给予充分肯定

河北省人大常委会副主任、承德市委书记周仲明（左二）到黑山嘴镇厢黄旗村进行座谈和调研。

2018年6月28日，县委书记方志勇带领由部分乡镇书记组成的观摩团，实地深入到汤河乡羊草沟门村，就该村扶贫工作开展情况进行现场观摩。

2018年12月8日，保定市副市长杨伟坤（左一）携保定市职业教育考察组、承德市教育局相关人员来我县职教中心考察学习。

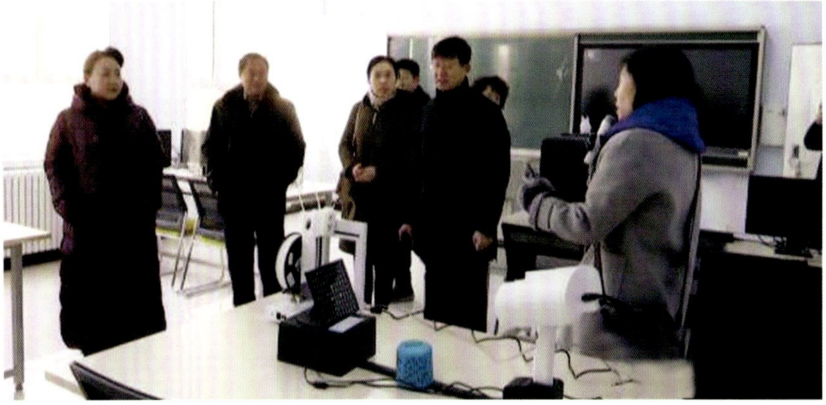

大滩中国马镇

万胜永乡天成号驿站

国家一号风景大道上的新民居

外沟门乡永太兴行宫

大滩镇七彩森林旅游景点

2018 年 4 月 10 日，河北丰宁首届山花节在天桥镇小辽东村拉开帷幕。

2018年1月3日，河北省国土资源厅副厅长吴裕根一行来丰宁就脱贫攻坚“五包一”帮扶对接工作召开会议。

2018年1月4日，县召开北京市红十字会对口帮扶项目座谈会。

2018年10月20日，县召开政府重点工作民心工程推进会。

2018 年 1 月 15 日，“时代楷模”王锐先进事迹报告会。

2018 年 2 月 5 日，县委常委、宣传部长李秀华走访慰问市级道德模范孙凤娟、何连杰。

2018 年 5 月 4 日，县委宣传部召开纪念马克思诞辰 200 周年座谈会。

2018年6月28日，县委常委、组织部长徐树星为全县党员发展对象培训班学员讲党课。

2018年8月13日至14日，全国人大常委会副委员长、民建中央主席郝明金一行来丰宁开展脱贫攻坚专题调研，并出席民建中央帮扶丰宁精准扶贫座谈会，同时为天津市林业果树研究所丰宁工作站揭牌。

2018年6月2日，民建中央社会服务部副部长程喜真带队来丰宁开展精准扶贫工作，并召开座谈会。

2018年7月1日，民建河北省委会专职副主委范社岭带领三一集团来丰宁调研座谈。

2018年4月8日,在丰宁举行承德市重点项目集中开工仪式。

2018年9月2日,中国蔬菜集团、北京中研益农等企业同丰宁就蔬菜产业销售服务等事项工作达成合作并签约。

2018年9月30日,丰宁与北京丰达汽车部件有限公司、泰祥钧工贸有限公司、福胜兴隆保温科技有限公司集中签订项目合作协议。

2018 年 6 月 12 日，承德市扶贫办领导为丰宁基础工作专项行动提升进行培训。

2018 年 7 月 24 日，县召开乡镇扶贫座谈会。

2018 年 8 月 16 日，贫困人口技能培训。

2018 年 9 月 12 日，易地搬迁集中安置分房。

2018 年 11 月，波罗诺镇老庙营村贫困户向驻村扶贫工作组赠送锦旗。

2018年2月6日，县妇联举行“贫困母亲两癌救助”中央专项彩票公益金发放仪式。

2018年7月13–15日，县妇联携女子特色手工首次组团亮相北京国际妇女儿童工艺作品展。

2018年2月11日，宏森集团董事长于文清到汤河乡料坡道村慰问贫困户。

2018 年 1 月 23 日，团县委、县青联慰问留守儿童。

2018 年 5 月 4 日，团县委组织召开纪念五四运动 99 周年暨优秀青年表彰大会。

2018 年 8 月 23 日，举行“精准帮扶·希望同行·希望工程”捐赠暨 2018 年助学金发放仪式。

2018 年 12 月 21 日，举行“脱贫攻坚乡村振兴·团青建功——青年之声 健康直通车”活动。

2018 年 3 月 18 日，丰宁检察院党组书记、检察长武瑞国到帮扶村宣讲脱贫攻坚产业结构调整扶持政策。

2018 年 4 月 26 日，县人民法院集中兑现执行标的款。

2018 年 5 月 2 日，县人民法院向人民调解员、调查员发放聘书。

2018 年 7 月 30 日，经济开发区在南二营村召开“扫黑除恶专项斗争”宣传大会。

2018 年 8 月 2 日，怀柔、丰宁、赤城、滦平四地检察工作研讨会在丰宁召开。

2018年7月1日，县直工委联合政法委等单位组织“庆七一平安在我心中”主题演讲比赛。

2018年7月12日，县直工委配合县武装部开展征兵宣传。

2018年9月4日，县直工委组织部分单位开展党建观摩学习。

2018 年 4 月 6 日，
丰宁交警大队赶赴牛
圈子坝开展救援行动。

2018 年 4 月 21 日，
开展“金剑”行动。

2018 年 7 月 15 日，
森林公安局做好旅发大
会安保工作。

森林公安干警
跨区拉动训练

2018年5月25日，北京市怀柔区水务局相关领导来丰宁，与丰宁水务局共同开展汤河水源保护联防联控工作。

2018年8月13日，水利部督导组来丰宁，对丰宁水务局水利扶贫工作作风问题专项治理进行督导。

2018年9月11日，海河水利委员会副主任田友(左二)、水保处处长马至尊(左一)、水保监测中心站主任傅贵增（右一)来丰宁，视察黄旗镇连桂村坡耕地水土流失综合治理工程。

2018年10月30日，县城供水PPP项目举行通水仪式。

2018年12月29日，水务局举行全县农民用水协会成立揭牌仪式。

2018 年 4 月 4 日，河北省统计局局长杨景祥到汤河乡汤河村开展扶贫调研工作。

2018 年 4 月 4 日，河北省统计局局长杨景祥一行赴外沟门慰问调研。

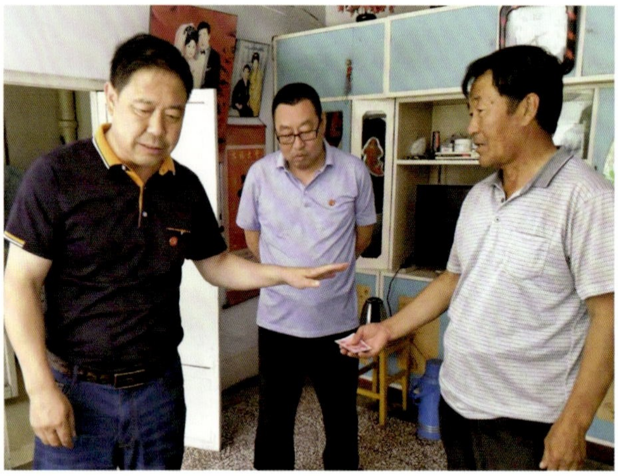

2018 年 7 月 28 日，县司法局主要领导到汤河乡田营村慰问贫困户。

2018 年 11 月，县司法局开展送法进乡村活动。

2018年1月18日，河北省民族宗教厅厅长潘冬青走访贫困户。

2018年6月15日，县民族宗教局召开民贸座谈会。

2018年9月25日，县民族宗教局工作人员国庆、中秋前夕进行清真食品检查。

2018年9月20日，县民族宗教局工作人员走上街头开展民族团结进步宣传。

2018年11月8日，河北省民委主任王桂海到帮扶村南关蒙古族乡独立营村、黄土梁村和选将营乡三道营村调研、慰问。

2018年3月28日，丰宁税务局召开非首都功能疏解税企对接会。

2018年3月30日，丰宁国税、地税部门联合开展税收宣传。

2018年7月20日，县长杨宪军、第九联络(督导)组组长程连星共同为国家税务总局丰宁满族自治县税务局揭牌。

2018年12月14日，为确保社保费顺利征收，丰宁税务局、丰宁人力资源与社会保障局召开联席会议。

2018年10月12日，围场满族蒙古族自治县人民政府副县长陆媛一行来丰宁考察，县委常委、副县长桑爱民陪同参观学校。

2018年12月4日，国家开发银行丰宁青年岗位实践基地揭牌仪式在丰宁学生资助管理中心举行。

2018年12月27日，召开中国少年先锋队丰宁满族自治县第二次代表大会。

民间工艺美术大师张冬阁《满族风情彩绘卷》节选

2018 年 7 月，举办河北省第三届旅发大会丰宁分会场风光图片摄影展。

2018 年 7 月，举办省旅游发展大会丰宁民俗摄影展。

2018 年 9 月，举办怀柔、丰宁两地庆祝改革开放 40 周年暨重阳书画作品展。

2018年12月13日，保定全国方志工作会议丰宁志鉴展出平台。

2018年10月19日,《丰宁人大志》(1945–2008)评审会。

2018年1月3日,《丰宁文化艺术志》(1945–2018)评审会。

2018年11月2日，《顺达集团志》(2002–2015)发行仪式。

2018年12月21日，县水务局举行第二部《丰宁水利志》首发式。

2018年2月11日，承德市硬笔书协举办“送万福、进万家”公益活动，到凤山镇元宝山沟村为农民书写春联。

2018年3月1日，黑山嘴镇卫计委、计生协会组织工作人员走上街头，开展以“把健康带回家”为主题的流动人口宣传活动。

2018年6月26日，承德医学院驻亢家沟村工作队开展“脱贫攻坚党旗红”有奖知识竞赛活动。

2018年8月22日，南关蒙古族乡借助春节假期开展村级党组织生活。

凤山镇开展农民工技能培训，提高就业竞争力。

2018年3月2日，汤河乡大草坪村开展庆祝元宵节活动。

2018年3月21日，燕赵财产保险股份有限公司总公司党委副书记李银生、河北分公司总经理郭彦林、总公司党委办公室主任张连富一行到汤河乡大草坪村开展精准扶贫调研工作。

2018年3月28—30日，承德市直机关工委常务副书记李桂梅、副书记刘秀芬一行深入汤河乡杨树沟村，与乡党委、村两委班子进行扶贫调研。

2018年5月8日，怀柔区喇叭沟门满族乡党委、政府成员与丰宁县汤河乡杨树沟村两委成员开展帮扶对接工作。

2018年3月15日上午，县人大常委会副主任孙瑞芳、县检察院检察长武瑞国一行4人到万胜永乡4个村宣讲脱贫产业全覆盖及产业结构调整扶持政策。

2018年11月28日，五道营乡计生办和卫生院成立两个工作队深入到各村开展“家庭医生”集中签约活动。

2018年8月4日，河北省心连心艺术团到丰宁贫困村慰问演出。

选将营乡产业大棚

选将营乡春节花会

2018 年 1 月 18 日，波罗诺镇召开产业项目全覆盖会议。

2018 年 5 月 22 日，北京奥伦达部落与杨木栅子乡举行康养小镇土地流转签约仪。

2018 年 6 月 15 日，在杨木栅子乡召开杨木栅子乡与北京市怀柔区宝山镇对口帮扶工作座谈会。

2018 年 6 月 26 日，外沟门乡举行海飞农业有限公司开工典礼。

鱼儿山镇旅发大会美丽乡村建设新貌(航拍)

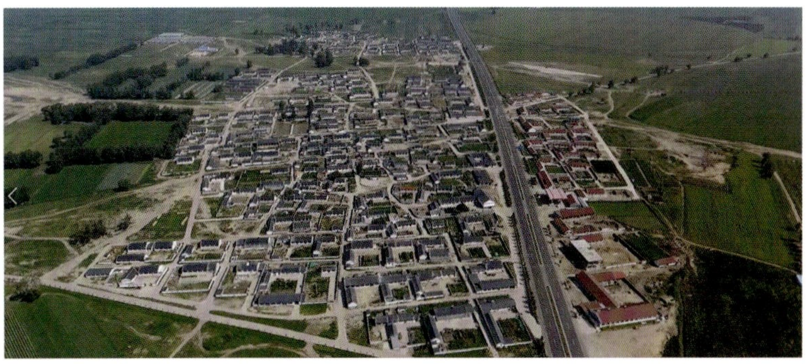

刘瑞清的奇石贴画作品(非遗项目)

顾国臣的根雕作品(非遗项目)

宇浩铁编技艺(非遗项目)

焦玉平的传统手工木制品(非遗项目)

程海潮的草编工艺产品(非遗项目)

目 录

特 载

大 事 记

概 况

党 政

民族宗教

军　事

公检法司

农 业

工　　业

商　　贸

基础设施

财政税务

金融保险

综合管理

教科文卫

旅　　游

社　　会

人　　物

乡镇概况

文 献

统计资料

编后记

特　　　　　载

拼尽心力为扶贫

——追记河北省高院法官、驻村“第一书记”赵江辉

本报记者　张志锋

盛夏7月，正是河北省丰宁县最美的时节。经堂村的大棚网纹瓜青翠欲滴，憋足了劲赛着长；街道平整干净，八瓣梅、向日葵赶着趟开，美丽乡村建设如火如荼。去年底，该村贫困户仅剩30户，今年有望脱贫出列。

可村民们再也见不到那个忙碌的身影——河北省高级人民法院刑事审判第一庭原庭长、经堂村原“第一书记”赵江辉，他像一头老黄牛，一心扑在扶贫事业上，把47岁的人生定格在扶贫路上。

日前，河北省高院号召全省法官向赵江辉学习。同事已顶上来，扶贫之路还在延伸，夏花依然绚烂……

遍访村民摸清实情

2016年初春，省里向贫困村派驻“第一书记”扶贫。赵江辉报名并选上了，前往河北省北部的丰宁满族自治县，任经堂村“第一书记”，还是省直驻丰宁扶贫工作队总队长。

丰宁高寒，滴水成冰。经堂村是当地有名的贫困村，“经堂经堂，穷个叮当。”从哪里入手？怎么帮扶？赵江辉和工作组同事共3人，住在一个农户家里，进村第一晚，他们难以入眠。

第二天，赵江辉和工作组开始走访贫困户。金秀芬70多岁，是孤寡老人，住在低矮的土房里。老人把大家让到屋里，找了半天却找不出像样的杯子。赵江辉不由一怔，环顾屋里，没有值钱的东西。他没说什么，临走时掏出500元钱塞给老人。他对工作组同事说，既然来扶贫，一定让乡亲们早日摆脱贫困。

随后20多天，赵江辉和工作组走访了每户贫困户，摸透了情况：全村共300户950人，其中建档立卡贫困户有149户436人。

当地无霜期短，种玉米等杂粮，产量很低。赵江辉还了解到，村里缺少致富产业和带头人、基础设施缺东少西、村民思想保守，这些都是贫困的根源。

为农户铺就增收路

为找到合适的扶贫产业，赵江辉和工作组到处跑。他们重点考察黄旗乡的网纹瓜，市场行情不错，适合经堂村，决定走这条路。

回来一说，许多村民头摇得像拨浪鼓。为打消农户顾虑，他们引入一家专业种植公司，由公司提供瓜苗、技术，负责收购。在村里成立合作社，吸纳28户贫困户入股，每户以6000元扶贫资金入股，连续3年，每年分红600元，最后退本金。

种瓜要建大棚，村里连片平整的土地有125亩，涉及80户的承包地。开始，大伙各打各的小算盘。赵江辉张罗村民开会，掰开了揉碎了地做工作，大伙终于想通。

建大棚要启动资金，村里拿不出一分钱。赵江辉回石家庄“化缘”，向几个亲戚求援。他在家仅待了3天，“农时不等人，钱还没着落，我得赶紧回村里。”临走，他又从家里拿走5万元，以备垫支。

四处求助，连赊带欠，加上帮扶资金，141个大棚终于建成。其间，他见人就说大棚的事，同事、村民都叫他“赵大棚”。

当年9月，网纹瓜丰收了。为卖个好价钱，赵江辉和工作组发动同事帮着推销700件“扶贫瓜”。最后盘点：种瓜比种玉米亩均增收2600多元；50多户贫困户在大棚打工，人均增收7000元。

脱贫奔小康，重在改善基础设施。赵江辉和工作组四处跑项目，修通3公里的村组路，方便村民出行；为村小学建起护校堤坝，再也不怕大雨和洪水；为干沟

自然村建起蓄水池，解决吃水难题……

身患绝症心忧扶贫

赵江辉一心扑在扶贫上，谁也想不到，病魔正悄悄向他逼近。

2016年4月11日晚，赵江辉赶去处理一起村民纠纷，心急火燎往外走，一个趔趄摔倒，腰疼得直不起来。他强忍剧痛，调解好了才回住处。

赵江辉开始没把腰疼当回事。后来腰疼加剧，连走路都困难。村干部和同事也劝他到医院仔细检查，他执意不肯："不能错过农时，忙完了再去看病。"

网纹瓜开花、坐果，赵江辉的腰疼一直拖到8月底。他赶回省高院参加一个重要会议，已经坐不直了，家人再三催促，他才到医院做全面检查。

9月8日，诊断结果如晴天霹雳：肝癌晚期，生存期三个月。家人含泪将实情告诉赵江辉，他闭上双眼，默默流泪，因为还有很多事要做，还有很多愿望没实现。

躺在病床上，赵江辉总是牵挂村里的扶贫工作。丰宁县领导、村干部来看望，他一一询问扶贫的事。听说安装路灯还"剩个尾巴"，他马上打电话协调。

随着病情加重，赵江辉咽一口粥都很艰难。一天中午，听说自己获得"全省优秀驻村第一书记"称号。这一次，他吃得格外香，他对同事说："工作是我们三个人一起做的，成绩记在我一个人身上，我贪功了。"

2017年10月，赵江辉病情恶化。在最后的日子里，高烧迷迷糊糊，他还反复念叨：我的任务完成了吗？

11月19日凌晨，赵江辉永远睡着了。

赵江辉去世后，同事在微信群里燃起蜡烛，寄托哀思："扶贫先锋赵江辉，小康路上终无悔！"

噩耗传来，经堂村的乡亲们难以相信赵江辉书记就这么走了。一名张姓脱贫户泪流满面："这么好的人咋说没就没了呢？他可真是为咱们办实事啊！"

——选自2018年7月30日《人民日报》第6版

河北丰宁依托优质企业盘活产业链条

本报记者 宋美倩 通讯员 韩春明

从入秋到入冬，河北省承德市丰宁满族自治县黄旗镇皇旗黄种植有限公司总经理李凤琴一直忙并快乐着。她与上千名农民一道，从谷子的收割打场、加工成米，再到精选包装，认真完成每一道工序。“我们每年生产17万公斤小米，每公斤均价40元以上，其中精品小米每公斤能卖到120元，带动入社农民每亩地增收近千元。”李凤琴说。

依托产业链条带动，促进企业与农民共同受益的方法，是丰宁发展现代农业的一个重要抓手。今年以来，该县启动农业产业化项目400余个，将带动3万多农民参与产业化经营。

丰宁是燕山—太行山集中连片特困带上的国家级深度贫困县。为了带动全县群众，特别是贫困人口稳定致富，县委、县政府认为，唯有大力推进农业产业化，并将农民带进产业链条，才能长期稳定地保证其脱贫增收。县委、县政府决定通过抓规划、抓龙头、抓特色等多种模式，促进农村经济的产业化进程。

抓规划，搞好顶层设计。偏远贫困地区的农民长期远离市场，若无有规划有目标的引领，不可能进入产业化进程。丰宁县成立了县委书记、县长双指挥的脱贫攻坚产业全覆盖及农业产业结构调整工作指挥部，实施了一套产业规划、一本扶持政策、一个工作方案、一套防风险机制等“四个一”工程。仅今年以来，全县就实施县级重点产业项目20个，乡镇级农业产业项目399个。

抓龙头，发挥带头效益。农民进入市场有两个不知道：一是不知道怎么干，二是不知道能不能赚钱。如果有龙头企业带领，就能更好地解决问题。为此，丰宁把引进和扶持农业产业化龙头企业作为重中之重，不仅培育壮大了缘天然、维乐夫、丰鑫实业等本土企业，还引进了堃泰公司、丰联中草药合作社等优质企业，充分发挥龙头企业带动作用。其中丰宁维乐夫集团公司投资1.5亿元建成了菊粉型果聚糖生产线，并按照“公司+专业合作社+基地+农户”的创新联营模式带动当地农民发展菊苣种植过万亩，通过公司全程指导，菊苣平均亩产达4吨以上，除去种子、化肥、雇工等成本，亩均净获益1200元。

抓特色，求取超值效益。丰宁把发展特色农产品作为占领市场的重要手段，尽全力丰富产品种类。通过深度调研，丰宁将绿色奶业、特殊杂粮杂豆、养生保健油料、农产品老物种、高档食用菌等作为突破口，发展产业化规模经营。其中，丰宁元始公司创新了“三零一保杂粮订单”扶贫模式，对1317户贫困户开展“零技术、零投入、零风险、保回收”的特色产业带动，户均增收2900多元。

——选自2018年11月27日《经济日报》第15版倒头条

大美丰宁　不虚此行

李建成　陈宝云　韩春明

丰宁满族自治县南邻北京，北靠内蒙古，全县分坝下、接坝、坝上三个地貌单元。坝下群山绵亘，河谷纵横；接坝峰高谷深，林木茂盛；坝上天高地阔，草场如毯。

丰宁因乾隆皇帝御赐“丰芜康宁”而得名，是首都北京重要水源地和生态屏障。这里人杰地灵，文化厚重；这里林茂草盛水丰，生态优良；这里景色如画，蓄力待发。

紧抓承办第三届省旅发大会契机，丰宁以“新景区、新业态、新未来”为主题，牢固树立和落实创新、协调、绿色、开放、共享的发展理念，大力推进旅游业供给侧改革，创新旅游发展新方式，培育旅游发展新业态，树立旅游发展新样板、实现旅游新跨越。

在项目推进过程中，丰宁上下齐心，发扬“事不过夜”的旅发精神，各相关部门、各相关单位工作人员全天候服务于旅发大会建设。这些工作人员之中，有的刚刚经过病痛洗礼正需静养休息，有的孩子七八个月大正在牙牙学语，有的身体抱恙需要手术治疗，但从没有人主动申请调离岗位，这些无声的坚守凸显新时代丰宁之美。

传承一道文脉——文旅融合打造文化产业“深水港”

2005年3月，中国地质科学院对外发布，在丰宁外沟门乡发现“华美金凤鸟”化石，这是迄今世界上最原始的鸟类化石。为保护好珍稀化石资源，丰宁设立了古生物化石自然保护区，储存着恐龙、鸟类、哺乳类、鱼类、昆虫类和植物等20余个化石门类，是名副其实的热河古生物群“博物馆”。

丰宁地处游牧文明与农耕文明的交错地带，在过去3000多年的漫长岁月里，先后有山戎、东胡、匈奴、乌桓、鲜卑、库莫奚、契丹、女真、蒙古等10多个少数民族在丰宁游牧和农耕。特别是清初满族人进入丰宁后，形成了满汉融合的历史文化特色。

厚重的文化积淀，催生丰宁文脉兴盛，才杰辈出

“秋风像一把柔韧的梳子，梳理着静静的团泊洼……”这首脍炙人口的诗作《团泊洼的秋天》作者郭小川，是丰宁人。

集绘画、雕塑、刺绣、裱糊、剪纸等工艺之大成，发明了新画种——滕氏布糊画的“中国工艺美术大师”，中国民间文艺山花奖成就奖获得者滕腾，是丰宁人。

致力于满族民俗文化艺术研究和创作，传承剪纸技艺的民间艺术大师张冬阁，是丰宁人……

目前，丰宁已有世界级非物质文化遗产1项，国家级非物质文化遗产2项，河北省非物质文化遗产8项，承德市非物质文化遗产13项。深厚的文化资源，为丰宁发展打下坚实基础，增添不竭动能。近年来，丰宁按照“发展文化事业、培育文化产业、塑造文化内涵、展示文化形象”的思路，释放文化生产力，打造文化产业“深水港”。

今年，茶盐古镇、中国马镇、契丹部落、神仙谷满族文化园等一批独具草原文化、满族文化内涵的文旅项目，相继建成，进一步加快了丰宁建设旅游强县的步伐。

守护一片绿色——为首都阻沙源，为百姓拓财源

2000年春，我国北方连发13次强沙尘天气。有人戏称：北京每落下10粒沙子，8粒来自丰宁。当时，丰宁水土流失面积达4791平方公里。

为建设好这片拱卫京津的绿色，丰宁人民勇敢挑起“为京津涵水源阻沙源，为当地增资源拓财源”的历史重任。

近年来，丰宁按照“生态立县、绿色崛起”的发展理念，动员全民参与“绿满丰宁”造林绿化行动，先后启动了千松坝造林、21世纪初首都水资源可持续利用规划、退耕还林和京津风沙治理等重大骨干生态工程，先后被授予“全国三北防护林建设突出贡献单位”“全国绿化模范先进单位”等30多项荣誉称号。

经过多年的大规模生态建设和保护，丰宁现有林地754万亩，森林覆盖率达到57.5%。沙尘天气由当年年均15天，减少至不到3天。水资源总量增加138万立方米，滦河主源头及滦河、潮河的部分支流由过去的断流恢复为常年流水。

如今，置身于滦河源头的千松坝林场项目区，曾经山林消失、湿地萎缩、草场退化、土地沙化的景象，已被连片松林，潺潺河水，清新空气，翠绿草地所取代。

绿水青山就是金山银山。依托坝上地区秀美的草原风光，丰宁总投资4750万元，对坝上4个乡镇的15个行政村共45个自然村集中连片综合整治。覆盖4521户、14445人，其中建档立卡贫困户1084户。在改善群众的生活条件、提高生活质量的同时，加快发展生态旅游产业，使国家"一号风景大道"成为名副其实的致富大道。

2017年，丰宁接待游客221万人次，实现旅游总收入12.8亿元。

描绘一幅画卷——大美丰宁让游客不虚此行

丰宁山川秀美、旅游资源富集，号称北京后花园。

京北第一草原草如毯、云如絮、风如情语、花如人面。京北第一天路山梁上，连绵不断的风车缓缓转动，阴坡成片的白桦林郁郁葱葱，阳坡大片的草地如毡、繁花似锦。千松坝国家森林公园内云杉林形态各异，枝干挺拔，树叶蓊郁，头如伞盖，堪称华北森林之冠。永太兴疏林草原景区内草原一望无际、滦河奔流不息、湿地神秘幽静，让人流连忘返。

僧道尼共居一山的白云古洞幽雅深邃，独木成林的九龙松阅尽人间沧桑，地造天设的冰川遗迹让人感叹大自然的鬼斧神工，燕山山脉中首屈一指的大峡谷峰奇石异，汩汩涌出了几千年的洪汤寺温泉让人浮想联翩。

借助"京北第一草原"品牌，以"茶盐古道"开发主线，丰宁将大滩镇、鱼儿山镇、万胜永乡、苏家店、四岔口等7个乡镇旅游资源进行整合，根据各自不同的优势将7个乡镇分别建设成为马文化小镇、飞行小镇、茶盐古镇、满乡小镇等不同景区，从资源分散走向资源系带，进而走向旅游资源和旅游产业集聚，撬动丰宁坝上旅游一体化开发、管理、建设。

同时，以花造景，实现壮观、震撼的效果，增强旅游吸引力。投资1460万元，招募专业公司，打造3.6万亩花海景观，主要形成六个规模片区。有力地提升地区形象和品位，形成丰宁京北第一草原旅游国际品牌。

今年，丰宁还根据自然环境策划了杏花、梨花、映山红、桃花、金莲花五个山花节，在这里，游客不仅可以欣赏花海美景，还可以品尝满族特色美食。通过这些系列主题活动的聚集效应，逐渐形成山花旅游品牌，带动山花旅游经济，打造全域旅游精品旅游路线。

春赏百花盛开，夏游辽阔草原，秋览层林尽染，冬来泡汤滑雪。宛若一幅充满自然美、人文美、和谐美画卷的丰宁，正敞开怀抱，只等您来！您来，定不虚此行！

——选自2018年7月17日《河北日报》第14版

一片森林富了一方百姓

——丰宁千松坝林场大力实施生态扶贫纪实

记者 李建成 尉迟国利 通讯员 梁永生

近年来,千松坝林场推广林草间作模式,在恢复生态的同时,为坝上牧民提供了优质牧草。这是千松坝林场林草间作带。

如果你打开手机上的高清地图,在丰宁坝上和接坝地区会看到成片的墨绿色区域,依山就势,呈肋条状分布山间。这些由森林构成的绿色,便是千松坝林场。

千松坝林场地处北京正北方,分布在丰宁坝上及接坝地区共3711平方公里的范围内,林场项目区地处京津冀水源涵养功能区的核心区,是潮河、滦河的发源地,是护卫京津的重要生态屏障。

千松坝林场分布在坝上及接坝地区9个乡镇,有72个行政村、80805口人,共42个贫困村,目前贫困人口有5076人。

"生态提升中如何助力脱贫攻坚,脱贫攻坚中如何助力生态提升,是我们一直在探索的课题。"千松坝林场总场场长曹海龙说,在两种压力中寻求平衡,必须走出一条生态扶贫、生态脱贫、生态小康之路。

种一棵树,脱一户贫

以前,丰宁大滩镇村民张生日子过得很艰难。自从在千松坝林场苗圃工作后,张生的生活便发生了变化。"现在一年能挣到两万多元,家里的开销不用愁了。"张生说,他的日子正一天天好起来。

挖坑、栽树、浇水、培土……经过张生精心培育的树苗,辗转来到了种树工人张文福的手中。

每年5月到10月,是坝上栽树的黄金季节。2018年,大阁镇河东村村民张文福找到了在小坝子乡栽树的工作。张文福的老伴去年在北京做了一场大手术,家中还有一个女儿上学,现在成了返贫户。

种树是计件工作,张文福一个月的工资在4000元左右。"岁数大了,身体也不好,去别的地方打工没人愿意要。在坝上种树虽说起早贪黑的,但收入还不错。"张文福对这份工作很满意。

眼下正是防火期,小坝子乡村民于喜每天都要到他承包的林子里看一看。"一是防火,二是看哪些树没有活,明年开春好补种。"于喜说。

于喜从2014年负责村外林子的管护工作。他对这片林子十分上心,就像是照顾自己的孩子一样。

像于喜一样,现在工程区内共有生态护林员8名,他们每年人均收入18000元。

育苗、栽树、管护……19年来,千松坝林场按照绿水青山就是金山银山的理念,加大工程建设,使千松坝林场项目区形成了完整的生态体系。目前,项目区森林覆盖率提高9个百分点,共完成工程建设106.19万亩,其中人工造林87万亩,占辖区国土面积的18.8%。

造林工程实施后,推动了当地农民脱贫致富奔小康,工程增收累计1.6亿元,其中农民劳务工资1.2亿元。

曹海龙说,绿色屏障、绿色水塔、绿色宝库、绿色银行的生态模式正在逐渐形成。

造出绿水青山,带来金山银山

最近,小北沟村党支部书记于存永很忙——小北沟村要整村脱贫出列了。

"咱们村能脱贫出列,千松坝林场功不可没。"于存永伸出了大拇指。

过去的小北沟村曾是荒山秃岭、风沙肆虐之地。上世纪90年代末,因为随意毁林开荒、毁草种粮、过度放牧,山林消失了,湿地萎缩了,草场退化了,土地沙化了,沙尘暴来了,曾经的"天苍苍、野茫茫,风吹草低见牛羊"的美景变得千疮百孔。

坝上高寒,薄薄一层土长不了啥庄稼,种点莜麦,靠天收,"种一坡、收一车,打一笸箩、煮一锅",是当时的真实情况。

改变从2014年开始。在北京做生意的于存永回到村里,建起了首个农家院。

可一年下来只赚了4800元。为啥?"生态不好,基础设施太差,形成不了气候。"至今说起来,于存永还直摇头。

千松坝林场人来了，也让于存永的心亮了

“林场的领导给我们做好了设计，让我们按照‘春花、夏草、秋叶、冬雪’的总体思路去发展。”于存永说，可别小看这8个字，却让小北沟村彻底换了样。

千松坝林场在小北沟村种植了1万亩杏树、1万亩山樱桃，不仅能让游人赏花、赏叶，秋天还有一笔经济收入。

如今，曾经荒山秃岭的小北沟村目之所及都是苍茫林海，景色美了、生态变好了，多年未见水的泉眼，如今又冒出了汩汩的泉水。

生态好了，村里人的脑子也活了，大家都瞄上了旅游这碗饭。“现在村里有农家院46家，床位2500张。”于存永告诉笔者，2018年借着国家“一号风景大道”的东风，至少10万游客光顾村子，仅旅游收入一项，也得赚500万元。

造出绿水青山，带来金山银山。千松坝林场立足生态治理，同时围绕旅游发展安排营造林，打造景观林业，实现景观、生态、致富三效合一。

同时，山清水秀的生态环境也为项目区内招商引资奠定了基础，加快了乡村旅游产业的发展。目前，造林工程为京北第一草原景区增添了滦河源、黄芹沟、界碑梁、二道河子、储蓄沟林草间作及森林湿地景观。

到2017年底，工程区内依托林场资源共引进投资25亿元，新建规模度假区3处，扶持旅游专业村10个，新建农家院102个，新增床位1.5万张。引入河北路桥公司投入1.6亿元，以千松坝林场工程区为基础建立的“京北第一天路”，惠及3个乡镇。

在第三届省旅发大会期间开门迎客的七彩森林景区，是完全依托千松坝林场森林资源建成的景区，带动周边6个村发展旅游，走上致富路。

发展林下经济，惠及当地群众

这几天，大滩镇二道河村养殖户于和一有时间，便开上农用车到村外的树林里收割天然牧草。

“这可是羊过冬的粮食。家里的200多只羊就指望它了。”说着话，于和开动机械，身后倒下成片的牧草。

二道河村早有养殖的传统。为过上好日子，当地曾引导农民养羊脱贫，是远近闻名的“万羊村”。可羊越养越多，过度地放牧，草不够吃，羊饿极了就刨草根，草原上到处坑坑洼洼，山变得光秃秃的，春天风沙频频侵扰，夏天一场雨，草拦不住水，山坡被山洪冲得到处是沟。

治理风沙，刻不容缓。1999年9月，千松坝林场成立，封山育林，植树造林，禁牧限养，二道河村地处核心区。

禁了牧，羊群没地方去了，吃什么？夏天还好些，可以外出打点草，可冬天怎么办？村里30多户养殖户一度为草料从哪里来发愁。

千松坝林场急养殖户所急，想他们所想。按照“宜林则林、宜草则草”的原则，实施林草间作15万亩，每年产优质牧草5000多万公斤，为当地牧民舍饲圈养提供良好的天然牧草。

这让于和心里乐开了花：“一年的过冬草料钱就得花一万多元，现在有了免费牧草，这可节省了一大笔开支。”

同时，千松坝林场还实行林牧、林药、林苗等多种模式，投资90万元在土城镇四间房村试验林药间作工程1000亩，松杏树种间作桔梗、射干、瞿麦等药材，寻求生态林增收新渠道。

在土质较好的地块进行高密度造林，实施林苗间作6000余亩，出售大苗创造经济效益，增加农民收入。

据统计，千松坝林场林下经济每年收入就达4000余万元，全部返还给了农民。

——选自2018年12月5日《河北日报》第9版

从唱“独角戏”到演“合奏曲”

——省国土资源厅驻丰宁头道沟村工作组探索扶贫新模式纪实

通讯员 刘海波 于倩倩 李金龙

省国土资源厅驻丰宁头道沟村工作组创造性推出杜泊羊认养扶贫新模式，使广大村民脱贫致富信心和决心大大增强，驻村干部的“成就感”也与日俱增。

省国土资源厅驻丰宁满族自治县鱼儿山镇头道沟村工作组创造性地推出“一帮一”“互联网+”“众筹”等多种杜泊羊认养扶贫模式，突破政府部门扶贫工作唱独角戏的局限，探索出一条新的可复制的扶贫路径。

把脉问诊开良方

头道沟村位于丰宁西北部，是丰宁27个深度贫困村之一。2017年3月30日开始，王明才任组长的省国土资源厅帮扶工作组正式进驻头道沟村。

“头道沟村饲草资源丰富，村里家家户户都养羊，还有两家养殖专业合作社，为什么靠养殖没能脱贫呢？”进村没几天，通过与村两委干部交谈，驻村第一书记王明才就发现了问题。

如何将头道沟村的养殖优势转化成资本优势呢？王明才陷入了沉思。休假的时候，他回到省城，向厅领导做了汇报并进行了探讨。全厅干部通过集思广益，一致认为，杜泊羊生长周期短，繁殖能力强，适应能力广，胴体质量好，出肉率高，适合头道沟村本地养殖，村民若能大规模养殖杜泊羊，收入能成倍增加。

创新推出扶贫羊

王明才带领工作组回到驻地后，立刻开展详细测算，发现1只杜泊羊出栏后可卖1100元左右，如果单位干部职工按每只预付500元（待羊只出栏时按市场价补齐尾款）认养羔羊，减去羊羔、饲料、人工管护费用等成本，每只可获利400元。如果把羊放在合作社统一规范养殖，统一销售，扣除付给合作社的“托费”100元外，还可获利300元，认养收益每年可为每户贫困户无偿转化羊羔1只。

这一扶贫路径得到单位职工的大力响应，从厅领导到机关党员干部与贫困户根据以前确定的“一帮一”结对帮扶方式，每人投入500元认养了1只羊羔。随着厅机关干部职工的不断认养，认养范围迅速由厅机关拓展到省国土资源系统。最后大家共认养1000只，筹措养殖资金50万元。

“每认购4只杜泊羊便可帮助一户贫困户脱贫，涓涓细流能够铸成大爱。”国土资源厅驻村工作组每到不同场合，就推广认养理念，拓宽认养渠道。通过他们的不懈努力，河北“道德90后”、天津青年企业家协会等多家社会团体纷纷组织职工进行网上认养。特别是河北“道德90后”公益爱心团体，300多人共同募集了25000元，认养了50只羊羔。

针对养殖合作社经营渠道单一、一直不温不火的现状，王明才决定利用“互联网+”模式，引导养殖合作社上线入驻京东网河北扶贫馆。目前，该平台已经在网上出售杜泊羔羊肉720多份，回笼资金80余万元，净利润21万元。同时，养殖合作社在驻村工作组帮助下积极运作，在天猫网上建立了旗舰店，为推动羊只认养打下了坚实基础。

共富路上大步行

随着社会认购资金源源不断涌入，京东扶贫馆杜泊羊肉库存出现“告急”，这一喜人的“烦恼”让工作组有些措手不及。驻村工作组成员王跃飞介绍，为保证互联网认购羔羊能够保质、保量供应，认购主要限定在京津冀地区，下一步驻村干部将想办法加快羔羊的培育速度，以更好地满足全国市场的需求。

按照工作组的设想，他们要将现在的“扶贫羊”变成未来的“致富羊”。第一阶段，主要由合作社养殖杜泊羊带动贫困户，采取贫困户入股分红的模式。预计到2018年底，人均年收入增加1600元。第二阶段，再由合作社集中养、养殖户分散养转变为合作社适量养、村民集体养。预计到2019年底，人均年收入能够增加2700元。

王明才介绍说：“如果简单地将羊分给贫困户，一户只能分到两只羊。因为没有规模，这些羊很可能面临被杀掉吃肉的风险。如果到2019年春，攒到6只羊后一次性交到贫困户手里，这样杀羊吃肉的风险也就小了。”现在，随着社会资金的持续投入和互联网销售模式的不断升级，养殖规模正在逐步扩大，未来不仅可以惠及贫困户，还可以带动更多村民共同致富。

这种以政府帮扶推动为主体，通过合作社实施，动员社会人士参与，在互联网上建立认购预售平台，促进贫困人口脱贫增收的扶贫路径，有效激发了贫困人口的内生动力和造血功能。如今，头道沟村广大村民脱贫致富的信心和决心大大增加，驻村干部们的“成就感”也与日俱增。

——选自 2018 年 1 月 5 日《河北经济报》第五版

让科技成为富民“金钥匙”

——丰宁荣达农业开展科普培训助力精准脱贫纪实

通讯员 韩春明 杨春超 杨秀芳

丰宁荣达农业有限公司在县科协大力支持下，建立设施蔬菜种植示范科普基地，为广大农民群众搭建了学习和交流的平台，为他们了解和掌握现代农业知识提供了便利，为助力精准脱贫和县域发展做出了贡献。

近日，走进丰宁满族自治县荣达设施蔬菜种植示范科普基地举办的科普知识培训班，可以看到，几十名学员正聚精会神地盯着屏幕认真学习。时时传来的掌声与称赞声，让屋中的热烈与窗外的寒冷形成鲜明的对比。

近年来，荣达农业公司在丰宁满族自治县科协的大力支持下，为广大农民搭建了学习和交流的平台，为他们了解和掌握现代农业知识提供了便利。因积极推动科普交流，荣达农业公司被命名为省、市、县优秀科普示范基地，2017年被中国科协评定为“基层科普行动计划”先进典型。

一腔热情担起一份责任

“参加培训前，我还真不知道种菜还有这么多学问，真是长见识了，下次培训我还来。”一位刚刚听完培训课的老大爷兴致勃勃地说。

为有效普及现代农业知识，前不久，荣达农业有限公司在设施蔬菜种植科普示范基地进行了一次“现场演练”。为搞好这次科普兴农培训活动，荣达农业有限公司在县科技局、胡麻营镇政府的大力支持下，邀请承德市蔬菜技术推广站毛向红、承德市植保植检站孙凤珍两位农业技术专家进行现场授课。两位专家的讲解内容非常丰富，包括丰宁本地农产品的栽培种植技术、大棚蔬菜防虫、用药知识等，他们还讲解了有关农业政策法规。

230多名贫困群众带着脱贫致富的愿望参加了培训，这些群众对专家的授课称赞有加。在培训现场，专家们向参训群众发放《种植养殖实用技术》《蔬菜种植技术培训资料》等科普资料近500份。培训结束后，给村民发放了《农民科学素质手册》《林果栽培技术》《蔬菜育苗技术》《农村常见纠纷法律知识问答》等书籍共800多册，还特别为参训的建档立卡户人员每人发放了50元误工补贴。

“通过开展科普培训，真正实现了科技进农家的目标，使广大村民学科技、学政策成了自觉行为。广大村民在受到教育的同时，更加体会到现代农业科技知识的重要性，他们靠科技兴农的意识更强烈了。”荣达农业有限公司经理武凤宝介绍说。

一粒种子象征一线希望

茄子硕大光鲜，辣椒饱满青翠，番茄鲜嫩可口……在荣达农业种植示范园区的试种大棚里，各种蔬菜让前来观摩的客人赞不绝口。“他们生产的西红柿色泽鲜亮，吃起来口感特别好。”专程前来观摩的以色列海泽拉（中国）公司产品经理果振君一边品尝，一边赞许。

为提升蔬菜品质，提高生产水平，荣达农业有限公司积极进行新品种试种实验和新技术推广，先后试种了茄子、西红柿、辣椒三个品类共23个品种。他们在育苗、定植、施肥、田间管理等各个环节都认真记录，全部按照专家的指导进行作业。通过试种，该公司掌握了蔬菜标准化种植、穴盘育苗、杀虫灯控害、防虫网、黄板诱杀等先进的绿色防控栽培技术，为推广设施蔬菜种植技术打下了坚实基础。

“这些蔬菜长势良好，每市斤可以卖到10多块钱，产量和价钱都是普通品种的2至3倍。”基地负责人看着满棚的累累硕果，喜上眉梢。

近年来，荣达农业有限公司一直将推进蔬菜绿色种植，保证蔬菜产品优质安全，加快创新种植技术作为公司经营宗旨。选用种子时注重选用抗病虫能力强的航天蔬菜品种，施肥时注重采用农家舍饲发酵肥和作物秸秆堆积肥，在灌溉时注重采用滴灌、渗灌等节水灌溉方式，防治农作物病虫草害时注重采用灯光、色彩诱杀等方式，杜绝使用化学药剂，保证蔬菜产品品质，使产品广受市场青睐。

一种精神延续一种传承

荣达农业有限公司热心进行科普培训、科学种植是丰宁倡导“科技兴农 科技带富”的一个缩影。在京津冀协同发展的大背景下，荣达人始终秉承“生态、绿色、有机”理念，借助科技的力量为发展增添后劲。占地1000多亩的种植园区、128栋高标准温室、150栋春秋大棚、6000多吨的蔬菜年产量……荣达农业靓丽的“成绩单”让贫困群众看到了致富的希望。

一分耕耘，一分收获。一片真心，一种大爱。在助力脱贫攻坚的过程中，荣达农业有限公司也得到了丰宁科协的大力支持。丰宁科协将专家服务团、科技推广服务团、农村科普宣讲团“三团合一”，组织农业专家先后数次走进荣达设施蔬菜种植示范科普基地，为该县农民进行现场宣讲和指导，帮助贫困群众掌握一技之长，帮助他们找到致富“金钥匙”。

热心科技培训，助力精准脱贫。今后，荣达人将一如既往，在营造崇尚科技氛围的道路上，在助力40万满乡群众打赢脱贫攻坚战的征途中，继续不忘初心，砥砺前行，为丰宁实现全面小康，建设山清水秀富足祥和的新丰宁再立新功。

——选自2018年3月9日《河北经济日报》第6版

致富不忘家乡人

——记河北省“千名好支书”、丰宁胡麻营镇河东村党支部书记王福国

本报记者 韩元信 通讯员 郝小伟

2017年，中共河北省委组织部决定，在全省选树“千名好支书”。日前，首批500名“好支书”已经选树结束，我市丰宁满族自治县胡麻营镇河东村党支部书记王福国成功入选。

王福国现任丰宁满族自治县胡麻营镇河东村党支部书记、丰宁顺达矿业集团有限公司董事长。2009年3月，王福国被丰宁县委、县政府授予“优秀企业家”；2009年4月，被承德市人民政府授予“承德市劳动模范”；2009年12月，河北省老区建设促进会授予他“河北省支持老区建设先进个人”；2010年7月，丰宁县委、县政府授予“爱心企业家”称号；2010年11月，王福国获丰宁县委、县政府授予的“在落实生态立县战略中，为森林资源保护工作做出突出贡献”奖；2011年3月，获丰宁人大六届五次常委会授予的“为代表健康献爱心，为社会和谐作贡献”奖；2012年7月，被中共承德市委授予“优秀共产党员”；2015年被评为“感动承德十大新闻人物。

丰宁顺达矿业集团有限公司地处丰宁满族自治县，是一家以铁矿采选生产，多矿种资源投资开发为主体，多元化发展的民营企业。企业创建于2002年，经过近15年的艰苦创业、自我积累、滚动发展，从创业之初的一个年产两万吨铁粉的小选厂，发展成为具备年产百万吨铁精粉生产能力，集“矿业、农业、地产业、金融业、公路工程业、铁路物流业、旅游业”为一体，多元化经营的企业集团。集团公司现有6个矿业子公司，1个农业公司，1个房地产开发公司，1个商砼公司，5个参股或控股金融类公司，1个公路工程公司，1个铁路物流公司，1个旅游开发公司。总资产50多亿元，有员工2000多人，连续多年纳税过亿元。2007年成为承德市工业五十强企业，2010年跻身河北省百强民营企业。

集团矿业起步于2002年，是公司的主营业务。集团旗下现有6个矿业子公司，持有6个采矿权，矿区面积20平方公里，已探明铁矿石储量6000万吨，远景储量过亿吨，资源储量位居承德市各矿山之首。具备年产350万吨铁矿石，100万吨优质铁精粉的综合生产能力。产品远销安阳、邯郸、廊坊、天津、以及承德等多家钢厂，质量上乘，具有较高的市场美誉度。多年来，集团矿业为实现可持续发展，不断提高安全生产规范化水平，累计投资1亿多元开展采空区充填，矿区、厂区绿化，尾砂综合利用等环境治理工作。2015年投资1亿元实施建宇铁选厂技改升级项目，将在燕山深处潮河之畔建设一座技术、设备先进，自动化程度高，节能环保，安全运行的现代化绿色矿山。

集团在做好铁矿采选的同时，积极同北京矿冶研究总院等科研单位开展合作，不断加大对优质铁精粉和十八台矿区镜铁矿的科研投入和研发力度，探索研发超纯净铁精粉和安巴粉，实现百亿级产业规划。“十三五”期间集团在保有铁矿资源的同时，还将向贵金属、有色金属行业发展，力争实现由单一铁矿采选向多矿种开发的战略转型。

集团旗下的荣达农业公司成立于2011年，作为集团转型发展的战略选择，以“以工哺农，发展绿色经济，带动农民致富”为宗旨，主要立足于农业产业化项目的开发。目前已经投入资金8000多万元，整合流转土地3000亩，形成了1000亩设施果蔬，1000亩景观苗木，1000亩露天蔬菜的开发规模。成功带动周边300余农户就业，实现年促进农民增收500多万元的社会效益。

当前，荣达农业公司成功对接中国航天科技集团，成为“航天——丰宁绿色产业协作服务平台企业联合会”会长单位，带动丰宁的涉农企业与航天集团开展农业、牧业、生态旅游等全方位合作，共同开发丰宁绿色产业的优势资源和产品，共同打造“航天——丰宁”绿色产业品牌，助力集团农业发展和丰宁的绿色崛起。按照发展规划，未来，集团农业将力争在潮河上游建设一处集“无公害蔬菜、水果、花卉、景观苗木种植与加工，畜牧养殖与肉食品加工，新技术试验、示范，农业观光、旅游”为一体的现代化农业产业园区。

集团旗下的建宇房地产公司成立于2011年，主要立足于环首都卫星城镇建设，以开发商住综合小区为主。目前，已经投资5亿多元，收储土地500多亩，已开

工建设的工程项目有顺达·天保、顺达·观天下、顺达·领秀。建成后可形成20多万平米商业区、80多万平米住宅区的开发规模。目前,建宇房地产公司正在着力推进丰宁北新城建设,按照再造一座现代新城的建设规划,以天保社区为核心,进行200多万平米商住小区及公共设施开发,努力实现全面提升城镇品位、改善居民居住条件、平抑房价和改善民生的三大目标。同时以云雾山民俗展馆工程和九龙盛景花园为核心,积极开发具有满族特色的文化旅游地产。

集团旗下的建宇永固商砼有限公司成立于2011年3月,总投资3000万元,主要经营商品混凝土生产与销售,水泥、粉煤灰购销,建筑工程机械设备租赁,多种型号环保免烧砖生产。

集团金融业从2009年起步。目前,集团控股、参股2家小额贷款公司,参股2家典当公司,参股1家村镇银行。总投资3亿多元,业务规模及经营效益稳定增长。集团金融业以服务为宗旨,规范运营、防范风险,保障金融业务健康发展。当前,正着力整合金融资源,努力向商业银行转型。

集团旗下的丰达公路工程公司成立于2014年,以争创优质工程为经营宗旨,承建了“244省道半虎线丰宁段改线工程”。项目全长25.254公里,总投资2.6亿元,这是丰宁的一项重要民生工程,为集团交通建筑工程业发展奠定了基础。

集团2015年涉足铁路物流业,注册成立了河北汇通物流有限公司,利用张唐电气化铁路和多丰铁路在胡麻营镇塔黄旗村交汇的区位优势,规划建设一座具备集货运交易、仓储物流、车辆调度、数据交换等系统为一体的现代化数字物流园区。

集团旗下承德润泰旅游开发有限公司成立于2015年,依托“燕山山脉第二高峰——云雾山”得天独厚的地理、环境优势,规划整合开发荣达农业观光园,白云古洞风景区,打造潮河流域旅游观光带。

集团作为土生土长的民营企业,坚持“强企富民,造福社会”的宗旨,在快速发展的同时,积极承担社会责任,热心社会公益事业,不断加大社会公益事业的投入力度。2013年成立了河北省树磊扶贫基金会,立足区域发展和民生改善,向教育、医疗、新农村建设、生态建设、农村基础设施建设以及扶贫济困等捐款累计近2亿元,向农业、房产业、建筑业等惠及民生的产业投资10多亿元。

2011年,王福国受村里党员群众的一致推选,担任了河东村党支部书记。为使群众尽快富裕起来,王福国为河东村谋划了“以工哺农,产业富民,带动就业”的发展路子。

从2011年开始,在县委、县政府的支持和帮助下,投资4000多万元,在河东村发展设施农业产业化经营。为完善管理,注册成立了荣达农业有限公司,作为具体运营单位。公司实行集约化生产,规模化经营,规范化管理。组织当地农民流转土地2400多亩,建设高标准日光温室269栋。采取“公司+农户”的经营方式,农民把耕地租给公司,每亩年获租金1000元。剩余劳动力或来公司承包大棚,或来打工,每月又得到工资收入2000多元。这样,过去农民的土地是一年收一季,现在四季都有收获;过去群众是靠天收,现在有了稳定的收入。荣达农业公司负责引种、育苗、技术指导以及产品回收销售等工作。五年来,全村60%的农户都成了园区的一员,户均出租土地5亩,年获租金收入5000元,在园区务工的农民人均月收入2000多元。过去祖祖辈辈土里刨,靠天吃饭的农民,现在有了稳定的收入,户均增收2万余元。

2013年7月7日,航天科技集团与丰宁县政府的合作项目,“航天——丰宁绿色产业协作服务平台”战略合作协议隆重签约。王福国被推选为丰宁绿色企业联合会会长。他将带动丰宁的涉农企业与航天集团开展农业、牧业、生态旅游等全方位合作,共同开发丰宁各方面的优势资源和产品,为实现丰宁富民强县的目标做出新的贡献。

河北省顺达教育发展基金会
举行2017年质量提升奖发放仪式

2017年12月29日,河北省顺达教育发展基金会2017年质量提升奖发放仪式在丰宁满族自治县第一中学举行。

王福国董事长在仪式上详细介绍了企业的发展情况以及支持教育事业的初衷。他希望通过企业的发展能够更好的回报家乡,只要用心、敬业,就没有干不成的事。在后期基金会的运营过程中,希望借基金会壮大丰宁的教育发展,强大师资力量,关注丰宁的贫困学子,把丰宁的教育越办越好。

顺达集团始终秉承“强企富民、造福社会”的宗旨,2016年出资200万元,成立了河北省顺达教育发展基金会,2017年捐款500万元支持发展该县的教育事业。此次全县教育质量提升奖丰宁一中获得190.83万元,职教中心获得75.41万元,初中获得51万元,小学获得28.97万元等,共发放奖金377.21万元。

王福国当选丰宁满族经济文化促进会会长

2017年1月16日,丰宁满族经济文化促进会召开新春茶话会。会上,促进会原会长、丰宁奥翔矿业集团有限公司董事长石耀臣介绍了促进会成立以来的有关情况,并提名推荐顺达矿业集团有限公司董事长王福国担任丰宁满族经济文化促进会新一届会长,参会会员一致通过了这一提议。

促进会新任会长王福国发表了热情洋溢的讲话。他首先对全体会员的信任表示感谢,并表示今后将团结全体会员,同心协力做好工作,切实发挥好促进会在丰宁民族经济文化发展中的促进作用。号召促进会的企业家们目前要做的工作就是响应县委、县政府的号召,积极配合推动县里确定的民生工程:潮河流域县城段"一主四副"综合治理工程和"民俗古城一条街"建设工程,主动融入、全力推进,为丰宁的民生事业贡献自己的力量。

中国民营企业国际合作发展促进会领导莅临荣达农业考察参观

日前,中国民营企业国际合作发展促进会执行会长兼秘书长、世界中小企业联合会轮值主席张维新一行在顺达集团董事长王福国的陪同下,考察参观顺达集团荣达农业。

张维新一行先后视察了现代设施果树种植区、有机蔬菜种植区和现代农业科普基地示范区。

塞北天寒地冻,嘉宾们在荣达农业看到了桃花怒放,瓜果飘香,春意盎然的场景,对荣达农业通过产业帮扶带动贫困人口脱贫的发展模式表示赞赏和认同。

随后张维新一行又来到了顺达集团总部,并着重参观了顺达发展史展馆,通过王福国董事长的讲解,了解了顺达集团十几年来的发展历程,张会长对集团各项业务的发展表示认同。王树磊总经理陪同参观并与张维新一行进行了友好交流。

荣达大棚桃花开四方朋友赏花来

荣达农业自2013年以来发展特色温室大棚种植,满园桃花寒冬绽放争奇斗艳、一派春意盎然,每年在12月中旬都会吸引不少市民前来赏花。

辛勤汗水结硕果,清棚、除草、剪枝、浇水、充肥、升温……在荣达农业人的精心呵护下,100多栋大棚桃花在人工控温下分批提前绽放,不仅吸引了众多游客前来观花赏景、摄影采风,还为鲜桃提前上市奠定了基础。

今年的桃花开的特别艳丽,婀娜多姿,或争相怒放,或含苞欲放,或粉若胭脂,或淡若白玉,千姿百态,还有许多蜜蜂在花朵中来回穿梭授粉。桃花只有短暂的十五天的开花期,四方朋友都赶来这里欣赏这难得的美景。漫步于桃树间,满目粉色,花香扑鼻,荣达园区冬日赏桃花成了四方朋友的好去处。游客们穿梭其间,时而驻足观赏,时而拍照留念。

有朋友即兴作诗抒发美好的心情。"荣达农业旺,农民干劲强。冬季桃花开,四季瓜果香。""桃园春意暖,菜园绿意浓。莓园红似火,福园丰收田。"

正是,北方冰天雪地时,荣达桃花已盛开。满棚春色关不住,四方朋友赏花来。荣达农业人,与时俱进忙创新,"科技兴农"扎稳根,一朝一夕,使命光荣,不忘初心!

王福国当选丰宁慈善总会会长

2018年1月9日,丰宁召开慈善总会第二届会员代表大会。

会议审议通过了第一届慈善总会工作报告,选举产生了新一届的理事会成员、常务理事、秘书长、会长以及副会长,王福国董事长当选为新一届慈善总会会长。

王福国表示,不辜负领导和会员代表的信任,将尽心竭力,不负重托与希望,与全体理事会成员一道,紧紧围绕总会的宗旨,严格履行总会的章程,创新务实的开展各项工作,为开创丰宁慈善事业新局面贡献力量。

王福国说,所有慈善总会的会员企业,一定要加强自身造血功能。开发新产业、新项目,在推动丰宁经济发展的同时,企业也能得到发展。只有企业赚钱了,才能更好的为丰宁慈善事业贡献自己的力量,丰宁慈善事业才能得到更好、更健康的发展。

据了解,该县慈善总会成立于2011年4月26日,成立6年来,在县委、县政府的高度重视和关心下,在社会各界爱心人士的支持参与下,严格按照"安老、扶幼、助学、济困"的宗旨,通过多种形式共募集、引进善款3914.6万元,发放救助资金、定向捐赠项目资金3467.4万元,截至目前,共收入结余447.3万元。开展的捐赠项目涉及基础设施建设、助医、助困、助学等多方面。

——选自2018年2月5日《承德日报》

“风景”这边独好

——国家“一号风景大道”即将精彩亮相第三届省旅发大会

本报记者　李亚冰

“千军牧围如星拱，万幕旌旗入画看。”历史的回声，仿佛仍在耳畔震鸣，清代木兰秋狝的壮阔画面就这样在眼前徐徐展开。在第三届省旅发大会开幕式上，《木兰秋狝大典》首场演出将再现这一震撼场景。

“在御道口牧场的如意湖上，6 块单体升降舞台已初具规模，7 月 5 日，这个亚洲面积最大的升降舞台正式交付使用。”市委宣传部文艺科科长许建军介绍。御道口是旅发大会开幕式举办地点。伴随着旅发大会的举办，国家“一号风景大道”将惊艳亮相，展现其独有的风采。

绵延 180 公里的国家“一号风景大道”，移步换景、宛如北欧。在这条国家“一号风景大道”上，有荣获联合国“地球卫士奖”、拥有百万亩林海、世界最大的人工林场——塞罕坝机械林场；有碧草如茵、金莲遍地、湖泊点缀其间的御道口牧场；有哨鹿声震、万马奔腾、气势雄壮的清代皇家猎苑；有弥漫历史韵味、马帮驼队铃声叮当、商旅不绝于途的“茶盐古道”；有一碧万顷、天宽地阔、“踏花归去马蹄香”的大滩草原……

绿水青山就是金山银山，良好的生态环境正在成为新的发展优势。近年来，我市深入贯彻落实新发展理念，立足“建设京津冀水源涵养功能区，同步考虑解决京津周边贫困问题”的定位，以生态项目为支撑，在国家“一号风景大道”沿线，串联起一系列新业态项目。

在本届旅发大会重点项目之一的丰宁永太兴生态景区，记者看到，这里有一望无际的丰盈水草，有奔流不息的滦河、神秘幽静的湿地，原始多样化的自然生态环境让人流连忘返。据永太兴疏林草原生态旅游度假区项目经理王峰介绍，目前，整体项目建设已经接近尾声。

承办好旅发大会，建设好观摩项目是关键。目前，我市倒排工期，抢抓进度，坚持高水平引智、高要求施工、高速度推进，确保如期完成大会各重点项目建设。本届旅发大会，共谋划了总投资 260 亿元的 20 个重点观摩项目。截至 6 月底，20 个重点项目主体已全部完工。

在做好硬件设施建设的同时，各种软件服务也在不断完善。为办好本届旅发大会，承德蓝天救援队专门成立围场分队，将为大会应急救援工作锦上添花。

“从 6 月底开始，30 名队员已经提前进驻会场，与御道口牧场管理区以及大会组织机构密切配合，为旅发大会的应急救援做好安全保障工作。”承德蓝天救援队围场分队队长李鳌说，“此次预防的重点是水上安全，救援队计划准备两只冲锋舟及相关装备参与救援，同时我们还会对大会工作人员以及当地的志愿者做一些救援常识性的培训。”

本届旅发大会还招募了 720 名志愿者，并依托河北旅游职业学院等对志愿者、讲解员开展培训，从中挑选优秀人员参与贵宾接待任务，确保为大会提供一流服务。

同时，我市对旅游宣传片制作、物料制作、会务策划执行、考察随行广播、沿途标识标牌制作等，严格依法依规开展招投标，确保大会承办质量。

“生态优先、绿色发展”是本届大会的主题。当前，我市正通过建设国家“一号风景大道”这个“生态文明旅游新标杆”，加快实现由“山庄时代”迈向全域旅游新纪元的跨越。

围绕营造最佳最美的旅游环境，我市重点做好聚焦美丽乡村建设、环境卫生整治、并线并杆改造、沿线景观打造和旅游秩序整治 5 个方面工作。建设完成后，55 个体现坝上地区民族特色和满族皇家文化特色的美丽乡村，将与青山绿水相映成趣，12 处花海和大地艺术景观将在观摩路线两侧华彩绽放。

市旅发委调研员李金龙说，以建设国家“一号风景大道”为契机，我市不断加快全域旅游发展步伐。目前，我市已入选第二批国家全域旅游示范区创建单位名单，也是河北省 3 家市级创建单位之一，确定了“一心、两带、五大板块、六个旅度假区”的全域旅游空间布局，着力打造山庄外庙核心区，京承皇家御道旅游带、燕山环京津国际休闲旅游带，皇家文化、森林草原、长城生态、燕山山水、冰雪温泉五大旅游板块和御道口、兴隆山、热河皇家温泉、金山岭、蟠龙湖、京北第一草原六大精品旅游度假区。

装点此关山，今朝更好看。距离第三届省旅发大会召开还有一周时间，各项筹备工作进入冲刺阶段。我市上下齐心协力，精心筹备，高标准、高质量地加快推进各项工作，全力确保办成一届精彩、震撼、超越的旅游盛会。

——选自2018年7月10日《承德日报》第1版

化石“猎人”王朝林

杨不扬

2018年11月，一则喜讯飞至丰宁满族自治县化石收藏家王朝林的手中——在中国古生物化石保护基金会与新华公益共同举办的“平凡化石故事·非凡贡献人物(1998－2018)”活动中，王朝林喜获“非凡贡献人物(提名)”奖。

颁奖词中这样写到：每一块化石，都蕴藏着远古生命的故事，每一位获奖者，都在努力发现、守护和宣讲化石与人生的精彩故事。

多年痴心于化石收藏、保护、研究、发掘的王朝林，自2000年以来，先后投入6千多万元收藏、保护古生物化石，特别是在丰宁先后发现了震惊世界的“华美金凤鸟”和3条“恐龙化石”，更使他信心倍增。他说：“在现有古生物和山戎两个博物馆的基础上，过几年，将再建大规模古生物和山戎文化两个博物馆，我想我的后半生，将会与收藏事业结合在一起了。”王朝林说，人的一生应该给社会做点贡献，这才算不白活一回。

展出化石

走进丰宁古生物化石博物馆，就走进了一座侏罗纪公园。

一只丰宁原羽鸟张开翅膀，正展翅欲翔；一只满洲龟拖着长尾巴，探头探脑；一只龙虾张扬着螯和触角；一只蜻蜓正试图降落。最多的是鱼，或单独在水中逡巡，或成群结伴在嬉戏，还有恐龙、鳄鱼、蝾螈、蝉、蜘蛛……各有各的色彩，各有各的姿态。

其实，这些看似鲜活的生命，早已定格在1亿3千多年前的某次地质运动中。亿万年后，是这座不足300平方米的展馆，赋予了它们新的生机。

“这是中华鲟鱼，不同于长江里面的保护动物，也不是从菜市场买到的同名鱼类；这是卡勒莱新芦木，芦苇和竹子的祖先，看，它已经有结了。”展馆工作人员王金玲的话语充满了自豪感，“这里面的动植物化石，90%都产自丰宁，其余也大都属于热河生物群。”

1928年，在北大任教的美国地质学家葛利普率先提出了热河动物群的概念。其后的90年间，冀北、辽西等原热河省的土地，因为蕴藏着这座星球上更古老的生物，吸引了全世界科学家的目光。

“热河生物群是世界古生物化石的宝库，而丰宁就是这座宝库中的夜明珠。”原国际古生物协会主席、英国莱斯特大学教授理查德·约翰·爱尔德利基实地考察后，这样评价丰宁的化石资源。

然而，不要说外地人，就连大多数丰宁当地人也并不知道，亿万年前的丰宁大地，曾经有着一个那样生机勃勃的世界。

把这个世界集中展现给人们的，就是丰宁古生物化石博物馆馆长王朝林。

收藏化石

上世纪90年代，王朝林有了些积蓄，在听好友刘洎洲给他讲述在凌源发现“好东西”后，爱好收藏的他决定去看一看。到了凌源博物馆，王朝林被馆内的收藏震撼了，这些造型精美，形状完好的化石很多竟然出自丰宁，他开始有了收藏化石的念头。王朝林开始一次次地去全国各地学习和考察，一边学习一边收集化石。此时他发现，收集化石已刻不容缓，有很多懂收藏的人早已把丰宁化石当成了“无价之宝”。

国务院颁布的《古生物化石保护条例》是自2011年1月1日起施行的，在那之前，化石保护缺少直接的法律依据。

很多地方政府对化石的认识和管理也不到位。一些外地来的化石贩子长期驻村，老百姓上山私挖乱采，挖出来的化石，好的会被贩子收走，不好的随手扔掉。

从那时起，化石保护，成为丰宁县政府重要的工作议题。当地的政府工作报告几乎每年都会提到要建设化石博物馆。然而，作为一个深度贫困县，丰宁缺钱。

王朝林回忆：“当时的县领导跟我说，化石保护迫在眉睫，但县里没钱，作为县里的企业家，你得把这事担起来！”

这样一句口头邀约，王朝林把它当成了大事来办。而今，20年过去了，化石馆初具规模，他收藏的化石已经超过了一万件。300多件珍稀化石首次与公众见面。展览分为古植物类、古鱼类、古两栖爬行哺乳类、古鸟类和古昆虫类5个部分。它是一个集陈列、教育、收藏、研究和利用一体的综合性博物馆。

该馆同时被确定为中国科学院古脊椎动物与古人类研究所工作站(全国唯一),2010年又被定为河北省科普基地。2004年与中国地质科学院合作发掘研究丰宁古生物化石。近年来,又与山东临沂大学搞合作研究,已经取得了对“丰宁鲟鱼、阿氏燕兽、始孔子鸟”等珍贵化石的研究成果。

2005年3月,丰宁出台了关于加强古生物化石保护和管理的七项规定,并授权县化石协会牵头保护化石资源。

丰宁化石协会成立于2004年,王朝林任秘书长曾多次联手公安部门,从县城和化石产地的宾馆里,甚至在已经开出县境的班车上,堵住化石贩子,回收化石。不仅打击了外来的贩子,也在私挖乱采的百姓中产生了震慑作用,从而制止了化石大量外流。

王朝林的古生物化石收藏,内容涉及鸟类、鱼类、昆虫类、植物类等几十种。在他的办公室,墙上、桌子、柜子、架子上都放满了他精心设计和装帧的化石。这些化石有大有小,有植物有动物,无不透出历史岁月的沧桑。

保护化石

2008年,王朝林从事化石收藏十年之际,丰宁的化石资源保护终于迈出了重要一步。当年4月,省政府批准建立丰宁古生物化石省级自然保护区。

丰宁满族自治县地处冀北古生物群分布带,拥有丰富的化石资源,专家说冀北热河古生物群是世界古生物的宝库,丰宁是宝库的夜明珠。这些化石距今有1亿4千万年,对研究我国古生物状态具有重要价值。当地的百姓发现,在丰宁四岔口和外沟门的山上,有许多鱼类、昆虫和植物化石,他们知道化石拿出去可以换钱后,已开始上山采掘,部分群众竟盲目地用炸药进行爆炸挖掘化石,一些不法之徒也在盗挖化石进行走私倒卖,许多精美的化石从此四处流失,具有很高科研价值的化石已下落不明。

在收藏过程中,这一幕深深地刺痛了王朝林,如何保护好珍贵的化石成为他的头等大事。

“外沟门附近百姓发现一对‘鸟’,好多人都在那看呢。”听到消息后,王朝林立刻放下手里的工作,直奔外沟门乡。几经打探后,赶到发现地点后还是晚了一步。“化石已经被卖给一个外地来购买化石的贩子了,估计已经远走了。”听到此消息后,王朝林当时愣住了。“丰宁出的东西,一定要留在丰宁。”在王朝林的脑海中闪现出这样一句话。王朝林开始寻找化石去向。最后王朝林从一位老乡口中得知,化石卖给了一位来自凌源的倒卖化石的二手贩子。去凌源查找犹如在大海里捞针,他从丰宁至凌源往返数次,求人无数,终于打探到该化石还在丰宁。王朝林最终通过各种途径,把它留在了丰宁,这时,距离发现之日已有3个月有余。

十几年来,他还会同公安执法部门,多次追逃制止倒卖化石行为,共追缴回盗卖化石200多件。

发掘化石

2004年8月3日,王朝林接到一群众的电话,称在外沟门骡子沟村发现一化石标本。他立即开车赶到现场。在对化石拼凑复原后发现,那是一幅精美的图案。他隐约预感到这块化石应该十分珍贵。

当年8月5日,他和朋友起了个大早,将这块化石送到了中国地质科学院地质研究所,经过8个月的艰辛研究,他们向社会公布了研究成果,这是块古生物鸟类化石,比德国的始祖鸟化石形成还要早。

2005年3月20日,中国地质科学院研究员季强和研究团队向世界宣告,他们发现了世界上最原始的鸟类化石,并将其命名为“华美金凤鸟”。

尽管其后的研究进一步证实,华美金凤鸟实际上是恐龙中的一种——伤齿龙类,但这块化石还是拥有巨大价值,它为伤齿龙类恐龙长有羽毛提供了首个证据,并成为了世界上迄今为止发现的最原始的初鸟类生物。而今这对化石之一,作为镇馆之宝,正展示在丰宁古生物化石博物馆内。

“华美金凤鸟”面世之后,各地的科学家、收藏爱好者蜂拥而至。是年,国际古生物协会主席、英国莱斯特大学教授理查德·约翰·爱尔德利基,与多个国家的科学家来到博物馆参观,对展品给予了很高的评价,之后又相继有27个国家37位专家来到丰宁化石博物馆参观。专家们称赞王朝林发掘收藏的化石种类的精美程度,堪称世界一绝。这个惊世的发现一时间成为世界各媒体关注的焦点,这也更加坚定了他不辍行走在收藏化石这条路的决心。

2014年,他又在四岔口乡发现古脊椎动物化石,经文物专家测量,该化石长度为7米左右,初步判定为“恐龙化石”,此后相继于2017和2018年,又发现两条“恐龙化石”,这3条龙两个品种,均为世界级。专家预测,这3条龙的发现,将会改写世界古脊椎动物化石的历史。1.3亿万年,已经震惊世界放了“卫星”,如再发现皮毛就无异于在世界放了“原子弹”。

走进博物馆,走进远古,领悟着地球上生命进化的奥秘,感受一亿五千万年前留给我们的历史瞬间,王朝林在用他的方式记录着时代的变迁。

——选自2018年11月26日《承德日报》第5版

大 事 记

1 月

2日 县政协召开第八届委员会文史研究员工作会议。县政协主席郭锐、副主席张建兴、丛雁飞、韩世君、王和及聘请的八届政协文史研究员参加会议。

同日 北京红十字会党组书记、常务副会长李宝峰一行在河北省红十字会党组书记、常务副会长宋振江、承德市副市长郭士刚等人陪同下到丰宁对口帮扶，与丰宁达成了2018－2020年三年帮扶意向和2018年帮扶计划。

3日 河北省国土资源厅副厅长吴裕根一行来丰宁就脱贫攻坚“五包一”帮扶对接工作召开会议。县领导杨宪军、刘海平、郭锐、庄爱新、张立民出席会议。县国土、扶贫、财政等相关部门负责人参加会议。

4日 县委副书记庄爱新，县委常委、宣传部长李秀华到外沟门乡青石砬村，看望慰问了从部队休假回家的解放军“时代楷模”王锐，并送去慰问品。

同日 县政府召开中药材种植座谈会，县长杨宪军、副县长张立民出席会议，县农牧局、林业局、水务局、财政局、扶贫办等部门负责人、部分中药材种植大户参加座谈会。

5日 县委召开扶贫领域腐败和作风问题专项整治推进会议，就大力开展扶贫领域作风整顿、促进各项决策部署落到实处进行部署。县委书记方志勇主持会议，县领导庄爱新、徐树星、何元武、桑爱民、张胜勇、张立民、薛红霞出席会议。

同日 丰宁与农业发展银行承德分行举行战略合作协议签约仪式，农业发展银行河北省分行副行长高常青，农业发展银行承德分行行长徐泽湖，县领导方志勇、杨宪军、庄爱新、何元武、张立民出席签约仪式。县委常委、副县长何元武主持签约仪式。

同日 县长杨宪军主持召开针对国道112线治超问题座谈会，副县长张胜勇出席会议，县交通、交警等相关部门负责人参加会议。

同日 河北省财政厅和民族宗教厅联合赴丰宁就民族贸易和民族特需商品生产贷款贴息进行调研，并召开了座谈会，县13家民贸企业参会。

9日 县委召开河北省委巡查反馈意见整改工作调度会。县领导方志勇、刘海平、郭锐、徐树星、李秀华、李文江、吕宝俭、孙瑞芳、张胜勇、张立民出席会议。县委书记方志勇主持会议。

同日 丰宁召开慈善总会第二届会员代表大会，副县长张立民出席会议并讲话，政协副主席张建兴主持会议。

10日 县委书记方志勇主持召开县委七届十四次常委会议，县长杨宪军、县委常委徐树星、何元武、李秀华、宋宇宁、李文江、张煦笙、李文合出席会议，县人大常委会主任刘海平、政协主席郭锐列席会议。

同日 河北省大督查办公室第三调研组一行来丰宁调研，就丰宁重点工作大督查开展情况进行座谈。县领导杨宪军、徐树星、李秀华、李文江、孙海丰出席座谈会。

同日 承德市“河长制”督导组到丰宁督导，就河长制落实情况，对丰宁进行检查指导，县委常委、副县长李文合，县水务局局长徐顺臣，陪同检查。

同日 县政协召开八届五次主席会议。主席郭锐、副主席张建兴、丛雁飞、王和、秘书长李作刚出席会议，机关各委室相关人员列席会议，主席郭锐主持会议。研究增补19名政协委员情况说明，撤销于秋波政协委员资格的决定，接受吴艳丽辞去政协委员职务请求的决定，王长江不再担任政协委员的说明；研究县政协八届二次会议相关材料，讨论政协八届委员会工作报告，讨论提案工作情况报告，讨论大会发言材料；讨论2017年度优秀提案名单、优秀政协委员名单、“四引四帮”先进个人名单；听取3名专委会主任关于走访委员情况的汇报；研究政协八届二次会议相关事项，初步确定召开县政协八届二次会议的时间，会议议程、日程安排，会务安排事项、研究政协八届五次常委会议议题。

12日 中国共产党丰宁满族自治县第七届委员会第三次全体扩大会议在县城隆重召开。县委书记方志勇代表县委常委会作工作报告并讲话。

13日 县委召开“河长制”(由各级党政负责人担任“河长”负责组织领导河湖的管理主保护工作)工作推进会议，分析丰宁河长制工作面临的形势，对工作进行再部署。县长杨宪军出席会议，副县长张立民主持会议。

同日 河北省卫生和计划委员

会基层处处长郝洪生一行4人，在卫生和计划生育委员会副主任屈民陪同下对丰宁健康扶贫“家庭医生签约”工作完成情况进行督导检查。

15日　王锐先进事迹报告会在实验中学举行。县领导何元武、李秀华、孙明臣、韩世君，县人武部政委晁明辉出席报告会。

16日　由县人事和社会保障局与县职教中心联合举办的第九期月嫂、护工培训班正式开班，县长杨宪军出席开班仪式。

16－17日　河北省统计局党组书记、局长杨景祥，副局长王素君一行到丰宁调研并慰问驻村工作组。市统计局局长冯国杰，县长杨宪军，县委常委、常务副县长何元武，县人大常委会副主任李兆春陪同调研。

17日　县长杨宪军主持召开了2018年重点项目和民心工程调度会，县人大常委会副主任应翠平、县政协副主席丛雁飞出席会议。会议听取了人大、政协各委主任和人大代表、政协委员关于2018年重点项目和民心工程意见建议。

同日　县安全委员会全委扩大会议在县城召开，县长杨宪军、各分管副县长、各乡镇长、相关部门主要负责人出席会议，常务副县长何元武主持会议。

18日　河北省民族宗教厅党组书记、厅长潘冬青率队到丰宁南关蒙古族乡调研精准脱贫工作，并慰问民族宗教厅驻村工作组和困难群众。副县长薛宏霞参加活动。

同日　县政府召开2018年工作既民心工程意见听取会议。县长杨宪军，县委常委、副县长桑爱民，副县长张立民参加会议。

19日　县八届人大常委会举行第八次会议，县人大常委会主任刘海平，副主任应翠平、李兆春、孙明臣、孙瑞芳及委员共25人出席了会议。县人民政府县长杨宪军、县人大常委会党组副书记何铁章、县人民检察院检察长武瑞国、县人民法院副院长崔晓明、县人大常委会党组成员马明华、县政府办主任刘明阁、县人力资源和社会保障局局长刘相阁及县人大常委会机关各委、室有关工作人员列席了会议。会议通过关于召开丰宁满族自治县第八届人民代表大会第二次会议的决定和关于县八届人大二次会议列席人员名单的决定；通过了县八届人大二次会议议程、日程草案及各项名单草案；审议通过了县人大常委会工作报告。补选了承德市第十四届人民代表大会代表；会议还通过了人事任命事项，并举行了向宪法宣誓仪式。

23日　团县委、县青联组织青联教育卫生界、社会管理服务界和财税金融界青联委员代表分别到杨木栅子乡和胡麻营镇开展关爱留守儿童暖冬行动，为留守儿童送去了台灯、文体用品、衣服等价值2万元物资及2万元贫困儿童助学金。青联委员参观了学生的课余活动场地并与留守儿童进行了沟通和交流，鼓励他们阳光、乐观、积极地学习和生活。

同日　县政协八届委员会召开第五次常委会议，县政协主席郭锐，副主席张建兴、韩世君、王和、秘书长李作刚出席会议。

同日　县长杨宪军主持召开全县民生实事工作调度会，县领导何元武、桑爱民、李文合、张煦笙、李兆春、张胜勇、薛红霞、韩世君出席会议，县教育、财政、交通等相关部门负责人参加会议。

24日　县长杨宪军主持召开县委七届十六次常委会议。县人大常委会主任刘海平、县政协主席郭锐列席会议。

同日　承德市政协副主席信祥到丰宁汤河乡杨树沟村走访慰问贫困群众。县政协主席郭锐陪同慰问。

25日　经县政府研究，制定《丰宁满族自治县电子商务进农村综合示范工作方案》并在丰宁满族自治县人民政府网站和河北农村电子商务公共服务中心网站公示期满。

同日　县长杨宪军主持召开县长办公会议，发改、财政、国土、规划、住建、交通、水务、开发区等单位就易地扶贫搬迁县城集中安置区建设过程中存在的相关问题进行专题研究。

26日　京承部分县区2018年第一次区域警务协作会议在丰宁南辛营检查站召开，北京市公安局怀柔公安分局党委副书记、副局长贾春明，怀柔公安分局党委委员、副局长蔡晨光，指挥、治安、交通、刑侦、警务支援、反特巡、汤河口派出所、汤河口检查站、宝山寺检查站负责人，丰宁县公安局党委委员、副局长边超、廉福林，指挥、治安、交警、巡特警、刑侦、检查站负责人，滦平县公安局治安部门、虎什哈派出所负责人参加会议。

27日　丰宁北京商会年会暨丰商产品推介大会在北京举行。年会以“联络乡贤、共谋发展、助力丰宁”为主体，商会会员及特邀嘉宾共叙友谊、共谋发展。县领导杨宪军、刘海平、郭锐、张煦笙、王和出席大会。

同日　县长杨宪军在相关部门主要负责人的陪同下深入到部分老党员、困难职工及贫困户家中，为他们送去了党和政府的亲切关怀和节日的美好祝愿，并为他们送去慰问金。

28日　县长杨宪军、副县长何元武、孙海丰、张胜勇及水务局局长徐顺臣出席县长办公会，研究县城污水处理厂运转问题相关事宜。

同日 经县编委研究，县退役军人服务中心更名为退役军人管理服务中心，各乡镇、街道成立退役军人管理服务站。

30 日 民建中央副主席李世杰一行来丰宁，就精准扶贫工作召开调研会。县委书记方志勇主持会议，县领导庄爱新、何元武、张立民、王和出席会议，县部分企业负责人参加会议。

31 日－2 月 1 日 政协丰宁满族自治县第八届委员会第一次会议在县城举行。应出席本次会议的委员 179 名，因病因事请假 6 名，实到 173 名。列席人员 44 名。会议期间，委员们听取并审议了八届委员会常务委员会所做的工作报告和提案工作报告；委员们列席了丰宁满族自治县第八届人民代表大会第二次会议，听取并讨论了《政府工作报告》及其他报告。听取政协丰宁满族自治县第八届委员会二次会议提案征集审查情况的报告。通过了政协丰宁满族自治县八届二次会议政治决议。会议对一次会议以来的优秀提案、优秀政协委员、“四引四帮”先进个人进行了表彰。

31 日－2 月 2 日 丰宁满族自治县第八届人民代表大会第二次会议在县城举行。应出席本次会议的代表 202 人，实际出席 197 人，因事、因病请假 5 人。列席本次会议的 171 人。会议审议批准了丰宁满族自治县人民政府工作报告；批准了丰宁满族自治县 2017 年国民经济和社会发展计划执行情况及 2018 年国民经济和社会发展计划的报告；批准了丰宁满族自治县 2017 年县总预算和县本级预算执行情况及 2018 年县总预算和县本级预算的报告；批准了丰宁满族自治县人民代表大会常务委员会工作报告；批准了丰宁满族自治县人民法院工作报告；批准了丰宁满族自治县人民检察院工作报告，并作出了相应的决议。选举产生了丰宁满族自治县监察委员会主任，补选了两名丰宁满族自治县第八人民代表大会常务委员会委员。

31 日 县委政府召开全县老干部组织经济情况通报暨春节座谈会。县领导方志勇、杨宪军、刘海平、郭锐、徐树星、桑爱民与县处级离退休老干部代表共聚一堂、共叙情谊、共话新春、共谋发展。

同日 县政府全面部署丰宁县第三次全国土地调查工作，组建第三次全国土地调查领导小组及办公室，落实调查经费等。

2 月

1 日 承德市市长常丽虹在县委常委、副县长桑爱民的陪同下深入到南关蒙古族乡横河子村部分贫困户家中，为他们送去党和政府的关怀，并向他们致以新春的祝福。

2 日 县八届人大常委会举行第九次会议，县人大常委会主任刘海平，副主任应翠平、党组副书记何铁章、副主任李兆春、孙明臣、孙瑞芳及委员共 28 人出席了会议。县委常委、县政府常务副县长何元武，县委常委、纪委书记、县监察委员会主任李文江、县人民法院院长王艳军，县人民检察院副检察长赵景录列席了会议。县政府相关部门负责及县人大常委会各委室工作人员列席了会议。会议通过了县人大常委会关于将河北省承德市丰宁满族自治县汤河流域综合治理项目财政支出列入跨年度预算的决定、关于将河北省承德市丰宁满族自治县县城及河北经济开发区供水和污水处理项目财政支出列入跨年度预算的决定。会议任命了县监察委员会副主任和县监察委员会委员，并向被任命人员颁发了任命书、举行了向宪法宣誓仪式。

3 日 县监察委员会正式挂牌成立，县领导方志勇、刘海平、郭锐、李文江出席会议。仪式后召开了县监委成立暨监委会全体干部会议，县委常委、县纪委书记、县监察委员会主任李文江主持会议，县纪委、各乡镇纪委书记参加会议。

同日 春节前夕，县委召开老干部座谈会，与离退休老干部欢聚一堂，通报全县 2017 年工作情况，听取意见建议，向老领导、老同志送上新年祝福。县领导方志勇、杨宪军、刘海平、郭锐、庄爱新、徐树星、何元武、宋宇宁出席座谈会。

4 日 承德市委常委、市纪委书记路鸿昌，副市长苏铁成春节前到丰宁送温暖走访慰问，为贫困户送去慰问品及慰问金。县领导杨宪军、宋宇宁、李文江参加活动。

6 日 县长杨宪军先后到丰宁汽车站、新客运站、茂源市场、承德商厦、北雁商城、宁丰路吉庆烟花炮竹销售点等地，就各安全敏感场所，部位进行春节期间安全生产视察，督促基层和企业落实关于安全生产的决策部署。

同日 经县政府第八届二次常务会议通过，设立滨河社区居民委员会，所辖范围为九龙湾小区，山水豪庭小区；服务职责为常住该区域非农业人口和流动人口的民生服务事项，推进助老和谐社区公共服务体系建设。

9 日 县政协主席郭锐到离退休老干部家中进行走访慰问，为他们送去春节的祝福。

10 日 大阁镇九龙社区居民韩春阳和家人探亲回家途中经过 244 省道丰宁四道河村东时施救 1 名侧翻遇险的大挂车司机，韩春阳奋不顾身地跳进 4 米深的沟中，救出被卡在车里的司机。被县政府授予“见义勇为积极分子”荣誉称号。

12日　河北省人大常委会副主任、承德市委书记周仲明到丰宁参加县委常委班子民主生活会，并作出重要指示。

同日　河北省人大常委会副主任、承德市委书记周仲明到丰宁检查森林草原防火工作。县领导方志勇、宋宇宁陪同检查。

14日　天合光能扶贫爱心超市捐建启动仪式在丰宁举行。县领导李秀华、张立民出席仪式，天合光能企业代表、扶贫办、财政局、大元国控及大阁镇、南关蒙古族乡等受捐助的相关乡镇负责人参加仪式。副县长张立民主持仪式。与会领导分别就丰宁扶贫开发工作提出了意见和建议。

同日　县长杨宪军，县委常委、常务副县长何元武，县委常委、政法委书记吕宝俭，副县长、公安局长林树刚等县委、县政府领导先后到县局检查站、消防、武警、看守所、110指挥中心等一线单位看望慰问坚守岗位的民警、消防战士和武警官兵，并表达县委县政府的关怀、厚爱和祝福。县公安局党委副书记、政委范增臣及有关部门分管局领导参加活动。

22日　县政府召开产业覆盖扶持政策调度会，县长杨宪军、县委常委、常务副县长何元武，县人大常委会副主任李兆春，副县长张立民，县政协副主席张建兴出席会议。

23日　县长杨宪军主持召开全县重点工作动员部署会议。县领导桑爱民、李文合、孙海丰、张煦笙、张胜勇、张立民及全县各县直部门、部分乡镇相关人员参加了此次会议。

24日　即日起在全县范围内集中开展金融风险排查活动。

26日　县长杨宪军主持，县委常委、副县长桑爱民，副县长张胜勇出席，召开县长办公会，会议专题研究丰宁满族自治县3个城中村（撒袋沟门片区、苗圃片区、白塔片区）棚户区改造相关事宜。

27日　“春风行动”精准就业2018年丰宁春季招聘会在县第三小学举行。县委常委、副县长桑爱民出席启动仪式并致辞。

同日　副县长张胜勇主持召开专题会议，审议潮河流域县城段“一主四副”综合治理工程达袋沟旱河水利及景观设计方案、弃渣场地质灾害防护方案、潮河上游段清洪分离及左岸亲爱增防护方案。

同日　县委书记方志勇主持召开县委七届十八次常委会议。县人大常委会党组书记、县政协党组书记、政府办、督考办、宣传部有关人员列席会议。会议传达了市纪委十四届二次全会精神，研究了丰宁2018年党风廉政建设和反腐败工作，以及召开县纪委九届三次全会相关事宜；传达了中央、省、市关于开展扫黑除恶专项斗争会议精神，研究丰宁开展扫黑除恶专项斗争实施方案；研究讨论了丰宁巡视整改情况的报告。

28日　国家级电子商务示范县项目开始实施，通过政府采购方式进行运营主体招投标，确定国家级电子商务综合示范县项目总运营商为上海太德励拓互联网科技有限公司。

3　月

同日　丰宁卫生和计划生育局组织举行四价人乳头瘤病毒疫苗（HPV疫苗）丰宁县首针接种仪式，标志着宫颈癌的预防迈进疫苗可控制的一级预防时代。

1日　中共丰宁满族自治县第七届纪律检查委员会第三次全体会议在县委党校会议室召开。全会应出席县纪委委员21人，实际出席21人，符合法定人数。县四大班子领导出席会议，县人民法院院长，县人民监察院检察长以及其他副县级以上领导出席会议，各相关单位负责人参加会议。

同日　承德市副市长王成一行到丰宁鱼儿山、外沟门、大滩等地就旅发大会部门项目建设问题进行调研。副县长张立民陪同调研。

2日　县委、县政府召开正风肃纪问题通报暨警示教育会议。方志勇、杨宪军及县四个班子领导出席会议。

5日　河北省政府在丰宁召开河北省第三届旅游产业发展大会（以下简称旅发大会）筹备工作调度会，对各项工作进行了再部署再动员。县领导方志勇、杨宪军、庄爱新、何元武、桑爱民、李秀华、宋宇宁、孙海丰、张胜勇出席会议并分别讲了具体意见。会议听取了各承办重点工作的各牵头单位主要负责人关于工作进展、存在问题以及下一步工作安排等情况的汇报。

6日　河北省发展改革委员会党组成员、副主任李东洲一行来丰宁调研，承德市委常委、副市长任武军，县长杨宪军，县委常委、常务副县长何元武，县委常委、副县长张煦笙陪同调研。

8日　上午，丰宁县妇联举行纪念三八国际劳动妇女节文艺演出。县委常委、宣传部部长李秀华，县委常委、县委办公室主任宋宇宁，县人大常委会副主任应翠平、县政协副主席张建兴观看了演出。观看演出的还有县直部门的部分领导，乡镇妇联主席、县直妇委会主任、女企业家等典型、代表。

同日　县委书记方志勇主持召开省驻村工作座谈会，县委副书记庄爱新，县委常委、县委办主任宋宇宁出席会议。

8－9 日 河北省民族宗教厅党组书记、厅长潘冬青一行 15 人赴丰宁南关蒙古族乡黄土梁、独立营村、选将营乡三道营村调研扶贫工作、欢送新驻村工作队员。承德市民族宗教局局长张忠、丰宁副县长薛宏霞陪同调研。

9 日 承德市农工委副书记宋文平带队，市农委副主任甘露军等一行 5 人来丰宁对 2017 年农业农村工作进行考核，县委副书记庄爱新、县政府副县长张立民等陪同考察。

10 日 北京市怀柔区区委书记常卫，区委副书记、区长卢宇国率领党政考察团来丰宁就对口帮扶工作进行考察。承德市委副书记张泽峰，市委常委、副市长任武军，县领导方志勇、杨宪军、刘海平、郭锐、庄爱新、徐树星、何元武、桑爱民、宋宇宁、张煦笙、张立民、薛红霞及相关部门负责人陪同考察。

12 日 县委、县政府召开全县扶贫领导小组工作会议，研究丰宁脱贫攻坚工作，县领导方志勇、杨宪军、刘海平、郭锐、庄爱新、何元武、李秀华、宋宇宁、李文江、李文合、李兆春、孙瑞芳、张胜勇、张立民、薛红霞、丛雁飞、王和出席会议。

同日 召开县政协八届六次主席会议，主席郭锐、副主席张建兴、丛雁飞、韩世君、王和、秘书长李作刚出席会议，机关各委室相关人员列席会议，主席郭锐主持会议。会议对有关事项进行了研究。

同日 县委书记方志勇主持召开书记办公会议，调研丰宁 2018 年环保工作。县领导杨宪军、应翠平、孙海丰、张胜勇、张立民、薛红霞、王和出席会议，县环保、发改、住建、水务等相关部门负责人参加会议。

13 日 承德市委常委、农工委书记吴清海，市政府副市长苏铁成到丰宁调研督导旅发大会项目建设及沿线美丽乡村和环境整治工作。县委书记方志勇，县长杨宪军，县委常委、副县长桑爱民陪同调研。

同日 县委、县政府召开 2018 年度精准脱贫驻村帮扶动员部署暨培训会议，安排部署 2018 年度精准扶贫脱贫驻村帮扶工作，对县直精准脱贫驻村工作队全体驻村干部进行警醒专题培训。县领导方志勇、杨宪军、庄爱新、徐树星、张立民出席会议。

15－16 日 公安部督察专员黄晓明一行 3 人到丰宁督导检查全国“两会”安保工作。承德市公安局党委委员、市纪委驻市局纪检组组长耿云飞，丰宁副县长、公安局长林树刚，县局党委副书记、政委范增臣等陪同督导检查。

16 日 县政府召开全县易地搬迁工作调度会议，确保 2016 年安置项目在 2018 年 8 月底前全部“交钥匙”入住。

17 日 县长杨宪军主持召开县政府八届十次常务会议，会议听取了全县草原防火、信访维稳、安全生产等单位的汇报，审议了《2017 年度丰宁满族自治县安全生产先进单位和先进个人名单》。

19 日 河北省职业技术教育研究所试验基地揭牌仪式在丰宁职教中心举行，河北省职业技术教育研究所所长陈嘉兴，县委常委、常务副县长何元武，县人大常委会副主任李兆春出席了揭牌仪式。

21 日 承德市综治办、市人民法院、县综治办、县法院联合举办的承德市家事纠纷联动解决机制及家事审判改革现场推进会在丰宁召开。承德市中级人民法院党组书记、院长刘福明，市政法委常务副书记、综治办主任李海建，县委常委、政法委书记吕宝俭出席会议。

22 日 县水务局在丰宁县城开展街头宣传，纪念第二十六届世界水日、第三十一届中国水周。

23 日 县政府召开县长办公会议，专题研究道路建设过程中拆迁补偿有关工作。

同日 河北省林业厅副厅长张剑一行到丰宁督导检查森林防火工作，副县长张立民陪同考察。

同日 北京市怀柔区总工会党组书记、主席曹立仓一行来丰宁进行考察交流并签订友好合作协议，副县长孙海丰、县总工会主席何铁章出席签订仪式。

27 日 第三届 2018 中国森林休闲与健康高峰论坛暨 2017 中国森林体验基地、中国森林养生基地、中国慢生活休闲体验区/村(镇)命名授牌仪式在南京举行。丰宁千松坝林场获“中国森林体验基地”称号。

同日 召开县政协八届八次常委会议，主席郭锐、副主席张建兴、丛雁飞、韩世君、王和、秘书长李作刚及政协常委出席会议，机关各委室相关人员列席会议，副主席张建兴主持会议。会议通报了 2018 年提案审查立案情况；调整了主席分工，副主席王和作为全县林果产业牵头人，丛雁飞副主席作为蔬菜产业牵头人；讨论通过了政协 2018 年协商计划及全会闭会期间提案工作规定。常委会议结束以后，由李保锋委员就全国“两会”宪法修正案相关知识进行了培训。

28 日 经县政府研究决定，成立丰宁满族自治县国家现代农业产业园区管理委员会，主任杨宪军。

30 日 县委召开理论中心组集中(扩大)学习会。县委常委、宣传部长李秀华主持会议，会议邀请首都师范大学教授郭海燕做专题讲座。在家的县委理论中心组成员、县直各部门主要负责同志出席了会议。会上，郭海燕教授围绕学习贯彻党的十九届三中全会精神和全国两会精神实质，通过深化党和国家机构改革的指导思想、目标和任务、调整优化政府机构职能、统筹党政军群机构改革等方面进行了讲述。

31日 承德市市长常丽虹一行来丰宁调研，县长杨宪军，县委常委、常务副县长何元武陪同调研。常丽虹一行在南关蒙古族乡看望了部分贫困户，仔细查看了建档立卡、“五证一册”等情况。

4 月

3日 由丰宁满族自治县顺琦太阳能发电有限公司在万胜永乡下洼子村建设79兆瓦扶贫电站项目，分别通过冀北电力接入评审和冀涨电能质量评估评审。

3-4日 “丰阜康宁——丰宁县农特产品中国行”正式启动，分别登陆北京，石家庄。县域特色农产品企业赴北京、石家庄参加启动仪式。在启动仪式上中国扶贫志愿服务促进会副会长、中国社区扶贫联盟联席主席王家华、丰宁满族自治县商务局局长刘国石、一应云联盟主席、长城物业董事长兼总裁陈耀忠分别发表讲话。参加企业：丰宁水星乳品有限责任公司、丰宁平安高科实业有限公司、承德市御今农业集团发展股份有限公司、丰宁昌达农业开发有限公司、丰宁秀莲剪纸工艺美术厂、丰宁元始种植有限责任公司。

8日 县长杨宪军主持召开县政府第八届11次常务会议，研究讨论了县委、县政府《关于进一步做好退役军人管理报务工作的意见》，会议提出了要求和议定。

同日 9个全市重点项目集中开工仪式在丰宁经济开发区举行，承德市人大常委会副主任丁然，县领导方志勇、杨宪军、刘海平、郭锐、何元武、桑爱民出席开工仪式。

9日 县长杨宪军深入到丰宁抽水蓄能电站进行实地调研，解决抽水蓄能电站项目在建设工作中存在的困难和问题，副县长孙海丰、薛红霞陪同调研。

10日 县委、县政府召开扶贫产业全覆盖视频调度会议，县领导方志勇、杨宪军、宋宇宁、李文江、李兆春、孙瑞芳、张立民、丛雁飞出席了会议。

同日 承德市委常委、组织部长路立营来丰宁调研驻村帮扶工作，县委书记方志勇、市委组织部正处级组织员李建霞，驻丰宁县督查组组长杨长江，县委副书记庄爱新，县委常委、组织部长徐树星，县委常委、副县长桑爱民陪同调研。

11日 县政府召开第八届12次常务会议，传达省、市扶贫推进会议精神，听取扶贫重点部门脱贫攻坚工作开展情况的汇报；听取农牧局、环保局关于县城畜禽禁养区内天鸿街10户养猪户养殖场所搬迁补偿情况的汇报。与会领导分别提出了意见和建议，并对下步脱贫攻坚工作和县城畜禽禁养区内养猪场所搬迁补偿工作提出了具体要求。

同日 河北省人大秸秆禁烧及综合利用检查组霍慧霄一行，在承德市人大常委会副主任丁然、市人大农工委主任李成彦陪同下，赴丰宁对秸秆禁烧及综合利用情况进行检查。同时，在县人大常委副主任李兆春、副县长张立民及相关部门人员的陪同下，实地查看了凤山镇善瑞纳农业发展有限公司秸秆膨化加工生产情况。

13日 中共中央政治局委员、北京市委书记蔡奇，北京市市长陈吉宁在河北省委书记王东峰，省长许勤，省人大常委会副主任、承德市委书记周仲明等领导陪同下，到丰宁视察指导工作。

14日 在丰宁县医院会议室举行屈正爱心基金会“护心云工程”心电网络诊断中心建设——丰宁捐赠仪式，屈正爱心基金会、翰纬科技公司相关人员，影视明星，企业家代表，市卫计委副主任张秀玲，丰宁县人大常委会主任刘海平、县政协主席郭锐、县政府副县长薛宏霞、县工会主席何铁章及卫生和计划生育局负责人，乡镇卫生院人员出席捐赠仪式。

15日 承德市大学生征兵宣讲报告团在丰宁实验中学为应征青年作报告。

16日 县政府召开八届13次常务会议，听取县发改委关于本县《2018年“双创双胜”活动实话方案》(征求意见稿)的汇报，县委常委常务副县长何元武对方案内容进行了补充说明。

18日 杨宪军主持召开县长办公会议，听取农牧、民政、水务、森林公安、扶贫、市场监督管理等部门各项议题的汇报，并就各项议题进行了研究。

20日 县政府在黄旗镇城根营村召开全县扶贫脱贫基础工作规范提升工作现场观摩会议、采取实地观摩，现场互动等形式，交流工作经验，解答疑难问题。

同日 县八届人大常委会举行第十次会议，县人大常委会主任刘海平、党组副书记何铁章、副主任李兆春、孙明臣、孙瑞芳及委员共26人出席了会议。县人民政府副县长孙海丰、县人民法院院长王艳军、县人民检察院检察长武瑞国、县监察委员会副主任刘金山列席会议。县政府相关部门负责人、部分县人大代表及县人大常委会各委室工作人员列席会议。会议听取审议了县人民法院关于涉法涉诉信访工作情况的报告和县人民检察院关于开展生态环境检察监督工作情况的报告；

听取了县人民代表大会民族法制委员会关于涉法涉诉信访工作情况和开展生态环境检察监督工作情况的调研报告；审议通过了县政府向县人大常委会报告国有资产管理情况办法（试行）。会议还通过了人事任免事项，县人大常委会主任刘海平向被任命人员颁发了任命书，并举行了向宪法宣誓仪式。

同日 河北女子职业技术学院老师贾素巧在丰宁县委党校为河北省妇联2018年“巾帼精准扶贫十百千培训工程”——丰宁县女子成人大、中专班学员进行授课，全县大中专班共计113人参加了培训。

23日 在第23个世界读书日来临之际，中国青少年发展基金会希望工程事业部部长吴清玲带领北京知名小学专家教师一行6人来到丰宁进行“希望工程快乐阅读”导读师培训活动。

同日 县长杨宪军主持召开县政府八届14次常务会议，听取水电公司关于拨付2017年度资本金的汇报；听取了旅游局关于大滩镇北侧旅发大会主会场周边基础设施建设问题的汇报，会议进行了议定。

26日 承德市委常委、副市长任武军来丰宁就北京对口帮扶项目情况进行调研，任武军先后考察了撒二营小学改造项目、撒二营村高效农业示范项目，并走访慰问了樱桃沟村部门贫困户，详细了解他们生活情况，并为他们送去了慰问品。县领导杨宪军、何元武、张煦笙、张立民陪同调研。

28日 县委书记方志勇主持召开扶贫领域问题暨巡视和“一问责八清理”整改“回头看”工作会议，对全县扶贫工作进行全面动员和安排部署，确保全县整改工作落实到位。县四大班子领导出席会议，各部门相关负责人参加会议。

5 月

4日 五四青年节当天，团县委在青少年活动中心组织召开了纪念五四运动99周年表彰大会暨优秀青年事迹分享会。

同日 民建专题调研组来丰宁调研脱贫攻坚工作，民建河北省委专职副主委范社岭、北京市副市长郭士刚、民建河北省委副巡视员郭建富、民建中央调研部社会事业处处长李沛熹参加调研活动。县长杨宪军，县委常委、组织部长徐树星，县委常委、副县李文合，副县长万军陪同调研。

7日 河北省统计局局长杨景祥一行来丰宁就精准扶贫工作进行调研，县委常委、常务副县长何元武陪同调研。杨景祥一行深入到黑山嘴镇喇嘛栅子村、小金营村、汤河乡汤河村进行实地调研，并召开座谈会。

8日 河北雁阳汽车配件项目开工仪式在丰宁怀丰产业园举行。县委书记方志勇，怀柔区原经信委主任周怀明，县政协主席郭锐，县委常委、常务副县长何元武，县委常委、县委办主任宋宇宁，县委常委张煦笙，县人大常委会副主任李兆春，副县长孙海丰，县开发区党工委副书记、管委会副主任、水务局局长徐顺臣出席了仪式。

同日 共青团河北省委副书记郭旭涛带领河北康泰医疗有限公司负责人、广东易展翅负责人一行在团市委副书记艾铮，团务部长张大磊的陪同下来到丰宁考察指导青年就业创业工作。

9日 邢台市威县人大常委会主任董占坤、石家庄市灵寿县副县长米峰分别带领考察团来丰宁就有机产品认证工作进行考察并召开座谈会。县人大常委会主任刘海平，县委常委、副县长张煦笙，人大常委会副主任李兆春，副县长万军出席会议。

11日 县长杨宪军主持召开县政府八届15次常务会议，书面传达了全县安全生产、草原森林防火、信访等工作情况；听取环保局、安监局、统计局、财政局等单位工作情况的汇报，会议就此进行了议定。

13日 此日是母亲节，丰宁县妇联邀请河北省医科大学第一医院的医疗专家组到丰宁县妇幼保健院，开展儿童先天性心脏病免费普查活动，受到先心病患儿家长的欢迎。

14日 河北省卫生和计划生育委员会项目办书记杨秋义、副科长李生潮一行在市卫计委副主任刘强、项目办主任闻铁成陪同下来丰就丰宁卫计系统2018年重点项目推进工作进行调研督导。

同日 丰宁住房和城乡建设局开展全县燃气企业安全巡查。

15日 国家民族宗教委员会监督检查司副司长李钟协、北京市民族宗教委员会副主任范宝及北京市民族宗教委员会调研组成员一行深入丰宁土城镇张百万村对产业建设、扶贫攻坚情况进行现场观摩并召开座谈会。省民族宗教厅副厅长崔晓辉，北京市副市长郭士刚，县长杨宪军，县委常委、组织部长徐树星，县人大常委会副主任孙明臣，政府副县长薛红霞参加活动。

同日 河北省卫生和计划生育委员会基层处副处长郝宏生、承德市卫生和计划生育委员会副主任屈民一行3人来丰宁进行异地搬迁人口公共卫生管理工作调研。

16日 县八届人大常委会举行第十一次会议，县人大常委会主任刘海平、副主任应翠平、党组副书记何铁章、副主任李兆春、孙明臣、孙瑞芳及委员共24人出席了会议。

县人民政府常务副县长何元武、部分省、市人大代表和大阁镇、凤山镇人大主席、街道人大工委主任列席了会议。会议听取和审议了县人大常委会内司工委主任、民族法制委员会副主任委员陈建强所作的关于《丰宁满族自治县封育禁牧条例》的提请议案和条例第二次修改稿及说明。通过了《丰宁满族自治县封育禁牧条例》(第二次修改稿)。

同日 河北省爱国卫生委员会办公室处长翟京波、丁占辉,在承德市卫生和计划生育委员会副主任刘强,科长杜国红、张海燕等陪同下,到丰宁南关蒙古族乡两间房村进行深度贫困村改厕工作调研指导。

同日 共青团河北省委副书记郭旭涛带领河北康泰医疗有限公司负责人、广东易展翅网络服务平台负责人来丰宁调研,郭旭涛一行在县领导宋宇宁、薛红霞的陪同下,参观了南关蒙古族乡御今农业发展集团有限公司食用菌种植项目,了解产业发展情况和贫困户脱贫情况;在县中医院,郭旭涛了解了“河北康泰医学医疗青少年公益项目”医疗器械受赠点部署情况,并就该项目落实工作听取了汇报。

17日 县委书记方志勇主持召开书记办公会议,专题研究丰宁县涉农资金滞留整合工作。

18日 丰宁满族自治县法学会成立并召开第一次代表大会,县委常委、政法委书记吕宝俭,副县长林树刚,县人民法院院长王艳军,县人民检察院检察长武瑞国,县公安局政委范增臣出席会议。

同日 杨宪军主持召开县长办公会议,研究军队退役人员政策落实相关事宜。

21日 由承德市卫生和计划生育委员会妇幼健康服务项目督导组一行8人到丰宁就妇幼重大公共卫生项目、基本公共卫生服务项目、免费唐氏筛查项目及孕产妇,新生儿危重症转会诊网络和高危管理项目进行督导评估。

22日 河北省工商联主席刘劲松一行来丰宁部分企业调研,县领导宋宇宁、张建兴、王和陪同调研。

23日 北京市人力资源和社会保障局党组成员、副局长孙美玲一行来丰宁进行劳务协作扶贫对接并召开座谈会,副县长薛红霞出席会议。

25日 北京市怀柔区水务局党组书记、局长王国栋一行8人来丰宁开展扶贫协作和对口支援工作,并就建立汤河水源保护联防联控机制在县水务局召开座谈会。

同日 围场满族蒙古族自治县农村工作委员会常务副书记佟建军带队一行10人来丰宁学习有机产品示范县创建经验,县农工委常务副书记于占利、副书记王军陪同。

26日 北京市国有资产监督管理委员会主任张贵林一行来丰宁就对口帮扶项目进行调研,承德市委常委、副市长任武军,县长杨宪军,县委常委、常务副县长何元武陪同调研。

29日 河北恒钏建筑材料和承德沃华建筑材料两个项目在丰宁经济开发区举行开工仪式。县领导方志勇、刘海平、郭锐、桑爱民、宋宇宁、孙海丰出席仪式。

31日 上午,怀柔区卫生和计划生育委员会副主任张来军带队一行17人到丰宁卫生和计划生育局就怀丰医疗卫生精准帮扶工作进行洽谈对接及义诊。

6　月

1日 县残疾儿童康复中心举办以“与爱同行,共享阳光”为主题的庆六一文艺演出活动。县残联、县中医院领导,儿童康复中心全体人员及进行康复训练的儿童和家长共同参加此次演出。

2日 河北省民建副主委范社岭到丰宁抽水蓄能电站调研。

3日 县委召开“助力脱贫攻坚 千企帮千村”座谈会,县委书记方志勇出席并主持会议。县领导庄爱新、宋宇宁、孙海丰、王和出席会议。县委办、工信局、农工委、扶贫办、工商联及顺达矿业、丰鑫实业、九龙实业、驸马上庄集团等30余家重点企业负责人参加会议。

4日 河北省委常委、常务副省长袁桐利一行来丰宁就脱贫攻坚工作开展情况进行调研,市委常委、常务副市长李晋宇,县领导方志勇、杨宪军陪同调研。

7日 县八届人大常委会举行第十二次会议,县人大常委会主任刘海平、副主任应翠平、党组副书记何铁章、副主任李兆春、孙明臣、孙瑞芳及委员共24人出席了会议。县人民政府副县长薛宏霞、县人民法院院长王艳军、县人民检察院检察长武瑞国、县纪委副书记监察委副主任刘金山、县政府相关部门负责人、部分县人大代表及县人大常委会各委室工作人员列席了会议。会议听取和审议了赵广林受县人民政府委托所作的关于全县基层医疗卫生服务情况的报告,听取了县人大常委会调研组关于全县基层医疗卫生服务情况的调研报告。会议还通过了人事任免事项,并举行了向宪法宣誓仪式。

同日 县长杨宪军到外沟门乡就环保督查移交的相关问题进行调研督导,副县长孙海丰、张胜勇陪同督导。

8日 北京市怀柔区政协、区委统战部、区工商联组织开展怀柔区非公企业“万企帮万村”丰宁对接活动。怀柔区政协主席武占刚,副主席周东金、王玉山、范淑玲、马春秀,秘书长王立臣,怀柔区统战部、工商联等部门领导9人,怀柔区非公企业家36人参加对接活动。承德市政协主席刘文勤,市委常委、副市长任武军,市政府副秘书长孙大光,丰宁县四大班子主要领导陪同调研。考察团先后考察了怀丰产业园、中小企业总部基地、丰宁旅游接待中心、黄旗镇城根营村田园综合体项目。

同日 承德市政协主席刘文勤一行在参加完怀柔区非公企业赴丰宁对接活动以后,到丰宁政协机关看望县政协机关全体干部和驻县的市政协委员,并召开座谈会。县政协主席郭锐汇报了丰宁“四引四帮”活动开展情况,驻县的市政协委员结合自身岗位汇报了“四引四帮”工作情况,并进行了座谈与交流,刘文勤主席作了总结讲话。

12日 丰宁召开全县禁毒工作会议。县委常委、政法委书记吕宝俭,副县长、公安局长林树刚出席会议并讲话,禁毒委员会成员单位、各乡镇主要和分管领导参加会议。会议由副县长、公安局长林树刚主持。

14日 中国共产党丰宁满族自治县第七届委员会第四次全体(扩大)会议在县行政中心会议室召开。全会由县委常委会主持。县委书记方志勇代表县委常委会做工作报告。县委委员、候补委员出席会议。

15日 河北省财政厅和省民族宗教厅赴丰宁开展民贸企业贷款贴息座谈会,市财政局、市民族宗教局及县相关部门参加座谈会。

17日 在丰宁大滩镇孤石牧场银洞山北坡,发现千余株国家濒危保护植物紫点杓兰。

19日 河北省重点项目办公室副主任杨林到丰宁抽水蓄能电站调研指导工作。

同日 县政府召开企业家暨创业带头人精准扶贫推进会议。县长杨宪军,县委常委、常务副县长何元武出席会议,县直相关部门、各乡镇、开发区管委会主要负责人及91位县内和县外企业家、创业带头人参加会议。

同日 河北省使用正版软件工作领导小组办公室,对丰宁2017年度软件正版化工作进行督导检查。

20日 县领导方志勇、杨宪军、何元武、宋宇宁到河北丰宁经济开发区就开发区建设进行实地调研,开发区党工委副书记徐顺臣及财政、规划、住建等相关部门负责人陪同调研。

同日 由团市委、市青企协、市青联、团县委、县青联举办的,“2018承德市青年企业家协会第二届‘天安人寿杯’鱼儿山徒步大赛”在丰宁鱼儿山镇拉开帷幕。

同日 原河北省省长钮茂生视察丰宁九龙醉酒厂。

21日 河北省委常委、常务副省长袁桐利来丰宁调研扶贫工作,省政府常务副秘书长吴晓华,承德市领导周仲明、常丽虹、李晋宇、丁伟,县领导方志勇、杨宪军、庄爱新、何元武、宋宇宁、张胜勇、张立民等陪同调研。

同日 承德市副市长苏铁成带领市直相关部门负责人分别到丰宁就第三届旅发大会筹备工作进行调研,并召开专题会议调度丰宁旅发大会观摩项目的手续办理情况。县委常委、副县长桑爱民出席会议并就各项目手续办理情况进行了汇报。

23日 河北省扫黑除恶专项斗争督导组赵炜一行来丰宁督导检查扫黑除恶专项斗争工作,县领导杨宪军、吕宝俭、林树刚及相关部门负责人参加会议。

24日 县长杨宪军主持召开县政府八届16次常务会议,听取了卫生局、人社局、发改局、财政局、大阁镇、拆迁办等单位工作情况汇报。

24－25日 河北省环保厅第二监察专员办公室对承德滦河、潮河流域部分河段沿河垃圾、河边采砂开展专项巡查,发现丰宁凤山镇兴洲河沿垃圾、河道采砂问题较为突出。

26日 承德市妇联、丰宁县妇联在大滩镇联合举办了“助旅发 促脱贫”巾帼乡村农家游培训班,大滩镇旅游沿线村女性旅游从业者、妇女干部等80余人参加培训。市妇联副主席闫赛春、县妇联主席李松岩、大滩镇党委书记常建军参加了开班仪式。

28日 县委书记方志勇带领由部分乡镇书记组成的观摩团,实地到汤河乡羊草沟门村,就该村扶贫工作开展情况进行现场观摩。

同日 杨宪军主持召开县长办公会议,研究全县燃煤锅炉改造相关事宜。

29日 县政府召开丰宁电子商务进农村综合示范项目启动大会。参会领导有河北省农村电子商务公共服务中心主任王强,县人民政府副县长桑爱民,太德励拓集团副总裁、易居乐农董事总经理陈光耀,以及26个乡镇、开发区、宣传部、电视台、文广新局、扶贫办、财政局、工商联、团县委、残联、妇联、工信局、农牧局、县社、发改局、市场监督管理局、科震局、县直工委、民族宗教局、各运营项目主体负责人、电商企业代表、太德励拓及新农人电商学校代表。

30日 “丰田志愿者2018年植树活动”在丰宁举行,丰田公司志愿者、媒体记者100余人参加了活动。

6月 在承德市中小学首届机

器人创客大赛中，丰宁共有17项获奖，其中优秀组织奖1项、冠军3项、亚军2项、季军1项、一等奖3项、二等奖2项、三等奖5项，丰宁第一小学、丰宁实验小学、丰宁第三小学、丰宁第四小学4所学校获得全国比赛资格。

7　月

1日　民建河北省委副主任范社岭一行来丰宁就脱贫攻坚工作进行调研并召开座谈会。县领导方志勇、徐树星、宋宇宁、万军出席会议。

同日　县委、县政府决定，开展“博爱一日捐”活动，至9月30日结束。

2日　承德市委常委、农工委书记吴清海一行来丰宁巡查河道治理保护情况，县长杨宪军陪同巡查。

3日　怀柔区10家企业来丰宁开展“万企帮万村”精准扶贫行动，并召开座谈会。县委常委、副县长张煦笙，县政协副主席、工商联主席王和出席会议。

5日　县委召开“领导干部大讲堂，万名干部讲政策”视频培训会议，四大班子领导出席会议，县委副书记庄爱新主持会议。

同日　旅发大会第一次观摩演练在丰宁举行，承德市副市长苏铁成，市直部门各单位相关负责人参加活动，县长杨宪军，各景点包保县领导参加演练。

6日　县委组织收听收看全国扫黑除恶专项斗争中央第一督导组督导河北省工作动员会议，全市大督查组组长杨长江，县领导方志勇、庄爱新、李秀华、李文江、吕宝俭、孙明臣、林树刚在县内分会场收听收看了会议。

同日　“北京英才幼教集团”托管“丰宁博雅幼儿园”签约仪式在丰宁教育局举行。“民建托管”办园模式正式启用。

同日　北京市怀柔区妇联主席王春叶带领区内女企业家、女能人、巧娘代表一行来丰宁进行对口帮扶工作对接。县委常委、宣传部部长李秀华，县委常委、副县长张煦笙，副县长薛宏霞，县妇联主席李松岩以及部分女企业家代表共计20人参加对接仪式。

10日　丰宁与北京三维福利机械厂举行汽车部件项目签约仪式。县长杨宪军、住建局、国土局、规划局等相关部门负责人参加签约仪式。

11日　承德市委常委、副市长张建宁一行来丰宁就医疗废物处置项目开展情况进行调研并召开座谈会，县委书记方志勇、副县长薛红霞出席座谈会。

同日　县委书记方志勇到南关蒙古族乡调研就重点建设项目提升工作召开现场办公会。

13日　国家生物化石专家委员会办公室专职副主任王丽霞，原国土资源部地质环境司副巡视员、国家化石办副主任李继江，中国科学院考古所研究员唐治路一行来丰宁就古生物化石保护开发工作进行调研并召开座谈会。县委书记方志勇、省市国土部门相关负责人及部分专家出席座谈会。县政府办、国土资源局、丰宁化石协会、化石博物馆相关负责人参加会议。

13－15日　丰宁县妇联携滕氏布糊和彩砂画，应邀代表河北省参加北京市妇联、中国国际贸易促进委员会北京市分会、国家会议中心联合举办的2018中国（北京）国际妇女儿童产业博览会。

16日　北京市密云区政协副主席相远方带队到丰宁视察水源地建设。

同日　县政府召开安全生产工作会议。县委常委、宣传部长李秀华出席并主持会议，副县长孙海丰出席会议。

17日　在全县扶贫攻坚的关键时期，北京红十字会会长李宝峰带队再次来到丰宁，为丰宁捐赠价值约330万元的物资，同时在县中医院全面启动肿瘤早期筛查仪式。

同日　丰宁被文化和旅游部、国家扶贫办确定为“第一批‘非遗＋扶贫’重点支持地区”；布糊画参加了中国亚洲经济发展协会文化艺术金融委员会大会、东北亚博览会。7－10月布糊画、满族剪纸、满族升斗、铁艺灯笼、彩砂画、秸秆画等非遗项目参加京津冀手工艺类非遗项目巡展。

19日　河北省委副书记赵一德等领导及嘉宾来到中国马镇游客接待中心，参观“巧手坊”。

19－20日　第三届河北省旅游产业发展大会在承德市隆重召开，来自各级领导、嘉宾、媒体记者等1800余人参加会议。此届旅发大会主题是“打造国家生态旅游度假区，打造生态文明旅游范例”，丰宁是此届旅发大会的观摩主场地，与会人员对丰宁境内的各个景区进行了实地观摩。

20日　国家税务总局丰宁满族自治县税务局正式挂牌，政府县长杨宪军，第九联络（督导）组组长程连星共同为国家税务总局丰宁满族自治县税务局揭牌。国家税务总局丰宁满族自治县税务局联合党委书记、局长马力主持挂牌仪式。国家税务总局派驻丰宁满族自治县联络（督导）组全体成员，11家国税地税征管体制改革专项组成员单位领导，县国税局党委全体委员及其他局领导，县局机关股室主要负责人和部分税务干部代表参加了挂牌仪式。

同日　河北省乡村旅游发展及助推脱贫攻坚会议在丰宁召开。省委副书记赵一德，省人大常委会副主任、市委书记周仲明出席会议。副省长夏延军主持会议，并为第四届省旅发大会承办地石家庄市授旗。会议确定了河北省重点旅游扶贫投资招商项目，涉及丰宁的有喇嘛山风景区整体开发项目，溪花汀农业田园综合体项目，丰宁国际森林生态康养小镇项目，万胜永茶盐古镇旅游开发项目。

21－25日 全县第三届校园足球夏令营暨小学生足球赛在大滩小学举行，县内14支代表队，140位小球员参加比赛。

21日 2018年房车家族英雄会暨中国森林体验基地（七彩森林）开营仪式在大滩镇喇嘛波罗村神仙谷七彩森林景区举办。北京市旅游发展委员会产业促进处处长王青，县委常委、副县长桑爱民，中国森林体验基地（七彩森林）李占立，北京房车露营自驾旅游协会常务副会长兼秘书长李艳，中国汽车工业协会房车委员会会长代表马蓬勃、21世纪房车创始人兼CEO王继东等多位领导嘉宾出席开营仪式。

23－24日 河北省第八届"校外教育杯"系列主题比赛茶艺项目决赛在丰宁举行。比赛为期两天，来自全省11个地级市、62个县区的代表队参加了比赛。

23日 县政府成立检查组，采取明查暗访的形式，开展乡镇河边垃圾集中清理整治10日攻坚行动。

26日 河北省妇联组织京津冀三地妇联及从事民俗旅游的妇女带头人来到丰宁举行了民俗旅游观摩交流活动。河北省妇联副主席王冬梅，北京市妇联副主席周静，天津市妇联妇女发展部部长王燕，承德市妇联主席赵春丽，县委常委、县委办主任宋宇宁出席了活动。京津冀三地妇联工作者、从事民俗旅游行业女企业家、巾帼创业带头人等120余人参加了互访互学活动。

同日 北京市怀柔区人大常委会主任彭丽霞一行赴丰宁经济开发区樱桃沟门村慰问贫困户，赴开发区特色产品基地、怀丰产业园工地现场进行考察，参观中小企业总部基地沙盘，同时考察中小企业总部基地厂房及北新区。随后举行怀柔区人大及企业家帮扶丰宁经济发展座谈会，并举行捐资仪式。

27日 民建天津市委主委李文海一行来丰宁开展扶贫对接帮扶工作并召开座谈会，县委书记方志勇，县委常委、县委办主任宋宇宁，县人大常委会副主任孙明臣，副县长万军出席了座谈会。

31日 县武装部组织丰宁县四大班子领导开展主题军事日活动。县委书记方志勇、政府县长杨宪军、人大常委会主任刘海平、政协主席郭锐等人参加。

同日 北京市怀柔区残联来丰宁残联进行京冀扶贫协作工作，为丰宁县困难残疾人带来慰问品米面油。在丰宁残联召开丰宁·怀柔残联"京冀扶贫协作"研讨会。丰宁县政府常务副县长张煦笙、副县长薛宏霞、县残联理事长解扶植、残联康复主任刘显政，怀柔区残联理事长彭瑞侠、党组书记王宗岭、副理事长李永红、党组成员王铁成、就业所所长刘子元、就业所科员李军、办公室科员崔亮等参加会议。

8 月

1日 河北省政协副主席孙瑞彬到丰宁视察社会保障工作。并到丰宁抽水蓄能电站调研指导，原承德市市长赵风楼陪同调研。

同日 河北省政协副主席孙瑞彬一行在承德市政协副主席王利华，县领导方志勇、郭锐、桑爱民、韩世君陪同下，先后到县滕氏布糊艺术馆、行政审批中心人社局分中心、土城镇民政养老中心参观调研。

同日 河北省人大常委会副主任、财经委主任委员王晓东，省人大常委会财经工委主任、财经委副主任委员赵文海一行，来丰宁就国有资产管理情况报告制度实施情况进行调研。承德市人大常委会副主任丁然、市人大常委会财经工委主任周晓燕、市人大常委财经工委副主任韩国祥，县领导杨宪军、刘海平、应翠平、曹海龙及县人大财经工委、政策研究室、政府办、农牧局等相关负责人陪同调研。

同日 民建中央社会服务部副部长程喜真一行到丰宁抽水蓄能电站调研指导工作。

3日 中外有机农业发展与市场推介会在丰宁召开。县长杨宪军及来自德国、丹麦、西班牙等10余个国家的驻华外交官、认证企业代表等参会。

同日 唐山市路北区人大常委会主任史尊明一行，考察丰宁人大信息化建设及人大代表之家建设工作。

同日 市国家考核和省考核检查验收组张松涛一行来丰宁检查指导国家和省脱贫攻坚考核及巡查反馈问题整改验收工作。会上，市验收组对相关县处级干部分别进行提问，并就相关工作提出意见建议。

4日 河北省心连心艺术团到丰宁贫困村开展"美丽河北·幸福家园——河北文艺轻骑兵助力脱贫攻坚惠民演出"活动。

4－6日 河北省民族宗教厅文教处处长耿栋梁一行赴南关乡黄土梁、独立营村和选将营乡三道营村开展"三送"（送科技、送健康、送文化）活动。

7日 县政府举办精准脱贫驻村帮扶培训观摩会议，县委常委、组织部长徐树星出席会议。

8日 总投资1100万元的新丰路北大桥至天鸿街段改扩建工程开工。

同日 河北省卫生健康委员会应急办主任李建法、副主任梁均昌、市疾控书记黄志刚、科长李国维一行在薛宏霞副县长、卫生和计划生育局局长赵广林、副局长李明军陪同下，冒雨对冀蒙边界区域进行踏查，了解鼠情。

9日 承德荣复军人医院来到党的十九大代表王锐的家乡外沟门乡青石砬村义诊，免费为外沟门乡的高龄退伍老兵及高龄老人进行健康体检，宣传王锐不忘初心、立足本职、砥砺奋进，为实现中国梦、强军梦贡献自己全部力量的“时代楷模”精神。

同日 县政府召开县政府廉政工作会议，县长杨宪军，县委常委、县纪委书记李文江，县委常委、副县长桑爱民，副县长张胜勇、张立民、薛宏霞出席会议。

同日 召开县政协八届七次主席会，研究八届九次常委会议题。

同日 民建北京市专职副主委任学良带队来丰宁扶贫，召开座谈会，了解帮扶需求。

13日 水利部督导组来丰宁，对丰宁水务局水利扶贫工作作风问题专项治理进行督导。

13－14日 全国人大常委会副委员长、民建中央主席郝明金一行来丰宁开展脱贫攻坚专题调研。河北省委常委、统战部部长高志立，省人大常委会副主任、承德市委书记周仲明，全国政协副秘书长、民建中央副主席兼秘书长李世杰等陪同调研，出席民建中央帮扶丰宁精准扶贫座谈会并为天津市林业果树研究所丰宁工作站揭牌。郝明金一行先后视察了民建帮扶点王营乡辛营村新建村部及卫生室、南关蒙古族乡两间房村村部广场、土城镇苇子沟村西瓜园区、黄旗镇乐国窝铺村村部和丰宁抽水蓄能电站，并到村民家中走访慰问。来自民建中央、民建天津市委、民建北京市委、中华思源工程扶贫基金会、省委统战部、民建河北省委、交通运输部、国务院扶贫办的相关负责人，承德市领导韩福才、丁伟、郭士刚以及丰宁县四个班子在家领导出席上述活动。

14日 河北省审计厅厅长杨晓和、法规处处长李永新、金融处处长万厚升到丰宁调研指导扶贫审计工作，市审计局局长王允昌，办公室主任付德忠，农业科科长刘颖，县长杨宪军，县委常委、副县长桑爱民及审计局局长徐仕鹏陪同调研。

15－16日 中国疾病预防控制中心职业卫生与中毒控制所主任张宏顺等6人携同河北省疾控中心食品安全所4人及承德市疾控中心食品安全科5人赴丰宁坝上海拔较高地域开展有毒生物样品采集工作。

16日 县委书记方志勇主持召开县委七届二十七次常委会议，会议传达学习了全国人大副委员长、民建中央主席郝明金、省委常委、统战部长高志立莅丰调研座谈会上的讲话精神，并研究表彰旅游发展大会先进集体与个人工作。

同日 “首都科技工作者服务河北创新发展”院士专家助力精准扶贫活动在丰宁举办。中科院李德发等12位专家组成的北京畜牧兽医学会专家团队参加活动。

17日 河北省儿童医院院长石仲仁带领医联体义诊筛查队联合省人社厅驻丰宁脱贫扶贫工作队，在中医院开展健康精准扶贫巡讲巡诊活动，免费为县域内儿童进行先天性心脏病及先天性结构畸形筛查。

同日 河北省政协副主席边发吉、文史委主任王静一行来丰宁，就非物质文化遗产保护与利用工作进行专题调研。市政协主席刘文勤、党组副书记王学、市政协副主席白宝君、县领导郭锐、桑爱民、张建兴陪同调研。边发吉一行先后来到丰宁开发区非物质文化遗产传承基地、滕氏布糊展览馆等，省、市、国家级非物质文化遗产项目展示基地，进行实地调研，并现场听取丰宁县非遗文化产业发展情况汇报，边发吉对丰宁县承办第三届河北省旅游发展大会，并立足自身特色文化，充分发挥满族传统文化艺术产业给予了高度评价。

18日 全国人大农委副主任委员、河北省人大常委会副主任王刚带领省执法检查组来丰宁，就脱贫攻坚和优化营商环境两项工作检查指导。

20日 在2018第二届CICC全国青少年创客总决赛中，丰宁7支代表队获得一等奖，2支代表队获二等奖，1支代表队获三等奖；10名教师荣获优秀指导奖；县教育局荣获优秀组织奖。

同日 县长杨宪军主持召开县政府八届18次常务会议，听取县大元国控关于丰宁奶牛小区建设项目贷款逾期相关事项，并对相关工作进行了议定安排。

21日 河北省鼠疫防治所副所长杜国义、业务办主任陈永明、检验科主任周松、承德市疾控中心书记黄志刚、鼠防科科长李国维对丰宁县鼠防工作进行全面考核。

22日 京津冀八区县（北京密云、平谷、怀柔，天津蓟州，承德丰宁、滦平、兴隆、承德县）公安机关区域警务协作会议在丰宁县大滩镇中国马镇会议中心召开。北京市公安局副局长潘绪宏，承德市政府党组成员、市公安局党委书记、局长马占山出席会议并讲话。北京市公安局指挥部副主任娄文彬、指挥部区域警务合作处副处长马民宽，承德市公安局党委副书记、副局长徐品刚，副局长赵兴海、徐爽、王文阁，局党委委员、国保支队长李北，八区县公安机关主要领导、分管领导和指挥、办公室负责人参加会议。会议由丰宁县公安局政委范增臣主持。

23 日 县委举行产业脱贫乡镇党委书记"擂台赛"，县领导方志勇、庄爱新、宋宇宁、李文合、李兆春、张立民、丛雁飞、王和出席活动。26 个乡镇党委书记、开发区负责人参加擂台赛。

同日 京承七区县联防委员会第五十九届工作会议在丰宁大滩镇中国马镇会议中心召开。北京市公安局副局长潘绪宏、承德市公安局长马占山等出席会议。县委常委、政法委书记吕宝俭主持会议。

24 日 传统工艺助力精准扶贫暨"非遗 + 扶贫"试点工作座谈会在丰宁召开。

27 日 县长杨宪军主持召开县政府第八届 19 次常务会议，听取了扶贫办、产业办、市场监管局等单位的工作汇报，并对以上内容进行了议定。

28 日 对丰宁抽水蓄能电站筹建处所属事业单位进行了清理规范和机构分类。决定将抽水蓄能电站筹建处事业单位机构规格由副处级调整为正科级，核定领导职数 2 名，其中：处长 1 名（正科级）、副处长 1 名（副科级）。

同日 县八届人大常委会举行第十三次会议，县人大常委会主任刘海平，副主任应翠平、李兆春、孙明臣、孙瑞芳及委员共 27 人出席了会议。政府县长杨宪军，县委常委、纪委书记、监察委主任李文江，县人民检察院检察长武瑞国、县人民法院副院长韩秀军，县人民政府有关部门负责人及县人大常委会机关各委、室有关工作人员列席会议。会议还邀请部分省、市、县、乡人大代表列席会议。会议听取和审议了县发展改革局局长闫兴祥受县人民政府委托所作的关于 2018 年上半年国民经济和社会发展计划执行情况的报告；县财政局局长孙仕林受县人民政府委托所作的关于 2017 年县总决算和县本级决算（草案）的报告、关于 2018 年上半年预算执行情况的报告以及关于 2018 年政府债务限额和新增政府债券资金支出安排（草案）的报告；县审计局局长徐仕鹏受县人民政府委托所作的关于 2017 年度预算执行和其他财政收支情况的审计工作报告；县扶贫和农业开发办公室常务副主任李兆武受县人民政府委托所作的关于扶贫脱贫攻坚相关法律法规贯彻落实情况的报告；县环保局局长李春清受县人民政府委托所作的关于大气污染防治相关法律法规贯彻落实情况的报告；县商务局局长刘国石受县人民政府委托所作的关于优化营商环境相关法律法规贯彻落实情况的报告。常委会组成人员对以上几个报告进行了分组审议，并提出了具体的意见和建议。通过了丰宁满族自治县人大常委会关于批准 2017 年县本级决算的决定、关于将 2018 年政府债务限额和新增政府债券资金列入预算的决定。会议通过了丰宁满族自治县第八届人民代表大会常务委员会代表资格审查委员会关于代表变动情况的报告。会议还通过了接受辞职事项。

同日 召开县政协八届九次常委会，主席郭锐、副主席张建兴、丛雁飞、韩世君、王和、秘书长李作刚及政协常委出席会议，机关各委室相关人员列席会议。组织常委视察鑫源钼业、县城"一主四副"建设情况、怀丰产业园建设情况，并听取了县政府经济运行情况介绍。

30 日 县档案馆建设经过几年的多方努力，最终审批立项，按照县一类馆的标准，建设 5830 平方米面积的档案馆。

9　月

3 日 广东省政协主席邓海光、省政协副主席苏银增视察丰宁坝上生态建设状况。

同日 县委召开全县领导干部大会。会议的主要任务是：坚持以习近平新时代中国特色社会主义思想为指导，深入学习贯彻党的十九大精神和党中央全面从严治党战略部署，全力以赴抓好中央第十五巡视组巡视河北反馈意见整改落实，坚定不移推进全面从严治党向纵深发展，全力推进扫黑除恶斗争深入开展，为加快建设新时代美丽丰宁提供坚强政治保障和组织保障。

4 日 县长杨宪军主持召开全县 2018 年电力工作协调推进会，副县长孙海丰出席会议，县供电公司负责人及相关部门主要负责人参加会议。

同日 河北省中医药管理局处长陈平、承德市卫生和计划生育委员会副主任孙瑞国、丰宁政府副县长薛宏霞一行到丰宁中医院调研医院专科建设发展工作。

6 日 唐山市扶贫办副主任王建利、丰润区副区长王文权带领丰润区扶贫开发和领导小组来丰宁开展对接帮扶活动。

6－8 日 河北省人大常委会全域旅游示范省创建工作视察组到丰宁实地视察。

7 日 经县政府常务会议研究决定，将南关蒙古族乡南关村更名为将军营村。

同日 中共中央宣传部、中央军委政治工作部、共青团中央联合组织的王锐先进事迹报告会在北京人民大会堂举行。王锐是陆军第

74 集团军某旅班长，丰宁籍人。

10 日 县政府召开安全生产工作会议，县领导李秀华、孙海丰出席会议。

同日 中国农业银行总行调研组来丰宁就金融扶贫工作进行现场调研，河北省分行、承德分行部分领导、县领导张立民陪同调研。

11 日 海河水利委员会副主任田友来丰宁，视察黄旗镇连桂村坡耕地水土流失综合治理工程，并到丰宁抽水蓄能电站进行水土保持工作调研和督查。

同日 承德市人大常委会农工委李成彦、副主任甄丽华、副调研员湛桂鑫、科长王彬彬及市林业局相关专家来丰宁，对全市造林绿化工作进行调研。

12 日 县政府举办易地扶贫搬迁县城集中安置点分房仪式。县委常委、副县长桑爱民及发改局、扶贫办、街道办、大元国控、公证处、搬迁办、教育局、卫生局、各乡镇负责人出席分房仪式。

同日 丰宁与湘财证券及通辽洪泰农业发展有限公司的肉牛产业扶贫合作框架签约仪式在县行政中心举行。县长杨宪军、副县长张立民出席仪式。

同日 县政府召开庆祝第三十三个教师节暨教育质量提升工程推进大会。县四个班子领导出席了大会，各乡镇、经济开发区、街道办、县直各部门主要负责同志；教育局机关全体成员、直属学校校长、中心校长、教育局所属其它单位负责人；一中全体教师、一中全体学生、县直属学校教师代表及模范教师代表等参加了大会。

13 日 民建中央脱贫攻坚督察组组长郭群峰一行到丰宁抽水蓄能电站调研指导工作。

同日 河北省公安厅党委委员、副厅长冯帆到丰宁县公安局调研指导禁毒工作，丰宁县政府县长杨宪军，市局党委委员、副局长徐爽，丰宁县委常委、政法委书记吕宝俭，丰宁县副县长、公安局长林树刚，丰宁县局党委副书记、政委范增臣，市局和县局有关部门负责人等参加调研指导。

同日 县委、县政府举行赵江辉先进事迹采访媒体见面会，由新华社、光明日报、法制日报、农民日报、人民法院报、人民网、最高人民法院新闻局、河北日报等省市各级媒体记者组成的采访团抵达丰宁，开展为期两天的赵江辉先进事迹采访活动。省高院领导、县长杨宪军，县委常委、宣传部长李秀华及赵江辉家属出席会议。会议由省高院新闻处处长李霁主持。

同日 丰宁第四中学举行新校启用仪式暨开学典礼。丰宁县委常委、组织部长徐树星，县委常委、副县长桑爱民，县教育局党组书记、局长李明君，县政府教育督导室主任高建华等人出席启动仪式。

同日 国家卫生计生委统计信息中心工会主席伍晓玲一行 3 人到丰宁就第六次卫生服务调查工作进展情况进行现场督导。河北省卫生计生委统计中心副主任赵建勋、承德市卫生计生委副主任张秀玲等人陪同。

15 日 丰宁第六小学举行了 2017 - 2018 学年开学典礼。县委常委、组织部长徐树星，县委常委、常务副县长何元武，人大常委会副主任孙明臣，政协副主席韩世君，县教育局党组书记、局长李明君等全体班子成员出席了开学典礼，教育局部分股长、县城各中小学校长、丰宁第六小学全体师生和部分家长参加了典礼。

同日 中国社会福利基金会市长助学公益基金管委会副秘书长崔立志，北京维拓时代建筑设计股份有限公司党委书记、管理中心总经理李振龙到丰宁鱼儿山镇明德小学举行捐赠活动。丰宁教育局、鱼儿山镇主要负责同志以及北京维拓时代建筑设计股份有限公司的爱心人士 40 余人参加了捐赠活动。活动为孩子们捐赠了价值 12 万元的美术用品。

17 日 河北省政协副主席卢晓光来丰宁就深度贫困地区、民族地区扶贫脱贫工作进行调研。县政协主席郭锐、副县长孙海丰、县政协副主席王和陪同调研。

19 日 北京市怀柔区宣传部来丰宁采访对口帮扶工作并召开座谈会，县领导李秀华、张煦笙，怀柔区区委宣传部副调研员、怀柔报主编石金虎出席会议，北京日报、怀柔区电视台、怀柔报等媒体记者及丰宁县委宣传部、电视台、教育、水务、林业、卫计、商务、扶贫办等相关部门负责人参加会议。

20 日 北京市怀柔区园林局对口帮扶果树栽培培训班在丰宁举行，怀柔区园林局副局长秦建国，县政协副主席王和参加开班仪式。

22 日 北京市怀柔团区委举办扶贫协作农特产品展销会，丰宁团县委组织承德九龙集团、龙腾艺术馆、御今农业、依耘柴鸡养殖合作社等多家青年企业参加此次展销会。

27 日 县人大、县政协组织代表和委员联合视察坝上生态治理、矿山植被恢复、禁牧工作，视察结束后，县人大、政协共同形成视察意见，转交县政府办理。

28 日 承德市长常丽虹带领由各县县直有关部门及各县区主要负责人组成的观摩团，来丰宁就重点项目建设情况进行观摩。

10 月

7 日 县委、县政府印发了《丰

宁满族自治县贫困退出及动态调整工作实施方案》《丰宁满族自治县贫困退出及动态调整工作操作流程》等方案，成立工作领导小组，县委书记、政府县长任组长。

9日 县政府召开全县贫困退出工作会议，组织相关部门在主会场参加，乡镇干部、村两委班子、驻村工作组、社保员在分会场参加会议，学习贫困退出相关政策，安排部署贫困退出及动态调整工作。

同日 河北省人大常委会全《禁毒法》《河北省居家养老条例》执法检查组到丰宁开展执法检查。

11日 承德市委常委、农工委书记吴清海带领市委农工委、市扶贫、农牧、林业、水务、财政、发改等相关部门负责人来丰宁，就加快推进全市脱贫攻坚和乡村振兴战略，部署和谋划下一步工作，开展农业农村调度观摩活动。

同日 民建中央副主席李世杰来丰宁调研，县委书记方志勇、县委副书记庄爱新、副县长万军陪同调研。

11－12日 中国制冷学会·北京制冷学会专家"党建强会促发展 聚力帮扶创新业"活动在丰宁举办。中国制冷学会、北京制冷学会10余名专家参加了活动，参观了马铃薯储藏库、蔬菜产地集配冷库、爱尚羊屠宰加工厂，并向企业赠送了科普读物。

同日 "张一山的快乐体育园"启动仪式暨丰宁满族自治县塔黄旗小学捐赠活动在胡麻营镇塔黄旗小学举行，中国青少年发展基金会张立新，希望工程快乐体育爱心大使、青年演员张一山，副县长薛宏霞，团县委、教育局、胡麻营镇等单位相关负责人出席并参加了启动仪式。

同日 北京市怀柔区副区长李志遂及怀柔区经信委、长哨营满族乡、北京福田戴姆勒汽车有限公司等相关负责人一行来丰宁，就怀丰产业园项目推进情况和脱贫攻坚情况进行考察调研。承德市委常委、副市长任武军，县委常委、副县长张煦笙陪同考察。

10－12日 成立由副县长王青山任团长，发改局、商务局、经济开发区、承德新自然农业开发股份有限公司等单位负责人为成员的代表团赴承德参加国际经济贸易洽谈会暨"百家名企进承德"活动。

11－13日 在石家庄举办的河北省第九届残疾人运动会上，丰宁选派的田径运动员鲍明杰参加田径100米、200米、400米的比赛，共获得2金1银的优异成绩。

12日 围场满族蒙古族自治县人民政府副县长陆媛、政府办副主任高喜峰、县教育局局长李春祥、副局长姚学军等一行9人来到丰宁，重点考察丰宁在县域教育资源配置和中小学幼儿园招生等方面的经验做法。

13日 县委书记、县扶贫开发领导小组组长方志勇带领相关部门对扶贫档案等工作进行了实地检查，随后主持召开了扶贫开发领导小组会议。会议听取了参会部门关于贫困档案工作情况的汇报，并对下步工作进行安排部署。

15日 县政府召开经济开发区重点工作调度会，县领导杨宪军、桑爱民、孙海丰、王青山出席会议。经济开发区、财政局、交通局、住建局等相关单位参加会议。

16日 县委、县政府组织的2018年农村干部精准扶贫专题培训班在县委党校开班。县委常委、组织部长徐树星出席开班仪式，全县各村党支书310人及县扶贫办相关人员参加培训。

同日 丰宁抽水蓄能电站在库区举行上水库大坝面板混凝土浇筑仪式。丰宁县委书记方志勇、政府县长杨宪军、人大常委会主任刘海平、政协主席郭锐、政府副县长张国强、筹建处处长辛凤友、县直相关部门负责人及丰宁抽水蓄能公司、葛州坝集团等建设单位领导参加了仪式。

17日 召开县政协八届八次主席会议，主席郭锐、副主席张建兴、丛雁飞、韩世君、王和、秘书长李作刚出席会议，机关各委室相关人员列席会议，主席郭锐主持会议。会议听取了研究室主任侯丽华关于提案办理情况的通报，研究了八届十次常委会的时间和议题。

同日 县八届人大常委会举行第十四次会议，县人大常委会主任刘海平，副主任应翠平、党组副书记何铁章、副主任李兆春、孙明臣、孙瑞芳及委员共25人出席了会议。县委常委、人民政府副县长桑爱民，县人民政府副县长、公安局局长林树刚，纪委副书记、监察委副主任程秀峰，县人民法院副院长崔晓明，县人民检察院副检察长王爱军，县人民政府有关部门负责同志及县人大常委会机关各委、室相关人员列席了会议。会议还邀请了部分人大代表列席会议。会议听取和审议了县人民政府副县长、公安局局长林树刚受县人民政府委托所作的关于扫黑除恶工作情况报告；县教育局局长李明君受县人民政府委托所作的关于丰宁一中教育质量提升工程实施情况报告；县人大常委会内司工委主任陈建强所作的关于县人民政府扫黑除恶工作情况的调研报告；县人大常委会教科文卫工委主任杜秀丽所作的关于丰宁一中教育质量提升工程实施情况的调研报告。常委会组成人员对以上几个报告进行了分组审议，并提出了具体的意见和建议。会议还通过了人事任免事项，并举行了向宪法宣誓仪式。

18 日 北京市协同办调研组来丰宁就怀丰合作、对丰帮扶等进行调研并召开座谈会。县委常委、副县长张煦笙陪同调研。

19 日 经县政府第八届 20 次常务会议研究审定，同意成立天保社区，由新丰路街道办事处负责管理。

20 日 县政府召开重点民心工程推进会。县领导杨宪军、桑爱民、张立民、孙海丰、薛宏霞及财政、国土、发改、规划、住建等相关部门负责人参加会议。

20－21 日 河南省移民办工作人员到丰宁抽水蓄能电站调研。

23 日 县政府召开东、西部扶贫协作工作推进会，县领导杨宪军、庄爱新、张煦笙、张立民出席会议，县委办、组织部、扶贫办、人社局、发改局、农牧局、工商联、统战部、工信局等相关部门负责人参加会议。

24 日 由中国航天建设集团有限公司规划设计院负责编制的《丰宁经济开发区总体规划（2018－2035 年）》通过专家评审会评审。

28 日 县城新丰路改扩建工程竣工通车。

29 日 丰宁电子商务公共服务中心开放暨电商扶贫区域品牌发布仪式在经济开发区举行。河北省电商公共服务中心主任王强、中国扶贫志愿服务促进会副会长王家华，县商务局局长刘国石等参加开幕仪式。

30 日 河北省国家开发银行行长常思勇来丰宁调研，县领导方志勇、桑爱民陪同调研。

同日 县城供水工程新建水厂启动，县领导桑爱民、应翠平、张建兴出席启动仪式。

同日 县城及开发区供水工程举行通水仪式。县政府、县人大、县政协和开发区的主要领导出席了仪式，有关部门、镇村和建设、施工、监理单位代表参加了仪式。

11 月

2 日 县人大常委会召开三项联动监督五部门相关工作代表评议会。县人大常委会主任刘海平，副主任应翠平，党组副书记何铁章，副主任李兆春、孙明臣、孙瑞芳，县人大常委会各委室负责人、部分省市县乡人大代表参加评议。

同日 县委举行第五次乡镇党委书记脱贫攻坚擂台赛，县领导方志勇、庄爱新、徐树星、张胜勇出席活动。

3 日 河北省人大常委会副主任、承德市委书记周仲明来丰宁就潮河流域生态环境保护工作进行视察，市领导丁伟、县领导方志勇、张国强陪同视察。

5 日 县长杨宪军到经济开发区就怀丰产业园项目推进情况进行现场办公，县委常委、副县长桑爱民陪同。

同日 县政府研究决定，在全县范围内推行农村公路路长负责制（简称“路长制”）。

8 日 县政协召开八届第十次常委会，县政协主席、副主席出席会议。县委常委副县长桑爱民、副县长王青山参加会议。会议听取县政府 2018 年提案办理情况通报，听取政协 63 号提案办理情况通报，传达省政协领导叶东松讲话，就全会准备专项工作进行了研究。

同日 河北省民族事务委员会主任、党组书记王桂海一行 5 人来丰宁调研定点帮扶村脱贫攻坚工作，承德市民族宗教局局长张忠、副局长苏玉友及县委常委、统战部长张胜勇、副县长薛宏霞陪同调研。

10 日 大阁镇樱桃沟人才家园公共租赁住房盘活转为易地扶贫搬迁安置房屋项目，园内 300 套住宅全部交付使用。

同日 经县政府决定，认定黄旗皇种植有限责任公司，乐拓牧业有限公司、丰鑫实业有限公司 3 个企业符合扶贫产业园建设标准、申请范围和认定原则，认定此 3 个企业园区为县级扶贫产业园。

11 日 河北省委常委、常务副省长袁桐利来丰宁调研脱贫攻坚工作。袁桐利一行先后深入到丰宁南关蒙古族乡两间房村、开发区樱桃沟村，实地考察田园综合体和易地扶贫搬迁安置区建设情况，走访慰问建档立卡贫困户。承德市领导李晋宇、县领导杨宪军、庄爱新、桑爱民、孙海丰陪同调研。

15 日 县长杨宪军主持召开县政府八届 21 次常务会议，听取安监局、环保局、社会保障局、扶贫办、农牧局等单位的工作情况的汇报。并对以上内容进行了议定。

16 日 丰宁在 2018 北京国际有机食品和绿色食品博览会上举行了丰宁黄旗小米暨有机农产品推介会。县领导李文合、孙瑞芳出席活动。

20 日 文化和旅游部恭王府博物馆、河北省文化和旅游厅、承德市人民政府联合主办的“传承德泽·丰芜康宁——河北承德满族文化遗产精品展示月”活动在北京恭王府开幕。文化和旅游部党组成员、副部长项兆伦，河北省文化和旅游厅厅长张妹芝，文化和旅游部恭王府博物馆馆长孙旭光，承德副市长苏铁成，丰宁县长杨宪军等出席开幕式。

23 日 河北省市场监督管理局党组书记丁锦霞一行来丰宁土城镇就精准扶贫工作进行调研。县委副书记庄爱新陪同调研。

27 日 县委书记方志勇主持召开县委七届九次常委会议。县人大常委会主任刘海平、县政协主席郭锐列席会议。会议专题研究贯彻中央、省八项规定的实施细则。

12　月

3日　县委书记方志勇深入到南关蒙古族乡下窝铺村就脱贫攻坚及省考整改工作情况进行督导。县委办、扶贫办等相关部门负责人随同督导。

5日　唐山市丰润区卫生和计划生育局刘彩艳局长带领丰润区中医院副院长李国相等一行6人在县卫生和计划生育局副局长李国栋的陪同下到丰宁中医院开展健康扶贫对接工作。

8日　保定市副市长杨伟坤携保定市职业教育考察组在承德市教育局相关人员陪同下来丰宁职教中心考察学习。考察团一行先后对职业教育中心机电物流、导游、商贸物流等12个专业教学环境进行了参观、考察。在丰宁教育局工作人员的陪同下，对"非遗进校园"项目中的布糊画和剪纸项目进行了深入了解。

12日　河北省中青班领导来信访局调研信访工作，信访局局长王智国陪同调研并汇报了丰宁信访工作情况。

14－15日　全国地方志工作会议在河北省保定市卓正国际酒店召开。会上，专题展出了《丰宁满族自治县志鉴工作简介》平台，平台展示了丰宁三十年来的地方志、年鉴成果。14日，中国社会科学院院长、中国地方志指导小组组长谢伏瞻，中国地方志指导小组办公室党组书记高京斋，党组副书记、办公室主任冀祥德，河北省委常委、常务副省长袁桐利，原河北省人大常委会副主任、河北省志总纂龚焕文等领导参观了展览。在参观丰宁展台时，对国家级贫困县丰宁克服困难，艰苦奋斗，坚持三十年修志编鉴不动摇，做到县、乡两级全覆盖，为基层地方志工作做出榜样给予高度评价。

14日　承德市政协环资委主任于明辉、财经委主任高立国、市妇联副主席彭兴怀及部分市政协委员，分别来到丰宁南关小学、汤河中心小学，开展了"你的小心愿，我帮你实现"微心愿公益活动。

17日　中国少年先锋队丰宁满族自治县第二次代表大会在丰宁六小报告厅召开。大会审议通过了《中国少年先锋队丰宁满族自治县第二次代表大会选举办法》，选举产生第二届少工委员会委员，通过工作报告的《决议》。会后召开了中国少年先锋队丰宁满族自治县第二次代表大会二届一次委员会，通过《中国少年先锋队第二次全委会选举办法》，选举产生丰宁满族自治县第二届少工委主任、副主任。

19日　由县委宣传部、怀柔区文化委员会、县文体广电局、文联共同举办的"奋进新时代·开启新征程"怀丰两地庆祝改革开放40周年暨迎新年书画摄影作品展活动在文化馆多功能厅开幕。

20日　县长杨宪军主持召开县政府第八届21次常务会议，审议了《丰宁满族自治县经济开展区总体规划（2018－2035）》；听取民全县生态环保重点工作梳理情况的汇报；听取了县公安局关于扫黑除恶工作情况的汇报；并对以上内容进行了议定。

21日　承德市市长常丽虹来丰宁就美丽乡村建设、脱贫攻坚等重点工作进行调研。常丽虹一行先后踏查了南关蒙古族乡独立营村、两间房村、横河村，实地听取了两间房村美丽乡村工作及脱贫攻坚工作汇报，详细了解了人口、经济、生产生活基础设施建设和精准扶贫工作推进等情况。

同日　"脱贫攻坚 乡村振兴·团青建功——青年之声 健康直通车"走进丰宁启动仪式在草原乡公宝同村举行。共青团河北省委副书记王丽涛、团省委网络办副主任刘景、承德团市委副书记艾铮、承德团市委宣传部部长刘媛媛、县人大常委会副主任李兆春、副县长薛宏霞、团县委书记宋美杰、草原乡党委书记李海军、乡长王瑞磊及相关人员出席仪式。

同日　丰宁水务局举行第二部《丰宁水利志》首发式。县人大常委会主任刘海平出席会议，县委常委、县宣传部长李秀华出席会议并讲话，县史志办、县直有关部门和参与编纂志书的个人代表，第二部《丰宁水利志》编纂工作领导小组及编写办公室人员，集资出版志书的水务局基层单位代表参加了首发仪式。

23日　县委书记方志勇、县长杨宪军带领党政代表团赴北京市怀柔区参加扶贫协作工作座谈会，怀柔区区委书记常卫、区长卢宇国等领导出席会议。县领导桑爱民、张煦笙、薛宏霞出席会议。

26日　县档案局、教育局联合付氏工贸公司到帮扶贫困村汤河乡羊草沟门村开展"迎新年、送温暖"活动。档案局、教育局主要领导、汤河乡政府领导、付氏工贸副总出席了此次活动，此次活动得到了付氏工贸公司的大力支持，带去多功能锅182套，对全村村民进行了慰问，实现贫困户与非贫困户全覆盖。

27日　召开县政协八届十次主席会议，主席郭锐、副主席张建兴、丛雁飞、韩世君、王和、秘书长李作刚出席会议，主席张建兴主持会议，会议讨论政协八届三次全会常委会工作报告和提案情况报告；讨论优秀提案、优秀委员、四引四帮先进个人；研究大会发言题目和发言人；研究八届三次会议有关事项。

同日 县政府召开社保费和非税收入征管职责划转工作部署会议。常务副县长桑爱民、人社局、财政局、税务局的局长及相关负责人参加了会议，政府办副主任赵树山主持会议。会上传达了省、市社会保险费和非税收入征管职责划转工作部署会议精神，县财政局局长孙仕林、人社局局长刘相阁分别在会上发言。

同日 由县文体广电局主办的主题为《我们的四十年》庆祝改革开放40周年文艺演出在县青少年活动中心举行，县领导郭锐、庄爱新、孙瑞芳、王青山出席活动。

28日 县八届人大常委会举行第十五次会议，县人大常委会主任刘海平，副主任应翠平、党组副书记何铁章、副主任李兆春、孙明臣、孙瑞芳及委员共28人出席了会议。县委常委、人民政府副县长桑爱民，县委常委、纪委书记、监察委主任李文江，县人民法院院长王艳军，县人民检察院副检察长王爱军，县人民政府有关部门负责同志及县人大常委会机关各委、室相关人员列席了会议。会议还邀请了部分乡镇人大主席列席会议。会议听取和审议了县防范办主任刘树峰受县人民政府委托所作的关于县八届人大二次会议代表建议、批评和意见办理情况的报告；县人大常委会选任代工委主任杨淑云所作的关于县人大常委会选任代工委关于代表建议、批评和意见办理情况报告；县财政局局长孙仕林受县人民政府委托所作的关于2018年县级预算调整方案的报告及说明；县工信局局长刘继武受县人民政府委托所作的关于智慧城市项目财政责任支出纳入财政预算的请示及说明；县人大常委会内司工委主任陈建强所作的关于《丰宁满族自治县人大常委会2019年度立法计划》草案及说明；通过了关于召开县八届人大二次会议的决定和议程、日程及各项名单（草案）。常委会组成人员对以上几个报告进行了审议，并提出了具体的意见和建议。

30日 由中国马镇旅游公司主办的“中国马镇坝上冰火节”在大滩镇中国马镇项目区举行。

31日 开展第四次全国经济普查，普查时期资料为2018年年度资料，丰宁第四次全国经济普查的对象是本县境内从事第二产业和第三产业的全部法人单位，产业活动单位和个体经营户。

同日 据统计全县2018年完成农村危房改造5778户，受益人口14445人，投资8421.1万元。

撰稿/安玉霞

概　　况

【区域位置】　丰宁满族自治县，位于河北省北部，承德市西部，地处张北高原和冀北山地。界于北纬40°53′～42°00′，东经115°54′～117°20′之间。西靠张家口市的沽源县和赤城县，东连围场满族蒙古族自治县和隆化县，北接内蒙古自治区多伦县，南邻滦平县和北京市怀柔区。县境南北长122公里，东西宽136.5公里，全县总面积8765平方公里，是河北省国土面积的第二大县。县境按地貌划分：坝上高原2031平方公里，占全县面积的23.17%；坝缘山地和冀北山地6734平方公里，占全县面积的76.83%。县人民政府驻地大阁镇。丰宁地处华北平原、东北平原和内蒙古高原衔接的三角地带，邻近北京、天津、承德、唐山，有比较优越的地理位置和重要的军事地位。

【区划与人口】　2018年，全县共辖10个镇，16个乡，1个街道办事处，1个经济开发区，309个行政村，2748个村民小组，11个居民委员会（社区）。到2018年末，全县户籍人口408420人，其中城镇人口97655人、乡村人口310815人，人口总数比上年增加1319人（县公安局对死亡人口销户，核定出实际人口数），人口自然增长率5.7‰，比上年增长0.59个千分点。

【民族现状】　到2018年末，全县共有34个民族，汉族以外，少数民族33个。少数民族人口294690人，占全县总人口的72.14%；其中，满族人口为267750人，蒙古族人口为23396人，回族人口为2427人，其他少数民族人口（藏族、苗族、彝族、壮族、布依族、朝鲜族、侗族、瑶族、白族、土家族、哈尼族、哈萨克族、傣族、黎族、傈僳族、佤族、畲族、景颇族、仫佬族、仡佬族、锡伯族、独龙族、毛南族、鄂伦春族、布朗族、纳西族、柯尔克孜族、撒拉族、裕固族、拉祜族、东乡族、达斡尔族）2048人。其中，少数民族自治县的主体民族满族，占全县总人口的65.5%。

【地势地貌】　丰宁地址构造体系，属于天山——大阴山纬向构造体系的东延部分。强烈的火山运动，多次的地壳变动，侵入岩和喷出岩相互作用，使岩性复杂，分布广阔。又由于受蒙古高压气候的影响，降雨的高度集中，风化、风力、流水等外营力的长期侵蚀和堆积，形成了丰宁地表形态支离破碎、崎岖不平、沙地成片、山谷纵横的独特状况。

丰宁的地貌，经过长期的地质作用，地层运动，形成了西北高、东南低的地势，并出现了高原、山地、丘陵、山间小盆地的多种地貌。县域最北部为坝上高原。坝上高原分布于丰宁西北部和北部，含大滩镇、鱼儿山镇、万胜永乡、草原乡，总面积1448.8平方公里。丰宁的坝上高原属内蒙古高原的东南边缘部分，又可分为波状高原区和山垅高原区。波状高原区为骆驼沟、大滩、乔家营、鱼儿山、万合成一线，海拔在1400～1600米之间，由丘陵、岗梁、滩地、泡淖组成。滩地中较大的有鱼儿山滩、东小河子滩、南小河子滩、大滩、九神庙滩等。山垅高原区分布在山嘴、万胜永以东地区，海拔为1400～1800米，多为块状山和疏缓丘陵，这里风蚀强烈，水土流失较为严重。坝上高原南部衔接地带是缘坝山地，以坝脊为标志，属内蒙古台背斜，是连接北部坝上高原和南部冀北山地的过渡地带。此区从西南向东北形成弧形条状带，含四岔口全乡及窟窿山、小坝子、苏家店3个乡的北部，海拔1500米以上.这里高山耸立，大岭纵横，是滦河和潮河的分水岭。坝缘山地以碎石、砂砾、沙土为主，森林面积较大。丰宁南部，即坝缘山地以南，为冀北山地。从区域上看，邓栅子、窟窿山、小坝子、榆树沟、老虎沟门、哈拉海湾、苏家店一线以南地区均属冀北山地。这里地势西北高，东南低，海拔不等，北部在1300～1500米，东南逐渐降至400米。整个区域，西北部山高谷深，沟壑纵横，中部和南部低山缓丘，致使沟谷宽阔，河道曲折。全县境内多高山大岭。

【气候】　丰宁的气候属于中温带、半湿润、半干旱、大陆性、季风型、高原山地气候。冬季寒冷干燥。由于受蒙古高压控制和西伯利亚气团影响，丰宁冬季时间漫长，从每年10月到翌年4月，长达123天至175天。主要吹西北风，天气寒冷、干燥、晴朗。坝上最低气温为－37.4℃，坝下最低气温－28.6℃。冬季降雪较少，各年变率不一。总体感觉，冬季气候较历史上有逐渐变暖趋势。春季风多干旱。春季气候多变，气温回升较快，坝下在3月，坝上在4月土地逐渐开始解冻，春季降雨很少，有“十年九旱”之说。由于冷空气频繁影响，春季大风日甚多，风速大，卷起沙尘，带至高空，形成风沙天气。在2000年曾多次出现“沙尘暴”天气，形成恶劣气候。夏季温和多雨。由于丰宁地势较高，炎热天气较少，温和气候较多，曾有“夏日无暑”之说，尤其是北部坝上草原，夏日更是避暑消夏的绝好去处。丰宁夏日的极端气温，坝上最高32.8℃，坝下37.8℃。近年，这个数字已被突破，夏日曾连续出现高温天气。降雨多集中在7～8月间，以雷阵雨为主，时有冰雹和大风。据多年观测，夏季降水，南部在449.7～596.3毫米，中部在384.7～451.2毫米，北部在416.2～486.3毫米。秋季天高气爽。丰宁自9月中旬开始，进入秋季，雨季停止，暑热消退，昼夜温差拉大。一般昼夜温差在15°～20℃。一般坝下初霜日出现在9月中旬，坝上初霜日出现在8月中旬。

【矿产资源】　丰宁是典型的山区县，矿产资源较丰富，主要有贵重金属、有色金属和非金属3类，有各种矿点852处，分属38个矿类。主要矿类为金、银、铜、铁、铅、铂、钼以及云母、萤石、石墨、红金石、油母页岩、大理石、磷、煤等。其储量和品位小而全，多而富，适合小规模开采和群采。20世纪80年代末到90年代初，金、银等均建起了中型矿山企业，进行了较大规模的开采。金，大多分布在县东南部黑山嘴、胡麻营、石人沟、凤山、波罗诺等乡镇，尤以黑山嘴镇为最多。银，主要分布在黄旗、四岔口一带，尤以四岔口牛圈子(永利)银矿规模最大。铜，分布在县南部黑山嘴、天桥、石人沟一带。铁，分布在南关，胡麻营、王营一带。铝，分布在小坝子、苏家店一带。铅，分布在黑山嘴、王营、刘营一带。钼，分布在大阁、凤山、波罗诺。金红石，分布在南关一带。萤石，分布在南关、苏家店、草原、万胜永一带。方解石，分布在苏家店、天桥、石人沟一带。大理石，分布在五道营、南关、杨木栅子、天桥一带。石绵，分布在南关、天桥、石人沟一带。油母页岩，分布在大阁、黑山嘴、四岔口一带，尤以大阁九龙山储量最大。

【能源资源】　丰宁地处燕山北麓和内蒙古高原南缘，地势由东南向西北呈阶梯状增高，分为坝下、接坝、坝上三个地貌单元。海拔在600～2213米之间，地势高，风能、光能资源丰富，适合开发风电、光电。

风电。全县具备开发条件的风资源大体在320万千瓦左右。2018年河北建设投资集团有限责任公司风电场森吉图三期15万千瓦(四岔口、外沟门、苏家店)、关道梁(万胜永)、喇嘛沟(外沟门)、大营子(外沟门)15万千瓦风电场已于4月份开工建设，进展良好，年底已完成全部建设工程，具备并网条件。河北建设投资集团有限责任公司10万千瓦项目已于6月份开工，正在完善各项手续，预计2019年底完成全部建设工程。大唐国际发电股份有限公司大滩20万千瓦风电场项目(大滩镇、鱼儿山镇)4月份已开工建设，进展较快，年底完成吊装70台左右。远景能源(江苏)有限公司大河西三期10万千瓦(鱼儿山境内)风电场项目因输出问题，没有开工建设。中国大唐集团新能源股份有限公司王起营30万千瓦(汤河乡、杨木栅子乡、窟窿山乡)风电场项目已完成国家林业草原局审批手续，正在做开工前的准备。

太阳能光伏。丰宁在全国太阳能资源区域划分中属于二类地区，年日照小时数平均为2903小时，年太阳辐射总量达到5603～5813兆焦/平方米，属于太阳能利用条件较好地区。2018年重点建设的总装机18万千瓦的4个集中式光伏发电项目已于6月30日并网发电，装机0.66万千瓦的22个村级一批、7.45万千瓦的149个村二批项目在年底前并网发电。2020年，光伏电站并网总规模将达到100万千瓦。

【土地资源】　丰宁土地资源按全国二级分类共查出一级地类8个，二级地类38个，三级地类3个。

在一级地类中，农业用地10824271.2亩，占土地部面积的82.58%，非农业用地2282811.7亩，占土地总面积1742%。农业用地中，耕地面积1374756.4亩，占土地总面积10.49%；园地面积48356.1亩，占土地总面积0.37%：林地面积7772370.9亩，占土地总面积59.30%；牧草地面积1628787.8亩，占土地总面积12.42%；人均占有农业用地30.68亩。非农业用地中居民地及工矿用地147848.4亩，占总土地面积1.13%；交通用地面积62825.9亩，占总土地面积0.48%；水域面积175196.5亩，占总土地面积1.33%；未利用土地面积1896940.9亩，占总土地面积14.48%，人均占有非业用地6.46亩。丰宁人均占有土地37.08亩。

丰宁共有耕地1374756.4亩，占丰宁总面积的10.49%，其中水浇地36927.9亩，占耕地面积2.69%，占丰宁总土地面积0.28%；旱地1332918.7亩，占耕地面积96.96%，占丰宁总土地面积10.17%；菜地4909.8亩，占耕地面积0.36%，占丰宁总土地面积0.04%。

【水资源】　丰宁水利资源比较丰富。在地表水中，河流、泉水种类齐全。地下水因地质构造不同，储量差异较大。地表水方面，丰宁域内有大小河流461条，分属滦河、海河两大水系。滦河流域占4579.8平方公里，海河流域占4185.2平方公里。地表水总量为5.91亿立方米，水能理论蕴藏量5.93万千瓦。宜开发水能藏量1.13万千瓦。地表水总量，地下水可开采量，人均占有水量，平均每亩耕地占有水量在河北省均居首位。属海河流域潮白蓟运河水系的河流有潮河、汤河、天河。其中潮河古称鲍丘水，发源于境内黄旗镇，属常年河，在丰宁境内流长157公里，平均流量每秒3.712立方米，年径流量2.72亿立方米，洪峰期可高达214立方米。潮河流经滦平县，过北京市密云县古北口，注入密云水库，成为首都人民生产和生活用水的主要水源。汤河，属常年河，古称高峰水。发源于县境内五道营乡，汤河为白河一级支流，县内河流长度57公里，平均流速每秒0.5立方米，汛期最大流量每秒150立方米。此河流入北京市怀柔区，在汤河口与白河相汇。属于滦河流域的河流有滦河、牤牛河、闪电河。牤牛河，古称大要水。发源于县内选将营乡，流入滦平县后改称兴州河，最后注入滦河。牤牛河在丰宁全长93公里，平均径流量每秒2.59立方米，最大流量为每秒950立方米。闪电河，在县境西北部坝上，发源于大滩镇小梁山南麓，出镇后注入沽源县闪电河水库。县境流长43公里，平均径流量每秒0.89立方米。闪电河古称濡源，元代称上都河，明、清后改称闪电河。闪电河是滦河的正源上流，其后在多伦县大河口与吐力根河汇合后，改称滦河，复又南行折回丰宁外沟门乡，然后经四岔口乡、苏家店乡入隆化县境。滦河在丰宁境内全长84公里，平均流量每秒3.13立方米，最大洪峰流量每秒300立方米。滦河水在引滦入津工程完成后，为天津市送去了大量生产和生活用水。多年来，潮河、滦河已把京津两地与丰宁紧密联系在一起，以水联姻，大大加快了丰宁改革开放和经济建设的步伐。在地下水方面，丰宁的可开采量为0.63亿立方米，按种类划分主要有温泉、矿泉、井水等。主要的泉水有洪汤寺温泉，横河子矿泉水等。丰宁县内地表水总量为5.91亿立方米，人均占有水量1960立方米，水能理论蕴藏量5.93万千瓦，宜开发水能藏量1.13万千瓦。

【国民经济发展速度】 2018年，全县地区生产总值（GDP）1149383万元，比上年增长7.3%。民营经济完成增加值829303万元，比上年减少147241万元，增长7.3%，占全县地区生产总值比重为72.2%。粮食总产量164862吨，比上年增加6014吨，增长3.79%。财政收入136208万元，比上年增长12.4%，人均财政收入3335元，比上年增长30%。财政支出324208万元，比上年增长13%。2018年优良天数281天，空气质量综合指数为4.31，同比下降6.1%，列全市第一；PM2.5平均浓度为36微克每立方米，同比下降16.3%。全社会消费品零售总额520540.7万元，比上年增长9%。全社会固定资产投资933920万元，同比增长6.2%。

【人民生活】 2018年末，全县在岗职工工资总额105251万元（含劳务派遣），比上年减少5826万元，下降5.25%。在岗职工平均工资49208元（含劳务派遣），比上年增加4676元，增长10.5%。城镇居民可支配收入23660元，增长9%，农村居民人均可支配收入8528元，增长12%。年末城乡居民储蓄存款余额1303759万元，比年初增加219931万元，比上年增长20.3%。

【产业结构】 2018年全县第一产业增加值253105万元，比上年增长5.9%，第二产业增加值425202万元，比上年增长5.8%，第三产业增加值471076万元，比上年增长9.8%。三次产业比重由上年的22.0∶37.0∶41.1调整为24.7∶38.3∶37.0。

【改革工作】 统筹推进党政群机构改革，积极做好机构改革前期准备工作。成立了县委深化机构改革领导小组及办公室，明确了相关部门工作职责，制定了《全县深化机构改革工作方案》，并根据省机构改革方案精神，正在制定全县机构改革方案。

强力推动县级公立医院改革工作。根据省编委《关于创新公立医院人员编制管理试点的意见》，经县编委研究同意，县医院、中医院人员编制实行备案制管理，已拟定编制备案制文件，上报县政府常务会议原则通过，并上报县委常委会议审议，待下次县委常委会议通过后予以实施。

深化“放管服”（简政放权、放管结合、优化服务）改革。继续抓好国家取消和下放行政许可事项承接落实，进一步健全完善清单管理制度。“三级平台、两个代办”（指便民服务大厅、街道办事处便民服务中心、社区便民服务站三个平台，党员代办和项目代办）实现全覆盖。年内先后5次完成国家、省取消17项行政审批事项；承接国家、省下放行政审批事项16项。

加快推进事业单位分类改革工作。根据省、市文件精神，对县直部门（乡、镇）所属事业单位（除国教办、民兵训练基地外）全部进行了分类。共列入行政类事业单位21个，核定编制227名；公益一类359个，核定编制4848名；公益二类129

个，核定编制3620名；生产经营类22个，核定编制493名。

统筹使用编制资源，创新编制管理。对部分县直部门及所属事业单位根据职责变化，对人员编制进行了调整。年内共撤销事业单位14个、新成立14个、更名20个，收回全额事业编制70名，差额事业编制10名，自收自支事业编制375名。

深化商事制度改革，积极推行“证照分离”改革试点，统筹推进“多证合一，一照一码”。配合行政审批局开展工作，按照省、市要求从6月30日开始逐步实现“五十证合一”。

企业改制工作，完善医药公司改制工作。2018年县企业改革领导小组对完善医药公司改制问题，以丰企改《关于同意〈完善医药公司改制问题〉的批复》文件进行批复，同意国有资产退出。医药公司已基本完成了改制的各项工作，需将占医药药材公司总股份41.6%的国有股份从公司退出，转让价格为629.11万元，上缴县财政。

积极推进饮食服务公司改制。2018年6月2日，县改革领导小组办公室批复同意饮食服务公司进入破产程序，6月26日申请县法院依法裁定破产，9月召开第一次债权人大会，年底前正在进行内部债权登记。

加快商业幼儿园改革。商业幼儿园根据县政府会议纪要精神，参照电影公司改革模式进行，已制定出《商业幼儿园改革方案》，上报县政府研究批准。

【开放外联】 2018年，全县以京津冀协同发展作为招商引资工作重点方向，抢抓京津冀一体化发展契机，坚持产业链招商、节会招商、以商招商等多种招商方式，“招大商、引强企”目标取得新突破。年内，签约招商项目10个，总投资12.195亿元。抓住北京地区企业外迁有利时机，利用“5·18”廊坊投洽会等活动，积极开展招商活动，发布招商项目30项。年内，全县共引进县外资金57.4亿元，占年计划的120%，超额完成目标任务。

组织参加了天津经洽会、北京电影节、廊坊经洽会、京承扶贫对接会、天津华侨·华人创业发展洽谈会、农校对接精准扶贫对接会等省内外重要节会。会上，丰宁发布了包括工业、生态农业、旅游业、文化产业、现代物流业等具有较强市场竞争力和高附加值的招商项目30个，发放招商项目手册100余份。利用各类高端交流平台，全方位宣传推介了丰宁的投资环境、优势产业和招商项目，对接签约了一批重点项目。在河北省第三届旅发大会期间，签约项目5项，其中合作项目3项，总投资3亿元。

项目建设扎实推进。借助京津冀一体化和北京非首都功能企业外迁的历史性机遇，成功引进14家企业落户河北丰宁经济开发区，总投资53.41亿元。其中续建项目4个，总投资19.3亿元；新建项目10个，总投资24.51亿元。前期推进项目2个，总投资9.6亿元。

【经济建设】 2018年，农业生产平稳增长。全年农、林、牧、渔业完成总产值441306万元，比上年增长3.63%。种植业效益大幅度提高。粮食产量190827吨，比上年增长1.35%；油料产量4988吨，比上年减少2.96%；蔬菜产量574514吨，比上年增长19.37%。畜牧业产值平稳增长，产量略有增加。全年完成畜牧业产值220073万元，增长51.5%。肉类总产量达到49023吨，下降8.3%；牛奶产量63576吨，下降44%；禽蛋产量17328吨，下降15.1%；年末大牲畜存栏21843头，增长4.6%；羊只存栏147466只，下降28.4%。林业生产有所上升。全年完成造林面积8800公顷。当年零星四旁植树85万株，比上年下降253株，育苗面积达到1983公顷，新增育苗面积703公顷。森林覆盖率54.4%。产业化经营规模快速发展。杏仁、肉牛、奶牛、蔬菜四大生产基地产销快速增长，全年实现产值211438万元，销售产值201116万元，分别比上年增长22.39%和18.75%。龙头企业不断壮大，年内龙头企业达到31个，实现销售收入235218万元，下降4.5%。农业基础设施建设得到加强。全年水土流失治理面积1820平方公里，全年农田有效灌溉面积29630公顷，新增节水灌溉面积865公顷。农业机械总动力472693千瓦，增长0.02%，农村用电量9672万千瓦时，增长1.2%。

2018年，全县工业生产平稳增长，经济效益大幅度提高。全部工业增加值310371万元，其中规模以上工业企业比上年增长9.5%；规模以下工业企业12000万元，比上年下降0.2%。骨干行业拉动作用明显，远景能源实现产值195200万元，占规模以上工业产值的38%。2018年，全县规上工业企业22家，其中制造业10家、能源业5家、采选业7家。重点项目建设进展顺利。开发区建设，呈现出经济指标稳定增长、产业构架初具规模、投资环境持续改善、公共事业再上新台阶的良好局面。

2018年，全县基础设施建设不断取得新进展。交通建设成绩显著，年末全县公路通车里程达到3479.354公里，其中国省干线530.855公里，县级乡村公路2961.499公里，柏油路公路网覆盖全县26个乡镇。铁路运输在丰宁经济建设中发挥重要作用，2018年张唐铁路运载能力达到9000万吨；

虎蓝铁路运载能力达到3000万吨。邮电通讯业平稳发展,邮政全年完成业务总量2878.87万元,增长21%;年末固定电话用户达到23112户,比上年增加950户;国际互联网用户30455户,比上年增加402户;移动电话用户达到21万部。供电部门各项工作取得新成效,2018年完成售电量7.50亿千瓦时,供电可靠率99.852%,安全生产累计6938天。抽水蓄能电站建设工程进展顺利。城乡建设按照"政府领导、科学规划、市场运作、齐抓共管"的总体思路,紧紧围绕"落实城镇化战略、建设山水园林中等城市"的总体目标,坚持高起点定位、高质量建设、高水平管理,明确任务,夯实责任,自加压力,迎难而上,圆满完成了各项工作目标任务。

城乡建设大提升。2018年,县城完成了多项城市建设工程。新丰路改扩建工程。南起达袋沟旱河大桥(北大桥)北至天鸿街,全长762米,设计宽度33米,包括:17米车行道、两侧各2米绿化带、3米非机动车道、3米人行道。总投资1100万元,2018年11月底已通车。达袋沟旱河中桥加宽改造工程。在原有旧桥两侧各建6米新桥,(3米非机动车道、3米人行道),新旧桥之间设2米绿化隔离带,对旧桥进行加固改造作为机动车道与扩建后的新丰路衔接。建成后桥梁总宽30米、长178米,预算投资630万元,2018年年底前已完成桩基工程。兴丰路北延工程。南起府前南街北至府前街,规划道路等级为城市次干路,道路全长340米、设计红线宽度30米,估算投资600万元;府前南街西段西起西环路东至规划的新丰路,规划道路等级为城市支路,道路全长520米、设计红线宽度30米,估算投资900万元。两项工程由北京世纪鸿房地产开发公司出资建设,已于2018年10月开工。白塔北一街西段工程,西起111国道东至规划的新丰路,道路全长380米,设计红线宽度20米,估算投资480万元;白塔北街西段工程,西起111国道东至规划的新丰路,道路全长340米,设计红线宽度30米,估算投资750万元。两项工程由建宇房地产开发公司出资建设,于2018年9月开工。保障性住房工程。2018年,全县棚户区改造1260套。筹资8438万元,完成危房改造5778户,农村老旧"小黑屋"治理3334户。2018年,全县美丽乡村建设重点抓好104个贫困村基础设施提升。购置垃圾桶1519个涉及81个村。完成58个村主街道硬化165529.8平方米。完成89个村新建路灯1203盏。修复路灯808盏涉及46个村。完成16个贫困村5450平方米文化广场建设任务。为35个村建设宣传栏35套。完成37个村的37套健身器材安装。为103个村农家书屋电子阅览室配置电脑206台。对全县贫困村中61个没有村庄规划的村进行了规划编制工作。

商贸流通更加活跃。2018年,完成全社会消费品零售总额520540.7万元,比上年增长9%。年末全部金融机构各项存款余额1916235万元,比上年增长8.7%。各项贷款余额1946800万元,比上年增长21.6%。

2018年完成全部财政收入136208万元,比上年增长12.4%,县级一般公共预算收入完成7.44亿元,同比增长21%;一般公共预算支出324208万元,比上年增长13%。

【旅游业】 2018年,全县接待游客245.7万人次,同比增长11%;实现社会综合收入14.6亿元,同比增长12%。全年实施旅游重点项目10个,全部为续建项目,计划总投资135亿元,实际完成投资30亿元。2018年,丰宁成功承办全省第三届旅游产业发展大会,旅游知名度不断提升。推进"厕所革命",在重点旅游场所、旅游景区和旅游线路建设35座旅游标准化厕所。完成京北第一草原中国马镇游客服务中心、永太兴疏林草原景区游客服务中心、神仙谷七彩森林游客中心、皇封山驿站游客服务中心4座高规格游客中心建设。在御大公路沿线和京北第一草原景区增设42块引导标识牌。完成中国马镇、永太兴疏林草原、神仙谷七彩森林等景区配套停车场建设。投资1.8亿元建设智慧旅游指挥中心,配备相应设施设备,智慧旅游系统初具规模。推进御大线4个乡镇、17个行政村、46个自然村的美丽乡村建设、民居改造2367户。成功举办"2018超级马力丰宁坝上国际牛仔嘉年华"、"中国马镇首届丰宁坝上草原文化节""2018丰宁坝上草原音乐节",河北省第四届户外旅游节第一届满族文化节。积极参与全省旅游发布活动。丰宁全域旅游创建被推荐至"2018河北优秀全域旅游创建单位"评选,智慧旅游项目被推荐至"2018河北智慧旅游项目"评选,中国马镇被推荐至"2018十大旅发大会新业态项目"评选。年内九龙松景区及国家"一号风景大道"沿线旅游基础设施建设两个项目已通过省发改委和省旅发委上报国家发改委进入国家项目储备库。到2018年累计建成农家院615家,床位3.9万张。130个贫困户、313口贫困人口通过租马、务工、开办农家院等途径增收。

【社会事业】 2018年,全力发展教育事业,全年义务教育保障经费

3938万元(其中:中央2362万元,省级1170万元,县级配套406万元)全部落实到位。年内,教育工程项目投资近1.6亿元。第七小学及幼儿园投资6500万元,子年内建成,2019年投入使用;丰宁四中投入3000万元,已完成维修改造,暑期开始招生,有效缓解了县城初中"大班额""入学难"问题;职教中心"十三五"产教融合综合楼投资2600万元,已完成主体建设,农民工培训浴室投资100万元,已建设完成;丰宁一中二期工程完成设计,第八小学、朝阳民办学校已完成选址和规划;谋划建设第五中学。农村办学条件极大改善。新建教师周转宿舍5处;维修校舍及卫浴设备、改造运动场等项目45处;改造大滩等8所幼儿园户外活动场地,为11所深度贫困村幼儿园配备桌椅、一体机等保育保教设施,完成了"双基提升"工程教育所承担的任务;为10所学校配备课桌椅2230套、学生用床690套,床垫900张,食堂设备采购投入86.9万元。石人沟的葡萄园、凤山的植物园、杨木栅子的果蔬园等5个校点的校园经济建设工作成绩突出。学校信息化水平进一步提升。投资649万元完成丰宁四中信息化智慧校园建设;投资90万用于标准化考点建设;投资28.8万元建成OA办公系统;利用"授渔计划"资金490万元,建成"双师课堂"20个;继续推进"三通两平台一覆盖"建设;外联投资35万元用于"中华微课堂",投入114万元进行"1+N教学"建设。通过一系列建设,实现教育信息化带动教育现代化。

2018年,县科技局立项实施省级科技计划项目4项,争取资金200万元;其一是"三步法"生产菊苣菊粉系列产品技术成果产业转化项目;其二是功能性杏仁乳开发与产业化示范项目;其三是食用菌产业科技协同创新创业平台建设;其四是高寒地区设施茄果类蔬菜安全生产技术与优质新品种引种示范项目;其五是冷凉山区春夏蔬菜高效生产技术示范与加工出口蔬菜基地建设项目。

年内科技局还申报实施承德市科学技术项目2项:其一是县交通运输局承担的"隧道钻爆法施工粉尘控制技术研究"项目;其二是由县众鑫农业有限公司承担的"厅市会商专项——丰宁县众鑫食用菌产业科技示范"项目。

2018年科技局共培育高新技术企业2家、科技型中小企业26家、科技小巨人企业1家、农业科技小巨人企业1家、国家级星创天地1家、省级技术创新中心1家;精准帮扶科技型企业2家。

2018县文化体育部门在全县26个乡镇开展了219场"送戏下乡"惠民演出活动,在309个行政村开展公益电影放映活动(每村12场,共计3708场),为27个深度贫困村、37个拟脱贫出列村购置了体育健身路径,实现了全县309个行政村体育健身路径全覆盖;为309个行政村(每个行政村1000元)补充更新了图书;实现每个村至少1500册图书标准;在县城举办了14场"彩色周末"文艺展演活动。在中国马镇、神仙谷七彩森林景区举办了满族工艺品展览。举办了2018丰宁草原音乐节、2018坝上草原牛仔节、丰宁首届灯光艺术节。丰宁举办的草原嘉年华马术系列活动被省体育局评为省级体育产业示范基地。与怀柔区文委、怀柔区文化产业发展促进中心合作,携手举办了书画、摄影等专项展览。以"4·23世界读书日"等活动为契机,广泛开展读书活动。积极开展体育运动,举办了全县职工乒乓球、羽毛球、足球、毽球、门球、"庆三八"女子趣味运动会、全县职工趣味运动会等全民健身体育活动。

2018年,不断加大卫生事业投入,总投资16605.2万元,开工建设中医院迁址新建项目、妇幼保健院和疾病预防控制中心建设项目、汤河中心卫生院建设项目、杨木栅子乡卫生院建设项目、永利医院建设项目、农村改厕项目、污水处理项目。利用专项资金245万元,对29个贫困村卫生室进行标准化建设,其中新建村卫生室20所,修缮9所。统筹资金684万元,为171个贫困村卫生室统一配备基本医疗设备。全县定点医疗机构全部实行贫困患者"先诊疗后付费"政策及出院"一站式"即时结算服务。2018年全县享受"先诊疗后付费"政策的贫困患者28301人。对贫困患者大病实行优先救治,全县贫困患者罹患21种大病1473人,均得到救治。实现农村贫困人口签约服务全覆盖,做到建档立卡贫困人口慢病患者"应签尽签",对高血压、糖尿病、结核病、严重精神障碍等慢性病患者规范管理。年内完成3所"国医堂"建设并通过验收,全县"国医堂"共建成10所。完成市级中医药先进单位创建,并通过省复审达标;完成2所国家级群众满意乡镇卫生院(黑山嘴、黄旗卫生院)创建工作。石国彦、李俊生两位院长在国家级第二届"寻找百姓健康守门人"活动中获得优秀院长称号。计划生育方面,全年婚前医学检查1224对,全年产前筛查2102人,并开展新生儿疾病筛查等工作。

【精神文明建设】 2018年,全县精神文明建设稳步开展,以培育和践行社会主义核心价值观为根本,以省级文明县城、文明村镇等群众性精神文明创建为重点,激发群众内生动力，突出抓好道德银行、志愿服务、未成年思想道德建设、农村少年宫等工作，精神文明建设工作水平显著增强。围绕创建文明乡镇，以实施村级综合文化服务中心建设为重点，在全县126个村中开展村级综合文化服务中心建设，共投入资金2142万元，投入设备资金772万元。年内，共建设和修缮文化广场103个村，建设和修缮文化广场近15万平米，安装公益广告3000多块，文化活动室126个。开展"十星级文明户"创建活动，命名县级十星级文明户6300户，引导农民群众自我管理、自我教育、自我提升。开展"好家风"评选活动，以良好的家风建设带动村风民风的改善。深入拓展"大爱丰宁"主题道德实践活动，召开"紫塞先锋、丰宁道德模范先进事迹巡讲报告会"。深入实施"一个道德模范带动一个道德模范群体，一个道德模范群体塑造一个道德典型品牌"模式。利用各种活动载体加大诚信教育力度，年内共评选诚信经营企业6家，诚信经营示范店10家。健全重大失信事件联合惩戒制度，对严重失信行为和事件进行联合惩戒的平台逐步完善。志愿者活动深入展开，在第三届河北省旅发大会之际，组织300余名志愿者开展会议服务。全县共产党员志愿服务组织达到了70多个，1万多名党员主动加入到志愿服务队伍当中。着力在未成年人思想道德教育、课外实践活动和典型引导等方面下功夫。拓展农村青少年课外活动空间，在巩固提高已建成的12所乡村学校少年宫的基础上，推进2018年4所乡村学校少年宫项目建设项目，县财政投资16.5万元，对11所乡村学校少年宫实现了全覆盖。开展"中国梦"主题教育活动，把"中国梦"教育融入到课堂教学、社会实践和校园文化的各个环节。开展优秀童谣传唱、诗文书画征集和童心向党歌咏比赛，推动社会主义核心价值观在未成年人中入脑入心。开展"向国旗敬礼，做一个有道德的人""争做美德少年"和"缅怀革命先烈"等网上签名寄语活动，引导未成年人增强责任意识。举办"美丽丰宁·我的家"书法、绘画征文比赛活动。积极培树未成年人以德为先的先进典型，丰宁二小、丰宁四小、丰宁三中获评"承德市文明校园"荣誉称号。丰宁37名学生获得文明委表彰新时代好少年荣誉称号，有力地推动了全县未成年人思想道德建设工作又上新台阶。

撰稿/薛有岭

党　　政

中共丰宁满族自治县委员会

【综述】 2018年，中共丰宁满族自治县委常委会团结带领全县广大干部群众，深入学习贯彻习近平新时代中国特色社会主义思想和党的十九大精神，认真落实省、市委重大决策部署，全县经济社会发展和党的建设取得了新成绩。

坚持把学习贯彻习近平新时代中国特色社会主义思想和党的十九大精神作为首要政治任务，牢固树立"四个意识"、坚定"四个自信"、践行"两个维护"；坚持在学懂弄通做实上下功夫，扎实推进"两学一做"学习教育常态化、制度化。

把脱贫攻坚作为重大政治任务和头号民生工程来抓，成立13个脱贫攻坚推进专班，构建权责清晰的责任体系。成立6个产业发展专班，实施全覆盖项目399个，带动贫困户1.2万户，户均增收3600元。扎实推进易地扶贫搬迁工作，县城集中安置区"五区同建"新模式，作为典型经验在全省交流。

圆满完成了第三届省旅发大会承办工作，全县的旅游业态、基础设施和旅游环境得到全方位整治和提升。2018年全县累计接待游客246万人次，同比增长11%；实现旅游综合性收入14.6亿元，同比增长12%。

全年完成造林21.9万亩，代表河北省接受国家造林绿化考核验收，并取得优异成绩。持续实施禁牧百日攻坚行动，开展了生态管护社会化服务试点。严格落实河长制，开展违规采砂集中清理专项行动，121家违规采砂场全部拆除。深入开展大气污染综合治理，取缔燃煤锅炉140台。

着力打造清洁能源、特色制造产业、有机农业及深加工和生态旅游康养业四大主导产业。持续推进世界最大的抽水蓄能电站建设，加快推动河北建投风电场等项目建设，光伏装机总量达到276.3兆瓦，居全省之首。"全国有机农业示范基地"和"国家有机产品认证示范县"顺利通过国家验收，成为全国第三家、全省唯一一家双有机县。

全县开工亿元以上重点项目103个，完成投资143亿元。抓住京津冀协同发展重大历史机遇，全面加强与怀柔区对接合作，推动"怀丰一体化"深入开展。将"怀丰产业园"作为承接京津产业转移的重要平台，成功引进总投资13.16亿元的北京宏亭、鑫益华等一批财源性项目入驻产业园区。

投资4500多万元，在176个村开展农村人居环境整治提升行动，打造生态宜居美丽乡村。实施村级综合文化服务中心覆盖工程，283个村达到"七个一"标准。投资9000多万元，对农村电网进行升级改造。投资1.41亿元，建设通村通组路329公里。潮河流域县城段"一主四副"综合治理工程竣工，进一步提升城市品位。

持续推进教育质量提升工程，投资6500万元建设开发区第七小学及幼儿园，投入3000万元完成丰宁四中维修改造。投资8000万元，实施中医院迁址新建项目，进一步改善医疗服务条件。基本养老、医疗制度全面实现城乡统筹，社会保障体系不断完善，老百姓的日子越过越好。

深入开展扫黑除恶专项斗争，共打掉恶势力团伙2个、一般涉恶类犯罪团伙9个，有力地维护了全县社会安全稳定。深化领导接访、包案工作，一大批重点信访问题得到及时有效化解。全面落实安全生产责任制，扎实抓好食品药品安全及防火、防汛、防疫等工作，有力保障了全县人民群众生命和财产安全。

深入开展"脱贫攻坚党旗红"活动，建成示范乡镇8个，示范村50个，培树党员产业示范基地30个，党员致富先锋121名。圆满完成全县村"两委"换届工作，将一批政治素质好、领富带富能力强的人才选入村级班子。

严格落实意识形态工作责任制，牢牢掌握意识形态工作的领导权、主动权。加大扶贫领域执纪监督问责力度，推动全面从严治党向基层延伸。全县纪检监察机关共立案271件，结案270件，给予党纪政务处分312人，移送司法机关4人。不断巩固落实中央八项规定精神成果，持续整治"四风"，加大群众身边腐败问题整治力度。全年共发现违反中央八项规定精神和"四风"问题239个，立案44件，组织处理154人，纪律处分47人。

深入开展"双创双服"活动，着力解决市场主体和人民群众反映最集中、需求最迫切的问题。出台《项目操作管理规程》，严格执行招商引资"九项工作制度"，深入推行"丰宁办事一次成"改革，精简审批环节，压缩办结时限。

严格执行《加强干部日常督查考核的实施意见》真正发挥考核的导向作用，切实提高了工作执行力。全年共调整4个批次214名干部，一批业绩突出的干部被提拔到重要领导岗位，激发了全县党员干部干事创业热情。

【坚持学习贯彻党的十九大精神】 深入学习宣传贯彻党的十九大精神，坚决用党的十九大精神统一思想、凝聚共识。牢固树立“四个意识”，自觉维护以习近平同志为核心的党中央集中统一领导。用党的新理论、新思想武装头脑，自觉做习近平新时代中国特色社会主义思想的坚定信仰者和忠实实践者。通过县级领导带头到基层宣讲36次、理论中心组学习5次、召开十九大精神培训班6期等形式，坚持面向基层、面向群众，把十九大精神讲清楚、讲明白、讲透彻，推动党的十九大精神深入人心、落到实处。狠抓学习成果转化，明确时间表、路线图、责任人，让党的十九大精神落实在岗位上、体现在行动上。

【决战决胜脱贫攻坚】 把脱贫攻坚作为重大政治任务和头号民生工程来抓，成立13个脱贫攻坚推进专班，构建权责清晰的责任体系。成立六个产业发展专班，实施全覆盖项目399个，带动贫困户1.2万户，户均增收3600元。光伏扶贫对全县贫困户实现全覆盖，年均收益1.2亿元。持续开展就业扶贫，共组织培训41期，培训3875人，切实提高贫困人口工资性收入。扎实推进易地扶贫搬迁工作，县城集中安置区“五区同建”新模式，作为典型经验在全省交流。投入资金8400万元，实施危房改造5778户。投入资金8438万元，实施农村饮水安全全覆盖工程。2018年共有75个村、15904户、35188人脱贫，贫困发生率由年初的16.80%下降为5.78%。

【扎实推进各项民生事业】 深入开展扫黑除恶专项斗争，共打掉涉恶势力犯罪团伙2个，破获涉恶类刑事案件64起，社会环境得到净化，群众安全感进一步增强。圆满完成全国两会等重要时期信访安保任务。安全生产、食品药品安全形势持续稳定。国防动员、双拥共建和优抚安置工作进一步加强。25项民心工程有序推进，开发区小学、幼儿园、医院主体建设完成，第四中学投入使用。新增供热接网面积98.9万平米。城镇新增就业4152人，城镇登记失业率控制在3.9%以内。民族宗教、广播电视、外事侨务、史志档案、气象地震、统计调查、妇女儿童、老龄、残疾人等工作取得新成绩，社会大局和谐稳定。

【高标准推进项目建设】 坚持培育壮大主导产业，着力打造清洁能源、特色制造产业、有机农业及深加工和生态旅游康养业。抢抓京津冀协同发展重大历史机遇，全面加强与怀柔区对接合作，推动“怀丰一体化”深入开展，将“怀丰产业园”作为承接京津产业转移的重要平台，成功引进总投资13.16亿元的北京宏亭、鑫益华等一批财源性项目入驻产业园区，成为县域经济新的增长点。持续推进世界最大的抽水蓄能电站建设，完成投资63.8亿元；加快推动河北建投风电场等项目建设，100万千瓦装机今年并网发电；光伏装机总量达到276.3兆瓦，居全省之首。“全国有机农业示范基地”和“国家有机产品认证示范县”顺利通过国家验收，成为全国第三家、全省唯一一家双有机县。2018年全县累计开工亿元以上重点项目103个，完成投资143亿元。

【推动全面深化改革实现新突破】 制定出台《丰宁满族自治县全面深化改革督查办法》，加强重点改革领域工作落实。召开全面深化改革领导小组会议8次，审议各领域改革事项26项，出台相关改革文件58个。全面梳理政务服务事项，编制公布事项目标清单，持续推进“办事一次成”改革，不断创新和完善行政审批体制机制，实现“一枚印章管审批”。继续深化“放管服”改革，抓好国家取消和下放行政许可事项承接落实，进一步健全完善清单管理制度，“三级平台、两个代办”实现全覆盖。强化事业创新能力建设，创新平台建设取得新突破。以优化管理为重点促进财税改革，搞好社会保险费和非税收入征管职责划转衔接。围绕保民生、促发展，优化财政支出结构，强化绩效考核结果应用，深化绩效预算管理制度改革。搞好国有资产和自然资源资产调查，落实向人大常委会报告制度。实施自然资源资产动态平衡管理，确保资产保值增值。加强国有资产体制管理，实现经营性国有资产的优化配置，不断做大做强大元国控集团有限公司。

【持续完善基础设施建设】 全面开展贫困村路、电、水、讯、厕专项提升。修建通村通组路454公里，保证乡镇和行政村至少有一条安全顺畅的硬化路；持续实施农村电网改造工程，供电可靠率不低于99.7%；投资7133万元，继续实施农村饮水安全全覆盖工程，重点解决季节性干旱导致的缺水问题，并通过新增水源、设施净化、管网改造等方式，确保用水达标；持续开展人居环境整治和美丽乡村建设，精心打造20个以上精品示范村。全面强化贫困村通讯、广电、宽带建设和维护，保证信号24小时畅通；强力推进农村

"厕所革命"。抓好"道德银行+扶贫爱心超市"建设,全面完成文化广场、农村书屋、多功能活动室、文化宣传专栏、标准化卫生室建设,确保全县贫困村基本公共服务全部达标。

【推动生态文明建设迈向新台阶】 围绕首都水源涵养功能区核心区定位,牢固树立"生态优先、绿色发展"理念,建设生态文明。依托京津风沙源治理、京冀水源林等重点项目,实施荒山荒地绿化、城市绿化、村庄绿化、矿山绿化、潮滦河岸体绿化、通道廊道绿化"六大工程",全年完成造林20万亩以上。开展生态环境大排查大整治,落实"1+4+10"专项整治方案,狠抓散乱污企业整治、劣质散煤管控、扬尘综合治理、工业企业达标排放等重点工作,2018年改造燃煤锅炉136台,整治露天矿山29家,坚决打赢"蓝天行动保卫战"。突出抓好河长制落实、县城污水处理厂改造升级和污水管网雨污分流、农村生活污水集中处理,探索完善管理机制,严格落实《潮河生态环境保护规划》,加紧编制《滦河生态环境保护规划》,坚决打赢"碧水行动攻坚战"。强化农村环境综合治理,建立健全垃圾清理长效机制,突出污染管控,加大有机农业推广力度,减少化肥、农药使用量,严厉打击非法倾倒固体废物和危险废物,坚决打赢"净土行动持久战"。

【开创全域旅游发展新格局】 圆满完成第三届省旅发大会承办工作,投资135亿元实施了四大组团项目,打造了三大风景片区和十个旅游节点,全县的旅游业态、基础设施和旅游环境得到全方位整治和提升。随着县内陌上花开田园综合体、杨木栅子国际康养小镇等一批项目开工建设,推动全域旅游要素聚集,旅游品质不断提升。九龙文化产业园被评为国家3A级景区;丰宁满族文化遗产精品展示活动在恭王府成功举办;满族剪纸成功入选国家传统工艺振兴目录;丰宁被确定为国家第一批、河北唯一"非遗+扶贫"试点县。2018年全县累计接待游客246万人次,同比增长11%;实现旅游综合性收入14.6亿元,同比增长12%。

【深入抓实党的建设和反腐败工作】 实施"党建引领脱贫攻坚决胜年"行动,为实现全县整体脱贫出列提供有力保障。持续深入开展"脱贫攻坚党旗红"活动,大力培养一批农村致富带头人、政策明白人,带动群众自主创业、致富增收,让310个村都有经营性收入。加大投入力度,标准化、规范化建设党员活动阵地。充分发挥党校培训、轮训主阵地作用,加强理论武装,提升工作能力,提高党性修养,增强党员干部"战斗力"。不断完善村级绩效奖励制度,持续加大对村干部考核力度,充分调动村"两委"干部主动服务群众的积极性。聚焦监督执纪问责工作任务,坚持无禁区、全覆盖、零容忍,坚持重遏制、强高压、长震慑,严查扶贫领域、生态环保、涉黑涉恶等腐败和作风问题,持续查纠违反中央八项规定精神和"四风"问题,切实提升纪律审查的质量和效果。强化巡察监督,深化政治巡察,全力做好中央和省市巡视巡察整改工作,持续不断深化全面从严治党,切实营造风清气正的政治生态。

撰稿/吕占国、方曦晨、张林涛

组织工作

【做好干部选任工作】 2018年,县委组织部完成县八届人大二次会议选举工作。在县委和大会主席团的领导下,按照市委的人事安排部署,选举李文江为丰宁满族自治县监察委员主任,补选何铁章、马明华为县人大常委会委员。

做好全县干部选任和管理工作。2018年共调整干部4个批次、214人。其中,平职调整干部82人;提拔任职79人(其中驻村干部7人);挂职干部8人;离岗帮扶10人;退休18人。根据《党政领导干部选拔任用工作条例》的有关规定,对2017年4月24日提拔的13名干部进行试用期满考核,并对17年招录的8名选调生和8名法检公务员进行试用期满转正考核。为2017年4月调任备案的2名干部办理调任审批、公务员登记手续。对2017和2018年度调整的有在职学历的159人,进行在职学历认证工作。按照市委组织部、市人社局的安排部署,完成全县艰苦边远津贴工资及正常晋级晋档普调审批工作。审批干部职级并行24人,审批干部退休50人。完成副科级以上领导干部和党群工作部门退休人员基本养老金、交通费调整审批工作。本着实事求是、积极稳妥的原则,完成干部人事档案整改整改工作,完成档案续订1240本,完成干部人事档案后续认定225卷。根据人事调整工作要求,需从人社局转入档案103本,年内审核合格提回72本,剩余31本,待人社局整改完毕后一并提回。

【完成"一问责八清理"整改回头看工作】 针对超职数配备干部问题,采取逐人逐单位核对,重点自查消化方式是否合规、是否整改消化到人头、是否存在新的超配现象;针对违规进人,重点核查了另册管理人员消化途径是否符合有关政策规定、是否限制提拔使用和建立专门的另册管理人员台帐。2018 年,已消化另册管理人员 31 人。其中,登记公务员 9 人,交流到事业单位 13 人,专项考核录用 1 人,退休 7 人,死亡 1 人,还有另册管理人员 20 人。

【加强后备干部队伍建设】 针对全县年轻干部总量偏少,专业人才储备不足的问题,2018 年继续加大对年轻干部的提拔培养力度,选派 5 名副科级以上干部到到北京怀柔区对口单位挂职,并对接引进怀柔区委组织部选派的 15 名专业技术人员及省委组织部选派的 6 名选调生到我县进行挂职锻炼。大力提拔年轻干部,年内,提拔 80 后副科级干部 38 名,85 后副科级干部 14 名,90 后副科级干部 1 名。录用 2018 届选调生 5 名,其中定向选调生 1 名。

【完成 2017 年度干部考核工作】 党群部门参加考核 503 人,评优 73 人,其中行政人员 57 人,事业人员 16 人。评"三等功"6 人,"嘉奖"67 人。党群部门不占单位名额评优 35 人,其中美丽办评优 8 人,驻村工作办公室评优 7 人,驻村工作队评优 20 人;授奖共 35 人,其中连续三年优秀评"三等功"1 人,"嘉奖"34 人。

【完成 2018 年度工资审批工作】 按照市委组织部、市人社局的安排部署,完成全县艰苦边远津贴工资及正常晋级晋档普调审批工作。审批干部职级并行 24 人,审批干部退休 50 人。完成副科级以上领导干部和党群工作部门退休人员基本养老金、交通费调整审批工作。

【完成干部人事档案整改后期工作】 在干部档案核查专项整治工作中,按照全市干部人事档案专项审核工作会议要求,本着实事求是、积极稳妥的原则,完成整改工作,2018 年完成档案续订 1240 本,并完成干部人事档案后续认定 225 卷。根据人事调整工作要求,需要从人社局转入档案 103 本,目前审核合格提回 72 本,剩余 31 本,待人社局整改完毕后一并提回。

【做好干部培训工作】 加强统筹管理,办好主体班及专题培训班。制定《2018 年干部教育培训工作计划》,科学选定培训内容和形式。及积极发挥各有关部门和培训机构的作用,并按照职责分工,认真落实好具体的工作任务与要求。突出"聆听总书记声音,学习十九大精神"主题,将学习贯彻习近平新时代中国特色社会主义思想和党的十九大精神作为全年培训中心任务,作为各类专题培训"第一课"。举办十九大精神轮训班 3 期,共培训科级干部 650 人。以干部素质提升为主题,组织县内党校主体班,进一步规范培训的班次设置和学制安排,认真组织好各期主体班的培训工作。全年举办主体培训班 9 期,培训党员干部 2095 人次。组工干部理想信念强化提升主题,组织举办组工干部党性修养专题培训班 1 期,培训组工干部和党务工作者 45 人。基层党员素质能力提升主题,利用远程教育开展农村党员视频培训,组织开展"万名党员上党课"活动,全年举办 3 期,培训对象为全县农村党员。以领导干部大讲堂的形式,组织"万名干部学政策"大培训 1 期,对全县县处级领导、县直部门、乡镇全体干部职工、村"两委"干部、村社保协理员和驻村工作队全体成员实现"全覆盖、无死角"大培训,参训学员 1 万余人。

组织开展 2018 年精准扶贫精准脱贫大培训。制定全县 2018 年精准扶贫精准脱贫大培训实施方案,筹备举办相关班次。全年组织举办驻村干部专题培训班 5 期,参训 513 人;全县扶贫脱贫基础工作规范提升专项行动现场会 1 期,参训 156 人;全县脱贫致富带头人养殖技术培训班 2 期,参训 237 人;"万名干部学政策"大培训 1 期,参训 1 万余人;村干部培训班 3 期,参训 896 人。

借力东西部协作开展怀丰互动培训交流工作。邀请怀柔专家人才来丰宁举办党政干部培训、新型职业农民培养、特色种养植、民俗旅游创新发展等各类专题培训班 10 期次,组织人员赴怀柔区参加专题培训、学术交流、观摩培训等 8 期次,参训 1367 人次。

认真组织开展干部选学工作。扎实做好 2018 年度干部选学工作。计划于 12 月上旬组织选学班次 2 期,培训县处级领导干部、乡镇党政正职、县直部门"一把手"160 人。

按时按要求完成省市调训任务。全年参加省市调训共 70 人次。

继续开展网络培训工作。按要求组织全县注册学员完成必修课和选修课学习任务。

开展理论中心组学习。采取聘请国家部委、知名院校、企业专业人员授课,开展专题调研、专题研讨以及县领导讲课等形式开展理论中心组(扩大)学习,全年组织开展县委理论中心组(扩大)学习 10 期,参训 1270 人次。

【做好干部监督工作】 按要求做好领导干部个人事项集中填报工作。及时组织填报。配合市委组织部做好个人有关事项报告情况抽查工作。组织开展领导干部在企业、社团违规兼职清理"回头看"工作。制发了《关于进一步做好领导干部在企业、社团违规兼职清理"回头看"的通知》,按照上级要求进行摸底排查。联合县人社局、县市场监管局、县行政审批局、县民政局等相关部门再次核对，全面清查，检查是否存在违规兼职、违规取酬或是瞒报、漏报等情况。同时利用技术手段对清理范围内人员的工商注册登记情况和社团职务情况进行了一次拉网式排查。经查，全县公务员、参公人员、事业副科以上人员中有55人存在企业兼职情况，以上人员都已对其兼职问题作出说明，按其说明时限完成整改。

开展领导干部经商办企业“回头看”工作。按照全市“一问责八清理”专项行动整改“回头看”要求，及时安排部署，认真开展清理核查工作，协调有关部门对在2016年领导干部及其亲属违规经商办企业专项清理中存在问题的领导干部进行了核查。经查询，有1人尚未办理退出该合作社手续，按照相关法律规定需2019年1月进行办理相关退出手续，因整改缓慢已将相关情况移交至县纪委处理。其余均已清理整改到位。

探索建立函询回复采信制度，坚持用好提醒函询诫勉等组织手段。2018年全县提醒函询诫勉工作主要在脱贫攻坚领域开展，力求通过提醒函询诫勉等日常监督手段解决脱贫领域干部作风不实等问题。9人诫勉谈话，其中3人为党委(党组)主要负责人。

【持续做好人才工作】 坚持软硬齐抓，人才工作保障机制逐步加强。健全工作机制。建立党政领导干部联系人才制度，县处级领导通过走访、座谈等方式每人联系1~2名优秀人才，解决问题11件次；建立月例会制度，每月调度部署人才工作；充实人才工作科力量，明确专岗专责。加大财力投入。县级落实人才培养、表彰等工作经费819.42万元，占本级财政公共收入的1.1%；县级预算科技创新券600万元，2018年发放14.1万元；科教文卫农等领域争取上级和社会支持人才工作资金约4700万元。强化政策保障。出台《深化科技体制改革加快建设创新型丰宁的实施方案》《推行科技特派员制度促进农村创新创业实施办法》《县级专业技术拔尖人才管理考核办法》等文件，为人才管理、科技创新及成果转化提供政策支撑。

创新方法渠道，人才培养开发体系日益健全。以县职教中心为主阵地，举办木工、瓦工等17个技能领域农民工技能培训班41期，参训3785人，培训后进行职业鉴定考核，完成鉴定1484人，982人实现稳定就业。以全县视频直播系统和手机app为主阵地，将技能培训、专家讲坛等培训内容定期通过电视信号和手机网络的形式直接送入千家万户，全年开展视频直播培训7次，参训4.5万人次。以党校、农广校、农技推广中心为主阵地，采取请进来“讲”、走出去“看”、在一线“练”等形式，培训各类人才10915人次(党政人才986人次、专业技术人才3120人次、企业经营管理人才1572人次、农村实用人才5237人次)。全县2人被评为市级专业技术拔尖人才，1人被评为第三批“河北省农村青年拔尖人才”。

创设载体平台，人才引进实现稳步增长。依托“两站”柔性引才。引进北京农林科学院等7个团队31名专家技术人员组成帮扶工作站，为现代农业发展和精准脱贫进行技术指导70余次，解决技术难题20余项，引进新技术新品种15个；县内龙头企业与院士专家联系，设立院士工作站3个，引进设施蔬菜、动植物营养与饲料加工等方面人才72人。依托招聘刚性招录。年内招录选调生5人、公务员32人、特岗教师220人；与怀柔区、唐山市丰润区联合开展“高校毕业生就业服务月招聘会”活动，县内10家企业招聘各类人才134人；以村“两委”换届为契机，选拔农村实用人才157人、引回经商有成人员27人进入村班子。依托园区招才引智。依托河北丰宁国家农业科技园区，培育农业高新技术企业4家、科技小巨人企业4家、星创天地6家(国家级1家、省级5家)、省级工程技术研究中心1个、农业科技小巨人企业9家、农业科技型中小企业69家，引进中国农科院畜牧研究所、中国农业大学等院所专家技术人才53人。依托大学生创业园区引进大学生创业团队9家，带动就业23人。依托农民工创业园吸引60名农民工返乡创业，发展电商服务站308家，带动就业500余人。

发挥人才作用，助力县域经济发展。专业人才服务基层见实效。组织文化、卫生、教育、农林等部门开展“五送”下基层活动171次(咨询服务4次、技术指导11次、文化下乡135次、优质教育7次、医送药14次)，受益群众4300余人。县域人才助力脱贫攻坚见实效。统筹使用全额事业编制，公开招选差额和自收自支人员中的专业技术人才97名，到49个村驻村帮扶；在县电视台和党教频道开设“讲授专业知识，助力脱贫攻坚”专栏，市、县专业技术人才录播专业技术讲座11期；拍摄市管拔尖人才宣传片2部《我的青春我的梦》《用“四金”带动贫困户“摘帽”的归乡赤子》。东西部扶贫协作人才支援见实效。选派1名副处级、4名科级干部，73名专业技术人员到怀柔区挂职交流；怀柔区雁栖镇副镇长张煦笙到丰宁县挂职县委常委、政府副县长，2名科级干部到县扶贫办挂任副职，19名专业技术人员到扶贫相关部门和乡镇挂职帮扶。开展培训观摩交流活动18次，培训1367人次；组织劳务协作转移就业培训班20期，成功就业842人；实施对口帮扶项目25个，4211户贫困户受益；怀柔各界捐赠款物1460万元，惠及60多个贫困村3000多贫困人口。援建扶贫车间5个，吸纳就业300余人；总投资近4亿元的北京宏亭等19家汽车配件项目落户怀丰产业园，建成后可提供万名以上就业机会。

【加强基层党组织建设】 开展“红色领航争双强”活动。按照市委组织部《关于在全市深入开展“红色领航争双强”活动的实施方案（试行）》文件要求，抓好红色覆盖、红色力量、红色旗帜、红色细胞、红色阵地“五大工程”贯彻落实，着力提升两新组织党建工作水平。党的组织覆盖和工作覆盖明显提升。全县纳入党建工作台账的432家非公企业，党组织覆盖390家，覆盖率90.3%；社会组织43家，党组织覆盖41家，覆盖率95%；选派党建工作指导员68名，联系指导212家非公企业和社会组织，实现了党的组织和工作全覆盖。党建示范点创建成效明显。按照“六有两栏两上墙”（“六有”：有标识、有党旗、有书报、党务工作机构有挂牌、党员活动有场所、党员电化教育有设备；“两栏”：党建工作公示栏、党史宣传栏；“两上墙”：党组织工作职责等制度及领导班子成员姓名、照片统一上墙）标准，投入30万元，重点打造6个两新组织党建工作示范点，这6个示范点是：开发区活动服务中心和缘天然集团有限公司、平安高科有限公司、丰鑫实业有限公司、水星乳品有限责任公司、丰宁鑫源矿业有限责任公司。通过示范带动作用，促进全县“两新”组织规章制度规范化、党组织堡垒作用优质化、党员模范作用常态化。

完成村“两委”换届工作。执行“五四三”换届工作机制，各项指标超过省定标准。换届后“一人兼”的村206个、占比66.45%；支部书记50周岁以下163人、占比52.58%，高中及以上学历251人、占比80.97%，农村致富带头人和外出务工有成人员236人、占比76.13%，退役军人19人、占比6%。其中，大滩镇孤石村全日制本科大学毕业生闵春雨（80后，河北大学财政系财政学专业）和石人沟乡石人沟村2004届大学生村官王亚龙（80后，河北旅游职业学院生物工程专业）成功当选村党支部书记。推行村会计聘任制，共选聘村会计310人，50周岁以下258人，占比83.2%。从村党支部成员和党员后备干部中选任村级组织员310名，专门协助书记负责党务工作。10月16－18日，在县委党校分三期对新当选的721名村党支部书记、村委会主任和村会计进行履职培训，培训内容为纪律作风、岗位职责、党的建设、脱贫攻坚迎考迎检相关准备工作及流程。总结2017年度经验做法，完善600万元村级年度绩效奖励资金考核标准，从2018年起，将脱贫攻坚列为村级绩效奖励的目标之一，脱贫攻坚不力的村不得评为一、二类村。

加强村级“两室”建设。全县总计投入资金830万元，其中县级财政列支300万元，县管党费补贴200万元，对不足100平米的，没有达到“八有”标准的村级阵地进行建设，新建19个、改扩建18个、装修8个。截止2018年10月底全县村级阵地实现全部达标，面积达到300平米以上的有78个、200～300平方米96个、100～200平方米136个。开展“红色广场”试点建设。拓展村级阵地建设外延，把村部建设扩展到附属设施建设，年内建成了外沟门乡大营子村、大滩镇小北沟村、王营乡辛营村、万胜永乡下洼子村等一批“红色广场”。

发展壮大村级集体经济。投入3000万元（省财政扶持试点资金2000万元，县里配套资金1000万元），采取集体光伏、设施农业、旅游综合体等模式，年内实施完成集体经济项目20个，每村150万元，专款专用，2018年新增45个村集体经济破零。全县291个村有经营性收入，占比93.9%。其中，收入达到100万元以上的村有6个，10～100万元的村有149个，比2017年底全县共增加集体收入2342万元。

开展“共产党员示范林”创建活动。为拓展并深化“脱贫攻坚党旗红”活动，年初通过“每个庭院有果树”“一个村庄一片林”“党员先锋示范林”三种形式在全县开展了“共产党员示范林”创建活动，每名党员栽植3～5棵树，由各乡镇（开发区）党（工）委牵头，村级党组织负责实施，全体党员共同参与，全县27个乡镇（开发区）、270个农村党支部、7933名党员参与创建活动，栽植14种苗木43816棵，绿化面积约758亩。此项工作得到了市委组织部原部长路立营和县委书记方志勇的批示，并在全市进行了推广。通过活动的开展，全县基层党组织的引领功能和党员先锋带动作用，在促进生态文明和绿色发展过程中得以彰显，为全县脱贫攻坚工作凝聚了组织合力。

加强大学生村官管理工作。2018年初在岗大学生村官25名，年度内共流转大学生村官6名，其中，考录为省选调生2名，考录为事业单位工作人员2名，考取研究生1名，自谋职业1名，年内在岗大学生村官19名。对大学生村官这支特殊队伍，始终坚持管理服务并重，做到生活上关心、工作上关爱、政治上关注,努力提高大学生村官管理服务和培养使用的科学化水平,让他们全部在农村一线经受锻炼、成长成才、发挥作用。在村“两委”换届中有1名大学生村官(2004届)任村党组织书记,7名大学生村官任村党组织副书记,7名大学生村官任党支部书记助理,5名大学生村官任村委会主任助理。

【抓实党员干部学习教育】 将学习贯彻习近平新时代中国特色社会主义思想和党的十九大精神作为党员干部培训“第一课”,举办十九大精神轮训班3期,培训科级干部650人。组织开展县委理论中心组(扩大)学习10期,参训1270人次。举办主体培训班9期,培训党员干部2095人次。在苏州和上海中共“一大”会址举办乡镇组宣部长、县直部门党办主任培训班1期,培训45人。在浙江大学举办领导干部综合素质提升培训班2期,培训146人。举办新提拔领导干部任职培训班1期,参训89人。制定党员集中收看、纪实留痕等制度,利用村级视频直播系统组织乡镇党委、村“两委”干部、驻村工作队成员、全体党员开展“万名党员上党课”活动4次,使学习教育一插到底,直达农村党员,做到“三会一课”常态化。组织“万名干部学政策”大培训1期,对全县县处级领导、县直部门、乡镇全体干部职工、村“两委”干部、村社保协理员和驻村工作队全体成员实现“全覆盖、无死角”大培训,参训学员1万余人。

【规范落实党内政治生活】 严格执行《新形势下党内政治生活若干准则》,严格党的制度,组织召开县委班子专题民主生活会3次(2017年度专题民主生活会、脱贫攻坚专题民主生活会、中央巡视河北整改专题民主生活会),做好服务保障的同时,加强对28个乡镇(开发区、街道)和65个县直党委(党组)的方案审核、检查指导、材料报备等工作,确保乡科级党委(党组)民主生活会如期保质召开。督促党员领导干部主动过双重组织生活,年内指导召开专题组织生活会2次。结合九届省委巡视反馈党建方面意见和省委组织部督导整改落实情况提出的问题,制发《关于做好基层党建几项重点工作整改的通知》,对各级党组织2014年以来基层党建几项重点工作进行了自查整改回头看,从严肃党内政治生活、落实“三会一课”制度,规范《党支部工作手册》使用等几方面入手,对各党工委的党建基础工作进行全面规范和提升。4月份开始对各党支部工作开展情况进行了检查,召开调度会议5次,下发整改通知书10份,建立了按月调阅《党支部工作手册》等举措,通过查找问题、限期整改、逐乡调度、逐村验收,党建档案记录进一步规范化。

【全面加强党员队伍建设】 2018年,全县各级党组织新发展党员320名。其中,发展农村党员175名、占比54.7%,非公企业和社会组织党员21名、占比6.6%,女党员109名、占比34%,35岁以下党员190名、占比59.4%,高中及以上学历党员205名、占比64%,少数民族党员270名、占比84.4%。全县党员队伍结构进一步优化,整体素质有了新提高。建立了组织部牵头,纪委监委、公安局、法院、检察院、信访局、人大办、政协办各相关单位协调配合的党员涉嫌违纪违法信息通报和处理工作机制,共核实涉嫌违纪违法党员76人,其中县纪委监委给予处分58人,县公安局已处理13人,检察院提起公诉6人。集中排查了2013年以来本地退役军人102人,找到未落实组织关系的退役军人党员5人,年内有4人党组织关系已落实到原籍或居住地党组织,有1人正在办理中。完成2017年7月以来上级下拨的177.05万元(其中,省委组织部下拨82.05万元、北京市对口支援20万元、市委组织部下拨75万元)补交党费的使用审计验收工作。做好河北12371党员教育服务云平台信息更新工作,对基层党组织换届和党员基础信息进行了及时更新。

【压实党委(党组)党建责任】 为做好新形势下农村、机关、社区、两新组织党建工作,出台了《关于加强农村党的建设的意见》《关于加强县直机关党的建设的意见》《关于加强社区党的建设的意见》《关于加强非公经济和社会组织党的建设的意见》4个文件,经县委常委会审议并通过,作为今后一段时间各领域党的建设的指导性文件。实施“阳光党建工程”,在县电视台和丰宁党教频道开办“党委书记话党建”专栏,各乡镇(街道、开发区)党工委书记“年初谈思路、年中亮进度、年底晒成绩”,通过媒体比干劲、亮成绩、促提升,进一步强化党建主业主责意识。全年在电视台录播节目28期,同时在丰宁党教频道循环播出,让党建责任在阳光下接受党员群众监督。加大基层党建投入保障力度,拨付村级组织运转经费3035万元,服务群众专项经费61.8万元,社区党建工作经费90万元。为激发农村干部干事创业热情,设立村干部绩效奖励基金600万元,为农村脱产干部缴纳养老保险33.35万元,为离任村干部发放补贴120万元,为远程教育站点播放员补贴19万元。

【开展远教电教工作】 电教远教工作水平实现大幅提升。投资10万元,购置了照相机、航拍器等电教设备,在县委党校、丰宁剧场、影视城3处会场接通了视频直播信号,以满足不同地点、不同会议直播需求。推进县乡村互视系统建设,试点工作已完成,2019年在全县推广。推进频道上手机、上网络,在丰宁门户网和丰宁手机台开通了丰宁党教频道直播平台,使全县所有党员群众能随时随地收看到丰宁党教频道的节目。8月9日至11日,承办了承德市电教远教工作现场交流会议和承德市第四届"对标先进、聚焦县区"主题制片活动,拍摄制作学习贯彻党的十九大精神、脱贫攻坚、乡村振兴中涌现出的先进典型专题片13部。全年共拍摄制作党建专题片6部,其中,微电影《我不会忘记》获承德市第五届党员教育电教片观摩交流活动一等奖,《丰宁滕氏布糊画》获二等奖,《方寸之魂》获三等奖。

【驻村帮扶和结对帮扶工作】 县组织部门切实履职尽责,认真谋划部署,强化顶层设计,制定了《关于加强贫困村驻村工作队选派管理工作的实施方案》《关于进一步加强精准扶贫脱贫驻村帮扶和结对帮扶的工作方案》《扶贫领域干部管理使用办法》《关于建立"扶贫工作日"制度的通知》《丰宁满族自治县县级精准脱贫驻村工作队综合经费管理使用办法(试行)》等制度文件。部机关以月例会的形式,每月月初召开一次全体干部会议总结驻村帮扶和结对帮扶工作经验做法,部署下月工作。常委组织部长认真履行第一责任人责任,全年组织召开部务会9次,研究驻村帮扶和结对帮扶工作。走访慰问省直驻村工作队33个,市直工作队17个,县直工作队32个;深入27个乡镇(开发区)的130个村开展了相关调研工作;组织召开驻村第一书记和驻村工作队员座谈会4次,对驻村工作队反映的24条共性问题,通过下发督办函的形式协调县直各部门予以解决,真正做到了对全县驻村帮扶工作精准把脉定向。健全组织机构,推动工作开展。成立了驻村工作领导小组,负责统筹推动全县驻村帮扶工作。其中,驻村干部选派管理办公室设在组织部,现有工作人员5名,实行集中办公,一年来,办公室共召开会议12次;起草文字材料116篇(其中下发文件79个,领导讲话19篇,总结汇报18篇);下发工作提示函304份;编发驻村工作简报9期;进行各种工作统计500余次。为强化党在驻村帮扶工作中的政治引领地位,成立了精准脱贫驻村工作队党委,党委书记由县委书记方志勇担任,全县按照区域划分成立12个驻村工作队党总支、26个党支部,实现了组织领导和工作队自我管理、规范有序的良好局面。及时整改问题,补齐工作短板。针对2017年度国家和省扶贫考核及国家巡查巡视反馈涉及驻村帮扶和结对帮扶的意见问题,坚持问题导向和目标导向,狠抓整改落实,建立问题整改清单,明确牵头领导、责任人和完成时限,年内国家和省扶贫成效考核反馈的涉及组织部门的2个方面4项问题已全部整改完成。

扎实做好驻村干部管理工作。精准选派干部,确保帮扶实效。县委把驻村帮扶作为锻炼干部的重要平台,高度重视驻村干部选派工作,制定了《关于加强贫困村驻村工作队选派管理工作的实施方案》,全年选派的246名县级驻村干部中,副科级以上干部51名(第一书记36名),后备干部52名(第一书记46名),40周岁以下干部86名。按照帮扶村尽量相邻、单位职能尽量相近、帮扶村产业尽量相同,"大稳定、小调整"的原则,对新选派的工作队进行混编整合,79个县直派出单位中,有58个单位的派出工作队进行了整合,整合比例为73%,高于省委组织部要求的70%比例,交叉调整使用驻村干部61人。加强培训交流,提高履职水平。县委组织部制定了年度培训计划,以党校课堂教学、召开现场会、利用"村级视频直通系统"平台等方式开展大规模培训活动。3月份依托"村级视频直通系统"平台,开展了"扶贫产业全覆盖政策宣传月"活动,各乡镇班子成员、驻村工作队、村"两委"干部、党员、产业大户、建档立卡贫困户近万人参加培训,扶贫政策知晓率大幅提升;7月份,针对帮扶责任人对扶贫政策掌握不深不透的问题,组织开展了"万名干部学政策"大培训活动,12个县直部门"一把手"针对本部门所涉及的扶贫相关政策对全县6000余名帮扶责任人、513名驻村工作队员和村"两委"班子成员进行了专题培训;8月份,在大滩镇、万胜永乡和外沟门乡组织召开了"学旅发、促脱贫"现场观摩推进会,拓宽了驻村干部的视野。全年在县委党校举办驻村干部培训班2期;召开现场观摩推进会2次;通过"村级视频直通系统"培训3次,累计培训驻村干部3084人次;培训帮扶责任人6288人次;培训乡镇干部、村"两委"干部2664人次,做到了培训全覆盖、无死角。组织开展每季一赛、每季一播、每季一晒、每季一谈、每季一讲"五个一"活动,建立了"丰宁扶贫"晾晒平台,挖掘推广身边的帮扶事例和帮扶模式,通过帮扶单位之间和驻村工作队之间的交流互动,促进帮扶成效最大化。全年共开展“五个一”交流活动342次，召开座谈会4次，召开驻村第一书记工作述职会议1次，拍摄制作驻村帮扶典型案例专题片6部，向上级部门和媒体推送经验做法、优秀典型案例63个，在新华网、中国网、《中国组织人事报》等国家级网站、报刊刊发驻村工作典型事例稿件21篇；在《河北省扶贫工作通讯》刊发稿件6篇（条）、省电视台新闻联播栏目播出新闻1条。强化监督约束，严明驻村纪律。县委组织部认真履行驻村干部日常管理主体责任，制发《脱贫攻坚期间干部问责办法》和《进一步加强驻村工作队管理的工作方案》。建立了考核约谈、巡查通报、述职评议、责任追究、奖励激励“五项工作制度”和每月全面检查、领导带头督导检查、每周随机抽查、与乡镇党委联合检查“四项检查机制”，督促驻村干部在岗履职。成立了10个县级、26个乡镇驻村工作纪律督导检查组，统一设计制作了检查日志本，对工作队在岗、走访慰问贫困户等情况进行详实记录，谁检查谁签字，谁签字谁负责。完成县级驻村帮扶信息管理服务平台建设，实现全县171个驻村工作队、513名驻村干部使用全覆盖。建立健全驻村帮扶信息管理服务平台值班制度，制定督导检查计划，充分利用信息平台技术优势，切实加强派出单位、驻村干部和帮扶责任人管理。全年县级进行全覆盖督查9次，领导带头检查70余次，乡镇组织检查780余次，“点穴式”随机抽查（包括夜查）248次，通过钉钉、电话、大数据平台查岗260余次，下发通报5期，谈话提醒5人，约谈干部21人，诫勉谈话9人，扣发4名违反驻村纪律的县级驻村干部年度精神文明奖500元。加大关爱力度，提振工作士气。县财政按照每个驻村工作队8万元的标准，为全县82个县级驻村工作队列支专项工作经费。按照每人保费140元、保额80万元的标准，为1名中直驻村干部和245名县直驻村干部办理了意外伤害保险。县委组织部于4月23日至27日组织开展了慰问驻村干部“暖心周”活动，集中对省市县171个驻村工作队进行走访慰问，县处级领导负责慰问省市工作队，组织部部务会成员负责慰问县级工作队。期间，县委书记方志勇为黑山嘴镇3个驻村工作队协调解决了洗澡问题，其他县处级领导为23个驻村工作队协调改善了居住环境。印发了《关于开展关心关爱一线扶贫干部活动的通知》，县财政拨付16万元，免费为扶贫领域干部发放了健康体检卡。县委组织部协调县卫计局为驻村干部开辟了绿色就医通道，驻村干部凭精准扶贫脱贫驻村干部工作证（工作证即就医绿色通道卡），享受优先挂号、优先就诊、优先化验、优先检查、优先取药等就医诊疗服务，对紧急突发性伤病的，提供“先救助、后结算”服务。8月份，县委组织部与县文体广电局分片区联合组织了4场慰问驻村干部的专场文艺演出。同时采取“财政挤一点、工会出一点、党费拿一点”的办法，建立关爱基金，由组织部具体管理审批，对因身患疾病、因公负伤、意外伤害造成家庭困难的扶贫脱贫一线干部进行专项救助，今年以来，共慰问9人，发放慰问金1万元。出台《扶贫领域干部管理使用办法》，建立起管理考核、提拔重用等正向激励举措，让驻村干部有目标、有奔头。今年，严格遵守驻村工作纪律，帮扶成效明显的8名驻村干部被县委提拔重用（正科级1人、副科级6人，重用1人）。

认真做好结对帮扶工作。通过拓宽帮扶责任人选派渠道、压实管理责任、创新结对帮扶入户走访形式，扎实推动结对帮扶工作取得实效，全县脱贫攻坚结对帮扶群众满意度大幅提升。实现帮扶责任人“双覆盖”。严格落实《河北省贫困户结对帮扶责任人管理办法》，在选派党政机关、人民团体、企事业单位干部职工进行结对帮扶的基础上，将村“两委”干部、优秀党员和农村致富带头人纳入帮扶责任人选派范围，为未脱贫贫困户安排帮扶责任人的同时，为已脱贫继续享受政策的贫困户也安排了结对帮扶责任人，建立了精准结对帮扶责任人台账。实现了尚未脱贫的贫困户和已脱贫享受政策的贫困户帮扶责任人“双覆盖”。截止11月初，全县共有结对帮扶责任人11382名，结对帮扶贫困户42625户。督促帮扶责任人履行职责。县委组织部与79个县直派出单位签订了《精准扶贫精准脱贫驻村帮扶和结对帮扶工作责任承诺书》，并在工作驻地进行公示，全年下发推动结对帮扶工作通知4期，向79个县直派出单位下发了督促帮扶责任人进行入户走访的督办函，向29个省直派出单位、27个市直派出单位发送了结对帮扶提示函，督促省市县三级派出单位组织帮扶责任人按要求进行入户走访、协助驻村干部做好基础档案规范提升等工作。统一印制结对帮扶责任人公示牌和结对帮扶“连心卡”，并要求帮扶责任人本人填写并亲自送到贫困户家中张贴公示，便于贫困户了解具体帮扶事项和进展情况。推动结对帮扶工作取得实效。为解决帮扶责任人不知道怎么入户、入户该干什么的问题，县委组织部创新入户走访形式，通过开展“田间地头走访周”“丰收入户月”“小黑屋专项排查”等主题入户活动，使结对帮扶工作真正帮到群众的心坎上，提升了贫困群众的满意度。年内市、县级帮扶责任人已完成至少5次走访慰问，省级帮扶责任人至少完成3次走访慰问。帮扶责任人累计送去慰问物资折合人民币1650余万元；为贫困户解决实际问题2万余件；帮扶责任人入户排查后，经驻村工作组、村“两委”干部和乡镇包村干部确认，全县纳入“小黑屋”治理范围3334户，目前已全部整修完毕。

【加强组织部门自身建设】 按照工作需要单独成立了驻村办、非公党建科和人才工作科3个内设科室，配齐配强了工作人员。组织机关党支部完成了换届选举工作，发展预备党员1人，预备党员转正2人。安排2名干部到基层一线驻村锻炼，2名优秀干部得到了提拔重用。通过月例会形式加强科室日常督考，推进组工业绩上水平。落实部务会成员、科室负责人党风廉政建设“一岗双责”，树立组织部门廉洁形象。将做好组织系统信息调研和新闻网络宣传工作作为提升基本素质的重要手段。全年，完成市委组织部下达的重点调研课题2个；在中央、省《组工信息》刊发信息4篇(条)(中组部1条、省委组织部3篇(条))；全县各级党组织在中央、省市主要纸质媒体刊发新闻158篇(国家级28篇、河北日报12篇、承德日报118篇)；在国家级、省级知名网站共发表有影响力网评文章1480篇(国家级网站发表1358篇、省级网站发表122篇)；部刊《丰宁组工》出刊12期(编发信息144篇(条))，机关对外宣传的层次水平进一步提高。

撰稿/刘占华

宣传工作

【意识形态工作取得成效】 2018年，县委宣传部以党的十九大和党的十九届三中全会精神为指导，坚持党管意识形态原则，牢牢掌握意识形态工作的领导权、主动权，通过强化责任意识、舆论监督、阵地建设，切实把意识形态工作落到实处。层层加压，强化责任意识。认真落实党委党组意识形态工作责任制。牢牢把握意识形态工作“极端重要”的思想内涵，把意识形态工作列入年度工作要点，列入中心组学习计划，纳入重要议事日程，纳入党建工作责任制，同各项考核和建设同部署、同落实、同检查。对照中央巡视组反馈的关于意识形态领域存在的问题，坚持问题导向、细化分解任务，深入自查整改，确保落实到位。完善机制，强化舆论监督。实行24小时全天候网上舆情监控，全年发舆情专报24期，县主要领导批示5期。坝上飞行器坠毁、美丽乡村公厕等重大舆情快速有效处置，未形成负面舆情炒作。守土有责，强化阵地建设。依法依规加大全县文化市场的管理整顿力度，以打击政治性非法出版物、清除网络文化垃圾、打击侵权盗版行为和整治非法违规广告为重点。全年共出动执法人员1132余人次，检查经营单位380余家，责令改正6家，排查整治安全隐患3起。建立网信办、网安大队、市场监管、工信局、文体广电局多部门信息沟通和联合执法机制，严控网上违规信息发布。对全县14家行政事业单位网站进行安全大检查，对存在重大安全隐患的网站提出限期整改要求，对涉黄、赌、毒6家网站予以关停。

【理论武装工作扎实推进】 按照武装头脑、指导实践、推动工作的整体要求，以学习宣传贯彻党的十九大精神为主线，科学谋划，主动作为，为推动全县经济社会发展凝聚起共同奋斗的思想共识。突出主题，理论学习有方向。制定了中心组学习计划、印发了《全县党委(党组)理论学习中心组学习安排意见》《县委理论学习中心组学习制度》，进一步规范了中心组学习的组织、内容、形式、管理等工作。县委理论学习中心组全年集中学习9次、集中研讨2次；在浙江大学举办两期素能提升培训班，培训围绕美丽乡村建设这一主题，解读乡村振兴战略、践行两山理论——建设美丽乡村的浙江实践、美丽乡村建设与旅游开发、农业精准扶贫的实践与探索等8门理论课程的学习。创新形式，宣讲工作有特色。丰富各种宣讲载体，开展习近平新时代中国特色社会主义思想和党的十九大精神，以及《宪法》宣讲活动。采取群众喜闻乐见的活动，确保宣讲形式新颖、载体灵活、内容丰富。全县共举办习近平新时代中国特色社会主义思想和党的十九大精神及《宪法》宣讲1300多场次，直接受众人数87000余人次，间接受众人数135000余人次，开展送戏下乡、彩色周末、广场舞大赛、演唱会、快板小品、旗袍秀、水兵舞等文艺宣讲830余场次，张贴各类公益广告5000多幅，出板报180余期，总受众人数22万余人次。联系实际，理论研究见成效。印发了《县委理论学习中心组研讨交流成果集(一)——脱贫攻坚篇》和《2018年基层党委(党组)理论学习中心组——脱贫攻坚调研集》；辑印了《致敬，马克思》成果集；在全县基层党委(党组)中开展了《不忘初心跟党走，牢记使命谱新篇》征文活动。全县基层党委(总支、支部)中征订《习近平新时代中国特色社会主义思想三十讲》9444册，在八县三区中名列第一。

【舆论引导能力切实提高】 坚持

团结稳定鼓劲、正面宣传为主的方针,牢牢把握正确舆论导向,为全县经济社会发展升级提供了有力的舆论支持。展示形象,对上宣传亮点纷呈。紧紧围绕县委政府中心工作,强化对上新闻宣传途径,营造良好的宣传氛围。年内,已在国家级发稿80余篇,省级媒体发稿100余篇,市级以上媒体发稿600余篇,为承接省旅发大会的召开和增强脱贫攻坚内生动力营造了浓厚的舆论氛围。新华社发稿《京北草原上的小村落华丽蝶变》《河北丰宁提高贫困人口的自我发展能力》。《人民日报》以内参和深度报道两种形式刊发了《拼尽心力为扶贫——追记河北省高院法官、驻村第一书记赵江辉》,得到相关领导批示。《河北经济日报》5月15日头版头条《从小苇子沟到百万新村 深度贫困的"8公里"如何跨越》,得到河北省人大常委会副主任、承德市委书记周仲明的批示。凝聚人心,对内宣传强势推进。坚持新媒体、传统媒体融合发展,优势互补,共同发力。精心策划了脱贫扶贫、美丽乡村建设、旅发大会、创建文明县城、学习宣传贯彻党的十九大等主题宣传宣传活动,全年播发新闻稿件2000余条,策划专题栏目26个,制作专题片102部,充分展示了丰宁在脱贫攻坚工作中取得的成就,营造了积极向上的舆论氛围。丰宁手机台累计使用用户24000多个,累计点击量达1500多万次,电视台微信公众号用户达到20000多个,实现了与电视台、电台同步直播,与丰宁政府网互联互通。拓宽载体,网络宣传有声有色。瞄准人民网、新华网、央视网等14家主流媒体,宣传推介丰宁亮点特色工作,邀请记者对山花节系列活动和旅发大会进行多次集中采访采风活动,全年在各级主流媒体发稿942篇。《山花节打造全域旅游》《旅发大会》等文章反响强烈,形成强大宣传氛围。创新举措,积极开展网上舆论引导工作。全年转发优质文章20万次,在全市排名位列第一方阵。网评员队伍规模逐年扩大,核心网评员100人,网络文明志愿者1200名,素质逐年提升。

【文化产业健康发展】 按照"发展文化事业、培育文化产业、塑造文化内涵、展示文化形象"的思路,着力加强公共文化服务体系建设,积极推进文化产业发展,为全县经济社会发展营造了良好的文化环境。文化惠民成果丰硕。全年投资近900万万,积极推进村级综合文化服务中心覆盖工程。文化馆、满族博物馆、图书馆、不断创新服务方式,积极提升文化服务水平,全年坚持免费开放。结合脱贫攻坚工作,共举办了"彩色周末"文艺展演活动14场,"送戏下乡"156场,"农村公益电影放映"3000余场,为乡镇干部、驻村工作队和广大基层群众送去了丰富多彩的文化服务。文化活动好戏连台。圆满完成河北省第三届旅发大会接待演出任务,在中国马镇、神仙谷七彩森林景区举办了满族工艺品展览。投资600万元举办了"2018丰宁草原音乐节"活动,投资300万元举办了"2018坝上草原牛仔节"活动,投资300万元举办了"丰宁首届灯光艺术节"活动。与怀柔携手举办了"奋进新时代 开启新征程——怀丰两区县庆祝改革开放40周年暨重阳书画作品展""庆祝改革开放40周年暨怀丰两地迎新年书画摄影作品联展""怀丰携手共建 助力脱贫攻坚——影视外景地建设暨非遗IP开发交流研讨会活动";以"4·23世界读书日""国际博物馆日""文化和自然遗产日""全民健身日""燕赵少年读书""农民读书读报节"为契机,积极开展了大型专场宣传展览展示活动,多次到北京等地参加非遗展演,受到省、市各级领导和社会各界的一致好评。文化产品广泛推介。满族剪纸随"河北文化代表团"出访比利时、波兰、俄罗斯,组织布糊画、满族剪纸、彩砂画、满族舞蹈等参加了第五届河北省特色工艺美术精品大赛、第十一届河北省民俗文化节国萃非遗传统展览、汤河川满族风情节、平谷桃花节、2018京津冀手工艺类非遗项目巡展、河北省第三届园林博览会、第九届中国西部文化产业博览会、第五届中国非遗质文化遗产博览会、天津市第七届滨海新区文化产业博览会、第二十四届中国义乌国际小商品博览会、承德市第十二个非遗展演活动暨第三届"百家争春——京津冀工艺美术节"、河北省园林博览会、"传承德泽·丰芜康宁"北京恭王府承德满族非遗展示月等国际、国内大型文化展览交流活动,积极展示丰宁特色满族文化的魅力,进一步提升了丰宁的文化知名度和区域影响力。非遗扶贫探索新路。在国家、省、市、县的支持下,以"振兴传统工艺 助力精准扶贫"为目标,以丰宁满族剪纸、滕氏布糊画为龙头,在龙腾艺术馆,土城镇张百万村、毫村沟门村,五道营乡五道营村初步建立了非遗扶贫就业工坊,举办培训50余期,鼓励100余名群众参与进来,其中贫困户参与率超过30%。通过课上培训和课下练习相结合的方式,工坊内学员的剪纸技能初见成效,在参与传承保护非物质文化遗产的同时,掌握了一门新的致富技艺,起到了"扶志"和"扶智"的作用。

撰稿/许巍

统战工作

【大力推动帮扶工作】 2018年,民建中央郝明金主席上任后，对丰宁的扶贫工作进行了再部署、再推动、再投入。5月24日，市长常丽虹、县委书记方志勇、统战部长徐树星及相关领导，就脱贫攻坚工作与民建中央进行对接，民建中央主席郝明金、副主席李世杰等领导参加了接见。5月30日，民建中央副主席李世杰主持召开了民建中央暨京津冀民建组织对口帮扶丰宁县工作会。

8月13日，民建中央主席郝明金、民建中央副主席李世杰到丰宁就脱贫攻坚情况进行调研，国务院扶贫办、国家交通运输部、京津冀三地民建主委、民建会员企业陪同参加调研活动，会上中华思源工程基金会、中国社会福利基金会授渔计划共向丰宁捐赠2000万元，用于丰宁新农村建设、电商扶贫、医疗卫生、助学等项目。

年内，民建中央及京津冀三地民建组织领导先后到丰宁调研、对接帮扶工作、落实帮扶项目440余人次，其中副厅级以上领导赴丰40余人次。

【扎实推进脱贫攻坚】 2018年，民建组织、会员企业参与到丰宁实施的项目9个，预计投入资金5380万元。其中：1. 中华思源工程基金会落实项目3个：(1)思源救护项目，投资80万元，在贫困村援建13个村级卫生室；(2)思源助学项目，中华思源工程基金会为丰宁捐赠儿童安全教育平台软件32套；(3)思源扶贫，丰宁元始种植有限责任公司2个农产品作为“电商扶贫优秀农特产品”入选并在电商网站推广。2. 中国社会福利基金会授渔计划落实项目3个：(1)捐资480万元用于资助丰宁职业技术教育中心贫困学生生活费，连续资助4年；(2)捐资320万元用于资助我县部分中小学400名贫困学生生活费，连续资助4年；(3)投资200万元开展“互联网+教育”双师课堂项目，连续资助4年，已完成6个学校教室装修。3. 民建会员企业亿博集团在南关乡两间房村和北黄土梁村建立矮化香椿种植基地，拟投入资金900万元，年内已注册成立了亿博基业农业股份有限公司丰宁分公司，在两间房村、横河村流转土地380亩，栽植香椿苗17万株，用工400余人次。4. 民建河北会员企业在丰宁注册成立韵天承旅游发展有限公司，在万胜永乡万胜永村开发休闲旅游项目，年内已完成三通一平，投资1000万元，预计明年6月底营业。5. 天津农科院林果所拟投资2000万元在大滩镇建设丰宁工作站，年内项目规划书已完成。

【精准对接脱贫】 按照民建中央脱贫攻坚会议精神，京津冀三地民建组织按照地理位置分片帮扶我县27个深度贫困村。民建河北省委帮扶7个深度贫困村，目前已引进帮扶物资173.12万元，用于慰问贫困户，助学、种植产业等；民建北京市委帮扶10个深度贫困村，已引进帮扶物资61万元，帮助壮大产业1个（丰大农业有限公司）；民建天津市委帮扶10个深度贫困村，已引进帮扶资金152万元，用于卫生室建设、种植、养殖产业发展等。

【民建中央下派定点帮扶驻村第一书记】 民建中央定点帮扶丰宁黄旗镇乐国窝铺村，民建中央下派驻村第一书记罗锋到村开展帮扶工作。罗锋组织民建中央干部职工及爱心人士捐助10万元款物在该村建立了“民建爱心超市”，村民可以通过参加村集体活动，获得一定数量的爱心值券，凭券兑换相应物品。“爱心超市”模式得到了全县干部群众的广泛认可，明年即将以试点方式在全县贫困村中展开。

另外，民建中央还十分注重智力扶贫。今年民建中央社会服务部捐资15万元，用于培训丰宁农村致富带头人100人、乡村医生100人和村干部500人。2018年8月，经民建中央推荐将丰宁列为北京世园会贫困地区产品展示区成员单位。

【扎实推进党外代表队伍建设】 选准主题，对党外领导干部进行培训，不断增强政治引导的针对性和有效性。上半年在省社会主义学院对6名基层统战委员进行培训，提高了他们统战工作水平。深入开展以党员领导干部与党外人士“交朋友”和建“党外人士之家”活动为载体，做好党外人士的联系工作。加大非党领导干部提拔使用。

【做好新阶层人士统战工作】 按照省、市新的社会阶层人士统战工作安排，立足丰宁县实际，做好新的社会阶层人士统战工作，创建了丰宁新阶层人士脱贫攻坚助力团，引导新的社会阶层人士在脱贫攻坚战中发挥作用。有组织有计划地物色党外代表人士，建立完善代表人士名单和信息库，着重做好发现培养和安排使用工作。用3年时间培训适当数量的党外代表人士，并在安排使用、参政议政等方面提供机会，搭建舞台让他们发挥更大作用。扎实开展创建试点工作，通过建立丰宁新阶层人士脱贫攻坚助力团，打造活动平台，以实践创新推动脱贫攻坚工作有效开展。引导新阶层人士在脱贫攻坚战中发挥智力、财力、能力作用，制定新阶层人士联席会议制度，建立新阶层人士统战工作室。引导私营企业积极为全县脱贫攻坚建言献策、凝心聚力，大力开展“村企共建”精准扶贫行动。构筑电商带动贫困户的综合服务平台，搭建培训平台，组织有技术、懂管理的新型职业农民加入平台。通过向贫困户免费提供种子、技术指导、租用土地、聘请贫困户务工等方式助力贫困户脱贫。

【引导工商联企业界加入扶贫行列】 加强组织建设，搭建合作桥梁，积极团结和引导工商企业界参与参政议政、维权服务、加强培训、扩大就业、光彩扶贫等工作中。2018年，全县参与“助力脱贫攻坚，千企帮千村”精准扶贫行动的企业59个，其中本地民营企业39个，外地在丰经营的企业有7个，北京来丰参与“万企帮万村”精准扶贫行动的企业有13个，帮扶贫困村82个。全县43家企业通过分红、慰问、基础设施建设等累计投入帮扶资金2154.02万元，安排贫困人口就业206人，流转土地17725亩。2018年，还涌现出了一批帮扶先进典型，顺达集团获得了全国“万企帮万村”先进民营企业称号，缘天然、驸马山庄、元始种植先后被省评为帮扶先进典型。

【做好新形势下宗教工作】 2018年，宗教工作以严格落实省、市宗教大督查指导意见为主线，加强学习、强化组织领导、坚持问题导向，认真组织开展了宗教工作自查，确保了县内宗教领域和谐稳定。县委常委会、政府常务会先后召开会议，认真学习习近平总书记关于宗教工作重要讲话和重要指示批示精神，学习《宗教事务条例》，会上要求各单位高度重视宗教工作，强化党的领导，把省、市关于宗教工作的重大决策部署落到实处，加强宗教场所管理，引导宗教与社会主义社会相适应。

为加强对宗教工作的领导和协调力度，10月份对宗教工作领导小组进行了重新调整，并召开宗教工作小组会议，进一步明确了县宗教工作领导小组职责任务、工作制度及办公室和成员单位工作职责。为加强宗教基层基础工作，县宗教工作领导小组与各乡镇负责人分别签订了宗教工作目标责任书，同时各乡镇也成立了由乡（镇）书记或乡（镇）长担任组长的宗教工作领导小组，各村都确定了宗教信息联络员，形成了县、乡、村三级宗教工作管理网络。

按照省、市关于宗教工作自查的通知，结合市宗教工作大督查指导意见，我们逐项对照自查内容，认真进行整改落实，检查宗教活动场所，发现问题逐一排查整改。强化宗教工作培训，提升业务素质。请国家宗教局研究中心副主任张弩在县理论中心组扩大学习会上对当前宗教形势和党的宗教工作方针进行了专题讲座。与民宗局共同举办宗教工作培训班，对各乡（镇）主管宗教工作干部、宗教领导小组成员进行集中培训，邀请省民宗厅政策法规处副处长郭红军解读新修订的《宗教事务条例》。坚持宗教中国化方向，培训教职人员。组织教职人员参加宗教培训，召开教职人员座谈会，从思想上引领教职人员走中国化方向道路，在党的领导下建设和谐寺观教堂，积极引导宗教与社会主义社会相适应。

【加强对台、侨务工作】 按照省市台办、侨办总体安排，2018年开展了台属、侨眷摸底统计工作，对重点台属、侨眷进行走访慰问。6月28日，与北京市台办联合接待台湾访问团一行31人来丰考察。

【做好泛海助学工作】 2018年是全省统一战线“泛海助学行动”在丰宁第二年实施，统战部与县教育局、扶贫开发办、民政局、县残联等单位联合成立了泛海助学行动工作协调组，并设立了泛海助学行动办公室。通过电视台、全县扶贫工作群、政府办公系统工作群、高中毕业班信息群等多种渠道进行广泛宣传，将资助政策告知学生和家长，使符合条件的应届学生踊跃报名。今年全县建档立卡贫困家庭考生、农村低保家庭考生、重度残疾家庭考生、孤儿考生，经省市审查，共425人符合条件，每人获得助学金5000元，全县获得救助资金总额为212.5万元。

【开展帮扶村工作】 2018年，县委统战部帮扶村调整为黄旗镇二道桥子村，派出驻村工作人员1名（单位在职员工5人），开展精准扶贫工作。单位结对帮扶人员4人，每人5户，总计20户。全年班子成员到帮扶村调研指导和现场办公5次，集体组织帮扶责任人到村入户7次，发放“连心卡”20张、悬挂结对帮扶公示牌20块，为贫困群众送去慰问金、米、面、油、衣物、水果等1万余元物资，安排专人，聘请施工队帮助困难群众进行房屋整修，治理“小黑屋”6户。联系民建会员企业原始农业公司到村考察种植环境，初步达成协议，2018年在该村采取公司加农户模式种植有机小米及杂粮；协调民建中央思源基金5万元支持该村卫生室改造；协调资金2万元用于改善村部办公条件。

撰稿/张艳华

农村工作

【重点项目有序推进】 2018年，全县投资千万元以上农业产业化重点项目20个，项目总投资35.64亿元，年度计划完成投资11.78亿元，其中：新开工项目16个，项目总投资10亿元，年度计划完成投资7.73亿元；续建项目4个，项目总投资25.64

亿元,年度计划完成投资4.05亿元。已完成投资11.8亿元,占年度计划完成投资的100.2%。平安高科菊粉高科技农业产业化终端产品建设项目、爱尚羊屠宰深加工及万只肉羊养殖基地项目、晟基鸿业黑枸杞生产项目等一批投资规模大、带动能力强的农产品精深加工项目,进一步延长了产业链条,提升了产业层级,促进了一、二、三产业融合发展,为后续产业发展奠定了基础。平安高科菊粉高科技农业产业化融合发展项目申报列入2018年省农业产业化重点项目计划。预计2018年农业产业化率达到64.2%以上。

【新型农业经营主体培育壮大】 按照河北省农业产业化工作领导小组办公室《关于组织开展河北省农业产业化重点龙头企业申报和监测工作的通知》和市产业办《关于开展农业产业化市级重点龙头企业申报和监测工作的通知》要求,全县统一安排,组织开展了省、市级龙头企业申报和监测工作,对原有54家龙头企业对照标准开展监测,淘汰停产或经营异常企业7家,其中:省级2家、市级5家,同时组织11家企业新申报省、市级龙头企业,年内,市级龙头企业已获批,累计达到55家,省级龙头企业申报材料已上报省产业办待批。围绕平安高科菊苣产业,打造一个蔬菜类创新型农业企业。培育壮大省级生猪产业化联合体,新增市级肉羊产业化联合体一家。培育市级30强领军企业3家(缘天然、平安高科、丰鑫)、成长型企业4家(乐拓牧业、荣达、丰大、水星)。认真贯彻落实河北省《关于加快构建政策体系培育新型农业经营主体的实施意见》、承德市委办、政府办《关于防范扶贫资金股份合作制使用风险的指导意见》和新修订的《中华人民共和国农民专业合作社法》,对新型农业经营主体规范提升、扶持壮大、加强监管。完成了2019年度河北省农民专业合作社高质量发展示范县申报,完成1家国家级示范社申报,2家省级示范社申报和认定,12家市级股份合作经济示范组织和1家省级农村股份合作制示范组织申报和认定工作。与北京市、天津市委合作,组织合作社、龙头企业代表赴北京、天津参加培训班3期,并与怀柔区农委合作,在丰宁成功举办"京冀心连心"怀柔区支援合作丰宁县农村实用人才培训班。全县县级以上农业产业化龙头企业累计达到65家,县级以上农民专业合作示范社总数85家。新型经营主体通过入股分红、直接带户、固定收益、合作养殖、险资直投、资产收益等形式,累计带动建档立卡贫困户19080户。

【宣传推介和品牌培育取得明显成效】 组织缘天然、平安高科、黄旗皇、丰鑫等龙头企业参加了全国春季农业生产工作会议河北名特优农产品展、津承和京承农业产业扶贫协作发展会议农产品展、上海中食展、第二十一届农洽会、河北品牌农产品万里行天津专题推介等活动,有效的宣传了丰宁农产品品牌。圆满完成了津承和京承农业产业扶贫协作发展会议各项筹备工作,与天津食品集团、天津多兴庄园有限公司、天津农科院林业果树研究所、天津鸿发永盛商贸有限公司、北京中农春雨高科技股份有限公司、北京康安农业发展有限公司、北京沱沱工社生态农业股份有限公司、北京农学院都市农业研究所和爱行者(北京)会员俱乐部管理有限公司签约项目9个,各签约项目进展有序,有效的推进了津承和京承农业合作进程。龙头企业"百企帮百村"活动及扶贫日募捐活动成效明显。加大品牌培育力度。围绕有机"双创",培育优势农产品品牌,鼓励龙头企业积极开展品牌认证,集中力量打造一批农产品品牌。牵头组织成立了丰宁满族自治县地方特色产品产业协会,为品牌申报奠定了基础。平安高科中国驰名商标申报材料近期将提交国家工商总局、"丰宁烤羊"地理标志证明商标相关申报材料已经德州百仕达地标产业有限公司代理提交国家工商总局商标局初审,"丰宁牛奶"和"黄旗小米"获得承德市二十佳农产品区域公用品牌,"丰宁烤羊"获得承德市知名农产品区域公用品牌。成功举办中外有机农业发展与市场推进暨丰宁扶贫产业论坛,农业部授予我县"全国有机农业示范基地"称号。

【产地初加工项目助力企业发展】 2018年,争取农产品产地初加工补助项目中央财政奖补资金300万元,经县扶贫开发领导小组会议研究,列入整合资金226.5万元,其余73.5万元用于平安高科龙头企业建设100吨、400吨和500吨组装式冷藏库各一座,有利地支持了龙头企业发展。冷藏库已全部完工,正在组织验收。

【"一村一品"专业村实现新跨越】 "一村一品"专业村和专业乡镇数据填报工作已经完成,新增一村一品专业村5个,总数达到114个村,占全县309个村的36.9%。大力推进"一村一品"产业扶贫工作,打造河北省首批一村一品产业扶贫推进行动示范村1个,即城根营村。

【提高政策性农业保险覆盖面】 年内出台了《2018年政策性农业保险实施方案》《2018年冷棚西红柿

价格指数保险实施方案》《关于明确2018年度有机小米园区农业保险政策的通知》和《2018年冷棚西红柿价格指数保险价格监测实施方案》相关政策性文件，新增参保保险公司2家（太保财险和人寿财险），结合县产业全覆盖政策，新增地方特色保险品种2个（肉牛和肉驴），农业保险覆盖面进一步扩大。各乡镇与保险公司协调联动，承保、勘验、理赔等各项工作有序推进。全县共投保全县共投保玉米41.97万亩、马铃薯9.7万亩、露地蔬菜11.73万亩、温室大棚196亩；奶牛1.02万头、能繁母猪0.28万头、育肥猪3.34万头；公益林422.92万亩、商品林187.7万亩；有机谷子0.39万亩、倒茬作物0.21万亩；硬果西红柿0.27万亩。全县保费总额3812.4万元，其中：中央补贴1505.53万元、省级补贴944.91万元、县级补贴671.46万元、被保险人缴费690.5万元，有效地降低了农业生产风险。

【稳步推进农业农村改革工作】 《关于加快推进农业绿色发展的实施意见》年内已完成初稿。农村承包地确权登记工作已进入尾声，已通过市核查和省验收。正在主攻“一户一卷”资料收集、整理、归档和发证工作。累计流转土地31.66万亩，占二轮承包耕地总面积的36.3%。出台了《丰宁满族自治县关于稳步推进农村集体产权制度改革的工作方案》，清产核资动员会议和培训工作已完成，6个改革试点村工作正在稳步推进。《丰宁满族自治县深化集体林权制度改革实施方案》编制工作已完成，并提交县审核，待县深化改革领导小组印发并组织实施。国土绿化三年行动列入全县考核内容。国有林场改革全面完成，2015年11月通过国家国有林场改革验收小组验收，林场职工应补缴医疗保险1893万元改革遗留问题，将通过旅发大会占用大滩林场土地补偿款及各林场自筹资金予以解决。水权水价改革稳步推进，编制完成了《农业水价改革实施方案》，新增水价改革面积为3.2万亩。出台了《丰宁满族自治县农业水权交易实施细则》。供销社综合改革进一步深化，供销云际电子商务平台运行平稳，“政银企户保”村级业务已完成256个村，年底前实现全覆盖。农村产权流转交易平台建设持续推进，已完成7个乡镇服务站规范建设工作。农垦改革积极推进，编制了《丰宁满族自治县孤石牧场办社会职能改革实施方案》，由县长办公会议审定通过下发，改革正在有序推进中。牧场国有土地确权工作现已完成土地资料整理，测绘公司进行外业作业和权籍调查已完成。

【统筹推进乡村振兴】 制定出台了《丰宁满族自治县实施乡村振兴战略的意见》和目标分解方案，对2018年重点实施的项目列出了明细清单，共承担实施乡村振兴战略重点工作168项，涉及县直牵头部门39个。建设重点包括，加强农村基础设施建设；优化农业结构布局，提升农业生产能力；大力发展质量农业、品牌农业，促进农村一、二、三产业融合发展等。多措并举，决战脱贫攻坚，完成80个村3万人口脱贫出列任务等。全年实施光伏扶贫电站、国土绿化、奶业振兴、一、二、三产业融合、畜禽粪污资源化利用、草原生态保护、农作物秸秆综合利用、旱作农业技术推广、农村人居环境整治等重点建设项目26个，总投资20.3亿元。

【多措并举推进产业扶贫】 牵头抓好脱贫攻坚产业全覆盖及产业结构调整的实施工作，使产业扶贫工作取得较好成效，实现年内23221个贫困户都有至少两个以上产业项目带动，3.5万贫困人口稳定脱贫。

实施了“四个一”工程和“三个加强”机制。“四个一”工程：一个指挥部。成立了县委书记、县长双指挥长的脱贫攻坚产业全覆盖及农业产业结构调整工作指挥部。一本扶持政策。编制出台了《2018脱贫攻坚产业全覆盖及农业结构调整工作实施方案》，形成了完整的政策支持体系。一个工作方案。出台《2018年产业扶贫工作方案》，明确责任、明确节点，夯实责任，因人制宜，因户施策。把全年产业项目和带动目标全部细化到村、到户，建立工作台账清单式管理。一套防风险机制。健全风险防范机制，大力支持贫困户自我发展、自主经营和参与经营项目，鼓励实力强的龙头企业直接带动，建立产业扶贫项目保险机制，力争实现保险全覆盖。“三个加强”机制：加强政策宣传力度。印发政策文件汇编2300份，政策宣传单5万份，制作网络宣传小视频；积极组织驻村工作队、工商龙头企业、农村致富带头人、以及重点产业乡镇等多层次多方的面政策宣讲专题培训班；在县电视台循环播放政策专家解读讲座。在中新网、中国网、河北日报、河北新闻网、承德日报等多家媒体刊发产业扶贫稿件30余篇。通过广泛宣传，达到较好的社会认知度和群众知晓度。加强督导落实职责。县级领导及6个专班班长亲自外联跑办项目、抓主要环节，促进全县扶贫产业全覆盖工作迅速全面展开，有效促进项目落地。同时将产业全覆盖工作纳入年度乡镇重点考核目标，加大分值权重，充分起到奖励优秀，鞭策后进的作用。加强协调调度力量。指挥部办公室抽调扶贫、农牧、林业、农工委、蔬菜、财政、审计等单位人员组成实体办公室，同时要求乡镇成立相应办公室，并为乡镇政府和相关部门工作人员配备了GPS、照相机等验收检查设备。

【光伏产业达到贫困户脱贫增收全覆盖】 2018年，实施了大型集中式扶贫电站、村级集中式光伏电站、贫困户户用分布式扶贫电站三种模式，合力兜底贫困户脱贫。大型集中式扶贫电站争取指标18万千瓦，村级集中式光伏电站获批148个（涉及149个贫困村），加上2017年批复22个，覆盖全部171个贫困村，位列全省第一。大滩、鱼儿山、草原4个共18万千瓦大型集中式光伏电站，148个村级集中式电站并网。光伏产业先期收益通过公益岗和直接带动形式是贫困户户年均增收3120元以上，实现所有贫困村、全县所有贫困户2.3万户光伏兜底全覆盖，光伏受益期可达到20年。

【特色产业就业实现贫困户脱贫增收再覆盖】 选准产业，提高补贴。年初确定了奶业、蔬菜、特色养殖、杂粮等特色产业，开展了产业全覆盖攻坚年活动，项目库立项437个，已完成验收产业全覆盖补贴项目324个，产业全覆盖补贴项目补贴资金4184.5万元，新增带动贫困户6386户，户均增收1000～3000元；积极创建产业样板示范，树立光伏、旅游、食用菌、蔬菜、养殖等10个产业扶贫模式，其中光伏模式评为市级十大模式，每个乡镇争创1个以上产业示范村，全县评定2018年23个产业扶贫特色示范村，并设标识牌。完善机制，创新模式。强化龙头带动，在原有“股份合作”“奶牛扶贫牧场”等产业扶贫模式基础上，重点鼓励“自主经营”“参与式”经营，创新实施“直接带动”多种新的带动模式脱贫模式。开发岗位，增加就业。针对丰宁环首都生态功能区建设，结合美丽乡村建设，开发“三护一保”公益岗（护水、护路、护草、保洁），优先安排贫困户有劳动能力户就业，支持公益护林防火、环境维护的同时增加贫困群体家庭收入。2018年安排岗位8100个，安排贫困户8162户，9月份开始，每月每户570元。巩固原有贫困户财政扶贫资入股收益。通过支持扶持企业发展生产，化解产销、市场等方面存在问题，促进为原有股份合作户分红，户均分红500元以上。继续坚持生态扶贫聘用贫困户护林员。年内继续维持聘用2063户贫困户，年收益8000元。

【认真抓好驻村帮扶帮带工作】 摸清底数，制定具体帮扶规划。农工委与气象局共同帮扶王营乡门营村，单位干部进村入户，走访调研，深入了解村情民意，掌握群众所急、所盼、所想的难点、热点问题，分析问题的根源，研究解决问题的办法。与村班子、驻村工作组、乡包村干部等共同研究发展思路，在深入调研、精心谋划、统筹协调的基础上，制定了门营村《2018－2020年精准扶贫工作规划》。并对贫困对象致贫原因进行综合分析，因村制宜、因户施策，制定分类脱贫措施，有针对性地开展了各项帮扶活动，确保如期脱贫。通过帮扶，2018年60%的贫困户出列，2019年实现整村出列。落实责任，严肃驻村工作纪律。单位对派出的工作队员严格要求，加强日常管理，明确帮扶工作职责，支持工作队员开展帮扶工作。助力扶贫，深入开展结对帮扶。全年组织开展入户走访8次，为贫困户送温暖、送政策、送技术、送项目，通过入户走访全面掌握贫困户家庭生产生活情况，宣讲产业全覆盖政策，引导教育帮扶对象克服“等、靠、要”思想，激发帮扶户自主创业的积极性，共同商讨切实可行、行之有效的办法，真正解决帮扶户家中存在的实际困难，把党的关心温暖送到基层。共为门营村、哨虎营（帮带村）解决5万元帮扶资金，并送去价值2.2万元的生活慰问品。

【完成窄岭省级中心村示范点建设】 采取政府引导、群众自愿、村委会统一组织实施，新建占地25亩小区一处，建楼房7栋5层，容纳170户800人居住，解决了窑沟5组的易地扶贫搬迁，解决了窄岭村多年来群众没有宅基地建房的实际问题，窑沟复垦增加耕地240亩，统一流转，增加农民收入。2018年省级中心村示范村建设补助项目100万元属于涉农财政统筹整合资金，年初已被整合用于全县产业扶贫。

【沟域经济建设稳步提升】 组织杨木栅子、汤河、五道营乡村干部代表参加了“京津冀鄂”跨区域沟域经济建设培训班，学习外地发展经验和作法。继续实施苏武庙南沟沟域经济建设。依托林源旅游有限责任公司发展旅游产业，建设旅游基础设施；依托葱绿有限责任公司为龙头带动农业产业发展。旅游产业发展框架基本搭建完成，休闲观光区、养生度假区、生态旅游区、田园采摘区、户外运动区等各功能区初见雏形；农业产业已初见规模，建设完成日光温室50座、冷棚40座、果品采摘园700亩。与北京市怀柔区农委合作，聘请中科院地理科学与资源研究所规划设计专家团队编制《“天河川”沟域生态文明建设规划》，年内规划已编制完成、审定通过。天河川列入京津冀协同发展区“天河川”沟域生态文明建设规划项目。通过与北京市怀柔区农委对接，将杨木栅子乡列入京津冀协同发展区“天河川”沟域生态文明建设规划项目，2019年重点实施护村护地坝建设、垃圾处理和河岸景观建设、护林防火联防联治等东西部协作项目。

【抓好“四项工作”回头看和扶贫省考、国考整改工作】 认真抓好省市县“四项工作”回头看工作。县农委发现涉及微小腐败2件，“一问责八清理”1件，扶贫领域整改1件，巡视巡查2件，新发现1件，均已经整改方案，档案健全，健全完善，建立了长效机制。同时，认真做好产业扶贫省考、国考整改工作，并举一反三，确保贫困户产业覆盖，巩固不反弹。

撰稿/郭金平

政法委工作

【坚持推进社会治理体系建设】 2018年，县政法委强化各级各部门平安创建意识，建立“季度考核、半年通报、年终汇总”工作制度，逐级逐部门签订《社会治安综合治理责任书》，压实部门责任。县综治委每月举行一次成员单位会议专题研究综治工作，专题分析研判当前综治重点工作，着力研究解决工作中各类突出问题和实际困难。开展社会治安综合治理“争先创优、评比进位”活动，确定各类平安创建示范点45个。充分发挥好综治委成员单位的职能优势，将联系工作延伸到重点项目建设、重点区域和突出问题治理等领域。持续整顿软弱涣散村基层组织，严格规范村“两委”换届选举，在选优配强村党支部书记基础上，强化基层综治组织建设，全县309个行政村均配齐了综治办主任，由党支部书记或村主任兼任。加强宣传舆论引导，开展国家安全全民教育日系列宣传活动，共悬挂宣传条幅30多条、发放各类宣传手册4500册，宣传单50000多张。举办庆七一“平安在我心中”演讲比赛。印制扫黑除恶、平安宣传手册各一万册，见义勇为、禁毒手册各5000册；印发宣传单10万张，制作展牌30块，上报省市信息200多条。

【强势推进扫黑除恶专项斗争】 根据丰宁实际，在十项工作重点不变的情况下，将扫黑除恶与农村“两委”换届、旅发大会、扶贫攻坚、重点项目建设紧密结合，形成了具有丰宁特色的扫黑除恶治乱专项斗争工作方案、扫黑除恶专项斗争工作机制实施办法、深化扫黑除恶专项斗争的意见。层层谈话。县委书记方志勇、县长杨宪军亲自听取工作汇报，并约谈、个别谈话乡镇部门一把手65人次；县组织部长与28个乡镇、街道、开发区党委书记集体谈话；县纪委书记逐个约谈21名纪委书记（5个乡镇没有纪委书记）；县政法委书记与28个乡镇政法书记、司法所长和31个重点部门分管领导进行谈话，副县长公安局长与派出所长、科室负责人40人次进行谈话。法院院长与5个下属法庭庭长谈话，检察院检察长谈话1个大滩镇监察室主任，司法局局长约谈24个司法所所长（有4个司法所没有司法所长）。各乡镇书记与所辖区村党支部书记309人次、街道书记与社区书记10人次、乡镇所站负责人260人次进行了一次普遍谈话。发动造势，扩大宣传。制作扫黑除恶展牌170块，印发宣传手册1万本，传单12万份，条幅2800多条，张贴公告1000余份，县电视台不间断播放游走字幕，广场屏幕、电子屏幕播放宣传标语，丰宁在线、丰宁政府门户网站、政法部门网站加强政策宣传，交通运管部门在出租车、公交车上粘贴宣传标语，做到了全县家喻户晓，人人皆知。

【深入推进社会治安防控体系建设】 深入开展“零命案”县、乡镇（街道）、村（社区）创建活动，组织开展黄赌毒、黑拐骗、治爆缉枪、盗抢骗等突出治安问题排查整治专项行动和治安乱点专项整治。全年未发生重大安全生产事故、消防安全事故和交通安全事故。

积极完善城乡社区治理体系。县投资100余万元建成县级综治中心和矛盾多元化解中心，设立了400平方米“两中心四室一厅一平台”。乡镇（街道、开发区）综治中心都已建成，设立了综合协调室、治安防控室等“四室一平台”，面积都超过了70平米。201个村建成不少于20平米的综治中心。大阁镇、鱼儿山镇、黄旗镇作为全省“三三三”（即全省三个市、全市三个县、全县三个乡镇综治中心规范化）工程建设重点投资60余万元强力推动。撒代沟门、东营子、十七道沟等36个“三三三”工程行政村主动提高标准，投资100多万元强化综治中心建设，面积都超过了20平方米。推进社区网格化管理，加强综治“9+x”信息化建设。配备专、兼职网格员321名，将网格信息录入“9+x”系统。网格员、乡镇党委书记、政法书记及县直有关部门综治专干配备移动终端361部。

【加快推进社会治安综合治理智能化】 年内已完成县级护城河雪亮工程平台，环京检查站、进京11条通道新装人像识别摄像头27个、“雪亮工程”视频监控高清摄像头26个，全部接入中心投入使用。县公安局视频监控系统接入中心平台，并向省推送视频监控489路，实现资源共享。9月，全县完成雪亮工程视频勘点工作。加快综治视联网建设，环京4个乡镇13个村综治视联网实现与中央、省、市、县互联互通，按照县里统一规划，年内推进全覆盖。

【有序推进重点人员规范管理】 深入推进严重精神障碍患者和特殊人群服务管理。按季度发放以奖代补136人。投入12.1万元，落实监护人责任险续保工作。深入推进落实刑满释放、社区矫正、邪教、重点青少年和戒毒康复等人员帮教衔接机制，建立健全政府、社会、家庭三位一体帮扶体系。全县306名社区矫正在矫人员，累计接收1487人，累计解除1181人。

【抓实党风廉政建设】 深入贯彻落实《关于新形势下进一步加强全市政法队伍建设的意见》，积极推进县委政法委自身建设，发挥好县委政法委的政治引领和保障作用。明确职能定位，议大事、抓大事，履行好领导、统筹、协调等职能作用，确保政法工作的正确政治方向。建立完善县委政法委员会议事规则，认真贯彻执行民主集中制，推动形成在县委领导下政法部门相互制约、相互配合、共同发展的“大政法”工作格局。把落实“两个责任”与政法工作协调推进。坚持把党风廉政建设和政法中心工作同谋划、同部署。制定《2018年党风廉政建设工作要点》《党风廉政建设责任书》，层层签订落实。加强权力规范运行的监督，全面开展四项整改工作“回头看”。印发《丰宁满族自治县政法系统落实中央巡视反馈问题集中整改工作方案》《关于推进政法统中央巡视反馈问题整改相关重点工作的通知》，全面彻底整改政法系统存在的突出问题，在政法各部门开展政治性警示教育，全面彻底干净肃清周本顺、张越等人的恶劣影响，巩固深化中央、省市巡视巡察和专项行动成果，加强纪律和作风建设，全面组织开展“回头看”，确保党中央和省市县委重大决策部署落实见效。把意识形态工作列入开展党的十九大精神学习和“两学一做”学习教育中，印发《关于在政法系统深入开展习近平新时代中国特色社会主义政法思想大学习、大研讨、大培训实施方案》，定期组织政法各部门对中央和省市县委相关会议精神和必读书目进行集中学习、传达贯彻。严格落实“三会一课”等基本制度，规范党组织生活，多种形式组织政法各部门开展党员活动，增强党组织的凝聚力和感召力，积极发挥党员模范带头作用，真正把党的思想政治建设抓在日常、严在经常，确保学习教育取得成效。从优待警，关心关爱干警日常生活，全力做好“特困干警资助资金”工作，省市共救助特困干警10人次，救助金额6.84万元。切实解决干警工作生活中的实际困难。开展向先进典型学习活动。在全县政法机关开展学习宣传吕建江先进事迹活动；推选大阁镇派出所所长张瑞良为2018年度“魅力承德·最美政法干警”，有力地推进全县政法干警向先进典型学习，向身边人学习，进一步激发了队伍活力。将脱贫攻坚帮扶工作纳入机关全年重点工作的重中之重，抽调后备干部和业务骨干成立帮扶工作队派驻帮扶村；开展“暖心工程”，领导带头，班子成员多次到帮扶村调研扶贫工作，机关党员干部深入贫困户家中开展走访座谈，制定切实可行的帮扶工作方案，确保起到扶贫又扶志，积极做好政策宣传与群众思想工作，坚决打好脱贫攻坚战。

【强化特殊群体管控】 强化对敌斗争，维护国家政治安全。注重预警预测预防，加强情报信息收集。全县公安机关组建人力情报力量857名，组织开展模拟实战演练6次，搜集上报各类情报信息243条。查处“法轮功”案件2起，抓获犯罪嫌疑人9人，有效打击了邪教分子的嚣张气焰。加强海外利益群体摸排，共排查涉及海外利益群体35人。加强对9名涉疆涉藏人员管控力度，未发生串联、滋事等问题。强化网络政治安全，建立县稳定办、县网信办和公安机关信息互通机制，2018年公安机关通过情报平台抓获网上逃犯5人，封堵、删除各类网上有害信息133条，布控网上重点人员13人。

【多方位开展矛盾纠纷排查化解】 制定实施《丰宁满族自治县完善矛盾纠纷多元化解机制实施意见》，加强对重点领域、涉众型经济矛盾纠纷和特殊利益群体专项排查。截止到11月底，全县共排查矛盾纠纷1199起，成功调处化解1132起，调解率100%，成功化解率94.4%。

【全力维护社会大局稳定】 圆满完成党的十九届三中全会、全国“两会”、中非合作论坛峰会，上合组织会议、暑期北戴河安保、省旅发大会等一系列重大活动和重要敏感时期的安保工作。加强与北京怀柔区的沟通联系，共同启动环京治安检查站，形成“三道防线”整体联动，做到无重复检查、道路无拥堵、群众无怨言。推动社会稳定风险评估“应评尽评”，严格落实稳评制度，切实从源头消除风险隐患。对房地产、风电、矿业等领域23个重点项目的社会稳定风险评估进行了跟进督导。

【推进法治丰宁建设进程】 深入推进依法治县工作,加强组织领导,统筹协调法治丰宁建设。推行法治乡村建设新模式,切实增强全民尊法爱法、执法守法的行动自觉,制定了《进一步加快推进全县法治乡村建设实施意见》。推进司法体制综合配套改革,全面落实司法责任制,完善司法权力运作机制。贯彻落实《关于加强法官检察官正规化专业化职业化建设全面落实司法责任制的意见》,落实法院检察院机构编制改革。深入推进人民陪审员制度改革,扎实推进以审判为中心的诉讼制度改革,深入推进"轻刑快判"案件审理机制改革,进一步提升司法审判质效。深入推进人民法院基层法庭"六个一线员"的工作法,努力实现法官同群众零距离的司法服务。建立"律师事务所+中小企业"的法律共助机制。着力推进人民警察分类管理,切实做好公安机关执法执勤和警务技术职务序列改革工作。全面推预防和化解社会矛盾机制、社会治安防控体系建设。不断加大涉法涉诉工作力度,全年未发生进京赴省赴市上访案件,无上级挂账督办案件,连续5年涉法涉诉信访工作居全市前列。

撰稿/王奕峥

老干部工作

【强化离退休干部思想建设和党支部建设】 2018年,县委老干部局精心组织开展党的十九大、十九届二中、三中全会精神的学习,组织离退休老干部学习新时代中国特色社会主义理论体系,学习习近平总书记重要讲话精神和中央、省、市的各项方针政策,准确把握国际国内政治经济形势,熟悉省情、市情和县情,同时,利用春节、五一、七一、十一和重阳节等重大时间节点组织老干部集中学习。

加强离退休干部党支部建设。以贯彻落实"全面做好离退休干部工作"的要求,严格对标"五个好"党支部和"四个好"离退休干部党员的标准,全面加强全县老干部党支部建设。6月份、10月份组织两期全县离退休干部党支部培训班。学习《关于进一步加强和改进离退休干部工作的意见》和《关于做好新形势下老干部工作的通知》,学习县委七届四次全会精神、《新宪法》《党章》,参观第二届书画展等内容。

【落实离退休干部政治生活待遇】 2018年7月,又分别下发了《关于调整县委老干部工作领导小组的通知》《关于调整县级领导联系老干部的通知》。突出抓好定期向老干部通报全县社会经济发展情况、通报组织工作情况、定期走访慰问老干部等八项政治制度的落实。组织召开了老干部春节座谈会、文明城创建老干部征求意见会、全县组织经济通报会、邀请老干部代表参加重要会议。8月份组织离退休老干部考察第三届河北省旅发大会成果和抽水蓄能电站项目推进情况。全县离休干部享受的"两报一刊"和"一报一刊"待遇全部落实到位。

完善"3+2"机制,落实离退休干部的生活待遇。5月份,组织部、老干部局、财政局联合转发了《河北省委组织部、老干部局、财政厅关于提高离退休干部交通费标准的通知》,交通费提标工作已落实到位。继续健全完善离休干部"三个机制"(离休费保障机制、医疗费保障机制和财政支持保障机制)确保离休费、生活补贴、护理费等各项政策性补贴按时足额发放、医药费按规定实报实销。春节前夕对全县119名离休干部进行了普遍走访慰问;"两节"期间对住院的离休干部进行了慰问。坚持高质量运行三项保障机制",特别是把财政支持机制作为重点工作来抓。年内全县离休干部离休费、军转离休干部增资已经全部按时发放,军队遗属补助标准提高已全部到位;离休老干部每年按政策增发第14个月基本工资于7月1日前发放到老干部手中,及时调整了护理费、丧葬费、抚恤金等标准,按政策执行到位,老干部各项待遇全部落到实处。年内县财政共解决企事业单位离休干部53人、遗属81人、13个月的基本工资、取暖费等各项资金150万元,实现了离休干部生活费无拖欠。同时,完善"党委政府帮扶为主导、老同志互助为基础、社会救助作补充"的"三位一体"帮扶机制,开展好特困离休干部的帮扶工作,2018年老干部局深入调查研究,对每一位老干部进行实地走访,查看困难程度,帮助解决实际问题。年内已对16名离休干部、8名退休干部、19名离休干部遗属进行帮扶,金额达6万元。

【扎实开展"增添正能量·共筑中国梦"主题活动】 由县委办公室牵头组织38位县处级离退休干部和在外地工作的丰宁籍老领导赴国家一号风景大道丰宁段和抽水蓄能电站参观考察。先后视察了永太兴疏林草原景区、茶盐古镇、天成号驿站、京北共享房车营地、俄罗斯风情小镇、神仙谷满族文化园、中国马镇等点位。老领导们长时间驻足,不断询问文化旅游产业项目和蓄能电站带动群众脱贫效果。并召开了座谈会,请老同志畅谈丰宁发展变化、取得的主要成就、征集建议意见16条。

组织开展"我看改革开放新成就"专题调研。以庆祝改革开放40周年为契机,组织开展"我看改革开放新成就”专题调研，7月中旬召开部分离退休老干部座谈会，收集整理老同志的心声感言和意见建议10条，形成专题调研报告并上报市局宣调科。

组织开展“讴歌新时代、弘扬主旋律”展演活动。以“粽叶飘香迎端午、幸福和谐不老情”为主题。以多种形式迎接传统节日——端午节。县委老干部局组织了由200多人参加的门球、台球、打德拷、套圈、青蛙入水、投镖、打易拉罐等丰富多彩的体育比赛活动，为老干部带来多姿多彩的节日盛宴。以“传播正能量”为主题多彩多姿庆“重阳”活动，举办“庆重阳旗韵旗袍秀”专场演出活动。此次活动由文广新局、老干部局、青少年活动中心共同举办，78名旗袍秀爱好者展示了异彩纷呈的旗袍秀表演，在表演中通过舞蹈、歌曲等形式，尽显满族旗袍的魅力；组织开展庆重阳老干部文体活动。县委老干部局组织了由160多人参加的门球赛和歌咏比赛活动，为老干部带来多姿多彩的节日盛宴。通过此次活动使广大老干部增进交流、陶冶情操；举办社区票友联谊活动。老年大学戏曲班与社区票友共同开展河北梆子专场表演，带动社区居民带来了《算粮》《忠报国》等多个戏曲选段，展示了老年人美好的晚年生活。

举办庆祝改革开放40周年暨第二届书画展活动。9月12日，由丰宁老干部局主办，丰宁老年书画研究会承办的庆祝改革开放40周年暨第二届书画展在县老干部局开幕。县委常委、组织部长徐树星出席开幕式并讲话，此次展览的作品数量100余幅，书法作品以楷、隶、草、行等书体为主，风格多样，意境深远。绘画作品以山水花鸟画和工笔画为主，既有古朴凝重之笔墨技巧，又有刚柔并济之风韵，个性鲜明，风格独特，时代气息浓厚。

【加强活动中心硬件建设】 以学乐双赢为目标，不断提升硬件设置，优化管理服务，开展多种形式活动，陶冶情操，提升老干部晚年精神生活水平。加强硬件设施建设。年内对老干部活动中心改善硬件建设，投入资金5万元更换了沙发、茶几及活动中心环境卫生治理。创新学习模式。老年大学采取单轨制，轮流上课的形式，由周一至周日，全周轮流连续上课，每个班级每周2个半天。与社区合作办学。因受老年大学教学场所有限，老干部局与桃山社区和华泽社区开展联合办学活动。舞蹈班、秧歌队、戏曲班分别穿插在社区和老年大学上课，在丰富老年人文化生活的同时带动社区文化活动。开展多彩多姿文艺汇演活动。按照全年的活动计划，把文体活动融入教学工作中，把大型活动分解到月，分解到班、队、团。每年的元旦有新年联欢会，正月有花会演出，老年大学学员参加了“不忘初心、牢记使命、相约三月、最美丰宁”庆三八文艺演出；“双创双服、助推旅发大会、助力精准脱贫、构建和谐县城”彩色周末文艺演出；乡月·团圆情中秋彩色周末文艺演出。由团县委、爱心E族、老年大学联合组织去白塔、土城、凤山敬老院慰问演出；庆七一、八一、教师节、元旦等重大节日都有演出活动，充分发挥了老干部的正能量作用，受到社会一致好评。

【深入做好关心下一代工作和老促会工作】 关工委工作。救助选将营、黄旗、草原3个乡镇20名贫困学生，共发放助学金1.5万元。为10个乡镇、街道11个基层“五老”活动阵地争取省、市关工委基层补助资金5.5万元。同时，投资2.2万元为27个乡镇、街道关工委统一制作公章、牌匾、制度等，现已全部发放到位。

老促会工作。县老促会组织到深度贫困村开展调研，撰写了全县6个老区重点村的脱贫致富典型材料并上报市老促会。同时，按照国家老促会、省市老促会的要求，组织人员开展《丰宁满族自治县革命老区发展史》编纂工作，年内已完成2/3，确保在2019年6月底前全部完成编写任务。

【深入抓好精准扶贫工作】 2018年，按照县委要求，县委老干部局抽调1名干部继续在草原乡公宝同村开展精准帮扶工作，确定了“一帮五”联系户，明确了每名干部的具体帮扶责任，层层传导了压力。老干部局按照全县精准扶贫工作的统一部署，全局干部先后九次同驻村村工作组一道进组入户，通过调查摸底，精准选定贫困对象，完成全村贫困户建档立卡等工作。包户干部经常到贫困户家中走访慰问，同他们聊家常，交朋友帮助解决实际困难。投资2.5万元用于贫困户小黑屋改造，有效改善了贫困户居住条件。七一前夕，帮扶责任人深入到40户包保贫困户和老党员家中走访慰问。每户发放慰问金200元。协调资金15万元，用于村文化广场、戏台等设施建设。现场解决了千松坝林场3000亩造林用地纷争。协调水利部门投资32万元进行全村自来水升级改造。

【加强部门自身建设】 一年来，县委老干部局坚持不懈抓好“两学一做”学习教育，以深化机关作风整顿为契机，扎实开展“四项工作”（即：“一问责、八清理”“微腐败”“巡视巡改”“扶贫领域腐败和作风问题”）整改“回头看”活动、“纠四风"活动，扎实开展文明城创建工作。

增强政治素质。通过活动的开展，使党员干部系统学习了理论知识和规定篇目，重温了党的光辉历史和优良传统。通过自觉学、深入学，增强"四个自信"和树牢"四个意识"，开展"四项工作"整改"回头看""纠四风""不作为、慢作为、乱作为"等活动，严格执行"八项规定"，坚决反对"四风"，构筑风清气正的工作环境。

严格工作要求。坚持严格教育、严格管理、严格要求，切实把老干部工作部门打造成敬老、爱老、为老、助老的品牌部门，把老干部工作队伍建设成一支讲政治、重感情、业务精、作风好、老同志信得过的过硬队伍，实现让党委放心、让老干部满意的工作目标。

加强调查研究。把信息调研工作贯穿于老干部工作创新全过程，围绕年度老干部工作中心任务和重点调研课题，深入实际调查研究。2018年以来，在《河北省老干部工作》刊物上发表信息调研文章短篇2篇；在《承德市老干部工作》刊物上发表信息调研文章长篇2篇、短篇20篇，受到了省、市老干部局的高度评价。

撰稿/陈志红

党校工作

【强化党支部建设】 2018年，县委党校领导班子抓实党建工作，积极开展各项活动。严格落实党委主体责任，始终把抓党建作为党校中心工作，一起谋划、一起部署，以高度的政治自觉、思想自觉加强党校领导班子建设和基层党组织建设。严格落实党建工作责任制，将意识形态纳入党建工作计划并将具体任务分解到各科室。坚持每周五组织教工集体学习中央和省、市、县委关于意识形态工作的决策部署及指示精神，牢牢把握正确的政治方向。坚持民主集中制和党务公开，落实"三会一课"、民主生活会和党员集中学习制度，争创学习型机关。严格执行党费按月收缴管理规定。以七一、十一等重要节日为契机，紧紧围绕建设一流党校、服务丰宁经济社会发展的目标，认真开展领导干部带头讲党课、为民服务、走访慰问老干部等党性教育实践活动，党支部的凝聚力和战斗力进一步增强。

【落实干部培训规划】 为有效整合培训资源把大规模培训干部工作落到实处，收到实效，党校严格落实县委的干训规划，采取"2＋X"培训模式培训干部。即：突出主体班培训，精选专题，做优主体班培训；办好各类专题班，充分发挥"一个阵地，九块牌子"的作用，与县内有关单位联合举办各类专题培训班；发挥流动党校作用，成立宣讲团、制作专题访谈、发放光盘等多种形式送课下乡，义务宣讲。一年来，积极承办县委理论中心组学习，举办全县党务干部培训班、精准扶贫驻村帮扶培训班、农村干部精准脱贫专题培训、发展对象培训班等主体培训班13期，总计培训人数3269人次。一年来，先后与组织部、宣传部、县人大、财政局、大阁镇、国税局、政法委、武装部、扶贫办、县妇联、公安局等有关单位联合举办各类专题培训班20期，受训5500多人次。按照紧贴时代、紧贴群众、紧贴中心的要求，发挥流动党校作用，送课下乡，服务基层。围绕党的十九大精神、习近平中国特色社会主义思想、党章、宪法、中央一号文件解读、党史、理想信念教育、七一讲话精神等专题精心备课；围绕群众关心的热点、难点问题，结合县委、县政府的重大战略决策和工作中心认真宣讲，做到既深入宣讲党的理论、政策，又将县委、县政府决策思想贯穿其中。让最基层的普通党员、群众也能坐得住、听得懂、记得牢，确保宣讲不走过场、具有实效。全年已下乡宣讲47场次，听众7400人，收到了很好的社会效果。党的十九大宣讲报告得到了省社会科学院党组各位领导的认可，被评为省级优秀理论宣讲报告。

【教科研工作见到实效】 强素质，重调研，教学科研工作创佳绩。抓师资队伍建设，提高教师素质。按照"人才兴校、人才强校"的要求，努力建设高素质的教师队伍。坚持集体学习和自学相结合制度。坚持每周五组织教工集体学习，同时鼓励教师充分利用北京市委党校大讲堂、承德干部人才在线教育网和报刊、杂志，搞好岗位自学。一年来，共组织教工集体学习35次，每名教师的学习笔记都在2万字以上。坚持岗位进修和交流制度。一年来，拿出5万元资金，先后选送10名教师参加了省市委宣传部、省市委党校、清华大学、中国人民大学、吉林四平党校专题培训班学习。坚持新授课模拟试讲制度。为使教师的授课达到学员满意，在每次培训之前，对所有的新授课都进行模拟试讲。校领导和全体教师认真评议，讲课人集思广益，查漏补缺，尽力把问题和不足解决在上讲台之前。一年来，共组织集体备课、新授课试讲12次。这种活动的常态开展，使所有的教师获益，促进了年轻教师迅速成长。深入基层调研，提高教师科研水平。为加强教师对县情的了解，增强教学的针对性和实效性，紧贴县委和县政府的工作大局、紧贴乡镇和企事业单位的现实需要、紧贴广大党员干部的思想实际，坚持组织教师深入基层调查研究和开展科研活动，形成的答案和成果为教学提供生动素材，为基层单位和学员进行咨询服务。一年来，共深入到8个乡镇，12个行政村开展调研，撰写调研文章12篇，有3篇在市级以上刊物发表。

【深化教学改革】 按照"实际、管用"的原则，不断充实教学内容，用新理论、新知识、新技能武装广大基层干部，确保学员因需而学、学以致用。以培养学员能力为目标，在常规教学的基础上，设置了讨论、学员经验介绍、参观调研等形式，不断创新教学方法。采取"外请内聘"等方式，邀请上级党校教授前来讲课，聘任县内领导干部和专业技术人员20多人为党校的客座教授，为不同班次授课，提高了培训效果。

【提高党校规范化建设】 在县委、县政府关怀和支持下，办学条件不断改善，县委党校规范化建设"一年一个样，年年有突破"。2018年，重新对二楼报告厅和综合楼进行维修，安装空调，更换灯具。同时自身增收节支建设学员自助餐厅，为餐厅更新餐饮设施，更换餐桌30张，完善30平方米图书阅览室1处。积极创建节水型单位，全面更换老旧洗手间卫生器具和水龙头。抓好食宿管理，提高服务水平，让学员住的舒适，吃得可口，心情舒畅，全年接待住宿人次600人，就餐学员2000多人次。

【落实帮扶工作】 抓实帮扶工作，推进强村富民。精心做好扶贫脱贫基础工作规范提升专项行动、贫困退出和整改"回头看"工作。规范提升专项行动开展后建档立卡贫困户61户117人，贫困发生率11.39%；根据退出标准，2018年脱贫39户69人，未脱贫户22户48人，贫困发生率4.67%。积极争取产业带动分红，促进稳定增收。村集体光伏电站覆盖56户贫困户，31户年收益3120元，25户公益岗年收益4360元；张百万村红泽农业发展有限公司产业带动35户贫困户，年获得带动资金1500元；榆树沟冷棚产业全覆盖分红22户贫困户，每户1000元；生态护林员5名，每人每年获收益8000元；临时护林员名，收益3000元；6户利用5000元扶贫资金入股昌达农业分红受益，每户每年分红500元；4户土地流转到青黛园林有限公司，平均每户获受益1500元；鼓励农户自发种植杂粮、蔬菜、中草药等农作物。例如贫困户李永种植板蓝根7.8亩，获补贴1960元。加强基础设施建设，改善生产生活条件。组织实施危房改造17户，小黑屋治理5户，大北沟居民组易地搬迁有序进行，有望明年春季入住；协调高速公路拆迁办，张营子自然村整修水泥路2公里，修建护村护地大坝500米；为解决临时饮水，今年夏季，在后梁打井1眼；重新安装了村无线大喇叭；积极开展人居环境综合整治，不定期组织公益岗搞村、街道卫生。关注教育、医疗卫生事业。以六一儿童节为契机，为帮扶村小学教学点的14个孩子们送去了价值2000元的足球、毽球、跳绳等文体用品和笔、本、文具等学习用品；中秋节前夕为每个孩子送去价值150元书包、奶、月饼等。协助村卫生室做好贫困户家庭医生签约、健康体检等工作。严格履行派出单位责任，各帮扶责任人责任。关爱驻村干部，落实相关待遇。按上级文件精神及时报销差补。一年来，领导班子带领教职工先后7次到村看望驻村工作组，为他们送去温暖。组织落实普惠性脱贫举措，宣传农业政策补助、医疗帮扶、教育帮扶、社保帮扶等各项政策等。联系民政局、镇民政所17名工作人员对全村申请低保户入户核查，确定37人为低保对象；为3户申请低收入家庭；为6户申请临时救助。开展结对帮扶工作、落实帮扶责任人责任。党校13名干部职工，同村干部一道，6次入户走访，宣传扶贫政策特别是产业全覆盖政策，实地调查贫困户的家庭、生产、生活情况等，为结对帮扶贫困户办实事，送去价值200多元米面油各1份。

撰稿/袁卫星

信访工作

【强化案件化解机制】 2018年，县信访局围绕包案化解、思想稳控和责任追究等重要工作环节，制发了《关于做好集中化解中央省市交办案件工作实施方案》《强化信访稳定责任追究办法》等规范性文件，形成顶层设计的制度链条。为保证每个案件按期结案和办理质量，案件交办后，县联席会议第一时间研判调度，按照"谁主管、谁负责"原则，"一对一"制发案件化解交办单，第一时间交办县级分管领导及主体解决单位，明确工作要求和化解时限，定期向县级领导要进度、要结果。每季度召开县委常委会、政府常务会，列专题研究交办督访的信访案件化解工作；每月召开一次县信访联席会议，遇有敏感时期和特殊情况随时召开，专题研究交办案件存在问题和化解举措。每周召开一次交办案件的碰头会剖析情况、研判形势，做到包案责任单位、属地单位之间主动互相沟通，协调联动，信息共享，确保信访人反映问题顺畅化解。严格落实"五包五定"责任制（包接待、包协调、包解决、包疏导、包稳控，定包案领导、定责任单位、定责任人、定解决标准、定解决期限），县委书记、县长带头，各县级领导对所包保交办案件负总责，在落实上不讲条件客观，全力推动交办信访案件化解工作，直至案结事了、息诉罢访。县委书记定期调度督导，限期解决，推动信访案件有效化解。进一步压实上级交办案件的乡镇、部门“一把手”责任，明确作为直接责任人，在充分研判案情、研究政策的基础上，限期拿出问题解决方案，真正做到因案施策、一案一档，与包案领导同接访、同调查、同处理，确保领导包案督访事项处理到位。接到交办的信访事项，县联席办及时理清事由，制发《中央省市要结果案件请示函》，提请县级分管领导拿出明确办理意见，以《签订交办案件责任书》形式对责任单位进行立案交办。案件办理过程中，明确专人负责盯办案件，每半个月向县委主要领导及分管领导报告办理进展，借势借力加快推进问题解决。紧盯“事要解决”核心，坚持化解、疏导、救助“三位一体”，全方位促动交办案件减存量控增量。针对土地征占、城建拆迁、劳动社保、企业改制等重点问题、重要领域，先后开展案件化解攻坚月、挂账案件突击周等集中攻坚活动，有效促进了问题解决，化解了德汇公司改制、临时代课教师要求解决养老保险等一批解决难度大、时间跨度长的信访案件，信访人彻底息诉罢访。充分发挥律师、专业调解委员会作用，对于需要法律咨询和援助的群众，启动法律援助程序，主动为群众提供方便快捷的法律服务；对于需要做纠纷调处的群众，调解委员会及时介入，一对一提供帮助，确保群众得到专业的调解服务，最大限度地通过调处解决问题。截至目前，已为113名信访人无偿提供援助服务，取得了良好效果。对于信访人确有困难的，做到帮扶救助到位，先后多渠道为马凤兰等11人实施了临时救助、为草原乡张树山等人落实了40万元司法救助资金等，在及时解决信访人生产生活困难的同时，最大限度赢得了信访群众的理解和配合。同时，通过电视台、电台、微信平台、门户网站等多种媒介，广泛宣传教育，着力引导来访群众依法理性反映诉求，规范信访行为，切实维护了正常信访秩序。成立由县纪委、政法委、督考办、信访局等部门组成的联合督导组，采取明查暗访、实地督办、下达督办令、倒排通报等方式，不间断开展真督实查，发现问题限期整改，跟踪问效。对因工作不重视、安排不细致、落实不到位导致交办案件久拖不决的，全县通报。抢抓全国两会等契机，综合盘点交办督访案件，本着“不遮掩问题，不回避矛盾”的原则，主动向省市汇报沟通问题，坚定攻坚的信心决心，借势借力助推问题化解。对出现北京敏感地区涉访、进京赴省集体访等影响性事件的，严格执行责任倒查制度，对主要领导、分管领导、直接责任人严肃问责。通过问责性的倒逼机制，切实提高各层面解决信访问题的积极性和主动性，为有效化解案件提供坚实保障。

【加强源头防范】 坚持抓早、抓小、抓苗头、常抓不懈。完善从县到乡镇（街道）、到村（社区）、到组、到户的五级排查网络建设，随时收集各类信访隐患，及时掌握动态信息。加强常态排查。建立一月一小排查、一季一大排查、特殊时期日排查日报告制度和瞒报、迟报、漏报问责机制，最大限度将信访隐患纳入视野，排查不留死角。集中开展专项排查。集中开展重点领域、重点人员、不稳定群体专项排查，及时掌握苗头性、内幕性和行动性信息，做到早发现、早报告、早控制、早处置。2018年，全县共排查出各类矛盾隐患1940起，化解1820起。

坚持县主要领导周四轮流公开接访、其他县领导在工作日轮流到信访局公开接访，县党政领导公开接访已形成长效机制。乡镇（街道）和县直部门班子成员涵盖工作日轮流公开接访，同时加大约访，强化下访，确保最大限度地把信访群众吸附在当地，把信访问题解决在当地。2018年，县级领导公开接访588批5605人次，当场解答231件，交办357件；其中县委书记、县长公开接访66批781人次，当场解答27件，交办39件。

对全县突出信访问题、国家、省、市交办要结果案件、县领导签批交办案件以及通过各级排查的案件，县联席办逐级分类严格落实领导干部“五包”责任制，建立信访工作台账，台账式管理，跟踪式问效，直到案结事了、息诉罢访。同时明确县处级领导采取“领导带头、包片包案”的方式，每月深入包保乡镇和联系部门，重点针对有进京、赴省、到市访隐患的人员，主动下访，与群众约访。对通过努力能够尽快解决的限时解决，对于法、于政策虽无依据却又合情合理的争取解决，对经过深入调查属于无理上访的疏导解决。2018年，落实县级领导包案督访案件114件，已办结104件。通过领导接访、包案，一大批重点信访问题得到及时有效化解，从而从源头上减少了越级访的发生。

2018年以来，坚持重点人员排查工作“五到位”即：重视到位、排查到位、化解到位、措施到位、稳控到位，使全县稳控工作取得很好的工作成效。1至12月份，丰宁县北京重点地区涉访、进京和赴省访大幅度下降，越级访量均在全市最低水平，并圆满完成全国“两会”期间信访维稳工作；同时对涉军人员、企业退休人员等特殊群体做好排查和稳控工作，使全县在特殊时期没有出现串联越级上访情况。为营造良好信访秩序，充分运用法律的强制措施，坚决打击暴力抗法和非法上访闹事的策划组织者和直接责任人。一年来，对西苑二期回迁户组织串联上访予以依法训诫，对王某某违法上访行为给予依法处理，对李某到北京重点地区涉访给予行政拘留，切实起到了警示和震慑作用。

【开展信访矛盾化解攻坚】 2018年4月19日制发全县开展重点领域、重点群体、重点问题、重点人员信访矛盾化解攻坚战实施方案，成立领导组织，对信访矛盾化解攻坚战进行部署。排查梳理，建立台账。各乡镇、县直有关部门结合实际，制定本地本系统"攻坚战"工作方案，认真组织开展矛盾隐患排查，建立重点领域、重点群体、重点问题、重点人员4类台账，真正做到底数清情况明。明确标准、集中化解。对重点信访事项，做到五个清（情况清、程序清、责任清、措施清、结果清），严格按照"三到位一处理"的要求集中进行化解。强化督导，确保实效。县联席办抽调专人，深入到各乡镇、县直各部门进行实地督导，确保信访矛盾化解攻坚战取得实实在在效果。

【扎实推进"阳光信访"】 通过信访信息系统，改变了传统的来信办理方式，实行群众来信网上办理，按照"来信必录""应录尽录"的原则，所有纸质来信全部转化为电子来信录入系统，实现了群众来信的登记、转送、统计、查询、反馈、上报全流程网上办理，大大缩短了来信流转时间，进一步提高了群众来信的办理质量和效率。同时，每一件来信办结后，都通过信访信息系统上报办理情况，群众来信在网上可查询、可跟踪、可督办、可评价。在此基础上，信访局还从中筛选出一批群众诉求合理、评价不满意的来信，开展实地督查、逐一调查核实，提出意见建议、督促问题解决。

【开展"律师评案"工作】 充分发挥律师在化解矛盾纠纷中的专业优势、职业优势和实践优势，有效化解信访突出问题，为信访工作增添了助力。在县联席办的统一安排部署下，全县各乡镇、部门将"律师评案"拓展延伸村、社区及本系统内。并以"律师评案"工作为抓手，通过引入律师参与，进而规范信访案件的办理，达到格式规范标准，适用法律条款准确，表述语言言简意赅。同时，发挥律师的法律专业优势，成功引导信访人走法定程序解决了云龙失火受损商户20件等疑难复杂信访案件。丰宁律师评案的典型案例在全市《信访工作情况》上首期刊发，市主要领导做出了重要批示。律师评案工作获得全市表彰。

【建立法律咨询室】 县群众工作中心成立了法律咨询室，建立了信访投诉分流系统，帮助群众依法信访，让群众诉求进入适合渠道进行处理，提高信访事项解决效率。法律咨询室由专业的律师进驻，对来访事项进行甄别、疏导、分流，对属于信访部门受理范围的，转由接访人员接谈、受理和转办；不属于信访案件的，律师将为市民提供法律解释和渠道辅导，并通过信访部门、司法机关和其他责任单位的衔接机制引导市民通过法律程序处理问题，切实让群众诉求进入适合的渠道得以解决，解决过去信访部门大包大揽处理的情形，大大提高群众诉求的解决效率。

【做好涉军等重点群体信访稳定工作】 2018年以来，丰宁坚决落实"北京不能去，河北不能聚"的要求，扎实做好退役军人稳定工作。对来访的退役军人，对合理诉求积极回应，依据政策及时协调解决；对超出政策诉求的，耐心细致做好政策解释、思想疏导工作。做足"政策不足感情补"文章，力所能及解决个人困难，通过感情投入实现稳定目的。对退役军人落实包联工作，2018年全县已全面完成退役军人包联工作，共有1249名各级干部包联退役军人12114人。2018年以来，丰宁退役军人在国家军人事务部登记仅6人次，在全市属于量小县区，没有造成负面影响。针对如农电工、乡镇计生员、广播员、民办代课教师、乡镇企业人员等不稳定群体，全部建立台账管理，同时落实稳控责任领导和专门人员，密切注意动向，灵通信息，确保人员不出县，不进京。

【系统谋划推动扫黑除恶工作】 针对信访领域可能存在的组织、煽动群众或社会人员违法上访、闹事等黑恶势力，制定了扫黑除恶专项斗争工作方案，对线索摸排提出了明确要求。信访局组织开展拉网式矛盾纠纷排查化解行动。要求各乡镇和部门加强对各辖区、行业矛盾纠纷的化解力度，积极将社会矛盾化解在萌芽状态，防止相关利益诉求群体被黑恶势力唆使利用，最大限度消除黑恶势力滋生土壤，为维护我县和谐稳定构筑起坚实的"第一道防线"。充分发挥信访贴近群众、熟知民情的优势，建立日常排查机制，对在上访过程中存在缠访、闹访现象的信访案件保持高度关注，认真进行分析、研判，及时发现有无黑恶势力操控、挑头的现象。积极推动信访法治化建设，规范信访事项办理程序。利用信访网络系统，拓展更加方便快捷的涉黑涉恶线索举报渠道，进一步挤压黑恶势力滋生空间，为信访领域扫黑除恶营造良好的社会环境。

【圆满完成旅发大会信访稳定工作任务】 县信访局高度重视第三届河北省旅游发展大会期间信访维稳工作。2018年7月初制定下发了《关于印发〈丰宁满族自治县第三届河北省旅游发展大会信访稳定工作方案〉的通知》，成立了由信访局局长任组长的县"旅发大会"信访维稳工作领导小组，负责指导和督促会议期间信访维稳工作的落实。并召开信访维稳工作会议，专题部署信访维稳工作，要求各乡镇及相关职能部门对辖区内不稳定因素进行再次排查，全力做好信访人员的情绪引导和稳控工作，努力营造良好的信访秩序。旅发大会期间未发生一起影响社会稳定的群体性事件和重大事件，出色完成了旅发大会期间信访维稳工作任务。

【全力做好精准扶贫工作】 县信访局高度重视扶贫攻坚工作、积极响应，准确把握精准扶贫行动的核心内容和总体要求，认真落实省、市、县精准扶贫会议精神，多次组织帮扶责任人进组入户，为贫困户问诊把脉，多方争取支持，寻求脱贫门路。深入帮扶村开展调查研究。信访局领导班子多次召开专题会议，听取扶贫工作开展情况报告，研究帮扶措施，制定帮扶规划。局主要领导亲自带队，深入到帮扶的贫困户家中，在深入调查的基础上，分析致贫原因，为帮扶户量身定制脱贫计划，特别是脱贫目标和具体帮扶措施做到切合实际，具有可操作性，做到底数清、情况明。倾情倾力送温暖。每在节日来临之际，组织帮扶人员走访慰问帮扶户家庭。每到一户，都关切地询问他们的生产生活情况和身体健康状况，了解他们存在的困难和要求，向他们送上节日的祝福与问候，并送去了米、面、油等慰问品。真帮真扶送政策谋发展。帮扶干部坚持每2个月到帮扶户家中至少走访一次，与贫困户面对面交流，向他们宣传党和政府的扶贫政策，并积极帮助贫困户解决生产生活中遇到的困难和问题。

撰稿/孙向超

县直工委工作

【全面加强思想政治建设】 2018年，县直工委把学习党的路线、方针、政策以及县委重大决策部署放在突出位置，结合"两学一做"（学党章党规、学系列讲话，做合格党员）和十九大宣讲等活动，深入学习习近平总书记系列重要讲话以及丰宁发展主战略。积极履行管党治党责任，强化《党章》学习，尊崇《党章》权威，践行《党章》要求。按照《党章》要求，理顺县直机关工委与县直各单位党组（党委）抓机关党建责任关系，强化党组（党委）对本单位党的建设的领导，积极推动构建以工委宏观领导、分类指导、总体规划、督促检查、考核评价为主，部门党组（党委）具体领导、组织落实、协同发力、直接负责机关党建工作领导格局，形成进一步加强和改善机关党建工作的领导合力。营造出了深入学习、广泛宣传、干事创业的浓厚氛围。

【加强县直机关组织建设】 将2018年作为县直机关"基层组织建设提升年"，为了增强党建工作实效，不断创新党员干部乐于参与、便于参与、有效参与的平台和载体，严格遵守"三会一课""警醒日""党章学习日""重温入党誓词日""党员活动日""专题民主生活会日""烈士公祭日"等7项工作制度，在工作中按照要求严格落实，从而使组织工作更加规范有序，为全面加强机关党建打下了坚实基础。

联合县委组织部和县委党校，集中对县直88名发展对象进行了系统培训，使入党积极分子受到了党性教育，端正了入党动机，为早日加入党组织创造了条件。

【做好基层组织换届选举工作】 制定下发了《关于做好县直机关基层党组织换届、新建、调整工作的通知》，对换届时间、程序、方法、步骤做出详细安排。年内，县直机关共有42个基层党组织完成了换届选举任务，11个基层党组织进行了新建和调整，为更好地开展党建工作奠定了组织基础。

【做好党员发展工作】 结合新修订的《发展党员工作细则》，按照控制总量、优化结构、提高质量、发挥作用的总要求，严把党员入口关。全年共确定入党积极分子98人，转为预备党员88人，按期转正党员83人，为党组织输入了一批德才兼备的新生力量。

按照全国党员管理信息系统要求和规范，认真做好信息采集、录入工作，逐项核实转入、转出、自然减员和新发展党员信息，并实行动态管理，及时更新和维护，充分发挥信息库在党员统计中的作用，高标准做好数据审核、汇总工作，做到了系统不漏一个支部、支部不漏一个党员、党员不漏一项信息，按时高质量完成了2018年党内统计年报工作任务。

组织党员认真学习《党费收缴、使用和管理规定》，按照《关于进一步加强和规范党费收缴管理工作的通知》，明确党费收缴标准，增强党员意识和党性观念。按照规定,严格执行专账管理、专人负责制度,确保账目清楚、应收尽收,保质保量完成了工作任务。

【加强县直机关作风和党风廉政建设】 为切实落实主体责任,县直工委在加强自身建设的同时,注重指导各机关和直属单位党组织加强党风廉政建设和反腐败工作,不断强化对党员特别是党员领导干部的监督。按照网格化管理要求,各机关科级干部全部签定了《党风廉政建设责任书》,落实了责任清单,一级对一级负责,建立了个人档案。各系统党委将反腐倡廉工作列入了党委重要议事日程,县直各级党组织主要负责同志对党风廉政建设工作亲自研究、亲自部署、亲自协调、亲自督办,切实履行好"组织领导、实施推进、率先垂范"三个责任,各单位三公经费明显下降,工作作风明显好转,全体党员干部履职尽责、团结协作和廉洁从政意识得到明显加强。

【组织县直部门党建工作经验交流】 为切实增强基层党组织的创造力、凝聚力和战斗力,有效落实县委、县政府工作部署,强力推动学习型、创新型、服务型党组织建设,2018年10月召开县直部门党建工作经验交流会议。会议期间,参观阵地建设示范点4个,4个单位相关负责人作典型发言,参加会议的党务干部100余名。

组织开展县直部门"三学一考"(学习十九大、宪法、党章。并组织党员考试)有奖答题活动。该活动进一步激发了县直部门广大党员学习十九大、宪法、党章的热情,参与党员达到6000余人,6个单位获优秀组织奖,103名党员获优秀答题个人奖。

【编印《党员学习笔记》】 年内编印《党员学习笔记》,除具有日常学习记录功能外,还收录了县委、县政府最新文件主要精神、县委县政府关于优化发展环境九项工作制度及其问责办法和发展党员工作流程、党员权利义务、党费收缴标准等党员应知应会的党务知识。明确了2018年全县重点工作,时刻提醒党员把纪律和规矩挺在前面,时刻提醒党员尤其是党员领导干部坚持用党员标准严格要求自己,在强化党员管理和提升党员素质方面发挥了重要作用。

【抓好驻村帮扶工作】 竭尽全力为帮扶村办实事。六一儿童节之际,县直工委组织单位全体干部到帮扶村所在小学,给孩子带去40套文具盒和40个书包,与孩子共度六一儿童节;七一之际,为了庆祝建党97周年,与县医院联合举办了大型下乡义诊活动,在帮扶村开展义务诊治60余人次,活动中,免费发放了价值2万余元的各类药品;下乡过程中,得知红石砬自然村移动通讯信号不好的情况,积极协调移动公司,为该村免费维修更换了相关设备,保障了该村的通讯质量。十月份,为帮扶村购买电脑1台,一定程度上解决了村委会办公用品短缺问题。在"小黑屋"治理工作中,单位先后4次组织单位全体人员进村入户,详细排查梳理,共确定并帮助改造"小黑屋"11户。此外,县直工委为该村联系的自来水项目也已经正式立项,预计明年初即可动工。

【强化民兵预备役培训工作】 将民兵预备役培训工作列入重要议程,3月,对县直民兵预备役进行了整组和点验,点验到位率达到100%,对152人的应急分队进行了相应调整,县直共有民兵连18个,其中应急分队4支。8月,配合县武装部进行了卓有成效的征兵宣传,共发放宣传材料5000余份。10月,对152人的应急分队进行为期12天的集训。

撰稿/怀逸晗

督查考核工作

【突出督查实效】 2018年,县督考办围绕全县重点工作,共下发督办令102个、县级领导交办函40余个、全年重点工作全县通报44期、上报领导专阅138期、督查考核专报30余期。县级领导带头发挥督导作用,对相关工作及时签发督办令,一线协调指导、督办落实。各乡镇和部门把督考事项作为日常工作的重中之重,主要领导亲自抓,安排精干力量抓重点、攻难点,保证了督办任务的有效落实。督考委把握节奏、强化协调指导,督考办将督办事项的办理结果以及工作推进中存在的问题和建议,及时反馈给相关领导,为重点督办工作的贯彻落实打好了坚实基础。为保证重点督办工作圆满完成,督考办严格执行交办、登统、跟踪督办、反馈落实、评定归档的"五步"工作流程,通过全员督查、分包联系、实地查看等手段,紧盯工作落实。各责任单位采取任务分解、砸实责任、倒排工期、沟通对接、严格考核等积极有效措施,确保了各项重点工作扎实有效推进和圆满完成。督考办充分利用好督办令、约谈、黄牌警告、通报和动态加减分"五种手段",不断树立督查考核的权威。建立了督考办内部分工负责制度及督考联络员制度,构建了分工明确、反应敏捷的督查网络。实施了日常督考、定期督考、专项督查、半年考评与年终考核有机结合的"4+1"督考模式,突出督查重点,增强了重点督办工作考核实效。

督考办严格按照工作推进情况和时间节点要求,对工作落实情况进行督导检查、及时将工作完成情况全县通报、定期向县委主要领导和各位县级领导专题报告、严格跟踪问效考核、并对已完成工作定期回访,确保县委、政府确定的各项工作落到实处、取得实效。

【盯专项、共攻坚、保成效】 2018年主要重点围绕脱贫攻坚(基础工作规范提升、美丽庭院、农村人居环境整治、产业全覆盖、13个专班开展情况等)开展督查、围绕环保工作(河道整治、散乱污企业、燃煤锅炉整治、1+18大气污染防治工作实施方案等)开展督查,另外还对政府工作报告、民心工程、旅发大会、重点项目、信访稳定等事关老百姓切身利益的重点工作开展督查,共下发督办令96个、县级领导交办函40余个、通报38期、领导专阅120余期、督查考核专报30余个。通过下发督办令、县级领导交办函对县委、县政府重点工作进行督办落实,通过全县通报、领导专阅、督查考核专报等形式给县委、政府相关领导作出决策提供依据,促进工作落实。

县委、政府主要领导签批意见事关全县全局,督考办按照“有令必行、有批必督、有督必果”的总体要求,围绕书记签批件、书记信访件等县委、政府主要领导签批意见开展督查。年内,共收到需督办书记签批件40件、书记信访件40件。目前已办结78件,已向方书记专题反馈50余期。确保了县委主要领导的决策部署落到实处。

围绕中央、省、市等上级部门交办工作督查,主要围绕市委督查室、省市大督查办公室交办件开展督查,以省市工作指导全县工作,确保各项督办工作符合省市布局,通过督办反馈,让上级部门更全面了解丰宁县工作。督查科对省市重点工作进行了分解督办,明确了承办单位和完成时限,细化了目标任务,加大督办力度,每月25日前向市督查考核平台反馈工作进展情况,确保了各项工作落实到位。一年来,围绕承德市委市政府涉及丰宁重点工作、财源建设调度会、党政一把手每月亲自抓的重点工作、省市大督查组交办件、重点工作信息等工作向市专题反馈40余次。紧盯会议决策部署,及时跟踪工作进展。县委、政府的重要会议事关丰宁县经济社会发展全局,督查科以县委全会、县委常委会、书记办公会、现场办公会等重要会议精神为引导,对会议议定的相关工作进行了分解下发,紧盯工作的推进落实,使会议精神真正落实到行动上,以实际行动促进社会各项事业的发展。县委常委会、书记办公会、现场办公会等会议涵盖全县的扶贫攻坚、环境保护、重点项目、民心工程等重大专项工作的议定事项,督查科紧盯议定意见,加强议定事项的加速落实,确保重大项目如期完成,同时平均每月2次向县委主要领导反馈工作进展情况,极大地推动了会议决策落实。

【督热点、促发展、保民生】 各责任单位克服困难、多措并举、合力攻坚、狠抓落实,政府工作报告中确定的各项工作有声有势、有序有效深入推进落实。交通局、农牧局、御大沿线各乡镇克服时间紧、任务重、工作难的种种困难因素,互相配合、密切协作,完成了旅发大会项目建设并具备营业接待能力,为承办好旅发大会提供有力保障。“双违”整治工作开展迅速,整治完成量在全市排名第一。在全县各级各部门的共同努力、密切配合下,脱贫攻坚工作取得巨大成效,进一步展现了丰宁广大群众脱贫致富的信念和决心。经济开发区实施的易地扶贫搬迁县城集中安置区工程达到了具备入住条件,产业及时配套的要求。

各责任单位在落实过程中齐心协力、攻坚克难,承担的项目取得了实质效果。发改局牵头的4个大型集中式光伏扶贫电站6月底前全部并网发电,年带动7200建档立卡贫困户户均增收3000元。县城第七小学及幼儿园建设项目、老一中维修改造项目按时完工,有效缓解义务教育阶段学生“大班额”问题。县城及旅发大会沿线公共厕所新建及改造提升工程、御大沿线居民提升工程及时竣工,旅发大会区域通讯基础设施建设和4G移动网络覆盖为人们提供更多通讯便利。水务局牵头的潮河流域县城段“一主四副”综合治理工程完成了年度建设目标。

【强化督考组织领导】 各单位“一把手”作为督考工作“第一责任人”,对承担任务负总责,亲自安排部署、亲自调度督导、亲自协调解决问题,把督考工作紧紧抓在手上。对督办令亲自签批,对重大工作任务,成立专门班子、落实专门人员,保证工作落实。对督考事项反馈报告,亲自审定、严格把关。对去年以来县委、政府做出的一系列重大部署,坚定不移地落实,全力以赴地推进,持之以恒地实施。各责任单位充分发扬勇于担当、开拓创新的工作作风,严明工作纪律,不折不扣抓好落实。严格按规定办结时限和具体工作要求,客观全面、及时准确反馈工作完成情况,做到内容详实、条理清晰、重点突出、文字精炼。对跨年度、中远期督办事项,严格按督办要求反馈工作进度。在全县上下形成了干事业一条心、抓工作一盘棋、谋发展一股劲的良好局面,形成了强大的发展合力。

【强化规范管理】 督考办科学设计和完善重点承办工作督查立项、交办、督办、审核、反馈、归档等各个环节，做到目标任务明确、时限要求清楚、责任落实到位、记录准确完备，确保督查工作“事有人管、件有人办、责有人担”。督考办加大督办力度，把工作进展情况及时向相关领导报告或全县通报；对落实不力、推动缓慢、完成不好的，给予扣分，同时报组织部、纪委按相关规定进行处理。

【履行驻村帮扶工作职责】 2018年3月，督考办抽调1名驻村干部与残联、农发行共同组成驻村工作对，继续开展对胡麻营镇后大庙村的驻村帮扶工作。2018年单位一把手及领导班子成员到村指导工作6次，研究驻村帮扶工作9次，听取驻村工作队汇报3次，统一组织单位帮扶责任人入户走访9次。积极协调相关部门为后大庙村改善旅游基础设施，年节期间开展慰问贫困户送温暖活动，为贫困户跑办报销医药费用、申请棉衣棉被、捐赠衣物，单位出资4万元为后大庙村32户“小黑屋”进行改造，出资11302元购买炕单、被单、棉门帘、节能灯发放给帮扶村贫困户，以实际行动解决帮扶户实际困难，激发贫困户内生动力，号召和督促贫困户自觉清扫室内外卫生，切实提高了群众满意度；拨付1.5万元经费为驻村工作人员解决实际困难，积极为驻村工作队解决经费不足问题。

撰稿/王俊飞

附：中共丰宁满族自治县委及下属机构领导人名录

县委常委

书　　记　方志勇　满族
副 书 记　杨宪军　满族
　　　　　庄爱新
组织部长　徐树星
政法委书记　吕宝俭　满族
纪检委书记　李文江
常务副县长　何元武(9月25日离任)满族
政府副县长　桑爱民　满族
　　　　　张煦笙(挂职,1月5日任职)
　　　　　李文合(挂职)
　　　　　高　苹(挂职,10月任职)
武装部长　晁明辉(11月任职)
县委办主任　宋宇宁
宣传部长　李秀华(女)　满族
农工委书记、统战部长
　　　　　张胜勇(9月25日任职)

县委办公室

主　　任　宋宇宁
常务副主任　程新志(3月23日离任)满族
副 主 任　袁卫国(3月23任职,正科级,主持日常工作)满族
　　　　　高　雷　满族
　　　　　王智国(兼)　满族
　　　　　宋高杰(1月29日任职)满族
机要局局长　高建军　满族
机要局副局长　邱月超　满族
保密局局长　佟文简(3月23日任职)满族
保密副局长　于朝荣(女)　满族
防范办主任　李文超(3月23日离任)满族
防范办副主任　布林源　满族

督查考核办公室

主　　任　王福文(3月23日离任)满族
　　　　　高振国(3月23日任)满族
副 主 任　张文广
研究室主任　空缺
研究室副主任　佟文简(3月23日离任)满族
　　　　　孙艳君(女)
信息中心主任　王东利(1月29日任职)满族
内网中心主任　空　缺(1-12月)
主体责任办主任　空　缺(1-12月)

县委巡查办公室(巡查组)

主　　任　邹宝莹　满族
副 主 任　孙慧明(女,3月23日任职)　满族
第一巡查组组长
　　　　　孙亚杰(3月23日任职)满族
副 组 长　陈建伟(3月23日任职)满族
第二巡查组组长
　　　　　付九林(6月5日任职)满族
第三巡查组组长
　　　　　徐昌艳(女,6月5日任职)满族
副 组 长　张亚琪(3月23日任)　满族
　　　　　刘利申(6月5日任职)　满族
第四巡查组组长
　　　　　陈钢贵(6月5日任职)
副 组 长　李显菊(女,6月5日任职)满族
改革办副主任　崔立然(3月23日任职)满族

组织部

部　　长　徐树星
常务副部长　孙瑞芳(女,1月29日离任)满族
副 部 长　徐艳萍(女,1月29日任职,正科级,主持日常工作)　满族
　　　　　刘长城(2月23日,兼县委非公有制和社会组织工作委员会书记)　满族
　　　　　刘相阁(兼)　满族
　　　　　陈万峰(兼)　满族
　　　　　常少军(兼)　回族
　　　　　刘建国(兼县委非公有制和社会组织工作委员会副书记)
组织员办公室主任
　　　　　空　缺
副 主 任　于海军
正科级组织员　康振华(女)　满族
副科级组织员　孙亚东　满族

宣传部

部　　长　李秀华(女)　满族
常务副部长　焦春江(3月23日离任)满族
　　　　　吴艳宏(女,3月23日任职,主持日常工作)　满族
副 部 长　刘海波　满族

精神文明建设办公室

主　　任　门光春　满族

县委外宣局

局　　长　焦春江(3月23日离职)满族
副 局 长　张志强　满族

丰宁广播电视台

台　　长　李保锋(3月23日离任)满族
　　　　　焦春江(3月23日任职)满族
副 台 长　孙九河　满族
　　　　　王凤国　满族

农村工作委员会

书　　记　张立民(9月25日离任)满族

张胜勇(9月25日任职)

常务副书记、副主任

于占利

陈玉良(3月23日任职) 满族

副书记、副主任

王　军

乔天文　满族

副　书　记　李亚男(女,1月29日离任) 满族

政法工作委员会

书　　记　吕宝俭　满族

常务副书记　郑　梁

副书记兼综治办主任

何万洪　满族

副　书　记　张晓东　满族

政治处主任　刘晓洲(3月23日离任) 满族

付云超(3月23日任职) 满族

稳定办主任　刘晓洲　满族

综治办副主任　金　广　满族

统战部

部　　长　徐树星(9月25日离任)

张胜勇(9月25日任职)

副部长、台办主任

纪秀茹(女)　满族

副　部　长　于凤海(兼)　满族

台办副主任　董　然(女)　满族

县直机关工作委员会

书　　记　徐瑞贤(女)　满族

县直工委副书记

付连湖　满族

直属党委副书记

孙东明(女)　满族

武装部长　秦海峰　满族

机构编制委员会办公室

主　　任　常少军　回族

副　主　任　何存林　满族

事业单位登记管理局副局长

张志刚

部门管理单位

信访局

局　　长　王智国　满族

副　局　长　王占华　满族

徐建忠

赵泽会(挂职)　满族

张建齐(县内挂职)

王兴华(县内挂职)

老干部局

局　　长　陈万峰　满族

副　局　长　付久林(6月5日离任)

满族

党校

校　　长　庄爱新　满族

第一副校长　徐树星

常务副校长　张立强　满族

副　校　长　李俊杰(3月23日离任) 满族

李凤银(3月23日离任) 满族

吕春林(3月23日任职)

档案局

局　　长　张胜国　满族

副　局　长　赵双全

杜雪飞(女)　满族

党史地方志编纂委员会办公室(与档案局合署办公)

主　　任　张胜国　满族

副　主　任　赵双全

刘竞元(正科级)

满族

国防教育办公室

主　　任　张连国　满族

中国共产党丰宁满族自治县纪律检查委员会

【综述】 2018年,县纪检监察机关共受理信访举报1327件(其中县本级受理340件,上级纪委转信987件),处置问题线索415件,初核360件,谈话函询40件,立案271件(涉及乡科级23件),结案270件(乡科级22件),纪律处分312人(乡科级25人)。

坚定不移强化政治监督。全县纪检监察机关深入学习贯彻习近平新时代中国特色社会主义思想和党的十九大精神,认真落实"把政治建设摆在党的建设首位"工作要求,突出监督执纪问责和巡察工作的政治性,切实加强对党的建设、脱贫攻坚、生态环保等中央和省、市、县委重大决策部署贯彻执行情况监督检查,推动全面从严治党向纵深发展,向基层延伸。加强对党内政治生活监督,派员参加了92个乡科级党组织民主生活会。加强换届纪律和选人用人监督,县纪委共回复党风廉政意见2137人次,47人因"政治体检"不过关被取消有关资格。立案审查违反政治纪律问题3件,纪律处分4人。

国家监察体制改革稳步推进,严格按照上级明确的时间表、线路图,推进国家监察体制改革试点工作。科学配置监督执纪力量,将转隶人员与纪委工作人员合理搭配、交叉安置、混合编成,加快干部队伍融合。县监察委员会向乡镇派出监察办公室,实现监察"全覆盖"。紧扣纪法贯通、法法衔接,及时修订印发《案卷规范格式》《调查措施使用规范及文书格式》,规范审查调查工作。全要素试用监察措施,监察立案14件、18人,采取留置措施2人、移送审查起诉4人。

正风肃纪持续深入,按照《落实中央八项规定实施细则》相关要求,常态化监督检查,严格管控、触纪即纠。集中开展作风纪律整治活动,充分利用税务发票系统、公安"天网"等大数据平台,筛查公务用车、公款消费,发现违反中央八项规定精神和"四风"问题239个,立案44件,组织处理154人,纪律处分47人,点名道姓通报曝光典型案例33起。

反腐败斗争取得压倒性胜利。坚持问题导向,聚焦关键人和重点领域,精准运用"四种形态",提升执纪审查工作效率。严肃查处了乡镇公职人员、村干部贪污、截留挪用危房改造资金,骗取优抚、低保资金的严重违纪违法案件。充分发挥反腐败协调小组作用,违纪违法问题

线索“双向移交”,公安和行政执法机关移送违纪线索78个,检察机关移交违纪问题线索13个,县纪委向公安机关移送涉嫌违法线索11个。做好纪律审查“后半篇文章”,加强对受处分(处理)人员的关怀教育帮助,进一步提高执纪监督工作政治效果、纪法效果和社会效果。

整治侵占群众利益问题。坚持以上率下落实责任、自上而下查纠问题、以下看上追责任,强力推进巡视巡察、扶贫领域、“一问责八清理”等“四项整改回头看”,督促整改问题442件,采取第一种形态处理80人,党纪和政务处分45人,问责24个单位。紧盯扶贫领域腐败和作风问题,整改与查纠并重,处置问题线索263件,立结案114件,纪律处分138人。处置环保领域问题线索35件,纪律处分11人,组织处理17人。深挖彻查涉恶腐败问题和“保护伞”,立案9件,纪律处分8人,组织除名1人,诫勉谈话2人。

【中共丰宁满族自治县第七届纪律检查委员会第三次全体会议】 中国共产党丰宁满族自治县第七届纪律检查委员会第三次全体会议,于2018年3月1日召开。出席全会的县纪委委员21人,列席76人。县委书记方志勇出席全会并讲话。县委常委,县人大常委会、县政府、县政协领导班子成员,县法院院长,县检察院检察长,其他副县级干部出席会议,有关单位负责同志参加会议。全会由县纪委常委会主持。全会认真学习方志勇书记的讲话,总结2017年全县纪检监察工作,部署2018年任务。审议通过了纪检委书记李文江代表县纪委常委会所作的《坚定不移推动全面从严治党向纵深发展,为开创新时代建设美丽丰宁新局面提供坚强保证》工作报告。会议于3月1日当日闭幕。

【建设全面过硬的纪检监察队伍】 2018年,县纪委监察机关坚持用习近平新时代中国特色社会主义思想指导纪检监察工作,将党的十九大精神、新《党章》《准则》《条例》纳入教育培训内容,充分利用廉政教育课、广播电视、网站微信等方式,推动纪检监察干部学规矩、受教育。扎实推进“两学一做”学习教育常态化制度化,认真组织开展“大学习、大培训、大提升”活动,举办全系统纪检监察理论业务培训班3次,在积极派员参加上级组织的各种培训活动的基础上,选派25名业务骨干参加中国纪检监察学院业务培训,增强日常监督、执纪审查、依法调查的本领。加强对乡镇纪委开展日常监督、处置问题线索等工作的领导,进一步加强基层纪检组织建设,增设乡镇纪委副书记,选强配齐村级纪检员,加强基层监督执纪工作力量。落实“三转”(转职能、转方式、转作风)要求,确保乡镇纪检干部专职专责,全身心抓好监督执纪问责和扶贫项目实施、资金使用的全程再监督。落实纪检监察系统党建工作责任,认真执行《监督执纪工作规则》和相关法律法规,结合实际制定下级纪委向上级纪委请示报告、纪检监察干部打听案情、过问案件、说情干预登记备案等制度,健全自我监督内控机制,不断强化警示教育,严格落实“八条禁令”要求,坚决防止发生以案谋私、跑风漏气、执纪违纪问题,用铁的纪律锻造纪检监察铁军。

【全面履行党章赋予的职责】 认真落实“把政治建设摆在党的建设首位”工作要求,突出监督执纪问责和巡察工作的政治性。突出“政治机关”职责定位,坚决履行党章赋予职责。坚决树牢“四个意识”,牢牢把握纪检监察工作正确政治方向,坚持不懈学习党章、遵守党章、贯彻党章、维护党章,切实担负起加强对中央和省、市、县委重大决策部署贯彻执行情况监督检查的责任,积极协助县委推进全面从严治党管党、加强党风廉政建设和组织协调反腐败工作,推动全面从严治党向纵深发展,向基层延伸。突出政治监督重点,切实规范和严肃党内政治生活。将对党内政治生活监督作为政治监督重点,严格落实上级党组织派人参加下级党组织领导班子民主生活会制度,年内派员参加了92个乡科级党组织的年度民主生活会和中央巡视整改专题民主生活会,监督16名科级以上领导班子成员就受到的纪律处分问题作出了深刻检查,监督受到提醒谈话、函询谈话的百余名领导干部在民主生活会上说明情况。突出巡察监督政治性,推动基层组织建设。严格落实政治巡察“六围绕、一加强”工作要求,研究制定《巡察工作实施方案》《年度计划》《工作流程》等巡察工作制度,规范程序、明确重点,推动依规依纪开展巡察工作。在配合市委开展3轮交叉巡察的基础上,以“四项整改回头看”和扶贫领域为重点,对县内4个县直部门和4个乡镇开展“常规+专项”巡察。严格遵守选人、用人制度,为发展提供坚强组织保证。落实中央关于“四凡四必”要求,完善廉政档案,强化廉政审查。年内对85名拟提拔重用和公务员登记的人员进行了廉政审查;制定《关于严肃村两委换届纪律的通知》,开展村“两委”班子换届人选廉政审查2052人次,对15件涉嫌贿选问题进行了立案调查和排查,47人因违纪违法等问题被取消候选人资格。

【稳步推进国家监察体制改革】 严格按照上级明确的时间表、线路图,精心组织实施,移步推进国家监察体制改革试点工作。推进人员和工作深度融合。2月3日,丰宁满族自治县监察委员会如期挂牌成立,标志着丰宁国家监察体制改革工作迈出重要的一步。划转至县纪委监委机关行政编16个,转隶人员6名,把思想政治工作贯穿改革全过程,科学配置监督执纪力量,将转隶人员与纪委工作人员合理搭配、交叉安置、混合编成,加快干部队伍融合。推进国家监察体制改革试点向乡镇延伸,县监察委员会向乡镇派出监察办公室,加强乡镇监察工作力量。逐步规范工作流程。明晰内设机构职能,及时修订印发《案卷规范格式》《调查措施使用规范及文书格式》,逐步规范审查调查工作。按照"应试必试"的原则,认真试用国家监察12种调查措施,对2人采取留置措施。不断强化案件监督管理职能,加强对审查调查全过程的监督管理,全面提高履职能力,不断提升案件质量。着力推进纪法衔接。加强《宪法》《国家监察法》《刑事诉讼法》等法律知识培训教育,严把事实关、程序关、法律适用关,提高反腐败工作法治化水平。加强法法衔接、纪法衔接,协调政法委、法院、检察院等单位制定出台了《关于统筹指导政法机关支持配合监察体制改革试点工作的意见(试行)》等工作办法,实现执纪审查与依法调查顺畅对接,加强监察机关与审判机关、检察机关、执法部门的工作衔接。

【持之以恒正风肃纪】 认真贯彻《落实中央八项规定实施细则》相关要求,坚持常态化监督检查,科学管控、严肃查纠。强化常态化管控。把监督检查中央八项规定精神执行情况作为重点任务和经常性工作,进行全面"回头看",聚焦关键节点、重点人群和重要领域,抽调多名干部组成检查组,在全县多轮次监督检查,实现对所有乡镇、县直部门监督检查全覆盖。年内,共发现违反中央八项规定精神和"四风"问题239个,立案44件,组织处理154人,纪律处分47人。强化大数据手段运用。紧盯各类隐形变异"四风"问题,提高发现问题能力,不断释放持之以恒纠正"四风"的强烈信号。集中开展了作风纪律专项整治活动,电视台记者全程跟进检查各个机关的工作纪律情况。积极运用科技+大数据手段,充分利用税务发票系统、公安天网系统等大数据平台,筛查公务用车2000余次,公款消费500余次。强化经常性震慑。在丰宁新闻先后开设"春节过后看作风""正风肃纪进行时"等宣传专栏,定期播放作风纪律检查情况。加大通报曝光力度,下发违反中央八项规定精神和查纠的"四风"问题的通报23期,通报典型案例82起;召开全县警示教育大会2次,公开曝光了12起"四风"问题典型案例;电视台网站公开曝光10起典型案例,以身边事教育身边人,实现了对全县广大党员干部的警示教育作用。

【巩固发展反腐败斗争压倒性态势】 坚持问题导向,明确工作重点,坚持"零容忍、无禁区、全覆盖",坚持"重遏制、强高压、长震慑",严守工作纪律、严格案件质量,着力构建标本兼治的反腐败工作体系。严把审查调查案件质量关。坚持以事实为依据,以法纪为准绳,及时调整规范审查调查工作程序,把每一起案件都办成"精品案"。突出审查调查政治性,立足教育挽救,使审查对象真心忏悔、认错认罪。把办案安全作为审查调查工作"生命线",全面落实办案安全责任制,确保万无一失。在全省办案安全检查中,丰宁做法得到河北省纪检委领导的肯定。建立执纪监督和审查调查定期"通报+预警"制度,统筹推进执纪与执法、抓小与抓大、严内与严外。持续强化不敢腐的震慑。聚焦扶贫领域、环境保护、中央和省市巡视巡察交办等工作重点,整合工作力量,加快推进执纪审查工作进度。其中,中央巡视组交办的9件问题线索全部查结,其中复核了结4件,立案5件,纪律处分6人,组织处理1人;处置环保领域问题线索32件,纪律处分11人,组织处理17人;处置扶贫领域问题线索263件,结案114件,纪律处分138人。严肃查处了一批乡镇公职人员贪污、截留挪用危房改造资金,骗取优抚、低保资金的严重违纪违法案件。以及农村基层干部挪用扶贫及涉农资金、优亲厚友等严重违纪案件,严肃执行了处分决定,涉嫌犯罪问题的移送司法机关。严查涉黑涉恶腐败问题。将解决涉黑涉恶问题、严打"保护伞"作为落实全面从严治党责任、整治群众身边腐败问题的重点,充分发挥反腐败协调小组作用,建立问题线索快速移送反馈机制,明确工作重点、扎实推动落实。截至目前,县纪委监委累计受理涉嫌"黑恶"问题46件(含重信9件)。其中,市纪委"打伞办"指定办理异地(滦平县)案件4件,已全部办结,其中2件涉及违纪违法问题已移交市纪委监委转滦平进一步调查。受理本辖区问题42件,现全部完成排查,被反映人涉嫌存在违纪问题进入初步核实程序12件,立案9件,结案8件,纪律处分8人,组织除名1人,诫勉谈话2人。坚持做好纪律审查"后半篇文章"。一方面,把纪律处分与个人精神文明奖发放、年终考核、干部使用衔接到位,使纪律轻处分也能保持震慑、增强威力。另一方面,加强对受处分(处理)人员的关怀教育帮助,认真落实市纪委试点工作要求,对9名受处分人员开展教育管理和关心关爱试点工作,帮助他们认错改错、重拾信心。

【严肃整治制约经济社会发展和群众身边腐败和作风问题】 坚持“以上率下落实责任,自上而下查纠问题,以下看上追责任”工作理念,紧盯主体责任、监管责任、监督责任,层层压实责任。抓好“回头看”与中心工作、业务工作的衔接融合,加快全县经济社会发展中存在的突出问题、人民群众密切关注的民生问题、历史遗留的老大难问题解决步伐,实现“两不误、两促进”。坚持问题导向抓查改。以“看准哪些问题、见到哪些事情、新整改了哪些问题、处理了哪些人、完善了哪些制度机制”为标尺,创新“五看五查”(看责任落实,查压力传导是否到位;看整改台帐,查问题整改是否彻底;看信访举报,查发现问题是否全面;看“一人一档”,查执纪审查是否精准;看问题根源,查治本措施是否建立)工作方法,确保活动取得实效。活动开展以来,全县各单位共查找整改不到位问题22件,举一反三发现新问题120件,全部完成整改,采取第一种形态处理80人,党纪和政务处分45人。创新举措促督查。采取“一问三看三核查”(问“一把手”主体责任落实情况;看台帐清单、看档案资料、看机制制度;现场核查整改成效,实地核查群众满意度,突击核查隐瞒不报问题)方式强化监督检查,共开展4轮“全覆盖”督导检查,对工作不认真、查纠不彻底的单位予以通报批评,对24个“回头看”工作进展迟缓的单位主要负责同志进行了约谈。结合重点建机制。强化机制制度建设,县级层面研究出台了“扶贫领域12+1”工作机制、《财政专项扶贫资金监督办法》《关于对扶贫政策落实、扶贫项目实施和资金使用强化日常监管及监督检查的通知》《脱贫攻坚期间干部问责办法》《办事一次成改革实施方案》《集中整治违法建设、违法占地攻坚实施方案》等一系列科学、管用的工作机制,织密制度“笼子”。

撰稿/白燕飞

附:中共丰宁满族自治县纪律检查委员会、丰宁满族自治县监察委员会及下属机构领导人员名录

书　记	李文江	
副书记	刘金山	满族
	程秀峰	满族
常　委	李文江	
	刘金山	满族
	程秀峰	满族
	杨会东	满族
	于洪满	满族
	范宝玉	满族
	杨树民	满族

丰宁满族自治县监察委员会(2018年2月设立)

主　任	李文江(2月任职)	
副主任	刘金山(2月任职)	满族
	程秀峰(2月任职)	满族
委　员	杨会东(2月任职)	满族
	于洪满(2月任职)	满族

办公室

主　任　孟松涛　满族

党风政风监督室

主　任　张晓岭(女)　满族

信访举报室

主　任　张　民　满族

案件审理室

主　任　扈美玲(女)　满族

宣传部

部　长　徐昌艳(女)　满族

组织部

部　长　张国辉　满族

案件监督管理室

主　任　薛树坤　满族

第一纪检监察室

主　任　张怀禄　满族

第二纪检监察室

主　任　刘金来　满族

第三纪检监察室

主　任　兰兴亮　蒙古族

第四纪检监察室

主　任　张久合　满族

第五纪检监察室

负责人　孟凡军(内部任命)　满族

第六纪检监察室

负责人　敖玉成(内部任命)　满族

第一监督室

负责人　毛桂枝(内部任命)　满族

第二监督室

负责人　高振国(3.23离任 内部任命)满族

第三监督室

负责人　倪紫龙(内部任命)　满族

第四监督室

负责人　封建平(内部任命)　满族

丰宁满族自治县人民代表大会

【综述】 2018年,县八届人大二次会议以来,共组织召开常委会会议8次,主任会议17次,听取审议“一府两院”工作报告16项,开展执法检查、视察和调研6次,依法作出决议决定10项,提出审议意见49条,为推动全县经济社会发展和民主法治建设进程做出了积极贡献。

组织常委会组成人员、乡镇人大主席、街道人大工委主任、常委会机关干部集中学习习近平新时代中国特色社会主义思想。深入学习习近平总书记坚持和完善人民代表大会制度有关论述,研讨成果先后在省市人大专题会议上作典型交流发言。坚决贯彻落实中共中央转发《中共全国人大常委会党组关于加强县乡人大工作和建设的若干意见》，县委高度重视人大工作，下发了《关于加强县乡人大工作和建设的意见》并召开高规格全县人大工作会议，解决了人大工作向纵深推进的几个关键问题，年末专门听取常委会党组工作汇报，为全县人大工作指明了方向、提供了遵循。

推动扶贫攻坚决战决胜。扶贫攻坚是当前最艰巨的政治任务，也是全县倾全力实施的1号工程。常委会围绕法律制度落实、工作责任落实，对全县扶贫工作进行执法调研，听取审议县政府关于扶贫脱贫攻坚相关法律法规和工作落实情况报告。围绕扶贫措施、产业基础、资金监管、政策兑现等存在的问题和不足，形成审议意见和问题整改清单，督促县政府和相关部门加强整改，推动全县扶贫工作靶向更精准、工作更扎实。

推动生态保护持续深入。常委会会议2次审议封育禁牧条例草案，为条例颁布实施奠定了坚实基础。首次与县政协共同对坝上生态治理、矿山植被恢复、禁牧工作开展联合视察，营造出生态建设和保护的强大声势，并将人大代表、政协委员提出的五个方面的视察意见转县政府和有关部门办理。为强化生态建设和保护工作的司法保障，听取审议了县检察院关于开展生态检察监督工作情况报告，提出了发挥检察机关作用，加大生态检察力度，构建生态检察长效机制，积极开展生态公益诉讼，为生态建设成果提供司法保障的意见建议。听取审议了县政府2018年环境状况和环境目标完成情况报告。

依法审议决定重大事项。在确保债务风险可控前提下，作出了关于2018年政府债务限额和新增政府债券资金列入预算的决定，支持了易地移民搬迁、道路交通建设、教育卫生事业、县城基础建设和大气环境治理等工作；作出了关于智慧城市项目财政责任支出纳入财政预算的决定，支持了县城运营指挥中心、公共信息平台、大数据中心平台及智慧政务、智慧旅游、雪亮工程等工程建设。

加强经济运行质量监督。常委会听取审议了县政府计划执行、财政预决算、审计工作等报告，提出了确保年度主要经济指标完成、构建公共财政保障体系、发挥审计监督职能的意见建议。开发区是招商的平台，常委会组织视察并听取县政府关于经济开发区建设情况报告，围绕开发区规划建设、项目招商落地等提出具体意见建议，推动经济开发区高质量运行。以坚决的态度、超前的意识、完善的举措落实中央关于国有资产管理相关制度，《县政府向县人大常委会报告国有资产管理情况办法（试行）》研究出台和落实落地，创出了“承德经验”“丰宁模式”，相关领导专程来丰宁调研。2018年5月7日至8日，全国人大在石家庄召开政府向本级人大常委会报告国有资产管理情况制度座谈会，丰宁的做法得到了肯定。2018年10月31日，河北省人大常委会在承德市召开国有资产监督工作现场会，县长杨宪军代表县政府做了典型发言，成功经验和务实做法受到河北省人大常委会领导范照兵和王晓东的高度赞许，并在全省推广借鉴。

加强民生建设领域监督。县城“一主四副”工程是县委、县政府倾力实施的重大民生工程，投资规模大、社会关注度高。常委会组织实地视察并听取县政府关于“一主四副”工程建设情况报告，就加快建设进度、严把工程质量、保障投资效益、防范施工风险等提出意见建议。乡村医疗服务历来为人民群众关心关注，常委会听取审议了县政府关于全县基层医疗卫生服务情况报告，就抓好基层医疗卫生人才队伍建设，提高基本公共卫生服务能力等形成审议意见。聚焦教育质量提升，重点关注高中阶段教育，听取审议了县政府关于丰宁一中教育质量提升工程实施情况报告，提出规范教育教学管理，强化师资队伍建设，健全完善教学功能，打造脑清、心正、严管、争优的教育团队等意见建议。

【丰宁满族自治县第八届人民代表大会举行第二次会议】 丰宁满族自治县第八届人民代表大会第二次会议于2018年1月31日至2月2日在县城举行。应出席本次会议的代表202人，实际出席197人，因事、因病请假5人。列席本次会议的有县委、县政府、县政协、千松坝林场、经济开发区、武装部、公安局县处级领导；县政协全体委员；县直科级单位主要负责人、驻县省、市人大代表；县人民法院、县人民检察院有关负责人；驻县中央、省、市属企事业单位负责人；乡镇、街道党政负责人；部分原县人大常委会处级领导干部和企业负责人共368人。

会议经过认真审议，批准了杨宪军代表丰宁满族自治县人民政府所做的工作报告；批准了丰宁满族自治县2017年国民经济和社会发展计划执行情况及2018年国民经济和社会发展计划的报告；批准了丰宁满族自治县2017年县总预算和县本级预算执行情况及2018年县总预算和县本级预算的报告；批准了刘海平代表丰宁满族自治县人民代表大会常务委员会所做的工作报告；批准了王艳军代表丰宁满族自治县人民法院所做的工作报告；批准了武瑞国代表丰宁满族自治县人民检察院所做的工作报告，并作出了相应的决议。

会议按照《中华人民共和国地方各级人民代表大会和地方各级人民政府组织法》和《中华人民共和国全国人民代表大会和地方各级人民代表大会选举法》的规定，选举产生了丰宁满族自治县监察委员会主任，补选了2名丰宁满族自治县第八人民代表大会常务委员会委员。

会议历时3天，圆满完成了各项议程，于2018年2月2日胜利闭幕。

【加强执法司法工作监督】 聚焦平安丰宁建设，听取审议了县政府关于扫黑除恶工作情况报告，建议县政府和有关部门加大宣传力度，健全完善打防机制，打出专项斗争气势和声威，彻底铲除黑恶势力滋生土壤，取得扫黑除恶专项斗争决定性胜利。维护社会公平正义，听取审议了县人民法院关于涉法涉诉情况报告，提出要高度重视涉法涉诉信访工作，深入分析新情况新问题，健全完善源头防控机制，研究探索防范化解措施和办法，着力破解执行难问题等意见建议。

【加强法律法规实施监督】 按照河北省人大常委会统一部署，遵循“依照法定职责，限于法定范围，遵守法定程序”原则，聚焦《大气污染防治法》及河北省《农村扶贫开发条例》《大气污染防治条例》《优化营商环境条例》实施开展监督，组织61名各级人大代表划分6个监督小组开展执法调研，形成3个专项报告，整理归纳出18个共性问题并转交县政府和相关部门研究办理。分别听取审议了县政府关于扶贫脱贫攻坚、大气污染防治、优化营商环境相关法律法规贯彻落实情况报告，针对存在问题，提出审议意见建议。在集中听取县政府报告基础上，组织50名四级人大代表对住建、商务、工信、人社、卫计5个部门履行扶贫脱贫攻坚、大气污染防治、优化营商环境的21项工作进行评议。结合三项联动监督，深度挖掘、广泛推介我县扶贫脱贫、大气污染防治、优化营商环境方面的做法和经验。由于丰宁人大工作成绩突出，被市人大常委会评为优秀单位。

【加强任免干部管理工作】 常委会坚持党管干部和人大依法任免相统一的原则，正确处理人事任免与依法监督的关系，实现了县委干部任用意图与人民意志的有机结合。为增强被任命人员责任感和使命感，常委会采取供职发言、表态发言、向宪法宣誓、听取审议工作报告、开展工作评议、递交述职报告等方式，全面增强了被任命人员的履职动力。常委会依据宪法法律和人事任免办法，依法决定任命副县长4人，接受辞去副县长职务3人；任命县监察委副主任2人、委员3人；任免法检“两院”工作人员3人；任命人民陪审员20人；接受县人大常委会委员辞去委员职务1人，任免人大常委会委室副主任3人。补选承德市第十四届人民代表大会代表2人；接受市人大代表辞去代表职务1人；补选县八届人民代表大会代表3人。

【突出代表作用】 常委会动员引导全县各级人大代表投身扶贫攻坚主战场，发起“扶贫攻坚再聚力，人大代表展风采”主题实践活动，1500余名各级人大代表深受感召和鼓舞，在扶贫脱贫一线踊跃作为、展示风采，累计引进帮扶资金3.6亿元，安排4000余名贫困劳动力就业。顺达、乐拓、缘天然、炫靓、黄旗皇等一批代表所在的企业主动承担社会责任，扛起了扶贫艰巨重任，赢得了党和政府的充分肯定并被授予各种荣誉，顺达集团荣获全国工商联、国务院扶贫办“全国‘万企帮万村’精准扶贫行动先进民营企业”称号。全县各级人大代表投身扶贫主战场，成效显著，影响巨大。在市人大常委会交流总结会议上，在5个典型发言中丰宁独占两席。

【用活用好代表履职平台】 “人大代表之家”是人大代表在闭会期间履职的重要载体。常委会秉持一个标准建“家”、一套制度管“家”原则，精心指导乡镇、街道全方位提升“家”的功效，力求在服务代表、联系群众、弘扬民主、宣传法制、化解矛盾、推动发展、促进和谐等方面凸显“家”的作用，28个“人大代表之家”实现了活动全覆盖，乡镇和街道人大代表工作展现出新生机新活力。

【扎实开展“双提升”活动】 以县乡人大规范化建设为重点，深入开展“基层基础提升，监督质量提升”的“双提升”主题年活动，首建首推人大工作目标考核、代表小组活动方案报备、基层人大经费保障、代表履职管理和代表述职评议等制度，修订完善代表列席常委会会议、联系走访代表等制度，基层基础更加扎实，活动内容更加丰富，参政议政更加广泛，县乡人大工作和建设精准精细、务实高效、亮点突出。

【重视代表建议办理质量】 常委会围绕增强建议办理实效、提高建议办理质量持续发力，落实主任、副主任和各委室督办重点建议制度，持续加大建议督办落实力度，确保件件有回音，事事有着落。通过组织召开代表意见建议交办会，将县人大八届二次会议以来征集到的150件意见建议及时转交县政府和有关部门办理。县政府高度重视人大代表意见建议办理工作，采取行之有效措施抓落实，人大代表对意见建议办理满意率逐年提高。

【加强代表素质能力培训】 常委会采取多渠道、多方式培训各级人大代表，组织常委会组成人员、乡镇人大主席和街道人大工委主任，分2批次参加中国政法大学举办的新时代人大代表履职能力提升及人大工作培训班，邀请河北省人大常委会原选任代工委副主任以视频培训形式，对省市县乡四级人大代表进行专题集中培训。通过学习培训，切实增强了人大代表的政治素质、法律素质和能力素质。

【发挥党组核心作用】 充分发挥党组领导核心和政治核心作用，把政治纪律和政治规矩挺在前面，不折不扣贯彻落实中央和省市县委决策部署。坚持民主集中制原则，重大事项集体决策。按照从严治党新要求，践行"四种形态"，常态运用"第一种形态"，落实"四项整改"，全面加强党风廉政建设。组织召开巡视整改专题生活会4次、扶贫脱贫组织生活会6次，营造风清气正的政治生态，保证县人大及其常委会依法履职。

【强化纪律作风建设】 持续开展"两学一做"学习教育活动，加强政治纪律、组织纪律、工作纪律和群众纪律教育，严格落实常委会各项工作规则和制度。坚持问题导向，紧贴中心、民意和热点深度调研，撰写高质量调研报告5篇，确保审议意见建议更好贴近实践。发扬"钉钉子"精神，对常委会审议意见建议落实情况再视察、再审议，以咬定青山不放松的韧劲推动工作落实、再落实。

【融入全县中心工作】 常委会紧扣县委工作中心，按照领导包联乡（镇）、机关帮扶村、工作人员联系户的方式，全员抓扶贫促脱贫。加强与怀柔区人大的对口联系，引进怀柔区企业帮扶资金130万元。攻坚省旅发大会关键难点，高质量完成包保的国家1号风景大道沿线及永太兴景区重点工程项目建设。负责杂粮、食用菌、中药材等产业专班工作，全力推动县域农业结构调整和扶贫产业发展。多方外联引资引智，包保省市级重点项目建设顺利实施。

【重视人大志书编纂】 经过三年艰苦努力，纵述历史、横陈现状、内容丰富、史料翔实、体例规范、图文并茂，融历史价值、收藏价值和使用价值为一体，集科学性、思想性和系统性于大成的《丰宁人大志》（1945－2018）即将印制出版。

撰稿/高喜荣

附：丰宁满族自治县人民代表大会常务委员会及下属科室人员名录

主　任	刘海平	满族
副主任	应翠萍（女）	
	李兆春	
	孙明臣	满族
	孙瑞芳（女）	满族
党组副书记	何铁章（2017年4月任职）	满族
八届人大常委		
	刘海平	满族
	应翠平（女）	满族
	何铁章	满族
	李兆春	
	孙明臣	满族
	孙瑞芳（女）	满族
	马明华（女）	蒙古族
	于瑞生	
	杜秀丽（女）	满族
	杨淑云（女）	满族
	李永进	满族
	李松岩（女）	满族
	尚东升	满族
	陈建强	满族
	郑文龙	满族
	辛建永	
	滕　远	满族
	白书臣	满族
	孙玺珉	满族
	李凤琴（女）	满族
	李兆武	满族
	李江辉	满族
	宋美杰（女）	满族
	张亚东	满族
	张海斌	满族
	林东旭	满族
	郑　梁	满族
	钟桂学	满族
	费万堂	
	徐瑞贤（女）	满族
	郭晓斌	满族
	温胜利	满族
办公室		
主　任	马明华（女）	蒙古族
副主任	李永进	满族
研究室		
主　任	李永进	满族
选举任免代表工作委员会		
主任委员	杨淑云（女）	满族
副主任	郑文龙（3月23日离任）	
	滕　远（3月23日任职，正科级）	
内务司法民族工作委员会		
主任委员	陈健强	满族
副主任	李国丰（1月29日任职）	满族
财政经济工作委员会		
主任委员	于瑞生	汉族
副主任	李国丰（1月29日离任）	满族
	王晓丛（1月29日任职）	满族
教育科学文化卫生工作委员会		
主任委员	杜秀丽（女）	满族
农业和农村工作委员会		
主任委员	尚东升	满族
城建环保专委会		
主任委员	应翠平（女，兼）	满族
副主任委员	辛建永	

县人大工会

主　席　张万义　　　蒙古族

丰宁满族自治县人民政府

【综述】 2018年,丰宁满族自治县人民政府紧紧围绕中央和省、市决策部署,在县委的正确领导下,在县人大、政协的支持监督下,勤勉施政,砥砺前行,完成了县八届人大二次会议确定的目标任务。完成地区生产总值114.9亿元,增长7.3%;其中第一产业完成25.3亿元,增长5.9%;第二产业完成42.5亿元,增长5.8%;第三产业完成47.1亿元,增长9.8%。全部财政收入13.6亿元,同比增长12.4%,公共预算收入7.44亿元,同比增长21%;城镇和农村居民人均可支配收入23660元和8528元,分别增长9%和12%;开工亿元以上项目103个,完成投资143.7亿元;粮食产量164862吨,比上年增加6014吨,增长3.79%。

【农业产业跨上新台阶】 “国家有机产品认证示范县”“全国有机农业示范基地”顺利通过国家验收,成为全省唯一有机农业“双冠县”,创建经验在全国推广。坚持“园区化”发展方向,累计投入资金10.2亿元,奶业、蔬菜、黄旗小米,特色养殖等30多个有机园区初具规模,35家企业获得有机证,有机种植认证面积达到27万亩,生产、加工、仓储、运输、流通有机产业链条基本形成。爱尚羊屠宰深加工、平安高科菊粉生产等产业化项目竣工投产,农产品精深加工水平不断提升。农民专业合作社快速发展,总数达到1812家,富兴养殖合作社获批国家级示范社。全县市级以上龙头企业达到55家,农业产业化经营率达到64.2%。

【新型工业迈出新步伐】 经济开发区入驻企业达50家,主营业收入达到96亿元。“怀丰产业园”征收土地1600亩,成功引进总投资13亿元的北京宏亭、鑫益华、雁阳等8家财源性项目入驻。汽车零部件生产基地初具规模,远景能源智能风机装备制造产业链不断壮大。恒钏发泡建材、顺达矿业集团氧化铁红、鑫润矿业资源整合等项目取得实质性进展。抽水蓄能电站上水库大坝面板混凝土浇筑完成。百万千瓦风电基地二期项目加快建设。光伏装机总量达到273.6兆瓦,居全省之首。传统工业转型升级步伐加快,规模以上工业增加值同比增长5.5%,民营经济增加值同比增长6.8%。

【旅游和文化产业实现新跨越】 成功承办全省第三届旅游产业发展大会,投资135亿元,实施四大组团项目,打造三大风景片区和10个旅游节点。筹资4.5亿元,实施了御大线12个村的美丽乡村建设,“国家一号风景大道”重磅推出。南关田园综合体、杨木栅子康养小镇等一批项目开工建设。九龙文化产业园被评为国家3A级景区。草原音乐节、马镇冰火节等系列活动成功举办,旅游知名度不断提升。强化秩序整顿,马匹管理日趋规范,草地摩托有效遏制,旅游管理走向科学化轨道。全年累计接待游客246万人次,同比增长11%,收入14.6亿元,同比增长14%。成功举办恭王府丰宁满族文化遗产精品展示活动。满族剪纸成功入选国家传统工艺振兴目录。丰宁被确定为国家第一批、河北唯一“非遗+扶贫”试点县。县域文化旅游产业实现里程碑式跨越。

【生态环保取得新业绩】 持续用力抓好环境保护和生态建设,启动国土绿化三年攻坚行动。全年完成造林21.9万亩,打造万亩连片封育区2处,千亩高标准示范区9处,代表河北省顺利通过国家造林绿化考核验收。积极探索实现生态管护社会化服务试点,全国首个县级《封育禁牧条例》达到报批条件。持续增加森林草原防火投入,完善防火机制,扑救能力有效升级。完成电代煤200户,取缔燃煤锅炉104台,完成散乱污企业整治24家,县域二级以上天数达到280天,PM2.5浓度均值为37微克/立方米,同比下降11.9%,空气环境质量排在全省前列。全面落实河长制,拆除121家违规河道采矿场。实施重点地表水源地与地下水源地保护工程,潮河、滦河水质达到国家考核要求。圆满完成中央和省环保督察“回头看”整改工作。

【城乡面貌呈现新气象】 九龙松至喇嘛山三级路、南杨线(南辛营至杨木栅子)杨树沟至上台子三级路改建,永太兴旅游路、长选线(长阁至选将营)顺利完工。投资1.4亿元的329公里通村通组路建成。国道111线黄旗至选将营二级路改建,南杨线南三营至北京界二级路、外沟门至多伦界战备路加快建设。外金线(外沟门至滦平金台子)凤山至滦平界二级公路完成施工图设计和放线登统。县城新丰路华泽街至天鸿街段改扩建、滨河路与南迎宾路连接线,达袋沟旱河南路竣工。北新区县医院南街等路网工程开工建设。投资6.88亿元的“一主四副”综合治理主体工程完工,潮河主河道试蓄水。实施信合家园、花石小区等5个老旧小区改造提升工程,棚户区改造开工1260套。深入开展“双违”(违法用地和违法建设）整治活动，完成治理9.58万平方米，南关粪便无害化处理厂竣工。城乡水、电、路、讯等基础设施和人居环境明显改善，群众幸福指数显著提升。

【脱贫攻坚实现新突破】 全年共利用专项扶贫资金和统筹整合涉农资金4.88亿元，为历年最高。共实施产业全覆盖项目399个，实现了产业带动“一户两策”，新增带动1.2万贫困户，户均年增收3600元。易地扶贫搬迁实现贫困人口分房入住5923人，闭合式“五区同建”（集中安置住宅区，脱贫产业区，综合配套服务区，土地复垦区，土地流转区共同建设）搬迁模式得到省政府肯定。深入开展贫困村“双基”提升工程，283个村达到“七个一”（一个多功能文化活动室、一个文化广场、一个宣传栏、一套文化设备器材、一套体育设施器材、每月放映一场公益电影、每年新增一批图书报刊）标准。筹资8438万元，完成危房改造5778户，农村老旧房屋“小黑屋”治理3334户。实施了农村饮水安全全覆盖工程。“两免一补”（免教科书费、免杂费、补助寄宿生生活费）“三免一助”（免学费、书费、住宿费，国家助学金）等教育扶贫政策全面落实。大病救治，“先诊疗、后付费”“一站式”报销结算、村级卫生室标准化建设、家庭医生签约服务等健康扶贫政策全面落实。低保连续两次提标，达到年4200元，人均月补差248.5元，超过国家、省定最低标准。特困人员、老龄老人、残疾人补贴全部发放到位。开展就业扶贫引导性培训20210人，培训农村劳动力3785人。为3390户贫困户提供扶贫小额信贷近1.3亿元，“政银企户保”共担保贷款2.2亿元，带动2697户贫困户增收。全年75个贫困村整村出列，15904户，35188人实现稳定脱贫，贫困发生率由16.8%下降到5.98%。脱贫人口全部实现“两不愁，三保障”（不愁吃、不愁穿。义务教育、基本医疗、住房安全有保障）。

【改革开放实现新推进】 怀丰一体化成效显著，签订了《落实携手奔小康行动深入推进重大事项和重点领域合作工作方案》，在东西部扶贫协作对口帮扶项目的基础上，怀柔各界捐款捐物达1306.5万元，有效助力了丰宁脱贫攻坚工作。深化政府债务管理改革，积极推动政府债务化解。深化国有资产管理改革，推进落实政企分开。推行“办事一次成”政革，探索实行“一表申请、一窗受理、关联审查、多证联办”审批新模式。公立医院综合改革稳步向前，启动“医共体”建设试点工作。御今农业发展股份有限公司在石家庄股权交易所挂牌交易。完善科技创新政策体系，动植物营养和蔬菜种植领域3个院士工作站落户丰宁，天津林果所丰宁工作站挂牌成立。

【民生事业得到新加强】 25项民心工程有序推进。开发区小学、幼儿园、医院主体建设完成，第四中学投入使用。新增供热接网面积98.9万平方米。城镇新增就业4152人，城镇登记失业率控制在3.9%以内。深入开展扫黑除恶专项斗争，共打掉涉恶势力犯罪团伙2个，破获涉恶类刑事案件64起，社会环境得到净化，群众安全感进一步增强。圆满完成全国两会等重要时期信访安保任务。安全生产，食品药品安全形势持续稳定。国防动员、双拥共建和优抚安置工作进一步加强。民族宗教、广播电视、外事侨务、史志档案、气象地震、统计调查、妇女儿童、老龄、残疾人等工作取得新成绩，社会大局和谐稳定。

【自身建设实现新提升】 县政府严格落实中央“八项规定”和实施细则，扎实开展四个专项整改回头看行动。完善依法行政制度体系，健全依法决策和法制审查机制，规范公正文明执法。坚持民主集中制，全力以赴抓落实，促落地。认真负责做好人大代表意见、建议和政协委员提案办理工作，全年承办人大代表意见，建议143件，政协委员提案91件，办复率100%。

撰稿/苑凌云

附：丰宁满族自治县人民政府及下属工作机构领导人名录

县政府

县　　长	杨宪军	满族
常务副县长	何元武(9月25日离任)	满族
副 县 长	桑爱民	满族
	孙海丰	满族
	薛宏霞（女）	
	张胜勇(9月25日离任)	
	张立民	满族
	张国强(9月25日任职)	满族
	王青山(9月25日任职)	
	张煦笙(挂职,1月5日任职)	
	林树刚（挂职）	蒙古族
	李文合（挂职）	
	高　苹(挂职,10月任职)	
县长助理	刘云鹤(挂职,9月25日任职)	

一、政府部门

政府办

主　　任	刘明阁	满族
法制办主任	刘明阁（兼）	满族
副主任、法制办副主任	郑胜超(9月25日离任)	
副主任、应急办主任	刘树峰	满族
副 主 任	杨晓林(9月25日离任)	满族
	任雪莹（女）	满族
	彭玉春(正科级,分管美丽乡村办)	满族

赵树山(3月23日任职)满族

发展改革局

局　长　闫兴祥　满族

副局长　马明达　蒙古族

岳晓云　满族

孙文斌　满族

朱志国　满族

梁　军　蒙古族

姜玉华(女)　满族

刘继武　满族

刘国石　满族

戚玉国(分管物价工作)满族

项目办副主任

戚大鹏　满族

教育局

党组书记、局长　李明君

党组副书记、副局长

于海民　满族

王俊明　满族

职教中心常务副校长

白光军　满族

丰宁一中校长

毛羽国　满族

党组成员　白慧明　蒙古族

尹凤枝(女)　满族

督导室主任　高建华

民族宗教局

局　长　于占友　满族

副局长　王成贵　满族

闫秀云(女)　蒙古族

公安局

局　长　林树刚

政　委　范增臣

党委副书记　陈仕江　满族

副局长　王连民　满族

黄立新　满族

边　超　满族

廉福林　满族

刘瑞祥　满族

政治处主任　鲍海鲲　蒙古族

国内安全保卫大队大队长

张鹏飞　满族

政工监督副主任

杨海虎(1月29日任职,副科级)

森林公安局

局　长　王剑飞　满族

政　委　闫旭明　满族

副局长　张凤桥　蒙古族

于景新　满族

王凤军(9月25日离任)满族

防火办公室主任

王剑锋　满族

监察局(2018年2月撤消)

局　长　刘金山(3月23日离任)满族

副局长　果明杰(3月23日离任)满族

杨树民(3月23日离任)满族

民政局

局　长　盛玉海

副局长、老龄委主任

翟瑞良　满族

副局长　李晓芬(女)　满族

杨亚威

司法局

局　长　许树国　满族

副局长　孙艳丽(女)　满族

韩景文　满族

纪检组长　付云超(3月23日离任)满族

政治部主任　王秀丽(女)　满族

财政局

局　长　孙仕林　满族

副局长　马玉民　满族

李晓军　满族

杨新超(女,3月23日任职)　满族

财政监督局局长

曹东杰　满族

人力资源和社会保障局

党组书记、局长

刘相阁　满族

劳动就业服务局局长

白成林　满族

党组成员、副局长

李金瑞　满族

党组成员、劳动就业服务局副局长

赵华忠　满族

社会保险管理服务局副局长

段　涛　满族

国土资源局

局　长　王青山(9月25日兼任)

副局长　张学祥　满族

高金虎　满族

郭建臣　满族

侯东文

地理信息局局长

张学祥(兼)　满族

执法监察局局长

王国秀

纪检书记　肖连旺　满族

环境保护局

局　长　李春清　满族

副局长　崔彦林　满族

李艳茹(女)　满族

住房和城乡建设局

局　长　齐建国　满族

副局长、人防办主任

王子健(9月25日离任)蒙古族

齐建国(9月25日兼任)满族

副局长　梁连坡(3月23日离任,保留正科级领导待遇)　满族

姚永华　满族

孙志刚　满族

王子健(9月25日任职)蒙古族

总规划师　付国军

园林局局长　肖　锋　满族

城市管理行政执法局

局　长　齐建国(兼)　满族

副局长　刘校利　满族

交通运输局

党组书记、局长

孙喜书　满族

党组副书记、副局长

杨永田(正科级)　满族

副局长　方宝君

刘志强　满族

王冠岳(3月23日离任,主任科员)　满族

纪委书记　刘明军　满族

交通战备办副主任

彭兴林　满族

农牧局

局　长　李景安　满族

副局长、党组副书记

韩玉铭(3月23日离任,保

留正科级领导待遇）满族
副局长、科技培训中心主任
杨传军 满族
副局长 王树忠 满族
陈铁贵 满族
孙凤春（女）满族
陈玉良（3月23日离任）满族
魏振英（6月5日离任，挂职）
刘建华（6月5日任职，挂职）
满族
农经局局长 袁喜林（正科级）满族

林业局

局长 张志远 满族
副局长 王凤阳（女，9月25日离任）满族
罗汉杰 满族
总工程师 何万义 满族

水务局

局长 徐顺臣 满族
副局长 王秀阁 满族
梁革平（女）
于晓军 满族
姜垒（挂职）
韩秀峰
总工程师 梁革平（女）满族

卫生和计划生育局

党组书记 田旭东 满族
党委书记、局长
赵广林 满族
党委副书记、副局长
师永军（3月23日离任，保留副科级领导职务待遇）满族
党组成员、副局长
帅二宝（3月23日离任，保留副科级领导职务待遇）满族
付连军 满族
李宗明 满族
李国栋 满族
李明军（3月23日任职）满族
爱卫办副主任、党委委员
李明军（3月23日离任）满族
纪委书记 王立民 满族
县医院院长 轲立东 满族
副院长 郝欣（6月5日任职，挂职）
中医院院长 白宗臣 满族
副院长 杨阳（6月5日任职）

审计局

局长 徐仕鹏 满族
副局长 朱国良（正科）满族
张连银（女）蒙古族
党组成员、总审计师
苏殿琴（女）满族

安全生产监督管理局

局长 葛瑞丰 满族
副局长 李正佳 满族
王卫东 满族
张海峰 满族
马新国 满族
安全生产监察执法大队大队长
于长江（正科级）满族

市场监督管理局

局长 唐海 满族
副局长 郑喜慧 满族
宋伟（3月23日离任）满族
马春林 满族
张国富 满族
朱晓燕（女）满族
马志琴（女）满族
张雪华 满族
张雪松（9月25日离任）满族
宋庆丰 满族
纪检组长 朱晓燕（女）满族

二、政府派出机构

河北丰宁经济开发区管理委员会

党工委副书记
王宏达（9月25日任职）满族
副主任 李建忠（3月23日离任，保留正科级领导职务待遇）蒙古族
王志宇 满族
杨丙书 满族
张立军（挂职，6月5日任职）满族
经济发展局局长
马桂海（9月25日离任）满族
投资促进局副局长
马桂海（9月25日任职）满族
行政综合执法局副局长
张建峰（3月23日任职）满族
安全生产监督管理局副局长
张建峰（3月23日任职）满族
社会事物管理局局长
王春林（3月23日任职）满族
规划建设局副局长
梁树国（9月25日）满族
财政局长 王淑彦（女）满族
纪检监察 兰兴亮 满族
组织考核办副主任
王李新（女，9月25日任职）满族

大元国控集团有限公司

董事长 贾艳丰 满族
副总经理 刘海超 满族
财务总监 刘桂军 满族

三、政府直属事业单位

统计局

局长 于凤云（女）满族
副局长 宋海军 满族
赵斧均（1月29日任职）
蒙古族
城调队队长 李恩福 满族

文化体育广播电影电视局

局长 袁卫国（3月23日离任）满族
李保锋（3月23日任职）满族
党组成员 马晓彦（女，9月25日任职）满族
副局长 许祥（兼）满族
马晓彦（女，9月25日离任）满族
张艳玲（女）满族
魏树山（正科级，分管旅游工作）
满族
文化市场行政执法大队队长
赵云飞 蒙古族

四、挂牌子单位（议事调节单位）

扶贫和农业开发办公室
主任 李兆武 满族
副主任 潘慧超（女）蒙古族
祁华银 满族
孙孝军 满族
白佳瑞（兼，1月29日离任）蒙古族
孙国志 满族
李亚东 满族
姜磊（挂职，6月5日任职）
张立军（挂职，6月5日任职）

粮食局

局长 （空缺）
副局长 宋志永（主持工作）

周肃石　满族
李宝权　满族

工业和信息化局
局　长　刘继武　满族
副局长　何向东　满族

旅游局
局　长　魏树山　满族
副局长　孙艳华　满族

物价局
局　长　戚玉国　满族
副局长　冼国昌　满族
王璟慧（女）　满族

科学技术和地震局
局　长　梁　军　蒙古族
副局长　张晓东（女）　满族

五、其他事业单位

地方铁路局
局　长　付守余　满族
副局长　郭建华　满族
张建峰（3月23日离任）满族

丰宁国营林场管理处
处　长　吕宝俭（兼）　满族
副处长　吕树德　满族
李艳丰　满族
总工程师　高兴九　满族
纪委书记　张艳秋（女）　满族
计财股股长　仇丽杰（1月29日任职，副科级）

集体工业联社
主　任　张冬明
副主任　王　超　满族

供销合作社联社
主　任　王宏志　满族
副主任　刘　灿
梁欣然（6月5日离任）满族

丰宁抽水蓄能电站筹建处（2018年8月28日调整为科级）
处　长　辛凤友　满族
副处长　王春林（3月23日离任）满族
杨凤辉（3月23日任职）满族

规划局
局　长　姚永华　满族

蔬菜产业发展办公室
主　任　袁喜林（3月23日离任，保留正科级领导职务待遇）　满族
于成玲（女，3月23日任职）满族

拆迁办公室
主　任　王　罔（1月5日任职）满族
副主任　毛桂萍（女）　满族
王　罔（1月5日离任）满族

行政审批局
局　长　吕宗发　满族
副局长　刘志伟　满族
王凤义　满族
张雪松（9月26日任职）满族

政务服务中心
主　任　刘志伟　满族
副主任　贺　伟（3月23日任职）满族

公共资源交易中心
主　任　刘志伟（兼，1月29日任职）　满族

六、中央、省、市属机构

1. 中央属单位

中国人民银行丰宁满族自治县支行
行　长　常宏利（10月离任）
刘振远（10月任职）　满族
副行长　张　虎　回族
姜春芳（女，2月离任）　满族
韩凤信（11月任职）

中国工商银行股份有限公司丰宁支行
行　长　张驰毅
副行长　付国印（7月离任）　满族
姜　宁（7月任职）
行长助理　崔晓东（7月离职）
赵国明　满族
刘玉清（7月任职）　满族

中国农业银行丰宁满族自治县支行
行　长　吴伟利　满族
副行长　董春利（7月离任）
张爱国　满族
戚士云　满族
孙志国（7月任职）　满族

中国农业发展银行丰宁满族自治县支行
行　长　沈万满　满族
副行长　刘宗伟（8月离任）　满族
彭玉峰（10月任职）　满族
戚洪图　满族

中国银行股份有限公司丰宁支行
行　长　倪紫诚（12月离任）　满族
付　黎（12月任职）　满族
副行长　王云龙（挂职）　满族
杨彦春　满族

中国建设银行丰宁支行
行　长　姜春晖（6月8日离任）
杨延岭（6月8日任职）满族
副行长　杨延岭（6月8日离任）满族
李乃赟（6月8日任职）满族

中国邮政储蓄银行丰宁支行
行　长　马　超
副行长　吴　英

中国电信股份有限公司丰宁分公司
经　理　吴志超
王自君（11日任职）

2. 省属单位

河北丰宁农村商业银行股份有限公司（原农村信用合作社联社2017年8月21日改制更名）
董事长　张海赋　满族
行　长　陈　平（12月离任）
张立明（12月任职）　满族
监事长　姚　斌（12月离任）　满族
王金海（12月任职）　蒙古族
副行长　靳国则（12月离任）　满族
胥东辉（女，12月离任）　满族
张立明（12月离任）　满族
侯　立（12月任职）　满族
王广泽（12月任职）　满族
任惠全（12月任职）　满族

河北移动通讯有限责任公司丰宁分公司
总经理　马洪福
副总经理　刘九存　满族
张亚南（3月离任）　满族

河北省长途通信传输局承德传输局丰宁分局
局　长　代文龙（1月离任）
李立宪（1月任职）
（7月离任）
王　振（7月任职）　满族
局长助理　刘洪春　满族

地震台
台　长　孙贵成

副台长　魏连生　满族

河北丰宁建信村镇银行有限责任公司

董事长　朱春林(12月离任)　蒙古族
　　　　于文和(12月任职)
行　长　张小敏(12月离任)
副行长　韦长营(12月离任)
　　　　孙晓丽(女)　满族
监　事　杨贵柱(12月离任)

3. 市属单位

国家税务局(国家税务局与地方税务局于2018年7月20日合并)

局　长　王见一(7月20日离任)
　　　　马　力(7月20日任职)满族
副局长　王见一(7月20日任职)
　　　　尹永生(7月20日任职)
　　　　魏志刚(7月20日任职)满族
　　　　金　刚(7月20日任职)满族
　　　　郭占全(7月20日任职)
　　　　王大伟(7月20日任职)满族
　　　　闫　浩(7月20日任职)满族
　　　　赵希群(7月20日任职)
稽查局长　王文鹏
纪检组长　杨雪松　满族

气象局

局　长　吴晓军　满族
副局长　张桂香(女)　满族
　　　　刘宏坤　满族

承德供电公司丰宁分公司

经　理　刘学武　满族
党委书记　马中先　满族
副经理　崔秀峰　满族
　　　　徐景升　蒙古族
　　　　袁绍军　满族
工会主席　韩国瑞　满族
营销经理　张国财

中国联合网络通讯有限公司丰宁分公司

总经理　朱建飞　蒙古族
副总经理　孙占余　满族
　　　　王睿达

邮政局

局　长　曹海峰
副局长　梁英立　满族

承德广通信息网络公司丰宁分公司

经　理　刘文辉(10月1离任)　蒙古族
　　　　温汉会(10月1任职)　满族
副经理　辛荣军　满族
　　　　盛玉明　满族
　　　　吴凤普　满族

中国人民财产保险股份有限公司丰宁支公司

经　理　武秀明　满族
理赔分部经理
　　　　孙冬梅(女)
　　　　刘景鑫　满族

中国人寿保险股份有限公司丰宁支公司

经　理　耿希有
副经理　常建国　满族
　　　　陈　刚

中国太平洋财产保险股份有限公司承德中心支公司丰宁营销服务部

经　理　谢　岩　满族
副经理　闫敬琳(女,2018年3月任职)　满族

中国太平洋人寿保险股份有限公司承德中心支公司丰宁营销服务部

经　理　刘淑军(女)　满族
　　　　董　振(1月任职)　满族
副经理　赵晓静(女)

烟草专卖局

局长兼经理　张军民
副局长　张　禹　满族
　　　　周华军(12月离任)
　　　　季　刚
　　　　武立军(12月任职)
　　　　孙广宾(挂职)

中国石油化工集团公司承德分公司丰宁营业部

经　理　王占武　满族
副经理　纪淑敏(女)　满族
　　　　董　磊
　　　　寇明韬(8月任职)

鱼儿山牧场

场　长　孙瑞臣(1月31日离任)　满族
　　　　白中龙(1月31日任职)　蒙古族
副场长　李伯森(1月31日离任)　满族
　　　　韩　旭　满族
　　　　杨保鑫　蒙古族
　　　　杨洁皓(1月31日离任)满族
　　　　朱世言(3月19日任职,挂职)
工会主席　徐建军　满族

承德银行股份有限公司丰宁支行

行　长　杨冬梅(女)　满族
副行长　白树军　满族
　　　　李　萌(4月离任)　满族
　　　　杨　猛(4月任职)

千松坝林场

场　长　曹海龙　满族
副场长　何铁章(关系现在还在千松坝)　满族
　　　　何树臣　满族
党委委员　杨宝臣　满族

凤山新兴产业示范区(2016年8月合并至河北丰宁经济开发区管理委员会)

招商局局长　孙玉璞(6月5日离任)　满族

中国人民政治协商会议丰宁满族自治县委员会

【综述】 2018年,县政协常委会围绕"一府两院"工作报告、脱贫攻坚、项目建设、民生工程等内容提出意见建议,发表真知灼见,就扶贫产业、旅发大会筹备、县城规划建设、生态保护等内容提出意见建议50余条,其中加大旅发大会沿线环境卫生整治、密切与怀柔区的联系最大限度争取资金和产业项目支持等建议得到了较好的落实。围绕脱贫攻坚、优化发展环境、农技队伍、生态建设等内容,制定了10项协商议题,调研结束后第一时间将6个专题报告转送县政府,共商惠民之计、共谋发展良策。

开展提案办理协商。八届二次全会以来,共收到提案120件,立案108件,涉及经济社会发展各个方面,体现出新一届委员高度的履职热情。着力创新办理方式,针对"以开发区为抓手加大招商引资力

度”的提案，工建交组结合提案深入园区以项目建设为主题进行调研，与开发区和相关部门负责人面对面协商，取得了良好效果。针对“县城停车难”的提案，组织相关委员和交警、城管、交通等部门进行了专题协商办案，并将路边停车位规划，杜绝重罚款、轻管理等意见建议反馈到县政府，推动工作落实。着力提高办理实效，县委、县政府高度重视提案办理工作，县政府专门召开常务会和提案交办会，促进提案办理落实。健全重点提案督办机制，对前瞻性、综合性、涉及多部门的提案，开展专项督办、联合督办、跟踪督办，加强提案办理过程中政府部门、提案委和提案委员三方的沟通协调，加快了“推进法治农村建设”，“加强学前师资队伍”等4件重点提案的办理。在多方共同努力下，提案办复率、满意率都有所提升，推动了相关工作进展和有关问题解决。

注重调查研究，在委员活动中直接邀请部门领导参与，在规范民间借贷行为的调研中，先期组织工商联、企业家代表、职能部门利用三天时间，深入公检法部门、小贷公司、人行等单位专题协商了解情况，再组织委员专题视察调研座谈，对部门了解情况、改进工作、提高效率起到了积极促进作用。务求工作实效，关于农村困难家庭养老问题的调研，县政府高度重视、及时落实，计划2019年在4个乡镇新建养老机构；在加强品牌建设调研中，委员深入研究、深入思考，在农业方面，提出围绕2018年“国家有机产品认证示范县”和“全国有机农业示范基地”创建成功的历史性机遇，打造全国知名的农产品品牌等建议，助推了农业品牌化建设；在旅游方面，提出借助全省旅发大会在丰宁召开的契机，做好“后旅发时代”的管理管护、旅游资源整合、品牌打造，最大程度提高经济效益等建议，引起了县政府和相关部门的重视，将相关工作列入计划。

2018年，县政协在全体委员中持续开展以“四引四帮”为主题的实践活动（即：引一个绿色项目、引一笔发展资金、引一个高端人才、引一项科技成果；帮建一个脱贫项目、帮办一件惠民实事、帮扶一个特困家庭、帮助一个困难学生）。2018年，参与引进总投资14.8亿元的绿色项目28项，引进发展资金7038万元，引进高端人才90名，引进科技成果17项，帮建脱贫项目39项，帮办惠民实事130件，帮扶困难户3309户，帮助困难学生882名，通过活动的开展，有力彰显了委员主体作用、扩大了影响。

领导带头、全员参与，在承办第三届河北省旅发大会期间，县政协班子成员积极对所联系的旅发大会项目进行驻扎帮建、协调调度，督导所联系乡镇和沿线村进行环境卫生整治，帮助解决实际问题，确保了鱼儿山镇岗子房车营地、大滩镇七彩森林项目按照序时进度顺利推进。

发挥优势、统筹结合，脱贫攻坚成为政协常委会及委员的政治任务和自觉行为，结合委员履职实践活动，引导广大委员动起来、活起来，做到每个重大项目都有委员的身影，事关丰宁发展的大事、要事有政协的声音，在突出市、县委员主体作用发挥的同时，影响带动工商联企业、青联委员、妇女界企业家，卫生专技人员等社会各界力量广泛参与。积极做好对口帮扶工作，主席会议成员经常深入包联乡镇、村组以及所包联的贫困户家中，了解其生产生活情况，替他们筹资金、想办法、出点子，力所能及地解决一些实际问题。

把引帮活动融入脱贫攻坚的大局中，委员企业元始农业，新建杂粮加工厂一处，发展杂粮产业遍布全县12个乡镇，带动1300户种植杂粮，户均可增收7000多元，荣获河北省扶贫创新奖；委员企业家建立树磊扶贫基金会，几年来向教育、医疗、扶贫、生态等领域捐资近2亿元，又投入500余万元定向帮扶3个贫困村；委员企业丰鑫实业总投资1.2亿元与贫困村合作建设扶贫农场，又在多个乡镇带动农户发展黑猪养殖，有效促进了农户增收。

岗位建功、彰显风采，注重发挥示范引领作用。结合委员履职实践活动，引导广大委员动起来、活起来，做到每个重大项目都有委员的身影，事关丰宁发展的大事、要事有政协的声音，在突出市、县委员主体作用发挥的同时，影响带动社会各界力量广泛参与。面对经济下行压力大、企业资金周转困难，财贸金融组委员积极帮助中小企业争取贷款，在产业发展、项目建设、农业产业化引导资金、美丽乡村建设等方面积极融资，特别是在旅发大会、光伏产业全覆盖、易地移民搬迁等项目融资中做出了积极贡献；委员关注城市环境，积极为100名环卫工人捐资捐物7万余元；通过工商联界别政协委员的带动，156名企业家投入到招商引资、脱贫攻坚上来；青年委员示范引领，121名青联委员投身救助困难学生活动当中；妇女界委员组织51名女企业家开展“爱心妈妈”活动关爱留守儿童；民宗社团组委员组织开展“爱心助残”活动，积极营造扶残、助残的良好氛围；文化艺术界委员深入贫困村开展慰问活动，引进实施了河北省唯一的“非遗＋扶贫”试点项目，在3个乡镇建立非遗扶贫就业工坊；企业家委员在企业发展的同时，热心公益事业，捐赠物资，架桥修路，改善基础设施，投身美丽乡村建设;教育组委员引导成立爱心助学基金,自发组织爱心团队,为贫困村儿童捐款捐物送温暖;卫生组委员发动医护人员筹集爱心基金,为老弱病残患者送医送药,积极投身健康扶贫,签约家庭医生,并多次下乡开展义诊活动。围绕“四引四帮”,各界别委员们以不同形式在驻村帮扶一线、招商引资、扶贫济困、文化下乡、免费义诊、公益设施等方面都有所作为,在协同发展中凝聚了政协智慧,在脱贫攻坚中贡献了政协力量。

【政协八届二次全会】 政协丰宁满族自治县第八届委员会第二次会议于2018年1月31日至2月1日在县城举行。应出席本次会议的委员175名,因病因事请假5名,实到170名。列席人员44名。会议期间,委员们听取并审议了八届政协主席郭锐代表第八届委员会常务委员会所做的工作报告和丛雁飞副主席所做的提案工作情况报告;会议同意并批准0这两个报告。会上,委员们列席了丰宁满族自治县第八届人民代表大会第二次会议,听取并讨论了政府工作报告及其他报告。会议审议通过了政协丰宁满族自治县八届二次会议政治决议。会议表彰了27名优秀政协委员、10件优秀提案。县委书记方志勇在开幕会上做了重要讲话。八届政协主席郭锐做了闭幕讲话。会议期间,委员们以高度的政治责任感和饱满参政议政热情,围绕经济社会发展的重大问题和涉及群众利益的实际问题,深入协商讨论,积极建言献策,提出许多建设性意见建议。

【强化理论学习】 县政协不断加强自身建设,积极树立政治觉悟过硬、自身素质过硬、作风纪律过硬的新形象。将每周五确定为学习日,采取专题教学、帮扶村现场教学、自学等多种形式开展学习培训活动。集中组织开展了习近平总书记关于加强和改进人民政协工作重要思想研讨会和关于加强新时代人民政协党的建设研讨会,深刻理解新形势政协工作内涵和方法,全面加强政协系统党的建设。集中组织学习了新修订的《政协章程》、汪洋主席全国政协十三届委员会闭幕会讲话等内容,更新了政协履职观念。聘请党校专家讲解了深化党和国家机构改革、中央1号文件、《宪法修正案》等内容,学习了党和国家大政方针。聘请部门专家讲解了近三十年的县城规划建设情况,让参政议政更有针对性。集中视察了抽水蓄能电站、观看了爱国纪录片,增加了自豪感和凝聚力。

【传承政协文脉】 持续打造“讲政治的政协、学习型政协、和谐型政协”组织,创造宽松、和谐、活跃的工作环境,通过谈心、走访等多种形式,引导委员围绕政协常委会开展活动。传承政协文脉,推荐文史研究员34名,组编丰宁文史第五辑和第六辑。第五辑40余万字,征稿工作接近尾声,第六辑知青专辑,在承德和丰宁两地知青的热情参与和支持下,顺利完成40余万字的专辑征稿任务,两部80万字的文史专辑正在编辑之中,另外,文史资料第一辑和第二辑也着手进行翻印工作,计划和新书一并在2019年与委员见面。广泛宣传和推介丰宁,在北京举办的“传承德泽·丰芜康宁”承德满族文化遗产精品展示月活动中,丰宁满族文化艺术精品和非遗项目悉数参展,滕腾的布糊画代表作,张冬阁的满族风情长卷、丰宁满族剪纸等扬名恭王府,将丰宁历史文化和艺术精品呈现给首都群众。

组建了“委员之家”工作群,及时将政协工作动态发布到群内,极大提高了委员参与度。扩大政协影响力,2018年先后有5位河北省政协副主席分别就社会保障、文化旅游等方面到丰宁调研,对丰宁政协工作给与肯定,13次接待了省、市政协委员的视察调研,先后与怀柔区、密云区、辽宁朝阳市、内蒙正蓝旗政协等友好市县开展联谊活动,交流了工作,增进了友谊。

【加强政协县区交流合作】 不断深化与怀柔区政协的对接合作,双方共同推动怀丰产业园建设,6月份怀柔区政协组织38家企业来丰开展“万企帮万村”活动,考察园区建设并进行招商推介,怀柔区6家企业对口帮扶6个贫困村,8月份县政协到怀柔区进行了回访,经过县政协和工商联的积极推动,有13家企业与贫困村开展了结对帮扶,开展走访慰问活动20余次,切实解决了贫困户在产业、住房、饮水等方面的实际困难。

引导委员以商招商,工商联组委员助推引进北京禄盛捷科技有限公司、北京兴航宏图科技有限公司在中小企业总部基地当年落地投产,农业组委员密切与怀柔区和北京市的联系,积极奔走引进各类生态治理项目,引进北京对口支援育苗工厂项目,既发展了蔬菜产业又带动了脱贫致富。

积极引进发展资金和帮扶项目,卫生组委员引进红十字对口帮扶项目,积极推动建立立体化医疗共同体,教育组委员推动实施各种助学结对帮扶项目,与福田戴姆勒奔驰公司开展校企合作,引进资金340万元,建设汽修专业实训室,为开发区汽配企业提前做好人才储备,并与北京市怀柔区职业学校联合开展新型农民职业培训项目。

积极开拓北京市场,农业组委

员积极参与北京“菜篮子”工程，在丰宁建标准日光温室175栋、种植基地8500亩，依托北京32家直营店，直接将丰宁无公害产品供给北京市场。

引进北京高端人才和科技成果，科资环组委员与北京市科委对接，引进包括3名院士在内的专家科技扶贫工作团73人，引进绿色科技示范项目8项，发挥了扶贫扶智的作用。

【重视提案办理工作】 政协八届二次全会后，县政府及时召开提案办理工作会议，杨县长亲自主持调度，各分管县长协调相关部门落实提案办理。政协常委会把提案工作纳入重要议事日程，主席会议、常委会议6次研究部署提案工作。通过组织委员调研、视察、例会、培训等多种形式，引导委员努力将提案内容聚焦到我县经济社会发展的现实问题，聚焦到深化改革中的深层次问题，聚焦到群众关心、社会关注的热点难点问题上来，使提案更具针对性和可行性。完善了提案初审、复审、立案层层把关的提案审查机制，对内容相近的提案予以合并，对部分提案进行了补充完善，对未予立案的提案，及时以信函和电话的方式告知提案者，并作为委员来信建议转送有关部门研究参考。

【丰富协商督办形式】 2018年首次将反应强烈的县城停车难问题纳入到政协常委会，在常委会上对这一提案进行协商督办，通过常委和提案人、承办单位面对面沟通交流意见建议，提出了科学可行的意见，推动了难点提案的办理落实，县政协常委会将持续关注县城停车难问题。领导领衔督办。确定5件事关全局、影响较大、针对性强、建议具体的提案，由政协主席、副主席和各专委会包抓督办，通过视察调研、听取汇报、座谈讨论，协商解决提案办理中遇到的问题，有效地推动了重点提案的落实。跟踪回访督办。从2017年办结的提案中选出《规范住宅小区物业管理，提升物业管理水平》这一重点提案进行跟踪回访。通过实地视察、面对面交流，就提案中的答复落实情况进一步沟通协商，力促提案成果转化。

【规范提案工作程序】 八届县政协认真总结以往工作经验，上升为制度规范，进一步加强了提案工作的制度化、规范化、程序化。制定出台了《关于加强和改进人民政协民主监督工作的实施意见》，对提案办理协商作出了新的规定和要求，规范了提案办理协商的主体、内容和形式，并以此为依据保证了提案的交办、承办、督办落实等工作的顺利开展。为进一步推进提案提交工作的常态化，按照《政协丰宁满族自治县委员会提案工作条例》，制定印发了《关于加强全会闭会期间提案工作的规定》，为闭会期间提案提出、审查、交办、办理提供了制度遵循。2018年闭会期间收到提案2件，其中关于保障张承高速公路全年畅通的建议，已经省、市政协转交相关部门办理；关于土城镇交叉路口安装交通路标和指示灯的提案，承办部门已将此建议纳入路防工程。

【开展广泛调查研究】 组织社会法制组委员开展的关注农村困难家庭老人生活，解决精准扶贫工作难点问题的调研。4月19日，政协副主席韩世君带领委员到张家口市沽源县黄盖淖镇实地考察，先后到土城镇民政事业服务中心、大阁镇白塔村夕阳红老年公寓及民办敬老院视察调研，通过实地考察、调研，委员深受启发，在此基础上，召开座谈会，共同商讨我县农村困难家庭养老途径，大家畅所欲言，提出很多好的意见和建议。

教体组委员开展的关于加强我县幼儿教师队伍建设的调研。丰宁幼儿教育事业在县委、县政府的大力支持和关怀下得到很好的发展，但幼儿教师队伍建设依然存在亟待解决的问题。为此，教育组委员就这一情况作专题调研，并提出意见和建议。县政协文化组2018年9月19日，组织委员就这一课题做了专题视察调研。

医药卫生组组织开展的理顺药品采购渠道，解决临床用药不足问题的调研。如何减少药品流通环节，规范流通秩序，提高流通效率，降低虚高药价，确保药品齐全是各级政府和医疗卫生部门关注的重点工作。丰宁各级医疗机构也存在临床用药不足问题，为很好地解决这方面问题，寻找一条科学、合理的药品采购渠道，解决临床用药不足问题，医药卫生组委员上半年就此问题进行专题调研。医药卫生组委员开展的健康扶贫工作调研。中共中央国务院关于打赢脱贫攻坚战三年行动的指导意见中指出，要深入实施健康扶贫工程，确保贫困人口基本医疗需求、确保大病和慢性病得到有效救治和保障，切实降低贫困人口就医负担。丰宁在现有的医疗资源基础上，积极做好健康扶贫工作，基本保障农村贫困人口享有基本医疗卫生服务，在一定程度上，防止了因病致贫、因病返贫现象的发生。但在工作中，仍然存在一些问题需要重视，否则将影响扶贫工作进程。就此问题医药卫生租委员进行专题调研。

为深入贯彻落实省委、省政府的“双创双服”活动精神，更好的服务企业，组织财贸金融组委员开展了“优化经济发展软环境、助推实体经济发展”专题调研活动，并形成调研报告，转交县委、县政府参考。通过调研，进一步深化“放管服”改革，着力规范市场经济秩序，推动政府进一步转变职能，改进服务方式，提高行政审批效能，推进软环境建设，大力营造重商、亲商的经济发展环境，让软环境成为促进实体经济发展的有力支撑。

加速推进开发区项目建设的调研。针对丰宁财源性项目偏少，许多项目谋划较多，落地见效较慢的实际，组织工建交组委员开展加快开发区项目建设调研，撰写了《坚持高点定位 加速推进开发区项目建设》调研报告，转交县委、县政府参考此报告在政协八届三次会议上进行了发言，县委书记方志勇给予重要批示，指示分管领导和开发区认真研究。

加强基层农业技术队伍建设的调研。基层农业技术队伍建设是搞好“三农”工作的基础，是助力精准脱贫产业健康平稳发展的重要保障。随着社会经济的发展、产业的不断壮大，对于农业技术推广有更高的要求，但是近几年由于多方面的因素，真正搞农业技术研究的人员逐渐减少，完全无法适应现代农业发展的需求。为认真贯彻落实党的十九大提出的培养造就一支懂农业、爱农村、爱农民的“三农”工作队伍，有效解决我县基层农技推广人才队伍力量薄弱，专业技术人员“进不来”“留不住”“招人难”等问题，组织农业农村组委员就加强基层农业技术人才队伍建设进行了专题调研，形成了《加强基层农技队伍建设 助力我县扶贫产业发展》调研报告。

针对丰宁民间借贷比较活跃，在一定程度上缓解了小微企业融资难问题，对全县经济发展起到了积极的促进作用。但由于民间借贷活动隐蔽性强、参与主体复杂、涉及面广，基本上处于自发和无序状态，在一定程度上破坏了金融生态环境，影响了正常的经济社会秩序，给社会带来了重大隐患问题。组织工商联组政协委员于4月16、17、23、25日利用4天时间到法院、人行、县金融办、几家小额贷款公司进行了调研，听取了各企业家委员对民间借贷的看法，结合各相关部门意见和企业家委员的看法形成调研报告，并已上报县政府。

品牌是企业乃至国家竞争力的综合体现，为此民宗社团组委员利用5月21、28日、6月6日3天时间就丰宁品牌发展现状存在问题进行了走访调研，并形成了报告现已经提交到县委、政府。

为进一步强化特色产业在脱贫攻坚进程中的支撑作用，实现产业可持续健康发展，政协科资环组委员于8月10日11日利用两天时间由县政协副主席丛雁飞带队就丰宁坝上地区及围场县相同气候带时差食用菌产业发展情况进行专题调研，调研报告已上报到县委、县政府。

【全力做好帮扶工作】 积极做好对口帮扶工作，主席会议成员经常深入包联乡镇、村组以及所包联的贫困户家中，了解其生产生活情况，替他们筹资金、想办法、出点子，力所能及地解决一些实际问题。常委会多方筹集资金30万元，重点支持6个乡镇6个村小黑屋改造等脱贫民生工程。政协机关抽调精干力量驻黄旗镇东营村驻村帮扶，帮助谋划引进产业，筹建西红柿大棚46个、杂粮种植600亩、林果533亩、奶牛养殖300头，所有贫困户实现了两个以上的产业覆盖，在脱贫基础上积极改善人居环境，引进各类帮扶资金282万元架桥修路，整体提升村容村貌，为东营子脱贫出列奠定了坚实的基础。

撰稿/李刚

附：中国人民政治协商会议丰宁满族自治县委员会及下属机构领导人名录

主　席	郭　锐	满族
副主席	张建兴	蒙古族
	丛雁飞	满族
	韩世君	满族
	王　和	
秘书长	李作刚	满族

八届政协常委

郭　锐	满族
张建兴	蒙古族
丛雁飞	满族
韩世君	满族
王　和	汉族
李作刚	满族
蔡玉席	满族
竹雅丽（女）	满族
赵展农（女）	满族
付振西	满族
于小军	满族
闫兴祥	满族
张立强	满族
果明杰	满族
纪秀茹（女）	满族
白光军	满族
刘长城	满族
孙孝军	满族
武志龙	满族
张晓东（女）	满族
李艳茹（女）	满族
马晓彦（女）	满族
刘继明	
孙艳丽（女）	满族
周素云（女）	
王九龙	满族
曹海军	满族

办公室

主　任	李作刚（兼）	满族
副主任	于化龙	满族

科教文卫社会法制委员会

主　　任　蔡玉席　　　　满族

财政经济农业委员会

主　　任　赵展农(女)　　　满族

人口资源环境民族宗教委员会

主　　任　竹亚丽(女)　　　满族

研究室

主　　任　侯丽华(女)　　　满族

副 主 任　宋　伟(3月23日任职)　满族

提案委员会

副主任　侯丽华(女,兼,3月23日离任)　满族

群众团体

【共青团工作取得新突破】 2018年,团县委围绕中心、助力脱贫、从严治团,以实和细为出发点和落脚点,真抓实干,不断深化共青团的各项工作。被省委宣传部、省文明办等单位联合授予河北省志愿服务创新项目奖;被市委市政府授予河北省第三届旅游产业发展大会先进集体;先后被团市委授予"承德市十佳团委""承德市青年志愿服务优秀组织""承德市青春建功做先锋脱贫攻坚先进集体"等荣誉称号;在全市县区团委综合考评中荣获第一名好成绩,荣获河北省十佳团委。

【落实"整改回头看"工作】 落实县委关于"四项工作"各项要求,制定《共青团丰宁满族自治县委关于四项工作整改"回头看"实施方案》,成立四项工作整改"回头看"办公室,明确组织领导和具体负责人员。按照"边查边改、立查立改、整改到位"要求,有计划、有重点地深入开展自查自纠检查工作,巡视巡查共自查出"微腐败"问题1个,扶贫领域问题2个,针对自查出的问题,立即进行整改,按照相关规定进行处理,做到一事一档。

落实省委第十三巡视组、第五巡视组反馈问题整改意见,在党的政治建设、思想建设、组织建设、作风建设和纪律建设等方面深入细致查找问题,分析根源,全面整改,不断增强团县委班子政治觉悟,强化政治担当。

按照县委组织部要求召开中央巡视反馈意见整改落实专题民主生活会、"两个专项"民主生活会,对相关人员进行提醒谈话、批评教育。通过开展专项行动,不断改进机关作风。机关干部每人直接联系普通团员青年10人,线上为361名团员青年、大学生解答了学习、就业、交友等问题,线下帮助35名青年提供就业岗位。

【强化自身学习教育管理】 组织全体党员干部定期集体学习党的党的十九大精神和习近平系列重要讲话精神、《新形势下党内政治生活的若干准则》《中国共产党党内监督条例》等有关党的精神和法律法规,及县委、县政府主要领导在各个阶段的重要讲话精神。安排机关全体干部参加团中央及团省市委及县委组织部举办的团干部培训、青年读书班、领导干部培训班等学习20人次,通过学习使全体干部在比较中看到差距,在学习中获得提高。

加强党员教育管理。坚持民主集中制原则,建立周一书记碰头会和全体干部例会等制度。机关党组不断完善"三会一课"制度,召开民主生活会2次,了解和关心党员干部的思想情绪和实际问题,鼓励党员干部提高工作热情、增强服务意识。年初确定2名入党积极分子和后备干部并制定培养计划,按计划有针对性的对培养对象进行教育和帮助,促进培养对象不断成长进步。

用好第一种形态。开展经常性谈心谈话,针对财务管理、人事调整、帮扶工作等不同情况以个别谈话和集中谈话形式开展廉政谈话或提醒谈话。班子成员年内累计开展不定期的谈话20余次,真正达到咬耳扯袖、红脸出汗的目的。

【突出政治宣传】 抓住纪念五四运动99周年、改革开放40周年等重要时间节点,举办"学总书记讲话 做合格团员""学习宣传党的十九大精神"等主题读书班2期,组织"优秀青年事迹分享会""青春践行十九大演讲比赛""大信杯 助力脱贫攻坚寻找青春榜样故事大赛"等各类纪念主题教育活动覆盖青少年万余人。在广大团员青年中深入学习宣传贯彻党的十九大精神,设计制作《党的十九大精神》宣传漫画展板,在全县30个学校、机关、乡镇、企业团委巡展。发动全县2万团员青年参与团省委十九大精神知识竞赛,在全县共青团系统掀起学习宣传热潮。利用丰宁共青团微信公众号、官方微博等平台,制作《平"语"近人——习近平总书记用典》、习近平系列重要讲话等链接,进行广泛宣传。

【加强实践教育】 开展"团团带你学十九大精神系列展览进校园""3.5学雷锋纪念日"等主题教育实践活动42次,开展"红领巾小创客""红领巾小主人"等"动感中队"创建活动20次,覆盖人数达1.6万。丰宁一小等5个少先队荣获2018第二届CICC全国青少年创客联赛获全国总决赛一等奖、全国中小学信息技术创新与实践活动二等奖、承德市首届中小学创客大赛冠军奖项;1个中队被国家少工委授予优秀动感中队称号。

年内推报国家、省市级五四青年奖章、优秀团务工作者、优秀团员、少先队员、青年致富带头人等青少年可学、可敬的典型,传递青春正

能量。联合县广播电视台制作"青春榜样 励我前行""脱贫攻坚、青年建功""最美励志少年"专题片3期,选树15名优秀青年先进事迹制作专题片进行播出。

【强化对口帮扶】 以京津对口帮扶为契机,依托共青团资源优势,上与团中央、中国青年国际项目交流中心及北京团市委、怀柔团区委、丰润团区委等发达城市团委积极对接,下与各乡镇及贫困青年对接摸清实际需求。认真梳理生态、教育、青年就业等可助力项目内容,制定帮扶方案,提出项目扶贫需求25项,资金需求990万元,对接会议12次,落实助学、资金511万元,完成"青年林""中日青年生态林""佛教公益林"等项目生态造林补植400亩,管护围栏800米。

【筹资帮扶助学】 实施希望工程圆梦助学计划,争取资金50万元,为400名建档立卡贫困大中小学生发放助学金,直接打卡到贫困户一卡通账户。在石人沟乡、北头营乡、凤山镇新建农村希望小学3所,已竣工使用;实施"希望工程快乐阅读"项目为16个乡镇农村小学新建图书角295个,配送图书4万册,对188名教师就该项目进行培训;实施张一山"快乐体育园""希望工程快乐音乐"等项目,为胡麻营镇、草原乡、南关乡等农村小学捐赠音乐体育器材。实施精准扶贫靶向性行动,多渠道筹集资金30万元,为354名留守儿童每人购买一份600元健康意外保险,理赔金额最高可达10万元,获益的留守儿童覆盖了全县深度贫困村所有建档立卡留守儿童。

【帮扶青年创业】 组织发动40周岁以下农村青年参与青年电商培训、农村青年致富带头人培训2期,培训120人;与邮储银行合作为30名符合条件农村创业青年申请贴息贷款300万(每人10万元,利息7离35),年贴息7350,可连续3年);成立各级青年就业创业基地基地5个,协调御今农业发展有限公司、万泰能源科技、鑫宏泰百货等青年就业基地,为贫困青年及贫困家庭大学生毕业生提供就业岗位42个。与怀柔团区委对接,为御今农业、依耘柴鸡养殖、九龙集团等5家青年企业家、合作社带头人提供怀柔区农产品展销会平台,展销7天并与怀柔区商超青年企业家座谈对接,为农产品销售提供帮助,帮助销售价值20余万元农产品。

【积极引进项目】 争取团省委、河北康泰医疗公司免费配备70万元医疗设备,与中医院联合成立"河北康泰医疗医学青少年公益项目"工作室,随时为40周岁以下建档立卡青少年免费进行健康体检筛查(覆盖全县40周岁以下建档立卡青少年1.5万人),包括动态心电图、动态血压和动态脑电图的监测。争取100万元"青年悦读"项目,为27个深度贫困村配备图书3万册,桌椅、书架135套。

【抓好驻村帮扶】 派驻90后驻村干部1名到村任帮扶队成员。通过积极争取团省市委资金项目,为草原乡争取助学金5万元,资助建档立卡贫困学生55名,公宝同村建档立卡学生全覆盖。全省"脱贫攻坚 乡村振兴 团青建功"——"青年之声 健康直通车"行动在丰宁公宝同村举行,为公宝同村捐赠药品、文体用品价值8万元。拨付帮扶资金2万元,用于"小黑屋"治理。捐赠羊绒大衣80件,价值4万元。全面执行县委、县政府对扶贫攻坚工作的安排部署,认真制定团县委帮扶计划和结对帮扶方案,全年共入户走访15次,为帮扶村和帮带村发放药品、文体用品、衣服、图书等帮扶物资,价值20万元;拨付小黑屋治理、助学金、慰问金等资金7万元;全省"脱贫攻坚 乡村振兴 团青建功"行动现场会在帮扶村举行,团省委副书记出席会议。

【开展共青团志愿服务】 2018年组织"学雷锋纪念日55周年暨河北省第三届旅发大会志愿服务启动仪式""天安人寿杯青年徒步走大赛""创城迎旅发 青春接力行"等系列志愿者服务活动5次,向全县发出志愿服务旅发大会的倡议,营造志愿服务氛围;制定《关于招募河北省第三届旅发大会志愿者公告》,通过电视台、官方微信平台发布,主要路段LED电子屏游走字幕、制作户外广告牌的形式宣传发动,提升广大青年和市民对旅发大会的认知和认可度。按照县委、政府的部署安排,历时3个半月完成旅发大会320名青年志愿者、讲解员的招募培训、实地演练、组织管理、后勤保障工作,高质量完成了大会会期间,酒店住宿用餐引领、签到,会议会务、演出场地秩序维护、交通引领、景区讲解等志愿服务,服务时长约30小时,得到了各级领导和嘉宾的赞誉。团县委因此被市委、市政府评为第三届河北省旅游产业发展大会先进集体,团县委主要负责同志代表丰宁团县委在全市旅发大会志愿服务工作会议上作典型发言。

【服务文明创城】 年内完成青年志愿汇注册近5000人,利用3.5、5.4、12.5法制宣传日等时间为节点,常态化开展税法、消防、安全生产、防火防汛、青少年维权等知识的宣传咨询,走进社区、街道进行免费健康义诊、交通文明导航、清理护栏等志愿服务行动，发放宣传实用手册3000余份，接待义诊咨询800余人次；以生态提升为重点，将"解放军青年林"和"小渊基金"造林项目定为"青少年生态教育环保实践基地"，以"全国保护母亲河日""植树节""京津冀晋蒙增绿减霾统一行动日"等纪念日为契机，组织全县广大团员青年、志愿者500余名开展绿色环保宣传、"植绿护绿，有你有我"等形式的青少年植树活动4次，加强生态环保宣传力度；以"文明创城·青春建功"为主题，开展"文明礼让斑马线""文明创城、青春先行"等活动6次，创城文明交通指挥90小时。在全县中小学生中进行文明行为倡议，号召广大青少年传播文明精神、践行文明行为、服务文明城创建。

【助力帮贫扶困】 落实省千名志愿者帮千村工作，广泛动员志愿者，深入开展关爱留守儿童、失独老人、残困家庭、贫困学子、"小黑屋"环境专项治理等志愿服务活动17次，参与志愿者800余人次，投入物资70万元，不仅为贫困青少年送去扶助资金，更带去温暖和希望。推进青联委员"1+1"结对帮扶建档立卡贫困青少年家庭，以提供创业指导、推荐就业岗位、解决实际困难为重点，现已结对35户；奖励帮扶全县100名建档立卡保洁员，发放羽绒服、洗衣液等物资15万元，资助学生16名，企业带动建档立卡贫困户26名。

【重构建健康成长环境】 2018年持续开展"预防校园欺凌、预防校园暴力"双防工程。联合检察院未检科组织法律专家进校园，开展青少年法律教育和安全自护能力讲座5场，发放宣传资料近1万份；全县学校团委、少先队开展"双防主题班会""双防公开课"近500场。扎实推进青少年关爱行动。在留守儿童集中的学校新建"留守儿童之家"3个，并配备心理沙盘、平板电脑、图书和玩具。开展"守护点对点，青橙心贴心""爱心妈妈亲情陪伴"等关爱留守儿童行动，开展情感陪护、心理咨询、身体检查、爱心捐赠等活动18次，覆盖留守儿童800余人；联合北京青基会开展"小天使入户行动"发放学习用具及台灯800套，价值12万元，结对留守儿童50人。

贯彻落实国家《中长期青年发展规划(2016－2025年)》，印发《丰宁满族自治县青年工作联席会议制度》，把党和政府对青年的关心关怀切实传递到青少年中去。充分发挥"青年之家"作用。设计开展服务青年婚恋交友、心理咨询等各具特色的项目和活动，推动团的组织网络、工作项目在青年身边有形化、日常化，实现线上线下融合发展。

【加强团组织自身建设】 县委常委会通过《共青团丰宁满族自治县委改革方案》，并以县委名义下发。落实全县乡镇(街道)、开发区团委工作经费，落实全县团委书记按内设机构中层配备并列席同级党委会议等政治待遇。与县委组织部联合下发《关于"推优入党"工作的通知》《关于加强团组织建设的实施方案》《关于做好村(社区)团组织换届工作的通知》；组织部年初制定的组织工作要点中重点强调加强基层党建带团建工作，将党建带团建工作纳入年度目标考核。出台《丰宁满族自治县学校共青团改革方案》《丰宁满族自治县少先队改革方案》，完成少代会换届工作，选举产生新一届少工委。

【加强团干部队伍建设】 组织全县各级团干部认真学习宣传贯彻中央群团工作会议及《共青团丰宁满族自治县委改革方案》精神，紧密结合共青团"一学一做"学习教育和"团干部如何健康成长"大讨论活动，引导广大团干部自省自励、补齐短板、虚功实做。完成全县309个村、10个社区团支部换届工作，选拔319名优秀、年轻的村两委班子成员、致富带头人、社保协理员担任村级团支部书记。集中学习党的十九大精神、习近平总书记系列讲话精神及团章、团史及团内相关文件，发放《团内制度汇编》319册。

【严把团员调控关】 编印了《丰宁共青团团务规范化手册》《团的文件制度汇编》向基层团组织下发，明确要求基层团组织建立"三会两制一课"团员教育的长效机制。着眼于增强团员先进性和光荣感，严格团员标准和入团程序，制定《2018年丰宁县团员发展计划》，严格按照高中60%、初中30%的团青比控制团员发展比例，将845个编号下发至各团委，指导规范团员发展程序。开展违规发展团员专项整改工作，对不满14周岁入团、团员无编号等问题进行治理。强化仪式教育，以"不忘初心跟党走"为主题，开展主题入团仪式、组织老团员重温入团誓词。严格按照《中国共产主义青年团团费收缴、使用和管理的规定》要求做好团费收缴工作。

撰稿/王博弘

【开展工会劳动保护工作】 2018年，县总工会调整县"安康杯"竞赛委员会领导小组成员，制定"安康杯"活动方案和计划，由县总工会与县安监局组织实施"安康杯"竞赛活动，把职工培训教育、创建安全合格班组、企业安全文化建设等活动逐步纳入到"安康杯"竞赛活动中去,针对各企业的特点采取分类指导,在全县52家规模以上企业开展安康杯竞赛活动,参与职工9037人,职工参与率90%以上,使"安康杯"竞赛活动内容更加丰富、充实,更具有活力和号召力。强化安全生产管理和工会劳动保护工作,在全县各系统及企事业单位工会层层建立劳动保护监督检查员的基础上,开展各种形式的安全文化活动,有效地提高了企业管理人员的安全生产意识,提高了广大职工安全生产知识和自我保护能力。会同安监局、劳动人事局、卫计局等部门开展"职业病防治宣传周"活动,订制宣传画和宣传材料,在民族广场悬挂横幅、设立展板、发放宣传材料、案例警示、现场咨询,宣传职业病的危害和防治办法。组织劳动保护检查,到顺达集团、建宇铁矿等企业,发放职业病防治知识、职业病健康安全知识手册,向一线职工宣传职业病防治和怎样防治职业病,召开座谈会向企业负责人讲解职业病防治的重要性。加强职业卫生监督指导,在乡、镇、企业开展职业卫生与健康指导服务,签订区域劳动安全卫生集体合同28份。

【开展劳动竞赛活动】 紧紧围绕县委、县政府中心工作,在丰宁旅发大会沿线各项目单位广泛开展劳动竞赛活动,印制条幅标语200条,室外写真板、宣传纸200余幅,迅速搞好宣传发动。为助力重点建设项目,县总工会积极开展夏送清凉活动,由工会班子成员带队,深入旅发大会重点项目、"一主四副"重点工程、重点企业和公安、交警、千松坝林场等单位,给坚守在高温一线的职工送去矿泉水、冰红茶、绿茶、白糖、茶叶等防暑降温物资,使顶烈日、冒酷暑,坚守在工作一线的广大职工深切感受到党和政府的关爱。

【开展服务劳模系列活动】 县总工会组织开展五一慰问劳模活动,县政府领导与县总工会领导慰问省部级以上劳模代表。开展关爱劳模活动,对全国、省部级劳模进行了摸底调查,为11名生活困难的省部级以上劳模申请了困难补助,同时组织全国劳模和省部级劳模进行了健康体检。开展劳模互访交流活动,组织劳模代表赴北京怀柔区科学城、福田汽车厂、雁栖湖生态示范岛产业园、国际会议中心及驸马山庄养殖场、丰鑫实业公司等地进行参观交流。开展劳模评选活动,发现和选树了腾艳春、姜春生、刘海艳、郭凤芝为代表的承德工匠和承德市能工巧匠,丰鑫实业被推荐为河北省"工人先锋号"、平安高科吴子超获得"河北省劳动模范"称号。以工会组织+劳模创新工作室+产业合作社加贫困户(会员)的模式融入脱贫攻坚工作,为农民工就业创业提供贴心服务,凝聚弘扬劳模精神、助力丰宁脱贫攻坚的正能量。

【开展困难职工救助】 严格管理审核困难职工申报材料,要求困难职工在提出申请的同时,还要提交由房管所、不动产登记中心、车管所、市场监督管理局、教育局5部门出具的申请人及其家庭成员名下的房产、不动产、车辆、市场主体证明材料。对于拥有两套以上住房、拥有机动车辆、拥有门市店铺或其他经济实体以及子女在私立、高价学校上学的申请人予以一票否决。此项做法已被省总工会在全省推广。对于审核通过的困难职工档案进行整理装订,统一打印档案封皮,实现困难职工档案规范化。开展"两节"送温暖活动救助困难职工,使用中央、省财政专项资金66.4万余元,救助困难职工171人,建档立卡46户,市、县领导慰问困难职工12人。规范工会会员互助一日捐活动,修订管理办法,规范核销程序和标准。全年参加一日捐活动的工会会员达到14562人,申报一日捐救助353人,核销药费45.96万元。积极推行普惠服务工作,新签合作商家3家,仅京北第一天路景区合作项目就可以为全国工会会员让利30多万元。开展金秋助学活动,为考上大学的3名困难职工子女资助助学金1.8万元。对原有服务中心进行改造升级,设立综合办事大厅,挂职工服务中心牌子,实行开放式集中办公,各业务部室均在大厅设立服务窗口,与职工群众零距离接触、面对面办公,为职工群众提供方便快捷服务,接受群众监督,提高办事效率,提升服务水平。

【维护女职工合法权益】 三八妇女节期间组织开展维护女职工劳动保护宣传活动,维护女职工合法权益、促进劳动关系和谐社会稳定。组织全县职工以"引领女性阅读?建设文明家庭""写家书?传亲情"为主题,积极参加全国第六届书香"三八"读书活动和全国书香"三八"嘉年华活动,全县上报征文79篇。组织各单位职工在人民广场举办彩色周末活动,丰富女职工的业余文化生活,进一步增进我县女职工群体的身心健康。积极开展女职工"关爱行动",对在档管理的46名困难职工中的女职工以及2017年9月至2018年6月新发病的符合救助条件的女职工和身患重大疾病的单亲特困女职工进行核查,对核查出来的每一个困难女职工做进一步调查了解,对符合条件的进行帮扶救助。开展爱心妈妈小屋建设,申报了平安高科、鑫源矿业2个爱心妈妈小屋。

【积极开展东西部工会协作】 与全总国际交流中心建立合作伙伴关系,在交流中心为县总工会举办工会干部培训班1期。与怀柔区总工会进行合作交流,3月23日,怀柔区总工会党组书记、主席曹立仓携班子成员来丰宁进行对接,签署了《怀柔、丰宁友好区县工会合作对接框架协议》,明确了双方共同维护外出务工人员权益保障、工会干部和职工职业技能培训、组织劳模(工匠)互访、会员普惠活动等方面合作事项,并捐助对口帮扶资金10万元;5月29日,县总工会组织劳模代表到怀柔工会进行互访交流活动。与北京屈正爱心基金会开展健康帮扶活动,多次来到我县医院开展义诊、先心病筛查、慈善捐赠进口奶粉、救护车和“护心云工程”远程心电网络建设等大爱正心公益项目,专家们还就疑难病例和丰宁多发病症的诊疗方法等方面对县医院医生进行培训与交流。与工人出版社开展职工书屋建设活动,争取职工书屋项目1处,赠送了一批全国职工书屋读书卡。

【做好帮扶村扶贫工作】 制定了《2018年帮扶工作计划》,积极协调相关部门争取资金、项目,扎实开展帮扶工作。通过公司+农户+合作社模式推进产业扶贫,为窄岭村引进天穗农业发展有限公司,流转土地500多亩从事尖辣椒种植,吸纳贫困户36户,脱贫76户,农民增加收入达34万多元。争取62户贫困户以政银企户保的方式加入种植产业,户均分红1800多元。在窄岭村菠菜沟打深水井2眼,修蓄水池1处,修井泵房1处,更换自来水管道,解决村民饮水困难和部分地块的灌溉问题。加强村公共设施建设,投资4万元更换太阳能LED路灯灯头112盏。在窄岭村小蚂蚱沟实施光伏发电站工程项目,投资150万元,占地12亩,总容量为210KW,以增加村集体收入,壮大增强村集体经济。在窄岭村后梁修建村集体户用光伏电站一处,带动72户贫困户脱贫。开展村容村貌综合治理行动,对窄岭村环境卫生和贫困户小黑屋专项治理,粉刷、吊顶小黑屋11户,使窄岭村环境卫生有了极大改观。开展结对帮扶工作,制定《关于结对帮扶黑山嘴镇窄岭村的实施方案》,全年入户走访近150人次,赠送慰问品、解决实际困难100余件次,提升了困难群众对帮扶工作的满意度。

【加强工会自身建设】 3月23日,县总工会召开三届六次全委(扩大)会议,对全年工会工作进行安排部署,为获得河北省规范化建设示范乡镇的凤山镇、黑山嘴镇颁发了奖牌,对全县产业工人队伍状况调查工作进行安排,对2018年工会会员互助一日捐实施办法和组织开展工会干部大培训工作做出了说明。强化服务意识,改进工作作风,消除机关化倾向,对工会机关内设部室进行整合优化,将组宣女工部与经济民法部整合,组建基层工作部,负责基层组织建设、宣传教育、网络舆论引导、企事业单位民主管理及经济技术和劳动保护工作;组建权益保障部与服务中心合属办公,负责工资集体协商、和谐企业创建、法律维权、职工劳动就业、困难职工救助帮扶、会员互助一日捐等权益保障工作;把办公室与财务部组成综合办公室,负责机关人事管理、文秘、信息、财务、后勤管理等,同时承担机关党务、工会和经费审查委员会业务工作。

【开展全民健身活动】 深入贯彻实施“广泛开展全民健身活动,加快推进体育强国建设”战略,由县总工会牵头,联合文广新局、教育局、县妇联、团县委等8个县直部门发出倡议,号召全县广大职工群众开展习练太极拳运动,5月20日,在县民族广场举办千人启动仪式,省武术协会副主席、市武术协会主席项争鸣,县委常委、宣传部长李秀华出席并讲话。

撰稿/石磊

【倾力扶贫助困】 2018年,县妇联争取河北省妇联、承德市妇联、北京市妇联、天津市妇联、中国妇基会、中国儿基会、河北省妇基会、儿基会等项目11个,落实帮扶项目物资384.5万元。其中,为114名两癌较贫困患者争取“贫困母亲两癌救助专项基金”114万元;争取价值36余万元的蜜儿餐,用于改善1500贫困儿童生活条件;争取母亲健康快车1辆16.5万元;争取“母亲水窖”工程项目资金20万元,为土城镇土城村解决了安全饮水问题;争取20万元,创建“省级示范妇女之家”2个;争取省级儿童之家1个5万元;创建全国巾帼脱贫示范基地1个,为众鑫农业争取5万元项目款;争取贫困母亲争取先心病等大病减免手术费用项目,为47名先心病儿童进行义诊,为6名确诊的先心病患儿、3名唇腭裂儿童、2名白血病儿童提供减免手术费用,减免手术费用48.8万元;为南关小学争取小候鸟图书室1个,实现200名儿童微心愿,物资折合3万元;争取社会资源,资助贫困学生77人,助学金10万元;利用“六一”等重要时间节点为300名贫困学生发放书包等学习用品,为260名贫困女生连续3年发放卫生用品;开展国奶扶贫活动,全额资助建档立卡户95户,差额资助家庭214户,共减少家庭支出103.2万元。

有效解决广大贫困妇女就业增收难题，真正实现就地就近、灵活就业，增加贫困家庭收入，年内，县妇联借助京津冀协同发展契机，主动承接京津产业转移，引进天津市武清区拉花等一批手工产业。通过“县妇联统筹协调、各基层妇联组织妇女参与、“巧家绣”手工制作第三方机构运营”的模式，有效扩大了扶贫产业覆盖面。年内，已在14个乡镇进行了拉花制作培训，培训妇女1000余人次，参与制作人数697人，组建68个扶贫车间，带动贫困户214人，贫困户家庭年收入可增加2700～3000元。下派1名优秀干部到帮扶村任第一书记，机关结对帮扶贫困户25户，深入帮扶户了解情况，宣讲政策，定期送温暖，争取省级妇女之家和儿童之家项目15万元。

【助力乡村振兴】 2018年，县妇联周密部署，带领广大妇女群众以美化、洁化庭院为抓手，深化美丽庭院创建工作，以音频形式下发《美丽庭院创建倡议书》，各乡镇通过村级广播进行宣传，以纸质版形式下发《致全县广大妇女的一封信》6万余份。县妇联、美丽办、督考办等单位组成美丽庭院创建工作督导组，听汇报、实地入户的形式，对全县各乡镇美丽庭院创建情况进行督导检查6次。组织各乡镇妇联主席及旅发大会沿线村书记、妇联共65人，分别到美丽庭院示范村天桥镇红旗营村、波罗诺镇杨树林村，进行美丽庭院创建实地观摩学习。全县选树美丽庭院示范村40个，创建美丽庭院户数为36993户，创建精品庭院户数为16515户，高标准完成年初创建目标。

【树立乡风文明典型】 县妇联将培育社会主义核心价值观作为乡风文明建设的抓手，利用三八节重要时间节点，举办文艺汇演，通过来自于基层妇联编排的节目，弘扬了中华的传统美德，弘扬正能量。联合县广播电视台制作了“巾帼风采”专题栏目，将巾帼明星、三八红旗手、五好文明家庭的优秀妇女典型事迹制作成专题片进行播出。依托“妇女讲习所”，开展常态化、群众性的“孝敬老人 巾帼展风采”主题活动，开展“孝老爱亲”道德大讲堂400场次。利用微信公众号、手机台开展寻找“最美家庭”活动。利用各种阵地，选树乡村级“孝老敬亲”最美家庭典型369人，精品美丽庭院示范户3900户，县、市级“最美家庭”30人，市级“平安家庭”9人，丰宁二小王贵林一家荣获全市亲自阅读比赛第一名，全省第二名。

【拓宽妇联工作新思路】 在旅发大会沿线乡镇举办“助旅发 促脱贫”巾帼乡村农家游培训班1期，培训80余人次；争取省妇联专项资金30万元，在中国马镇游客接待服务中心，创建“巧手坊”，巧手坊不仅向省内外游客展示具有丰宁地域特点和民族特色的传统手工艺品，也为我县手工业健康绿色发展拓展了销售渠道，得到了省市县各级领导的好评。

【推动巾帼行动深入开展】 由于丰宁的民俗旅游产业思路开阔，形成了一批具有民族特色的手工业产品，实现了非遗文化传承、旅游产品开发、妇女居家就业的有机结合，为此，河北省妇联组织京津冀三地妇联主席、从事民俗旅游行业女企业家、巾帼创业带头人等120余人来到丰宁“巧手坊”进行了民俗旅游观摩交流活动。与怀柔区妇联签署了《对口支援帮扶协议书》，从项目对接、爱心助困、文化交流、女性素养提升、儿童关爱等多方面开展广泛合作；引进北京全联鸿运人力资源管理服务有限公司，举办“精准扶贫场招聘会”2场，共有300人应聘，达成就业意65人，并成立了怀柔区女性就业协会丰宁办事处，为丰宁县务工人员搭建就业平台。携带滕氏布糊和彩砂画，代表河北省参加北京市妇联举办的2018中国（北京）国际妇女儿童产业博览会，参加全国妇联组织的第24届浙江义博会，为提高我县女子手工企业知名度和拓展销路提供了平台。

【打造服务新模式】 调动各级妇联依托“妇女讲习所”、巾帼创业就业基地等阵地，有针对性地开展以农业技术、女子手工、家政服务等内容的培训50余场次，培训妇女10000余人次；为提升贫困妇女发展的内生动力，联合河北省女子职业技术学院，为100余名农村妇女提供免费读取女子学院大中专班的机会，年内新增60名农名工大专班学员，加大了扶智带扶贫的力度，拓展了就业门路；培树众鑫农业等市级巾帼现代农业科技示范基地14个，带动260余名贫困妇女就就业创业；培树巾帼乡村旅游示范点6个（示范村1个），带动300余名贫困妇女增收致富；培树滕氏布糊画等女性手工艺制作企业巧手脱贫示范基地6个，建立“村（社区）+企业+农户”的模式，发展妇女家庭手工业，不仅满族文化得以传承，还能带动居家妇女弹性就业。

【优化妇女儿童发展环境】 县妇联利用“三八维权周”等重要时间节点，开展妇女儿童维权相关的法律法规知识宣传9次，发放《婚姻法》《妇女权益保障法》等宣传手册3000余份县妇联；牵头成立了丰宁县婚姻家庭矛盾纠纷调解委员会，调解家庭矛盾纠纷44起；建立了人民陪审员制度，配合法律部门指导调节家庭暴力及财产分割家庭纠纷15起；建立健全各乡镇各村三级妇女维权站，18名律师牵手27个乡镇（社区），与信访代理员联手解决基层矛盾，全年接待来访120余例，源头上解决妇女儿童信访诉求，保障和维护妇女在各个领域的平等权利。

【夯实妇联基层组织建设】 在妇联干部、优秀妇女代表中开展“妇联改革征求意见”“新时期如何做好妇联工作”座谈会，发放征求意见问卷600份。县委分管领导专题听取妇联改革工作，下发《丰宁满族自治县妇女联合会改革方案》。落实妇联改革精神，以“党建带妇建，妇建服务党建”为宗旨，在全县乡镇妇联换届完成基础之上，结合村“两委”换届，同步推进村级“会改联”工作，年内，全县村（社区）全部完成“会改联”工作，通过“会改联”调整充实了村级妇女组织队伍，增强了基层妇联工作力量。

加强阵地建设。以“妇女之家”建设为依托，加强乡镇、村、社区、企业妇联组织建设，全县实现村、社区“妇女之家”全覆盖，以建好、管好、用好为目标，开展“打造升级版妇女之家”创建活动，培树省级妇联组织示范镇1个、省级妇联组织示范村6，市级妇联组织示范镇1个，创建省级示范妇女之家1个、市级妇女之家20个，各乡镇妇联不断丰富妇女之家工作内涵、拓展服务内容，使“妇女之家”真正成为妇联基层组织开展各项工作的重要阵地。

撰稿/李岳

【残疾人康复取得新成果】 2018年，县残联向领导汇报、请示，协调财政部门，将2018年自筹资金救助残疾儿童项目经费37.5万元列入2018年财政预算。目前已救助各类人员17人。重新选聘了10名品德优良、有爱心、耐心、责任心强的康复协调员为社区残协专职员，负责本社区残疾人事业各项日常事务工作，负责社区康复站的全面工作，帮助康复站完善了各项规章制度，参加社区康复训练残疾人达1200多人次。完成残疾儿童抢救性康复训练工作的前期筛查工作。筛查脑瘫儿、智障儿50多人。其中，共有37人在丰宁县脑瘫儿童康复治疗中心免费康复训练；免费为3名聋儿配戴助听器，安装大小腿32个、肌电假肢20个、制作矫形器2个、发放轮椅、助听器等残疾人辅具1200多套。精准康复暨家庭医生签约服务。出台了《丰宁满族自治县残疾人家庭医生签约服务行动实施方案》，成立了领导小组和专家指导组，确立了29家签约机构。召开了全县残疾人家庭医生签约培训会，乡镇卫生院分管公卫的副院长、公卫科科长参加培训会。完成了精准康复管理系统的录入工作，共录入各类精准康复服务信息2700多条，完成精准康复服务的80.5%。

【残疾人体育活动取得新成绩】 在石家庄举办的河北省第九届残疾人运动会上，丰宁选派的田径运动员鲍明杰参加田径100米、200米、400米的比赛，共获得2金1银的优异成绩，展现了丰宁残疾人积极向上的良好风尚，为丰宁争得了荣誉。

【辅助开展残疾人教育】 对当年考入全日制普通中专、专科、本科院校的残疾大学新生发放一次性助学资助金。对当年考入全日制普通中专、专科、本科院校的贫困残疾人（享受低保政策）的残疾人子女大学新生发放一次性补助。贫困残疾人大学生、贫困残疾人子女大学生23人，资金6.9万元。县统战部完成“泛海助学”行动残疾人子女大学生助学工作，全县有13名残疾人子女大学生受助，受助对象享受5000元资助。与县教育、特教部门开展残疾人儿童义务教育情况调查、对适龄入学残疾儿童情况进行全面梳理，进村入户逐人进行核实，摸清义务教育阶段残疾学生底数，鼓励残疾儿童随班就读、开展送教上门活动，全年随班就读316人、送教上门129人。特教学校在校生62人。

【提升残疾人职业技能】 为使有志于互联网就业、创业的残疾人尽快获得互联网基本知识和操作技能对残疾人年纪较轻、有一定文化并有一定电脑知识的，可参加残联组织的互联网+就业培训，全年共开展互联网+就业培训2期，培训32人，学员月收入少则几百到千余元，多则三四千元。对于视力残疾人举办了盲人按摩培训，全年培训3人。对年纪较大、出行困难的中重度残疾人进行手工制作拉花、仿真花培训，培训学员150人，人均年可增收3000～5000元。

【落实残疾人组织建设和维权工作】 各乡、街道办事处以及各村、社区都建立了残联组织，全部配齐残疾人专委，2018年，全县共配备了480名残疾人专职委员，落实残疾专委每人每年300元岗位津贴。配合精准扶贫工作，开展上门办证工作，全年办理残疾人证1033个（其中上门办理残疾人证85人）。据统计全县有持证残疾人1.68万人。争取上级资金45.4万元，配套资金5万元为全县84名残疾人开展无障碍家庭改造。其中建档立卡残疾人家庭75户，为他们提供了卫生间改造，厨灶低改、陡道、安装扶手等设施改造。

积极与司法局沟通协调，加强法律救助工作站规范化建设，规范了残疾人法律救助工作站，聘请了律师，扎实开展残疾人维权工作。一年来共接待信访案件36件，办结率100%，无重大信访事件的发生。

【开展残疾人文化宣传】 为深入宣传各项惠残政策，切实维护好残疾人的合法权益，保障残疾人平等地充分参与社会生活，县残联利用助残日、残疾预防日等节点，广泛开展残疾人康复服务、教育、劳动和就业、文化生活、社会保障、无障碍环境改造等惠残政策，将惠残政策以明白纸、公告、电视专题问答等形式开展广泛宣传活动。发放各类宣传资料1200多份。

六一国际儿童节之际，丰宁满族自治县残疾儿童康复中心举办以“与爱同行·共享阳光”为主题的庆六一文艺演出活动。县残联、县中医院领导，儿童康复中心全体员及进行康复训练的儿童和家长共同参加此次演出。

【开展残疾人扶贫工作】 进一步稳定残疾人就业。开发适合残疾人就业的公益性岗位，吸纳残疾人就业。北雁商城、宏江商务酒店、三友公司、众鑫公司等残疾人就业的基地挂牌，集中安排残疾人就业。年内共有80名残疾人在上述企业实现稳定就业，年收入可达2万多元。

充分发挥专业合作社扶持带动作用。为进一步加大农村残疾人扶贫工作力度，在有产业带动的乡镇及村建立残疾人扶贫基地，积极争取上级对残疾人扶贫基地的扶持力度，争取上级资金，通过产业扶持，带动农村贫困残疾人实现增收。以扶持合作社，合作社提供种子、化肥、种植技术等扶持带动残疾人的形式，充分发挥合作社技术优势，与签订残疾人回收合同，上门收购，保证残疾人的利益，帮助残疾人增收、脱贫、致富。2018年扶持专业合作社，合作社带动，发展食葵种植100户（每户2亩标准下补贴1000元），实现人均纯收入4000元（2000元/亩）。对有经营项目（种植、养殖、服务业、加工业），有一定规模、项目效益可行、经营半年以上的，经残疾人本人申请、村、乡证明、县残联上门核实给予一定的资金扶持，全年共持残疾人50人，扶持资金20.38万元。扶持盲人按摩10人，每人补贴资金5000元。

撰稿/温亚宏、刘显政

【深化科协系统改革】 按照《承德市科协系统深化改革实施方案》，制定并出台了《丰宁满族自治县深化科协系统改革实施方案》。建立科协会员制度并做好会员发展工作。发展县级科协会员125人（目标任务100人）；推荐市科协个人会员52人（目标任务50人）。制定出台了《丰宁满族自治县提升基层科协组织力“3+1”试点工作实施方案》，为乡镇（街道）科协开展工作指明方向，全县26个乡镇、1个开发区、1个街道建立了科协组织。指导乡镇（街道）科协建立科协组织，积极吸收“三长”（基层医院院长、学校校长、农技服务中心站站长）进入乡镇科协任职。全县“三长”任职达到了全覆盖。发展基层科协个人会员177人。

【开展科普宣传活动】 年内先后开展辅导员赴国科大“充电”学习、青少年创新大赛辅导员培训、送科技下乡、科普日和科技活动周宣传、首都科技工作者助力河北创新发展院士专家助力精准扶贫丰宁行、中国制冷学会北京制冷学会赴丰宁开展党建活动，与县委宣传部联合开展了以“科技创新，强国富民”为主题的2018年科技活动周宣传活动。联合民宗局开展了以“创新引领时代 智慧点亮生活”为主题的全国科普日宣传活动，通过科技活动周、全国科普日、科技下乡等活动发放《农民科学素质手册》《蔬菜育苗技术》《农村常见纠纷法律知识问答》和科普e站板块介绍及健康心语录等科普书籍和明白纸宣共计3万余册（张）。丰宁获2018年河北省全国科普日优秀组织奖。

【青少年科技创新结硕果】 第33届河北省青少年科技创新大赛后，石人沟中心校综合实践小组作品“种植凤仙花研制天然绘画颜料”代表河北省参加全国评选，并荣获国家级三等奖和省级青少年科技实践活动专项奖奖金1万元。另外，获得省级奖项8项，市级奖项97项。

【科普惠农见实效】 争取国家级科普惠农兴村行动计划资金30万元。3月6日《中国科协办公厅关于公布2017年度全国科技助力精准扶贫工作考核评估结果的通知》，荣达农业有限公司科普示范基地获得2017年度全国科技助力精准扶贫工作考核先进单位。3月9日河北经济日报以让科技成为富民“金钥匙”为题报道了丰宁荣达农业开展科普培训助力精准脱贫纪实。1月18日河北省科技助力精准扶贫工程领导小组办公室下发《关于命名2017年度科技助力精准扶贫工作单位和个人的通知》，丰宁满族自治县科协被评为县级优秀组织单位。组织申报河北省科普校园e站1个，购买同方知网终端设备科普 e 站 100 对服务资源。

撰稿/杜明芝

【庆元旦文艺演出】 2018 年 1 月 1 日，由丰宁满族自治县文体广电局、丰宁满族自治县文学艺术界联合会、丰宁满族自治县教育局主办，丰宁满族自治县广播电视台、丰宁满族自治县青少年活动中心、丰宁满族自治县音乐舞蹈戏剧曲艺家协会承办，以“同筑中国梦 共谱新华章 点赞十九大 欢乐庆元旦”为主题的文艺演出活动在县青少年活动中心举行。县委宣传部、县广播电视台、县教育局、县文联领导、县文学艺术界代表、县直属机关、驻丰某部代表共 300 多人参加了此次活动。整场演出在满族舞蹈《满乡荷包情》中拉开了序幕，独唱《党旗更鲜艳》，舞蹈《弃》，无伴奏合唱《半个月亮爬上来》，古筝合奏《战台风》，钢琴独奏《暴风雨》等 13 个精彩节目相继登场，演员们用音乐传递着快乐，用舞蹈表达了祝愿。

【作家协会文学创作丰富多彩】 年内，作家协会组织 100 余人次到天桥、南关、坝上、接坝和厂矿机关多地进行采风活动，共创作各种体裁文学作品 2000 余篇（首）；印行《映山红》杂志 5 期，6000 余册。作协为省第三次旅发大会召开，做前期宣传工作并参与县委举办的首届“诗意丰宁·浪漫山花”节系列活动，共印行《映山红》（山花节专号）2000 册；应县旅游局委托，承办了《诗画丰宁》一书的编辑印行工作，全书 20 万字，印发 1500 册；创作的诗歌、散文、小说、对联等作品在市以上报刊发表近 300 多篇（首）；协助县档案局编辑《丰宁满族史》，已经付印；参加了市教育局，教工委，市郭小川研究会组织的“人民教师人民爱·源和杯”首届诗歌大奖赛活动，组织全县作者投稿 100 多篇，县作协荣获组织奖，会员白凤仙、黄淑华、杨丽娟分别获得奖项；协助外沟门乡创办的文学刊物刊发《神鸡》创刊号；协助水利局、顺达集团分别出版了《丰宁水务志》《顺达集团志》，填补了丰宁水利、矿业方面志书的空白；为县政协编辑的《文史资料》，作协共组织稿件 17 篇 35000 多字；全年在《中国诗词月刊》上刊登作协会员作品 64 篇，中国诗词研究会编辑印行的《中国诗词精选》，作协会员作品入选 21 篇；张连娥的诗词作品入选《河北诗人作品精品》一书。

【举办“迎旅发丰宁民俗摄影展”】 为迎接河北省第三届旅发大会在丰宁召开，由中共丰宁满族自治县委宣传部、丰宁满族自治县文化体育广播电影电视局、丰宁满族自治县文学艺术届联合会联合主办，丰宁满族自治县摄影家协会承办，丰宁满族自治县广播电视台、丰宁满族博物馆协办的“迎旅发丰宁民俗摄影展”于五一前夕，在爱民街县政府门前展出。此次摄影展从 30 多位投稿作者的近千幅摄影作品中遴选出 300 幅优秀作品，采用户外彩喷形式制作展板 45 块约 400 平方米，布设展线长达 140 多米。通过几位资深摄影家的鼎力相助以及一批影坛新秀踊跃投稿，为此次摄影展增添了三大亮点。他们用镜头凝聚瞬间，用心血和汗水进行创作，用美轮美奂的优秀摄影作品宣传展示改革开放 40 年来的发展变化，反映了社会主义新时代人民群众对美好生活的向往，弘扬了满乡优秀的传统民俗文化。

【文联承办河北省第三届旅发大会丰宁分会场活动】 由丰宁满族自治县人民政府、中共丰宁满族自治县委宣传部主办的河北省第三届旅游产业发展大会丰宁分会场征集活动于 2018 年 3 月开始至 6 月底结束。丰宁文联承办了河北省第三届旅游产业发展大会丰宁分会场活动，负责征集旅发大会活动五个方面的资料稿件：宣传丰宁城市形象的歌曲（词、曲）、表述语、民间故事、我为旅发大会献一策、风光摄影图片展示等活动内容，征集歌曲（8 首）、歌词（17 首）、MTV 音乐作品 3 个、表述语（35 名作者，338 条）、民间故事（20 多篇）、我为旅发大会献一策（17 条）、风光摄影图片（36 位摄影家投稿 1000 多幅，精选出 250 幅作品）。

其中风光摄影图片展示活动是河北省第三届旅游产业发展大会丰宁分会场活动中最重要的一项工作，为了更好宣传和展示丰宁的人文历史和满乡文化，丰宁摄影家协会在丰宁大滩马镇和森吉图旅游服务中心举办集丰宁风光、民俗、社会发展、经济建设为主题的摄影图片展示活动。摄协组织全体会员和摄影爱好者多层次多角度全方位征集摄影作品，本次展览共征集 30 多名会员的 250 余幅优秀作品，分 55 * 85 厘米和 55 * 120 厘米两种规格制作成高清水晶展板。此次摄影展示活动受到省、市、县领导和各界人士一致好评。旅发大会期间又精选了 20 名会员的摄影作品，参加了县委、县政府主持印刷的《丰宁民俗?风光摄影集》的编辑发行活动，大力宣传了丰宁的传统文化和民俗风情，通过此次活动既全面展示丰宁文化旅游业的全新形象，又为广大摄影家和摄影爱好者搭建了互相学习交流的平台，发挥出良好的社会效益。此次征集活动结束后，文联组织专家进行评奖，各评出一等奖 2 名，二等奖 3 名，三等奖 6 名，优秀奖 10 名，并颁发了奖品和证书。

【举办怀柔、丰宁两区县庆祝改革开放40周年暨重阳书画作品展】

10月12日，由民进怀柔区工委、中共怀柔区委宣传部、统战部、文化委员会，以及丰宁满族自治县联合主办，怀柔区美协、书协等单位承办的“奋进新时代 开启新征程”——怀柔丰宁两区县庆祝改革开放40周年暨重阳书画作品展启动仪式在怀柔区学管中心举行。开幕式上，丰宁满族自治县副县长王青山和书画家代表、怀柔区美协主席吴朝印分别致辞。民进北京市委社会服务处调研员（主持工作）魏斌在讲话中对怀柔民进的工作给予了充分肯定。

此次展览，共展出两地美术家、书法家书画作品100余幅。通过此次书画展，增进了怀柔丰宁两地书画家艺术交流与合作，促进京津冀一体化文化繁荣兴盛。北京市怀柔区人大副主任、民进怀柔区工委主委吴秋红，中共怀柔区委统战部常务副部长房淑军，丰宁满族自治县文体广电局局长李保锋，丰宁满族自治县书协主席陈向民，丰宁满族自治县美协主席白晓民等领导，以及民进北京市委、中共怀柔区委宣传部、统战部、民进怀柔区工委、区文委、文明办、教委、广电中心、民政局、文联、学管中心、美协、书协和各承办支持单位的相关领导和同志共100余人参加活动。

【举办“奋进新时代 开启新征程”怀丰两地庆祝改革开放40周年暨迎新年书画摄影作品联展】 12月19－31日，丰宁满族自治县、北京怀柔区共同举办的“奋进新时代开启新征程”怀丰两地庆祝改革开放40周年暨迎新年书画摄影作品展活动在丰宁文化馆多功能厅开幕。

此次书画摄影展得到社会各界的广泛响应和热情参与，丰宁文联共收到书画作品200余幅，征集摄影作品百余幅，经过精心评选，共选出80余幅书画作品、18幅摄影作品入展，还有怀柔区的艺术精品20幅，活动现场，怀柔以及丰宁文学艺术界文艺家、书画、摄影作品爱好者热情交流。

怀丰两地艺术家将40年改革开放历程与个人成长融入创作之中，用一幅幅寓意深远翰墨丹书和主题鲜明的摄影作品，为改革开放40周年献礼，向伟大祖国致敬。

此次活动不仅为怀丰两地艺术家提供了学习交流的平台，而且还为书画、摄影爱好者普及了历史文化知识，丰富广大人民群众的精神文化生活。

【文艺作品成绩优异】 各协会积极创作和参加各类活动，取得优异成绩。音乐舞蹈戏剧曲艺家协会会员王晓伟编排的舞蹈《萨满》《竹儿青》荣获河北省2018年校外教育杯民族舞蹈比赛一等奖第一名；滕天晓创编的回族舞蹈《清纯》荣获“为祖国加油——中国大艺术2018新春文艺汇演一等奖”；尚艳华编排的舞蹈《赶海乐》获得河北省2018年校外教育杯民族舞蹈比赛一等奖第二名；乔栋梁辅导的歌曲《墨梅》荣获河北省2018年校外教育杯歌唱比赛初中组一等奖第一名；金曼辅导的古筝《春到湘江》荣获器乐小学组一等奖第一名。民间文艺家协会会员郝如香，作品《沁园春·雪》《不忘初心》在第五届河北省特色工艺美术精品大赛中，分别荣获二等奖和优秀奖；郭凤芝，获得“中国优秀和杰出人才”称号；石俊凤，作品《吉祥四条屏》荣获第13届中国义乌文化产品展交会工艺美术类银奖；姜春生、郭凤芝，获“承德市能工巧匠”称号；王清君获得省非遗中心和省群艺馆颁发的《民俗优秀收藏》奖；李金民获得“神州风韵”全国剪纸邀请赛“十大神剪”称号和全国剪纸竞技赛“天工金剪”称号。

撰稿/刘笑茵

【加强非公有经济党建工作】

2018年，县工商联认真落实县委七届三次会议和全县经济工作会议精神，团结和带领全体会员以县域发展为中心，以奉献社会为己任，助力脱贫攻坚，扎实推进“千企帮千村”精准扶贫行动。强化组织领导。按照县委组织部的要求，2018年成立了工商联党组，制定了各项规章制度，制定学习计划，聘请专家专题辅导1次，领导干部学习笔记不低于2万字。做到全员覆盖，各商（协）会支部把学习贯彻党的十九大精神列入重要日程，精心组织、认真学习，把党的声音真正传递到每位非公经济人士。把学习贯彻党的十九大精神和认真贯彻落实《中共中央国务院关于营造企业家健康成长环境弘扬优秀企业家精神更好发挥企业家作用的意见》有机结合起来，引导企业家、非公有制经济人士边学习、边实践，促进全县非公有制经济发展。

【提升工商联的凝聚力和战斗力】

党的十九大为促进非公经济发展提出了“两个健康发展”，坚持两个“毫不动摇”重要思想。工商联制定了各项规章制度，主席、副主席认真负责、以上率下，切实起到带头作用。加强会员管理。对新加入的会员，严格考察、严格标准、严格把关，继续坚持经主席会议研究后方可加入工商联的程序。加强考核。为充分调动积极性，工商联重新制定考核办法，对班子成员和商（协）会进行年度考核。与9个商会年初签订目标责任书，采取半年初评、年终考核方法，年终兑现奖惩，取得了明显成效。认真组织开展活动。组织工商联执委50多人到坝上考察炫靓集团、顺达集团承担河北省第三届旅游大会项目,会员互相学习、取长补短。组织9个商会会长到南关蒙古族乡"陌上花开"参观田园综合体项目。

【围绕全县经济建设增助力促转型】 年初,为了引导企业转型发展,与政府主导产业合拍,县工商联把县经济和农业项目、扶贫项目原封不动地转发给会员,使会员全面了解县域经济发展的总体方向,对大家调整经营策略起到了指导作用。

围绕县城建设和旅发大会两项重点工作,顺达集团牵头承接了县城"一主四副"改造工程和御大线沿线美丽乡村建设工程,两项总投资12亿元,企业垫资10亿元。炫靓集团承接了旅发大会闭幕式所在地五星级酒店和剧场建设,通过积极施工,圆满按时间节点完成重点项目建设,确保河北省第三届旅游发展大会顺利召开,助力了县域经济发展。

【参政、议政、助政】 在县政协八届二次会议上,工商联新一届政协委员认真参政议政,共提出意见建议30余条。工商联委员提出的打造满族特色餐饮议案,县政府非常重视,丰宁电视台定期直播"满族味道",收到很好效果。2018年4月组织政协委员和部分商会会长就加强诚信体系建设,民间借贷行为进行调研,先后走访了县法院、县公安局经侦大队、3家小额贷款公司,召开由县金融办、县法院、县公安局经侦大队、小额贷款公司、工商联委员参加的座谈会,会后撰写了《加强诚信体系建设,规范民间借贷行为》的调研报告。为领导决策提供参考。积极响应市政协"四引四帮"主题实践活动号召,工商联界别政协委员发挥自身企业优势,在引项目、引资金、引人才、引技术和帮建项目、帮办实事、帮特困家庭、帮困难学生等八个方面做出较大贡献。到11月底累计引进项目4个,资金3,2亿元。从多方面协助政府做好招商引资、对外宣传等工作。与县商务局、开发区到丰宁北京商会召开项目推介会,参加北京怀柔区举办的京津冀产品推介会,每次对外宣传都请相关部门参加,使工商联的活动成为县对外宣传的一个窗口。

【推进"千企帮千村"精准扶贫行动】 打赢脱贫攻坚战,实现全面精准脱贫,是全县的头等大事。工商联按照市联和县委、县政府的总体安排,认真研究、精心组织、向全县所有企业和商会组织发出倡议,各商会层层发动,坚持自愿、自觉原则,帮扶企业与贫困村结对帮扶,帮扶企业通过产业扶贫、项目扶贫、商贸扶贫、就业扶贫、电商扶贫、捐赠扶贫、智力扶贫等多种途径实现脱贫目标。在此基础上,在6月4日召开动员大会。县四大班子领导参加会议,对2017年"千企帮千村"先进单位进行表彰,对2018年"千企帮千村"精准扶贫行动进行全面部署。年内全县有59个企业帮扶82个村。其中北京市怀柔区帮扶企业13个。加强督导,进行调度。工商联组成2个督导组深入全县各村实地督导、核实帮扶情况,帮扶企业都与帮扶村签订了帮扶协议。召开调度会1次。企业累计投入帮扶资金2154.02万元,安排贫困人口就业206人,流转土地17725亩,如顺达集团投资374余万元为3个帮扶村修路、铺设污水管道、美化村容村貌;景山房地产投资130万元为帮扶村整修街道、安装光伏设备;炫靓集团投资700余万元为帮扶村修路、建设村部小学;缘天然集团通过入股分红的方式覆盖了大多数贫困村;驸马山庄集团通过集中式和分散式养羊覆盖了5个乡镇9个村;元始种植公司和黄旗皇公司通过种植小米覆盖了4个乡镇13个村。顺达集团获得了全国"万企帮万村"先进民营企业称号,驸马山庄集团荣获2018年河北省脱贫攻坚奉献奖,元始种植公司荣获2018年河北省脱贫攻坚创新奖。

撰稿/孟繁志

附:丰宁满族自治县群众团体及工商联领导人名录

总工会

主　席	何铁章(千松坝林场副场长未免)	满族
常务副主席	张国玉	满族
副主席	金振林	满族
	杨晓华(3月23日任职)	满族

中国共产主义青年团丰宁满族自治县委员会

书　记	宋美杰(女)	满族
副书记	赵　欣(女)	满族

妇女联合会

主　席	李松岩(女)	满族
副主席	苏　蔓(女)	满族

残疾人联合会

主　席	刘瑞清(女)	满族
副主席	刘金山	满族
	常建军	满族
	解扶植(女)	满族
	田旭东	满族
	常立红(女)	回族
	李国丰	满族
	宋占国	满族
	白文泉	满族
执行理事会理事长		
	解扶植(女)	满族

科学技术普及协会(与科学技术和地震局合署办公)

主　　席　梁　军　　　　蒙古族
副 主 席　布显栋　　　　满族

文学艺术界联合会（与文化广播电影电视局合署办公）
主　　席　许　祥　　　　满族

人口和计划生育协会（与卫生和计划生育局合署办公）
会　　长　薛红霞（女，兼）
常务副会长　李国栋

工商业联合会
主　　席　吴国强（兼，9月离任）　满族
　　　　　王　和（兼，9月任职）　满族
常务副主席　于凤海
副 主 席　张振海　　满族
　　　　　王福国　　满族
　　　　　孙玺珉　　满族
　　　　　于文清　　满族
　　　　　房建峰　　满族
　　　　　武志龙　　满族
　　　　　付振西　　满族
　　　　　石宝昆　　满族
　　　　　林东旭　　满族
　　　　　毛宏革　　满族
　　　　　刘艳华（女）　满族
　　　　　吴凤志　　满族
　　　　　卢玉军　　满族
秘 书 长　张振海　　满族
副秘书长　曲仕国　　满族
　　　　　孟繁志　　满族
　　　　　孙　月（9月任职）　满族

民族宗教

【综述】 2018年，丰宁满族自治县民族宗教局（以下简称民宗局）以习近平总书记系列重要讲话精神为统领，围绕县域经济发展大局，认真贯彻落实党的民族宗教工作方针政策，努力做好民族宗教工作，全面维护民族宗教领域的和谐稳定。年内，以维护民族团结、助力扶贫攻坚，全力推动县域民族经济发展为目标，全力做好民族工作。以“中华民族一家亲，同心共筑中国梦”为主题，开展民族团结进步创建活动。争取少数民族发展资金1600万元，用于少数民族特色村寨创建、户用光伏发电、美丽乡村基础设施建设、贫困村农村公路建设等，为全县打好脱贫攻坚战贡献力量。经批复，全县13家民贸企业中，符合贴息条件的企业12家，贴息金额总计695万元。依据《宗教事务条例》及《河北省宗教事务条例》，加强了对全县9所宗教场所的管理，定期到宗教场所检查、指导活动开展情况。继续组织宗教界开展宗教政策法规学习月活动，指导各宗教活动场所成立学习小组，制定学习计划和学习制度，认真开展学习。引导教职人员发挥政府与信教群众的桥梁和纽带作用，引导宗教界开展慈善救助活动。采取各种措施认真做好民族宗教领域维稳工作。

一年来，全力做好精准帮扶工作，派出2名有基层工作经验的干部长期驻黑山嘴镇五道沟门村开展帮扶工作，帮助该村解决基础设施方面的实际问题。争取资金5万元，完成新建村卫生所后续改造工程。使用少数民族发展资金61万元，为主村安装太阳能路灯175盏，修建农贸市场配套便民桥1座。争取扶贫资金19万元，建设东四道沟护村坝和通村路为一体的水泥路500米工程。外联资金5万元修建田间作业便桥一座，150亩耕地耕作条件得以改善。

民族工作

【民族团结进步创建工作有序开展】 开展民族团结进步创建是民族工作的重中之重，2018年以第九个“民族团结进步宣传月”活动为契机，以“中华民族一家亲，同心共筑中国梦”为主题，采取多种形式开展了宣传活动。组织机关干部上街进行宣传，在民族广场、商场门口人流大的地方发放宣传单，对于群众的咨询现场解答。与教育局联合开展“民族团结第一课”，教育学生要紧紧抓住民族团结这根主线，弘扬各民族团结友爱的光荣传统。开展慰问少数民族贫困群众活动，赴五道沟门村看望慰问159户贫困户，每户送去1个暖壶。开展文化下基层活动，拨付资金支持南关蒙古族乡古房村聘请演员唱大戏。

【争取资金助力脱贫】 为缓解少数民族生产生活困难，通过深入到偏远山区进行调研走访，筛选少数民族发展资金项目上报，2018年，共争取少数民族发展资金1600万元。除少数民族特色村寨资金482万元由民宗局组织实施外，其余1118万元全部由县统一调度，打捆使用，其中：卫生室建设194.6万元、户用光伏发电80.4万元、美丽乡村基础设施建设167.3万元、脱贫攻坚产业覆盖补贴125.7万元、贫困村农村公路建设550万元。这些资金主要解决农村基础设施方面的实际困难，为全县打好脱贫攻坚战贡献力量。

【少数民族特色村寨创建有成效】 到2018年，丰宁被列为特色村镇创建的有7个（云雾山、黄旗西村、九道沟、大滩镇、黄土梁、独立营、三道营）。2018年，每个村都在原有基础上进行了创建，使民族特色越来越突显，独立营村修建仿古戏楼1座，黄土梁村整治门楼和院墙、建村、巷标识，大滩镇安装路灯110盏、雕塑1组，三道营村整治院墙修建了广场。

【加强对清真食品市场监管】 民宗局依据《河北省清真食品管理条例》和“双随机一公开”（随机抽取检查对象，随机选派执法检查人员，抽查情况及查处结果及时向社会公开）机制对全县从事清真食品生产经营的单位和个人进行全面的检查和规范。继续聘请三所清真寺的阿訇作为清真食品监督员，及时研判，解决各种风险，共同维护清真食品市场的安全。5月对全部清真食品经营单位进行的回访登记，在33家清真食品经营者中，甘肃张家川人经营的拉面馆1个，维族人经营的烧烤摊点1个，其他均为本县人。

【做好民贸企业贷款贴息工作】 2018年，丰宁共有民贸企业13家，按照《河北省民族贸易和民族特需商品生产贷款贴息管理办法》，聘请第三方对企业上报的贴息额进行了第三方审计认定，共认定符合贴息条件的企业12家（一家自愿放弃审计），贴息金额总计695万元，其中省级奖励资金的417万元，县内配套资金278万元，贴息奖励已经拨付到位。

【做好民族成份更改审批工作】 民宗局严格执行相关政策及各级文件精神，适时与公安进行沟通，依据情况进行更改。对符合更改条件的，发给《丰宁满族自治县恢复或更改民族成份审批表》、明白卡，一次告知所需材料，简化审批程序。对不符合更改条件的讲明政策、说明原因。2018年，共为16名学生或儿童更改了民族成份。

【真心帮扶见成效】 2018年，民宗局紧紧围绕“两不愁”，“三保障”开展扶贫工作，按照县委统一要求，民宗局帮扶村调为黑山嘴镇五道沟门村，与商务局共同帮扶该村，局里派出2名有基层工作经验的干部长期驻村开展帮扶工作，其中一人任第一书记。成立了以局长为组长、主管副局长为副组长的精准扶贫工作领导小组，定期到帮扶村调研，因地制宜地制定扶贫方案。提升群众生产生活条件因策分类改造房屋。依据《脱贫攻坚农村危房改造工作方案》，对符合改造政策的21户危房户进行危房改造，使42个贫困人口居住条件得到改善，并为五保户修建房屋一处。对于不符合危房改造政策的危房户，摸清情况，分类实施，基本实现“能建则建、能养则养、能保则保”。“小黑屋”治理工作正在进行中，对于不是CD级危房，但是确实破旧不堪的房屋，按要求集中力量改造。争取资金5万元，完成新建村卫生所后续改造工程，卫生所正式投入使用，村民医疗条件基本有了保障。使用少数民族发展资金42万元，为主村安装太阳能路灯175盏，实现路灯全覆盖，无光线死角。争取少数民族发展资金19万元，修建农贸市场配套便民桥，农贸市场已投入运营。争取扶贫资金19万元，建设东四道沟护村坝和通村路为一体的水泥路500米工程。外联资金5万元修建田间作业便桥1座，150亩耕地耕作条件得以改善。解决贫困群众实际困难和问题，开展“结队帮扶”活动。局6名干部与村30户贫困户开展结对帮扶，入户宣传党和国家的脱贫政策、决策部署、工作措施，了解帮扶户家中基本情况，针对不同情况制定不同的帮扶方案，帮助贫困户解决生活困难问题。与黑山嘴镇沟通为符合条件的贫困户申请低保、为一户五保户、一户贫困户申请危房改造。争取佛教慈善救助金7000元，救助14户特困人口每户500元。通过入户走访，了解贫困户收成情况、全年收入情况及当前最需解决的实际困难和问题。活动期间共为2名残疾人联系技能培训，为1户落实光伏电入网，看望2名住院病人。9月，民宗局全体工作人员赴帮扶村进行民族团结宣传活动，为该村159个贫困户每户送去一个标有爱心的暖壶、发放宣传册子，讲解民族政策。并支持村4000元聘请演员开展文化活动。产业技能扶持，增加农民收入。借助河北省民宗厅帮扶丰宁的优势，与省民宗厅共同组织种、养殖技能培训，聘请专家深入田间地头进行现场指导。驻村工作组积极帮扶种养殖大户跑项目、争资金，确保他们的示范带头作用最大化，带动贫困户共同致富。利用“政银企户保”扶贫资金51,5万元，覆盖103贫困户，274贫困人口，每年可分得红利500元，连续分红5年后返回本金5000元，实现每户累计收益7500元。

宗教工作

【强化宗教事务管理】 2018年，民宗局依据《宗教事务条例》及《河北省宗教事务条例》，加强了对全县9所宗教活动场所的管理。定期到宗教场所检查、指导活动开展情况，健全和完善管理制度，提升宗教场所软环境。根据《宗教活动场所财务监督管理办法》，对场所的财务进行监督，保证场所开支符合国家各项政策。加强对教职人员的管理，引导教职人员发挥政府与信教群众的桥梁和纽带作用，教育和引导信教群众爱国守法、正信正行。

【认真做好宗教领域及中央宗教工作督查自查】 按市要求，2018年对新时代宗教领域几项重点工作进行安排部署，重点对基督教私设聚会点、天主教地下势力、佛道教商业化等方面进行调研，打击非法，维护宗教界的和谐稳定。与统战部共同研究，建立了宗教工作信息员、指导员队伍，健全了宗教工作台账。9－12月份重点开展了迎接中央宗教工作督查自查自纠工作，对照中央督查的40条内容逐项开展自查，完善了相关制度、开展了宗教知识培训、开展和谐寺观教堂创建活动、建立宗教工作台账、纠正伊斯兰“三化”（沙化、阿化、清真概念泛化）、开展“双创四进”（创建和谐寺观教堂、创建先进宗教团体，引导和推动宪法、国旗、社会主义核心价值观、中华优秀传统文化进宗教活动场所）活动。通过自查自纠查找不足、加强整改、总结经验，推动了宗教工作的开展。

【积极开展宗教政策法规学习月活动】 继续组织宗教界开展宗教政策法规学习月活动，指导各宗教活动场所成立学习小组，制定学习计划和学习制度，采取集中学习、座谈讨论等形式，深入学习宣传全国、全省宗教工作会议精神，学习党的宗教政策法规，引导宗教界人士深刻领会习近平总书记关于加强法治建设的重要论述和关于宗教问题的新思想、新观点、新要求，切实把思想和行动统一到中央和省、市关于宗教工作的要求和部署上来，自觉在法律、法规和政策的范围内开展宗教活动，做到学法、懂法、用法、守法，成为社会主义法治建设的忠实崇尚者、自觉遵守者、坚定捍卫者。

【做好维稳工作】 民宗局通过下乡调研、走访群众、召开座谈会、设置信息情报员等形式，对少数民族重点乡村、宗教团体、宗教场所和重点人群进行排查，排查矛盾和安全隐患、民族纠纷、信访案件、非法传教、邪教和境外宗教的渗透、藏传佛教的传播等相关事件。排查的重点放在信教群众比较集中的大阁、凤山、黑山嘴、选将营等乡镇。对排查出的矛盾及时化解，坚决将各类隐患遏制在萌芽状态，严防影响民族宗教稳定的因素产生和发展。

撰稿/李建华

军　　事

【综述】 2018年，中国人民解放军丰宁满族自治县人民武装部（以下简称“人武部”）坚持以习近平新时代中国特色社会主义思想和习近平强军思想为指导，始终贯彻执行军分区党委提出的“干好事、不出事、上层次”的工作思路，按照军分区党委和县委、县政府的决策部署，以强军目标为引领，狠抓工作落实，圆满完成了上级赋予的各项任务。

人民武装工作

【思想政治建设】 坚持党委中心组带机关理论学习制度，把习近平新时代中国特色社会主义思想和习近平强军思想作为必学内容，纳入党委中心组和机关干部职工理论学习的重要内容，专题组织进行系统学习，推动理论武装工作深入发展。采取与军分区同步学习的方法，开展系列配合活动，教育引导干部职工积极投身强军兴军伟大实践。按照时间节点，分清学习阶段、量化学习内容抓好各个环节落实，采取集中学习与个人自学相结合的方法，组织大家认真学习“传承红色基因、担当强军重任”主题教育相关学习内容。深入开展参加社团组织和发表不当言论清理整治活动，持续彻底肃清郭伯雄、徐才厚、房峰辉、张阳流毒影响，有效强化干部增强“四个意识”、坚定“四个自信”、做到“两个维护”的政治自觉。

【党委班子和干部队伍建设】 加强党委班子建设。注重理论武装，严格落实党组织生活制度，自觉运用学习成果指导工作实践，确保思想政治坚定和正确建设方向。注重维护团结，党委一班人工作中相互尊重信任，生活上相互关心支持，发挥领导核心作用明显；贯彻民主集中制原则，坚持按规矩办事、按制度办事，事事以单位建设为重，牢固树立稳扎稳打、稳步提升的发展理念。注重作风养成，一班人求真务实、做事踏实、工作扎实、作风务实，抓工作严格要求、认真细致，率先垂范、身先士卒，敢于正视和解决棘手问题。加强干部队伍建设。注重廉洁自律，严格落实中央“八项规定”和军委“十项规定”，自觉净化“生活圈”“娱乐圈”“交往圈”，在人、权、财等敏感事务上严格按规定办理，遵规执纪，树立了风清气正、廉洁自律的良好形象。加强专武干部队伍建设。注重加强专武干部建设，重新修订了《专武干部考核实施细则》，实行量化管理，每年年底对所有专武干部进行全面考评，奖优罚劣；关心专武干部成长进步，积极向县委推荐表现优异的专武干部提拔使用，年内协调县委、县政府解决了专武干部服装费问题。

【应急力量建设】 严格落实河北省军区和承德军分区两级关于民兵整组的通知精神，筹建了县、乡、村三级应急力量体系。为解决“一兵多编，交叉编兵”的问题，人武部重新选定编兵单位，分别在林业局、城管局、国土局、农牧局、水务局和新丰路街道办事处编组100人成立了民兵应急连，并及时修订完善应急预案，补充配齐应急器材。按照整组要求，人武部在26个乡镇分别建立了一支30人的民兵应急排，作为乡镇处理急难险重任务的首用力量。民兵分队训练。10月10日至10月24日，人武部在丰宁职业教育中心组织了民兵应急分队154人和专业对口保障分队96人的训练，在军分区工作组检查时，受到了工作组高度评价，丰宁人武部被河北省军区评为战备与军事训练先进单位。

【圆满完成年度征兵工作】 大力开展征兵宣传活动，在乡镇和学校分别开设了40多个兵役登记站，在主要道路沿线，设置永久性国防教育和征兵宣传墙10处，在县电视台播放征兵宣传片、游走字幕，在各乡镇醒目位置张贴兵役登记、征兵报名公告，并定期发布征兵信息和相关政策；对1500多名高中男性应届毕业生进行了参军意愿调查和信息登记。组织29名专武部长和15名卫生、公安、学校等相关部门人员进行了业务培训，学习网上兵役登记、应征报名的操作方法、程序和相关政策法规，培养了一支政策熟悉、业务精通的工作队伍。8月8日至10日，在县医院在县医院设立全封闭体检站，高标准高质量完成了上级赋予丰宁县97人的征集任务，其中征集大学生61人、高中生36人。

【停止有偿服务的后续工作】 2018年，人武部对所属22处关停项目进行清理整治，对屋内的电源电线进行拆除，对已损坏的门窗锁具进行更换，上交所有关停房屋的钥匙，派出专人对已关停房屋进行看管，确保已关停房屋安全无事故。按照上级要求，高标准充实完善了全面停止有偿服务系统。

【严格安全管理】 严格落实安全管理制度，定期排查安全隐患，积极完善防范措施，深入抓好安全管理工作，确保无政治性问题、无事故案件、无违规违纪、无失泄密等各类问题的发生。以加强“人车枪弹密、水火电钱行、酒油黄赌毒、涉外涉地方”的管控为重点，采取有力措施，狠抓制度落实，有效防范各类重大安全事故的发生。在人员的管理上，规范了机关工作“四个秩序”，加大对所属人员“八小时以外”的管理。在营院管理上，营产营具管理正规，灭火器、消防栓等安全设施配套齐全，并定期检修维护；在伙食管理上，严格落实伙食管理规定，注重饮食安全，实行食品留验制度，生熟食加工厨具分开，保持卫生清洁，更换厨具、灶具，加强燃气管理，为炊事员购买了人身意外险。在车辆的管理上，严格车辆和驾驶员管理，定期组织驾驶员学习交通管理规定，坚持车辆派遣制度，认真履行车辆派遣手续，严格车辆出辖区请示制度。在涉密载体和文电管理上，认真落实各项安全保密规定，严肃保密纪律，落实安全保密工作责任制。在网络管理上，严格落实“严防网络泄密十条禁令”和军队人员使用微信“十不准”，坚持做到不违规上网，不在互联网上谈论涉军敏感问题，逐人签订保密责任书，扎实开展“百日安全”活动，有效提升了安全管理意识。

国防教育工作

【认真开展国防教育】 2018年，人武部按照市国防教育办公室主任会议精神，拟制了《2018年国防教育工作要点》，进一步明确工作思路。认真学习习近平新时代中国特色社会主义思想和习近平强军思想，以开展“传承红色基因，担当强军重任”活动为载体，创新国防教育形式，大力宣传丰宁县籍王锐、蔡龙等优秀士兵典型事迹，圆满完成年度国防教育工作任务。抓好乡镇专武部长和民兵预备役人员的国防教育。针对专武部长的工作特点，准备了国防法律、法规和国防义务等方面的教学内容，利用民兵整组、军事训练等有利时机，进行宣讲，增强了他们的责任使命和国防法规教育。

【开展形式多样的国防教育】 每年的征兵宣传都是由国教办牵头，征兵办、宣传部、电视台等有关部门配合，宣传时间为期一个月，制定了详细的宣传方案，采取了多种途径搞宣传，充分发挥媒体的作用，借助媒体传播速度快，传播面广的特点，聘请了丰宁籍优秀士官王安为丰宁征兵形象大使，制作了电视征兵宣传专题片在县电视台播出，为县人武部政委撰写电视讲话稿，录制电视讲话，每天滚动播出不少于3次，起到了很好的宣传效果。采取出动宣传车和广场宣传日的形式开展宣传工作，制作了车载国防教育宣传图版，录制了宣传音频，印发宣传单、宣传用品（扇子、扑克、无纺布购物袋等）2万份。对全县的26个乡镇进行为期20天的宣传活动。发放国防教育读本2000本。在县文化广场开展征兵宣传咨询活动，县人武部、宣传部、民政局、电视台等部门参与宣传，吸引了1000多人，接待咨询人数达200多人，现场发放宣传单1000多份，起到了很好的宣传效果，为圆满完成了年度征兵任务奠定了坚实基础。

【结合训练开展国防教育】 开展民兵应急连的国防教育是人武部工作的重点对象，在2018年民兵应急连训练培训和专武部长培训过程中，以《我国周边安全形势概况》为题进行了宣讲，播放了国防教育内容的电视片，使他们全面正确地认识了当前国家面临的安全形势。对每个乡镇设立的国防教育宣传牌进行了内容更新，对在办公楼前的宣传橱窗按照学习教育内容进行了及时更新。把国防教育纳入国民教育体系。建立了由宣传、组织、发改、教育、文化等部门及驻军单位组成的国防教育领导体系，将国防教育列入全县国民经济和社会发展第十三个五年规划中，广泛开展形式多样的国防宣传教育活动，不断增强全县人民的国防观念。

双拥工作

【拥军优属】 人武部把解决驻军部队军事训练和生活中存在的实际困难作为突破口，推动军民融合发展。驻军93534部队位于高山之巅，部队官兵饮水困难，水质差存有安全隐患，为此县民政局、水务局投入资金20万元，帮助部队新建储水窖20立方米，铺设管道600米、低压电缆600米，并送饮水机20台，保证部队官兵吃上了卫生洁净的自来水；93578部队营区绿化，民政局赠送侧柏、龙爪槐、垂柳、云杉等折合人民币3万余元，并赠送体育健身器材数套；驻丰部队营区多山高路远，手机4G信号覆盖效果差，丰宁移动公司投资143万元，于2016年在93578部队驻地附近新开通4G基站1座，丰宁联通公司在93534驻地附近新建4G基站，使全县所有部队驻地均已实现4G全覆盖。在县车站、医院、银行、商场等公共场所都设立了“军人优先”标志，县管旅游景区实行军车免费，公司运营景区实行半价。县普法办、司法局、民政局在93534部队举行了“送法进军营”活动启动和赠书仪式，把法律知识送到了军营；为维护军人、军属的合法权益，县法院成立了维护军人、军属合法权益合议庭，县司法局在部队设立了法律咨询站，为军人、军属提供法律服务。

【拥政爱民】 驻丰部队积极为地方经济社会发展无私奉献。县人装部筹措争取资金120多万元，帮助北头营乡河南营村建设高标准小学1处、标准化卫生室1处、公共厕所1处，垃圾池3个、便民桥1座，为贫困户捐衣物千余件。93578部队出动车辆120台次、官兵500人次、运输砂石料600立方米，为驻地林营村整修道路，官兵定期慰问村庄孤寡老人，捐送慰问金4万余元，衣物600多件，对林营小学进行帮扶，捐助图书1000余套、桌椅100余套。93534部队官兵开展“春蕾”活动，平均每年捐助黄土粱小学贫困学生3000余元。驻丰部队出动官兵500多人次，建立了100亩“双拥林”，义务植树8000余棵。丰宁消防大队开展消防安全讲座和应急疏散演练、“消防知识进校园”活动，深入社区开展消防安全培训演练活动，为辖区居民保驾护航。驻丰部队官兵多次参与抢险救灾、森林扑火等任务，获得了“勇扑山火，鱼水情深”的赠语。在维护社会治安中，丰宁成立了军警联防领导小组，建立军警联防制度，积极开展社会治安综合治理和联防巡逻活动，为打造“平安社区”“平安丰宁”做出了积极贡献。

撰稿/孙凤军

公检法司

【综述】 2018年，丰宁政法机关和公检法司部门按照中央、省、市政法工作决策部署和县委、县政府具体工作要求，深入推进平安丰宁建设、法治丰宁建设、过硬队伍建设和智能化建设，为新时代丰宁县域经济持续健康发展创造了安全的政治环境、稳定的社会环境、公正的法治环境和优质的服务环境。

圆满完成党的十九届三中全会、全国“两会”、中非合作论坛峰会，上合组织会议、暑期北戴河安保、省旅发大会等一系列重大活动和重要敏感时期的安保工作。对房地产、风电、矿业等领域23个重点项目的社会稳定风险评估进行了跟进督导。查处“法轮功”案件2起，抓获犯罪嫌疑人9人，有效打击了邪教分子的嚣张气焰。积极妥善处理发生在丰宁的“粮食银行”非法吸收公众存款案，将该案涉及的大阁、胡麻营、天桥3个乡镇122人，涉案金额733万元如数偿还给受害群众，同时也对犯罪嫌疑人给予了应有的判决，实现了法律效果和社会效果的双赢，10月29日，70余名投资受害群众代表向政法委送锦旗表示感谢。

学习推广新时代“枫桥经验”，基本完成县乡村三级综治中心建设。深入推进社会治安防控体系建设，开展“零命案”县、乡镇（街道）、村（社区）创建活动，组织开展黄赌毒、黑拐骗、治爆缉枪、盗抢骗等突出治安问题排查整治专项行动和治安乱点专项整治。年初以来，共破获各类刑事案件472起，五起命案全部侦破，抓获犯罪嫌疑人222人；查处各类治安行政案件617起，处罚各类违法人员228人。持续有力开展非法集资、地下钱庄、假币、银行卡涉税犯罪专项排查打击行动，依法严查金融、证券、期货等资本市场犯罪，维护良好金融秩序。加强对利用互联网、微信等平台实施传销犯罪的打击治理。查处窃取泄漏公民信息、行业信息的案件1起。健全完善公共安全动态监管机制，实现日常监管、督导检查、整改整治全程覆盖。全年未发生重大安全生产事故、消防安全事故和交通安全事故。

聚力扫黑除恶，群众安全感明显提升打掉恶势力犯罪团伙2个，一般犯罪团伙9个，侦破涉恶类刑事案件99起，抓获涉恶类犯罪嫌疑人员85人、逮捕45人、起诉68人，社会治安形势进一步好转。加强扫黑除恶宣传，制作了扫黑除恶展牌170块，印发宣传手册1万本，传单12万份，条幅2800多条，张贴公告1000余份，县电视台不间断播放游走字幕，广场屏幕、电子屏幕播放宣传标语，丰宁在线、丰宁政府门户网站、政法部门网站加强政策宣传，交通运管部门在出租车、公交车上粘贴宣传标语，做到了全县家喻户晓，人人皆知。

贯彻落实《关于加强法官检察官正规化专业化职业化建设全面落实司法责任制的意见》，落实法院检察院机构编制改革。深入推进人民陪审员制度改革，扎实推进以审判为中心的诉讼制度改革，深入推进“轻刑快判”案件审理机制改革，进一步提升司法审判质效。深入推进人民法院基层法庭“六个一线员”的工作法，努力实现法官同群众零距离的司法服务。建立“律师事务所+中小企业”的法律共助机制。着力推进人民警察分类管理，切实做好公安机关执法执勤和警务技术职务序列改革工作。坚持做好每周五接访工作。要求公检法部门副职以上领导到县信访局轮流联合接访，重点解决新发信访案件。对重大信访案件组成“四包一”工作专班，定时限、定人员、定责任，依法处理信访问题。全年共接待涉法涉诉信访案件169件，208人，其中诉类案件86件，全部导入司法程序，访类案件122件，解决116件，占总数的95%。未发生进京赴省赴市上访案件，无上级挂账督办案件，连续5年涉法涉诉信访工作居全市前列。

坚持党建引领，政法队伍形象呈现新面貌，深入贯彻落实《关于新形势下进一步加强全市政法队伍建设的意见》，积极推进县委政法委自身建设，发挥好县委政法委的政治引领和保障作用。建立完善县委政法委员会议事规则，认真贯彻执行民主集中制，推动形成在县委领导下政法部门相互制约、相互配合、共同发展的“大政法”工作格局。把意识形态工作列入开展党的十九大精神学习和“两学一做”学习教育中，定期组织政法各部门对中央和省市县委相关会议精神和必读书目进行集中学习、传达贯彻。严格落实“三会一课”等基本制度，规范党组织生活，多种形式组织政法各部门开展党员活动，增强党组织的凝聚力和感召力，积极发挥党员模范带头作用，真正把党的思想政治建设抓在日常、严在经常，确保学习教育取得成效。从优待警，关心关爱干警日常生活，全力做好“特困干警资助资金”工作，省市共救助特困干警10人次，救助金额6.84万元。切实解决干警工作生活中的实际困难。

加强政法舆论宣传，展示政法机关良好形象，深入贯彻落实中央政法委依法处置、舆论引导、社会面管控“三同步”意见。充分运用微信、平安丰宁网站、丰宁在线、丰宁贴吧、河北法制报、法制日报、法治河北等宣传平台展示我县政法工作。全年我县共上报政法工作信息110条，上传平安丰宁网站信息153条，切实的发挥了舆论引导作用，展示了丰宁政法队伍的良好形象。

公　安

【强力维护社会政治稳定】　2018年，县公安局以扫黑除恶专项斗争为主线，以市局20个重点项目和全县公安工作会议确立的目标为牵引，主动担当作为，全力维护社会政治稳定。

安保警卫确保绝对安全。树牢“100－1＝0”理念，圆满完成了各级“两会”、敏感节点、小长假、高中考、河北省第三届旅发大会等26次安保警卫任务。“三道防线”坚不可摧，常态勤务机制贯穿全年，等级勤务机制执行到位，全力打造政治护城河，共核查进京人员20余万人、进京车辆10万余辆，收缴一大批危险物品，并剔除一大批安全隐患。

打击非访，重点群体管控有力。成立打击非访专业队，查处非访案件12起，妥善处置围堵县行政中心大门和扰乱机关办公秩序案件36起。大力落实“五保一”等工作措施，确保了71名涉军重点群体在管在控。共受理群众来信来访27件，共排查化解各类社会矛盾纠纷457起，未发生群体性、“民转刑”案事件和个人极端行为。

强化反恐工作。加大涉恐重点人员和重要场排查力度，着力强化组织领导、实战演练、应急备战、社会面巡逻防控等项工作，加大对加油站监管力度，严防不法分子利用散装汽油制造暴恐案件，全面升级防暴恐工作。年内，共健全完善各类反恐应急预案，开展模拟实战演练，达到了预期效果，有效提升了快速反应和妥善处置能力。

深化对敌斗争。建立涵盖各领域、各行业的人力情报力量857名，搜集上报各类情报信息243条，切实增强了预知预警预防能力。大力落实扁平化指挥机制，共通过情报平台抓获网上逃犯5人。坚持网上巡查与落地查控并举，共封堵、删除各类网上有害信息133条，布控网上重点人员13人，配合开展侦查36次。

打击非法组织活动，不断采取特情贴靠、循线追踪等方式，不断强化反邪工作，共查处“法轮功”案件2起，抓获犯罪嫌疑人9人，有效打击了邪教分子的嚣张气焰。深入开展“敲门”行动，完成了张某某等3名失控人员追逃查失工作，对2017年未走访的18人“全能神”及外省市转来的7名邪教人员走访完毕，见面187人，2018年10月26日省厅检查合格。重点加强了9名涉疆涉藏人员管控，未发生串联、滋事等问题。

【严打整治保持高压态势】　年内共摸排各类线索84条，打掉恶势力犯罪团伙2个，打掉涉恶类一般犯罪团伙9个，侦破涉恶类刑事案件66起，抓获涉恶类犯罪嫌疑人员68人，刑事拘留51人，行政处罚5人，逮捕41人，起诉58人，取保候审13人。接中央督导组转办线索4条，已结2条，未结2条；接省转线索8条，已结4条，拟办结1条，未结3条；接市转办线索5条，已结2条，未结3条；接县纪委转办线索4条，已结3条，未结1条；接县政法委转办线索15条，已结9条，未结6条；查处破坏选举秩序案件16起。

开展专项行动。发生的5起现行命案全部破获，命案破案率达100%。严厉打击侵财型犯罪。“盗抢骗”，破案134起，破案率36.9%，刑拘“盗抢骗”犯罪嫌疑人28人，取保候审15人，逮捕18人，起诉31人。

推进肃清治安环境，共查处“黄赌毒”行政案件84起。其中涉黄案件11起，行政拘留18人，罚款3人；涉赌案件69起，行政拘留49人，罚款277人，警告3人；涉毒案件4起，行政拘留4人，行政处罚2人；开展“护校安园”专项行动，共检查学校、幼儿园263家次，发现整改各类隐患2处，开展法制教育课45次；扎实开展“缉枪治爆”专项行动，共开展宣传活动6次，收缴一批危险品，消除潜在的安全隐患。共检查各类行业场所旅馆956家次，查处违规经营57起，发现并整改安全隐患7处；依托重性精神病人监护网络和警综平台，录入全国重性精神病人信息系统35人，检查寄递物流业36家次，排查从业人员127人次，签订责任书42份，发现并整改隐患2处。

【剔除各类安全隐患】　强化散装汽油安全监管，联合政府有关部门召开了全县加油站点安全管理工作会议，落实实名购买、实情登记、实时报告的“三实”制度，加强加油站技防设施建设，召开安全管理工作会议，落实实名购买、实情登记、实时报告的“三实”制度，加强加油站技防设施建设。与全县35家加油站全部签订了责任状,未发生安全问题。

维护交通管理秩序,2018年,共查纠各类道路交通违法行为10.1万起,侦破肇事逃逸案件7起。全县共发生各类道路交通事故502起,其中等级以上道路交通事故172起,致49人死亡,136人受伤,直接经济损失87.4万元。交通事故各项指标与2017年同期341起相比,同比增长47.21%;其中等级以上道路交通事故与2017年同期114起相比,同比增长50.88%;死亡人数与2017年同期56人相比,同比下降12.5%,受伤人数与2017年同期149人相比,同比下降8.72%;直接经济损失与2017年同期143.17万元相比,同比下降38.93%。创建示范路口5个交通秩序严管街2条、交通秩序示范公路1条,安装交通安全提示标牌33块;采取定点设卡、流动巡查和拉网检查相结合等方式,清理占道经营2处,占用人行横道长期停放"僵尸车"2台;112线实行错峰通行;设置车辆劝导分流执勤点,交通事故降低;排查道路交通安全隐患95处,已整改完成69处,整改完成率72.6%;深入县内52家重点企业,深入"两客一危"等重点企业,进行安全教育培训。共办理机动车注册登记4690台,转移登记454台,重点车辆检验5758台,报废22台,报废率100%,重点驾驶人审验6780人,审验率98.7%、注销登记1359台,补换牌证合格标志909个,核发检验合格标志14471个,受托检验4个;初次申领驾驶证50个,补证换证7329个,审验驾驶证6509个,注销登记67个,恢复驾驶资格77人,实习期考试149人,记满12分学习培训467人,其他考试4103人。

严格公共安全严监管。严格危爆物品管理,深入推进"缉枪治爆"专项行动,严密涉爆单位供、运、存、用等环节管控,共开展涉爆涉枪单位检查200家,落实整改安全隐患12处;查处涉枪涉爆案件5起,查处非法运输烟花爆竹案件14起,各类枪支45支、子弹496发、黑火药300公斤、导火索130米、炸弹4枚。严格交通安全管理,把握"人、车、路"关键要素,强化源头治理,积极排查整改安全隐患,加大路面巡控力度,严查重处严重交通违法行为,严密防范交通安全事故,共破获交通肇事逃逸案件11起,查结等级以上交通事故104起,查处各类交通违法行为为7.4万起,有效净化了道路交通环境。严格消防安全管理,深刻汲取国内发生的重大火灾事故教训,深入开展火灾隐患集中排查整治专项行动,剔除各类消防隐患3787处,责令"三停"单位23家开展各类抢险救援201次,全县消防安全形势平稳。严格监所安全管理,狠抓安全责任制落实,深入推进看守所"强促排保"专项行动,实行人性化教育管理,创新探视制度,保障在押人员合法权益,确保了羁押的225名人犯和362名行政、司法拘留人员安全。

强化环境安全和食药监管,配合环保、国土等部门查处一般行政案件11起,清理非法砂石料场、石材加工厂等19处。共处罚车辆408台,完成老旧车淘汰163台;破获销售假药案件1起,抓获犯罪嫌疑人1人。

【做强刑侦基础和刑事技术工作】 2018年,刑事科学技术室共采集违法犯罪人员的指掌纹763份、DNA血样763份,无漏采;勘验检查现场422起,其中勘验刑事案件364起、勘验非刑事案件现场41起、协助外单位勘验现场18起;提取物证291案648件;立刑事案件790起,已录入现勘系统628起,现场勘查率为100%,"盗抢骗"案件录入率为100%,物证提取率为63%,作用率为0.05%;根据《河北省公安厅关于全面推进现场勘查新机制建设的意见》要求及《关于在全市公安机关推行"一长四必"(公安局长对现勘必勘、必采、必录、必比)现场分级分类勘查的现场勘查新机制工作实施方案》,共设立刑事技术工作站9个,刑事技术工作点24个,每个工作站、点确定1名技术员,已配备了数码相机、现场勘查箱、勘查灯等现场勘查设备。

【治安管理创稳定】 2018年共办理二代身份证20288个,临时身份证5281个,异地证2387个;办理户口迁移581人,注销21人,变更姓名73人,补录45人;共登记暂住人口221人,办理居住证129个;2018年9月1日实行港澳台居住证办理业务,大阎派出所成功为1名台湾籍居民办理了居住证;共受理、审核公民因私出国(境)申请4342人次,受理出国(境)证件5434本,其中护照3510本、港澳证1613本,中国大陆证311本。

贯彻落实《省厅便民利民二十项服务措施》,进一步压缩二代身份证办理时间,并开展省内、省外异地办理及身份证挂失与申领业务。一年来,共办理二代身份证20288个,临时身份证5281个,异地证2387个;办理户口迁移581人,注销21人,变更姓名73人,补录45人;严格落实流动人口管理政策办理居住证件,共登记暂住人口221人,办理居住证129个;2018年9月1日实行港澳台居住证办理业务,大阎派出所成功为1名台湾籍居民办理了居住证;共受理、审核公民因私出国(境)申请4342人次,受理出国(境)证件5434本,其中护照3510本、港澳证1613本,大陆证311本,平均每月受理544本。对国家工作人员和法定不准出境人员进行备案,共登记备案国家工作人员公安局、国家税务局、丰宁农商行、抽水蓄能电站等共300多人次,撤销登记备案10多人次,撤销重复备案40多人次,修改10多人次,阻止登记备案的国家工作人员89人次;对自治涉外营业性演出的公司持有的省文化厅批示等手续、演员护照签证、居留许可期限等进行严格审查,不允许没有批示、护照签证不符的外籍演员在丰进行营业性演出,共核查炫靓马镇大马戏的外籍演员66人,其中蒙古56人、乌克兰4人、乌兹别克斯坦6人。

2018年,110报警服务台共接各类警情66783有效报警、求助10548起,有效警情中刑事案件警情10548起,治安案件警情3489起,交通事故警情6235起,求助、纠纷及其他警情459起。无效警情56235起,占全部接警量的84.21%。

【公共信息网络安全监察工作】 物建人力情报力量751名,搜集上报各类情报信息348条,切实增强了预知预警预防能力。大力落实扁平化指挥机制,共通过情报平台抓获网上逃犯9人。坚持网上巡查与落地查控并举,共封堵、删除各类网上有害信息156条,布控网上重点人员14人,配合开展侦查59次。

【执法透明见成效】 完善了单位和民警执法档案,审核刑事案件1305起、采取强制措施366人,审核行政案件947起、处罚1086人,没有出现刑事冤假错案和行政执法败诉赔偿问题。

强化网上执法办案,全年网上办理刑事案件1093起、行政案件1617起、所有案件全部实行网上流转,真正实现立案网上核实、证据网上展示、审批网上办理、考评网上生成、结果网上公开、监督网上进行。推行执法办案全程录音录像制度,最大限度实现阳光执法。

【推进队伍正规化建设】 狠抓从严治警,坚持把纪律规定挺在前面,严格落实"一岗双责",有效提升了全警综合素质;强化从优待警,积极落实了年休假、体检、慰问等项从优待警制度,加大表彰奖励力度,有效凝聚了警心;强化对外宣传,加强与各级媒体的联系沟通力度,不断拓宽宣传广度和深度。突出能力提升,扎实推进警务实战化建设。强化设计部署,从组织架构、重点工作攻坚等方面入手,全面规划警务实战化建设相关工作,制定警务实战化建设实施方案,细化任务分解,找准切入点和突破口,扎实推进警务实战化建设;强化指挥调度,充分发挥350M手台、视频会议系统、"天网"和3G图传等系统作用,打造"扁平指挥、网格布警、动态防控、高效处置"指挥体系,加大应急值守拉动演练力度,实现指挥调度效能最大化,提升了快速反应能力,确保了政令、警令畅通无阻。狠抓110接处警工作规范落实,加大问题治理力度,全年共接各类报警55995万起,其中有效警情10692起。

【戒毒中心安全管理有序】 社区戒毒康复中心工作运转有序,县戒毒康复中心已经全面建成并投入使用。完善了社区戒毒、社区康复人员档案,并签订协议,建立了谈话教育制度,切实做到定期进行尿液检测,同时了解每一位社区戒毒、社区康复人员的实际情况,实现"零脱失"的工作目标。做到"出所即报道、报到即管控"提高执行率、管控率。执行社区戒毒人员52人,执行率达到95%。

撰稿/杨晓利

检　察

【提升公诉质量】 2018年,县人民检察院牢固树立"办案质量是检察工作生命线"的理念,充分发挥公诉职能,及时准确地指控各种刑事犯罪,较好地完成了全年的工作任务。全年共办理各类审查起诉案件259件359人,其中本院侦查终结移送审查起诉2件2人,监察委移送审查起诉3件4人,共提起公诉244件358人,报送市院审查起诉5件5人,移送其他院审查起诉2件5人,不起诉案件6件8人,强制医疗1件1人,所提起公诉案件均被法院做出有罪判决,有罪判决率100%,量刑建议法院采纳率94%以上。工作中,追诉漏犯8人,追诉漏罪8起,纠正违法19件。

【强化侦查监督】 以强化监督、树立公信、维护稳定为指引,突出扫黑除恶专项斗争开展,认真履行审查逮捕、立案监督、侦查活动监督三项职能,较好地完成了各项工作任务。全年共办理审查逮捕案件135件192人,批准逮捕102件146人,不批准逮捕34件47人;追捕遗漏犯罪嫌疑人15人,其中,李某某等人涉嫌寻衅滋事罪一案,追捕7人(现其中5人已到案,被执行逮捕),监督立案10件,纠正侦查活动违法2件。

【提高民事行政检察工作】 认真落实高检院关于解决民行检察工作与刑事检察工作发展不平衡的指导思想,从人员配备到工作重心向民行工作倾斜。全年共受理民事、行政诉讼监督案件33件,其中提请市院抗诉1件,并得到市院支持;向法院提出民事再审检察建议1件,被法院采纳并再审改判;终结审查结案12件;正在审查1件;向法院发出纠正审判程序违法检察建议14件,已全部采纳;办理支持起诉案件3件;对法院行政执行活动发出检察建议1件,法院已采纳,为国家挽回经济损失6万余元。办理对行政机关行政行为监督案件8件,提出督促履职检察建议8件,全部被采纳并将落实情况回复我院。办理公益诉讼案件36件,已全部提出诉前检察建议,结案36件;撰写信息8篇,被省院《公益诉讼专刊》刊发1篇,被市院《检察简报》刊发1篇,新闻稿件并被河北法制网刊载1篇。撰写调研文章2篇。按照市院要求,指派民行部门负责人代表市院到省院参加清理积案攻坚战,历时5个月,独立办理民事、行政申诉案件15件,协助办案20余件,圆满完成交办的任务。

【履行刑事执行检察职责】 紧紧围绕"重规范、强监督、抓办案、保安全"的工作准则,认真落实抓规范、抓办案、抓科技、抓专项、抓队伍的"五抓"要求,全面履行刑事执行检察职责。全年共办理羁押必要性审查案件17件17人,建议采纳率100%,占执行逮捕人数的13%。办理缓刑执行期间罪犯又犯罪审查逮捕案件1件。办理法院提请暂予监外执行征求意见审查案件1件。开展社区矫正工作专项检察8次,联合看守所进行安全防范大检查11次,与在押人员谈话106人次。纠正刑事执行违法9件,纠正财产刑执行违法21件,纠正监外执行违法21件,纠正意见均得到回复并予以整改。共向司法局、公安局、看守所提出书面检察建议13份,均被采纳。在扫黑除恶宣传发动和线索排查方面,共搜集到案件线索4条。撰写信息3篇,调研1篇,典型经验材料1篇。撰写的《认真落实"五抓"要求,提升刑执检察法律监督能力和效率》的新闻稿被河北法制网刊载。刑事执行检察部门被市院记集体三等功,刑事执行检察部门负责人谢文平被市院嘉奖表彰。

控告申诉检察工作,全年共受理刑事申诉案1件,刑事立案监督申请案3件,民事申请监督案2件,均按线上程序办理,按期结案并将办理结果答复当事人;接待法律咨询、来访等30件,完成市院要求调研报告2篇。

【开展未成年人检察工作】 共受理涉及未成年人的审查逮捕案件12件20人,批准逮捕16人,不批准逮捕4人,其中被害人为未成年人的9件14人;共受理涉及未成年人的审查起诉案件12件25人,其中涉恶案件1件8人,提起公诉8人;立案监督2件2人,纠正公安机关违法3件。

【加强案件管理检察工作】 主动适应案件管理工作新形势新任务,创新举措,加强案件监督管理工作。共审查受理录入各类案件433件;办理流程监控案件45件(其中向办案部门提出纠正侦查机关违法意见25件、提出纠正审判机关违法意见7件、发出流程监控通知书13件,向公安机关发出检察建议1件);撰写上报季度分析4篇、专项分析4篇。开展案件质量评查3次(其中专项评查1次);公开法律文书211份,公开程序性信息363条,发布重要案件信息3件,办理律师网上预约业务98件;扫描制作电子卷宗283件864卷;办理送案送卷审核663件次,办理涉案物品出入库业务148件次,纠正涉案财物违法3件;通过政法协同办案系统接收案件251件、移送案件228件。《创新举措,加强案件流程监管工作》经验做法相继被省院《案件管理业务交流》和高检院《案件管理工作情况》刊发。

【强化队伍建设】 以专项教育活动为载体,加强队伍作风建设。按照县委和上级院的统一部署本院先后开展了"纠正四风纪律作风整治工作"、司法体制改革督查问题整改"回头看"、政法系统问题专项整改活动、针对中央、省、市巡视巡查、"一问责八清理""微腐败"、扶贫领域腐败和作风问题专项治理等四项工作进行回头看工作,各项工作整档建档、制定方案、自查自纠、整改汇报等工作有序开展。

教育培训工作。全年共组织专项业务培训工作5次、业务知识考试2次、思想政治教育培训3次,各部门分别开展了岗位技能训练1次,培训工作覆盖全院干警,累计培训316人次;党组理论中心组集中学习13次;组织领导干部上讲堂1次;安排5名干警参加高检院组织的四级高级检察官培训,安排全体入额检察官参加上级院组织的检察官入额培训班等各类培训20余次。

干部管理工作。完成2018年度全院干警工资普调工作,完成了各项保险的清算及常规申报工作;完成2018年度绩效考核奖金审批工作;为6名干警进行了警衔变动申报工作,为一名同志办理了退休手续;完成了公益岗及见习岗招录工作等人事工作;完成反贪污贿赂局和反渎职侵权局、职务犯罪预防科撤销和人员转隶工作及部门人员调整工作;完成自收自支事业人员参照全额事业管理工作。做好各类报表工作。包括领导班子基本情况表、干警基本情况报表、教育培训报表、宣传报表、地方各级检察院政法专项编制和公务员有关情况统计表、各等级检察官人数统计表、河北省政法队伍统计表等各类表格240余份。积极配合组织部完成公务员信息采集工作。积极配合市院完成了机构编制统一管理工作,现阶段增编意愿和申请已经上交。认真做好年度考核、总结表彰和培树典型工作。年初,严格按照上级规定,在全面总结的基础上,通过民主评议、群众测评、党组审核等方式,组织了2017年度的年终考核和总结评比工作。共有14名干警受到省市县不同级别的表彰,其中1人被评为承德市"十佳"检察官;受到承德市检察院嘉奖1人;被丰宁县委认定为精准脱贫驻村干部考核优秀2人。

提高司法警察队伍建设,强化司法警察的综合素质。在抓干警的思想政治教育方面,每周组织一次集中学习,并要求记好学习笔记。积极开展"不忘初心、牢记使命"主题教育征文活动,并择优上报市院。在抓干警的党风廉政建设方面,层层签订党风廉政建设承诺书,完善司法警察个人廉政档案,筑牢司法警察拒腐防变的制度防线。在抓干警的业务能力建设方面,重新印发了司法警察应掌握的有关培训材料,全员参加了市院法警支队组织的培训,选派骨干警员及晋升警衔人员参加了省院法警总队组织的培训。积极拓展司法警察工作新职责。进一步强化司法警察对检察机关和检察人员保护功能,做好重大敏感案件公诉人及检察机关重要证人出庭的安全保护工作。进一步开拓司法警察对检察机关的内部监督职能,有效确保了检察机关工作秩序和检察人员公正执法。坚持从优待警,积极落实干警的各项待遇。2017年9月财政部《关于执行人民警察值勤岗位津贴有关问题的通知》和《关于执行人民警察法定工作日之外加班补贴有关问题的通知》下发后,我院检察长及主管检察多次和县委组织部、县财政局沟通协调,于2018年初将此两项津贴补贴落实给每位司法警察,并将补发的津贴补贴一次性发放到位。

【坚持党风廉政建设工作"网格化"管理】 年内,形成纪检策划+党组推动+纪检监督的模式,加强岗位廉政教育和岗位廉政风险防范工作,检察院多次以全体干警大会的形式开展警示教育工作,将违反纪律作风的典型案例及时通报,在全院范围内引起重视、警钟长鸣。通过正面典型教育和反面典型警示教育"两手抓",以案说纪,推进廉洁文化建设,引导党员干部知"红线"、守"底线"。推进机关反腐倡廉工作,进一步加强防腐体系建设认真落实党风廉政建设责任制,层层签订《党风廉政建设责任书》,严格规范领导干部廉洁从政行为,切实纠正损害群众利益的不正之风。加强对党员干部的监督,严格执行领导干部民主生活会制度、重要情况报告制度、述职述廉制度等,提高党员领导干部接受监督的自觉性。严格落实责任追究制度,坚持"一案双查、一岗双责",综合运用批评教育、诫勉谈话、通报批评、组织处理、纪律处分等方式,以问责追责倒逼"两个责任"的落实。

【加强检察技术改造提升】 紧紧围绕为检察中心工作服务、为办案服务,积极完成高检院部署的检答网的后台运行管理工作,完成了12309热线相关配置工作,按照视频会议室建设标准对本院视频会议室进行改造,为业务部门提供技术服务600余次,进行会议技术保障80次,协助公诉部门开展远程观摩庭审1次,为各业务部门提供现场取证、录音录像技术支持共计11次,为同级监察委提供录像技术1次。

【助推扫黑除恶斗争获战果】 提高政治站位,加强组织领导,强化部门联动,多措并举,提升工作效果。采取内部联动机制,深挖案件线索。在内部采取侦查监督、公诉、刑事执行检察、控告申诉等部门之间的衔接配合机制,我院侦查监督检察部门与刑事执行检察部门联合开展了向社区矫正人员、在押人员摸排黑恶案件线索活动,在活动中,通过对在押人员、社区矫正人员进行个别谈话的形式,鼓励他们积极揭发、提供黑恶案件犯罪线索。建立会商沟通机制,凝聚各方共识。主动与侦查机关联系,共商涉黑涉恶案件的多发地带和常见犯罪类型,与侦查、审判机关就密切协作机制达成共识,多次召开联席议和案件研讨会,为全面形成打击合力奠定坚实基础。落实请示汇报机制,争取上级支持。对于在当地影响大、难度大、争议大、社会关注度高的案件,在办理过程中及时向县扫黑办及市院扫黑办请示汇报,接受指导,确保精准打击。在工作中发现张某等3人涉嫌敲诈勒索、寻衅滋事涉恶案件线索,检察长亲自进行指挥、沟通和督导,成功进行立案监督。该案已提起公诉。该案的做法被河北省人民检察院和承德市人民检察院肯定。

【公益诉讼彰显功效】 认真开展"保障千家万户舌尖上的安全"检察公益诉讼专项监督活动,落实"健康中国"战略。牵头与县市场监督管理局召开了食品药品安全公益诉讼联席会,市场监督管理局领导班子成员和中层干部30余人参加会议。会议就检察公益诉讼工作的法律依据、受案范围、办案程序等情况进行了讲解、对专项活动进行了动员部署。该做法被河北省人民检察院肯定。通过各种途径进行宣传发动,进一步扩大人民群众对公益诉讼认知度。开展保护我县集中饮用水水源地安全专项监督工作,对县城自来水水源地保护区内存在不符合要求的养殖场问题,启动公益诉讼程序。活动开展以来,共办理食品药品安全领域公益诉讼案件24件。

【羁押必要性审查创精品】 不断提高对羁押必要性审查工作重要性认识,突出“慎捕短押”原则,规范案件办理程序,强化部门间协作,逐步加大审查力度,提升案件办理质量和效果,有效维护羁押人员的合法权益,形成了一整套经验做法。组织干警认真学习有关法律法规,深入交流研讨,充分认识羁押必要性审查工作的重要意义,将羁押必要性审查工作从“办事”向“办案”模式转变。努力提高羁押必要性审查工作规范化水平。研究制定了《丰宁满族自治县人民检察院犯罪嫌疑人、被告人逮捕后羁押必要性审查实施办法》。与法院、公安局、司法局会签了《关于羁押必要性审查工作加强协作的办法(试行)》,建立内部情况通报机制、外部沟通协调机制和风险评估机制等工作机制。坚持“四个制度”不断拓宽案源渠道。即坚持与在押人员谈话制度、坚持分类建档制度、坚持与被羁押人员家属沟通制度、坚持与办案部门及律师事务所、律师的联系制度。2018年,共办理羁押必要性审查案件17件17人,建议采纳率达100%,占执行逮捕人数的13%,羁押必要性审查工作做法高检院执检厅刊发。办理的杨某羁押必要性审查案、杨某某羁押必要性审查案和杨某某判处实刑未执行刑罚监督案被省院评为精品案件。羁押必要性审查工作经验做法被最高人民检察院认可并在全国推广。

【生态环境保护检察工作见实效】 以“忠于使命、艰苦奋斗、科学求实、绿色发展”的塞罕坝精神引领生态环境保护检察工作。监督与配合相结合,注重案件办理效果。通过与环境保护侦查、行政执法部门建立联席会议制度、联合调查机制、信息共享和案情通报等机制,确保打击犯罪不留死角,不漏余罪,共同探讨行政、民事、刑事“三位一体”的多元化生态环境保护格局。全年共受理审查逮捕案件6件10人,其中批准逮捕5件7人,不批准逮捕3件3人,纠正漏捕1件1人;立案监督2件2人;受理审查起诉案件11件19人,已提起公诉6件6人,法院已经作出有罪判决的6件6人,所提量刑建议均被法院采纳。监督行政执法部门移送破坏生态环境刑事案件1件,纠正侦查活动违法1件。在办理冯某污染环境案件中,监督环保部门将被污染土壤进行无害化处理,监督市场监督管理部门依法吊销冯某废品收购站的营业执照,取得了办案实效。冯某污染环境案被市院评为优秀典型案例。办案与公益结合,注重生态环境修复。在办理风电项目专项公益诉讼工作中,对大唐丰宁坝头风电场二期工程生态环境修复情况进行实地调查,经立案调查发现该工程在结束后施工单位没有按照设计要求对破坏的环境进行修复,尤其是对临时占地部分的生态环境修复存在问题较大,水土流失严重。我院履行诉前程序发出检察建议,督促监管单位监督施工单位按照设计标准开展对生态环境的修复工作,以发挥生态保护区的保护功能。该案做法被河北省人民检察院肯定。

【强化案件流程监管】 将案件流程监管工作作为特色创建项目,创新举措,真抓实干,共办理流程监控案件48件,使侦查活动、审判活动和内部办案活动中一些违法违规问题得到了纠正,有效提升了办案质量,促进了司法程序公正,形成了工作经验。通过多岗布控,不断延伸流程监控触角。明确每个岗位的流程监管职责目标,定期汇总评价,逐步形成“敢监督、愿监督、比监督”的良好氛围。通过多点施控,不断拓展流程监控途径。在统一业务应用系统的各个节点、各个功能模块进行监控,发现了一批问题线索,并及时进行了监督纠正。通过多种监督,不断提升流程监控效果。采取口头提醒、书面通知、检察建议和定期通报等形式开展监督,解决了纠正不到位、反馈不及时的问题。通过规范监督,探索“案件化”监管模式。在系统操作、文书制作、案卷标准、司法责任等方面,均严格按照案件化模式办理,提升了监督的严肃性和规范性。该经验做法相继被河北省人民省检察院和最高人民检察院认可并推广。

【检察理论研究有成果】 找准司法改革背景下,检察理论研究工作的职能定位,突出工作实效,解决实务问题,充分发挥检察理论研究服务检察业务的职能作用,共申报检察理论课题3个,上报专题检察工作调研8篇,上报司法解释立项建议1件,上报指导性案例1件。其中,针对检察官联席会议制度在司法实践中遇到的实际问题和网络犯罪的在司法实务中的出现的新情况,成立课题组,开展了深入调查研究,形成了详实的课题论证报告,并进行申报立项。《检察官联席会议制度研究》课题被最高人民检察院立项,《网络犯罪的司法研究》课题被河北省法学会立项。

撰稿/马宏宇

附:丰宁满族自治县人民检察院领导人员名录

党组书记、检察长
武瑞国　满族
党组副书记、副检察长
赵景禄　满族
赵国强(1月离任)　满族
党组成员、副检察长
刘玥昕
王爱军　满族
党组成员、反渎职侵权局局长
张君阁(3月23日离任)　满族
反渎职侵权局副局长
轲念东(3月23日离任)　满族
党组成员、政治处主任
谢文平(女)　满族
党组成员、反贪污贿赂局局长
袁树林　满族
反贪污贿赂局副局长
武彦全(3月23日离任)　满族
党组成员、侦查监督科科长
王　良　满族
党组成员、公诉科科长
李艳春(女)　满族
党组成员、办公室主任
石国锋　满族

审　判

【深化司法体制改革】　2018年,是全面深化司法体制改革的重要一年,县人民法院加快改革速度,全面攻坚克难,深化机制创新,全力推进审判体系和审判能力现代化。深入推进审判团队建设和内设机构改革。组建刑事、民事、行政、执行四大审判团队,实现专业化审判。对原有的15个机构进行精简,成立8个职能部门。完善各项规章制度,对员额法官和司法辅助人员的业绩进行科学考核,实现待遇与付出相称。深入推进家事审判改革。充分发挥司法的治愈功能,组建“三员一师”家事调解团队,实行“四合一”调解机制,家事审判工作取得新成效。成立法官专业会议,为合议庭正确理解和适用法律提供意见,减少审委会讨论案件数量。有效避免了随机分案机制下,不能因案施人、因案施策的被动审理模式,造成重大案件无人监管。

【依法打击刑事犯罪】　全年共受理刑事案件243件,审结241件,结案率99.18%,判处人犯377人,有期徒刑以上刑罚336人,其中判处三年以上刑期71人。充分发挥人民法院平安建设主力军作用,重点打击交通肇事、危险驾驶、故意伤害等犯罪,共收案223件,判处人犯329人,有力的震摄了犯罪,充分保障了人民群众的生命财产安全。重点打击毒品类犯罪,控制此类案件高发势头,对重点有影响的案件进行电视直播庭审过程,全年审理涉毒案件8件,判处人犯19人,对惯犯从重处罚,其中1人犯被判处18年有期徒刑,形成打击毒品犯罪的高压态势。重点打击网络赌博、非法吸收公众存款涉众型经济犯罪,共收案3件,判处人犯15人,全力维护社会管理秩序。同时在县委领导下重点开展扫黑除恶专项斗争,对近几年已结案件进行全面排查,加强涉黑涉恶案件审理,与检察、公安密切配合,保护人民群众生命财产安全,维护人民群众的生产生活秩序和社会管理秩序。2018年两起涉恶案件已审理完毕,判处人犯13人,均被判处有期徒刑以上刑罚,其中最高刑期为有期徒刑12年。

【全力服务保障县域发展大局】　积极参加省旅发大会、省级文明县城创建等县域重大活动,服从县委调度,出动100余人次提供优质服务。在县城新丰路城镇拆迁工作中,参加2个工作组,带队协调解决在征占拆迁工作中遇到的法律问题,并动员协调拆迁户配合城镇改造工作,均按时完成工作任务。加强重点案件审理,在云龙超市失火案件中,为减轻众多经营者负担,节约诉讼成本,积极主张案件调解,得到普遍认可,调解工作取得突破性进展。抽水蓄能电站占地补偿案成功化解,补偿款顺利发放。在宏江人才家园和影视城小区建设纠纷案件中,协助县政府积极规范建筑秩序,清理建筑领域遗留问题,妥善处理起诉案件与拖欠工程款、货款、农民工工资等纠纷,充分维护了社会稳定。充分发挥民商事审判服务社会大局发展职能,公开审理金融借款、民间借贷、建筑合同等案件,引领社会诚信体系建设,保障企业平稳健康发展。今年共受理民商事案件4734件,现已审结4667件,结案率98.58%。

【加强民商事审判】　充分发挥民商事审判服务社会大局发展职能,公开审理金融借款、民间借贷、建筑合同等案件,引领社会诚信体系建设,保障企业平稳健康发展。全年共受理民商事案件4734件,现已审结4667件,结案率98.58%。同时加强家事审判,在县综治办主导下,12家单位联合印发了《关于建立丰宁满族自治县家事审判及家事纠纷联动综合解决机制的实施意见》,形成家事案件联动机制。2018年共审理家事案件501件,调解362件,息诉114件,切实保障了未成年人、妇女、老年人合法权益,维护了婚姻家庭和谐稳定,促进了社会和谐发展。3月21日全市家事审判工作示范会议在丰宁法院召开，为全市家事审判工作起到了引领示范作用。

【推进行政审判】 坚持监督、支持行政机关依法行政与保护公民合法权益并重。依法审理拆除违法建筑、征收社会抚养费、散煤治理、土地确权等一批涉众型行政案件，全年县法院共受理行政案件65件，全部审结，行政案件发案数在全市位居第十位，取得了良好的法律效果和社会效果。

【攻克执行难题】 2018年是"基本解决执行难"攻坚之年、决战之年。工作中，全院动员，院党组深入执行一线，分别带队督导执行工作，形成上下一心攻克"执行难"的整体合力，部署开展"燕赵利剑""飓风行动""紫塞风暴"等集中执行专项行动。案案建卡，精准施策。依托信息化平台，对每位申请执行人建档立卡、登记造册，做到一案一卡、一案一策，精准执行。重点案件重点突破。对16件涉军审判执行案件，在县委领导下，政府各部门主动帮助协调沟通，全部采取"零强制"的执行措施审执结完毕。达到了军队资产不流失，群众利益不受损，涉案重点企业健康运转的目标。进一步完善执行联动机制。在县委领导下，拓宽联动内容和范围。由县"两办"向全县印发了《关于进一步完善执行联动机制构建综合治理执行难大格局的意见》的通知，对全县各职能单位在联合惩戒、协助执行、宣传执行、打击拒执等19个方面做了明确部署和具体安排。同时由县委政法委牵头，与金融、住建、国土等12个部门联合印发文件，将失信被执行人名单嵌入各联合惩戒部门工作管理平台，在职能范围内对失信被执行人进行资格、准入等限制，真正达到"一处失信处处受限"的效果，法院执行工作初步形成了"党委领导、政法委协调、人大监督、政府支持、法院主办、部门配合、社会参与"解决执行难工作大格局。全年受理执行案件2852件，执结2572件，结案率90.18%，拘留119人，限制高消费2433人，列入失信人名单594人，执行标的11.65亿元。

【强化审判监督】 运用信息化平台进行案件信息管理、审判运行态势分析、审判流程管理、审判质量评估、审判绩效考核，充分发挥信息化在审判管理中的作用。通过案件评查，发现案件审判中存在的问题，及时进行整改。全年评查案件968件，对2017年以来的发还改判案件进行了重点评查，编发《审判质量评查通报》12期。自查2018年以前裁判文书16272份，其中上网文书10928份，未上网文书5344份，发现问题207个，纠正问题207个。受理民事再审案件12件，审结12件。

【努力开展精准扶贫】 县人民法院在开展审判执行本职工作的同时，按照县委的安排部署，将脱贫攻坚工作作为同等任务来抓。落实帮扶助力职责，积极谋划产业。为松木沟村和安营村积极谋划符合当地的暖棚、冷棚、舍饲圈养等产业，实现产业带户。为安营工作组筹措项目资金63(省高院50万+县法院13万)万元，用于产业项目建设。认真开展扶贫档案规范提升工作。举全院之力，共派出40余名干警进村入户，协助工作队做好档案提升工作，努力做到精准、规范。以民生问题为中心，帮助村民解决实际困难。积极与水务局谋划协调，为松木沟、柳条沟、孙家沟3个自然村解决饮水难题。积极与教育局沟通协调，为松木沟学校新建4间校舍，平整操场，向小学生捐献衣物和书包、文具，给孩子们送去温暖。组织全院党员干警切实投入精准扶贫。积极开展"田间地头走访周""秋收走访月""迎新年送温暖"等活动，组织全院党员干警8次集中走访、慰问贫困户432户(安营村103+松木沟村329)，鼓励干警在下乡办案过程中对贫困户关怀慰问，共捐送米、面、油、衣物等慰问品价值21万余元，努力提高群众满意度。加强帮扶村环境卫生整治，协助乡镇对"小黑屋"专项治理。帮助联系村制定日常环境卫生管护办法，从经费中拿出14万元用于包村整治"小黑屋"及乡村环境。一年来县人民法院严格按照县委的安排部署稳步推进脱贫攻坚工作，取得了良好的社会效果。

【推进数字法院、智慧法院建设】 充分发挥信息化在执法办案中的支撑作用，推动信息技术在法院工作中的全面应用。充分运用全国审判大数据对案件进行审理和执行，达到与全国各地人民法院的审判信息互联。成功开通"互联网开庭"系统，在原被告均不到庭情况下实现庭审，已通过互联网成功审理3起案件。全面开通"一案一账户"执行系统，从立案、审理到执行，实现案款一账户管理，杜绝审判执行人员接触标的款。全面运行"CA"认证系统与"OA"办公系统，运用网络办理案件，审批文件。升级改造执行指挥中心，实现了视频会议、现场指挥上的有效对接。

【着力加强法院队伍建设】 县人民法院本着打造一支"政治坚定、执法为民、勇于担当、清正廉洁"的法官队伍,2018年共有18人次和6个部门受到县委和上级表彰。其中,刘自立法官获得“魅力承德十佳法官”荣誉称号,刘阁生获得“魅力承德十佳人民陪审员”荣誉称号。在队伍建设中健全队伍管理制度。完善《干警日常行为规范》,出台《法官岗位职责》等22项规章制度,形成用制度管人,人服制度的良好氛围。加强队伍能力建设。组织20余名干警分批次参加全省法院法官轮训,安排10余名优秀干警进行审判业务讲解,加强中青年干警调研与写作水平,提高干警履职能力。其中有2篇案例入选《2017年中国法院年度案例》,多篇信息在全国、全省法院网站刊登。重视新媒体宣传作用。“两微一端”(微博、微信及新闻客户端)等新媒体运用成为常态,20余专题获《人民法院报》、省、市法院微信公众号转发推介。与河北省高院联合制作的微电影《我不会忘记》荣获全国法院第五届微电影微视频优秀奖,荣获河北省高级人民法院微电影一等奖。

【扎实推进党风廉政建设】 切实推进“两学一做”学习教育常态化。开展了党组领导上党课、机关党支部书记述职和“两优一先”评选表彰等形式多样的专题党建活动,引导广大党员干警提高政治觉悟,筑牢“四个意识”,坚定“四个自信”,做到“两个维护”。坚持“抓党建、带队建、促审判”工作思路,整修党员活动室,设置学习栏,进一步完善配备党建书籍、党报党刊等设施,教育干警争做合格党员。扎实开展中央、省、市巡察反馈意见整改工作,加强政治性警示教育工作,清理“懒政、怠政不作为”现象,开展“一问责八清理”专项活动,以坚决务实的整改态度带动全体干警积极转变作风。党组中心组带头,认真落实中央八项规定,深入推进党风廉政建设和反腐败斗争,严格落实“意识形态责任制”“一岗双责”。加强对全院干警执法办案、工作纪律、公务接待等方面进行监督检查,通过县纪委平台加强公车管理,定期开展纪检巡查和廉政谈话,进一步提高司法公信力。

撰稿/袁风章

附:丰宁满族自治县人民法院领导人员名录

党组书记、院长
王艳军 满族
党组成员、副院长
崔晓明 满族
韩秀军 满族
张建龙 满族
党组成员、政治处主任
胡志生 满族
党组成员、执行局局长
杨晓峰 满族
党组成员、办公室主任
王时光
党组成员、专职审判委员会委员
胡志生
张国春 蒙古族

司法行政

【抓好全县党员领导干部普法教育】 2018年,县司法局全面抓好普法教育。抓好公务员和领导干部的普法教育。结合本县实际制定了全县党政机关企事业单位学习宣传贯彻实施《宪法》的意见和司法行政机关开展《宪法》宣讲工作方案。统一购买500册新修订的《宪法》读本,分送全县各党政机关和乡镇街道,作为各部门领导带头学习宣传贯彻宪法的基本教材,使干部群众认真学习宪法原文,领会、把握宪法修订的时代背景及其精神实质、核心要义,引导广大党员干部群众提高政治站位、树牢“四个意识”、坚定“四个自信”,自觉做到“四个服从”。贯彻落实县委常委会会前学法制度,全年共组织学法讲座10次。按照“七五”普法规划要求,抓好典型示范机关,落实“谁执法,谁普法”责任制。制定了《县直各单位普法责任清单》。2018年是全国和省市“七五”普法中期检查验收之年,县司法局对全县“七五”普法进行了自查,通知各乡镇、县直各部门对照“七五”普法规划,对本系统、本单位(部门)三年来的普法工作进行“回头看”,查漏补缺,健全普法工作台帐,迎接省市“七五”普法中期检查考核验收工作。为做好“12·4”我国第五个国家宪法日的组织宣传活动,司法局联合宣传部等30余个部门举办了一次以“尊崇宪法、学习宪法、遵守宪法、维护宪法、运用宪法”为主题的街头普法宣传活动。组织县第二小学的部分学生来到活动现场,在青少年中普及宪法知识、增强法治意识,引导青少年成为宪法的忠实崇尚者、自觉遵守者、坚定捍卫者,做知法、守法的合格小公民。活动现场共发放各类宣传材料8200余份。各类宣传册1500余册,解答法律咨询50余人次。开展法治进景区普法宣传工作。在旅游村和大型景点内设置与景区管理、生产、生活密切相关的法律法规宣传展示牌,在重点街道进行普法宣传一条街建设;在京北第一草原、九龙松、云雾山、凤山古戏楼、小川故居、燕山大峡谷、喇嘛山、白云古洞等景区、度假村、农家院安装普法宣传温馨提示牌366块;在重要景点、乡村建设法治宣传展示牌26块;编辑印制法律进景区知识读本系列宣传册3000余册。进一步实施“民主法治示范村(社区)”创建工程。按照省市民主法治村建设的标准,年内投资30多万元建设

7个“民主法治示范村（社区）”。树立了法治宣传的橱窗、展牌、专栏，建设了民主法治示范村的图书角、文化墙。

【充分发挥人民调解作用】 为进一步加强县行业调委会建设，充分发挥行业调委会在化解矛盾纠纷、维护社会稳定的职能作用，制定了《关于印发〔行业调委会管理办法（试行）〕的通知》。结合村级组织换届选举工作，下发了《丰宁满族自治县关于做好人民调解组织换届的通知》，对全县乡镇和村（社区）调委会进行换届选举，年内全县共建立人民调解委员会360个，专业性行业性调解组织12个，全县共有人民调解员1800人，形成了一支数量较大的调解工作队伍，人民调解组织在化解矛盾纠纷中发挥着重要作用。提高调解员业务素质。全年共以会代训培训司法所调解员4次，参会人员达90人次，组织调解员学习了人民调解经验技巧，并对新聘用的调解员重点讲解并演示了司法行政基层工作平台的操作步骤。指导司法所定期举行调解员素质提升学习活动，对辖区内村（社区）调解员进行培训，有效提高了基层调解员化解纠纷、制作案卷、上报信息的能力。扎实开展矛盾纠纷排查化解工作。一年来，乡镇、村（社区）调委会共排查出各类矛盾纠纷1180起，调解成功1087起，调解成功率达到92.1%，其中疑难复杂案件38起，涉及金额695.4万元，累计开展矛盾纠纷排查219次，摸排纠纷线索991件，成功预防纠纷129件，共计劝阻群体性上访2件45人次。各司法所代表乡镇、社区人民政府处理矛盾纠纷424件，成功调解394件，参与处理社会矛盾纠纷188件，成功调解174件。未发生因调处不及时或调处不当而转为刑事案件或其他重大事件的情况，切实把矛盾纠纷化解在了基层，消除在了萌芽状态。推动行业调委会发挥积极作用。年内，各行业调委会共调处案件214件，调解成功177件，调解成功率82.71，其中复杂案件112件，涉及金额6507万元。未发生一起因调处不及时导致的民转刑和上访事件，各行业调委会为维护社会和谐稳定做出了贡献。

【社区矫正、安置帮教工作平稳运行】 司法局在全县继续深化“社区矫正和安置帮教规范化建设提升年”活动，确定了社区矫正和安置帮教工作目标任务，并与各司法所签订责任状，明确和压实了基层司法所的管理责任。规范电子监控，实现动态监管信息化。对凡是符合定位条件的社区服刑人员全部实行手机定位，入网率达到百分之八十以上，应定率和执行率均达到百分之百。坚持“微信＋定位”一体化监管模式，每天随时抽查服刑人员，了解动态。并为四名严管人员配备了定位手环。建立联动协同机制，开展联合执法检查。司法局会同县检察院刑事执行局对全县28个司法所的服刑人员采取入户走访、电话抽查、集中学习等形式进行检查，通过检查发现一些问题，限期整改，并写出整改报告。通过开展执法检查极大的促进了司法所的工作使服刑人员的管理和档案都得到了进一步的规范。严格落实主体责任，由分管局长带队对全县28个司法所进行社区矫正业务平台及社区服刑人员档案进行全面检查，对检查发现问题进行整改，有力地推动了司法局社区矫正工作。2018年司法局成为河北省司法厅“以奖代补”资金支持全省县级社区矫正中心建设试点单位，由省厅拨付31.25万元，建设标准化社区矫正中心建设已完成。依据河北省司法厅联合九部门出台的《关于依托社会组织全面加强“阳光中途之家”建设进一步推进刑满释放人员安置教育帮扶的工作方案》，司法局依托驸马山集团建设“阳光中途之家”，进一步加强对刑满释放人员和安置帮教人员的教育，管理和培训，使其正常尽早回归社会。截止到12月初，累计接收社区服刑人员1514名，累计解除1207名，现有社区服刑人员307名。截止到12月初共累计接收安置帮教对象1648名。

【多措并举开展扫黑除恶专项斗争】 成立了局党组书记为组长，分管领导为副组长，各科室负责人、司法所长为成员的扫黑除恶专项斗争工作小组。制定下发了《丰宁满族自治县司法局关于开展扫黑除恶专项斗争的实施方案》《丰宁满族自治县司法局关于扫黑除恶专项斗争不够系统深入问题专项整治方案》。与县委政法委综治办、扫黑办、开发区工委和社区居委会、法院、检察院、公安局等，共同组织开展了“扫黑除恶”宣传活动。宣传活动现场张贴标语悬挂条幅，发送《宪法》《扫黑除恶知识读本》《国家安全教育宣传册》及各种宣传页等材料2400余份。

【打造司法便民惠民服务平台】 加快推进公共法律服务平台建设。认真落实省两办《关于推行“一村（居）一法律顾问”制度的实施意见》、省司法厅《关于建立村（居）公共法律服务工作站和法律顾问微信群的通知》的精神，积极结合开展律师法律服务，推进丰宁县公共法律服务体系建设。司法局起草了《关于加快公共法律服务体系建设的意见》经县“两办”印发了《关于加快公共法律服务体系建设的意见》,在局三楼设立县公共法律服务中心1处,接通"12348"公共法律服务热线,并设立接听席,统筹组织全县律师39名及法律服务工作者43人到村(居)任法律顾问。在全县建成28个乡镇(街道)公共法律服务中心和320个村(居)公共法律服务工作站。共制作公共法律服务标牌348块,工作制度及公示牌696块。县公共法律服务中心成立以来共接待咨询150余次,乡镇、村级公共法律服务站累计接待咨询500余次,律师提供咨询132次,达到为人民服务的效果。

积极推进公证制度改革,公证业务有了新拓展。简化办事程序,提高办事效率。采取上门和预约服务办证,设专人负责日常咨询、解答等接待工作。并制定了一站式服务承诺和涉农服务承诺。偏远涉农的公证事项,由各乡镇司法所、土地所及有关乡镇干部(公证联络员)牵头与公证处联系,以减轻农民办证产生的各项负担。开通服务热线电话,便于群众咨询,为老弱病残等弱势群体开展予约上门办证服务,为贫困群体和老年人减免公证费等。积极为全县重大项目建设服务。2018年在抓好传统证源不放松的基础上,紧紧抓住全县建设项目的每一步节拍,积极为县内的重点建设项目做好保全服务,积极参与双违整治、旅发大会、土地收储、扶贫异地搬迁等重大项目,全程跟踪服务,截止到年底共办理各类公证案件6058件,其中为全县扶贫分红协议和扶贫易地搬迁批量办理5653件、国内民事336件国内经济49件、证据保全类20件。律师体制改革工作积极推进。按照县委、县政府以"两办"文件制定下发的《关于进一步深化律师制度改革的实施意见》,进一步加强律师行业党建工作,共设立律师党支部3个,党员律师15名,实现党的组织和党的工作全覆盖。加强对律师队伍依法严格管理,加强办理黑社会性质组织犯罪案件辩护代理工作的指导、监督和协调工作,规范律师代理行为。全县5个律师所和1个法律服务所全年共代理诉讼案件500件,其中刑事案件59件、民事案件431件,行政案件10件;非诉讼案件46件,其中律师代理涉黑涉案件6起,均履行了报告和审查程序。推进法律援助提档扩面工作。县法律援助中心驻县人民法院和看守所的法律援助工作站均已挂牌成立。2018年1月份正式入驻律师开展值班工作,负责解答当事人法律咨询,免费提供法律服务,为符合条件的当事人或年守所监管的人员无偿提供法律援助,对不符合法律援助的,积极引导并告知其他维权渠道。为认真贯彻落实"大扶贫"战略,县法律援助中心充分发挥职能作用,为全县脱贫攻坚工作增添新举措,把建档立卡贫困户纳入法律援助范围,让法律服务惠及更多困难群众。开通了精准贫困户法律援助绿色通道。全年共接待来电、来访咨询468人次,受理法律援助案件218件,刑事12件,民事206件,其中诉讼204件,非诉讼2件。涉及农民工90件,残疾人12件,妇女56件,未成年人5件,涉军3件,老年人21件,挽回经济损失358万余元。其中受理全县贫困户援助案件123件,代写文书18件,接受咨询367人次,减免律师服务费用48万余元,挽回经济损失200余万元,维护了困难群众的合法权益。

【全面提高司法公开的力度和广度】 按照《承德市"双随机、一公开"监管工作推进方案》的文件要求,在全县司法行政机关推行"双随机一公开"制度,加大对司法行政工作的自我监督和检查力度。对5个律师所、1个法律服务所、1个司法鉴定中心随机进行检查,并将检查结果及时向社会公示,提升了监管效能,激发了市场活力。按照县政府推进行政执法公示制度、执法全过程记录制度、重大执法决定法制审核制度实施方案的要求,制定出局实施方案并成立领导小组,在行政许可、行政处罚、行政检查等行政执法行为中全面推行三项制度。有效促进了执法的规范文明公正,维护了人民群众的合法权益。认真履行司法鉴定职责,弘扬社会正气。全年接受司法鉴定咨询千余例,做法医临床鉴定共计398例,其中损伤程度鉴定378例,伤残程度鉴定20例。全年无投诉及差错鉴定,无超范围鉴定。保障了受害人的合法权利,为社会伸张正义,弘扬正气。

【认真打好脱贫攻坚战】 2018年,司法局包联汤河乡田营村精准扶贫脱贫工作任务。于2018年3月8日成立驻村工作队:政治处主任王秀丽任田营村扶贫第一书记,何海超、何景刚为扶贫工作队员。工作队于3月11日驻村交接开展工作。成立了由局党组书记为组长的脱贫工作领导小组,机关全体干部和下属机关工作人员为具体结对帮扶人,21名干部联系104户建档立卡贫困户,完成县委要求每名干部联系5户的目标要求,全部贫困户全部有人包联。全年共开展入户走访8次,促进贫困户思想上脱贫。积极推动产业扶贫项目落地,实现贫困户产业全覆盖。认真扶持福林种植合作社产业发展,促进产业建设,第一批带动38户,9月份每户获得带动资金1000元,第二批带动30户,11月份每户获得带动资金1000

元;积极推动金禾养殖合作社发展,直接带动6户贫困户带10000元扶贫资金加入金禾养殖项目,每户每年分红700元,连续分红5年;积极挤进县级光伏大产业盘子,建村级光伏电站一座,申报公益岗和生态保洁员36人,每人年获得收入3120~4360元,村集体每年获3万元左右的收入。社会保障兜底保脱贫。村委会严格执行“五保”、和“低保”评定标准,采取应保尽保的原则,将无劳动能力的贫困户定为“五保”或“低保”对象,保证收入来源。将有劳动能力的贫困户通过聘用生态护林员增加建档立卡户每人每年8000元收入;积极协助村民改善人居环境,申请危房屋改造项目,2018年改造3户,新建设3户。为4户贫困户进行了小黑屋治理,吊顶6户,粉刷墙面4家;结合美丽乡村建设,建成广场一个,垃圾场2个,卫生厕所2个,村路两边扩建1100延长米,大大的提高了人居环境。司法局工作人员自入村帮扶以来,认真落实精准扶贫要求,切实解决了贫困户的“两不愁、三保障”。全年有43户85人实现稳步脱贫,有2户2人未达到脱贫目标。田营村实现脱贫出列目标。

撰稿/滕永明

农　　业

【综述】　农业生产平稳增长。2018年全年农、林、牧、渔业完成总产值441306万元，比上年增长3.63%。种植业效益大幅度提高。粮食总产量164862吨，比上年增长3.79%；油料总产量5047吨，比上年增长2.92%；蔬菜产量75.8万吨，比上年增长1.99%。畜牧业产值平稳增长，产量略有增加。全年完成畜牧业产值220073万元，增长51.5%。肉类总产量达到49023吨，下降8.3%；牛奶产量63576吨，下降44%；禽蛋产量17328吨，下降15.1%；年末大牲畜存栏21843头，增长4.6%；羊只存栏147466只，下降28.4%。林业生产有所上升。全年完成造林面积8800公顷。当年零星四旁植树85万株，比上年下降253株，育苗面积达到1983公顷，新增育苗面积703公顷。森林覆盖率54.4%。产业化经营规模快速发展。杏仁、肉牛、奶牛、蔬菜四大生产基地产销快速增长，全年实现产值211438万元，销售产值201116万元，分别比上年增长22.39%和18.75%。龙头企业不断壮大，年内龙头企业达到31个，实现销售收入235218万元，下降4.5%。农业基础设施建设得到加强。全年水土流失治理面积1820平方公里，全年农田有效灌溉面积29630公顷，新增节水灌溉面积865公顷。农业机械总动力472693千瓦，增长0.02%，农村用电量9672万千瓦时，增长1.2%。

种植业

【全县农作物春播种植面积】　2018年，全县农作物春播种植面积125.2万亩，其中粮食作物面积83.2万亩。包括大田玉米41.77万亩、春小麦10.56万亩、水稻0.02万亩、谷子3万亩，豆类2.15万亩、马铃薯12万亩，其他杂粮13.7万亩，油料6.5万亩。中药材10.5万亩（其中占耕地面积2万亩），其它农作物8万亩。

【"京津绿色有机蔬菜基地"建设】　以"绿色有机"为方向，以"高端菜""精品菜"为定位，打造京津绿色有机蔬菜基地。蔬菜种植24.5万亩，其中设施蔬菜2万亩，新增暖棚0.12万亩，新增冷棚0.3万亩；露地蔬菜占地15万亩，其中复种面积5.9万亩，新增面积0.8万亩。

【超额完成农业产业结构调整任务】　2018年，承德市下达丰宁压减籽粒目标任务4.91万亩。全县总计完成农业种植结构调整9.132万亩，其中调减籽粒玉米种植面积5.3045万亩，占市下达任务的108%，已超额完成任务。

【中药材产业】　2018年，承德市农牧局下达丰宁任务新增中药材种植面积1.5万亩，种植面积达到10.52万亩。主要品种有黄芩、柴胡、苦参、黄芪、金莲花、赤芍、猪苓、白鲜皮等。总产量2.26万吨，产值2.8亿元。

【食用菌产业】　2018年，承德市农牧局下达丰宁任务新增100万袋，总计达到5300万袋。主要品种有香菇、平菇、大球盖菇、双孢菇等。总产量2.8万吨，产值2.3亿元。坝上草腐菌的效益与往年基本持平，坝下木腐菌供不应求，效益是近几年中较好的一年。

【杂粮产业】　依托全县农业企业、合作社、种植大户，以流转土地、订单回收、农户自种等形式，2018年全县完成杂粮种植3.8万亩。黄旗皇种植有限公司在黄旗镇建精品杂粮加工厂1处，元始农业种植有限公司在万胜永乡及黄旗镇建杂粮及胡麻油综合加工厂和豆制品及工厂各1处。基本形成了由传统销售向精深加工、品牌创建、文化内涵为一体的综合发展，进一步提高了附加值。

【黄旗小米园区建设】　2018年，黄旗小米园区建设取得突破性进展。黄旗小米有机认证面积达到6000多亩，获得国家地理标志保护产品，地理商标成功注册；禾林合作社出产的小米通过欧盟认证，出口欧洲多个国家，黄旗皇有机小米在京东商城销售火爆，每公斤售价达到150元。2018年，谷子种植面积达3万亩，新增8000亩，助农增收2000万元。

【种植业产业扶贫效果】　按照县产业扶贫全覆盖政策的要求，县农牧局积极推动产业扶贫工作，效果十分明显。中草药产业带动1404户建档立卡贫困户，每户增收1000～3000元。食用菌产业带动贫困户555户，每户增收1000元。杂粮产业带动贫困户2089户，每户增收650～1500元，有效带动全县杂粮产业健康快速发展。黄旗小米产业带动贫困户1300余户，户均增收2000元左右；其中有机谷子种植面积7250亩，新增1550亩，助农增收800万元左右，带动贫困户80余户，户均增收3500元左右。

【有机创建工作】 截止到2018年底，全县有机创建累计投入资金达到10.2亿元，奶业、蔬菜、黄旗小米、特色养殖等有机园区初具规模，生产、加工、仓储、运输、流通等各个环节有效畅通，有机产业链条基本形成。全县42家企业获得65张有机证书，有机种植认证面积达到8.6万亩，养殖业认证数量达到6000头。蔬菜产业，千亩以上有机园区达到10个，北京二商集团、首农集团、新发地市场等巨头企业纷纷与丰宁签订合作协议。昌达公司为72万北京市民配送有机蔬菜；丰大农业北京有机农产品直营网点快速拓展，总数达到40多家，在北京市民中收获了良好口碑。黄旗小米有机认证面积达到6000多亩，获得国家地理标志保护产品，地理商标成功注册。在有机的带动下，全县农业产业呈现出加速发展的可喜局面。全国有机农业示范基地获得农业部批复，被国家认监委评为有机扶贫试点县，经验在全国推广。8月，中外有机农业论坛在丰宁召开，授予丰宁全国有机农业（小米）示范基地证书，丰宁有机农业登上国际舞台。

【旅游发展大会花海打造工程】 2018年，县农牧局将河北省旅游发展大会（简称旅发大会）提到政治高度来对待，局长亲自带队，多次亲临一线指挥。在克服极端干旱等恶劣天气影响下，顺利完成旅发大会御大公路沿线39733亩花海景观项目建设任务，其中大滩镇14200亩、鱼儿山镇10689亩、万胜永乡4124亩、外沟门乡5503亩。种植食葵3618亩，其中鱼儿山镇2240亩、万胜永乡1378亩。御大公路沿线共设计结点6个：围场县进入丰宁外沟门乡交界处设计“丰芜康宁迎嘉宾”大门和花园；外沟门乡三岔口西南处设计“相约美丽丰宁”花园景观；万胜永乡天成号水库处设计“绿水青山就是金山银山”景观；万胜永乡红石砬村中桥东设计“中国——丰宁欢迎您”景观；大滩镇喇嘛波罗村神仙谷设计“七彩花田”景观；大滩镇飞行小镇处设计“燃情世界杯”景观。这一系列工作的开展，为省旅发大会在丰宁的顺利召开奠定基础。投入1350万元用于地租费，沿线1571户受益，使当地贫困户增加收入，同时有效推动产业扶贫工作。

【项目工作】 京津风沙源治理二期草地建设项目稳步推进。2017年京津风沙源治理二期草地建设项目设计飞播种草3万亩、人工种草1.8万亩、围栏封育1.8万亩、暖棚5.7万平方米、储草棚1.8万平方米。2018年底前，飞播种草3万亩、暖棚5.7万平方米、储草棚1.8万平方米已按照批复的作业设计完成。

环保项目落实情况。粪污资源化利用整县推进项目资金4500万元，已经省发改委和省农业厅批复完成，正在招投标中；秸秆综合利用试点县项目总投资900万元，已完成企业遴选工作，正在进行机械购置。

2017年旱作农业技术推广项目。经县扶贫开发领导小组整合资金240万元，由农牧局在坝上蔬菜主产区大滩、鱼儿山、万胜永和坝下水源保护地的土城、黄旗总计5个乡镇，整乡推进废旧地膜以旧换新工作。总计11.3万亩，涉及39个贫困村，共增设残膜回收网点20个，招投标采购厚度0.01毫米地膜184吨，用于以旧换新。已回收残膜200余吨，部分残膜已加工成颗粒，置换地膜90多吨。

2017年的耕地质量保护提升和化肥减量增效项目。该项目资金总计20万元，重点用于县城水源保护地的3个蔬菜合作社，增施有机肥和化肥减量增效试验示范，面积320亩，每亩补贴商品有机肥500公斤。

粮改饲项目。2018年共下达粮改饲项目资金1200万元，按照制定的实施方案要求，青贮测量验收已全部完成，正准备资金发放工作。

农机具购置补贴项目。2018年全县共完成农机购置补贴资金360.61万元。共补贴各类农机具527台，其中耕整地机械85台，收获机械4台，田间管理机械162台，种植施肥机械24台，畜牧水产养殖机械5台，动力机械247台，其他机械8台，直接受益农户445户。完成年度农机购置补贴任务，做到县内购机农户应补尽补。

农机深松整地作业项目。2018年省安排丰宁农机深松整地作业补贴项目18万亩（其中，常规深松15万亩，高标准深松3万亩），国家补助资金570万元，已全部完成深松作业项目实施。

【植物检疫及农资执法】 加强植物检疫和病虫预测预报，定期发布病虫情报，全年完成病虫情报20期。上报各类业务报表300余份，全年病虫长期预报准确率达到90%以上，中短期预测预报率达到98%，全年没有出现重大病虫害成灾危害。加大种子市场检疫，抓好产地检疫，严格实行检疫申报制度以及开展检疫性有害生物调查工作，确保全县植物检疫工作的落实。

认真执行种子、化肥、农药等农资经营许可制度，经举办培训班、实地审核，已通过审核办证的30家，其他正在整改中，经严格审核后合格的再给与发证。截至年底目前，共办理种子违法经营案件11起、农药案件8起；群众举报投诉案件9起，均已全部结案。公安移交案件1起，计罚款金额3.3万元。

【产业扶贫】 加强组织领导。农牧局高度重视产业扶贫工作，成立驻村工作领导小组及结对帮扶工作领导小组。以精准扶贫政策为指导，以创立“重点产业为主导，其它产业为补充”的产业扶贫全覆盖体系为总抓手，培育光伏、养殖、蔬菜、等特色主导产业，加快农民增收步伐，让每一个贫困户都有生产经营性收入或财产性收入。先后5次召开专题班子会议研究部署扶贫工作，局领导班子成员先后进村慰问、调研35人次。积极发挥扶持引导作用，与各项产业精准对接，抓好产业扶贫工作确保完成年度目标任务。开拓性创建3种扶贫模式：1.乐拓牧业固定资产收益模式，带动小坝子乡、万胜永乡2个乡10个村1110户2104口人，人年均增收2000元，村集体收入5万元不等。2.元始公司的“公司+农户+基地”扶贫模式，贫困户收益不低于1000元。3.众鑫食用菌合作社“122”扶贫模式，即一个贫困户每年1万袋食用菌，每袋2元钱，年收入2万元。乐拓牧业获得河北省脱贫攻坚奉献奖，元始种植有限责任公司获得河北省脱贫攻坚创新奖，顺达集团获得全国万企帮万村扶贫攻坚行动先进单位称号。

加强对驻村帮扶工作组的管理。强化驻村干部政治意识、责任意识、纪律意识，充分发挥驻村工作组作用。工作队先后多次进入帮扶村南关蒙古族乡长阁村、西官营乡西官营村贫困户家中走访，进一步宣讲扶贫政策，谋划脱贫方案，解决贫困户的急难问题。在贫困户精准识别“回头看”的行动中，对贫困户、脱贫户再次认定，做到不错评、不漏评、不错退。在扶贫基础工作规划提升专项行动中，农牧局先后出动400人次，前后1个月对西官营村贫困户和脱贫户精准施策落实情况进行了详细的摸底，对基础档案工作进行了规范整理。在“市考县”的考核工作中，农牧局驻村帮扶工作得到县有关领导的充分肯定，并做为乡典型进行推广。

做好结对帮扶工作。先后选派194名干部职工到5个乡镇8个行政村774户贫困户家中，进行结对帮扶工作。截止到年底，已统一组织帮扶责任人入户5次，实际入户均达到7次以上。想方设法筹措资金，解决西官营村小黑屋清理整治，先后2次送米面粮油慰问贫苦户，关心部分鳏寡孤独生活问题，为他们送衣服、行李等必需品，做到真扶贫、扶真贫。严格规范产业扶贫档案登记管理，做好产业扶贫验收相关工作，确保年底产业扶贫工作顺利通过省级、国家级验收。

【新型职业农民培训】 2018年，新型职业农民培育工作以农业全覆盖项目为主，围绕重点产业和扶贫攻坚工作在全县范围内开展。新型职业农民培育项目农村脱贫带头人培训699人，完成双创双服活动培训455人，学员综合满意度评价在80%以上；农技补助项目建设3个县级示范基地，农技人员培训130人；完善智慧农技推广云平台143个；培育农业科技示范主体143个，辐射带动周边715户普通农户增收致富；全县推广农业主推技术15个，主导品种43个，主推技术到位率在95%以上，农业科技示范主体抽样满意度超过95%，农业技术推广公共服务对象抽样满意度超过70%。完成“京津冀一体化”农村实用人才培训3期89人次。

【新能源建设】 2018年，全县新能源建设以户用光伏扶贫工程、农村能源清洁开发利用工程为中心，以贫困人口脱贫增收、大气污染防治、能源结构调整和节能减排为目标。对2017年安装的1600户户用光伏档案进行了核查整理，并录入国家扶贫开发系统，逐村逐户对户用光伏系统发电量等进行调查，确保贫困户收益稳定。

撰稿/毛建谊

农业开发

【农业产业化开发项目资金使用情况】 2018年，上级共下放丰宁农业产业化开发项目资金共计2874万元，包含2017年批复的平安高科项目涉及的944万元，其他1930万元资金全部用于扶贫产业项目建设，已安排产业项目7个。其中村级资产收益项目3个、产业扶贫发展项目4个，重点向贫困户食用菌、蔬菜项目倾斜。

【生态产业建设深入推进】 生态建设与脱贫增收有机结合。县财政设立专项补贴资金，扶持发展生态林和以干鲜果品为主的经济林，培育发展中药材、食用菌、特色种养殖等林下经济。同时积极发展生态+旅游业，通过发展旅游专业村，带动景区周边贫困人口实现稳步脱贫。

【新型农业实现大踏步发展】 2017年报批的第一批资金扶贫整合项目计划如期完成，总投资2081万元（全部为财政资金），着重在贫困地区建设高标准农田1.6万亩，并健全水电路讯等配套设施。2017年度开始兴建的农业综合开发创新园区试点项目工程，建设验收完毕；土地治理试点项目建设在坝上地区，产业化项目设立在开发区，同步完善水电路讯等配套设施和技术支持。项目总投资6100万元，其中财政资金4000万元（包括中央财政资金2850万元，省财政资金1150万元），企业自筹2100万元。2018年整合资金土地治理项目工程正在推进。2018年整合资金土地治理项目计划总投资1696万元，其中中央财政资金1546万元，省级财政资金150万元。

撰稿/李云辉

林 业

【主要工作完成情况】 2018年，县林业主管部门紧紧围绕京津冀水源涵养功能区核心区建设，以生态建设和扶贫攻坚为重点，大力实施生态立县战略，林业各项工作取得新进展。

全县全年完成造林21.9万亩。完成重点林业工程11.8万亩，其中京津风沙源治理6.1万亩、京冀水源林2.7万亩、千松坝林场造林3万亩；完成其他林业项目2.769万亩，其中张承高速绿化0.9万亩、异地造林0.4万亩、村庄和环村林建设0.669万亩、天然林封育0.8万亩；完成经济林建设6.2万亩，其中特色果品0.5万亩、苗木2.7万亩、山桃山樱桃和沙棘1.9万亩、山杏改造1.1万亩；完成社会造林和水务、园林、国土、交通等部门造林1.19万亩。

开展森林抚育经营，完成森林质量提升13.1万亩。

全县共发放林木采伐证963份，消耗蓄积41415.5立方米，产材32612.3立方米。

完成无公害防治面积8.05万亩，林业有害生物“四率”指标均达到国家下达要求标准。

【加快建设水源涵养功能区】 2018年，县林业主管部门以县城周边、潮滦河流域、通道两侧、旅发大会沿线、沙化土地和水土流失严重等生态脆弱区为治理重点，按照分区治理、分类实施的原则，大力实施京津风沙源治理、千松坝林场造林、京冀水源林等重点造林工程，全县完成重点工程造林11.8万亩。建成选将营乡郎栅子、偏道子联村和外沟门乡大河西、外沟门联村万亩连片封育规模工程2处，建成五道营乡三道营村、黄旗镇大院村、土城镇毫村沟门村等千亩以上人工造林精品连片工程9处，有力推动辖区生态环境进一步好转，水源涵养功能进一步增强。9月，国家林草局对丰宁工程造林保存率、成林情况进行核查，工程造林保存情况通过国家核查。

【加快落实生态扶贫战略】 2018年，县林业主管部门制发了全县《林业生态扶贫方案》，按照“生态扶贫、农民增收”的林果产业发展思路，强力推进特色果品、山桃、山樱桃、苗木花卉基地建设。全县新增特色果品0.51万亩、苗木花卉2.7万亩，山桃、山樱桃、沙棘1.9万亩，山杏低质林改造1.1万亩。依据《丰宁满族自治县脱贫攻坚产业全覆盖及农业产业结构调整工作实施方案》，出台了《林果产业项目扶持政策实施细则》，降低政策扶持门坎，加大产业扶持力度，建成观光采摘、油用牡丹、大榛子、大果沙棘、欧李、黑枸杞等重点种植示范基地6个。建成草原乡草原村、东窝铺村大欧李500亩，贫困户用扶贫资金入股，大户经营，受益后分红，直接带动贫困户168户。石人沟乡凌营村吕国发展家庭林场，有效带动当地贫困户脱贫。依托宏森木业公司发展“林果药游”一体经济，在汤河乡料坡道村通过政银企户保发展模式，促进全村51个贫困户年均增收3000元。

按照生态扶贫思路，2018年全县实施林果产业全覆盖项目58个，发展特色果树0.51万亩，带动贫困户1400户；依托生态护林员项目，聘用2063个建档立卡贫困人口担任护林员，每人每年工资收入8000元；全县民营公益林172万亩、天然林保护340万亩，年补助金额7680万元，覆盖全县26个乡镇1个园区144个贫困村；直接参与造林工程贫困人口615人，全县通过生态扶贫可使7100人受益，3000多个家庭能够脱贫。

【实施县城绿化和美丽乡村建设】 县城及周边绿化以“增景补绿”为重点，对县城街道进行全面补植，共栽植乔木286株、绿篱5万株；完成县城南迎宾路南山湾至新111线段5.4公里、张承高速撒袋沟门至东坡庙段11.4公里、新111线撒袋沟门至胜利街口6.3公里绿化，累计完成绿化面积400亩。按照“增绿添景”的美丽乡村建设目标，根据县农村人居环境整治三年行动实施方案和深度贫困村环村林建设要求，编制完成全县27个深度贫困村绿化方案，结合旅游发展大会沿线绿化和党员示范林建设，共完成绿化面积6690亩。在树种选择上以本地优势乡土树种为主，常绿树种与彩叶树种搭配，乔灌木结合，提高景观效果。

【争取林业建设多元投入】 加强与北京市园林局、怀柔区园林局、天津果树研究所等域外机构交流合作,争取资金、设备、技术投入县内林业建设。2018年,北京市园林局在丰宁开展了林业碳汇能力监测,为丰宁下一步开展碳汇交易提供基础数据。同时,对丰宁开展森林碳汇交易进行详细指导。是年春,怀柔区园林绿化局在南关蒙古族乡指导建设了现代化示范果园180亩,无偿提供苗木1万株,叶面肥2.5吨。在资源保护联防联治方面,北京市园林局重点对丰宁远程监控系统进行完善。怀柔区园林局组织开展了红脂大小蠹、松材线虫防治培训,无偿为丰宁提供防治药品1吨。8月,天津市林业果树研究所驻丰宁工作站成立,将长期对丰宁林果产业发展提供帮助。9月,中国经济林协会大榛子分会会长、怀柔区园林局专家专程到丰宁进行现代果品栽培技术培训,通过技术培训、现场教学进行技术指导工作。经与中华环保基金会合作,引进资金60万元在小坝子乡实施立体复层混交造林项目121亩。此外,引进丰田公司资金120万元,在草原乡完成造林600亩。

【巩固生态建设成果】 加强管护队伍建设。以全县民营172.1万亩公益林、342.06万亩停止天然林商业采伐项目、造林工程为重点,全县新选聘停止天然林商业性采伐、公益林、生态护林员4599名,其中生态护林员2063名。春季针对盗挖大树增设临时护林员80名,加强日常巡护。

加大林木采伐管理。坚持限额采伐与“三服务”(服务企业、服务项目、服务基层)相结合,认真落实林木采伐“六项制度”(限额采伐制度、受理登记制度、现场勘验制度、伐前公示制度、网上办证制度、更新改造制度),所有采伐,根据采伐申请统一立会审批,对重点工程占地采伐,实行现场办公,保证了依法征占、依法采伐。

严格林地使用管理。立足服务县域经济发展,完成旅发大会飞行小镇、皇封山驿站、中国马镇、神仙谷、小北沟旅游综合体项目占用林地1198亩审批工作,确保各项目按期完成;为风电、异地搬迁、防火道等建设项目永久占地597.6亩,大唐风电临时占地占地100.9亩,按时限完成审核批复。结合省森林资源二类调查,完成全县林地保护林利用规划调整工作。

开展有害生物防控。加强林业有害生物监测预警体系建设,及时发布虫情警报,重点开展红脂大小蠹、松材线虫、尺蠖等防治工作,积极开展重点防治和联防联治,实施产地检疫面积3.1万亩,全县未发生重大林业有害生物灾害。

狠抓森林防火。进一步细化了防火工作的主体责任、督导责任和领导责任,落实责任追究机制,完善火险预警和监控体系,严控森林火灾发生。

强化林政执法。进一步完善了林政执法队伍,更新执法装备,主动出击寻找案件线索,积极采取联合办案,累计处理野外用火、滥发林木、擅自改变林地用途等违法案件56起,处罚金额86万元。完成省林业厅下发的385个疑似违法占地核查工作,对其中11处违法行为进行了调查处理。

严格湿地公园管理。加强湿地日常管护,以海留图国家湿地公园为重点,聘用10名专职管护人员长期巡护,新制作安装湿地宣教、警示牌97块,同时对湿地围栏进行了全面整修。

推进林业碳汇项目开发。上半年完成林业碳汇项目开发方案编制工作,确定了开发规模,制定了运作方式,年底完成项目设计上报工作。

撰稿/张雪峰

国有林场管理

【重点工作任务完成情况】 2018年,丰宁国有林场管理处应完成水源涵养功能区造林绿化项目,造林绿化2.6万亩(其中:造林1.1万亩,封育1.5万亩)。

完成2018年度京冀生态水源保护林建设合作造林项目造林6000亩(其中:两间房林场完成3000亩,千沟门林场完成2000亩,富贵山林场完成1000亩)。主要栽植油松+蒙古栎、油松+山杏、油松+桦树。

完成京津风沙源治理工程人工造林5000亩(其中:千沟门林场完成1000亩、王营林场完成2000亩、黄花岭林场完成1000亩、草原林场完成1000亩)。主要栽植油松+山杏、油松+桦树、油松+蒙古栎。

完成封山育林15000亩(其中:邓栅子林场完成5000亩、平顶山林场5000亩、四岔口林场5000亩)。项目区围栏、辅助造林均已全部完成。

【大滩林场超额完成造林任务1600亩】 2018年,在完成京津冀水源涵养功能区重点任务造林的基础上,大滩林场超额完成生态扶贫造林项目1600亩(其中:沙梁子营林区380亩,小坝子鹿角沟1220亩)。主要栽植云杉+樟子松,工程已经全部完成等待验收。

【森林质量得到提升】 2018年,国营林场管理处全系统共完成中幼林抚育工程13万亩,完成投资1300万元,国有林区森林质量得到提升。

【如期完成本部门承担的旅发大会任务】 积极服务河北省旅游发展大会项目。永太兴旅游服务区、茶盐古镇、永太兴行宫是旅发大会的重点项目,在工程建设过程中,国有林场管理处派出得力人员跟班服务,如期督办完成项目建设并投入使用。为旅发大会提供中国马镇、星级宾馆等用地747.7亩,为永太兴景区周边项目建设提供林地36亩,通过多次协商解除了原租赁方高东升、刘振强、骑马假日、马球俱乐部等投资商与大滩林场的土地租赁合同为旅发大会提供了闭幕式场地。为省旅投公司项目建设无偿提供办公场所一处,提供房屋15间并进行了装修,整修了电路,打井1眼,架设安装无线网络等基础设施,为旅投办公营造了舒适的办公环境。管理处被评为省第三届旅发大会先进集体,有4名个人受到表彰。

【国有林区防火组织、防火基础持续加强】 管理处根据不同时段的森林防火特点,及时研究部署不同时段的森防工作任务。定期或不定期组织检查组,对各林场进行防火检查。处领导经常到各包保林场督促各项防扑火措施的落实。各林场充分认识森防工作的严峻性,在落实森防工作时从大局出发,将此项工作当成一项政治任务来完成,集中主要精力,不惜一切代价,举全场之力,强基础、绝火源、明责任、立措施、真抓实干,落实"预防为主,积极消灭"的方针和各项责任,为确保不发生重大森林火灾提供了组织保障。

【林区群众森林防火自觉性明显提高】 各林场开展了大规模的宣传教育活动,采取固定广播、出动宣传车、悬挂防火警示旗、张贴标语、悬挂条幅、制作防火警示牌、发放明白纸等方式,广泛深入地开展宣传教育工作,为森林防火工作创造了良好的舆论氛围,进一步提高了广大林区群众森林防火的自觉性。

【国有林区森林防火预防水平大幅提高】 进入森林防火戒严关键期,各林场对重点地区、重点地段和入山重要道口实行封山戒严,严格执行野外用火管理制度,严禁一切人员入山作业。同时,在森防戒严期,加强对林场景区景点的管理,确保野外不吸烟、入山不带火。通过有针对性地采取措施,有效地控制了火源,最大限度地减少了火险隐患。

【国有林区实现毒品零种植】 2018年,国林管理处认真贯彻落实县委、县政府禁毒工作指示精神,打好禁毒主动仗。大力宣传禁毒工作的重要性,共张贴、书写禁毒标语900余条;成立组织,落实责任,共签订禁毒铲毒责任书11份;对林场可能种植毒品区域,组织人员上山进行实地踏查,年内国有林区没有发现种植毒品行为。

【林场职工医保问题得到彻底解决】 国有林场改革后,林场职工医疗保险问题作为改革遗留问题一直没有得到解决,拖欠医疗保险款1893万元。2018年上半年,管理处通过会议研究决定,将旅发大会占用大滩林场土地补偿款600万元均摊匀散到各林场,再加上林场自筹款等措施,自行解决了拖欠医疗保险款问题。

【九龙湾遗留问题基本得到解决】 九龙湾家园工程于2011年11月正式开工建设,2014年12月30日交付使用,后期遗留问题近几年一直影响着国有林场整体工作。到2018年底前,后期保修及维护工作已基本结束,工程验收等各项工作进度加快,职工反映的问题基本得到解决。

【全年无信访案件发生】 管理处主动配合县综治委、县信访局做好综治和信访工作。加大综治和"平安建设"宣传力度,加强综治工作制度建设,强化综治工作机制,明确责任,把综治和信访工作与林场业务结合起来一起抓,做到同计划、同部署、同总结、同考评,形成了"谁主管、谁负责"和"一级抓一级""管好自家人,看好自家门"的运行机制。以安全生产隐患集中排查,平安单位创建,打击非法侵占林地、违法野外用火、散撒放牧,社会矛盾集中排查等专项活动为抓手,确保林区平安。2018年国林管理系统实现了零刑事案件、零安全生产事故和零上访的好成绩。

【驻村扶贫工作取得阶段性成果】 2018年,管理处将扶贫工作作为全年工作重中之重,紧紧围绕县委县政府工作部署抓落实。派最优秀的干部驻村扶贫,先后8次组织帮扶责任人去黑山嘴镇西两间房村、南关蒙古族乡骆驼鞍村,通过实地走访,了解村情民情,为脱贫出谋划策。每逢传统节日,要求帮扶责任人为建档立卡贫困户、已脱贫享受政策户送慰问品。卫生攻坚日,组织职工帮"五保户"擦玻璃、打扫卫生、治理小黑屋,通过一系列活动拉近帮扶责任人与贫困户的距离,让贫困户真正感受到党的政策温暖。同时,协助驻村工作组、村两委班子为脱贫致富出注意想办法提建议,使驻村扶贫工作不断上台阶。

年内,驻村工作组为帮扶村解决民事纠纷60余起,树立了扶贫干部形象,使百姓生活更和谐。投资40万元为西两间房村荒山造林1000亩,投资5万元为西两间房村建垃圾填埋场1处、建垃圾池3个。扶助西两间房村主村街道硬化项目全面竣工,工程建设面积25000平方米，总投资165万元（其中管理处筹措资金68万元），实现了水泥路户户通，使帮扶村告别了“晴天一身土，雨天两脚泥”的历史。

完成帮扶村农村文化广场和戏台项目投资20万元。村级光伏电站项目于11月底建设完成，光伏扶贫资金1－10月份每人260元已经发放到位，同时利用光伏扶贫资金和县整合资金一起为31户贫困户设立公益岗，每个月贫困户获得收益570元。

撰稿/陈秀玲

森林安全保卫

【**执法办案情况**】 2018年，县森林公安局共受理各类涉林案件122起，办结案件109起，其中刑事案件18起，办结7起、不予立案3起、正在侦办8起。办结治安案件19起，办结林业行政案件83起、正在办理2起，行政罚款46万元、处罚109人。

森林防火案件。全年共接火警90次，处置火情44起，同比分别上升64%和22%，未发生较大森林草原火灾。

舍饲禁牧案件。全年共处理违规放牧案件175起，其中局执法大队处理120起，森林派出所处理55起；协助乡镇处理禁牧疑难案件207起，处理阻挠执法案件34起。

【**森林资源保护工作**】 履行职责、严厉打击。按照省、市局的统一部署，积极开展“四金”（金剑、金盾、金钺、金网）等专项行动，严厉打击盗伐、滥伐、非法采挖和运输苗木、擅自野外用火、非法占用林地和非法狩猎等各类破坏森林资源的违法犯罪行为，有效保护了森林资源和生态建设成果。

夯实基础、防患未然。深入林区调查走访，开展宣传教育活动，掌握林区治安动态，增强群众防范意识，加强基层基础工作，完善信息网络建设，提升林区治安防控能力。年内受理群众举报违法线索110余条。利用天眼工程项目投资82万元，在林区安装摄像头86个、存储器16个。安装语音提示监控摄像头110个。年底前林区安装有语音提示及视频监控摄像头322个，重点林区、森林公园基本实现全覆盖。争取北京市森林公安支持，新安装远程视频监控设备8套，全县森林防火远程监控设备达15套，可监控林区面积达到4000余平方公里。

【**森林防火工作**】 防火宣传。发布张贴县政府防火命令和市政府防火命令2500份、森林草原封山防火公告3000余份；在电视台播放防火新闻、县级领导值班、公益广告280多条，播放森林火险等级预报、高森林火险预警信息、森林防火公益广告和游走字幕1440条次；整合项目资金400余万元，增设刷新宣传碑牌35处，建设防火宣传塔6处，设立语音提示杆110个，张贴宣传标语6500余条次，出动宣传车860台次，悬挂防火宣传条幅60条，警示旗13500面，开通农村喇叭广播，进村入户发放明白纸10万余份。

督导检查。出动督导巡查人员760余人次，车辆320余台次，下发通知、方案2个，发现森林火灾隐患58处，下发隐患整改通知书58份，均已整改完毕。

技术防范。利用视频监控系统严密监视林区动态，并对相关工作人员进行培训，使之能够熟练使用操作地理信息查询、火险因子采集、北斗定位等功能以及熟悉信息报送程序，确保及时发现火情，提高火情预警能力。同时，开展隐患排查整治行动，督导乡镇落实“五项清理”工作，春防期间共清理林边104千米、地边129千米、矿边45千米、坟头2700余处、隔离带80千米。

装备提升。为加强县乡专业森林消防队和林场准专业队伍建设，提高扑救能力，投入资金总额175.538万元，其中投资135.16万元，补充消防水泵、割灌机、新式阻燃服、防火专用扑火靴等；争取北京市园林绿化局22.92万元，用于购置风力灭火机、扑火单兵装备等；争取怀柔丰宁对口帮扶资金17.458万元，用于购置灭火弹、组合工具、灭火水枪等扑火物资。

【**禁牧工作**】 及时处理群众举报。对群众来信、来电、来访反映的禁牧问题，及时交责任乡镇调查处理，限期反馈处理结果，并将执行情况列入乡镇年终考核依据。截至年底前，共受理群众反映违规放牧86起，转交督办86起，收到乡镇反馈处理结果75起。

加大政策宣传。通过广播、电视、标语等多种方式进行禁牧宣传，同时禁牧大队人员进村入户，对养殖户进行禁牧圈养、生产生活等情况调查摸底，开展宣传工作，督促群众自觉遵守禁牧政策。

加强督导检查，发现问题限期整改。已对全县26个乡镇120余个村进行督导检查380余次，出动车辆500余台次、人员1000余人次，下发整改通知书11份，均已督导完毕。强化巡查打击。执法大队与乡镇政府及相关部门进行联合行动，对旅游沿线和坝上接坝地区进行集中整治。对揽群放牧现象进行彻底清理。积极开展禁牧攻坚行动，发现违规放牧及时打击处理，有效遏制了散撒放牧现象。

【**宣传工作**】 全年共编发《森林公安简报》37期，其中反映森林公安工作95篇、森林防火工作49篇。在国家级网媒刊发1篇,省局网站刊发22篇,市级刊发69篇,丰宁政府门户网站刊发123篇,市、县电视台播出反映森林公安节目27期。

【信访稳定工作】 全年共接待各类涉林信访案件48件,其中上级转办案件25起(省级2件,市级7件,县级16起),接访群众23人次。年底前,已办结44件,4件正在办理中。

【基层基础建设情况】 严格按照上级要求,更新林区基础台账23本;丰富"三情四网"("山情、林情、社情","群防网、联防网、信息网、协查网")、"耳目建设"及涉林矿山企业、木材加工厂、森林景区公园等信息8375条;按照派出所等级标准,投资1.98万元,用于平顶山、邓栅子、干沟门、两间房、黄花岭、大滩派出所桌牌、门牌、上墙制度、公示栏及展板制作;按照县里统一安排,争取资金154万元,进行5个派出所燃煤锅炉改造工程,两间房、黄花岭派出所已安装独立变压器、完成燃煤锅炉改造电取暖锅炉工作;投资27万余元更换森林公安政法网电脑、购置警用执法记录仪等办案设备;投资近869万元的森林公安局业务技术用房、森林消防队营房、县森林草原防火物资库项目正在建设中。

【扶贫工作情况】 县森林公安局按照县里要求,入户走访、制定扶贫工作计划,并同驻村扶贫干部及村"两委"班子,就更好开展帮扶专项工作进行深入探讨。为帮扶对象汤河乡下庙村招商引资5000万元,用于建设肉驴养殖项目,一期项目资金1500万元已到位,主要用于幼驴购置和驴舍建设;筹措10余万元资金,维修建桥,已完工;按照每50亩一眼在全村耕地实施水井施工,已申报县水务局;水坝项目列入全县2019年规划实施方案;在4个自然村每村修建一座公厕,已申报县爱卫办和美丽办。结对帮扶波罗诺镇河南村、波西村、波东村、老营盘村、哨虎营村,年内对350户建档立卡贫困户逐户走访10余次,给帮扶对象宣传扶贫政策,送去了米、面、油等价值近20万元慰问物品。通过入户走访,对了解的致贫原因及帮扶情况认真登记造册,发现40余户贫困户属于危房,帮扶责任人及时向村里申请了危房改造,帮助60余户小黑屋家庭进行了彻底的卫生环境清理。帮带非贫困村凤山镇坝汉沟村、佟栅子村,局领导与村委班子成员召开恳谈会,听取两村基本情况介绍。下步将选派工作责任心强、综合素质高的民警参与帮带扶贫工作,加强与村支两委的工作对接,及时了解和掌握村情民情,积极推进帮带扶贫各项工作。积极构建和谐警民关系,结合"开展田间地头走访周活动",到定点帮扶村汤河乡下庙村走访54户贫困户,送油、面等价值17000余元的慰问品。

【县委、县政府交办任务完成情况】 2018,县森林公安局圆满完成了河北省第三届旅游发展大会丰宁会场安保、紧急疏散坝上暴雪受阻旅客任务、专业森林消防队伍春季演练比武、职教中心新生入学军训、全县民兵预备役军事训练等各项工作任务。

通过全体同志不懈努力,2018年丰宁森林公安局被河北省森林公安局授予"天眼工程"建设先进单位、2017年度新闻宣传先进单位,被市局授予2017年度政务信息和宣传工作先进单位,大滩森林派出所被省局授予三等功奖励。

【队伍建设情况】 推进"素质工程、平安工程、信息工程"建设,提升班子和队伍凝聚力和战斗力。扎实开展了纠正"四风"和加强作风纪律专项整治、"一问责八清理"专项行动整改"回头看"、开展田间地头走访周、行政执法三项制度改革"回头看"等系列学习活动;开展以"对党忠诚、服务人民、执法公正、纪律严明"为主题的核心价值观教育实践活动;全体同志认真查找、剖析和整改在政治信念、工作作风、警风警纪等方面存在的问题。积极开展班子成员讲党课、讲业务活动,聘请县委党校讲师及业务骨干组织学习培训10余次。选派2名民警到省局、市局学习锻炼。落实从优待警措施,为11名所长、指导员解决了高配副科待遇,通过考试8名事业人员充实乡镇扶贫一线工作。通过开展系列活动,进一步树立了思想坚定、勇于担当、严守纪律、廉洁执法、规范办案的良好风气。

撰稿/兰亚雷

千松坝林场建设

【圆满完成全年造林任务】 2018年,按照省林业厅及市县造林绿化总体要求,千松坝林场积极与项目区乡镇、村合作、协调造林地块,严格执行生产网格化管理体制,保质保量地完成了2018年造林任务和相应配套设施建设。全年完成造林3万亩,其中人工造林2万亩,封山育林1万亩。完成了2019年、2020年造林工程设计工作,并上报国家造林项目库。完成了2015、2016、2017、2018年工程验收工作。

【实行工程建设网格化管理机制】 严把设计招标关。工程设计本着实事求是严格标准的原则,工程招标严格按有关招标管理办法和程序进行，为工程建设科学、规范奠定基础。严把生产关。在生产环节实行生产科综合指导，各分场场为主要责任人，各林长为直接责任人的管理体制，对工程整地、苗木栽植、基础设施建设等环节实行全程指导监管。严把苗木质量关。工程建设用苗采取生产科、分场、育苗中心三方共检和林长监督栽植制度，做到苗木不合格不准栽植，苗木不合格不予验收。严把整改关。严格落实工程整改方案，对不合格的工程及时提出整改方案，并监督整改全过程，使工程质量明显提升。严把验收关。2018年，总场抽调精干人员，成立2个验收小组，对2016年、2017年、2018年度工程及2015年度整改工程进行全面细致的检查验收，实行严格的责任制，杜绝“人情验收”，对认真履行合同、质量好的工程及时结算工程款，向绿化公司颁发优质工程证书。对工程质量存在问题的不结算工程款，下达限时整改通知，并限期整改，对不整改的公司列入工程招标黑名单。通过实行工程建设网格化管理机制，使工程质量显著提升，生态效果日益凸显。2018年工程合格率达到100%。8月6日《新华社》报道了丰宁千松坝林场造林工程建设情况。

【实行资源管护网格化管理机制】 严格落实森林防火安全责任制。建立起林场、乡镇、村、森林公安四级护林防火执法联动体系，强化全员、全区域、全天候“三全”护林、防火、执法管护机制，年内没出现火险、火灾。严格落实管护责任机制。每个工程区实行护林员、林长、执法队长、分场长四级联保责任体制，层层压担子，明责任，工程区内形成各标段、各片区有人管、有人护的局面，年内没出现重大毁林事件。对重点工程和承包到期的工程实行一事一议。采取委托第三方承包管护办法进行管理，对承包到期工程进行移交并签订了新一轮管护协议。快速反应科学防治。圆满完成了滦河源工程区6000亩病虫害防治工作，有效的保护了生态资源安全。实行“资源管护网格化管理机制”，确保了全场109.19万亩生态资源安全，特别是2016－2018年5万亩人工造林、1万亩封育工程得到有效保护。2018年8月1日河北省人大常委会副主任王晓东带领调研组，来场进行生态资源资产管理调研时，对林场生态建设成果给予高度评价。千松坝林场近二十年生态建设成果也引起了社会广泛关注，7月16日《人民日报》以《千松坝上松成林》为题报道了林场多年生态造林成果。

【完成樟子松良种繁育建设项目】 在北京林业大学科研团队的指导下，林场圆满完成了樟子松良种繁育项目的种子园、母树林、种质资源收集圃、良种繁育圃、试验林建设。至此该项目建设全部完成，为场苗木建设，提高工程质量、提升省级重点苗木基地档次和争取申报国家级重点苗木基地，奠定了坚实的基础。

【完成重点森林火险区综合治理项目】 千松坝林场重点森林火险区综合治理项目主体工程和附属工程，2018年全部完工并投入使用。该项目的完成，有效的改善了林场的基础设施建设不足的状况，使房屋、车辆、装备及信息化建设有了长足进步，有效地改善了职工生产生活条件，使防火工作提升了档次，为丰宁坝上和接坝地区防火工作增添了新的力量，也为林场的长远发展奠定了坚实基础。

【公益林项目圆满落地】 经过多次向省厅汇报，积极努力争取，千松坝林场15万亩森林列入国家公益林项目，争取公益林项目资金223.5万元，结束了林场自建场以来没有公益林的历史，为加快工程区农民脱贫步伐和我场的长久发展奠定了基础，也为践行习近平总书记“绿水青山就是金山银山”理念开辟了一条新路径。

【其他项目工作有新突破】 千松坝林场申报的“中国森林体验基地”项目通过国家评审，2018年3月千松坝林场荣获“中国森林体验基地”称号。此殊荣的获得，有力地彰显了丰宁乃至承德生态建设的成果，大大提高了千松坝林场和丰宁县的知名度和美誉度，为丰宁生态文明建设及旅游产业发展争取到一张靓丽名片。

完成2019、2020年度工程设计规划编制，并纳入省重点项目库。

机械化苗圃申报省级重点樟子松林木良种基地项目获得通过，争取到省级支持资金90万元，提高了苗圃发展后劲，也为林场争取国家级良种基地奠定了基础。

争取省森防站拨付病虫害防治资金10万元。

县财政支持千松坝林场防火项目配套、煤改电、外墙保温、中国森林体验基地宣传等资金300多万元，为林场基础设施建设及各项事业发展起到了重要作用。

【全力推进项目区生态资源旅游开发】 为支持承德市举办河北省第三届旅发大会，千松坝林场全力推动以喇嘛波罗工程区为基础的“七彩森林”景区建设和以小北沟工程为基础的“契丹小镇”景区建设，两个景区在旅发大会期间做为重要观摩景点受到了好评。同时，积极推动“国家一号风景大道”和张承高速公路两边绿化工程以及滦河源景区提升工作，为河北省第三届旅发大会作出了应有贡献。

与北京七环有限责任公司共同策划、以部分林区为基础，持续建设“京北第一天路”景区，为乡村旅游和全域旅游发展开辟了一个新亮点。

【苗木经营上新台阶】 加强机械化苗圃苗木经营，积极进行市场化销售，2018年度工程调出各种规格的容器苗木11.7955万株，销售自育各类苗木6000多株，全年共实现销售收入105万元。

【碳汇交易后续工作有序推进】 碳汇交易在完成北京市审批程序的基础上，2018年林场积极申请国家程序，待国家碳汇管理机构改革完成后，推进最终审批。2018年接受了省中青班调研组专题碳汇市场与生态调研，全年接受业内兄弟单位咨询20余次。

【扶贫攻坚有新起色】 利用资源优势，积极开展林场辖区贫困村的帮扶工作。

工程扶贫。针对林场辖区共有贫困村42个，贫困人众多这一情况，林场在工程设计安排上向贫困村倾斜，制定了2017－2020年工程扶贫规划，分年度落实工程。通过工程建设使当地农民在务工、苗木、管护等方面获得收入。2018年在贫困村完成工程造林2万亩、封育1万亩，并着重培育以山樱桃为主的经济林扶贫专业村。

建设“森林村庄”助力扶贫。通过实施规模化、系统化生态治理，大力推进整村、整沟、整流域工程建设，小北沟村、大河东村、老羊圈村、二道河子村等宜居、宜业、宜游的“森林村庄”雏形显现，为脱贫甩帽乡村振兴奠定了生态基础。

利用已有资源扶贫。积极探索林业资源与贫困村产业发展相结合，特别是林业与牧业、旅游业相结合，推动当地群众脱贫致富的产业发展之路，通过林草、林牧、林药、林苗、景观林等多种造林模式，实现环境改善、农民增收。千松坝林场独特的股份制造林模式催生的生态扶贫工作取得了显著成果，2018年12月5日《河北日报》以《一片森林富了一方百姓》为题，重点报道了林场生态扶贫的做法和成果。

做好大河东村、辛房村扶贫工作。鱼儿山镇大河东村、万胜永乡辛房村是林场帮扶的贫困村。年内，场党委共召开扶贫专题会议4次，现场办公3次，入村调研7次，2个工作组4名工作人员坚守2个贫困村扶贫工作一线。一年来，举全场之力，使该村脱贫工作有了新起色。产业扶贫。在2017年建设2600亩生态林的基础上，2018年再投入300万元在大河东村建设3500亩生态林；在辛房村生态造林460亩。同时，协调关系，采取龙头企业带动，入股分红的形式，增加贫困户的收入，大河东村通过入股缘天然、昌达农业、光伏产业以及易地搬迁等政策促进贫困户增收。基础设施扶贫。加大投入，为帮扶村脱贫奠定基础。投入4万元为大河东村、辛房村改善办公条件，投入4万元打通大河东村到四岔口乡三岔口村的交通瓶颈，解决村民出行问题。身体力行，一对一帮扶。年内，共集中组织帮扶责任人8次对鱼儿山镇大河东村进行了一对一的帮扶走访及慰问，并在七一期间全场职工捐款9000余元，对建档立卡贫困户进行慰问；元旦之前为全村204户贫困户送去3万多元的米面油慰问品。在走访慰问时，帮助解决贫困户子女上学、就医、办证等实际困难。经过努力，2018年大河东村81户实现脱贫，辛房村77户实现脱贫。千松坝林场扶贫工作受到市、县领导肯定。

【全场干部职工学习常态化、自觉化】 按照领导班子、党员、职工不同层次加强学习。在学习中，严格要求班子成员做到理论联系实际，认真落实领导干部自学制度，认真撰写读书笔记，做到学懂弄通，全年领导干部学习笔记达到2万字以上，调研文章1篇以上。同时，抓好党员和干部职工的学习。采取集中学习和自学相结合的方式进行，通过班子成员讲党课和以会代训的形式做到集中学、集中讲，逢会必学习，逢重大精神必传达，积极借助“两学一做”“三严三实”教育活动、“反四风”“四个专项”“巡察整改”等各项活动为载体抓好学习。在业务学习上，系统学习《中华人民共和国森林法》、招投标有关法律法规、《植树造林规程》《工作制度》《森林防火条例》等。

【全场管理实现正规化】 依据全场工作实际，出台了《千松坝林场制度汇编》，完善工作制度11项。落实生产、管护、党风廉政建设“三个网格化”管理体制，坚持用制度管人管事。全场上下政令畅通，行为有据可依、有章可循，管理逐渐科学、公开、透明、高效，各单位间、干部职工间形成了互相支持、互相帮助、互相理解，合作共赢、团结向上的良好氛围。

【用千松坝精神凝聚力量】 千松坝林场成立近20年来，千松坝人在建设生态成果的同时，也锤炼出“牢记使命、艰苦奋斗、求实创新、绿色共享”的千松坝精神。在学习塞罕坝精神过程中，县委提出了在全县开展“外学塞罕坝、内学千松坝、对标小坝子”的活动，这对千松坝人是极大的鼓舞和鞭策，一年来，全场干部职工以塞罕坝为榜样，全力践行千松坝精神，有力的促进了各项工作的开展。七一期间，到帮扶村访贫问苦和不忘初心、砥砺奋进“最美千松坝”讲故事大赛等活动，极大地激发了全场职工干事创业的热情。

【解决职工最关心的问题】 千松坝林场党委从解决职工最关心的问题入手，通过召开干部职工民主座谈会、下基层调研、开展谈心谈话和发函征求意见建议等多种方式、多种渠道听取干部职工意见和建议，并对征求到的意见和建议，认真梳理，及时反馈，马上落实。2018 年协调市组织编制部门对林场科级机构规格、领导职数进行了批复。协调县委提拔重用干部 13 名，解决了林场 10 年干部不流动问题。协调劳动人事部门争取增加中职以上职称指标 8 名。同时，争取县财政支持的外墙保温及煤改电工程全部完成，职工工作生活条件极大改善。

撰稿/田桂兰

畜牧业

【奶牛养殖】 2018 年，丰宁奶牛养殖业继续走优质、绿色、生态的可持续发展道路，适应奶类消费高端化、功能化需求，奶业质量监管工作提质增效，全县奶牛业发展平稳。2018 年底，全县奶牛存栏 1.5 万头，有标准化奶站 23 个，日产鲜奶 150.2 吨，平均单产 28 公斤，奶牛全部实现机械挤奶和规模集中饲养。

【肉牛养殖】 2018 年，丰宁把肉牛产业作为发展的重点扶贫产业之一，在贷款、贴息、保险、购牛等方面给予大力度扶持，全县肉牛养殖产业逐步向规模化、标准化、良种化迈进。与北京、天津等地大型企业合作，国超、聚顺等企业已经在丰宁投入生产。截止到年底，肉牛存栏 15 万头，年内新增 2 万头。

【肉羊养殖】 2018 年，在省级农业产业化龙头企业乐拓牧业带动下，丰宁重点改良舍饲养殖品种，建高标准肉羊育肥场 3 个，重点发展全县千只以上规模场，年底前全县存栏肉羊 30 万只。年屠宰 40 万只肉羊的爱尚羊屠宰加工生产线已投入使用，将有效带动全县肉羊产业发展。

【肉驴养殖】 2018 年，丰宁把发展肉驴养殖作为全县特色养殖产业来抓，重点在汤河、鱼儿山、小坝子等乡镇发展肉驴养殖业。2018 年底，全县存栏肉驴 5000 头。

【生猪养殖】 2018 年，丰宁进一步优化生猪养殖生产布局，提升整体科技水平和综合生产能力，建成并完善生猪良种繁育、标准化养殖、疫病控制、环境保护和畜产品及饲料安全等畜牧业发展支撑保护体系。以丰鑫实业为龙头的带动下，发展生态黑猪养殖，走“种猪繁育——生猪养殖——屠宰分割深加工——冷藏储存——冷链物流——销售”一体化的生产经营模式。2018 年底，存栏生猪 18.5 万头。

【禽类养殖】 2018 年，全县有鸡场 38 个、鸭场 17 个、80 多个大户。家禽存栏 180 万只、出栏 300 万只。受市场因素影响以及肉鸭与肉鸡相比有抗病能力强、饲养简单等特点，原滦平华都肉鸡饲养户，改肉鸡饲养为承德三元肉鸭饲养。

【养殖产业扶贫】 2018 年，丰宁按照产业全覆盖政策要求，以“龙头企业 + 贫困户”模式、“肉牛（或肉驴、肉羊、肉鸭）+ 贫困户”模式，贫困户可以自愿入股，除土地流转及补贴收益外，企业带动贫困户脱贫。奶业带动贫困户 1370 户，户增收 2500 ~ 3000 元；肉牛带动贫困户 4000 户，户增收 1000 ~ 2000 元；肉羊带动贫困户 3700 户，户增收 2000 元。

【农产品质量安全】 2018 年，丰宁加强农产品安全监测“双认证”（省质量技术监督局认定的《食品检验机构资质证书》，省农村经济委员会认定的《农产品质量安全检测机构考核合格证书》简称“双认证”）建设，提升检测能力，完成省风险监测工作任务，严厉查处各类农产品生产经营违法行为。提高农产品安全监测频次和力度，全年共检测农产品样品 880 个，畜产品 181 个；全年省市送检农产品样品 300 个，畜产品样品 171 个，迎接省市各种抽样检测 6 次，所抽取样品全部合格。通过检测、抽样送样工作力度的加强，确保全县农产品质量安全。

【动物疫病防控】 2018 年，农牧局按时开展以高致病性禽流感、口蹄疫、小反刍兽疫为重点的春、秋季重大动物疫病防控工作，保证群体免疫密度 90% 以上应免畜禽 100%，免疫抗体合格率 80% 以上。做好流行病学调查，严格检疫，产地检疫率达到 95% 以上，屠宰检疫达到 100%。加强动物卫生监督管理，兽药、饲料监管工作，尤其是在全国性非洲猪瘟疫情流行的严峻形势下，按照县政府及上级主管部门的统一安排部署采取积极有效的防控措施，在边境乡镇和国道高速路口设立临时监督检查站 9 处，24 小时不间断值班，有效封堵外疫传入，全县没有发生重大的动物疫情和重大食品安全事件。

【草原防火及禁牧】 县农牧局把森林草原防火工作作为维护社会稳定、促进经济发展、确保人民生命财产安全的一件大事来抓，时刻绷紧防火这根弦，严格落实包保责任，层层签订目标责任书，明确管护区域及工作责任，切实做到一级抓一级，把防火任务落到实处，全年没有发生草原火灾事件。自2017年成立草原管护大队以来，更加明确责任，通过定期巡查和不定期抽查相结合、边巡查边宣传、设立监督举报电话等方式，把各项工作落到实处，真正发挥管护大队作用。2018年9月，确定并实施聘用生态扶贫公益岗人员8162人，其中草原管护员1000多人，极大程度的增加了草原管护力量，同时也为当地贫困户解决部分就业收入问题。严格执行禁牧政策，有效促进全县工作，保护了生态环境。

【环保整治】 农牧局高度重视环保工作，2018年多次召开专题工作会议，安排部署环保工作。4月，专门成立了环境保护股，负责全面协调环保工作。经过多次磋商，顺利完成了县城集中饮用水水源地二级保护区6家猪场搬迁、关闭任务。大气污染防治工作，按照《丰宁大气污染防治1+18方案》要求，年内对全县农业设施领域燃煤锅炉又进行一次再排查，9月底已取缔燃煤锅炉25台，2018年任务已完成。对中央和省环保督察组交办的问题整改情况，及时进行了“回头看”。农业污染源普查工作，在前期入户清查阶段共完成清查1039家农业企业，经筛选实际纳入本阶段普查范围共有203家规模养殖场。在省普查办规定的时间节点内完成了全部入户普查，对每家养殖场均进行了空间信息采集并协助养殖场填报普查表，现所有普查资料已全部提交完毕。

撰稿/毛建谊

鱼儿山牧场建设

【主要经济指标完成情况】 2018年，承德市国营鱼儿山牧场实现生产总值2792万元，同比增长9.5%。其中：第一产业1930万元，同比增长9.7%；第三产业862万元，同比增长9.1%。全场年人均收入11200元，同比增长4%；场财务实现净利润21.7万元。累计实施投资项目4个，完成固定资产投资600万元。经济社会呈现稳中向好的良好态势。

【各项社会事业稳步发展】 完成2018年度社会统筹金上缴工作，全年上缴五项统筹金118万元。发放职工遗属补助金4.77万元。各项惠农政策和救助政策全面落实，发放农业耕地地力保护补贴320.67万元。完成了372人的城乡居民养老保险及525人的医疗保险收缴工作。新修公厕1处，硬化排水地面200余平方米，新打饮水井1眼，解决了部分住户安全饮水问题。积极落实新《安全生产法》，严格落实各级安全生产责任制，实现防火期、防汛期、农耕期安全平稳。森林、草原管护与防火工作扎实推进，物质装备不断扩大，草场、树木、围栏未出现重大丢失现象，无火情发生。畜禽疫病防疫工作体系进一步健全，预防和服务质量明显提高。人口与计划生育、武装、安全生产等工作经考核全部达县标。

【旅游产业取得新业绩】 2018年，鱼儿山牧场被承德市委、市政府规划为河北省第三届旅发大会“国家一号风景大道”沿线6个节点之一的“国家牧场”节点，是旅发大会的重点观摩项目之一。借助旅发大会召开的契机，牧场积极推动休闲旅游发展，进行了大规模农业种植产业结构调整和基础设施建设。年内，公司种植完成托管耕地作物面积9000亩，其中在沿线可视范围内打造了油菜花海5223亩，设计油菜花大地艺术2处，移植金莲花种苗15万株，建设草地观光路1.7公里，建设占地20亩综合服务区1处，修建200平方米观景平台1座。同时大力改善美化环境，进行了场区绿化、乱堆乱放杂物清理、垃圾清除、路灯修复、违建临建拆除、店外经营清除、商铺招牌统一、监狱遗址标牌及相关标语树立、各种圈舍清除清理、沿线房屋院落及围墙美化等多项工作，将鱼儿山牧场打造成旅发大会的靓丽节点。

【牧场办社会职能改革持续推进】 按着《承德市人民政府印发<承德市国营鱼儿山牧场办社会职能改革实施方案>的通知》，结合牧场实际情况，在承德市政府指导下，牧场办社会工作采取内部分开、管办分离的办法，市农业农村局作为政府购买服务主体，以政府购买服务的方式进行职能转移分离，涉及牧场办社会工作资金由市级财政承担，属于县级管辖的办社会工作纳入县级部门进行管理。

【开展农垦国有土地确权登记发证工作】 2018年6月，开展土地利用现状的外业测量工作，同时进行内业资料整理组卷工作。7月，开始外围边界共计涉及10个行政村外围边界调查。截止到年底前，已完成10个行政村的外围边界调查，外业实测面积7.6255万亩，内业资料整理组卷并上报国土部门212宗,6.8765万亩,登记发证212宗6.8765万亩,发证率完成90%以上。土地确权工作的实施,将为牧场资本变资金奠定坚实基础。

【完成省级现代农业园区申报】 按照省级园区创建要求,进一步完善现代农业园区规划方案。年底前,省级园区申报工作已正式批复。省级园区的申报将为牧场农业发展注入新的动能。年内,鱼儿山牧场农工商联合公司被承德市人民政府认定为农业产业化经营市级龙头企业,进一步提升了牧场农业产业化发展水平。

【项目工作取得新进展】 完成总投资300万元的2017年草原示范区建设项目。在四分场北滩草地实施围栏封育11000米;建设完成老芒麦牧草种子田1400亩;在三分场种植燕麦1000亩;购置了1854拖拉机和割晒机2台套。

完成总投资521万元(中央财政资金510万元,牧场自筹11万元)的金莲花育苗基地项目。建设纹络式连栋温室2栋,4500平方米;新建播种车间300平方米;简易原料仓库等240平方米;道路及地面硬化2876平方米。该项目已全部实施完成,并将于2019年4月投入使用。

申报成功了2018年生态保护示范区建设项目和2019年现代农业休闲产业园扶贫项目。2个项目总投资均为300万元,项目建设内容以生态建设为中心,向休闲旅游产业方向发展。

完成了投资30万元、1万亩的农机深松作业面积,并通过上级部门验收。

【农业科研工作有序展开】 围绕主导产业的关键科技需求,牧场先后与中国农科院、中国农大、河北大学、河北农大、河北农科院、承德农林科学院、承德市食用菌研究会等高校、研究机构深入合作,创新农科教、产学研紧密衔接的机制,已成为中国农业大学牧草种子生产试验与示范基地、现代牧草产业技术体系种子扩繁研究基地、全日制专业学位研究生实践教学基地、中国科学院植物栽种技术培训工作站、河北大学植物种质收集与试验基地。2018年,牧场又承担了河北省现代农业产业技术体系生态牧场建设任务;与承德市农林科学院进行藜麦、谷草试验种植;引进承德市食用菌研究会的食用菌,在牧场实验栽植羊肚菌1350平方米。通过继续和高校、研究机构的合作,发挥技术优势,转化为先进生产力,不断提高科技附加值,年内注册了商标6个,涉及酒、面、油、茶等品种。

【党风廉政建设实现提升】 牧场狠抓党风廉政建设,牢固树立"四个意识",统筹推进"五位一体"总体布局,协调推进"四个全面"战略布局,认真贯彻落实省、市纪检监察工作会议精神和廉洁自律的相关规定。每月开展廉政党课教育1次,每月组织学习十九大精神和《习近平谈治国理政》等书籍1次,继续抓好"两学一做"学习教育活动。定期开展机关作风整顿、中央八项规定精神、纠四风情况检查,开展大型活动3次。签订"一岗双责"责任书,强化履行"一岗双责"的主体责任,把反腐倡廉工作与业务工作同研究、同规划、同布置、同检查、同考核、同问责,做到了"两手抓、两手硬",使党风廉政建设和反腐败工作保持了应有的力度。

撰稿/韩旭

水务

【"五水共治"取得新成果】 2018年,全县水务工作遵循"创新、协调、绿色、开放、共享"新发展理念,坚持"节约优先、空间均衡、系统治理、两手发力"新时代水利工作方针,坚持"五水共治"(生态涵养水、全民抓节水、科学防洪水、安全保供水、综合治污水)工作思路,全面落实"河长制",深入推进"一区(京津冀水源涵养功能区)一城(县城供水及河道综合治理)两库(喇嘛山水库、西湾子水库)两廊道(汤河上游百公里生态廊道、潮河上游国省干道绿色廊道)"六大水利工程,着力建设"五个水利"(以水联谊,推进开放水利;兴水惠民,推进民生水利;养水泽福,推进生态水利;聚水载舟,推进和谐水利;活水长流,推进可持续发展水利),全年共完成水利建设投资5.72亿元,其中:年度固定资产投资3.1亿元,引进域外资金2.19亿元,解决农村饮水安全问题4.09万人,新增节水灌溉面积2.3万亩,治理水土保持面积103平方公里,有力推动了党在农村的路线方针政策和县委各项决策部署落地生根。

【助力全县脱贫攻坚迈出新步伐】 2018年,县水务局从五个方面开展扶贫。第一是重点项目扶贫。按照省考、国考"两不愁三保障"要求,全力实施脱贫攻坚农村饮水安全全覆盖工作,完成了2018年贫困村174处(含脱贫出列村98处)全部主体工程并投入试运行,力度之大,前所未有。丰宁在实施农村饮水安全全覆盖工作中,领导高度重视、加大资金投入、部门合力攻坚的做法,被河北水利网和燕赵水利网报道刊载。第二是驻村工作组集中扶贫。

2018年,水务局共承担6个村的帮扶帮带任务,其中帮扶村(贫困村)4个:黄旗镇城根营、哈拉海湾、西村、二道桥子,派驻村工作组4个、9人;帮带村2个:大滩镇孤石、骆驼沟,明确具体联系人2人。各驻村工作组均能够严格自律,实现了用规矩指引扶贫方向,用纪律保障扶贫成果。年内,北京市委书记蔡奇、河北省委书记王东峰到城根营村进行调研指导,对驻村工作组工作给予了肯定和认可;12月底,水务局代表丰宁接受了省考第三方评估、扶贫项目考核等,圆满完成了考核任务。第三是"一帮多"责任人精准扶贫。全系统共有107人对接帮扶509户(其中:建档立卡户228户、脱贫享受政策户281户)。每名帮扶责任人入户次数达到7次,通过宣传扶贫政策、共谋致富思路、赠送慰问品等方式,让贫困群众感受到了党的温暖和生活的动力。第四是围绕产业扶贫。通过实施双基工程,共为全县27个深度贫困村修建饮水工程50处,发展节水灌溉面积1087亩,受益人口3591户11381人(其中贫困户1336户、贫困人口3527人)。结合黄旗镇4个贫困村实际,累计投入资金829.7万元,全力打造饮水安全、节水灌溉、水土保持、堤防建设四大民心水利工程,有效改善了村容村貌,助推群众脱贫。第五是东西部协作扶贫。2018年,与怀柔区水务局先后进行4次互访对接,就汤河流域扶贫共建、水源保护、巡河、护河等事宜达成共识,根据双方实际研究制定了《怀丰两地汤河流域联防联控实施方案》,签订了《怀丰水务局扶贫协作和对口支援工作框架协议》,建立了汤河源头保护联防联控机制,对汤河流域兆次榆沟贫困户进行走访慰问,捐赠1.37万元慰问品。通过多频次互访交流、合作洽谈,促进了两地协作领域的拓宽深化、协作成果的提质增效。

【水土保持综合治理展现新作为】

抓住京津冀协同发展的重大历史机遇,全面推进生态清洁小流域和北京支持张承地区发展农业节水项目。年内,通过实施林营生态清洁小流域综合治理、坡改梯和京津风沙源治理等重点水土保持治理工程,规模开展水土保持生态建设,持续提升县域生态环境质量。丰宁水生态治理成果得到水利部、海委和河北省水利厅的高度认可,7月20日,《河北经济日报》对丰宁"五水共治"保护生态的做法予以刊载。

【城市水生态建设实现新提升】

10月30日,县城新水厂正式建成通水,标志着县城及开发区供水主体工程结束,县城城区供水跨上新台阶。以"生态治理、人水和谐"为目标,强力推动潮河流域县城段"一主四副"(一主即潮河,四副即西南川、撒袋沟、达袋沟、棠树沟)综合治理工程建设,实现年底前主体工程竣工并试蓄水。在人大代表、政协委员视察全县重点项目中,该工程获得了代表、委员的一致好评。预期2019年工程竣工通水后,总蓄水量将达到114万立方米,蓄水面积达到79万平方米,相当于两个离宫蓄水量。实现"有水蓄水、无水补绿、清洪分家、河畅水清"的自然生态景观,形成河道、河岸、道路、污水处理、绿化浑然一体,"碧水相连、错落有致、点缀充分、水绿相融"的生态宜居优美环境,整体提升城市品位,提高县城居民生活幸福指数,为开发旅游城市创造条件。

【重点水利项目建设取得新成效】

2018年,全年共完成县外资金投入2.19亿元,实施了林营生态清洁小流域综合治理、北京支持张承地区发展农业节水、汤河河道综合治理和中央水利发展资金等重点水利工程项目11个。其中:喇嘛山水库建设项目,经水务局积极推进,完成了《喇嘛山水库初步设计报告》等41项前期工作,为2019年开工建设打下基础。水利重点项目的落地实施,推动了城乡水生态环境持续改善,群众满意度、获得感明显增强。

【水利文化宣传工作呈现新局面】

2018年,水务局积极与上级报刊、广播、电视、网站等媒体联系,争取文化宣传方面的支持。饮水安全、党的建设、环境保护、河长制工作等方面建设成果分别在《中国水利报》《河北经济报》《承德日报》等报刊进行报道;累计向中国水利网、河北水利网、人民网、新华网等省级以上网站提供信息近百条。8月下旬,历时两年,全书70万字的第二部《丰宁满族自治县水利志(1995－2016)》编纂完成,正式由团结出版社出版。12月21日,举行了首发仪式。志书的出版发行,是丰宁水务改革发展过程中的一项重大编研成果,是丰宁水文化建设的一部里程碑式著作。

【平安水务建设实现新突破】

2018年,丰宁水务工作以各级行政首长负责制为核心,把握关键时期,加强重点领域专项整治,强化重大隐患排查治理,完善应急管理保障措施,加大执法查处力度,确保水务系统安全生产形势持续稳定。一年间,围绕凤山液化气站、黄土梁水库等重要部位,累计开展督导检查36次,发现、处理安全隐患12个;接待来人来访21人次,处理率、满意率100%。全年水务行业未出现安全生产事故,防汛抗旱实现了汛期零人员伤亡、零责任事故的预期目标。

【治水管水取得新进展】 全面落实最严格水资源管理制度，完成2018年远程监控方案编制和水权确权，发证81272个，实现年取水量10万立方米以上取水户全部水量的在线监测。完成农业水资源税纳税人认定，成立了县乡村三级农民用水协会并挂牌运行，核查1789户，认定304户，确保应缴尽缴。全面推行“河长制”，深入开展河道清理整治、生活污染源治理、河道非法采砂专项行动，确保河道水生态环境持续向好。年内，针对涉河非法采砂单位（个人）行政立案处罚4件，罚没涉案资金4.1万元，所有涉河砂场均已完成断水、断电和主要生产设备拆除工作，河道综合整治工作取得阶段性成效。2月24日，《承德日报》以《涵得碧水润京津 护得清流荫子孙 丰宁县乡村三级“河长”全覆盖》为题，介绍了丰宁在开展河长制工作中的经验做法。

【党建工作再上新台阶】 认真贯彻落实党的十九大精神和习近平新时代中国特色社会主义思想，坚持围绕发展抓党建，依靠党建促发展的工作思路，以落实全面从严治党要求为主线，以服务中心、建设队伍为核心任务，坚持思想建党和制度治党，以建设学习型、服务型、创新型党组织为目标，切实加强党的政治、思想、组织、作风、纪律制度建设，活化岗位建功、履职有责教育方式，充分发挥党组织战斗堡垒和党员先锋模范作用，推动党建工作更好地发挥政治功能、服务功能和发展功能。2018年8月水务局作为全县党建代表，参与了承德市第四届“对标先进、聚焦县区”专题片拍摄，并在县电视台党建栏目第一期进行了播放，同年9月接受了全县26个乡镇、开发区和街道分管党建副职的参观学习，党建工作经验做法在全县基层党建工作经验交流会议上作了汇报。

撰稿/叶国春

工　业

【综述】 2018年,全县工业生产平稳增长,经济效益大幅度提高。全部工业增加值310371万元,其中规模以上工业企业比上年增长9.5%;规模以下工业企业增加值12000万元,比上年下降0.2%。骨干行业拉动作用明显,远景能源实现产值195200万元,占规模以上工业产值的38%。2018年,全县规上工业企业22家,其中制造业10家、能源业5家、采选业7家。重点项目建设进展顺利。开发区建设,呈现出经济指标稳定增长、产业构架初具规模、投资环境持续改善、公共事业再上新台阶的良好局面。

规上工业

【规模以上工业各项指标稳步增长】 2018年,规模以上工业企业各项指标稳步增长。主营业务收入536459万元,比上年增长39.4%;产品销售率99.7%;增加值比上年增长9.5%;实现利税102071万元,比上年增加23751万元,增长30.3%;其中:利润总额85581万元,比上年增加35333万元。按经济类型分,股份制及其它经济类型企业实现利税57460万元,私营企业实现利税44611万元。

【规模以上工业主要产品产量】

产品名称	单位	产量	比上年增长%
铁矿石原矿量	万吨	199	-83
铁精粉	万吨	43.9	-85.6
白　酒	千升	1405	6
发电量	万千瓦时	257176.69	40.9
钼精矿	吨	8959	-58.8

【规模以上工业企业名录】 2018年,全县规上工业企业22家。

1.制造业10家:

承德隆兴防水建筑材料制造有限公司

丰宁缘天然乳业有限公司

承德九龙实业股份有限公司

河北宁丰电气设备有限公司

丰宁满族自治县建宇永固商砼有限公司

承德卓筑商砼有限公司

丰宁满族自治县合力商砼有限责任公司

丰宁满族自治县永筑商砼有限公司

丰宁平安高科实业有限公司

丰宁满族自治县天宝水泥制造有限公司

2.能源业5家:

河北大唐国际丰宁风电有限责任公司

河北丰宁建投新能源有限公司

远景能源河北有限公司

丰宁满族自治县京北热力工程有限责任公司

新天绿色能源(丰宁)有限公司

3.采选业7家:

丰宁金龙黄金工业有限公司

丰宁鑫源矿业有限责任公司

丰宁满族自治县汇鑫选矿有限公司

丰宁万隆矿业发展有限公司

丰宁满族自治县平宁矿业有限公司

丰宁源宏矿业集团有限公司

丰宁顺达矿业集团有限公司

供稿/统计局

重点项目

【重点项目建设进展顺利】 2018年,年内施工项目个数达到85个,比上年减少68个。其中:5000万元以上项目50个,5000万元以下项目35个,5000万元以上平均新开项目22个。

谋划推动重点工业项目20个,总投资410.8亿元。恒钏建材发泡陶瓷生产项目,已完成建设任务的80%;鑫润矿业资源整合项目、顺达矿业集团十八台铁矿氧化铁红生产项目、沃华筑嘉建筑材料砂石骨料生产项目,均按要求完成建设。

供稿/统计局、工信局

开发区建设

【概况】 2018年,河北丰宁经济开发区坚持"扩总量、优结构、增效益"的工作主线,坚持"一心三翼"(综合服务中心、制造产业发展翼、商贸物流生活动服务翼、大健康产业发展翼)的产业发展思路,坚持"四围绕"(围绕重点区域、重点产业抓招商;围绕优化服务、完善链条抓产业;围绕提高效益、集约利用抓建设;围绕提高效能、问题导向抓改革)的工作重点,助力全区经济发展,持续服务改善民生。全年各项工作有序推进,建设发展呈现出经济指标稳定增长、产业构架初具规模、投资环境持续改善的良好局面。年内,高标准打造完成了承接京津产业转移重要平台的怀丰产业园区基础设施;9月28日入驻开发区的恒钏发泡陶瓷和晟基鸿业枸杞2个项目,代表丰宁接受了承德市组织的重点项目及开发区建设集中观摩,观摩中各级领导对2个项目的经济效益和社会效益给予了充分肯定,在全市12个县(市、区)集中观摩评比中取得了第四名。开发区党群活动服务中心和缘天然、平安高科2个非公企业被县委组织部确定为市级非公党建示范点,并于12月接受了全市非公党建观摩,得到了各级领导的充分肯定。

【招商引资再掀新高潮】 2018年,开发区大力承接北京非首都功能疏解,优化平台建设,将招商引资工作作为全年工作重心,抓好、抓细、抓实。

明确定位,精准招商。以京北中小企业总部基地、怀丰产业园为依托,利用怀柔对口帮扶丰宁的有力机遇,积极邀请企业、客商赴丰考察投资。县委书记方志勇、县长杨宪军亲自带队先后赴北京、怀柔、密云、天津等地10余次,考察住总集团装配式建筑、强佑集团人体健康、丰达汽配、雅迪力特飞机清洗剂、北京奥捷凯燃油宝等企业40余家,在上年成功引进5家汽车部件项目的基础上,2018年又成功引进了总投资近2.1亿元的丰达、泰祥钧、三昌、高锻诺道等4家汽车配件企业,使怀丰产业园区汽车部件企业达到9家。强佑集团人体健康检测仪器、北京福胜兴隆保温材料等2家生产型企业也在年内成功签约。同时,积极与北京住总万科、北京雅迪力特飞机清洗剂、北京奥捷凯燃油宝、北京金田麦、水星乳业等10余家企业进行洽谈,争取2019年实现部分项目签约。

强化服务,提升软环境。对有投资意向的客商和项目,开发区安排专人对接服务。对已入驻的企业,实行手续全程代办,无偿代理。对项目规划建设、企业招工培训,实行全过程帮办。全年共为15家入园企业协助办理了项目核准、备案、工商登记及环评手续。先后4次在怀柔和丰宁组织召开开工企业座谈会,对项目建设进度进行督导并及时解决企业存在问题。截止到12月底,全区入驻企业已达到40家,集聚产业能力不断增强。

【项目建设获得新发展】 作为园区建设的重中之重,开发区始终把项目建设作为发展的第一引擎,主动承接北京非首都功能疏解。全年共实现在建项目13个(其中续建项目4个,新开工项目9个),2018年签约项目6个。推动总投资23.96亿元的合肥常青、雁阳、鑫益华等一批财源性项目,2018年全部开工建设。晟基鸿业、平安高科、中小企业总部基地标准化厂房和开发区小学、医院等续建项目顺利实施。全区年主营业务收入96亿元,同比增长20%;税收总额4.29亿元,同比增长20%;固定资产投资36亿元,同比增长20%;新增科技型中小企业7个,外贸出口75万美元,园区规划环评和企业水、气排放达标率100%。2018年,为保证项目建设需求,根据开发区总体规划,新建怀丰产业园3条内部道路、易地搬迁集中安置区一级公路。完成怀丰产业园供电线路迁改、易地搬迁集中安置区内线路迁改、临时供电,电力管沟的设计、招标、北京宏亭汽车配件公司供电线路的安装。组织协调园区热力、中建水务、建宁燃气等部门,完成北京宏亭汽车配件管路铺设,易地搬迁集中安置区管路铺设,热力二次隔压泵站建设,给水二次加压泵站建设。完成满堂至林营段河道、易地搬迁集中安置区河道、东创三盈项目区内河道的治理工程,配合水务局对南辛营蔡家沟、满堂太阳沟、下燕窝片区河道进行踏勘及初步设计。开发区核心区集中供热、供气、给排水、电力、通讯等基础设施配套工程得到进一步延伸,核心区达到了"九通一平"("九通"为通市政道路、雨水、污水、自来水、天然气、电力、电信、热力及有线电视管线,"一平"为土地自然地貌平整。),预计到2020年底前规划区实现"九通一平"。

【项目用地收储工作高速推进】 2018年开发区处于全面建设的关键时期,特别是2017年已签约的5家汽车部件企业,年内要在怀丰产业园集中开工建设。为保障项目如期开工,春节上班第一天,开发区即召开怀丰产业园区和丰杨公路土地收储动员部署会议,明确目标、倒排进度、责任到人。采取"五加二、白加黑"的工作方式(五个工作日加双休日,白天加黑夜,加班加点工作),对满堂村、林营村、南辛营村31个居民组、720余户开展征地工作,同步解决历史遗留问题。为圆满完成土地收储任务,抽调机关干部23人和村组干部15人,组成5个征地小组开展工作。通过努力,全年共收储土地2143亩,保障了南杨线公路改造和怀丰产业园区项目建设的需要,实现了怀丰产业园区当年规划、当年征地、当年基础设施建设、当年项目入驻的高效运行。

【公共事业再上新台阶】 2018年,开发区认真贯彻落实省、市、县关于精准扶贫、精准脱贫的重要决策部署,在保障开发区招商引资、项目建设和服务等主责主业的基础上,组建工作专班,集中全区人力、物力,圆满完成了扶贫攻坚基础规范提升和省扶贫成效考核反馈基础工作问题整改工作。在扶贫产业项目中,达到了全区产业全覆盖,每位贫困户都有2个以上产业支撑,保证了贫困户稳定脱贫。截止到年底,开发区共识别建档立卡贫困户80户,贫困发生率1.63%;初步确定低保户14户16人,五保户37户100

人;2017－2018年度共鉴定危房84户,危房改造已全部完工并完成拨款;2018年底,163户382名贫困人口实现稳定脱贫。把握计生、民政、扶贫等工作重点,累计接待、处理信访案件50件、350余人次。圆满完成全国“两会”等重要政治活动的维稳和安保工作。广泛动员村组干部和群众开展“扫黑除恶”专项斗争行动,全方位、无死角、零漏洞摸排涉黑涉恶线索,全年累计摸排重点线索7条,涉及重点人员10余人。开展农村劳动技能培训110人,农村劳动力向非农产业转移就业137人。新农保参保率、新农合居民参保率达到98%,贫困户参保率达到100%。发动机关干部、村两委和致富带头人、驻丰部队以及企业出资人捐款20余万元,对全区70余户小黑屋进行综合治理,吊顶40余个,粉刷房屋200余间。投入20余万元,开展全区农村环境卫生集中整治行动,集中清理各类垃圾3000吨,全区农村环境得到彻底改善。发放高领老人补贴、孤儿救助等各项资金244万余元。完成投资1000余万元的林营村美丽乡村村史馆、集贸市场、村民休闲广场、生态公园、公厕、水泥路继建工程,2018年5月底全部竣工;完成了樱桃沟村产业区164座日光温室大棚工程建设。

撰稿/王宏达、张鑫

商　　　　贸

【综述】 2018年,全县商贸系统各项事业平稳发展。商务管理部门,紧紧围绕全县经济总目标,强力推进招商引资,挖掘出口潜力,加大商务执法力度,加强市场建设和监管,全力推进企业改制工作,各项工作稳步推进。供销合作联社,结合“十三五”时期现代农业发展、美丽乡村建设和扶贫脱贫攻坚三大任务,统筹推进以供销社综合改革为重点的各项业务工作,较好地完成了全年工作目标任务。粮食管理部门,切实抓好粮食安全责任制的落实,积极筹备县级粮食储备,顺利完成了粮食收储资格审批权移交工作,加大了企业闲置资产开发利用和项目建设力度,各项工作有序推进。烟草专卖管理部门,牢牢把握卷烟市场由高速增长转向高质量发展阶段的特点,通过抓创新、强基础,经济运行质量持续向好,终端建设有效推进,专卖管理成效显著,基础管理实现全面提升。

商品流通和外资外贸

【主要经济指标完成情况】 2018年,丰宁实际利用外资231万美元,外资引进首次实现“零”突破。外贸出口完成47万美元,同比增长1.1%。社会消费品零售总额完成52亿元,同比增长9%。

【外资外贸工作】 2018年,新增对外贸易经营者备案企业2家(1.中广核承德丰宁风力发电有限公司,主要经营风力、太阳能发电项目的开发、建设、运营、管理,电力生产和销售,风电场、太阳能设备检修和维护等;2.河北易合菲电气设备有限公司,主要经营高/低压配电屏、低压配电箱、箱式变电站等)。截止到年底,全县对外贸易经营者备案登记企业17家。全县外商投资企业13家,2018年完成外贸出口47万美元,同比增长1.1%。其中,丰宁平安高科实业有限公司40万美元、承德恒然商贸有限公司7万美元。实现实际利用外资231万美元,其中丰宁经济开发区实现外资引进76万美元,由承德木槿花农业科技有限公司引进,丰宁首次实现外资引进“零”突破。

【招商引资工作】 招大引强成效显著。2018年,县商务局以京津冀协同发展作为招商引资工作重点方向,抢抓京津冀一体化发展契机,坚持产业链招商、节会招商、以商招商等多种招商方式,“招大商、引强企”目标取得新突破。年内,签约招商项目10个,总投资12.195亿元。

节会招商成果丰硕。组织参加了天津经洽会、北京电影节、廊坊经洽会、京承扶贫对接会、天津华侨·华人创业发展洽谈会、农校对接精准扶贫对接会等省内外重要节会。会上,丰宁发布了包括工业、生态农业、旅游业、文化产业、现代物流业等具有较强市场竞争力和高附加值的招商项目30个,发放招商项目手册100余份。利用各类高端交流平台,全方位宣传推介了丰宁的投资环境、优势产业和招商项目,对接签约了一批重点项目。在河北省第三届旅发大会期间,签约项目5项,其中合作项目3项,总投资3亿元。

项目建设扎实推进。借助京津冀一体化和北京非首都功能企业外迁的历史性机遇,成功引进14家企业落户河北丰宁经济开发区,总投资53.41亿元。其中续建项目4个,总投资19.3亿元;新建项目10个,总投资24.51亿元。前期推进项目2个,总投资9.6亿元。

【电子商务工作】 2018年,实施了国家级电子商务综合示范县项目。通过政府采购方式进行运营主体招投标,确定国家级电子商务综合示范县项目总运营商为上海太德励拓互联网科技有限公司。该公司注册发布了区域公共品牌“丰宁格格”和扶贫品牌“丰情”,研发上线以跑山黑猪、黄旗小米、菊苣菜、甜瓜、黑豆等农副产品为主的电商产品共计20余款。建成了集电商孵化、电商扶贫、电商培训、溯源快检、企业办公等多功能于一体的县级电子商务公共服务中心并对外开放。建设镇村电商综合服务站180个,171个贫困村全覆盖。完成电商基础人才培训6199人次,其中3461人次为建档立卡贫困户。通过农产品电商扶贫推广活动累计帮扶800余户,累计帮扶资金100余万元。重点打造了五道营乡十七道沟村“电商+合作社+贫困户”精准扶贫模式,利用易居乐农《我们在行动》大型公益节目,带动销售220万元,直接帮扶十七道沟村建档立卡贫困户50户,帮扶资金25000元。2018年全县农村电商网络零售额9000万元。

2018年10月29日,丰宁县级电商公共服务中心对外开放,受到了社会各界关注，丰宁电商扶贫工作也受到了媒体关注，并先后在CCTV7《聚焦三农》、农民日报、中国脱贫攻坚专刊进行了宣传报道，有力宣传推介了丰宁的发展现状。

【成品油工作】 切实加大市场经济秩序整顿和规范力度，打击扰乱市场经济行为，维护公平、公正的市场经济秩序，强化成品油市场管理。2018年，组织完成全县36家加油站(21家社会加油站、2家中石油加油站、13家中石化加油站)年检工作。35家加油站已按要求全部完成双层罐改造工作，只有1家(四岔口加油站)，因加油站租赁合同到期，产生异议，尚未完成双层罐改造工作，已申请市商务局延期至2019年3月完成改造。

【重点项目工作】 2018年，完成物流标准化项目4个(北京广盛居大槐树贸易有限公司丰宁分公司物流标准化项目、缘天然乳业有限公司物流标准化项目、丰鑫实业有限公司物流标准化项目、昌达农业有限公司物流标准化项目)，总投资5735万元，全部建完并通过省商务厅验收；完成农村集贸市场改造工程4个(大阁镇林营村、凤山镇朱首营村、大滩镇大滩村、黑山嘴五道沟门村，利用省商贸流通发展专项资金150万元，全部改造完成并通过市商务局验收)；新建便民市场1个(好邻居超市)，建设完成并通过市商务局验收。

【商务安全生产执法工作】 坚持"安全第一、预防为主、综合治理"的工作方针，持之以恒地对商场、超市、市场及成品油经营单位，开展定期或不定期的安全生产及消防安全检查。督促各企业把安全生产及消防安全列入重要议事日程，认真开展自检自查，及时排除安全隐患。全年累计排查各类安全隐患600项，整改600项，整改率100%。有效的防范了安全生产事故发生。商务局的安全生产工作，在全县半年和年终考核中均取得优秀名次。

【商务综合行政执法工作】 进一步完善商务领域"双随机、一公开"监管机制。按照"双随机、一公开"监管工作要求，以不低于50%的比例从《随机抽查市场主体名录库》中随机抽取监管对象29家，再从《行政执法人员名录库》中随机抽取2名以上工作人员。根据检查内容的要求，向受检企业下发"双随机、一公开"抽查告知书，实地察看企业经营情况，并现场填写《双随机一公开实地检查表》确保"双随机、一公开"检查工作的顺利开展。

【汽车行业监管工作】 "黄标车"提前淘汰补贴奖励工作。对全县范围内符合补贴奖励条件的提前淘汰黄标车车主进行了补贴，截止年底，共计补贴车辆4辆(其中：小型汽车2辆、重型货车2辆)，支出财政补贴资金5.6万元。

报废汽车回收拆解行业的日常监管。监督报废汽车回收拆解企业，严格按照国家《报废汽车回收拆解企业技术规范》的相关要求进行作业，杜绝出售"五大总成"、拼装车上路等现象发生。

汽配城外迁及整合项目。该项目计划总投资34000万元，占地300亩。2018年，项目建设用地已经省政府批复，县拆迁办已完成该块土地的地上附着物(主要是苗木)的割苗和补偿工作，杆线迁改预算已完成。尚待县政府召开该块土地底价联议会，确认该块土地出让底价。2019年继续寻找项目投资主体，推进项目建设。

【市场运行监测工作】 较好完成了重大节假日期间的市场监测工作和数据上报工作。通过密切关注市场供应和价格变动情况，提供准确分析、判断、预测市场走势。监测数据显示，全县生活必需品供应充足、市场运行平稳。

【企业改制工作】 完善医药公司改制工作。2018年县企业改革领导小组对完善医药公司改制问题，以丰企改《关于同意〈完善医药公司改制问题〉的批复》文件进行批复，同意国有资产退出。医药公司已基本完成了改制的各项工作，需将占医药药材公司总股份41.6%的国有股份从公司退出，转让价格为629.11万元，上缴县财政。积极推进饮食服务公司改制。2018年6月2日，县改革领导小组办公室批复同意饮食服务公司进入破产程序，6月26日申请县法院依法裁定破产，9月召开第一次债权人大会，年底前正在进行内部债权登记。

加快商业幼儿园改革。商业幼儿园根据县政府会议纪要精神，参照电影公司改革模式进行，已制定出《商业幼儿园改革方案》，上报县政府研究批准。

【脱贫帮扶工作】 按照全县扶贫工作的安排，商务局帮扶黑山嘴镇五道沟门村，帮扶人员每月驻村20天以上，按时签到打卡。按照县扶贫工作精神，认真完成扶贫各项工作。按县工作要求时间、节点完成建档立卡"档案"规范提升工作。与上级各部门协调落实资金91万元，其中项目资金66万元(新建农贸市场便民桥1座19万元、安装路灯175盏42万元、主村东河道小桥建设5万元)，扶贫资金19万元(修建东四沟护地坝600米、修建砂石路600米)，专项资金6万元(完善村卫生所建设)。帮助17名贫困人口外出务工,实现年均收入25.5万元。商务局全体干部先后6次到贫困户家中进行走访慰问,了解贫困户的生产、生活情况,帮助他们解决生产、生活中遇到的实际问题,特别是贫困户家庭遇到重大变故时,帮扶干部都能及时到户给予看望和安抚。

撰稿/王立杰

供销合作

【全面落实改革任务】 2018年,县供销合作联合社通过召开社员代表大会,成立了联合社理事会、监事会,优化了联合社内部机构设置和职能配置。县社注册了供销社企业集团总公司,除机关内设的4个职能股室人员外,其余人员分流到供销社企业集团总公司。对改制后分流人员和所属企业实行企业化管理,人员全部实行聘任制、目标考核制。相继在工商部门登记注册了丰宁满族自治县供销农民合作社联合社、农村产权交易中心。县供销社企业集团总公司,负责全系统社有资产的管理、大宗农产品经营和社有资产保值增值工作。

【建设县级农村产权交易平台】 县农村产权交易中心经县政府批准,完成工商登记注册。《农村产权交易管理办法》已经县深改小组通过。已建成规范运行的县级农村产权交易平台并与省农村产权交易中心联网。农村产权交易中心负责发布全县农村产权交易信息,组织跨区域和大宗农村产权流转交易,依法为农村各类产权的流转交易提供网络平台等项服务,实现市、县、乡三级农村产权流转交易市场全覆盖;盘活农村资源、资产;积极收集整理农村产权交易信息,实现实质性交易。中心的各项业务工作正在按进度有序推进。

【进行基层社多元化改革】 全县26个乡镇,综合改革前有19个基层供销社保存完整。从2016年始,供销社通过产权介入、项目支持、资产合作、品牌入股、业务带动等方式,组建新型基层供销社。乡镇基层社有3种组建形式:第一种,自有资产与农民合作社股份改造型基层社。以县社资产入股,与运营管理规范、带动力强的农民专业合作社共同组建基层社;第二种,由农民合作社出资组建"两社融合型"基层社。农民合作社需要承认供销社章程,加入县供销合作社联合社;第三种,引入社会资本重建型基层社。通过3种组建形式新建基层供销社26家。19个原有基层供销社通过领办、创办、参办农民合作社,与农民合作社建立紧密型经济关系,实现两社融合,形成上下贯通的融合型联合社组织体系,重新焕发了生机和活力。

【升级县级电商平台】 按照开放办社、合作共赢的理念和思路,2016年11月,依托土城供销仓储物流中心,由供销社企业集团总公司与丰宁满族自治县物华电子商务有限公司,联合组建股份合作制企业丰宁供销云际电子商务有限公司,在丰宁建立了县级电子商务运营中心。"县级运营中心——乡镇级服务中心——村级服务站"三级服务体系和独立物流配送体系的建立,以销售网络和各个基层供销社服务网点为依托,通过信息化改造,在镇级设立服务中心、村级设立电商综合服务站,实现全县村村通网络,物流无缝隙覆盖。通过线下推广、线上下单等措施,为农民提供农村代买和直供易货服务,构建供销农村电商服务网。运营以来,截至2018年,网上销售各类产品达到500多万元,是传统销售模式销量的4~5倍,并解决了买难卖难问题。现已发展镇级服务中心26家,村级服务站260家,乡镇电商已全覆盖,带动再就业人员503人。丰宁电商模式得到市社领导、县政府领导肯定,全市供销系统在丰宁召开现场推进会议,在全市推广。

【加强和规范开放办社】 通过产权、业务、项目、经营、服务等纽带,推动各级供销社与各类新型农业经营服务主体之间的联合与合作。河北省供销社制定了《关于加强和规范开放办社的指导意见》,对于适应农业供给侧结构性改革需要,发挥社有资产和业务的龙头带动作用,加快转变供销服务发展方式,提升社会化服务质量,满足各类新型农业经营服务主体多样化规模化服务需求,促进农民增收致富奔小康,具有十分重要的意义。2017年,河北省供销合作总社与丰鑫实业有限公司签订了合作协议,开展金融服务合作。丰鑫实业通过供销社开放办社合作关系,融资500万元。

【实施开放项目】 绿源蔬菜专业合作社400亩标准化蔬菜基地扩建项目。包括:铺设排灌管道1500米;平整土地100050平方米;打水井3眼;修田间路750平方米;西蓝花种子600袋,包装物仓库300平方米,交易场地硬化3000平方米。该项实现投资183万元,申请中央财政补助资金60万元,省级配套资金24万元,该项目已通过验收,补助资金全部到位。

【继续开展企业改制工作】 2018年初,县供销联社按照2016年制定的企业改制、安置职工目标,稳步推进改制工作。在安置资金到位的第一时间开始为职工兑付,6162万元改制资金已拨付,19个基层供销社共计800多人,已基本安置到位,改制工作进入扫尾阶段。

整个改制工作涉及人员之多、资料之多、工作量之大、情况之复杂前所未有。县供销联社党组在县委、县政府坚强领导和各相关职能部门全力支持下,卓有成效地开展工作。第一,科学制定改制方案。通过下乡走访,了解基本情况,征求意见,聘请专家、律师科学论证,量力而行制定了改制方案。第二,做了大量说服解释工作。在兑现各类保险、补偿过程中,大量来信、来访蜂拥而至,领导班子及全体工作人员加班加点,日夜奋战,利用半年时间完成了大部分工作。改制工作政策性强,涉及几百人个人利益。在财力有限的情况下,一方面要保障职工利益,使改制后职工养老有着落;一方面要量力而行,把有限资金用在刀刃上。由于这次改制时间较晚,前后改制间隔时间长,前期改制职工也都纷纷来访、咨询,形成了巨大的接待压力、兑付压力、上访压力。在接访工作中,部分职工受到了委屈甚至打骂。社党组和改制工作人员,坚决落实县委、县政府的决策部署,坚定改制决心,解决了历史遗留的欠账,解决了几百人个人利益,特别是一百多人不能退休的问题,卸掉了沉重的历史包袱。

【保障盐品供应】 县供销联社积极与省、市盐业公司协调配合,多方组织货源,加大调拨力度,保障市场供应,稳定市场,稳定物价,稳定民心。同时配合相关部门整顿和规范食盐、烟花爆竹市场,保障群众的需要,安全消费。全年供应各种盐品2000吨。通过合理设置零售摊点、加强安全监控、联合打击私运私销行为,确保了烟花爆竹市场安全经营零事故。

【力保全系统安全稳定】 抓好信访隐患排查化解工作。建立信访登记台账、矛盾排查台账,及时掌握信访情况和化解矛盾。建立信访信息综合分析制度,对可能引发大规模上访的苗头和隐患及时解决。对涉军人员进行重点稳控、劝导,对重点人员派出专人进行日夜蹲点,力争将信访问题化解在系统内部。

撰稿/孙长林、张丽华

烟草购销

【经济运行情况】 2018年,烟草专卖局丰宁营业部全年共销售卷烟14007箱,同比提升7.92%;实现销售额33328万元,同比提升10.11%;实现单箱销售额23815元,同比提升2.07%。销售省产烟2162箱,同比增加495箱,增长29.71%;省产烟单箱销售额15430元,同比增加1492元,增长10.7%。建立自律互助小组97个,覆盖零售客户1369户,覆盖率达到100%,其中城网自律互助小组24个,农网自律互助小组73个。共组建微信群97个,覆盖客户1260户。累计召开小组宣讲会120余场次,确保了将自律互助小组建设工作宣传解释到位。

【市场监管】 2018年,共查获违法卷烟案件53起,各类卷烟数量42.62万支,案值合计24.28万元。其中,真烟数量41.68万支,案值23.27万元;假烟数量0.66万支,案值0.87万元;走私烟0.28万支,案值0.14万元。有力打击了涉烟违法犯罪分子的嚣张气焰,净化了丰宁本地卷烟消费市场。

【基础工作】 紧紧围绕"基础管理年"工作要求,全面推进"精细实"管理。严格财务预算审计,持续做好卷烟分拣配送,深化"放管服"改革,落实"双随机一公开"(随机抽取检查对象,随机选派执法检查人员,抽查情况及查处结果及时向社会公开)监管,稳步推进"三供一业"(供水、供电、供热和物业管理)分离移交工作。信访稳定、安全管理、档案管理、后勤服务、离退休干部服务等工作扎实开展,基础管理水平不断提升。

撰稿/赵允兰

粮油购销与管理

【切实落实粮食安全责任制】 2018年,县粮食局重点抓了粮食安全各项责任制的具体落实,并制定了确保落实的保障措施,建立了粮食安全长效机制。作为粮食安全责任制的牵头部门,粮食局在完成本职工作目标的同时,积极协调各相关部门落实好粮食安全各项工作目标,使粮食安全责任制得到了全方位的贯彻落实。

【积极筹备县级粮食储备】 县级粮食储备是全面贯彻落实粮食安全责任制的基础工作。2018年在筹备县级粮食储备工作中,粮食局重点在危老仓房改造、健全完善组织机构、保化人员培训、收储资金筹划、相关制度建立、具体设施配备等方面做实做细工作。经多方努力,已与承德银行达成共识,为县级储备粮的收储提供了资金保障,仓房智能化改造基本完成。

【完成了粮食收储资格审批权移交工作】 按照要求,原由粮食局承担的粮食收储资格审批工作,已按程序全部移交到县行政审批局。粮食局积极配合县审批局,到申请办理粮食收购资格证的企业进行现场实地勘查。

【加大企业闲置资产开发利用和项目建设力度】 2018年，粮食局抢抓省旅发大会的发展机遇，用好用活政策，稳妥有序的推进企业闲置资产的整合开发利用。平安堡粮站资产开发取得重大进展。3月底，项目完成了所有前期准备工作，4月初正式开工建设。

坝上北梁粮站的资产开发有序推进。在县政府的协调下，各项前期手续已完成，并与项目开发方初步达成合作意向。

积极融入地方美丽乡村建设。张百万粮站已被当地村纳入美丽乡村建设整体规划中，通过县政府协调，粮食局已与镇村达成合作开发意向。

在重点项目建设方面，2018年重点抓了土城粮食收储库的智能化改造。已争取到河北省粮食局智能化改造专项资金80万元，加上原危仓老库剩余项目资金74万元，项目总投入已达154万元。年底前土城粮库的智能化改造土建工程已经完成，配套设备正在安装调试中。

【认真做好安全生产工作】 2018年，粮食局将安全生产工作列入重要工作日程，按照“谁主管谁负责”和“管生产必须管安全”的原则，层层签定安全生产责任书和承诺书，明确责任落实任务，做到主要领导亲自抓，分管领导具体抓，其他领导协助抓。为把各项安全举措落实到实处，县粮食局先后组织2次综合性安全督导检查，及时对发现的事故隐患进行整改。同时通过多种形式进行安全生产教育和安全生产宣传，建立健全安全生产长效机制，保障了全县粮食经济工作和生产的安全运行。

【按要求完成了社会粮食供需平衡调查】 2018年，粮食局在凤山、窄岭、土城3个片区新抽35户农民作为社会粮食供需平衡调查对象，年底前调查工作已全部完成，相关调查数据已汇总上报。

【下大力量抓好以涉军维稳为重点的信访稳定工作】 粮食系统是全县退役军人人数较多的部门，现有退役军人125人，其中下岗人员89人，涉及面广，情况复杂。2018年，粮食局进一步加大了信访稳定工作力度，明确工作任务，落实工作责任，认真做好政策宣传和思想安抚工作。年内，局领导先后5次到北京接回涉军上访人员23人次。局领导还亲自带领2名当事人（进藏退役军人）到省退役军人事务厅咨询有关政策。

为扎实做好此项工作，局主要领导多次深入到退役军人困难户家中进行走访摸底，根据不同情况进行分类梳理。经多方协调，为生活确有困难并符合条件的下岗退役人员办理了公益岗。现正积极为2名住房困难的下岗退役人员争取廉租房。

2018年共接收县领导签批的信访件2件，年底前已结案1件，正在办理1件，当事人对问题解决结果基本满意。

【扎实做好精准扶贫工作】 2018年，粮食局的精准扶贫工作队驻胡麻营镇李家窝铺村。该村贫困发生率高达48.5%，贫困人口多，脱贫基础条件差。为使精准扶贫工作尽快取得实效，局主要领导亲自深入到帮扶村进行摸底调查，认真做好登记入户，及时掌握了大量第一手资料，为全面推进精准扶贫奠定了坚实基础。年底前，粮食局扶贫工作组已对81个贫困户218个贫困人口进行了精准识别登记。扶贫工作组积极配合村两委班子，抓实抓好村级经济产业发展项目。现已建成蔬菜冷棚48个，占地60余亩，可覆盖带动贫困户80个。贫困户通过扶贫资金入股产业，年人均可分得红利600余元。粮食局机关8名工作人员，作为帮扶责任人分别与李家窝铺村的40个贫困户建立了“一帮五”帮扶关系，先后两次为贫困户送去米面油等慰问品。

撰稿/冯伟

基 础 设 施

【综述】 2018年,全县基础设施建设不断取得新进展。交通建设成绩显著,年末全县公路通车里程达到3479.354公里,其中国省干线530.855公里,县级乡村公路2961.499公里,柏油路公路网覆盖全县26个乡镇。铁路运输在丰宁经济建设中发挥重要作用,2018年张唐铁路运载能力达到9000万吨;虎蓝铁路运载能力达到3000万吨。邮电通讯业平稳发展,邮政全年完成业务总量2878.87万元,增长21%;年末固定电话用户达到23112户,比上年增加950户;国际互联网用户30455户,比上年增加402户;移动电话用户达到21万部。供电部门各项工作取得新成效,2018年完成售电量7.50亿千瓦时,供电可靠率99.852%,安全生产累计6938天。抽水蓄能电站建设工程进展顺利。城乡建设按照“政府领导、科学规划、市场运作、齐抓共管”的总体思路,紧紧围绕“落实城镇化战略、建设山水园林中等城市”的总体目标,坚持高起点定位、高质量建设、高水平管理,明确任务,夯实责任,自加压力,迎难而上,圆满完成了各项工作目标任务。

铁路管理与建设

【保证在建铁路全年安全生产】 2018年,作为县安委会成员单位的县地方铁路局,承担着张唐、虎蓝2条在建铁路建设中的安全督导工作。按照县政府和安委会的要求,及时开展安全生产大检查,将责任落实到施工单位,将安全隐患消灭在施工现场,做到警钟长鸣、防患未然,保证了全年安全生产。

【完成了虎丰一期资产转让】 虎丰一期铁路产权的转让,直接影响虎蓝铁路的开通。2018年,地方铁路局认真落实县委、县政府的决定,精细工作,依法推进,保证了铁路产权出让的应有收益。评估值出让值达到22145万元。

【确保铁路拆迁工作开展】 地方铁路局作为铁路建设拆迁工作的重要力量,2018年抽调17名职工参加铁路拆迁工作。拆迁工作本着实事求是、依法合规、公正公平、公开透明的原则开展,圆满完成了各项工作任务。截止到2018年底,张唐、虎蓝铁路完成总拆迁资金额13亿元。

【铁路在丰宁经济建设中发挥重要作用】 张唐铁路丰宁境内全长100公里,途径8个乡(镇)、24个村,设杨木栅子、丰宁、河东3个车站,2015年12月建成通车。2018年运载能力达到9000万吨。虎蓝铁路丰宁境内全长142公里,途径9个乡(镇)、33个村,设大骡子沟、上黄旗、东工匠营、塔黄旗、天桥5个车站,2017年10月18日开通运营。2018年运载能力达到3000万吨,铁路在丰宁经济建设中发挥了重要作用。

【推进贫困村建设帮扶工作】 2018年,地方铁路局由1名副局长带队,抽调2人,对南关蒙古族乡骆驼鞍村开展帮扶建设工作。工作队员到村后,与村两委召开专题会议,研究制定脱贫工作规划。驻村工作人员坚守一线,与村干部一道开展工作。在环境治理、基础设施建设、民生工程推进、村庄美化工作中,做出积极贡献,使该村的综合功能发生质的变化。年底前,该村已累计投入资金18万余元,修建迎宾道路1公里、主题广场270平方米,硬化街道2.8公里,粉刷墙面2600平方米,村容村貌得到显著改善,百姓生活质量得到显著提升。

撰稿/张凤才

公路建设与运输

【13项公路工程完工】 2018年,全县公路建设13项工程完工,建设总里程653.92公里,完成投资4.248亿元。

1. 永太兴景区道路(凤多线至围场界)建设工程。全长11公里,三级路建设标准,路基宽10米,总投资9645万元。

2. 鱼儿山镇绕城公路(省旅发大会项目)。全长2.9公里,路基宽8.5米,二级路建设标准,总投资1865万元。

3. 县级公路南杨线杨树沟至上台子段三级公路改建工程。路线全长4.2公里,总投资861.9万元。

4. 御大线大中修工程。全长65.99公里,总投资3300万元。

5. 慢行系统。全长4.48公里,设立仿木栏杆3708米,绿化35000平方米,总投资644.3万元。

6. 御大线绿化提升工程。种植草本花、花苗53170延长米,喷草绿化裸露边坡9750平方米,挂网装饰裸露边坡4万平方米，总投资796.66万元。

7. 御大线生命防护工程。设置标志标牌68个，通村路口铺油119处，道口划线484平方米，护栏外展131处，新增护栏551延长米，总投资451万元。

8. 鱼儿山服务区项目。总面积13320平方米，总投资317万元。

9. 2018年通村通组路建设329.3公里(其中包括深度贫困村连接到户项目67.4公里)，危桥改造及桥梁建设20座641.1延长米；安全生命防护工程项目158公里，上级补助资金1.2亿元，地方配套1944万元，总投资1.4亿元。

10. 九龙松至喇嘛山三级路改建工程。全长11.8公里，总投资5777万元。

11. 易地扶贫搬迁项目区至国道111线连接线道路工程。全长1.5公里，总投资1800万元。

12. 23个乡镇68个脱贫出列村主街道硬化53.06公里，总投资2566万元。

13. 国道111线南大梁至县城段大中修工程。全长11.09公里，总投资484.5万元。

【开工建设3项工程】 2018年，公路建设新开工工程3项。

1. 国道111线黄旗镇至选将营乡杨树底下二级路改建工程。全长9.8公里，总投资2.4646亿元。路基工程完成70%，桥涵工程完成70%，隧道完成70%。

2. 外沟门至多伦界战备路工程。全长29.4公里，总投资6000万元。路基工程完成98%，防护工程完成97%，小桥涵完成100%，路面垫层完成97%，沥青路面完成40%。

3. 南杨线南三营至北京界二级公路32.008公里。完成路面27公里，洪汤寺梁1445米隧道已贯通。

【前期推进8个工程项目】 2018年，8个工程项目前期稳步推进。

1. 外金线凤山至滦平界二级公路建设工程，全长48公里。项目前期全部完成，外业测量已完成，正在进行施工图设计。

2. 张唐铁路、虎蓝铁路、8个车站与公路连接线工程，全长11.3公里。项目前期及设计招标已完成。

3. 张承高速连接线二改一工程，全长8公里。撒袋沟门至国道112线大桥4.9公里施工招投标已完成，剩余3.1公里省交通厅已同意按大修改造补助资金，市交通局正在进行路线方案研究。

4. 外沟门至四岔口三级路改建工程，全长32.5公里。可行性研究报告已编制完成，正在进行土地预审及前期支持性文件的编制和报批工作。

5. 国道112线五道营至千松梁二级路改建工程，全长29.8公里。正在进行可行性研究报告编制工作。

6. 省道外金线外沟门至凤山段工程，全长110公里。已完成路线方案研究。

7. 国道112线县城至南关二改一工程，全长12公里。正在进行路线方案研究及工可编制。

8. 赤康线抽水蓄能电站至沽源界45公里二级公路改建工程，已完成路线方案研究。

【国省干线公路养护】 2018年，县交通局加强了干线公路的日常养护和预防性养护，确保干线公路安全畅通。完成路面坑槽挖补6500平方米，灌缝5万延长米，处理沉陷5000平方米。强化干线公路绿化美化，补植乔木516株，灌木59138丛，绿篱修剪6次。全力做好大气污染防治工作，县城周边国省干线公路基本实现机械化清扫。

【县级公路养护】 2018年，完成清理边沟216公里，路肩修整487.2公里，垃圾清理2661立方米，铺垫坑槽7196平方米，清理塌方1172立方米，处理涎冰300余延长米，出动洒水车256台次，对外金线石人沟段进行洒水降尘。

【路政管理】 2018年，共发生路政案件14起，结案14起；清理公路两侧堆积物料59处166立方米，收取路产损失赔(补)偿费93760元，对全县损坏的路产全部进行了修复；拆除干线公路两侧控制红线内的塔式广告牌101块，完成年度拆除任务。

【公路非法超限超载治理】 路面治超。加强路警联合治超，24小时不间断执法，依托治超站点和流动巡查相结合，强化公路非法超限超载治理工作。在农村公路重点路段完善限高、限宽设施，有效防止车辆绕行，躲避检查。全年共检测货运车辆75304台次，查处违法超限超载车辆170台次，自行倒运和卸载各种货物5953.37吨。源头治超。对货运源头企业进行监管，禁止超限超载车辆驶出货运源头企业。全县公示货运源头企业17家，重点监管4家。采用派人进驻和流动巡查相结合的方式进行监管。治超场站建设。正常开展治超工作的有土城固定治超站和北庙流动检测点。黑山嘴超限检测站完成主体建设，将于2019年投入使用；鱼儿山固定治超站前期工作基本完成，正在进行财政评审；土城新站主体和室内装修基本完成。

【道路运输市场管理】 加大打击县城内“黑出租车”及电动三四轮

车非法营运行为执法力度。县交通局召开6次局务会议，研究部署相关工作。采取与公安交警、城管联合执法，错时稽查、早晚及节假日不定期巡查等形式，对重点线路、区域、车辆实施重点执法，共查处非法营运车辆65台（含跑线车辆24台），查扣悬挂LED灯涉嫌非法营运车辆193台，电动三四轮21台，县城内从事非法营运的黑车已明显减少。全面开展年度审验、车辆检测及两证换发。全年新增行政许可货运车辆37辆，完成865辆货运车辆审验，更新出租车25台，完成144辆班线客车、36台公交车年审，完成了502辆出租车年审及计价器检测。

【城乡客运一体化推进情况】 委托河北省交通规划设计院编制了《丰宁城乡道路客运一体化发展规划》。注册了丰宁满族自治县惠通公共交通有限公司。政府出资购置了20台电动公交车，手续齐全，随时可投入使用。推进城乡客运一体化的关键是确定运营主体，而且必须做到公车公营。现行客运运营主体承德新元公司的所有客运车辆，均为以新元公司名义个人出资购置（含县城公交），属承包经营。新的运营主体必须出资对个人购置的车辆和短途班线进行收购。如果承德新元公司不做经营主体，还需要对其经济损失进行补偿。按照年初县政府确定的丰宁——凤山——波罗诺和县城完成公交化改造，经初步测算，需资金4000多万元（含换乘站建设）。因此推进难度极大，进展缓慢。

【安全生产情况】 公路安全隐患排查整治。2018年，各级公路排查出安全隐患717处，全部整治到位需资金7030万元。其中，干线公路排查出安全隐患228处，全部整治到位需资金81万元，已投资34.4万元整治37处、投资10万元修复损毁防撞护栏27处。农村公路重点排查通客车、校车、临水临崖、急弯陡坡路段。排查出安全隐患489处220.6公里（其中临水临崖路段89处43.2公里、急弯陡坡路段275处128.3公里、穿越村庄路段122处48.1公里，其他3处1公里、危桥42座）。已投资9万元整治40处24.2公里，投资1551万元建设干线公路安防工程136.6公里，投资2289万元建设农村公路安防工程158公里。

交通运输领域安全隐患排查整治。客运方面，对司乘人员进行安全培训、签订安全生产责任书，客运车辆全部设置请系好安全带提示；约谈企业负责人2次，处罚客运车辆12台。汽车维修方面，检查企业126家，下达安全生产整改意见书21份，对9家下达了处罚决定书。货运源头方面，约谈源头企业2家共4次，下达安全生产整改通知书4次，行政处罚决定书4次。

由交通局领导班子成员带队，经常性地开展安全生产全面检查。定期召开安全生产例会，全面安排部署安全生产工作，全年未出现安全生产责任事故。

【信访稳定情况】 年内，交通局及时排查、化解可能出现的不稳定因素，未出现赴省、进京越级上访。全力做好涉军人员稳定工作，全面落实领导干部公开接访制度，积极妥善处理信访案件，共受理5起信访举报案件，处理完成5起，维护了交通系统的信访稳定。

【助力全县精准扶贫】 为争取更多的农村公路建设项目，助力全县精准扶贫，县交通局多次到省、市交通运输主管部门，汇报沟通丰宁农村公路现状及建设需求，获得了理解和支持。上级主管部门批准，到2020年丰宁农村公路建设总规模878公里（其中县乡三级公路60公里、深度贫困村街巷硬化67公里），新建及危桥改造51座。河北省交通厅与县政府签订了共建协议，补助资金2.741亿元，建设总规模居全省前列。

全力开展好驻村和结对帮扶工作。2018年交通局帮扶黑山嘴镇的八间房村、西山神庙村和选将营乡经堂村，同时结对帮扶17个非贫困村和1个贫困村，共结对帮扶21个村，1094户贫困户。按照县委、县政府“精准扶贫”总要求，明确一名局领导主抓扶贫工作，并选派9名责任心强、工作能力突出的干部驻村帮扶，支持每个驻村帮扶村资金8万元。同时召开专题局务会议，对结对帮扶工作进行周密安排。对结对帮扶的21个村1094户贫困户走访入户均达到6次以上。宣传扶贫政策，对3个驻村帮扶村的贫困户进行了2次慰问，分别送去了米、面和生活用品，对18个结对帮扶的贫困户进行了1次慰问，赠送了生活用品。同时出资19.5万元，作为八间房村、西山神庙村、经堂村、达来沟村、团榆树村贫困户“小黑屋”专项治理经费。

【全力做好环保工作】 县交通局成立环境保护工作领导小组，对“1+18”方案进行了责任分工，使每项环保工作都有局领导负责和具体落实单位。加强对环保工作重要性的宣传力度，努力提高交通运输行业的环保意识。抓治理、抓整改，对3家沥青砼和水稳拌和设备不符合环保要求的企业进行整改，使其达到环保要求。加大公路巡查执法力度，全年共出动执法车辆1300余台次，稽查人员4000余人次，专门负责路面运输当中的车辆不苫盖行为，并且依法进行处罚，全年共批评教育未苫盖车辆36台，处罚5台。大力开展农村环境整治工作，对干线和农村公路用地范围内的垃圾进行了彻底清理。强化“散乱污”企业整治力度，对全县二类以上维修厂进行了摸底排查，治理“散乱污”维修企业10家。县城环城公路投入使用，进一步提高了县城的大气质量。以国道111线、南迎宾路、张承高速县城连接线组成的环城公路，使过境的大型载重车辆不再穿越县城，提高了县城环保水平，一定程度上缓解了县城交通压力。

撰稿/于占龙

国网丰宁供电公司

【完成主要指标】 2018年，国网丰宁供电公司完成售电量7.50亿千瓦时，同比增加11.76%，完成年计划指标的100.36%；完成目录口径电价（剔除电价影响）571.89元/千千瓦时，电费回收率100%；线损率完成5.03%；营业收入0.14亿元；综合电压合格率99.848%，供电可靠率99.852%，安全生产累计6938天。

【助力精准脱贫攻坚】 国网丰宁供电公司全面提升扶贫村电力基础设施，实现户均配变容量达到2000伏安，满足村民基本生产生活用电需求。深度根植新农家联盟属地优势作用，服务完成148个光伏扶贫电站送出工程及接入并网运行，并网发电容量2960千瓦。坚决贯彻落实县委县政府扶贫任务，选派3名干部精准帮扶波罗诺镇官梁村，实现每户年增收1500余元，47户贫困村民脱贫甩帽，连续三年获河北省优秀驻村扶贫工作队称号。

【主动肩负属地责任】 有序推进张北柔性直流丰宁换流站工程、丰宁抽水蓄能500千伏送出等4项国家重点工程落地建设。积极主动对接县委、县政府发展需求，集中力量服务民心工程，助力完成饮水安全供电保障126项，完成40项“煤改电”工程，建成易地扶贫搬迁配套电网工程6项，完成线路迁改2条，配合政府治理“散乱污”问题93个。

【巩固安全生产平稳态势】 夯实安全管理水平。贯彻落实冀北公司和承德公司2018年安全工作意见，深入推进本质安全建设。落实“大安全生产监督”体系，专项梳理安全生产问题清单3条。

强化安全生产监督。刚性执行领导干部和管理人员生产现场到岗到位规定和生产现场作业“十不干”（无票的不干；工作任务、危险点不清楚的不干；危险点控制措施未落实的不干；超出作业范围未经审批的不干；未在接地保护范围内的不干；现场安全措施布置不到位、安全工器具不合格的不干；杆塔根部、基础和拉线不牢固的不干；高处作业防坠落措施不完善的不干；有限空间内气体含量未经检测或检测不合格的不干；工作负责人（专责监护人）不在现场的不干）。发挥安全领导小组和安全稽查队作用，领导干部和管理人员到岗到位320人次。深入基层所站和施工现场检查，检查施工现场125处，制止违章施工45起，安全稽查队巡回检查所站安全12次。

保障设备安全运行。开展春秋季安全大检查，完成28座变电站，101条线路的预试消缺工作。深入开展“六查六防”（六查：查安全责任落实，查安全基础保障，查消防隐患整治，查现场安全管控，查专业安全管理，查迎峰度夏工作；六防：防范大面积停电事故，防范人身死亡事故，防范重特大设备事故，防范重大网络安全事件，防范重大火灾事故，防范重特大交通事故）专项行动，开展2067台公变台区及线路安全隐患全覆盖排查整治行动，地毯式排查治理安全隐患2106处，治理缺陷1785项。完成投资239.24万元14项技改大修项目。

深化生产精益管理。坚持安全管理用一张蓝图绘到底理念，深化应用“站、线、变、人”四位一体的安全管理蓝图。深入应用拉手反带特殊运行管理方式，累计构建低压拉手反带电网结构8处，应用15次，减少变电站全停4次，减少停电146.1小时，增供电量12.1万千瓦时。开展无人机巡线216次，红外测温2516次，带电检测9316次。圆满完成河北省旅发大会等重大保电政治任务，荣获冀北公司先进集体，得到县委县政府充分肯定，获评河北省旅发大会保电突出贡献单位，1人获得三等功。

【确保电网建设有序推进】 科学规划电网。紧密对接县委县政府，超前修编“十三五”电网规划，谋划110千伏变电站1座，35千伏变电站1座，全力满足县域经济发展需求。

完善主网结构。着力打造五道营220千伏变电站1座，五道营至四岔口等4条110千伏线路工程顺利竣工，完成四岔口110千伏变电站2号主变扩建工程。

提升配网供电能力。着力解决“两头薄弱”问题，完成总投资0.94亿元184项农网改造升级工程，新建和改造10千伏线路182.47公里，低压线路67.63公里，新增配变台区328台，总容量8.64万千伏安。承德电网首个集中式馈线自动化项目落地丰宁，28条线路、14座

35千伏单电源变电站实现低压拉手联络运行，配网自动化故障指示器实现全覆盖。形成高可靠性坚强网络。建设成以1座220千伏变电站和1座220千伏开闭站为电源支撑点，以7座110千伏变电站、12条110千伏线路为主要网架，22座35千伏变电站、24条35千伏线路和101条10千伏线路为配电网络的坚强电网，供电可靠率较2017年增加0.2个百分点，电压合格率提升0.3个百分点。农村低电压卡脖子现象实现根本性扭转，清洁能源送出能力和分布式电源就地接入消纳能力得到大幅提升，电网发展“不平衡不充分”矛盾得到有效改善。

【促进优质服务稳步提升】 着力提升供电服务品质。拓展“互联网+”营销服务渠道，拓展掌上电力APP等多种支付体验方式应用，推动线上线下服务一体化，线上缴费率达到73.3%。完善供电服务网络，汤河供电所代表承德公司高标准通过四星级“全能型”乡镇供电所验收，已形成4个四星级、6个三星级“全能型”乡镇供电所为支撑的高效能供电服务网络。优化供电服务环境，加强服务窗口规范监督检查，2个窗口实现零投诉，深化应用营业厅“音视频”监控系统，完善奖惩机制，规范营业服务行为，高效应用电视台、新媒体等渠道，及时发布停电信息215条。

持续提高供电服务效率。梳理公布“办事一次成”10项，不断提升“营配调”贯通效率，优化业扩报装流程，报装接电时限缩短4.5个工作日，抢修送电时限缩短2.3个小时，抢修工单处理完成率达到100%。建立优质服务预警机制，以“四不放过”（事故原因未查清不放过、责任人员未处理不放过、整改措施未落实不放过、有关人员未受到教育不放过）的原则开展投诉专项治理工作，防范潜在服务风险。

服务打赢蓝天保卫战。推动“再电气化”进程，完成电锅炉、皮带廊等电能替代项目35个，电能替代电量达到3626.19万千瓦时，2018年建设马镇、飞行小镇、房车营地、怀丰公路隧道口4座电动汽车充电站和32个充电桩。

【有效提升经营业绩】 推动降损增效双提升。筑牢“精确成本”理念，精准实施资金计划管控，建立里程油耗考核机制，有效降低经营成本11.09万元。提高库存物资周转，高效运转废旧物资处理，2018年完成2批废旧物资处理报废共459.77万元。

全力保障经营成果。扎实开展同期线损治理，10千伏线损合格率达到64.44%，超过指标4.44%，低压台区线损合格率达到88.13%，同比上升6.42%。开展“反窃电”专项整治行动，普查增收69.29万元。滚动修编“一户一策”电费风险防范方案，开展“日清日结”工作，完成低压居民、非居民用户费控推广率双100%，确保经营成果颗粒归仓。大力开拓电力市场，完成新增业扩报装9219户，新增容量12.04万千伏安。

【着力加强企业管理】 全面提升企业管理质效。巩固“内涵式”理念发展成果，开展全面精益管理。加强同业对标和企业负责人绩效考核指标预警、分析、考核、督办力度，制定同业对标奖惩制度，落实小指标责任人管控机制，同业对标在承德公司排名稳中有升，企业负责人绩效保持A段水平。全面履行“两个责任”（党委负主体责任，纪委负监督责任），开展任中审计“回头看”，实施痕迹化管理，梳理问题清单15个，全部销号处理完成。

高效推动企业改革。开展集体企业改革改制，完成集体企业子改分平稳过渡。提高集体企业服务水平和业务承载能力，巩固电力存量市场，拓展抢占增量市场能力。完成2项“两供一业（供水、供热和物业）”分离移交改造，完成148户国有企业供电设施管理职能移交。实现“三项制度”（1.优化竞聘任期机制，促进管理人员能上能下；2.强化市场契约管理，推动员工能进能出；3.完善考核激励机制，实现收入能增能减）改制宣传全覆盖，成立物资供应分中心，提高电网建设物资供应能力。全面加强后勤保障管理，完成丰宁镇供电所、丰宁物资仓储点小型基建项目2项。

严格落实依法从严治企。建设“三全五依”（全员守法、全面覆盖、全程可控，依法治理、依法决策、依法运营、依法监督、依法维权）法治企业，审批经济法律合同347份。开展触电人身伤害压降整治行动，治理设备警示标示不全隐患890处、补充警示牌1565处，处置树障、线下违章堆积杂物隐患171处，砍伐树木475棵，治理对地安全距离不够高18处，更换台区跌落保险、隔离刀闸126组、配电箱及线缆400套，安装隔离警示围栏19处，深入施工现场等实地进行痕迹化定人定位管理260余人次，确保隐患治理高质高效。

【精心营造和谐稳定文化氛围】 宣传贯彻优秀企业文化。深入开展“党建+文化”活动，大力弘扬“牢记使命、艰苦创业、绿色发展”的塞罕坝精神，作为“班组微课堂”和“职工大讲堂”先行县开展向“时代楷模”张黎明学习等讲堂10次，积极学习宣传张黎明工匠精神。深化“家文化”传播，慰问春秋检预试等一线职工,关心看望离退休职工、困难职工、患病住院职工,建设职工书屋15个,职工小家4个,建立4个健身室。举办改革开放40年电力成长展、"奋斗在一线,成才在一线"主题演讲等文化活动8次,在10个供电所构建"企业文化工作室",全景展示企业文化核心内容,实现国网公司企业文化"县所全贯通"。

提升公司品牌形象。加强各媒体平台新闻宣传,国家级媒体发表4篇,省级媒体发表54篇,当地主流媒体发表17篇,对外宣传和信息工作形成主旋律。

提升队伍整体素质。巩固"大培训"体系和"两级三类"人才(副高级、正高级党政综合人才、企业管理人才、专业技术人才)成长通道。开展人岗匹配度建设,着力提升员工专业技能,33人通过职称鉴定,13人通过技能鉴定。开展职员职级试点工作,制定方案,明确聘任条件,确定拟聘人选1人。

创新风采不断彰显。建立公司管理创新成果库,持续深化"张占新"劳模职工创新工作室建设,获得冀北公司QC成果二等奖1个,承德公司QC成果优秀奖1个。

撰稿/马志遥

抽水蓄能电站建设

【蓄能工程建设顺利】 2018年,为保障完成重点项目工作目标,县抽水蓄能电站筹建处加强与项目投资业主、设计单位、施工单位沟通衔接,坚持多方联动,为工程建设打造了宽松和谐的内外部环境。年度内累计完成投资18亿元。

一期工程建设情况。上、下库工程:上水库坝基、溢洪道、进出水口、下部交通洞等单元工程完成开挖,大坝坝体填筑、混凝土面板堆石坝、面板混凝土施工完成;下水库一期、二期进出水口开挖、拦河坝面板混凝土浇筑、拦沙坝溢洪道金洁安装施工完成。引水系统工程:1、2、3号引水隧洞混凝土施工完成。地下厂房工程:厂房八层及找平层混凝土施工完成,主厂房桥机投运。

二期工程建设情况。引水系统工程:4、5、6号引水隧洞混凝土施工完成。地下厂房工程:厂房八层及找平层混凝土施工完成。

【精准扶贫帮扶工作】 在全县精准扶贫工作中,筹建处帮扶四岔口乡榆树林村。在人员少、工作任务重的情况下,抽调骨干力量工人专职驻村帮扶。在编职工10人,结对帮扶30户贫困户。按县委县、政府工作部署,年内,先后近20次深入该村调研、走访、帮办实事。

自筹帮扶资金15万元,为该村扩建村部。协调县直各相关部门及蓄能项目业主投资近200万元,为该村硬化街道7400米,新修围墙1000多米,新建厕所10所,植树1万余棵。通过基础设施修建,改善和美化了该村的环境。协调职能部门修建榆树林到南窝铺混凝土路面6公里、沙石路3公里,彻底解决了一个居民组多年无路可走、道路难走、交通不便问题。另外,立足该村现状,引导村民发展特色产业,种植露地时差蔬菜。协调发改局,谋划安装太阳能路灯40盏,计划投资20万元。开展节日慰问送温暖活动。针对部分生活条件差,无发展能力的贫困户,进行节日慰问送温暖活动,年内先后向贫困户发放近2万元的米面粮油。

【谋划永利村美丽乡村建设】 筹建处配合县政府及各部门,对永利村违法占地建筑逐步进行强行拆除,为村整体高起点、高水平规划打下基础。组织四岔口乡相关领导、永利村两委班子及村民代表40余人,赴十三陵抽水蓄能电站及周边新农村产业发展比较突出的村镇参观学习,改变传统的思路,谋划新的村集体经济发展模式。组织参与抽水蓄能电站项目提出、立项、建设的老领导、老同志40余人,赴蓄能工程建设区参观,通过老同志的宣传影响带动更多人关注丰宁抽水蓄能工程、关注永利村发展。

【化解矛盾纠纷】 针对抽水蓄能电站项目征占地发生的村、组及相关单位之间的纠纷所产生的不稳定因素,筹建处积极履行职能,本着"发现得早、化解得了、控制得住、处置得好"的原则,未雨绸缪,对所发生的矛盾,做到底数清,套路明,随时在工作中排查调处。

数次协调解决项目施工挂碴、扬尘及水库下游田地进水被淹等与永利村村民的纠纷,蓄能项目施工单位与分包队的劳务纠纷,避免了村民大规模集体上访事件的发生,保障了社会和谐稳定。解决了尾水占地移民户张玉树的补偿问题。协调水务部门,解决了蓄能项目下游河道治理后,部分河套边部耕地减产问题。年内,数次就一级电站外迁移民提出的疑议进行合理合法解答,引导移民进行合理诉求。未因矛盾纠纷排查调处不当而引发重大治安事故和问题。

撰稿/许秀霞

中国邮政丰宁分公司

【分公司总体经营情况】 2018年,丰宁邮政分公司全年共计完成业务收入2878.87万元,完成责任制计划的100.31%(全年收入计划2870万元),较上年同期增幅21%,增幅排名列全市第一位,收入排名列全市第四位。收入绝对值超 8.87 万元。

收支差额全年计划 714 万元,实际完成 715.4435 万元,完成计划的 100.2%,完成收支差额绝对值全市第一,在全市各分公司贡献率最大。

全员劳动生产率 21.01 万元,全市劳动生产率为 12.45 万元,全员劳动生产率超全市平均劳动生产率 8.56 万元。

公司 8 个专业,有 5 个专业(函件、集邮、报刊、分销、保险)超额完成市分公司下达的全年收入计划,有 3 个专业(包裹快递、电子商务、代理储蓄)虽没有完成市分公司下达的全年收入计划,但在全市排名也名列前茅。

全县 18 个经营单位中,有集邮函件营业部、电商分销业务部、发投业务部、新丰路储蓄、隆达支局、黄旗支局、大滩支局 7 个单位均超额完成了县分公司下达的全年收入计划;黑山嘴、土城、凤山、选将营 4 个支局完成收入计划都在 95% 以上;有 2 个单位完成收入计划不到 30%,包裹业务部只完成收入计划的 26.45%,鱼儿山支局只完成收入计划的 13.91%。

【三大板块业务收入总体完成情况】 金融(储蓄和保险)业务收入完成 1589.17 万元,完成年计划 98.64%(全年收入计划 1611 万元),与去年同比增幅 10.22%,增幅排名列全市第 6 位,收入完成比在全市排名第二位。收入和增幅在全市排名较好,但没有完成全年收入计划,收入绝对值差 21.83 万元。

邮务类业务收入完成 361.56 万元,完成年计划 99.33%(全年收入计划 364 万元),与去年同比增幅 -3.53%,增幅排名列全市第六位,收入完成比在全市排名第七位。没有完成年计划,收入绝对值差 2.44 万元。

包裹快递业务收入完成 48.83 万元,完成计划的 66.89%(全年收入计划 73 万元),与去年同比增幅 -0.81%,增幅排名列全市第八位,收入排名列全市第九位。没有完成年计划,收入绝对值差 24.17 万元。

【储蓄业务】 2018 年,坚持以储蓄余额发展为核心,建立以经营客户为中心、全面转型推进的金融发展模式。制定了阶段性发展规划,引领代理金融业务发展。以活动促发展。一季度旺季打跨赛,二、三季度淡季防流失及增量客户拓展,四季度开展 2019 跨赛爆点活动,储蓄业务扭转颓势,跨赛效果明显。跨赛一阶段时点余额新增 3.2 亿元,完成阶段目标的 160.19%,列全省第四位,日均余额新增 2.73 亿元,完成阶段目标的 136.53%;爆点活动综合排名市分公司由第八位升至第三位,两次获得“组织奖”;开展客户走访电访活动,加强客户维护和积累,客户维护关键指标稳步提升,全年新增客户 8931 户。全县余额规模达到 7.32 亿,年度储额净增 2303 万元,跨赛净增 6700 万元,完成计划 132.94%,职工揽储达到 1165 万元。储蓄业务收入完成 1189.10 万元,完成年计划 92.46%,同比增幅 -2.14%,增幅排名列全市第六位,收入完成比在全市排名第五位。

【保险业务】 统筹发展保险业务,加强客户储备,优化产品组合,提升网销能力,稳步调整业务结构,确保健康持续发展。天安保险全年共完成 1281 万元,中邮趸交 563.9 万元,短期期交 33.5 万元,长期期交 52 万元,其他险种 3359.99 万元。全年总体保费完成 5290.89 万元。完成保险业务收入 313.52 万元,完成年计划 130.63%,同比增幅 154.69%,增幅排名列全市第四位,收入完成比在全市排名第三位。

【手机银行和储蓄短信业务】 新增手机银行 8097 户,完成年计划的 124.95%,实现了常态化发展。短信业务加办 8879 条,完成自定计划的 88.79%。短信业务收入完成 86.02 万元,完成年计划 103.63%,同比增幅 -15.09%,增幅排名列全市第一位,收入完成比在全市排名第一位。

【电商业务】 新建自营邮乐购建设 1 处,发展会员 194 个,A 类站点 18 个,A 类站点占比 11.3%;批销额累计完成 850 万,其中订货会活动 45 万元、9.19 活动化肥 91 万元、大单品 40 万元、创维活动 35 万元、线上批销 420 万元;邮乐购投保车辆 20 辆保费 3.3 万元,销售即开彩票 8.4 万元。全年共办理车险 474 辆,车险保费收入 9.13 万元;简易险出单 3310 单,完成简易险保费 8.23 万元。丰宁县馆建设完成,商品达到了 56 种;完成业务收入 92.81 万元,完成年计划的 82.13%,同比增幅 -32.30%,收入和增幅排名均列全市第八位。

【包裹业务】 投递质量逐步提高,投诉工单明显减少。寄递业务,全年共计收寄普包 3928 件、快包 13611 件、标快 7468 件。普包收入完成 11.59 万元,完成年计划的 115.94%,同比增幅 21.09%,收入排名列全市第五位,增幅排名列全市第五位。包裹快递收入累计完成 48.83 万元,完成年计划的 66.89%,同比增幅 -0.81%,收入排名列全市第九位,增幅排名列全市第八位。

【函件业务】 开发旅发大会“丰

韵”纪念册项目1300册，形成函件卡片业务收入28.44万元。销售“旺财”压岁包570个，形成收入13.45万元。销售“恭贺新禧”礼品册100册，形成收入4万元。销售旅游套票170册，形成收入2.533万元。制作两院“院报”7期，形成收入3万元。完成业务收入50.33万元，完成年计划的125.83%，同比增幅31.13%，收入排名列全市第五位，增幅排名列全市第七位。

【集邮业务】 新邮预订收入14万元，举办“生肖情主题营销”集邮展1次形成收入31万元，举办“中秋文化季”邮展形成收入23万元，开发旅发大会“丰韵”纪念册个性化邮票形成收入14.45万元。其它邮票销售收入3.82万元。完成业务收入86.27万元，完成年计划的101.50%，同比增幅-1.13%，增幅排名列全市第三位，收入完成比在全市排名第五位。

【发行业务】 完成报刊流转额572万元。行业报刊和河北教育系列报刊订阅流转额达到了110万元，在全市名列前茅，为报刊大收订流转额和收入计划的完成奠定了基础。业务收入完成132.10万元，完成年计划的104.84%，同比增幅17.97%，增幅排名列全市第二位，收入完成比在全市排名第四位。

【分销业务】 开展邮乐购订货会2场，订货额45万元，电器抢购活动销售58万元。开展化肥订货会51场，销售化肥1258吨，占全市化肥销售总量的31.45%。业务收入完成854.39万元，完成年计划的105.48%，同比增幅10.21%，增幅排名列全市第六位，收入完成比在全市排名第七位。

【经营组织架构改革】 规范机构设置，转换部门职能。执行定员标准，强化市场前端力量，构建“以客户为中心，提供专业服务”的经营组织体系，为促进企业经营发展提供了有力支撑。

完善绩效考核办法，部室员工、金融网点、邮务类支局分类考核，实行动态管理，注重增收、提效，重点业务侧重考核，绩效考核体系更加优化。金融转型取得较好成效，金融网点转型逐步向智慧转型、灵活转型、实效转型迈进，6个金融网点实现转型和网点绩效考核全覆盖。建立包挂督导制度，强化了客户经营支撑和集采积分两个系统的应用，网点金融发展取得了一定的成效。

【制度建设和管理能力】 强化“靠制度管人、按流程办事、凭数字说话”的制度文化，修订完善了普遍服务、劳动纪律、安全生产等多项管理制度，企业经营管控明显改善，服务水平显著提高。

加强财务管理。按照市分公司要求完成ERP预算系统上线各项工作，实施零基预算管理，加大对重点业务发展的支撑力度。明确职责，细化流程，量化标准，确保重点监控事项各个环节合规，严格审批制度，精打细算，精减支出。加强对欠费和库存管理。不违规、不超标。

加强人力资源管理。强化“收入凭贡献、岗位靠竞争、晋升看业绩”队伍建设。加强用工管理，对2个支局长进行调换，把5名优秀员工安置到重要岗位。优化用工配置，通过劳动仲裁形式对3名不合规人员进行辞退，有效降低了风险。新招本科大学生2人，用工总量符合市分公司要求。开展“劳动纪律整顿”和代理金融岗位合规配员专项检查，规范用工管理。加强教育培训，制定年度培训计划，建立学习日制度，组织培训班6个，培训90余人次。

加强运营管理。推进县域“三合一”（转运、分拣、投递合一）一体化改革工作，提升县域邮件处理能力。加强组织调度，平稳完成春节、双11、双12旺季生产。

加强精细化管理。各项工作安排及督导管控更加精细化，定期召开重点业务推进会，各类统计报表，督导、通报更具针对性和指导性。出台指导意见，加强了支局的精细化管理。

加强合规经营管理。制定服务质量、安全检查、邮运投递分拣封发等管理考核办法。落实新普服标准，开展“平安邮政”创建工作，加强两岗履职，共开展专项检查活动12次，网点覆盖率100%，妥善处理查询投诉工单1500余件。

【基础服务质量】 服务达到了“五个100%”（邮政服务达标率100%、普遍服务网点实际运营率100%、邮筒（箱）设置和开取达标率100%、投递频次、深度达标率100%、普遍服务邮件全程时限达标率100%）；实现了“三确保、两降低”（确保普遍服务满意度不低于88分、确保申诉处理满意率保持100%、确保机要通信保密安全万无一失，平信丢损率要低于0.8‰、申诉率低于百万分之三）。严守“两条红线”（擅自停止办理或限制办理普遍服务或特殊服务业务，擅自撤销普遍服务营业场所）。荣获了2018年度全市邮政行业先进单位称号。

【和谐企业建设】 加强企业文化建设。利用宣传系统加强十九大精神、企业文化及经营工作的宣传贯彻，改善环境、规范着装，企业风貌焕然一新。完善职代会工作机制，推进了企业民主管理。建设党员活动室，组建职工小家，实施“送温暖”工程，慰问困难员工，不断丰富职工业余文化生活，增强职工对企业归属感。

撰稿/宋占元

中国联合网络通信丰宁分公司

【为省旅发大会召开创造良好条件】 2018年初，丰宁县委、县政府召开省旅发大会相关工作部署会议，要求沿线各通信运营商原多条杆路并为一条杆路。联通丰宁分公司作为此项目的主管协调单位，立即落实各运营商工程施工、进度等各项工作。面对御大线沿线面积大、业务点分散，坝上自然地理环境差异大、施工难度高、时间紧的诸多困难，丰宁分公司会同施工、设计、监理单位，紧紧围绕“为旅发大会交满意答卷”的目标，灵活、合理制定施工方案，倒排工期，排除阻扰，确保了工程按质按时竣工，得到了政府部门、市通信发展办及市公司领导的赞扬。

工程割接涉及5个乡镇政务外网，财政专网、统计专网、卫生院、加油站、信用社、银行、风电、矿业、学校等许多重要大客户和公众客户，涉及沿线20余个基站及大滩、北梁、大西沟、鱼儿山、万胜永、外沟门、亨通店等机房波分、分组、城域网、传输各类设备136套。工程共割接各类光缆272条，纤芯21120芯，新建杆路35千米，布放各类光缆250千米，合并杆路里程220千米，新建光交箱14台，新建基站13座，拆除旧杆350棵，撤旧各类光缆约450千米。

工程按时按质竣工，有效提升了御大线沿线风景的整齐美观度。同时，丰宁分公司以此次迁改工程为契机，优化了沿途的移网信号，对坝上地区实现了联通光纤网络全覆盖，移动信号基本全覆盖，为贫困村镇的脱贫攻坚提供了高速的信息化手段，得到了百姓、县乡两级政府及相关部门的称赞。

【光纤到户基本全覆盖】 截至2018年12月，FTTH光纤通信网络覆盖县城内、开发区、26个乡镇309个行政村及绝大部分自然村，端口达到63106个。高速（可以千兆到户）、稳定（不受外界干扰）、无源（线路无电）的光通信彻底取代电缆通信，为大数据、物联网、智能家居提供了高速稳定的网络支撑。

【4G信号基本全覆盖】 截至2018年12月，拥有3GU900小区576个；3GWCDMA2100小区195个，2G小区825个；4G小区873个；小区总数2469个，分布在437个物理站点上，室分20个。4G信号覆盖26个乡镇309个行政村所在地和大部分自然村。正在规划5G网络的覆盖，并逐步实施淘汰2G设备。

【帮扶工作被县镇树为典型】 联通丰宁分公司2016年3月至2017年3月，帮扶杨木栅子乡九宫号村。2017年4月，按县委县政府安排，调整到黑山嘴镇厢黄旗村。2018年，厢黄旗村和分公司驻村工作组，被县、镇列为脱贫攻坚典型村和标杆工作组，先后接受市、县主要领导检查指导。在2018年规范提升中接受承德市考核验收，取得良好的成绩。在年度考核评比中取得全县前十名的好成绩，受到全县通报表扬。

撰稿/吴志恒

中国移动丰宁分公司

【移动通信不断发展】 2018底，中国移动通信集团河北有限公司丰宁分公司有员工69人，下设4个部室（综合部、市场部、网络部、政企客户部），5个乡镇营销部，2个自办营业厅。

截止12月底，累计完成收入13488万元（BOSS侧收入），完成全年任务的99.97%，较去年同期累计增幅5.02PP；集团通信和信息化收入累计完成收入851.60万元，完成年度目标值的82.67%。市场到达份额66.55%，较上年底下降1.33PP；联通到达份额23.43，电信到达份额10.02%；2018年累计新增市场份额，移动56.61%、联通24.95%、电信18.45%。通信到达客户数213258户。宽带客户净增6473户。4G客户累计到达144683户。丰宁3家运营商共有实体渠道网点418个。其中，移动网点340个（带店加盟店39家、手机专卖店33家、委托加盟店5家、自办厅2家、授权代理点261家、引商入店3家），移动的渠道网点79个，份额占比59.39%（不含服务站）；联通网点28个，份额占比21.05%；电信网点26个，份额占比19.54%（渠道数量均以3家运营商门头进行数据统计）。

【加强队伍建设】 2018年初，丰宁分公司针对所属4个部门提出了“市场部要稳定前三，政企部要打开局面，网络部要加强管理，综合部要加强支撑”的要求，一年间执行效果显著。省公司五项指标的抢盘中，丰宁分公司分别以全省二类县区17和13名的成绩成功抢盘2次，提升了人员奖励，激发了员工的工作积极性。市公司二季度宽带单项竞赛中，丰宁分公司全员通过主动营销、朋友圈宣传、拓展异网宽带、电话营销等方式在全区排名靠前，取得了人均500元的奖励。自

6月公司开展"赢心工程"劳动竞赛以来,通过全体员工不懈的努力,市场不限量套餐的净增及政企集团成员不限量套餐的净增均全区排名第一,分别取得了市场侧完成R5档次,人均3500元最高奖励及政企侧人均1500元的奖励。网络部整体指标均优于全区水平,对工程、维护以及三费等的管理水平明显提升,对市场、政企的支撑能力明显加强。综合部日常管理更加精细,党建工作认真开展,各项工作日趋完善。

【开展争做最美移动人系列活动】 2018年,丰宁分公司持续开展了贯穿全年的"我为公司做贡献,争做最美移动人"系列活动。紧紧围绕带队伍、促发展、正能量、暖人心、有活动、守底线六个方面,充分发挥先锋示范作用,层层开展以上率下向我看齐,凝心聚力,挑战佳绩。根据全年贡献值,共评选出先进班组5个、优秀党员5名、先进个人19名,并适时召开了"聚焦131",各项业务发展均排在公司前列。11月,在公司推动大规模拓展时,召开了"明确战场,用好政策,全员联动,强力发展"的全体员工动员会,11月份新增有效放号达到10528户,绝对值全区排名第一。

【拓展集团业务】 截止到2018年12月底,集团共计1029家,其中A类集团46家、B类集团113家、C类集团870家;集团成员到达35953人,其中A类6556人、B类10618人、C类18779人,异网红名单拓展5家、拓展成员358人;粘性产品发展智能V网328家、彩铃13家、政企宽带783户。

2018年,丰宁分公司共计完成集团通信客户通信和信息化产品收入851.6万元。其中:流量统付54.65万元、集团短彩21.93万元、集团语音13.89万元、融合通信26.45万元、数据及互联网专线437.31万元,移动OA5.46万元、物联网18.8万元、行业应用类(和校园)273.17万元。

2018年完成的重点项目有丰宁满族自治县智慧工地15条,年收入11.8万元;丰宁满族自治县无线城市64条,年收入23万元;丰宁满族自治县森林防火监控13条,年收入19.5万元;丰宁满族自治县环保局监控26条,年收入14.35万元;丰宁满族自治县人社局就业平台319条(无线+有线),年收入15.95万元。

【加快基础工程建设】 截止2018年底,现网保留基站57个,汇聚机房21个,带有公司设备的铁塔基站654个;2G基站260个,4G微站和宏基站518个,4G室分站点113个,直放站243个,基本实现了所有309个行政村的4G信号覆盖。传输二干线路县城内6公里,大滩到滦平200公里,汇聚层线路610公里,接入层1500公里;共建设FTTH宽带小区/村307个,覆盖用户99980户;提供总端口44610个,占用端口总数为25011个,总端口占用率达56.07%;开通用户数25406,IPTV用户20451户,魔百盒2290户,政企IPTV电视806户。

为保证2018年河北省第三届旅游发展大会的顺利举行,丰宁分公司投资2460万元,新建基站41个,其中4G基站13个、4G室分3个、共址新建2G基站25个,建设完成后明显改善了御大线以及旅发大会景区内的信号覆盖情况。投资240万元新增FTTH覆盖1.2万户,投资280万元改造了旅发大会沿线杆路。申请省内和北京应急通信车4辆,增加应急基站3个,解决中国马镇游客接待中心、海留图会议中心室内信号问题。旅发大会区域网络运行稳定,相关景点、会场、酒店、交通枢纽无一起客户投诉发生。

【助力扶贫工作】 移动丰宁分公司成立了以公司领导班子和部门主任为帮扶责任人的精准扶贫工作小组,明确了专职扶贫驻村工作人员,确保了扶贫工作有人管有人抓。2018年,驻村工作人员与帮扶村胡麻营乡李家窝铺村村干部,一同开展贫困村和贫困户基本情况统计、脱贫项目规划和结对帮扶等各项工作。制定了《丰宁移动公司结对帮扶工作实施方案》,提出了指导思想、工作目标、帮扶举措、工作要求及保障措施。明确具体工作职责及具体任务,建立健全了帮扶部门、乡、村资源整合、综合治贫的扶贫攻坚工作长效机制。

对27户贫困户进行结对帮扶,为贫困户切实解决实际问题,出色的完成了县委县政府下达的各项扶贫工作。在规定的时间节点,完成了27户贫困户的识别和建档立卡工作。年内,先后7次组织帮扶责任人开展入户走访工作,详细了解每户家庭基本情况、家庭收入来源、致贫原因、贫困户脱贫需求以及劳动就业等生产生活情况,将专门购置的米、油等生活用品分别送到贫困户手中。在入户过程中,了解到贫困户孙占洲家有学龄儿童因没有户口问题而无法就学时,公司总经理立即与有关部门进行沟通,得知上户口需做DNA检测,检测费用预计需要2000元。考虑到孙占洲家的实际情况,总经理当即决定检测费用由移动公司负责解决。通过号召员工捐款筹集检测费用,并通过村干部将所捐款项交到孙占洲手中,再三嘱咐其要尽快为孩子落实户口问题。在后续入户过程中,了解到孩子户口已上并已经顺利入学。

撰稿/郭惠

中国电信丰宁分公司

【开展4G网络业务】 中国电信股份有限公司丰宁分公司(以下简称丰宁电信分公司),主要经营4G移动电话、高速光纤宽带上网、固定电话业务,拥有完善的物联网、大数据、云存储等信息化服务平台。承担着丰宁县域内的4G网络建设维护,移动业务发展及用户服务,提供光纤电路的数据业务服务和电信电视开通服务、集团干线网络维护服务。

2018年,分公司加大投资力度建设4G网络,提升网络信号质量及FTTH光宽宽带覆盖范围,为电信用户提供了高品质的通信服务。

【移动4G信号覆盖范围持续扩展】 2018年,丰宁分公司本着重点保障乡镇、逐步覆盖行政村的原则,加强4G基站建设。加强基站和线路的维护,在停电、断缆的第一时间赶到现场及时维护,确保了基站所在用户的通讯畅通,用户信誉不断提高。

在市公司的支持下,截止到2018年年底,全县4G基站达到200个,实现了县域内26个乡镇、309个行政村和开发区及街道的信号全覆盖,有效地改善了网络质量,为用户提供了更好的移动语音及数据服务。

【提升客户服务感知】 丰宁电信分公司本着集团公司“用户至上用心服务”的服务理念,致力于提供给用户高品质的移动通讯服务。以提升用户满意度为指引,以关键服务环节为切入,以感知测评为手段,强化差异服务优势,同城服务满意度名列前茅。积极参与政风行风建设,不断规范市场、套餐及收费行为,加强用户信息安全、网络安全和信息化建设。加大渠道建设,减少服务盲点,公司全体员工本着“当日装、当日修、慢必赔”原则,最大限度的方便用户,有效的提升了客户服务的感知。

【“智慧校园”项目持续发展】 2018年,丰宁电信分公司与丰宁一中积极沟通,成功承接了县域内第一中学的“智慧校园”项目。校内使用电信4G网络达到1100余人,为学校建设机房、监控系统、互联网接入及电话网络,依靠教育系统大数据,实现了智慧教学,为广大师生提供了更多的教育资源,树立了教育品牌。同时,又积极与县教育局合作,为加强学校对学生的统一管理,为学生办理了“翼校通”业务。

【严格落实实名制工作】 2018年,丰宁电信分公司根据工信部和上级公司要求,已经实现全部电话用户100%实名制登记。每一个营业网点、代理网点严格把关,绝不允许有实名制违规操作行为出现,为县域内打击电信诈骗做出贡献,有效治理了电信领域通信环境。

撰稿/曹艳玲

承德广通丰宁分公司

【收入情况】 2018年,承德广通丰宁分公司全年完成收入总任务1502.64万元,占市公司下达总任务的77.5%。其中,收视费收入完成1151.47万元,增值收入完成83.62万元,付费包完成55万元,广告完成26.55万元,双向互动用户完成173万元,高清机顶盒收入13万元,年底前双向用户达7307户。

【工程建设与管理】 截止到2018年12月底,分公司共批复工程38项(包含双向网改1项),合计铺设光缆20.92千米。其中:

双向网改1项,覆盖85户,安装30户。

小区电气工程18项,以全光纤方式入户,综合布线1960户。

补户工程3项,截止到2018年9月30日,主机补户501户,副机240户,合计补户741户。

县级干网改造10项,旅发大会线路迁改工程投资73.6万元,共布放光缆约74.34千米,年底前已全部完工。

其他工程6项。

为保障线路传输安全,丰宁分公司2018年特别成立了网络整理组,配合各站进行主、支干杆线路的整理。年底前已更换过路处低矮杆路32处,杆路扶正74棵,整理线路约90千米。

【新业务和营销工作】 在营销工作中,全年节目包55万元,高清机顶盒13万元,政法网、民爆、道路迁改、杆路租赁等收入任务均已完成。尤其是付费节目包的营销工作,充分发挥了全员营销特别是基层站和收费大厅员工的作用,收到较好成效。

【客服工作】 在客服工作中,积极落实首问负责制和故障申报日志,共接收处理工单6000余条、接听用户报修电话400多条、大故障报修近30次。客服人员及时提示各站即将到期工单并做到100%报修用户回访。遇情况特殊的工单,及时和维修员联系,指导维修员尽快更好的完成维修工作,提高用户的满意度和对广通的认可度。在有大面积故障出现时,及时和市客服说明情况,形成联动做好解释工作。坚持节假日和24小时值班制度,每天晚上7点前小故障均能做到及时维修,保证用户正常收视。对超时工单责任人进行严格处罚。

【后勤保障及管理工作】 为节支增收，取消黄旗站、王营站、胡麻营站3个站租用房屋。取消雇佣大师傅及伙食补助，改为误餐补助。标准为基层站每人每月150元，南北站每人每月100元，城区每人每月50元。年初取消维修车辆8辆，送市公司拍卖，达到节支增收的目的。因各站维护车辆取消，交通费用增加，调整了维护标准，按个人实际维护数，由每户1.5元/户提高到5元/户（含维护费、交通补）。

撰稿/温汉会、殷海志

住房和城乡建设

【城镇建设重点项目】 2018年，住房和城乡建设局（以下简称住建局）完成了多项城市建设工程。新丰路改扩建工程。南起达袋沟旱河大桥（北大桥）北至天鸿街，全长762米，设计宽度33米，包括：17米车行道、两侧各2米绿化带、3米非机动车道、3米人行道。总投资1100万元，2018年11月底已通车。

达袋沟旱河中桥加宽改造工程。在原有旧桥两侧各建6米新桥，（3米非机动车道、3米人行道），新旧桥之间设2米绿化隔离带，对旧桥进行加固改造作为机动车道与扩建后的新丰路衔接。建成后桥梁总宽30米、长178米，预算投资630万元，2018年年底前已完成桩基工程。

兴丰路北延工程。南起府前南街北至府前街，规划道路等级为城市次干路，道路全长340米、设计红线宽度30米，估算投资600万元；府前南街西段西起西环路东至规划的新丰路，规划道路等级为城市支路，道路全长520米、设计红线宽度30米，估算投资900万元。两项工程由北京世纪鸿房地产开发公司出资建设，已于2018年10月开工。

白塔北一街西段工程，西起111国道东至规划的新丰路，道路全长380米，设计红线宽度20米，估算投资480万元；白塔北街西段工程，西起111国道东至规划的新丰路，道路全长340米，设计红线宽度30米，估算投资750万元。两项工程由建宇房地产开发公司出资建设，于2018年9月开工。

【保障性住房建设】 危房改造工作。自2017年12月18日起，组成8个工作组对全县2017－2019年危房改造工作，进行危房认定、验收、督导开工等工作。累计入户9195户，认定C、D级房屋6849户，实施改造6578户，验收6578户。对2018年底脱贫出列村“非四类户”现居住的唯一住房进行房屋等级认定，累计入户625户。住建局配合县财政局，拨付2016年度、2017年度危房改造补助资金共计1.495532亿元（其中：2016年危房改造补助资金6546.82万元；2017年危房改造补助资金8408.5万元）。

保障性住房工程。2018年，全县棚户区改造任务1150套，6月底前开工575套，占总任务的50%，8月底前开工920套，占总任务的80%，10月底前全部开工建设。截止到2018年12月，棚户区改造实际开工1260套，开工率109%。

廉租房分配情况。对全县1000余份廉租房租赁档案、住房租赁补贴档案进行归档整理，改变以往相关档案分别归类的方式。对拖欠2016、2017年度廉租房租金的22户租户，委托律师向县人民法院提起诉讼，通过法院进行租金追缴。遵守“公平、公正、公开”的原则，启动全县公共租赁住房年审工作，共计对1096户、2400余人的保障资格进行审查，并开展入户调查工作。

【房地产市场调控】 丰宁自2017年5月开始实行房地产市场调控，自实施调控以来，调控效果明显，商品房销售价格平稳。县城房地产开发项目销售价格上涨压力较大，但因乡镇项目售价较低，基本达到全县总体均价不上涨的目标。截止到2018年9月底，全县商品房销售均价5230元，未突破2016年10月份均价。商品房成交数量明显下降，库存增加。为降低县城中心区商品房价格上涨压力，10月以后，县住建局和市住建局沟通，释放部分价格压力。2018年底前，全县商品房销售均价5700元/平方米左右，为下一阶段房地产市场调控提供数据依据。截止到2018年11月底，全县商品房库存面积33.07万平方米。去化周期（去化周期＝库存量/单月销量）由2017年初的2个月增加至15个月。

【建筑市场监管稽查】 为规范丰宁建筑市场健康有序发展，避免施工企业手续不全提前开工和开发企业未取得预售提前销售现象的发生，住建局稽查办，联合质监站、安监站、建管办对全县建筑工程进行多次检查。对旅发大会沿线6个建设项目实现执法全覆盖，共出动巡查、检查200余人次，巡查、检查建筑面积31.8万平方米。截至2018年年底，对未取得建筑工程施工许可证、擅自开工建设、未采取相应安全施工措施等违法行进行处罚。立案处罚案件11件，累计处罚金额127.8万元。全年49个项目共缴存农民工工资预储金1.7335亿元，监管发放90项次农民工工资1.1889亿元，有效保障农民工工资正常发放。解决农民工讨薪案件28余起，涉及人数1200余人，共解决拖欠农民工工资2000余万元，维护了社会稳定，保障了农民工的合法权益。

【电代煤工作】 住建局会同发改部门对2017年安装的1036户电代煤农户逐户进行验收，填写验收报告。10月，针对乡镇电代煤补贴统计上报混乱情况，制定县电代煤补贴上报统计办法和统一电子制式表格，补贴统计上报趋于规范化。2018年，完成电代煤227户（其中2018年任务200户，2017年结转27户）。在总结2017年经验的基础上，经过对比筛选，确定采用蓄能式电锅炉，充分利用峰谷电价，降低农户的使用成本，设备全部安装完毕，调试合格达到使用条件，确保农户取暖期的正常取暖。

【工程招投标工作】 2018年，全县建设项目办理招标手续共62项，投资总额14.4亿元，建筑面积96万平方米。其中国有投资招标项目38个单位工程，工程造价4.4亿元，建筑面积21万平方米；非国有投资备案项目24个工程，工程造价10亿元，建筑面积75万平方米。应公开招标项目的公开招标率均为100%，非国有投资合同备案率达到100%。

【工程质量监督工作】 2018年，共监督工程项目70项，建筑面积176.5346万平方米。其中新开工程57项，建筑面积124.4388万平方米，结转工程13项，建筑面积52.0958万平方米。所有办理监督手续的工程，工程监督覆盖率达到100%。

【工程监理工作】 2018年，完成监理项目总计56项，总建筑面积为80多万平方米。其中新承揽项目17项，建筑面积40多万平方米，完成房屋改扩建维修，总投资额达10377.8万元，完成监理服务费400万元，2018年公司竣工验收12个工程项目，合格率达到100%。

【材料检测工作】 认真执行国家标准、技术规范，坚持科学、规范、准确、公正的检测原则，尤其是对原材料关键部位进行重点抽查、检测，及时准确地掌握质量状况，并将抽检试验数据客观反映出来的实验状况，及时通知或书面形式反馈到建设单位、监理单位和施工单位，确保了质量的有效监控。2018年共完成各项建材检测试验23437组，签订检测合同56份，为全县多个建筑工程及市政工程提供检测服务，为全县建筑行业提供了检测便利。组织管理人员参加了R214－2017质量管理新标准的培训。根据管理要求制定了2018年质量管理的八大质量管理计划，按照实施、检查、处理程序落实。同时通过问卷调查的形式，主动征集服务对象满意度调查，2018年度调查满意度满意率为100%。

【房产工作】 2018年完成预售许可637625.03平方米，5019套。其中：商品住宅549223.45平方米，4254套；商业用房49853.1平方米，477套；地下室38548.43平方米，288套。2018年，加大了商品房预售的监管力度，严格落实预售管理制度，做好商品房预售专项检查工作。

【人防工作】 2018年，审批修建人防工程14000平方米；收取人防易地建设费695.6362万元；直属人防工程竣工2个，共14400平方米，在建的丰宁治安专业队直属人防工程3000平方米预计2019年竣工；完成中心广场人防工程、人防宣教基地部分房屋及12块LED显示屏的租赁工作，年收取租金15.7670万元。已竣工的人防工程在出入口等明显位置悬挂标志牌，定期对人防工程的使用情况进行检查；对其他在建人防工程抽查20余次，对发现的问题进行督查指导，及时解决。

【物业行业管理】 按照省、市关于老旧小区改造三年行动计划，与街道办共同对全县老旧小区进行摸底调查，对需要改造的71个老旧小区建立项目库，制定《丰宁满族自治县老旧小区改造提升实施方案》，该方案县政府已批准。8月，对全县住宅专项维修资金存储业务实行公开招投标。通过公开招投标，为县缴纳维修基金存储利率年增加300余万元。会同街道办、社区、业主委员会不定期对各物业公司服务质量进行测评打分，对服务质量差的物业企业进行通报。同时，组织部分物业服务企业法人、经理，到承德市双滦区学习先进物业管理经验，对物业工作中存在的各类难题进行交流。

【安全监督工作】 为有效落实安全生产责任制，开工前住建局与各开发企业签订扬尘治理承诺书18份，各施工单位签订安全生产责任书19份；对节假日安全生产、建筑消防、施工扬尘治理等三大类下发各类通知9件；新增工地环境污染物监测指标，累计加入视频监控平台工地7个；累计办理安全监督备案手续35份，存档监督检查记录126份，下达停工整改28份，限期整改通知单69份；对扬尘治理不力和安全责任不落实的项目，约谈开发单位6家，施工单位8家，监理单位4家，组卷移交处罚5家施工单位，处罚金额21.5万元；对所有在建工程项目的97台大型起重设备进行专项检查，下达限期整改14份，停工整改4份，约谈施工、监理、安装单位6家；办理大型起重设备使用登记55台套，特种作业人员证件备案220人次，督促检测吊篮安全锁360余套，施工物料提升机7台。

【供热工作】 冬季取暖工作。2018年10月20日开始温炉供暖，全县2家供热公司供热面积455.6万平方米，其中京北热力公司382.6万平方米，园区热力公司73万平方米。热计量运行面积216万平方米，其中京北热力公司179.05万平方米，园区热力公司37万平方米。挂网面积535.98万平方米，其中京北热力公司438.98万平方米，园区热力公司97万平方米。住建局与供热公司共同设立了供热管理办公室，公示热力投诉电话，报修和投诉电话全天候畅通，接受用户监督并及时解决纠纷。同时京北热力公司开通24小时供热服务热线966866，以便及时处理群众相关供热问题。运营、维护效果好于去年同期。

【帮扶工作取得实效】 2018年，住建局帮扶王营乡胡里沟村、北头营乡北头营村和大坝沟门村。为切实做好帮扶工作，全体帮扶责任人对贫困户实地进行走访，了解实际情况，主要领导及班子成员每季度深入帮扶村实地调研，了解帮扶工作进展情况。通过共同努力，王营乡胡里沟村2018年年底全部脱贫出列，帮扶工作取得显著成效。通过王营乡胡里沟村驻村工作组与村两委干部共同努力，投资43万元建设250亩果园，种植苹果、苹果梨、文冠果、山楂、山樱桃等果树1.5万株。302千瓦集中式光伏电站建设已完成，43户贫困户全部带动，户均增收3000元。种植中草药150亩，增加了农民收入。协调跑办项目，为帮扶村打井4眼，铺设管网3500延长米，新建30立方米蓄水池1个，为肢体残疾人员提供价值2万元的假肢、轮椅，出资11万元硬化村级路面、果园建设。中秋节及元旦前，全体帮扶责任人深入贫困户家中，为其送去米、面、油过节慰问品。为切实改善贫困户居住环境，结合“小黑屋”专项整治活动，局出资9万元对帮扶村进行环境整治。通过集中治理，贫困户的居住环境得到明显改善。

撰稿/布海军

财政税务

【综述】 2018年,丰宁财政部门进一步加强财源建设,优化财政支出结构,全力助推脱贫攻坚,加快财政改革步伐,提高财政管理水平、服务意识和服务能力,财政收入快速增长。2018年完成全部财政收入136208万元,比上年增长12.4%;公共财政预算收入74418万元,比上年增长21.0%。财政支出324208万元,比上年增长13%。税务部门继续深入征管体制改革,扎实推进依法治税,不断优化征管效能,持续提升纳税服务水平,组织收入稳定增长。截至2018年底,累计完成税收收入国家总局口径110474万元,占承德市税务局任务目标的97.76%,占县政府任务目标的95.24%;完成县政府口径105102万元,占承德市税务局任务目标的98.23%,占县政府任务目标的95.55%;实现了收入规模和收入质量"双提升"。

财政工作

【财政收支完成情况】 2018年,丰宁全部财政收入完成136208万元,比上年增长12.4%;公共财政预算收入完成74418万元,比上年增长21%,其中税收收入完成48734万元,比上年增长6.6%,占公共财政预算收入的65.5%;非税收入完成25684万元,比上年增长62.8%。

2018年,共计争取上级补助收入295212万元,比上年增加45829万元,增长18.4%;争取省级政府新增债券资金48000万元,其中一般债券30000万元,专项债券18000万元。

2018年,全县一般预算支出完成414390万元,比上年增加43738万元,增长11.8%。

【加强财源建设】 培植骨干财源。制定《关于加强财源建设的实施意见》,拓宽财政收入渠道,做大做优"财政蛋糕";支持经济开发区承接北京非首都功能转移,建设怀丰汽车产业园等系列项目,培植后续财源;支持京北中小企业总部基地、远景能源、平安高科等企业技术升级、发展壮大,培植骨干财源。

强化综合治税。规范信息采集范围和口径,加强数据审核对比分析,增强涉税信息交流与沟通,实现税收前置审验、源头控税。强化重点税源监控,对重点项目实施动态跟踪管理监测分析。全年累计报送涉税信息3万余条,累计查补税款5529万元,其中采用重点涉税信息377条补缴税款即达1937万元。

强化财税部门联动。定期督导调度,全力挖潜增收,调动国土、住建、林业、市场监督等部门主动协税,开展土地出让、企业涉地涉房产业、公路铁路占地涉税专项清理,清查欠税2376万元。

严格执行行政事业性收费和政府基金目录清单制度,健全乱收费投诉举报查处机制;推行"网上缴费""异地缴费",提高非税收入现代化管理水平。

【优化财政支出结构】 优化支出结构,明确支出责任,精简支出流程,提高支出效率,突出保运转、保重点、压一般,集中财力向重点项目、脱贫攻坚、生态保护、民生保障、公共服务等重点领域倾斜。

全力保障社会公益事业和基础设施重点项目建设。安排资金33210万元,支持汽车工业园、商贸城、县城老旧小区改造、城区路灯安装、水冲公厕、第六小学附属工程、第四幼儿园工程、妇幼保健院和疾控中心建设等民心工程,及旅发大会和部分重点项目有序推进。

全力落实生态生活环境治理提升。重点保障各类生态功能区保护资金14300万元、潮河流域县城段及汤河流域综合治理资金14400万元,支持粪便污水处理、清洁型煤集中供热及煤改电等资金8552万元。

全力落实强农惠农政策。全年发放粮食直补、农机购置补贴、燃油补贴、退耕还林、生态森林效益补偿,及农业保险等惠农资金24957万元。

全力支持教育、卫生、文化事业发展。落实义务教育经费保障及学生资助资金12903万元,支持公共文化体系建设及文化传媒发展资金2928万元,保障县公立医院、乡镇卫生院、妇幼保健院等改革资金5133万元。

全力落实民生保障政策。拨付城乡居民医疗保险补偿及救助资金24775万元、城乡低保和特困供养资金11633万元、高龄补助和孤残人员补助资金1147万元。

【全力助推脱贫攻坚】 统筹资金,全力支持脱贫扶贫项目。安排债券资金21166万元,全力支持开展易地扶贫搬迁;整合涉农资金42357万元,全力支持贫困村脱贫增收及基础设施提升,其中:整合资金

21500万元支持林果、蔬菜、中草药、食用菌、杂粮种植、光伏等18项扶贫产业，整合资金20357万元支持乡村振兴、美丽乡村、农村饮水、危房改造、村级卫生室等基础设施提升。

选优派强、结对帮扶，助力脱贫攻坚。财政局认真落实县委、县政府对扶贫工作的各项部署，选派优秀干部驻村帮扶，扎实做好扶贫档案和各项扶贫基础工作。领导班子深入帮扶村调研，协调实施光伏电站和入股旭缘公司，促成荣达农业公司带动分红，基本实现扶贫产业三次覆盖。干部职工入户走访，宣讲十九大精神和惠农政策，帮助谋划脱贫路径，鼓励贫困户摒弃“等靠要”思想，增加脱贫增收的信心。

【加快财政改革步伐】 深化预算改革。将绩效理念方法融入预算编制、执行、监督全过程，提高财政资金配置效率和使用效益。明确绩效预算管理职责，对7个重点单位进行了绩效预算评价，做到花钱问效、无效问责；严格项目立项，发挥项目库对预算的规范作用；统筹收回2018年部门存量资金5504万元，有效避免资金沉淀。

深化政府债务管理改革。制定出台《关于进一步加强政府性债务管理的通知》，源头强化风险防范，严控新增政府债务，保持政府债务合理规模，债务指标控制在警戒线以内；积极推动政府债务化解，科学计划政府债务还本付息额度。

深化国库改革。推动柜面系统整合，提高预算单位办理资金支付业务效率；推动县级财政工资统发系统整合，完成新旧系统并行测试；推进预算单位差旅电子凭证网上报销试点“全覆盖”改革，在公安局、法院、团县委开展试点工作。

深化国有资产管理改革。严格执行《行政事业单位国有资产管理办法》，组织对全县国有企业资产、行政事业单位国有资产进行全面清查清理；出台行政事业单位国有资产配置、出租出借、处置管理办法，规范国有资产配置、出租出借和处置行为；制定《大元国控有限公司薪酬管理办法》，强化对国有企业管理考核；制定《推进本级经营性国有资产集中统一监管意见》，推进落实政企分开、政资分开。

推进政府与社会资本合作(PPP)稳步实施。规范PPP综合信息平台项目库管理，重点协调PPP项目实施机构及工信、水务等部门，对项目库信息资料按照省整改意见进行完善更新；组织投资24853万元的丰宁智慧城市项目、投资14988万元的凤山镇城区供水和污水处理项目入库，2个项目正有序推进；重点谋划县城及开发区供水和污水处理二期项目、凤山镇集中供热PPP项目，已进入识别阶段。

【提高财政管理水平】 强化法制教育。落实“七五”普法规划，深入学习《宪法》以及《预算法》《会计法》《政府采购法》等法律法规，引导财政干部自觉增强法治观念、树立规则意识；加强会计事务管理，加大财务会计人员培训，全年培训会计人员680余人，提高了规范从业水平。

强化预算管理。政府收支全部纳入预算管理，提升预算编制质量，规范预算执行流程，强化预算刚性约束，严禁部门随意调整预算或挪用财政资金；强化预决算公开，拓展公开内容和范围，提高预算透明度。丰宁财政局在2017年度部门决算工作中获得“全省优秀直管县”称号。

严控“三公经费”支出，严格控制预算追加，降低行政成本，全面推行“三公经费”向社会公开。

严肃财政监管问责。强化财政系统监督力量整合，统筹用好第三方力量，以“一问责八清理”、扶贫资金绩效考核和中央、省、市巡视问题整改为抓手，重点检查涉农、扶贫、民生保障等资金，逐步建立覆盖所有政府性资金和财政运行全过程的财政监督格局。全县自纠自查作风问题5件，追缴资金97.08万元，处理责任人15人；自查自纠挪用资金问题5件，追缴资金18.94万元，所在乡镇政府对当事人进行诫勉谈话；自纠自查套取资金问题2件，追缴资金8.5万元，所在乡镇纪委给予当事人进行谈话提醒。

强化投资评审和政府采购。严格执行《财政投资预算评审管理办法》，坚持“不唯增、不唯减、只唯实”的评审理念，不搞人情评审、关系评审。全年共评审易地扶贫搬迁集中安置、旅发大会“国家一号风景大道”、政法园区、环境空气自动监测等253个建设项目，送审金额170206万元，审定金额149055万元，审减资金21151万元，审减率12.4%；加强政府采购监管，强化政府采购约束，实行“规范管理、阳光采购”，推进政府购买社会服务，全年完成采购185项，预算资金28265万元，实际采购资金25407万元，节约财政资金2858万元，节支率10.1%。

【提高服务意识和服务能力】 财政局对县委、县政府确定的事关全县长远发展的基础设施和经济社会重点项目产业，在资金安排上予以全力保障；认真研究财税政策，深入基层调查研究，为县委、政府决策提供有价值的建议；深化“放管服”改革，深入开展“双创双服”，严格执行首问负责制、首办负责代办制、限时办结制等九项工作制度，优化营商发展环境，明确“办事一次成”流程，着力解决服务“最后一公里”问题，提高财政行政效能和服务水平。

撰稿/许可

税务工作

【组织收入稳定增长】 2018年，丰宁税务局在市局调整任务目标的情况下，通过开展税收分析，对收入情况做到底数清、情况明、掌控准，牢牢把握组织收入主动权。在严守组织收入纪律的同时，把原国地税积累的好经验、好做法进行整合，取长补短、互相借鉴，形成组织收入的强大合力。截至2018年底，累计完成税收收入总局口径110474万元，占市局任务目标的97.76%，占政府任务目标的95.24%；完成政府口径105102万元，占市局任务目标的98.23%，占政府任务目标的95.55%；完成非税收入16668万元（其中社保费征缴入库13362万元），确保了收入与时间进度一致，实现了收入规模和收入质量“双提升”。

【征管体制改革持续深入】 在社会保险费和非税收入征管职责划转上，紧盯时间节点，加强部门协作和培训；配齐窗口和人员，遵循时间表、任务书和路线图；做好摸底调查、欠费梳理、资料交接等划转前的各项工作；专班人员反复系统演练，确保平稳过渡。在简并税率和税率调整方面，做好税收政策的宣传辅导；征期由专人对申报数据进行筛查，保证纳税人正确适用税率和新版申报表。在全面落实减免税政策上，认真落实税收优惠政策，确保纳税人享受到实实在在的政策红利。1－10月份共减免增值税7673万元，消费税160377.53万元，车购税123万元。

协助县政府大力发展园区经济招商引资企业30多户，有力促进了地方经济发展。在水资源及环保税征收工作上，按照上级政策要求和市局相关工作部署，提前入手，突出重点，凝聚各方合力，强化政策落实，坚持问题导向，圆满完成水资源税开征各项工作。截至年底前，共移交办理水资源税税源登记110户，入库水资源税300万元、环保税266万元。

【依法治税扎实推进】 加强内控机制建设。内控系统的上线和应用，对基层税务局的执法进行了严格监控。全员风险防控意识、依法行政依法从税意识和能力得到提升，保障了纳税人的合法权益。认真落实“三项制度”（行政执法公示制度、执法全过程记录制度、重大执法决定法制审核制度）。加强对一线执法人员培训，保证对“三项制度”的重要性理解到位，熟悉软硬件操作，对各项信息及时准确进行公示公开。开展纳税信用等级和黑名单的信息公示工作，共计记录音像文件10G。开展行政许可和行政处罚、定期定额核定的公示52次。

【征管效能不断优化】 及时解决和上报监控指标日常查询发现的问题。专人负责140平台和总局监控指标日常查询，发现问题及时派发分局进行解决处理。共解决处理140平台问题数据1256条，解决处理总局监控问题数据119条，上报基层分局运维数据128条。

做好欠税公告工作。对各类欠税纳税人，除采取催报催缴一般措施外，对21户纳税人采取欠税公告措施。

优化税务注销程序相关工作。按照总局和省局文件规定，制订并下发了专项指导意见对优化注销流程及步骤进行了明确，确保注销优化工作落实到位。

有效防范虚开发票违法行为。对8户“一址多照”纳税人的发票领购开具情况、增值税申报缴纳情况、生产经营地址情况、法定代表人、财务负责人及办税员实名采集情况进行排查，有效防范了虚开发票违法行为。

统一“金三双定户”核定经营额。对“金三”定额不一致的双定户清册进行下发，共调整定额不一致双定户3314户；对原国税126户无定额纳税人，进行重新核定调整；对原国税121户点上户一般纳税人终止定期定额征收方式的，通知纳税人按期进行自行申报。

做好管户对照工作。以国税数据库为基础，对原国、地税“金三”进行比对修改，实现原国地税数据库纳税人数据准确一致。抽调4名业务骨干组成管户对照专项工作组，集中力量进行登记单边操作、重复纳税人清理、疑似纳税人确认、管户对照确认等工作，共完成2382户次。

做好管户调整工作。按照“三定”方案，对全县10842户纳税人，进行了重新分局管户分配调整；对“金三”585条190户纳税人未办结流程进行处理。

【纳税服务水平持续提升】 以税收宣传月为契机，召开税企恳谈会、非首都功能疏解税企对接会。与新入驻丰宁的9家30多位企业代表进行税企对接座谈，征求意见建议，研究解决方案。邀请两会代表、委员，有针对性地提出意见建议。以“双创双服”为主线，进一步优化税收营商环境。向全县党政机关发放征求意见信126封，内容涉及政策落实、税收执法、征收管理、纳税服务等方面。结合纳税人满意度调查开展“全员大走访”，确定了提升纳税人满意度工作的“六项专项行动”，将新办纳税人办税温馨提示、纳税人日常业务应知应会业务送到纳税人手中。召开“问需求、优服务”纳税人座谈会，切实发挥税收职能作用，支持民营经济发展。以“互联网＋税务”为抓手，认真落实“一厅通办”相关工作，通过开展自学、互学等方式，数次进行全面业务演练，顺利实现“一厅通办”圆满上线。开办“纳税人学堂”5 期，培训纳税人 2300 余人次。将增值税税率调整、新个人所得税法及实施条例等税收新政策第一时间传递给纳税企业。

【积极做好扶贫攻坚工作】 2018 年，税务局负责选将营乡偏道子村、杨木栅子乡杨木栅子村和黑牛山村 3 个贫困村，260 多户贫困户的脱贫帮扶工作。2018 年是县委、政府确定的脱贫摘帽攻坚年，从干部驻村纪律要求到档案规范设置、产业扶贫政策落实，都是高标准严格要求。税务局共派出 9 名干部驻村帮扶，同时选派 100 多名干部进行结对帮扶，机构改革中先后 4 次集中入户走访，为贫困户“送政策、送信息、送服务、送温暖”，得到县委、县政府的高度肯定。

【做好扫黑除恶专项斗争工作】 税务局及时召开党组专题会议，传达贯彻中央、省市县委扫黑除恶工作精神，研究部署全县税务系统扫黑除恶工作。层层安排部署，不断夯实责任，召开由全系统干部参加的扫黑除恶专项斗争专题会议，研究制定了《关于开展扫黑除恶专项斗争的实施方案》，成立了由局一把手任组长，其他党组成员任副组长，各股室负责人、分局长为成员的扫黑除恶专项斗争工作领导小组，统筹推进全局的扫黑除恶专项斗争。建立健全扫黑除恶专项斗争台账，明确局长为扫黑除恶专项斗争第一责任人，建立扫黑除恶专项斗争工作“一把手”台账，同时，建立了《扫黑除恶专项斗争排查台账》《扫黑除恶专项斗争重点行业管理台账》《涉黑涉恶线索台账》，明确专人进行登记、汇总，严防失密泄密。年内，配合公安机关查处案件 1 件，补税 78 万元。

【做好影视行业专项治理工作】 为做好影视行业专项整治工作，县税务局召开专题会议，把握重点，分步实施。按照河北省税务局统一部署，以自查自纠为重点，通过组织影视行业依照税法规定自查自纠，并辅以风险提醒促使其自我纠正，使绝大多数影视企业和高收入从业人员自我纠正存在的问题。

【干部队伍管理不断创新】 坚持以党建为统领，以对干部规矩意识和风险意识培养为抓手，开展了微课堂、红色党员活动主题日、任职谈话等一系列活动，保持了干部队伍思想稳定，责任心不断增强。狠抓干部培训，开展每周一课活动。以集中学和分岗位学相结合的方式，课程内容从思想教育、改革引导到税收业务学习实现了全覆盖，自挂牌合并以来共开展培训 30 期，培训 450 余人次。通过教育培训，各岗位人员逐步地认识了改革，融入了改革，同时有针对性地学习了新的业务知识，增强了干部的改革定力。

撰稿/师琳

金融保险

【综述】 金融机构存贷款快速增长。2018年末，全部金融机构各项存款余额1916235万元，比年初增加153752万元，比上年增长8.7%。其中：城乡居民储蓄存款余额1303759万元，比年初增加219931万元，比上年增长20.3%。各项贷款余额1946800万元，比年初增加346075万元，比上年增长21.6%。保险业快速发展。2018年保费收入26166.43万元，比上年增长16.3%。其中：财产险保费收入7946.43万元，比上年增长-18.5%，寿险保费收入18220万元，比上年增长42.8%。给付赔款5668.32万元，比上年增长-44.4%，其中：财产险给付赔款4574.02万元，比上年增长-4.6%，寿险给付赔款1094.3万元，比上年增长-79.4%。

中国人民银行丰宁满族自治县支行

【扎实开展宏观审慎评估工作】 2018年，人行丰宁支行不断加强信贷投放和投向管理，引导金融机构制定符合稳健货币政策和宏观审慎管理要求的信贷投放计划。严格监测信贷投放进度，按时上报法人金融机构贷款投放及需求情况，监测其是否按人民银行下达的信贷计划均衡投放。截止到2018年12月末，地方法人机构贷款净投放8.452亿元，有力支持了地方经济发展。

【加大对精准扶贫等重点领域和薄弱环节的金融支持】 人行丰宁支行积极引导金融机构，加大对"三农"和中小微企业的支持力度；加大对精准扶贫等重点领域和薄弱环节的金融支持。大力推进"扶贫再贷款+政府担保基金+贫困户信用评级"创新项目，认真做好扶贫再贷款的管理工作。截至12月末扶贫再贷款余额6亿元，其中农商行6亿元，村镇银行由于面临股权变更问题，所放扶贫再贷款于11月1日已全部收回。

【推动银行业增加信贷资金投入】 人行丰宁支行强化对金融机构流动性管理，有效推动银行业金融机构增加信贷资金投入。截至2018年12月末，辖区银行业金融机构人民币各项存款余额191.62亿元，比年初增加15.38亿元，增长率为8.7%，比去年同期增长8.7%。各项贷款余额194.68亿元，比年初增加34.61亿元，增长率为21.6%，比去年同期增长21.6%。

【加强辖区金融监管】 2018年，人行丰宁支行"两管理、两综合、一保护"（开业管理，营业管理，综合执法检查，综合评价，保护金融消费者权益）工作力度不断加大。

有效进行窗口指导，推动信贷结构不断优化。3月，完成了辖区涉农贷款效果评估工作。完成了农行"三农事业部"的数据核对和上报工作。强化新设金融机构开业管理，进一步简化审批流程，完善申报资料，受理并审批了河北丰宁农商银行第十分理处和中国农业银行丰宁凤山支行开业事项。

加大综合执法检查处罚力度。人行丰宁支行严格按照检查程序开展调查取证和事实确认等工作，进一步提升了金融机构执行人民银行政策的严肃性和有效性。对地方法人的六项指标情况进行现场检查。建立金融稳定信息共享机制，通过联席会议制度，分析金融稳定形势，有效防范和化解各类金融风险，金融风险监测、预警和处置能力进一步提升。对在监测过程中发现的问题，及时提示各金融机构，年度内金融机构重大事项报告12次。4月，对丰宁农商行和工行丰宁支行的不良贷款问题，约见相关人员进行了谈话并做出了风险提示。6月，配合省行检查组，对丰宁支行本行和两家地方法人金融机构的再贷款使用情况进行了现场检查，对自身问题做出整改，对地方法人机构违规问题进行了处理，并按要求上报整改报告。

按季度对使用扶贫再贷款的机构开展检查工作，做好监督管理。对发现的问题，督促金融机构及时整改并上报整改报告。11月，就丰宁农商行和丰宁建信村镇银行的不良贷款上升问题，约见相关人员进行了谈话并做出了风险提示。

畅通金融消费者咨询投诉渠道，全年共受理咨询投诉案件2起，均得到了妥善处理。

认真审核地方法人存款保险的各类数据，完成2017年下半年和2018年上半年的地方法人机构存款保险缴存工作，并做好地方法人的风险监测评级工作，有效督促投保机构稳健经营。

积极开展"3·15"金融知识宣传活动；5月，由丰宁支行牵头与丰宁公安局联合组织辖区11家金融机构，开展了"第九个全国公安机关打击和防范经济犯罪宣传日”活动;9月,组织辖区11家银行机构,开展了大型“金融知识宣传月”主题现场宣传活动。

【做好金融统计工作】 认真执行上级行统计工作的相关规定,配合上级行做好各项调查统计工作,督促各金融机构和小贷公司认真做好金融统计数据的上报工作。组织部门职工学习金融统计制度和上级行的有关文件,为央行金融综合统计做好准备工作。

【提高征信工作水平】 认真执行征信管理各项规定,不断提高征信工作管理水平和服务质量。2018年,企业征信查询464笔,个人征信查询11735笔,收费708笔7080元。接受了中支检查组对丰宁支行征信工作检查,针对检查出的问题做出整改。成立了征信信息安全领导小组,对接入机构加强监管,建立按月按季报告报表制度,10家接入机构的内控制度进行了报备。按季度对10家征信接入机构开展巡查工作,对巡查出现的问题均已及时整改并提交整改报告。

【加强国库管理工作】 按上级行要求及时、准确对国库TCBS系统参数进行维护,对客户端进行升级。共完成TCBS系统参数维护7次、对TCBS测试系统进行更新维护1次、升级TCBS生产环境1次、升级灾备环境1次;对TMIS系统进行维护,客户端升级2次;对国库集中支付无纸化客户端进行升级、维护,保证国库业务正常运行;认真做好TIPS二代系统上线准备工作,并成功上线。

对建行、工行、建信、邮储、河北银行进行了国库经收以及国债发行、兑付的检查,上报《关于对中国工商银行股份有限公司丰宁支行代理国库业务的检查报告》。

积极筹备承德市中心支库国库业务技能竞赛。9月1日,参加承德市中心支库国库业务技能竞赛,并取得二等奖。

【严格会计财务工作】 对固定资产进行了清查,账实、账卡、账账三相符;固定资产系统和ACS系统账数据核对一致。配合丰宁农商行转制,做好账户批量迁移和手工账户变更。按上级行的安排,部署丰宁辖内优化企业开户服务和移动便民工程工作。按照石家庄中心支行的工作安排,认真开展ACS百日竞赛活动,期间丰宁无差错。2018年,ACS系统处理业务452笔。

【规范货币金银工作】 按月督促辖区内各金融机构及时上缴所收缴的假币,2018年,共收缴假币85490元。组织辖区内金融机构进行了反假币宣传活动3次,并上报信息。组织辖内金融机构进行反假货币小超人答题,共有5000余人答题。对金融机构进行人民币收付业务检查,共检查商业银行人民币收付业务10家。

【加强金融科技工作】 对全行计算机及网络及时维护,保证全行计算机及网络正常运行。对支行各部室计算机进行更新、系统维护,内网计算机全部安装一体化客户端。请专业机构对机房防雷设备进行检查,保证防雷、避雷设备正常运行。按时调试视频会议设备,保证视频会议设备正常运行,2018年共召开视频会议57次。按科技科的要求,自10月起每月上报两次科技舆情简报。对计算机机房的防水、防火设施进行完善、更换新地板。

【开展信息调研工作】 按时完成中心支行办公室下达的专题调研任务,及时按要求反馈情况,为上级行完成课题调研提供第一手材料。按照上级行要求和辖区实际情况,各部室积极开展信息与调研活动,各部门上报信息在中心支行各类网页刊物的采用率与同期相比有所上升。全年共报送动态信息80篇,被中心支行采用信息20篇,被省行采用信息4篇。全年完成上级行约稿类调研9篇。在中心支行网站各栏目以及承德金融发表16篇调研心得类文章。调研信息数量和质量较上年度有了较大提升。

【全面做好安全服务保障工作】 继续加强大安全工程建设。认真落实安全生产责任制,进一步完善支行监控报警系统,充分发挥安保设施作用,认真落实各项安全保卫工作制度,保证了支行安全。积极发挥社会管理综合治理成员单位作用,落实目标管理责任制。扎实做好保密、档案、信访、应急和公文管理,切实消除各种风险隐患。进一步加强政务信息、舆情监测、信息宣传工作,构建良好的外部发展环境。

【开展“学制度 强内控 促履职”和“制度完善月”活动】 以“内控制度学习年”为契机,认真组织职工开展“学制度 强内控 促履职”学习活动,不断提高干部职工的风险防范意识。同时,在全行开展“制度完善月”活动,对已有制度进行一次全面梳理,列出清单,认真做好“废、改、立”工作,切实形成便于遵循、便于落实、便于检查的制度体系。强化对执法检查、行政处罚、行政许可、对外合同等行政行为的法律咨询和服务,有效提升了法律事务工作水平。

【健全财务管理制度】 严肃财经纪律。节约型机关建设不断推进，进一步完善机关费用开支管理措施，规范会议费、差旅费、交通费等费用开支的审批。加强集中采购管理，实行管采分离，资金节约效果显著，后勤服务保障水平持续提升。继续做好办公楼维修工程的管理工作，加强市场调查，严把维修材料价格和质量关，加强施工管理、确保工程质量，圆满完成了办公楼厕所改造工程和机关食堂改建工程。

【加强民主管理】 认真按照"围绕中心、务实创新、凝心聚力、服务会员"的工作思路，积极稳妥、科学规范地做好工会各项工作。组织召开支行职代会，广泛听取职工对支行管理和建设的意见和建议，发挥职工群众参与民主管理的积极性。开展感性素质教育和美丽央行建设活动，继续深化心理减压工作，不断提高职工幸福指数。充分发挥团组织的桥梁纽带作用，引领团员青年在推动基层央行事业发展中贡献青春智慧和力量。

【深入持久开展文明单位创建活动】 2018年，支行在文明单位创建方面，坚持以点带面，点面结合，全面推进的工作思路，深入持久地开展文明单位创建活动，文明单位创建工作取得新进展。

印发了创建规划和活动方案，深入贯彻落实中心支行创建"学习型""文化型""服务型""绩效型""创新型"五大品牌的创建口号，努力在行内形成领导重视、部室齐抓、措施得力、员工积极参与的创建氛围。坚持强基固本，在不断探索文明单位创建机制上下功夫。树立全员参与文明单位创建意识，突出创建文明单位基础管理水平。改善设施、强化保障。投入资金2万元整修了党员活动室，设立了知识橱窗和学习园地，开辟了职工之家健身场地，订购多种健身器材供职工在业余时间进行体育锻炼，订购多种报刊杂志为党员提供丰富的学习资料。坚持活动引领，在创建文明单位实效上下功夫。以深入推进道德讲堂建设为切入点，切实加强道德建设。抓好道德讲堂建设，在增强实效上下功夫，努力使道德讲堂成为吸引干部职工自觉加强道德修养的大课堂。深入推进"我推荐、我评议身边好人"活动，大力宣传身边典型，形成学习道德模范、争当道德模范的良好风尚。

撰稿/王瑞达

中国工商银行丰宁支行

【主要指标完成情况】 2018年，工商银行丰宁支行实现利润4488万元，中间业务收入934万元；各项存款达到165629万元，各项贷款达到243630万元。

存款情况。人民币全部存款时点余额177287万元，较年初增加21440万元。其中：公司存款日均、时点较年初分别增加8600万元、8173万元；个人存款日均、时点较年初分别增加7756万元、18982万元；机构存款日均、时点较年初分别增加4678万元、减少5750万元；同业存款日均、时点较年初分别增加2079万元、4863万元。

资产质量。不良贷款余额6570万元，较年初增加6473万元，不良率2.7%，较年初上升2.65%。个人不良贷款70万元，较年初下降27万元；个人贷款剪刀差余额238万元，较年初下降145万元。

考评排名。2018年四季度经营绩效和业务发展考评行内排名第六位。

【支持县域经济发展情况】 在推进县域经济持续健康发展、提质增效升级中发挥大银行作用。积极营销抽水蓄能待提款项目，实现行内银团提款6.4亿元（工商行提款37200万元）；审批完毕风电项目1个3亿元，正在审批中的旅游项目1个2.7亿元；跟踪营销旅游、风电项目4个总金额32亿元。积极营销区域内优质按揭项目，实现个人住房贷款累放40241万元，净增27452万元，个贷增量系统内及同业排名均第1位。

【金融助力精准扶贫情况】 丰宁支行一方面积极做好省行"五包一"（每县明确一名省领导联系指导，安排一个省直厅局、一个经济强县（市、区）、一家省属大型企业、一家金融机构共同帮扶）属地桥梁纽带作用，同时做好金融精准扶贫工作，全年累计发放光伏分期1639笔3858万元，覆盖全县309各村，办理小额扶贫贷款3笔15万元。同时圆满完成支行对帮扶村小坝子乡沙坨子村的各项扶贫工作。

2018年，工商银行丰宁支行荣获省市场金融协会"金融助力脱贫攻坚工作先进单位"荣誉称号。

【内控管理情况】 积极组织开展员工异常行为排查工作。排查工作以行内行外的案件、风险事件通报，以及关键岗位和关键环节为切入点，结合本行实际，开展有针对性的宣导排查工作。坚持对重要岗位、重点部位人员的岗位轮换制度。定期组织召开案防形势分析会。针对发现的问题明确整改方向，制定整改措施，强化经营管理，严肃落实整改。

【服务质量情况】 服务礼仪规范化。树立良好的服务形象，对员工仪容仪表、岗位纪律、环境安全、能力素质等方面进行统一规定，形成系统规范的行为准则，赢得了客户的赞许。实施有效的服务奖罚办法和客户投诉应对处理机制，对客户通过客服电话提出的业务咨询与应急求助，支行明确专人答复，对求助客户全程跟踪服务，确保客户满意。2018 年全行未发生服务有效投诉或媒体曝光事件。

撰稿/李向东、解国庭、张会颖、刘凤国

中国农业银行丰宁支行

【**各项经营指标完成情况**】 2018 年，农业银行丰宁支行各项存款情况：各项存款余额 259428 万元。其中：对公存款余额 90206 万元；个人存款余额 159598 万元，比年初增加 6399 万元；保证金存款余额 9451 万元；其他存款余额 172 万元。

贷款情况：贷款余额 420152 万元，较年初增加 77159 万元。其中：对公贷款余额 266440 万元；农户贷款余额 12430 万元；个人贷款余额 141282 万元。

收入、支出情况：实现营业收入 13929 万元，营业支出 5853 万元；手续费及佣金收入 638 万元，支出 78 万元；实现营业利润 8076 万元，净利润 5517 万元。

【**综合竞争力明显提升**】 2018 年，全行工作体现在“进位、提升、突破”三个方面：

进位。2018 年“春天行动”丰宁支行荣获全市综合考评第二名，零售板块第二名，对公板块第三名，取得自举办“春天行动”活动以来最好名次。综合绩效全年实现进位提升，由 2017 年第十一名，一跃上升到三季度第二名，上升 9 个位次，取得综合绩效历史最好名次。在《承德分行 2018 年营业网点党支部战斗力“大比拼”》支行战斗力排名中，从 3 月开始连续 9 个月综合得分排在第一名，且辖属 4 个参评营业机构多次获得前三名并获得市分行奖励工资，全年累计获得奖励工资 37 万元。金融扶贫专项考核连续三年位列全省前三名。

提升。丰宁支行系统内贡献度得到明显提升，各项存款日均较年初增加 10700 万元，位列系统内第三名；储蓄存款日均较年初增加 7400 万元，位列系统内第一名，四大行第一名。各项贷款较年初增加 12.5 亿元，余额达到 54.5 亿元，新增及余额均位于系统内首位。实现中收 780 万元，较去年同期多增 155 万元，增幅额度居各行首位。实现营业收入 13928 万元，拨备前利润 10497 万元，均位于系统内首位。同时客户类指标实现全面发展，掌银，惠农 e 贷，专项分期等多项指标，均实现全年经营计划位列系统内前列。

突破。全年工资总额突破 1000 万元，达到 1050 万元，较 2017 年增加 200 万元。除行长外，人均工资达到 12 万元，增幅达到 30%，工资及人均总额均实现历史最好水平。

【**多项业务加速发展**】 政府重点项目实现投放。2017 年申报获批的“一主四副”项目经过多次跑省进京终于在 2018 年 9 月份实现投放，全年投放 2.5 亿元，19 年年初投放 1 亿元，通过此项目投放，我行在县委县政府的话语权明显得到提升，正在和政府商谈代发公司及新设机构开户事宜。

持续加大基础设施项目投入。全年向丰宁抽水蓄能电站、投放贷款 5.5 亿元，累计投放达到 13 亿元。

加大住房贷款营销力度。全年累计营销楼盘 5 个，授信 7 亿元，实现投放 3.3 元，余额达到 15 亿元，居全行第一位。全年累计投放各类贷款 12.4 亿元。

加大不良资产处置，提升信贷质量。全年累计核销不良贷款 1000 万元，其中 600 万元法人不良贷款核销并进如强制执行阶段，预计 19 年可实现现金收回。

加强渠道建设，提升增收创效能力。“春天行动”期间实现贵金属销售全省大单，单笔销售贵金属 300 套，增加贵金属收入；在全市首家上线物业“缴费中心”，累计代收物业费近 500 万元，发展掌上银行近 1000 个；成功准入汽车分期商户 1 家，累计办理汽车分期 2000 余万元。

【**金融扶贫见实效**】 支行党委高度重视，坚定地把脱贫攻坚列为重要政治任务，把党建引领作为脱贫攻坚工作的重要举措。围绕“精准扶贫、精准脱贫”基本方针，建立规范扶贫工作机制，全行上下统一思想，达成共识，立足县域，深耕细作，在履行政治责任的同时，加快业务全面发展。

摸清实情，找准路径。年初，行党委成员亲自带队，对接县发改、财政、土地、住建、农牧、教育等政府职能部门，了解本年全县发展整体规划和布局，撰写《丰宁支行金融服务方案》和专项工作方案，并将金融服务方案向县委书记、县长汇报，争取当地政府支持和理解。

绘制图谱，制定方案。根据丰宁县产业结构和建档立卡贫困人口情况，绘制渠道扶贫生态图谱、脱贫目标生态图谱、产业扶贫生态图谱、精准扶贫生态图谱，挂图作业，倒排工期，制定了《农行丰宁支行金融扶贫实施方案》。截止到年末，农行丰宁支行精准扶贫贷款余额 10

亿元,较年初增长1.3亿元。通过实实在在的支持地方经济发展举措的步步落实,得到了地方政府和相关部门人员对农行的认可和肯定,进一步提升了在政府的话语权。

【扎实开展贫困村帮扶工作】 支行对口帮扶贫困村为黄旗镇上窝铺村,为在规定时间内帮助贫困村实现脱贫,支行党委召开专题会议,详细了解贫困村致贫原因,制定帮扶办法,脱贫路径,并派驻专人进行对口帮扶。同时支行党员与贫困户结为帮扶对象,全年共组织党员6次奔赴贫困村,对建档立卡户进行走访帮扶,每逢佳节均进行走访慰问。同时筹措资金协助工作组为贫困村建村部,治理"小黑屋",并通过产业带动,为每个贫困户每年解决1800元帮扶资金,协助脱贫,2018年解决帮扶资金15万元。

撰稿/扶伟建

中国农业发展银行丰宁支行

【业务发展概况】 2018年,农业发展银行丰宁支行认真落实省、市分行年初、年中会议精神和安排部署,切实加大抓存贷、促营销,抓管理、防风险等方面工作力度,确保了各项业务安全运营和重点工作的扎实推进。截止到12月末,贷款客户9户,各项贷款余额131851.67万元,比年初增加61898万元,增长88.48%。其中:政策性非扶贫贷款7213.67万元(粮食挂账)占贷款总额的5.47%;扶贫贷款124638万元,占贷款总额的94.53%。日均存款余额48649万元,实现利润1969万元;贷款风险防范取得成效,全年无不良贷款。

【存款业务情况】 2018年,农发行丰宁支行充分利用上年末"稳存增存"成果,及时签订"涉农资金整合合作协议",积极开展存款"春天行动""夏秋攻势""冬季攻坚"等劳动竞赛活动。通过及时发放贷款、营销涉农整合资金及整合内外部各种资源,对存款产生了较大拉动,其中累计到位涉农整合资金11000万元。年末,各项存款余额55719.82万元,比年初增加31650.12万元,比年初增长131.49%。

日均存款。截止到2018年末,各项存款日均余额48649万元,同比增加23030万元。其中:企事业活期存款46583万元,同比增加23722万元;财政性存款2065万元,同比减少538万元。同业定期存款无,同比减少153万元。

【人均利润和中间业务收入情况】截止到2018年末,实现各项收入5251万元,各项支出3281万元,实现利润1969万元,同比增加688万元,人均利润123万元。

截止到2018年末,中间业务收入1.19万元,为结算业务手续费。

【支持扶贫贷款情况】 以签订政府"战略合作协议"为契机,及时发放中长期贷款7.46亿元。1-12月,支行共获批中长期贷款项目4个,审批额度7.06亿元。其中:丰宁贫困村面貌改造提升扶贫项目,审批额度1.05亿元,已发放0.5亿元(因受政府隐性债务认定及支付手续等因素制约,该笔贷款已提前还清,剩余额度也不再发放);丰宁贫困村土地整理项目,审批额度1.21亿元,已全部发放;丰宁万胜永乡70兆瓦集中式光伏扶贫电站项目,审批额度3亿元,已全部发放;丰宁智慧城市项目,审批额度1.8亿元,已发放0.8亿元。此外,年内支行及时发放了上年末审批的旅游扶贫项目贷款1.95亿元;通过省行营业部向省平台公司发放丰宁2017年度易地扶贫搬迁项目贷款1.31亿元。

积极落实"百日攻坚"活动要求,加快项目营销储备。按照省市分行业务发展"百日攻坚"活动要求,以省行行长李钧一行到丰宁调研为契机,进一步加大项目营销力度。积极向地方党政及相关部门汇报沟通,围绕支行业务范围在丰宁县域内开展项目大摸排,按照项目成熟度,分类推进。2018年底前,重点推动项目1个(丰宁满族自治县智慧城市PPP项目),贷款金额1.8亿元,已经审批后发放0.8亿元。

按时收回到期及欠规范贷款。1-12月份全行共收回贷款17692万元。其中:收回融达公司中长期贷款3200万元;收回北方公司中长期贷款1492万元;收回丰鑫实业流动资金贷款5500万元;收回京北缘天然农牧有限责任公司流动资金贷款300万元;收回融华公司贫困村提升中长期贷款5000万元;收回元鼎公司贫困村提升中长期贷款1200万元;收回顺琦公司光伏扶贫中长期贷款1000万元。

在省、市分行大力帮助下,完成了京北缘天然农牧有限责任公司4200万元农业科技创新短期贷款展期,缓释了该笔贷款风险。

【风险防控情况】 2018年,支行在注重业务发展的同时,更加注重风险防范。严格坚持贷款条件,对所发放的每一笔贷款,认真做好贷款管理。积极进行风险排查,按要求进行贷后管理检查。认真分析企业生产经营和财务状况及客户潜在风险,特别是针对京北缘天然农牧有限公司这一风险企业,支行进一步压实主管行长管户责任,实施高层监管,定期进行风险分析,建立与企业、与政府、与上级行高效通畅的信息沟通反馈机制，努力化解信贷风险。缘天然公司在11月16日归还9月和10月两月欠息37.11万元后，11月、12月又出现欠息37.18万元。同时按照贷款展期信贷审批书要求，11月份应归还贷款本金50万元，分期还款已出现逾期。针对贷款本息逾期，支行专门成立了清收小组，客户经理每两天催收一次，按周向企业发送债务逾期催收通知书，并与公司实际控制人进行电话沟通，催收欠息及本金。经与企业沟通，缘天然公司实际控制人表示近期资金紧张，争取尽快筹集资金归还贷款本息。

【加强内部基础管理】 认真落实上级行的战略部署，强化基础管理，促进全行各项工作平稳推进。加强风险防控，推行全面风险管理，强化信贷资产质量管理和风险监督预警。按照承德分行要求，对客户风险和担保险进行认真排查，继续保持贷款零不良。加强财会管理，认真落实财会内控管理制度，深入分析财务运行状况，加强财务收支管理，充分发挥财务监督和决策支持的职能作用。继续做好“一加强、两遏制”（加强内部管控、遏制违规经营和违法犯罪）专项检查和内部制度评价工作，切实加强内部管控，有效遏制违规经营和违法犯罪。

【加强安全保卫和安全生产】 落实安全保卫工作和社会治安综合治理一票否决制。加大安全教育和安全检查的力度，增强安全防范意识。认真落实安全保卫工作责任制，严格执行规章制度，加强对重点部位和重点环节的防范，严防盗窃、抢劫、诈骗案件和交通、火灾等事故的发生。严格制度落实，加强现金自营业务的安全管理。严格执行各项保密制度，防止失泄密现象的发生。加强人防、物防、技防建设，落实安全保卫、保密和社会治安综合治理各项制度办法。加强普法宣传教育和防暴预案演练。切实加强车辆管理，教育驾驶人员严格遵守交通规则，严禁驾驶带病车，及时进行车辆保养和维修，严禁无证驾驶、疲劳驾驶、超速驾驶、酒后驾驶和副科级以上干部私开公车。加大安全检查监督的力度，层层签定《安全防范责任书》，明确了责任，做到了安全保卫工作与业务工作同研究、同部署、同落实，实现了全年无重大经济案件、无重大刑事案件、无重大违规违纪案件、无重大责任事故的“四无”安全目标。

【加强领导班子和员工队伍建设】 落实新修订的《中国共产党廉洁自律准则》和《纪律处分条例》，树立严的意识，形成了严的规矩，营造了严的风气。加强政策业务学习，着重把握中央和总行党委总体发展战略，加强新常态下宏观经济运行特点规律，国家对支持美丽乡村建设、棚户区改造、脱贫攻坚等方面的政策，以及省分行编发的《中长期信贷政策一本通》《金融经济专业术语和领导讲话解析》等方面的学习。深入开展“三个一”（一日一问、一周一讲、一月一书）提升素质读书活动，引导和促使广大员工做到“忙中有序、闲时求知”。开展倡导并践行“正廉忠孝康”五字行为活动，促进员工队伍德才智全面发展。继续开展“带教、帮教、包教”活动，以老带新，发挥传、帮、带作用，提升年轻员工业务素质。2018年，农业发展银行丰宁支行被评为省级优秀文明示范单位，高立军被评为省分行四星级柜员；2018年初，被省分行评为存款“春天行动”劳动竞赛涉农资金整合先进单位；6月，被省分行授予上半年支持脱贫攻坚信贷投放优秀单位，同时支行党支部被省、市分行评为先进党支部，彭玉峰被市分行评为优秀共产党员。

【加强信息宣传、调研和档案管理工作】 及时向市分行上报新闻信息，全年共撰写信息稿件及调研文章5篇。按照《县级支行规范化管理暂行办法》和总行《文书档案整理暂行办法》，强化档案管理工作。已在6月底前，将会计档案移交完成，文书档案归档完成。

撰稿/朱雪丽

丰宁农商银行

【较好地完成各项指标】 2018年，丰宁农商银行较好完成了各项经营指标和监管指标任务。

各项存款余额73.10亿元，较年初增加11.01亿元，完成审计中心核定任务的119.69%；日均存款余额7.10亿元，完成审计中心核定任务的154.41%。

各项贷款余额59.01亿元，比年初纯增8.31亿元，完成审计中心核定任务的134.07%。

不良贷款余额2.8亿元，不良贷款占比4.76%。已置换、已核销表外不良贷款3.59亿元；年内清收表外不良贷款1053.79万元。

贷款利息收入5.8亿，非信贷资金收益额8484万元，资金收益率3.34%。年末实现考核利润2.7亿元，完成指标考核任务。

手机银行开户存量46503户，完成全年任务的108.02%；聚合支付及银联二维码发展8927户，完成全年任务的107.42%；“云闪付”完成17353户，完成全年任务的94.05%；网点自助化率135.90%；村村通提升完成率107.53%。

主要监管指标完成情况。截止到12月末,资本充足率12.65%,拨备覆盖率150.34%。拨贷比7.16%,不良率4.76%。

【首创分理处承包制】 为进一步激发内生动力和活力,提高经营管理水平,2018年,丰宁农商银行大力深化经营机制改革,以新设立的第十分理处为试点,创新实施分理处承包责任制。自2018年5月26日正式营业以来,7个月时间,该分理处各项存款突破1亿元,达到1.04亿元,完成核定任务的144.89%,存款增长占辖内44个网点存款增长总量的9.44%。电子银行任务全面完成,在全辖网点中名列前茅。分理处承包责任制试点运行成效显著,为下一步全面推开积累了成功经验。

【成立清非大队】 丰宁农商行于2018年9月成立清非(清理不良贷款,保全资产)大队,专职清收不良贷款。制定《河北丰宁农村商业银行股份有限公司清非大队管理考核办法》,确定清非大队业务范围为全辖表外或表内可疑类和损失类不良贷款,向人民法院起诉贷款。实行绩效考核。分配清非大队任务指标为,2018年末累计现金清收表外及可疑类和损失类不良贷款300万元。按任务完成比例计发绩效工资,通过诉讼清收的贷款,按清收本金的10%及清收利息15%提取奖励费用,超额完成任务的部分,按清收本金及利息的5%提取二次奖励。以现金形式清收不良贷款,提取的奖励费用归清收人(先备案),全辖表内外不良贷款都可以清收,不设指标任务数额。采取半隔离式发展,单独设立办公场所,并对成绩突出的上调职级待遇,激励员工清收不良贷款积极性。

【绩效考核工作落实到人】 经营中,实行百分考核和绩效考核双轨运行,并以专项考核作为补充。百分考核对存款余额、日均存款、贷款利息收入、表内外不良贷款和电子银行设定相应分值,并挂钩绩效工资,设定万元工资含量。其中,贷款利息收入中存量公司类贷款收息万元工资含量15元。存量农户贷款收息(不含小贷分中心)万元工资含量100元。绩效系统考核当前对日均存款进行具体考核。以2017年末存款余额为基数,由各网点员工认领,存量日均月万元含量0.5元,增量日均月万元含量5元,并根据人均存款规模及低于差异设置存量和增量调节系数,使日均存款能够实现具体考核到个人,且数据科学合理。针对不良贷款清收、电子银行指标等设定专项考核指标,根据各项指标完成情况计算得分并分配薪酬,考核到人。将贷款收息指标、电子银行指标和不良贷款指标全部纳入绩效考核系统进行考核,制定了《丰宁农商行绩效考核积分制管理办法》,按照9月末数据进行测算和调试,年底前各项考核指标真正考核到人。

【持续强化存款营销】 制定《全员存款营销考核专项办法》。包括班子成员在内,每人300万元定期一年以上存款任务,完成任务进行奖励,完不成任务设定标准给予扣罚,提高了员工揽储积极性。加大对存款指标的考核力度,存款考核在绩效工资中占比超过40%,实行增量、日均余额双项考核。

紧抓财政性低成本存款不放手。成立一把手带队的财政性存款营销小组,重点挖掘财政性存款、机关团体存款,做好重点工业企业纳税户、退税户的税款归入农商行。与财政局和乡镇财政所积极沟通,把握财政性存款流向,全力攻关开展营销。2018年累计新开立财政及机关团体账户8户,全辖财政性存款和机关团体存款286户,总额7.9亿元,占对公存款的65%。

以代收代付业务为依托,拉动存款增长。充分利用全县社保卡由我行独家发行这一优势,争取人社局、财政局政策支持,协助征缴养老保险、医疗保险累计47万人次,社保类资金在农商行开立对公账户16户,余额达4.8亿元,定期余额2.7亿元,活期日均在4000万元以上。

抓住关键时点,利用电子机具,加大宣传力度。抓住农村大集、务工人员返乡、旅发大会等关键时点,业务宣传队以党支部为单位,开展网格化精准营销,携带移动展业机具,现场为客户办理业务。

【大力推广"云闪付"】 顺应手机支付的大趋势,抓准时机推广"云闪付"有利于提高农商行在辖内市场的占有率。在微信朋友圈、QQ群等社交媒介发布推广信息,邀亲问友,宣传自身使用过程中获得的实际优惠,吸引客户。以乡村集市为宣传重点,采取"娱乐节目+宣传"和"知识问答+宣传"的形式,吸引客户参与,引导客户开通绑卡。与存款和电子银行宣传相结合,提高市场知名度。

【"一卡通"对接智慧生活平台】 为推进"一卡通"业务发展,农商行与县委县政府和扶贫办、社保局等相关部门积极沟通和协调,已争取到"一卡通"的独家代理权。辖内涉农、扶贫以及离退休工资等资金,全部由农商行进行代收、代发。已从社保系统下载了全县30万户社保卡数据,并要求各乡镇社保部门对数据真实性逐户核对,核对后将形成全县社保卡数据总库。数据核对完成后，第一步是代理县内所有代发业务，接下来持续与相关部门对接，逐步做到整合政务服务、交通、教育、工会、养老助残、健康医疗等等于一身，实现真正的“一卡通”，服务辖内百姓生活。

【做好小额信贷管理工作】 坚持以支农支小、服务实体经济为定位，加大500万元以内小额贷款投放力度，保持小额贷款投放新增占比，优化信贷结构。规范半隔离式小贷中心发展，提高小额贷款质量，从严管理，严格控制不良贷款容忍度不超过2%的红线。严格执行停贷、追责、包赔，绝不手软。加大贷后管理力度。全程监测、督导贷后管理环节，加大小额不良贷款的认责与追责力度。做到无论金额大小，出现一笔不良认定一笔，追责一笔，同时扣发责任人绩效转入小贷风险保证金账户，直至本息收回方可返回。按季召开全辖小额贷款工作例会，分析总结小额信贷运行情况。按收息配比绩效工资。设立贷款收息台帐，逐笔计算绩效薪酬、奖励薪酬，直接量化考核兑现到客户经理，严禁小贷分中心二次分配。

【深入推进“双基”共建工程】 2018年，县农商行全力推进“双基”共建工程（通过加强基层农村信用社和基层党组织的深度合作，充分发挥协调联动的共建优势，组织开展以农户信用等级评定和综合授信为基础，以信用户、信用村、信用乡镇、信用县创建为主要内容，实施金融服务创新，使广大信用农户获得小额信用贷款的新体制、新机制和新模式），成立乡镇级政府“双基”共建农村信用工程推进小组26个，成立基层行社评级授信小组26个，成立村级金融支农服务站数量309个。农户双基共建应建档农户86920户，已建档农户82566户，建档比例94.99%。其中：普通农户已建档农户45719户，已评级45719户，评级比例100%；贫困农户已建档农户36847户，已评级36847户，评级比例100%。普通农户信用户户数32872户，贫困农户信用户农户数17866户。信用户总户数50738户。年内，已完成组建并挂牌信用村26个，计划年末挂牌成立3个信用乡镇，93个信用村。

【落实扶贫小额信贷政策】 截止到年底，县农商行共对建档立卡户发放贫困户贷款1413笔，金额9311.08万元，利率调整为基准利率。其中，完全符合扶贫小额信贷贷款56笔，197.02万元。贷款发放上，严格把握利率、期限、额度、借款人年龄、还款方式等关键点，并对扶贫贷款领域的腐败问题进行了严格自查。对金融扶贫政策落实不到位的五种问题，需整改贷款共计抽取出5791笔，余额24568.31万元。年底前，已整改1245笔，金额13716.24万元。其余贷款无法整改原因主要是：贷款产生逾期系统无法调整利率，担保方式和用途不合规。

【建立风险分摊机制】 结合《河北省扶贫小额信贷风险补偿资金管理办法（试行）》政策及农商行实际情况，经过与县委县政府沟通协调，县扶贫办于9月25日在农商行开立风险补偿金账户，存入风险补偿金500万元。

【下大力度清收不良贷款】 加大考核力度，传导清收处置压力。年初农商制定了不良贷款清收处置考核办法，将任务指标分解到各支行，对全辖网点实行百分考核与绩效工资挂钩；制定表内、外不良贷款压降任务，制定季度压降不良贷款考核指标任务，对全辖网点实行百分考核与绩效工资挂钩；实行部室包支行，部室员工绩效工资与所包支行完成任务情况挂钩，做到从县行部室到基层员工层层传导清收处置不良贷款压力，形成层层抓落实的局面；5月，专门制定对各支行十大户不良贷款、逾期贷款及9月末即将进入不良贷款的清收办法，各包支行部室对各支行进行督导，分配任务清收以上三类贷款，对清收处置没有效果，完不成考核任务的支行行长进行诫勉谈话、直至免职，已对其中1名行长进行诫勉谈话，督促其加大不良贷款清收力度。

注重依法清收，推动法院限高列黑。2018年上半年，农商行积极与丰宁法院协调沟通，加大对老赖账户的起诉执行力度，县法院已专门成立执行小组，对诉讼案件进行依法执行。截止到年底前，已起诉156件，诉讼标的7812.79万元，判决及调解后的案件均已进入执行阶段。同时，农商行对拒不执行案件，已向法院申请并列入失信被执行人黑名单20人，涉及金额1548.14万元。

【持续推进顶冒名贷款专项整治】 年内，主管行长多次组织召开顶冒名贷款整改督导会议，要求各支行逐笔汇报每笔贷款的实际情况及整改计划。对清查出的顶冒名贷款建立专项台账，分门别类进行造册登记，并上报备案，将清查结果和责任人员锁定，逐笔整改规范，实行责任制、限期制、督办制和销号制，逐笔进行整改，整改一笔，台账销号一笔。截止2018年9月27日，收回顶（冒）名贷款1笔，金额18万元；落实债务5笔，金额9.59万元。尚存顶（冒）名贷款19笔，金额399.48

万元。其中:一笔金额89.96万元贷款已落实到责任人,现对其进行追究,责令其离岗清收;5笔实际用款人承认为家庭使用,已经签订承诺书;9笔为顶名贷款;4笔已找到实际用款人,进一步督导整改落实债务(其中1笔同意现金还款,3笔责任人已死亡)。

【加强内控案防管理】 牢固树立抓案防就是抓效益,抓案防就是抓发展的工作理念,时刻围绕"零发案"目标,强化领导责任,人人签订案防责任状;强化全员责任,层层传导压力;群策群力,群防群治,全面强化内控管理。发挥预警、授权、监控职能,加强非现场监控,发现问题及时处理,通过严抓严管,遏制了重大违规违纪问题的发生,实现"零发案"。

充分发挥三个"中心"作用,将风险预警窗口前移。制定和完善了"远程监控中心、远程授权中心、风险预警中心"的管理办法及奖惩措施,充实人员,对远程监控中心设施进行升级改造,强化了监控监督职能,有效预防了各种违规违纪行为和案件的发生。

扎实推进合规管理工作。各部门整理、制定了一系列实施细则、规章制度,形成《丰宁农商行制度汇编》,对业务操作在制度层面上给予保障;组织了以"合规文化""学法知法守法"为主题的知识竞赛等系列活动,营造了合规文化氛围。

深入开展了"内控合规和风险排查""强化执行年""两个加强、两个遏制回头看"等专项整治活动,各部室对所包支行进行了100%风险排查,并签订了责任书,防范了各类风险。

重视问题整改,合规意识增强。通过监管部门、上级主管部门等开展的常规监管检查、省联社党委巡察等系列检查,整改及惩处力度加大,各项业务操作手续进一步规范。安全保卫工作实现全年无事故。注重在人防、技防、物防上下功夫,不断加大投入,对全辖安保设施统一进行了更换,筑牢了物防、技防防线,保障了全辖业务工作的安全运行,全面完成安全保卫达标升级目标,实现全年安全无事故。

【以企业文化建设提高团队凝聚力和战斗力】 组织系列活动。积极举办庆三八弘扬典型事迹展现巾帼风采主题文艺晚会、"不忘初心,牢记使命"主题演讲比赛、庆七一趣味运动会、农信员工万人健步走等活动。制定活动方案,对各项比赛、竞赛项目进行细化,营造全员参与氛围。

积极开展送温暖活动。春节、七一、中秋和国庆前后,党委书记带队,成立慰问小组,领导班子分别带队,逐户走访慰问,了解老党员生活起居、身体状况,送去组织温暖。

在全行开展多层次、全方位的培训,让员工参加培训、接受教育、提升素质。广泛开展理想信念教育、职业道德教育和廉洁从业警示教育,增强全体员工廉洁从业的自觉性。全年共开展培训和教育活动10次,参加634人次。

撰稿/董淑利、常险峰

中国人民财产保险股份有限公司丰宁支公司

【各险种保费收入完成情况】 2018年,人保财险丰宁支公司共收取保险费收入5116.07万元,同比增长36%。

险种业务收入情况。到12月31日,机动车辆险实现保费收入2053.79万元,同比增长26%(其中:商业车险实现保费1407.8万元,同比增长29%;交强险实现保费645.98万元,同比减少21%)。企财险实现保费收入29.66万元,同比减少27%。家财险实现保费收入213.88万元,同比增长38%。责任险实现保费收入242.69万元,同比增长26.82%。货运险实现保费收入9.91万元,同比增长25%。意外险实现保费收入90.44万元,同比增长18.57%。农业保险实现保费收入2475.71万元,同比增长49%(其中:种植业保险实现保费收入391.79万元,同比减少45.72%;养殖业险实现保费1788.51万元,同比增长479.74%;森林保险实现保费295.41万元,同比减少53.15%)。整体业务中,车险业务占总保费的40.14%;商非占总保费的11.47%;农险占总保费的48.39%。2018年农业保险增长幅度比较大。

【业务经营赔付】 2018年,全年共处理各类已决赔案2361件,支付各类赔款计2825万元,同比增长57%,简单赔付率为55.21%。

各险种业务赔付。机动车辆险共处理赔案1168件,支付赔款820.16万元,同比增长30%,简单赔付率为39.93%。企财险共处理赔案4件,支付赔款54.48万元,同比增长4224.00%,简单赔付率为183.69%。家财险共处理赔案334件,支付赔款97.23万元,同比增长26%,简单赔付率为45.46%。责任险共支付赔款176.86万元,同比增长266.43%,简单赔付率为72.88%。意外险共支付赔款3.38万元,同比减少83.53%,简单赔付率为3.74%。农业保险共支付赔款1670.89万元,同比增长63%,简单赔付赔付率为67.49%(其中:种植业险共支付赔款1485.50万元,同比增长82.91%,简单赔付率为379.15%;养殖业险共支付赔款137.97万元，同比增长54.10%，简单赔率为7.71%；森林险共支付赔款47.42万元，同比减少60.62%，简单赔付率为16.05%）。2018年除意外险赔付率比上年有所下降外，其余险种赔付率都不同程度增长。

【农业保险经营】 年初，丰宁支公司将政策性农业保险工作作为业务增长点的重点来抓，多次到县政府向分管的主要领导汇报工作，取得县政府的更大支持。4月28日与县政府签署了合作框架协议，之后与农牧局密切合作，成功复制了隆化的“险资直投＋联办共保”模式。年内，为全县7212肉牛养殖户承担6.4亿风险保障，涉及27个乡镇，300个村，2018年肉牛保险累计赔付1718万元。同时已累计为3户养殖户提供贷款1400万元，带动280户贫困户脱贫出列。

与县民政部门密切联系，协调合作，促成了全县农村住房保险再次顺利续保，实现同保，实收保费收入120万元。

与县政府相关部门密切沟通，积极争取扩大政策性农业保险的主动权，确保阵地不丢失。

一元民生保险续保工作顺利完成，完成保费收入41万元。与综治部门配合，顺利实现精神病人监护责任保险顺利续保，保费收入12.1万元。

【经营管理】 加强与保户的接触和沟通，密切与保户之间的联系。坚持做到脑勤、腿勤、嘴勤，及时发现和寻找新客户，利用各种技能把公司产品推介给客户，以勤感人、以情动人，稳续保，扩新保，让人保公司在激烈的市场竞争中立于不败之地。

在日常工作管理中，严格按照上级制定的承保、理赔、单证、财务等各项规定执行，守住底线，不越红线。用制度管人，管事，规范约束员工的具体行为，遵章守纪。对每一份保单、每一份赔案，都做到严格把关，认真审核，挤压赔案水分，做到了既不损害保户利益，也不让公司受到损失。

撰稿/王燕

中国人寿保险股份有限公司丰宁支公司

【保险业务发展概况】 2018年，人寿保险丰宁支公司“紧盯业务发展，实现队伍扩充”，坚定不移推进公司由“产品和销售为中心的经营管理体系”向“以客户为中心的经营管理体系”转型升级。按照上级公司的“重价值、强队伍、优结构、稳增长、防风险”的经营方针稳步开展工作，继续贯彻落实“抓管理，调结构，增效益，富员工，再创公司发展新辉煌”的总体思路，严抓基础管理，拓宽业务渠道，优化业务结构，提升业务质量，各项业务在结构、质量、规模、效益等方面实现了突破，得到了全面的发展。全年实现保费总量1.58亿元，销售队伍已经发展到667人，设立了9个农村营销服务部，服务于全县26个乡镇，覆盖面达到96%以上，强化了全体员工的团队意识，形成了更强大的团队竞争优势。

【个险渠道】 积极贯彻落实上级公司“队伍推动业务发展”的路径，紧紧围绕个险“双领先”（个险队伍和期交业务）的战略目标，持续推进转型升级。全年业务发展以标保为统领，业务规模保持稳定。努力打造数量级和质量级的队伍建设硬实力，大幅稀释了公司经营管理成本，为业务发展和市场对标提供了有力支撑。

截止到12月31日，实现规模人力560人，其中收展规模人力122人；全年月均绝对参会率18.36%；职场导师数量28人，导师、销售队伍占比1:20，月均持证人力612人，完成全年目标的94.15%。累计新增514人，月均增员率6.99%。月均长举169人，月均长险举绩率27.61%；季均有效人力达成284人，完成全年目标的72.69%。月均三晋率达成0.79%；季均晋组率72.05%，队伍质态仍需加强。

截止到12月31日，累计实现标保925万元，达成任务的65.5%；实现首年期交2051万元，达成年度任务的76.1%。实现十年期交1187.6万元。实现短险73万元，达成年度任务的52.2%。

在影响全年业绩的“开门红”战役中，丰宁支公司累计产生期交保费1376万元，达成下达目标的152.89%；达成十年期保费235万元，达成下达一季度目标的45.19%。其中新人达成期交保费338万元，新人贡献度占比24.56%。

【团险渠道】 始终坚持效益至上的原则，一手抓传统业务的创新发展，一手抓新业务的重点开发，加大重点项目、重要渠道的拓展力度。积极控制好赔付率，加强政保合作，推广保险扶贫等活动，争取得到当地政府的大力支持和帮助。加大宣传力度，扩大影响面，从而赢得市场。积极推广E门店、微店等新型销售方式，推进驾乘险等新型业务快速发展。同时，充分利用银行利率偏低对市场的影响，大力宣传福寿嘉年业务，全年业务已突破千万，各项任务指标均基本全面达成。

全年实现总保费836.8万元。其中，新农合意外险430万元，计生险1.8万元,小额贷款97.1万元,老年及小额保险11万元,学平险236万元,新农小44.9万元,意外团体险16万元。

【银保渠道】 立足长远,保证条线自营、渠道统筹协调发展。截止到12月31日,全年期交任务792万元,完成990万元,完成全年任务目标的125%;首年标保全年任务267万元,完成264万元,完成全年任务目标的98%;渠道全年任务目标193万元,完成80.2万元,完成全年任务目标的42%。

充分利用公司增员的契机,举办增员培训及增员启动大会。人力发展全年目标68人,现有保险规划师70人;客户经理全年目标12人,现有客户经理12人。

【理赔工作】 继续把理赔服务定位为客户服务体系中的重点,打造了优秀的理赔团队。成立理赔专项调查小组,配备专职调查人员。全部案件实施前置调查制度,在对24小时报案的尽可能进行现场调查,确保案件处理质量的同时提高理赔效率。做到实行承诺,不惜赔、不乱赔,讲服务、树信誉,服务延伸、赢得主动。特殊情况特殊对待,开通理赔绿色通道,对500元以下案件手续齐、24小时报案调查的立即给付。对一些在社会上较有影响力的案件,客服中心理赔人员亲自送赔款上门。积极与客户联系,严格按照限时理赔服务的承诺,对案件不拖、不等、不靠,保证了较高的结案率。严格按照岗位职责和业务操作实务流程的规定,做好接案、报案、查勘、条款解释、理赔投诉等工作。坚持及时、主动、迅速、准确、合理的理赔原则,提高理赔速度。

2018年继续承保新农合业务,理赔案件持续增长。支公司加大了理赔案件管理,从报案到结案都有严格的把关。同时加大了勘查力度,做到每案必查,查出假案,骗案等100余起。一些在社会上较有影响力的案件,客服中心理赔人员协助客户上门办理理赔所需手续,将工作做实做新,真正体现公司人性化的理赔。

【内控工作】 加强业务管理。按照上级公司要求,加强对销售人员的教育和引导,保证客户投保告知信息的真实性和准确性,把好业务风险的第一道关;柜面接单人员认真执行核保规则,严把"进口关",提高业务质量;同时加强理赔调查力度,杜绝虚假骗赔案件,严格控制赔付率,严把"出口关"。

加强制度管理。在工作中,按照上级公司要求,始终坚持"一手抓业务,一手抓管理,两手抓,两手都要硬"的原则,结合自己的实际情况,顺应业务发展的要求,全面加强和改善各项内部管理工作。通过各项规章制度的贯彻和落实,公司的内部管理工作更加专业化、规范化,管理水平进一步提升。

加强财务费用管理。一方面,大力发展高创费创佣业务和有质量的团险渠道的短期险业务,为当前和今后的发展积累资源。另一方面,坚持勤俭办企业的原则,大力弘扬艰苦奋斗的优良作风,在保证公司各项业务发展有效落实的同时,严格控制办公行政费用支出。确保费用开支真实、合理,利益达到最大化,保证公司实现可持续发展,所有员工年终继续分享公司的发展成果。

保证依法合规经营。积极贯彻上级公司的决策部署,积极宣导、全面开展自查自纠工作;加强销售误导的防范和治理工作,积极开展合规展业、诚信教育活动,长期宣传非法集资的风险。同时注重强化责任分工、重点防范、多措并举,保证公司的风险管理能力不断提升,得到了上级监管部门的肯定。

撰稿/佟立红

综合管理

【综述】 2018年,县综合管理部门认真履行监管职责,充分发挥服务职能,有力地促进和保障了全县经济和社会的健康快速发展。发展改革部门,认真贯彻落实县经济工作会议精神,较好的完成了重点项目建设、生态环境保护改善、精准扶贫脱贫、争取无偿资金支持、协调落实年度发展目标、推进对内开放和各项改革等工作任务。工业和信息化及民营经济管理部门,加强工业项目管理,加快信息化基础设施建设,开展“双创双服”活动,积极做好节能和大气污染防治工作,为全县工业和民营经济发展发挥了应有作用。市场监督管理部门,以维护食品药品消费安全、保障特种设备安全、服务各项中心工作为重点,强责任、优措施、高标准、严要求,卓有成效地开展了市场监管工作。物价监管部门,在规范市场价格行为,做好价格认定工作,促进市场经济秩序健康发展等方面,做出了一定成绩。安全生产监督管理部门,坚持生命至上、安全第一思想,认真贯彻落实国家、省、市、县关于安全生产各项决策部署,统筹推进安全生产领域改革发展,持续开展事故隐患大排查大整治,不断深化专项整治和综合治理,加强依法治安和监管执法,切实强化源头管理和风险管控,安全防范治理能力进一步提升。人力资源和社会保障部门,较好地完成了人力资源、社会保障、就业创业、劳动关系等大量的综合管理和服务工作,单项工作受到省市表彰。机构编制管理部门,继续深化行政体制改革,稳步推进事业单位分类改革,进一步加强和创新机构编制管理,为经济社会发展提供了强有力的体制机制保障。城市管理部门,大力开展城市综合治理工程,着力打造秩序规范、环境整洁、城市靓丽的人居生活环境,城市管理取得丰硕成果,城市环境显著改善,市民幸福指数不断攀升,为提升县城整体形象、促进经济社会发展做出了积极贡献。城乡规划部门,以加强城乡特色塑造,提升城乡功能品质为目标,创新规划理念,改进规划方法,稳步推进城乡规划编制,不断完善规划信息系统建设,优化审批服务,狠抓规划监管,着重服务重点建设项目,圆满完成了各项目标任务。审计监督部门,按照省、市审计机关部署和要求,把握大势,服务大局,立足全县重点工作任务目标,积极履行审计监督职责,以监督促规范,以服务促发展,保障全县经济健康发展。统计工作,紧紧围绕全县中心工作和统计重点工作,努力提升统计能力、统计数据质量和政府统计公信力,较好地完成了全年工作任务。农村经济管理部门,主要开展了农村承包地确权登记颁证工作和农村集体经济产权制度改革试点村试点工作。行政审批部门,深入推进“办事一次成”改革和“互联网+政务服务”工作,积极创新管理体制和运行机制,不断加强政务服务标准化建设,着力规范公共资源交易行为,持续提升工作质量和服务水平,政务服务各项工作取得了显著成效,改革工作经验和做法先后在人民日报经济网、中国网、中国资讯网、东方网、承德日报、市政府专报等多家媒体上刊发。拆迁工作,严格按照拆迁法律法规要求,依法拆迁,和谐拆迁,阳光拆迁,保证了2018年相关工作取得积极进展。国土资源管理部门,坚持保护与利用、管理与服务并举,切实履行保护资源、保障发展、维护群众利益的工作职责,为实现山青水秀、富足祥和之丰宁提供了坚实保障。环境保护部门,坚持以生态文明建设为统领,以大气和水环境质量改善、以生态环境大排查、大整治等重点工作为主线,精心谋划,攻坚克难,全面完成了环保目标任务。

发展改革工作

【执行2018年国民经济发展计划】 2018年,县发改局围绕经济运行,主动加强与相关职能部门的沟通,定期研究经济运行形势,掌握经济运行情况及存在的问题,做好经济预警预测,提出建议,协调落实年度发展目标,推动重点指标落实。全县地区生产总值比上年增长7.3%。其中:第一产业增加值比上年增长5.9%,第二产业增加值比上年增长5.8%,第三产业增加值比上年增长9.8%;规模以上工业增加值同比增长9.5%;固定资产投资同比增长6.2%;社会消费品零售总额完成52亿元,同比增长9%;全部财政收入完成13.6亿元,同比增长12.4%。县级一般公共预算收入完成7.44亿元,同比增长21.0%;城镇居民人均可支配收入达到23660元,同比增长9%。农村居民人均可支配收入达到8528元,同比增长12%。全部完成计划目标任务。

【着力推进全县重点项目建设】

2018年,全县列入省级重点项目5个,市级重点项目25个,在全市各县区中位于前列,并全部完成年度建设任务。年内,全县开工千万元以上重点建设项目83个,完成投资100亿元,同比增长25%。两个方面均创出历史新高。

省、市重点项目情况。2018年,全县列入省级重点项目5个,总投资313.8亿元,包括国网抽水蓄能电站、河北建投风电场、集中式光伏扶贫电站、中国马镇、永太兴疏林草原生态旅游度假区项目等5个项目,已全部开工建设,已完成投资70.3亿元。市级重点项目25个,总投资550.79亿元,创建国家有机农业园区、大唐国际风电场、合肥常青汽车配件生产、菊粉高科技终端产品生产等25个项目,已开工20个,完成投资72.38亿元。

重点项目开工情况。1至10月份,全县开工千万元以上重点建设项目83个,完成年度开工计划的80.4%,总投资703.97亿元,完成投资100.05亿元,完成年度计划的33.89%。其中:开工产业类重点项目54个,完成年度开工计划的85.71%,总投资608.87亿元,完成投资79.85亿元,完成年度计划的38.31%。开工基础设施和社会公益事业重点项目29个,完成年度开工计划的71.79%,总投资95.1亿元,完成投资20.2亿元,完成年度计划的23.27%。

绿色通道办理情况。按照《丰宁满族自治县关于推进优化发展环境"九项工作制度"的实施细则》要求,对符合丰宁产业导向和区域规划布局要求的重点项目,办理行政审批"绿色通道",共发放"绿色通道"卡40份。

【着力改善和保护生态环境】 生态修复方面,争取京津风沙源治理工程中央预算内投资3976万元,列全省第一位。其中:造林绿化6.1万亩,投资1450万元;围栏封育3.5万亩,投资56万元;飞播牧草3.5万亩,投资175万元;人工饲草基地1.8万亩,投资288万元;暖棚5.7万平方米,投资855万元;贮草棚1.8万平方米,投资216万元;水源工程60处,投资180万元;节水灌溉60处,投资180万元;小流域综合治理18平方公里,投资576万元。年底前全部完工,准备县级初验。

环境保护方面,制定下发了《丰宁满族自治县2018年农村散煤治理实施方案》《2018年洁净型煤推广补贴方案》,为全县环境保护工作深入开展奠定了基础。

【着力推进精准扶贫、精准脱贫】 光伏扶贫。争取光伏扶贫电站指标27.6万千瓦,在全省位居第一。其中发改局负责的4个集中式光伏扶贫电站项目已全部建成并网发电,收益全部予建档立卡贫困户,扶贫期限20年,共带动8840户、户均年增收3000元。年底前,4个集中光伏电站前3年的扶贫带动资金7956万元,已转县扶贫办按相关办法分配。此项工作受到河北省常务副省长袁桐利的肯定性批示,被承德市列为十大扶贫典型经验。

易地搬迁扶贫。2018年,全县共实现搬迁入住人口9766人,其中建档立卡5923人,同步搬迁3843人,超额完成国定任务1261人,走在全省前列。全县28个集中安置项目,23个已完成分房入住,剩余5个正在建设。同时,积极探索适合本地发展的易地扶贫搬迁"五区同建"(集中安置住宅区、脱贫产业区、综合配套服务区、土地复垦区、土地流转区),此项工作受到了全国人大常委会副委员长、民建中央主席郝明金的高度认可,典型经验得到了河北省常务副省长袁桐利的肯定性批示。

北京市对口帮扶。谋划2018年北京市对口帮扶项目25个,争取北京市无偿帮扶资金4001万元。年底前,11个项目正在建设,14个完工项目已发挥扶贫带动作用。通过黄旗镇有机小米等19个产业扶贫项目的实施,72个贫困村、4211个建档立卡贫困户获得产业扶贫覆盖,每户每年可增收1000元以上。

以工代赈扶贫。争取中央预算内投资550万元,修护村护地坝5490延长米,6孔8米桥1座,水泥路1.8公里,改善了4个贫困村群众的生产生活条件。

【着力争取各级无偿资金支持】 紧密跟踪国家的投资政策和方向,年内京津风沙源二期、中医院迁址、妇幼保健院新建、保障性安居工程配套基础设施、以工代赈等17个项目已下达投资计划,争取各级各类无偿资金2.1亿元,是2017年的1.5倍。

争取2018年社会发展领域项目投资计划下达共8项。全民健康保障工程建设项目2项:中医院迁址新建项目工程1项,新建13816平方米,总投资7994万元(其中中央预算内投资5000万元),已完成地质勘查和旧屋拆除,正在进行图纸设计;妇幼保健院新建项目工程1项,新建8200平方米,总投资3000万元(其中中央投资1200万元),已完成投资2272万元,项目已完成主体验收,正在进行二次设计及附属工程准备招投标工作。教育现代化推进工程建设项目6项:杨木栅子、西两间房、胡麻营、乔家营、黄旗、西官营等6个农村中小学教师周转宿舍建设项目,总投资1113万元(其中中央预算内投资666万元),建设规模和内容为新建校舍总面积3747平方米,工程已全部开工。

【协调推进上年度以工代赈工作】 2017年以工代赈小型农田水利工程(护村护地坝工程)。工程总投资260万元。建设地点为土城镇张百万村、北头营乡东南沟门村、五道营乡长胜堡村、大阁镇达四沟村、波罗诺镇石灰沟村、南关蒙古族乡骆驼鞍村和南关村、万胜永乡下洼子村、黑山嘴镇小营子村、大滩镇大西沟村、石人沟乡亢家沟村。建设内容为新修护村护地坝5250米。2018年项目已竣工。

2017年以工代赈小型农田水利工程(机井工程)。工程总投资49万元。建设地点为土城镇张百万村、北头营乡东南沟门村、选将营乡郎栅子村、王营乡胡里沟村、大阁镇达四沟村、大滩镇大西沟村、学堂营村、元山子村、南关蒙古族乡南关村、四岔口乡白石砬村。建设内容为新打机井13眼,蓄水池2座,管路5000米。2018年项目已竣工。

2017年以工代赈小型农田水利工程(道路桥涵工程)。工程总投资91万元。建设地点为大阁镇达四沟村、波罗诺镇西沟村、大滩镇学堂营村。建设内容为新建桥涵3座。2018年项目已竣工。

中央预算内以工代赈示范项目。批复资金500万元。建设内容为道路改造7.12公里,路基宽4.5米,路面宽3.5米,护路坝1580米。2018年项目已竣工。

【协调推进对内开放工作】 经济技术合作工作。抓住北京地区企业外迁有利时机,利用"5·18"廊坊投洽会等活动,积极开展招商活动,发布招商项目30项。年内,全县共引进县外资金57.4亿元,占年计划的120%,超额完成目标任务。

协同发展工作。对2016、2017、2018年北京市对口帮扶项目,按照管理办法,加强项目管理工作,严把项目建设质量和资金审批关。对竣工项目完善档案管理,对开工项目做好督导检查。

怀丰一体化工作。加强与怀柔区发改委的联系,争取在重大事项和重点项目建设上给予支持。通过沟通联系,丰宁在产业合作、劳务协作、人才支援、教育卫生支援、结对帮扶、社会帮扶等方面,已经列入对口帮扶地区脱贫攻坚三年行动计划。

【协调推进各项改革工作】 统筹推进党政群机构改革,积极做好机构改革前期准备工作。成立了县委深化机构改革领导小组及办公室,明确了相关部门工作职责,制定了《全县深化机构改革工作方案》,并根据省机构改革方案精神,正在制定县机构改革方案。

强力推动县级公立医院改革工作。根据省编委《关于创新公立医院人员编制管理试点的意见》文件精神,经县编委研究同意,县医院、中医院人员编制实行备案制管理,已拟定编制备案制文件,上报县政府常务会议原则通过,并上报县委常委会议审议,待下次县委常委会议通过后予以实施。

深化"放管服"改革。继续抓好国家取消和下放行政许可事项承接落实,进一步健全完善清单管理制度。"三级平台、两个代办"实现全覆盖。5次完成国家、省取消17项行政审批事项;承接国家、省下放行政审批事项16项。

加快推进事业单位分类改革工作。根据省、市文件精神,对县直部门(乡、镇)所属事业单位(除国教办、民兵训练基地外)全部进行了分类。共列入行政类事业单位21个,核定编制227名;公益一类359个,核定编制4848名;公益二类129个,核定编制3620名;生产经营类22个,核定编制493名。

统筹使用编制资源,创新编制管理。对部分县直部门及所属事业单位根据职责变化,对人员编制进行了调整。共撤销事业单位14个、新成立14个、更名20个,收回全额事业编制70名,差额事业编制10名,自收自支事业编制375名。

深化商事制度改革,积极推行"证照分离"改革试点,统筹推进"多证合一,一照一码"。配合行政审批局开展工作,按照省、市要求,从6月30日开始至年底前实现"五十证合一"。

【推进能源项目建设】 风电项目。河北建投风电场森吉图三期15万千瓦(四岔口、外沟门、苏家店),关道梁(万胜永)、喇嘛沟(外沟门)、大营子(外沟门)15万千瓦风电场,已于4月开工建设,进展良好,年底完成全部建设工程,具备并网条件。建投钒钛储能10万千瓦项目已于6月开工,正在完善各项手续,预计2019年底完成全部建设工程。大唐国际大滩20万千瓦风电场项目(大滩镇、鱼儿山镇),4月已开工建设,进展较快,年底完成吊装70台。远景能源大河西三期10万千瓦(鱼儿山境内)风电场项目因输出问题,没有开工建设。大唐新能源王起营30万千瓦(汤河乡、杨木栅子乡、窟窿山乡)风电场项目,已完成国家林业草原局审批手续,正在做开工前的准备。

光伏项目。4个项目已于2018年4月开工,6月30日前全部建成,实现并网发电。

承察燃气项目(承德高新区承察承德天然气销售有限公司承建张家口——承德——唐山天然气长输管道项目)。承察燃气丰宁段天然气管道铺设项目，正在跑办项目核准，预计2019年上半年完成。

【做好农村经济工作】 前期项目情况。正在开展前期工作项目1个，即2018年农业节水项目，总投资2520万元。其中：管理费36万元，直补农户资金1351万元，工程计划投资1133万元。工程主要集中在黑山嘴、黄旗、土城、大阁等乡镇。计划新增节水灌溉面积8000亩。正在进行项目评估工作。

已批复项目情况。已下达投资计划项目3个，总投资34602万元，其中中央资金7967万元。3个项目分别是：

丰宁满族自治县畜禽粪污资源化利用整县推进项目。项目总投资31135万元，其中，中央预算内投资4500万元。河北省发改委已批复项目实施方案，县农牧局正在准备项目招投标工作。

2018年坡耕地水土流失综合治理工程。项目总投资1667万元。主要修建水平梯田、田间道路蓄水池等工程，已完成工程量的80%。

2018年饮水安全项目。项目总投资1800万元。工程涉及22个乡镇的46个行政村，58处工程，主要建设内容打井38眼，修建井房38座，高位蓄水池34座，引泉20处，集水井20处，埋设地下管路107.460千米。项目建成后解决15125万人饮水安全问题。项目已竣工。

【做好产业协调工作】 产业方面。1.完成乙烷裂解制乙烯工程、制药企业、丁烷等相关工作核查。2.推进智能装备制造产业工作，积极争取战略性新兴产业重点项目，谋划、推动一批装备制造项目。3.对丰宁清洁能源、汽车配件及智能装备制造产业、有机食品产业发展情况进行调研，确定全县主导产业发展思路及目标(2020年)。

环资方面。1.推动建宇铁矿有限公司扬尘治理项目进展。通过丰宁门户网公示该项目基本情况、进展情况及完成投资情况；根据项目进展缓慢情况，向建宇铁矿下发项目督办函；同时由发改局稽查办、财会人员组织督查小组，对项目前期手续、四制、投资执行情况及项目建设情况进行实地督查。2.大气污染综合治理工作。继续推动发改局作为牵头部门承担“1+18”方案各项任务；制定《发展改革局2018年大气污染综合治理方案任务分解表》，各股室根据本股室承担的任务，制定工作计划，采取有效措施，积极推动2018年大气污染综合治理各项任务。3.垃圾处理工作。通过与住建、城管、环保、农牧、卫计等部门交流，初步摸清了全县垃圾现状、处置方式以及各部门国家支持情况；完成了全县垃圾处置情况调研报告(初稿)，将丰宁垃圾焚烧发电项目列入省十三五规划；会同国土、电力等相关部门，对垃圾处置项目进行了土地调规和初步选址。中环集团经过多次调研和实地勘察，正在编制可研报告。北控集团、国家电投集团河北电力有限公司两家企业，对丰宁垃圾处置情况进行了考察、洽谈，正在编制方案。

高新技术方面。1.完成战略新兴产业工作情况调研汇报，参加2018年度承德市“双创”活动周暨全市高技术产业发展工作研讨会。2.根据丰宁实际情况，将平安高科菊粉高科技农业产业化终端产品建设项目、晟基鸿业黑枸杞生产项目和丰宁智慧城市，纳入市发改委战略性新兴产业三年滚动项目库。3.编制完成丰宁战略性新兴产业发展三年行动计划。

散装水泥方面。1.根据《承德市发展改革委员会关于开展预拌砂浆企业扬尘整治专项检查工作通知》要求，积极协助永铸商砼企业完成预拌砂浆备案工作，该企业已正式生产。同时协助合力商砼、秋业商砼、建宇永固商砼、卓筑商砼12人参加预拌砂浆生产企业化验室技术培训班，已全部通过考试，取得预拌砂浆实验员资格证。2.制定下发《关于禁止在城区内现场搅拌砂浆的通知》，通知相关企业禁止在本县城区内施工现场搅拌砂浆，开展禁止现场搅拌砂浆专项执法检查活动。

【抓好对口帮扶工作】 2018年，申报北京市对口帮扶项目25个，项目总投资2.2亿元。其中：北京市帮扶资金4001万元，河北省配套资金1000万元，地方自筹1.8亿元。提升社会公共服务能力项目2个，申请北京市资金202万元，河北省配套资金25万元；整村推进帮扶项目1个，申请北京市资金68万元，河北省资金15万元；产业发展帮扶项目19个，申请北京市资金3550万元，河北省配套资金875万元；生态环保项目1个，申请北京市资金130万元，河北省配套资金40万元；交往交融帮扶项目1个，申请北京市资金105万元，河北省配套资金45万元；贫困村致富带头人培训项目1个，申请北京市资金6万元。省财政厅已下达2018年度北京市帮扶资金计划4001万元(不含统筹60万元)。

开工项目。年内已有15个项目开工建设，分别是：1.黄旗镇有机小米产业扶贫项目；2.土城镇贫困片区设施农业扶贫项目；3.土城镇红泽农业产业园区建设项目；4.外沟门乡优质冬果沙棘栽培扶贫项目；5.西官营乡中农春雨有机种植示范项目；6.大阁镇撒二营村高效农业示范项目;7.南关蒙古族乡田园度假综合体项目;8.大阁镇潮水缘农业观光采摘园建设项目;9.职教中心汽车产业技术工人培训项目;10.菊苣种植基地及仓储设施建设产业扶贫项目;11.黄旗镇元始种植有限责任公司传统杂粮种植及深加工项目;12.大滩镇小北沟村马匹繁育中心饲料库项目;13.医疗精准健康扶贫工程项目;14.杨木栅子乡候栅子至高栅子段天河水环境综合治理项目;15.选将营乡三道营村设施蔬菜产业扶贫项目。

完工项目。年内已有10个项目完工,分别是:1.土城镇丰联中药材种植基地建设项目;2.选将营乡君葵种植专业合作社硬果西红柿基地建设项目;3.南关蒙古族乡拓丰中药材种子繁育基地项目;4.贫困村致富带头人培训项目;5.黄旗镇城根营村蔬菜产业园基础设施项目;6.黄旗镇万亩葵花种植基地及葵花精加工项目;7.开发区会林食用菌种植园项目。8.南关蒙古族乡众鑫食用菌产业园建设项目;9.大阁镇撒二营小学改造项目;10.四岔口乡白石砬村节水灌溉项目。

【规范招投标工作】 招投标不规范问题清理整改"回头看"。2018年,县成立招标投标不规范问题清理整改"回头看"领导小组及办公室,制定印发了《丰宁满族自治县招投标不规范问题清理整改"回头看"工作方案》,对回头看工作进行全面、系统部署。对2016年、2017年招标投标专项清理整改落实情况进行"大起底",认真对照整改处理清单、建章立制清单,进行全面自查,看问题是否清理到位、整改是否落实到位、长效机制是否建立并执行到位,并设立举报电话和举报邮箱,随时接受群众举报和监督。

招投标活动监管工作。完善各项制度,建立健全监管体系。逐步加强对国有投资项目的监管力度,对"三农"建设项目和政府投资类建设项目的招标公告发布,资格审查,开标、评标、定标等进行严格监管,确保国有资产的有效利用。

认真核准招标公告,参与开标、评标过程监督。对完成招标的项目,要将项目的招标过程、专家来源、评标委员会组成、评标细则、评标报告、中标通知书等情况报行政审批局备案。

加大检查力度,查处招投标违法违规行为。认真受理招投标活动过程中的投诉案件,对投诉反映的问题严肃查处,做到件件有回音,事事有着落。

【抓好安全生产】 继续深化安全生产专项整治行动,加大安全投入,全面开展安全标准化达标活动,规范管理、规范生产。严格落实隐患排查治理责任,及时消除安全生产事故隐患,有效防范和减少事故,实现安全生产稳定好转。

强化安全生产监管。坚决做好内蒙古大唐国际克什克腾煤制天然气管道、全县风电项目、集中式光伏扶贫电站项目等方面的安全生产监管工作。做好安全隐患排查工作,杜绝安全生产事故发生。

规范管理,严格责任。落实安全生产责任制和责任追究制,建立健全安全生产长效机制。发改局与单位负责人及相关企业签订了《安全目标管理责任书》,要求企业落实主体责任,做好日常安全巡检工作。严格内部管理制度,确保出现安全事故时有人及时处理,并认真落实安全值班报告制度,及时反馈值班情况。

加强学习,做好宣传。加强安全生产宣传力度和法律法规学习,进一步提高群众的安全意识。全面实施并完善各类安全实施方案、应急救援预案,坚决杜绝重特大安全事故的发生。组织了安全生产月宣传活动。

搞好总结及时上报。做好日常报表工作。严格执行事故报告制度,杜绝迟报、漏报、瞒报事故的行为。

【开展驻村帮扶工作】 精准扶贫工作启动以来,县发改局高度重视,帮助村谋划脱贫产业,解决实际困难。为大滩镇学堂营村修水泥路2.2公里,2孔8米桥1座,打机井3眼并配套,5个自然村已全部通水泥路和自来水入户;完成全村39户贫困户危房改造,支持学堂营村资金4万元,完成24户小黑屋改造。协调电力部门新架高压线路1800米、低压线4000米,满足了2000亩时差蔬菜的灌溉用电需求,每亩地增加农民纯收入500元以上。同时,局机关全体职工分批到结对户家中走访6次以上,送去慰问品总价值近万元。

撰稿/王斌、胡春艳

人力资源和社会保障

【劳动就业工作】 2018年,全县城镇新增就业4152人,完成任务数的103.8%;下岗失业人员再就业1780人,完成任务数的104.7%;就业困难对象再就业925人,完成任务数的108.8%;城镇登记失业率控制在3.90%以内;农村劳动力向非农产业转移4400人,完成任务数的102%,其中劳务输出2369人,就地转移就业2031人;扶持创业506人、带动就业1009人,为24名自主创业人员提供免费创业培训,全年提供创业贷款300万元。农村劳动力技能培训3785人,完成任务的108%;建档立卡贫困户培训1573人,完成任务的157%。职业技能鉴定1484人,就业扶贫工作开展引导性培训20210人,"订单式"培训共95人,"点菜式"培训449人,"一对一"培训8312人,农村劳动力就地就近转移培训190人。农村转移劳动力培训874人,完成全年目标任务149%;城镇失业人员培训474人,完成全年目标任务的148%;"百万工匠培养计划"培训434人,完成全年目标任务的101%。

【社会保险工作】 保险金征缴。2018年全年征收企业基本养老保险金12600万元,占任务数的109%,扩面917人,占任务数的112%;征收机关事业养老保险金13501万元,完成任务的113%;职业年金征收5902.93万元;征收工伤保险金1912.7万元,占任务数的122%;扩面1330人,占任务数的100%;征收失业保险金483万元,扩面105人,占任务数的105%;征收基本医疗保险基金10541万元,占任务数的115%;征收生育保险基金580万元,占任务数的114%。参加城镇职工基本医疗保险24056人,扩面50人;参加生育保险13672人,扩面100人;全县参加城乡居民养老保险22.63万人,其中参保缴费16.31万人,新参保扩面12804人,参保率99.79%;基金收入达11407万元。城乡居民基本医疗保险参保总人数347873人,参保率95.98%,基金征缴22600万元。农村建档立卡贫困人口基本医疗保险参保率100%。

养老金发放。2018年全年为全县7938名企业离退休人员发放养老金2.37亿元;发放失业保险金320万元;落实工伤保险待遇1609.5万元;为62753名60周岁以上城乡居民发放养老金8382万元;城镇职工医疗保险基金支出6653万元;支付城镇职工生育保险待遇540人次,支付生育保险基金480万元。对15个批次用地的社会保障情况进行了审核工作,按规定提取了社会保险费4520.45万元和风险基金301.95万元。共为946名原民办、代课教师发放及补发教龄补贴598.1万元。城乡居民医疗保险报销2169838人次,支付18937.21万元。各项保险待遇发放达100%。

【人事管理工作】 完成2017年度统计和考核奖惩工作。政府序列公务员实有数1164人(县直政府部门768人,乡镇政府序列396人);参照公务员法管理的事业单位工作人员59人;事业单位工作人员年末实有数9000人(县直8561人,乡镇439人),其中管理人员886人,专业技术人员5567人,工勤技能人员2736人(含双肩挑人员189人)。参加考核人员县直政府工作部门及事业单位10978人,其中县直政府部门9455人,乡镇1020人,党群503人;评优1732人,授奖1736人,三等功152人,嘉奖1584人。

公务员招录、事业干部招聘及干部管理工作规范进行。为63名职务调整及工作变动人员办理了调转手续;为公安局政法专项编14名毕业生办理了接收安置手续;为2018年新招录的32名公务员进行了政审、档案核查及接受安置工作;为2017年招录的17名公务员和13名政法干警进行了转正期满考核;为2016年以来的101名股级干部履行了任免手续。为2011年以来招聘的103名事业单位人员办理了招聘补录手续;为住建局、教育局、大阁镇、外沟门等7名辞职人员办理了辞职手续。为2名退休满2年以上人员办理了入出境撤销备案,为10名探亲人员办理了出入境备案审批手续。

职务与职级并行后序工作、乡镇工作补贴审核等工作有序开展。为600名人员办理了乡镇补贴调整、审批;为53名人员办理了交通补贴审批;为42名人员办理了通讯补贴审批;为5名人员办理了职级并行手续。

企业军转干部解困、调待和责任包保政策落实到位。为企业军转干部21人进行了身体检查;为在职企业军转干部调整了工资,缴纳了养老、医疗保险;为退休企业军转干部计算发放了困难补贴。

【工资福利工作】 严格执行工资政策,认真做好全县范围的5次大型调资工作。年内,为各类新增人员及学历晋升人员及调动人员调资142人次;为全县1389名晋升技术等级人员调整了工资待遇;为符合条件人员办理退休审批813人。为符合条件人员办理遗属补助28人;审批企业在职死亡人员抚恤金18人。为符合接续工龄政策的38人办理了工龄接续手续。继续严格执行冀人社发〔2012〕40号文件精神,为符合条件的123人办理了补缴养老保险相关手续。根据《中共承德市委组织部、老干部局、财政局关于转发〈河北省委组织部、老干部局、财政厅关于提高离退休干部交通费标准的通知〉的通知》精神,完成了全县离退休干部交通费标准审批工作。

【人才工作】 开辟"绿色通道",免费对求职登记的高校毕业生提供档案管理、就业失业登记、求职登记、就业指导、职业介绍便捷的一条龙就业服务。做好毕业生的报到登记和政策咨询,提高服务质量和工作效率,2018年毕业生报到765人,接收档案2057册、转出档案467册。做好高校毕业生实名登记工作,建立完善毕业生信息库。实施高校毕业生基层成长计划,2018年招募“三支一扶”(大学生在毕业后到农村基层从事支农、支教、支医和扶贫工作)大学生人员30人。确定2家企业,3个事业单位作为毕业生见习单位,年内共为153名高校毕业生办理了就业见习手续。经县政府同意,开发县政府购买岗位159个,157名高校毕业生通过考试、考核应聘上岗。多形式完善就业招聘活动,搞好岗位对接服务。发挥部门优势,全年征集43家企业用工信息,发布毕业生需求信息岗位2110个,为毕业生和企业提供交流平台,组织交流招聘活动4次。加强与京津人才服务机构合作,按要求进行“京津冀协调发展引智计划”,进一步树立“大人才”理念,加大柔性引才力度。配合县委组织部开展“双招双引”(招商引资,招才引智)活动,吸纳聚集产业人才,为全县各类企业招聘高层次人才,促进人才携带科技项目和智力成果与丰宁各类企业、创业资本等进行对接。

【职业能力开发工作】 年内,为64名于2017年底前通过考试取得经济、会计、统计、卫生等专业技术职务任职资格的人员办理并发放资格证书。完成2017年度全县专业技术职务任职资格批复及证书发放工作;完成2018年度全县高职、中职审核上报和初职的审查工作;完成2018年度161个设岗单位的专业技术岗位聘任方案的统审核批复工作,涉及856人;完成2018年度经济师和执业药师考试报名人员资格审查,经济师17人,执业药师22人;完成2017年机关事业单位工人技师评审表和证书的领取发放工作,共涉及257人;完成2017年机关事业单位工人高级工的组卷上报工作,共涉及276人;完成2018年度高、中、初级工考核考试报名工作,共408人。

【劳动监察工作】 加强法律法规宣传。2018年全年共发放劳动者维权明白纸4500余份;利用窗口接待、电话回答咨询,解答劳动者或用人单位问题近300余条。加强日常检查力度。检查各类用人单位200余家,出动人员560余次,审查用人单位规章制度200条,纠正用人单位违法条文40条,补签劳动合同600份。快速高效处理举报投诉案件。接受日常投诉举报案件35件,已结案件35件,法定期限内结案率100%,为劳动者追讨工资1900余万元,涉及劳动者1100余人。移交公安机关案件6起;列入拖欠农民工工资“黑名单”企业1家。开展了清理整顿人力资源市场秩序专项行动。与县市场监督管理局组成工作小组,对全县职业介绍场所和用人单位的招用工行为,进行了全面清查。通过专项行动,共检查职业中介机构10家和用人单位35家。7月,开展了用人单位遵守劳动用工和社会保险法律法规专项检查行动。共检查重点领域、劳动用工密集型用人单位48家,发放法律宣传明白纸1400余份,涉及劳动者800余人。10月,开展了治欠保支专项检查行动。共检查重点用人单位30家,涉及劳动者700余人。专项检查行动的开展,提高了用人单位依法遵守劳动用工和依法缴纳社会保险的法律意识,也增强了劳动者依法维权的能力。

【劳动仲裁工作】 2018年,劳动人事争议仲裁委共受理劳动争议案件333起,涉及333人,立案处理333起,结案333起,所有案件均按法定时限审结。其中260起仲裁调解结案,73起仲裁裁决案件,仲裁案件调解率达到78.1%。受理来信来访143件,涉及信访人数166件,书面答复21件,所有案件均按时结案,并按照要求答复了本人,信访事项按期办结率达到100%。

推进全县劳动人事争议调解组织建设。在全县26个乡镇及开发区、街道办和6个重点企业,成立了基层劳动人事争议调解中心,现有调解员102名。搞好基层调解组织建设,指导、监督、检查等工作。建立健全劳动关系三方协调机制,与县总工会、工商联召开三方会议,推荐平安高科、丰宁三中2家单位申报“2018年度劳动关系和谐单位”。按照省市文件要求,组织2013年以前取得“河北省AAA级劳动关系和谐企业”“承德市劳动关系和谐单位”的18家企业进行组卷复审工作。协助县改制办做好本县破产、改制企业职工安置方案的审核工作。

【社会保险行政工作】 做好工伤认定初审、调查取证和工伤认定、劳动能力鉴定组卷上报工作。2018年全年受理工伤认定申请284人,工伤事故受理率达到100%;受理劳动能力鉴定140人。做好城镇职工意外伤害评审工作,受理意外伤害申报80人。评审城镇职工门诊特殊病和慢性病148人;开展好城乡居民甲乙类特殊病认定和评审工作,甲类特殊病评审合格1103人,乙类特殊病评审合格741人。共受理定点医药机构申请50家,实地勘验50家,查处违规医疗机构22家,扣拨医疗费5.7万元;暂停定点药店4家、村所1家,取消医保定点资格2家。

【稽核工作】 做实社会保险年审和社会保险缴费基数核定工作,从源头上防止和杜绝各缴费单位少报、漏报、少缴、漏缴社会保险费的问题。在实地稽核工作中,严格按照社会保险稽核工作程序,重点对参保单位的劳资统计表、财务会计报表、应付工资账册、职工人数和个人收入进行了认真细致审查。实地稽核单位 18 家、3239 人,完成稽核目标任务的 101%。追缴鑫源钼矿养老保险欠费 510 万元。对全县欠费企业进行一次性缴费能力专项稽核,对三赢公司、鑫源钼矿等重点企业实施动态监控。核查社会保险基金疑点信息,对疑点数据进行认真核实,对发现重复领取、死亡冒领的,暂停发放待遇,待核实后按规定追缴清退。全年共追回重估领取、死亡冒领等各项社会保险待遇基金 89.96 万元。

【农民工培训工作被作为精准扶贫典型经验推广】 县人社局根据丰宁实际情况,因地制宜,探索出一条适用有效的培训模式。由开始时的季节性培训到现在的常态化培训;由过去的政府各级干部动员培训到现在的农民主动要求培训;由过去的小规模分散办学到现在的集中和分散相结合的系统办学;由过去的计划式培训到现在的以市场为导向的培训,办学质量、办学水平稳步提升。截止到 2018 年底,历时 4 年多累计培训农民工 2.1 万人,鉴定考核发证 1.5 万人。培训工作取得良好的社会效果,多次受到上级部门好评。国务院扶贫开发办对丰宁农民工培训工作实行的政府主导、人社牵头、部门配合、培训机构承办的办学机制给以高度评价,对农民工实行"五免一补"(免收培训、职业资格鉴定考核、住宿、伙食、教材资料 5 项费用,对贫困建档立卡农民工发放交通补助)的做法给予充分肯定,并做为精准扶贫典型经验做法进行推广。

【专项工作受到省市表彰】 丰宁人社局被河北省人社厅、河北省工商行政管理局评为"2018 年全省清理整顿人力资源市场秩序专项行动取得显著成绩单位";在全市保障农民工工资支付工作考核评比中,被市保障农民工工资支付工作领导小组列为 A 级县区。

撰稿/施雪东

机构编制管理

【深化机构改革工作】 根据省、市统一部署,丰宁编制办积极做好党政机构改革前期准备工作。成立了县委深化机构改革领导小组及办公室,明确了相关部门工作职责,制定了《全县深化机构改革工作方案》,并根据省、市机构改革方案精神,制定了县机构改革方案,经县深化机构改革领导小组研究同意,已上报市深化机构改革领导小组审阅。

根据河北省委、省政府《关于进一步做好退役军人管理服务工作的意见》文件精神,1 月在 26 个乡镇(街道)成立退役军人管理服务站,并将相关材料按时报送市编办。

根据《中共承德市委办公室、承德市人民政府办公室印发〈关于加强承德市乡(镇、街道)环保机构和队伍建设的意见〉的通知》文件精神,结合丰宁实际,经县编委会研究决定,7 月在乡(镇、街道)成立环保所,明确了职责,核定了编制,并将相关材料按时报送市编办。

【简政放权工作】 扎实推进权力清单和责任清单制度建设。及时衔接落实上级取消下放行政权力事项文件。根据省、市政府统一要求,2018 年全年共衔接取消行政权力 3 批 17 项,承接下放行政权力 3 批 16 项,均以县政府文件下发执行。截止到年底,丰宁行政权力清单涉及 31 个单位 4393 项权利;责任清单涉及 29 个单位共 2747 项责任事项。2018 年 1 月,县审改办向全县各单位下发了省、市关于进一步规范管理权力清单责任清单的文件,进一步规范了各部门权责清单的日常管理和动态调整流程,保证了高效高质的完成权责清单涉及到的各项工作。

深化商事制度改革。积极推行"证照分离"改革试点,统筹推进"多证合一,一照一码"。配合行政审批局、市场监督管理局开展工作,按照省、市要求,从 6 月 30 日开始至年底实现"五十证合一"。

【事业单位分类和清理规范工作】 事业单位分类工作取得初步成效。按照河北省人民政府办公厅《关于全省事业单位分类的实施意见》,县编办对县直部门(乡、镇)及所属事业单位全部进行了分类。截至年底前,列入行政类事业单位 21 个,核定编制 227 名;公益一类事业单位 359 个,核定编制 4848 名;公益二类事业单位 129 个,核定编制 3620 名;生产经营类事业单位 22 个,核定编制 493 名。事业单位分类工作的完成,为下一步事业单位改革工作打下基础。

事业单位清理规范工作扎实开展。按照省、市文件精神,以"两减、一补、一转"为重点,对全县事业单位进行了清理规范工作。共清理规范 53 个县直部门、26 个乡镇、1 个街道所属事业单位 531 个。共撤销事业单位 14 个、新成立 14 个、更名 20 个,收回全额事业编制 70 名,差额事业编制 10 名,自收自支事业编制 375 名。

【事业单位登记管理工作】 根据条例,对符合条件的事业单位,结合丰宁实际情况,按照严格标准、保证质量原则,采取有效措施,全县应进行年度报告的事业单位 240 个,238

个完成年度报告;事业单位法人设立登记2个,变更登记34个,注销登记2个,在承德日报公告,并及时做好归档工作;完成党政机关赋码2个,垂直机关赋码2个;同时完成532个单位的中文域名缴费续费。

【**机构编制日常管理工作**】 严格执行省、市有关规定和《丰宁满族自治县机构编制委员会工作程序和工作纪律》,积极做好县编委会议召开前期各项议题审核、梳理工作,及时完成编委会议召开后期下文实施等各项工作。严格执行编制使用核准制度和机构编制实名制管理各项规定,规范运作,严肃办理人员录用、调动审批等各种手续。

严格执行机构编制实名制管理和编制核准制度。按照省、市要求,结合改革工作进度,做好机构编制实名制管理和编制核准工作。首先,健全机构台账。工作中发现"空壳类"机构、"吃空饷"等问题坚决予以清理,边核查、边整改、边规范,堵塞编制管理漏洞,为规范管理打下坚实基础。其次,严把入口关。各机关单位关于人员调配、录用、招聘等用编事宜,一律经过编制使用核准方可办理,严格按照"用人单位提出申请——机构编制部门核准——组织、人社部门办理录用手续——财政部门核拨经费、发放工资的程序运行,形成长效的管理机制。

加强机关事业单位机构编制使用的动态管理。根据机构编制实有人员变化情况,及时调整编制和实有人员信息管理平台。在信息平台日常维护中,对于各单位报送的机构编制及人员变动信息,严格把关,没有编制批准文件、组织人事部门的调入手续,一律不予办理。对符合条件的信息变动情况,及时进行修改,保证信息平台数据信息的实时、准确、真实。实现对编制使用情况的实时监控,为县委、县政府及人事、组织部门调配人员提供决策依据。全年共调整419人,其中领导干部调整208人,退休人员211名。

【**开展"放管服"改革不到位和"三不分"问题清理整改"回头看"工作**】 在"一问责八清理"整改"回头看"工作中,县编办承担着"放管服"改革不到位和"政事政企职责不分谋取不正当利益"问题清理整改"回头看"牵头工作。按照省、市安排的时间节点,通过自查、复查、复核、抽查、督导等方式扫除死角,查找出"放管服"改革不到位新问题线索3个;"政事政企职责不分谋取不正当利益"问题线索4个,已按省、市时间要求全部整改到位。同时为防止问题回潮,确保整改结果,建立了行之有效的长效机制,高效高质的完成了编办承担的任务。

【**扎实推进脱贫攻坚工作**】 按照县委安排,县编制办由原南关蒙古族乡南关村调整到古房村开展扶贫帮扶工作。古房村贫困户84户贫困对象179人。为确保2018年底全村脱贫摘帽,编办认真谋划帮扶规划。自2018年3月开始,先后10次到古房村开展走访入户活动。对20户贫困户进行"小黑屋"清理整治,帮助贫困户擦玻璃、清理院落卫生;为贫困户送衣物被褥、慰问金7100元及价值5000余元日用品食品。在走访过程中,认真填写《结对帮扶记录本》,宣传国家和县扶持政策,根据贫困原因,制定脱贫措施,并积极了解贫困户需求,认真记录贫困户反馈问题,集思广益做好反馈问题处理,力求帮助贫困户寻找脱贫途径,增强脱贫致富的内生动力。召开专题研究驻村帮扶会议工作5次,听取驻村工作队汇报4次。协调水务部门解决价值10万余元滴灌设备,用于发展蔬菜种植产业;为保障村民人身和财产安全协调国土局部门争取地质灾害点治理项目2个;在单位经费紧张情况下,为村拨付资金1.5万元,用于慰问困难党员及弥补村办公经费。同时,为落实好单位的后盾保障责任,支持驻村工作,领导班子定期对驻村干进行慰问;安排驻村干部进行体检;为工作组购置电视、电脑、电扇等工作生活用品;弥补经费2.4万元用于冬季取暖及日常生活所需;同时开展亲情关爱召开驻村干部家属座谈会2次。

撰稿/张秀平

市场监督管理

【**深入推进"双创双服"(创新、创业、服务发展、服务民生)工作**】 2018年,县市场监督管理局在市场主体培育方面,继续推进企业注册"多证合一""证照分离""登记全程电子化"改革。增加窗口力量,更新设施设备,提升服务水平,切实解决"办照容易办证难""准入不准营"以及办事效率低、跑办周期和等候时间长问题。落实"一次告知""一次跑办""证照必须在期限内发放"等服务标准,坚决杜绝告知不清、多次跑办、期限内拿不到证照等不合规、不便民行为。截止到11月12日,全县市场主体累计达到21888户,其中:企业5432户,农民专业合作社1756户,个体工商户14700户。2018年净增市场主体1856户,完成增量指标84.4%。其中:企业净增784户,完成全年增量的132.43%;农民专业合作社净减少26户;个体工商户净增1098户,完成全年增量的76.84%。

食品药品安全工程方面,对食品生产企业许可、变更、强化质量管理、建立健全HACCP(危害分析与关键控制点）等提供质优高效服务。对流通环节食品经营户，提供政策法规指导，按照“以批控零、以零溯源、管住批发、规范零售”的原则，指导经营户降低成本风险和经营风险。同时，积极推进食品安全进乡镇、进社区、进学校活动。通过讲大课、发放宣传材料以及展示过期食品、“三无”（一般是指无生产日期、无质量合格证以及无生产厂家，来路不明的产品；另一种说法是指无生产厂名、无生产厂址、无生产卫生许可证编码的产品）食品等行为，进一步增强全社会关注食品安全氛围，形成全社会共治机制。对餐饮服务环节经营单位，以餐饮食品安全街和“清洁厨房、美丽餐厅”创建为抓手，落实责任，创新机制，强化监管，消除隐患。特别强化旅游景区餐饮经营单位和网络订餐的培训和监管。帮助景区度假村、农家院和小餐饮统一服务标识、统一公示牌、统一明厨亮灶、统一摆放文明用餐提示牌。约谈美团、饿了么和百度外卖，对不达标者责令整改，对整改不到位者降级或停业整顿。

【强化食品药品安全监管】 严格市场准入。认真贯彻落实《行政许可法》，2018 年共发放、变更《食品经营许可证》723 个；办理保健食品经营许可证 4 户；新办食品经营许可证（餐饮类）559 个，小餐饮登记证 275 个。累计完成食品生产许可延续 3 家次、变更 7 家次，打印证书 3 家次。

强化日常监管。2018 年共出动执法人员 3900 余人次，检查食品生产企业 36 家次，下达责令改正通知书 20 份，立案 1 起；检查食品小作坊 96 户，立案 3 起，共处罚款 49000 元；检查食品销售者 1624 户次，检查批发市场、集贸市场等各类市场 22 个次，规范食品经营单位 349 户；检查网络订餐服务单位 103 家次，下达《责令整改通知书》29 份。检查学校食堂 82 家，对部分学校食堂存在食品安全隐患的，出具了限期责令改正通知书。检查旅游景区餐饮服务单位 571 户；餐饮食品安全行政处罚案件立案 35 起，行政处罚 12 万元。检查保健食品相关经营单位 189 户次，其中保健食品生产企业 3 户次，保健食品经营者 192 户次，办结行政处罚案件 1 件，罚款 5000 元。检查化妆品经营企业 81 家，其中美容、美发机构、洗浴行业检查 65 家，覆盖率达 51%，检查商场 4 家、大型超市 5 家、专卖店 7 家，覆盖率达 100%。办结行政处罚案件 1 件，罚没款 800 元。检查药品经营企业 170 家次，批发企业 3 家次，连锁总部 2 家次，药品使用单位 249 家次（其中疫苗接种单位 32 家），处罚 51 家，罚没金额 5.8 万元，其中药品一般程序案件 7 件、简易程序案件 44 件，均已办结。检查医疗器械经营企业 16 家次、眼镜店 15 家次、使用单位 180 家次，医疗器械简易程序 11 件，罚款 1.1 万元。

【开展专项整治及食品安全保障重大活动】 年内，开展了食品、保健食品欺诈和虚假宣传整治，大型企业质量提升、两节食品安全检查，肉制品专项检查，白酒专项检查，食品安全百日行动，植物蛋白饮料专项检查，亚硝酸盐专项整治，食用油专项整治，液态奶专项整治，食用油标签专项整治等专项行动；开展了校园及其周边食品安全专项整治，京北第一草原旅游景区整治，“放心肉菜示范超市”创建工程等专项整治；开展了网络订餐第三方平台及入网餐饮服务单位专项整治；开展了药品流通质量安全整治行动和严厉打击购销回流药品违法行为专项整治及疫苗专项检查。通过专项整治，严厉打击食品药品及医疗器械的违法行为，确保食品药品市场稳定。出动执法人员 300 余人次，开展全县两会食品安全保障，河北省委副书记赵一德在丰宁视察调研期间食品安全保障，北京市委书记蔡奇丰宁调研考察期间食品安全保障，2018 年中、高考期间食品安全保障，中外有机发展与市场推介会食品安全保障，第三届河北省旅发大会食品安全保障，民建中央主席郝明金来丰宁视察调研食品安全保障，全市重点项目及开发区建设观摩推进会在丰宁召开食品安全保障等重大活动餐饮食品安全保障 9 次。通过完善的制度和充足的人力投入，保障期间未发生一起食品安全事故，多次受到上级领导的肯定与表扬。

【加强食品药品抽检和监管工作】 2018 年，组织完成食品生产企业县本级抽检 23 个批次，国家抽检 17 个批次，不合格 1 个批次，正在处理中。餐饮服务环节抽检 68 个批次，检测出不合格食品 4 个批次，立案 4 起，结案 4 起，罚没 3 万元。食品抽检 350 个批次，不合格 5 个批次。共完成药品抽样任务 33 批次，其中基本药物抽检 3 批，监督抽检 24 批，跟踪抽检 2 批，评价抽检 4 批，圆满完成了计划抽验工作任务。

【强化特种设备监管】 组织全县电梯维保工作单位召开《河北省电梯安全管理办法》宣传贯彻会，要求其加强电梯维保质量，加强维保人员的安全教育培训。协助电梯使用单位做好应急救援演练，确保电梯安全使用。专项开展了特种设备安全隐患大排查大整治、特种设备安全大检查、危险化学品领域特种设备安全整治、特种设备打非治违等整治活动。重点开展取暖锅炉、洗浴中心蒸汽锅炉、商场医院电梯、气体充装站监察工作,开春后各复产工矿企业在用特种设备的检查检验工作,旅游景区大型游乐设施及客运索道的检验与监察工作,确保特种设备使用安全。

组织开展“安全生产月”活动,在民族广场、大型商场超市,利用展板、发放宣传手册、现场讲解等形式,加强特种设备安全知识宣传。同时开展特种设备安全知识进行“校园”“进企业”“进商场”等“六进”活动,确保“安全生产月”活动落到实处。

截至年底,全县特种设备使用单位共有228家,特种设备数量1587台件,其中电梯941部、锅炉95台、起重机械275台、大型游乐设施28台、客运索道1条、场内机动车51辆、压力容器196台、压力管道4.512公里、途经丰宁的天然气管道65.1公里;气体充装站7家,其中液化石油气充装站6家、氧气充装站1家。年内,共检查在用特种设备使用单位118家,出动人员472人次,检查设备894台,查出安全隐患29起,发出安全监察指令29份,整改29份,隐患整改率100%。2018年未发生任何特种设备事故,事故率为0。

【强化市场综合监管】 积极开展“双随机、一公开”(随机抽取检查对象,随机选派执法检查人员,抽查情况及查处结果及时向社会公开)工作。强化对全县各成员单位“双随机、一公开”的监管和月度考评通报。2018年共进行“双随机、一公开”抽查8次,共检查市场主体1063户(其中:企业243户企业,农民专业合作社90户,个体工商户730户)。内资企业和农民专业合作社,由市场监管局企业监管股组织实施,共抽调执法人员40人次,按照“双随机、一公开”的原则组成20个检查小组,同时聘请会计师事务所6名工作人员,随检查组参加抽查工作。个体工商户的抽查工作,由各分局按照“双随机、一公开”抽查原则进行检查。

深入开展广告市场治理。按照上级部门要求,部署开展了金融投资理财类广告专项排查治理工作、涉嫌非法集资风险专项排查和对三大运营商“流量不限量”虚假广告检查的专项行动,对全县47家金融服务和投资咨询类企业和136家广告经营单位进行了拉网式检查。发布宣传警示广告30条次,张贴标语12条,发放宣传单200张,开展行政约谈数15次,行政指导120户次;检查巡查新闻媒体广告40条次,户外广告90条次,其他媒体广告50条次,责令改正3条次。发布公益扶贫广告300条次。年内,共立案查处违法广告案件6起,罚款2.6万元,净化了全县广告市场秩序。

开展打击侵权假冒专项行动。共立案查处侵犯注册商标专用权案2起,罚款3.2万元。立案查处制售假冒伪劣商品案件8起,罚没款12.2万元。其中:假冒伪劣日用消费品4起,罚没款0.7万元;假冒伪劣农资2起,罚没款1.5万元;假冒伪劣食品2起,罚没款10万元。

加大打击传销工作力度。共出动执法人员80人次,发放打击传销宣传资料100余份,宣传小手册40余份。与20余家宾馆、饭店、酒店等公共场所,签定了禁止传销和大型宣传活动的承诺书,对举报3起有传销苗头的活动及时查处。

组织开展“扫黑除恶专项斗争”行动。组织召开了扫黑除恶专项斗争动员会,进行了专题学习,领导和各部门签订了承诺书。认真排查梳理涉黑涉恶线索,同各类市场主体共签订约谈承诺书30余份,制作悬挂扫黑除恶宣传条幅18幅,上报线索1条。

开展无照经营专项整治行动。全年共出动执法人员368人次,检查各类市场主体4226户,查处无照经营户106户,办理营业执照79户,立案13户,罚没金额1.87万元。

【推进质量品牌战略】 推进质量强县建设,扎实开展质量提升行动。建立完善落实质量强县战略的体制机制已列入县2018年改革工作要点,同时质量提升工作纳入县政府督查督考目标,并由县政府制定出台《关于开展质量提升加快质量强县建设的实施意见》。县政府制定出台了《丰宁满族自治县脱贫攻坚产业全覆盖及农业产业结构调整工作实施方案》,明确提出对企业品牌创建予以奖励补贴,并对国家级、省级、市级创建工作分别给予不同奖励。组织全县名优企业开展“中国品牌日”“质量月”宣传活动,发挥品牌引领作用。配合县政协组织开展了关于“加强品牌建设提升县域经济核心竞争力”的大型调研活动,走访企业,组织企业开展座谈,取得显著成效,开创了丰宁品牌建设工作新局面。组织开展品牌创建活动,2018年共申报河北省名牌产品5个:水星乳业有限公司生产的野生杏仁粉固体饮料、水神矿泉饮料有限公司生产加工的爱快矿泉水、御今农业发展有限公司种植的食用菌、首正生物科技有限公司生产的有机肥、秋实有机肥生产有限公司生产的有机肥;申报河北省服务名牌1个:丰宁满族自治县建信村镇银行;复评河北省服务名牌1个:大汗行宫旅游发展有限公司;申报河北省优质产品1个:四旗厅有限责任公司生产的小米;复评河北省优质产品1个:丰鑫实业有限公司。

【推进标准化工作】 大力推进技术标准战略。丰宁平安高科编写的菊苣栽培技术规程，于2018年1月作为承德市地方标准批准发布；3月，菊苣栽培技术规程、有机产品认证示范县验收规范，通过市局申报两项均为河北省地方标准；平安高科作为第一起草人编写的菊粉，已经由国家市场监管总局、中国标准化管理委员会形成了报批稿，将在2019年一季度发布实施。以标准化良好行为企业创建为抓手，引导企业建立以技术标准为主体，包括管理标准和工业标准在内的企业标准体系。年内，有1家企业申报了河北省采用国际标准和国外先进标准认可及采标标志备案工作。截至年底，全县共有标准化良好行为企业2家。继续落实企业产品标准自我公开声明制度，已经录入标准43个。

【推进认证认可工作】 组织执法人员对全县6家强制性产品认证获证企业每季度进行一次检查，严厉查处强制性产品认证活动中的违法行为。对全县实验室进行了一次全面的检查，并配合市质量技术监督局对环保局实验室、永安工程实验室和疾控中心实验室进行了专家检查，对检查出的问题，进行了责令改正。配合市检查组，多次对金盾机动车检测公司和安燕机动车检测公司进行检查，对检查出的问题督促其进行落实整改，同时检查人员每个星期对2个汽车检测公司进行一次巡查。截至年底，共出动检查人员25人次，立案查处1件，罚款5万元，没收违法所得0.525万元，撤销河北宁丰电气设备有限公司的强制认证证书7张。

【推进计量检定工作】 对全县民用电表、水表、燃气表等“三表”轮换制度落实情况进行调查核实。加强计量器具监督检查，截至年底，共出动执法人员和技术机构技术人员70余人次，共检查加油站38家、加油机140台、加油机枪数280个；检定衡器、血压计、压力表、天平、材料试验机、多参监护仪、医用超声、心电图等各种计量器具4200余台件。检查污水处理企业1家，检查计量器具8台件，已检验5台件，未检的计量器具已和市计量所取得联系，等待检验。检查环境监控中心计量器具45台件，其中强检计量器具10台件，全部具有有效期内的计量检定证书；非强检计量器具35台件，全部按规定进行了检定（校准）。新发展丰宁爱快矿泉水公司申请了定量包装“C”标志，全县共有“C”标志企业4家。河北远景能源有限公司在2017年建立压力表检定装置计量标准的基础上，2018年又建立了扭矩板子检定装置计量标准，改写了丰宁没有建标企业的历史。开展“诚信计量”活动，发放宣传单300份，配发放心秤6台，在购物较集中的商业街和景区设置了公平秤，在有信用商户的经营场所显著位置张贴了诚信计量承诺公示牌。共查获作弊计量器具10台，对实施违法行为的责任人分别按照相关法律法规给予行政处罚。

【推进信用体系建设】 2018年，继续有序推进企业信用信息公示工作。2017年全县市场主体应报户数17177户，已报15755户，综合年报公示率达到91.72%。其中：企业应报户数3629户，已报3384户，公示率为93.29%，与2016年相比增加1.94%。

【强化消费维权的接待和处理工作】 建立消费纠纷处置的绿色通道，简化投诉流程，加快投诉处置速度。年内，共受理各类投诉、举报301件，其中12331平台119件，12315平台107件，电话、走访75件。所有案件中，涉及食品的135件（餐饮30件，流通105件），药、械4件，电信服务类8件，通讯器材类6件，家用电子电器类12件，日用百货、服装鞋帽类8件，交通工具类12件，无证无照类11件，合同侵权类18件，建材类8件，家居类5件，农资类6件，散煤销售9件，其他侵权类10件，虚假宣传类22件，其他服务类17件，其他投诉举报案件10件。办结率100%，调解成功率99%，超时反馈率0。强化行政约谈制度，对消费者投诉量较大的经营者进行行政约谈，提高经营者的自律意识，维护消费者的合法权益。

【加强产品质量检测】 落实工业产品生产许可证企业监管。结合丰宁实际情况，制定了对获证企业的监管实施方案，并严格按照方案执行。对全县4家获证企业监督检查18次，出动执法人员50人次，严格要求其履行获证产品的质量安全主体责任。同时指导4家获证企业，开展2018年度工业产品生产许可证自查活动，并指导其通过“河北省质监局工业产品质量分类和风险预警系统”完成自查报告上报工作，4家企业已全部完成上报工作。

配合省、市级检验机构，对天宝水泥生产的水泥以及使用的水泥包装袋完成市级监督抽查1批次，省级监督抽查2批次；对隆兴防水生产的沥青防水卷材完成省级监督抽查1批次，县级监督抽查1批次；对宏森木业生产的人造板完成省级监督抽查1批次。截止年底，未收到检验机构不合格检验报告。

开展全县工业生产企业排查。结合现试运行的产品质量监督手机APP软件，对全县涉及公共安全、人体健康和生命财产安全的重点工业产品生产企业,开展定期监督检查活动。2018年,共检查工业企业50家次,出动执法人员130人次。强化生产领域产品质量抽查和监测力度,配合承德市质监局监督科对暖春散热器生产的钢制散热器完成国家级监督抽查1批次。截至年底,对县内15家工业企业生产的15个批次工业产品进行质量监督抽查,合格12批次,不合格3批次,均已立案处理。

加强流通领域商品质量专项整治。聚焦学生用品、电器、消防器材、旅游纪念品等领域,共检查校园周边个体经营户20户,消防器材专营店3家,液化气加气站6家。共抽检商品60批次,其中服装鞋帽类21批次,电线电缆电动工具等7批次,儿童玩具2批次,钢筋水泥等建材类17批次,灭火器消防栓7批次,液化气6批次。加强对不合格商品的查处力度,切实保障消费者合法权益。

【着力改善消费环境】 以"3·15"、世界认可日、食品安全宣传周、计量日、质量月、安全用药月等主题宣传活动为契机,充分利用报纸、电视、电台、微信、户外广告等平台,广泛开展食品药品、质量计量、消费维权等知识的宣传教育。同时,针对全市热点投诉和季节性热点问题,及时发布消费警示和提示;走访约谈商家,做好售后服务领域消费维权,有效维护消费者的合法权益。积极开展平安商场、放心消费进景区等创建活动,不断优化全县消费环境。2018年共接待消费者咨询100余人次,受理消费者投诉80起,为消费者挽回经济损失20余万元。

【扎实开展大气污染专项整治工作】 加大散煤市场的监管力度,强化对县城城区及开发区"禁燃区"内各类煤炭经营户的重点检查。对型煤经营户全部予以规范抽检,对非型煤经营户责令停止经营。动员持《营业执照》的经营者主动注销或者转产,对拒不注销的启动吊销程序。强化对散煤经营户管控工作。截止到2018年11月7日,市场监管局共出动执法人员1185人次,出动车辆291车次,检查散煤经营户255户次。检查实际经营户20户,已抽检网点18户,共抽检37个批次,抽检覆盖率90%。立案查处散煤运销案件17起,查扣不合格散煤49.46吨,罚没款入库6.54万元。其中不合格散煤4起,罚没2.5万元;无照经营13起,罚没4.04万元;移交法院强制执行3起,案值1.9万元。检查全县36个加油站的台账和票证管理、规章制度建立、进油渠道、公示油品执行标准等内容,严格规范操作流程、合法使用商标标识、杜绝非正常渠道进货及走私油品等行为,建立监管档案36个,抽检成品油28个批次,全部合格。

【大力推进国家级有机产品示范县创建工作】 丰宁经过三年的创建,已经达到国家级有机产品示范县的标准。按照示范县创建验收工作要求,市场监管局完成验收工作所需相关档案材料及园区迎检企业相关要求。同时对2018年列入有机园区的29个企业逐个进行了现场勘察,确定8家能够开展有机认证,已经组织认证公司介入开展认证。10月,有机产品认证示范县国家专家指导组,对丰宁有机产品认证示范县创建工作进行了验收,对此项工作的开展情况给予了高度赞扬,并提出了整改意见,正在进行整改。

【全力以赴抓好精准扶贫工作】 市场监管局严格执行县委、县政府精准脱贫工作要求,选派11名业务水平高、战斗能力强、基层工作经验丰富的精干力量,组成3个脱贫攻坚驻村工作组,分赴所帮扶的天桥镇下山嘴村、龙潭村、下方营村开展驻村帮扶工作。同时抽调75名结对帮扶责任人,深入大滩镇骆驼沟村、三扎拉村,天桥镇五道沟门村、下山嘴村、龙潭村及下方营村的365户贫困户家中,开展集中入户走访6次,局党组成员到村调研35次。联合县非公经济党委开展一系列帮扶活动。上半年,针对特困户生活紧迫需要,组织重点非公企业及市场监管局党员干部,自发捐款捐物4万余元,根据掌握的9户特困户生活紧缺问题,购置电视、冰箱、洗衣杨、电饭锅、被褥等物品,有针对性地发放到特困户家中,解决其燃眉之急。下半年,根据贫困村发展生产所需,从长远出发组织产业扶贫对接。经过入村充分调研后,先行组织驻村工作队、村干部及致富带头人到种、养殖基地参观考察,随后组织重点非公企业入村实地考察并进行产业对接。已有10家重点非公企业的杂粮、中药材、菊苣种植等3个产业项目,与贫困村达成初步合作意向。

撰稿/刘润地

物价监管

【价格收费管理】 2018年,县物价监管部门按时完成了全县涉及49个收费部门的85个行政事业性单位的收费网上申报及现场核查工作。受理县旅游开发总公司提交的《关于白云古洞、九龙松、佛珠洞三景区联票、年票价格的申请》,县七环旅游开发有限公司提交的《河北丰宁国家森林公园千松坝景区景区内交通运输价格定价申请》,组织召开了简易程序价格听证会,并呈报市物价局批复。按要求完成了重点国有景区千松坝景区门票价格降低工作，并于2018年10月1日执行。按时完成市局及县政府安排的旅游景点门票基本情况、殡葬收费情况、污水处理费摸底、景区门票价格调查摸底、养老服务机构收费及清洁供暖有关问题的调研。与财政局联合印发了2018年度行政事业性收费目录及涉企行政事业性收费目录，印发了县级政府定价的经营服务性收费目录。

【价格检查执法】 按照省、市公平竞争审查工作安排的部署，2018年县物价局召开了公平竞争审查工作联席会议，清理涉及到市场主体经济活动的规章、规范性文件和其他政策措施共9件。抽调专人负责坝上旅游景区价格秩序的宣传和整治工作。从5月初开始，对坝上景区、酒店、旅店、演艺娱乐场所等行业负责人进行培训，按要求制作明码标价公示牌和收费公示栏，悬挂在经营场所显著位置。达到户户宣传到位、家家明白政策。开展对环保收费、交通收费等涉企收费专项检查，未发现乱收费问题。开展转供电环节加价行为检查，召开了清理规范转供电环节加价行为提醒告诫会，全县46个转供电主体，按国家电价政策整改执行到位。安排专人值守“12358”价格投诉举报电话，全年共接听举报咨询案件46件。

【价格认定】 年内，价格认定中心共受理认定案件89件，认定金额为2900多万元。全年没有发生因价格认定结果错误而引起的上访案件和复核裁定的案件，确保了认定案件质量。积极参加全国价格认定人员网络教育考试，丰宁参考成绩均为100分，参与答题率100%，合格率100%，得到承德市价格认证中心的充分肯定，并向省、国家申报价格认定学习提升年活动先进机构。

【扶贫攻坚工作】 全力以赴支持驻大滩镇大西沟村帮扶。物价局严格按照县委要求，选派经验丰富、工作优秀的股长担任驻村帮扶第一书记；每个季度召开局长办公会专项研究支持驻村帮扶事项。在局办公经费紧张情况下，拿出5万元用于支付驻村工作队员的差旅补助、为贫困户购买生活用品、“小黑屋”治理工程。驻村工作队员遵守驻村工作纪律，严格落实精准识别政策，通过召集专班会议，村民代表会议，确保贫困户识别结果公平公正，群众认可。完成基础档案规范提升，整理村级档案100卷，村级户档103卷，填写《扶贫手册》298本，制作各类台账20余份。

多种方式开展结对帮扶。年内，局长带领局领导班子成员4次到帮扶村大滩镇大西沟村展开专题调研，召开村两委班子、党员、组长、村民代表参加的座谈会。了解村情民意，帮助村两委班子和驻村工作队理清发展思路，明确发展方向，共谋脱贫攻坚大计。局长带领9名帮扶责任人集中统一入户走访4次，开展田间地头走访周、庆丰收察民情走访月、迎新年送温暖走访周活动。帮助各贫困户填写悬挂帮扶责任人公示牌、填写张贴连心卡、整理“五证一册”（医保证、养老证、低保证、五保证、农业综合补贴证和扶贫手册）政策包，深入了解结对帮扶贫困户家庭的基本情况、收入来源、致贫原因，帮助谋划一户一策的脱贫方案。局领导班子及全体帮扶责任人春节前带领局全体干部职工，带着米、面、油等物品慰问贫困户50户。各位帮扶责任人互相结组或单独方式多轮进村入户，为贫困户更换玻璃、窗框刷漆，购买羽绒服、床单被罩、棉鞋和衣物，帮助办理慢性病手续、洗印照片等，积极主动为所包联贫困户办实事办好事。

加大外联，改善帮扶村基础设施。积极争取到交通、水利扶贫项目，修通了自然村水泥路1条4.2公里，主街道硬化6条2.02公里，打浇地井1眼、自来水深井各1眼。加大力度外联引资，争取到县内水务、电力、文化、统战等部门支持扶贫专项资金近40万元。在村部安装100千瓦变压器一台，安装20千瓦村部屋顶光伏，在小老虎沟选址建成村级光伏电站，截止并网发电18000多度，村集体经济收入实现了零的突破。完成村部院内文化广场600平方米，建成乡村大舞台1000平方米，安装有篮球架、室外乒乓球架以及健身器材1套。完成村部外墙保温、卫生室安装了暖气、新建农村书屋30平方米。在砬子沟、梁底下两个自然村完成了2600亩的千松坝造林工程。与北京市怀柔区杨宋镇安乐庄村结对，受赠扶贫专项资金10万元，受赠暖气炉51个已发放到贫困户家里。联系北京金喜鹊公司“千企帮千村”，在砬子沟栽植金莲花10亩。引进投资150万元在梁底下建成使用面积666平方米的冷库1座，带动全村菜农的时差蔬菜种植。

撰稿/荣秀娟

审计监督

【全面完成审计工作】 2018年，县审计局共完成审计项目37项。其中，预算执行及财政决算审计2项、经济责任审计4项、固定资产投资审计8项，国家重大政策落实跟踪审计6项，其他专项审计4项，政府府临时安排13项。查处违规资金69630.45万元，其中：归还原渠道资金713.1万元、管理不规范资金4270.6万元。审计促进整改落实问题资金

3067.41万元,政府投资项目审减工程造价1840.6万元。共提出审计建议32条次,审计决定落实率达100%。

【加强中央和省市重大决策部署贯彻落实情况跟踪审计】 围绕稳增长、促改革、调结构、惠民生、防风险政策落实,县审计局派出审计组,对各相关单位开展重大政策措施落实情况跟踪审计。重点完扶贫易地搬迁跟踪审计、大气污染防治专项审计、营商环境改善情况审计调查、丰宁满族自治县符合安排工作条件退役士兵政策落实情况的专项审计调查、"双代"政策跟踪审计、2018年第一、二、三季度国家重大政策落实跟踪审计等,提出审计建议10条。

【实现预算执行审计全覆盖】 2018年,在开展2017年度财政预算执行审计工作中,统筹整合审计资源,聘请石家庄通审公司专业人员充分利用财政大数据计算机专业审计。审计中立足于大数据,通过对财政、税务、国土、发改等14单位原始数据对比分析,梳理出审计疑点,实现对全县预算执行单位(含二级预算单位)的审计"全覆盖"。2017年度财政预算执行审计,共查出违规资金49803.07万元,管理不规范资金4263.55万元,促进整改落实问题资金2000万元。提出审计意见和建议4条。

【强力推进扶贫审计全覆盖】 县审计局党组坚持把扶贫审计作为当前的政治任务和重点工作,按照"审计要促改革促发展"工作思路,坚持扶贫资金运用到哪里,审计监督就跟进到哪里。把推动扶贫政策落实、规范扶贫资金管理、维护扶贫资金安全、提高扶贫资金绩效作为审计工作的着力点,以"绣花式"的精准审计,努力当好扶贫政策的"督导员"、扶贫资金的"守护神"和扶贫项目的"推进者",强力推进扶贫审计全覆盖。年初,根据《承德市人民政府办公室关于对扶贫资金进行专项检查的通知》要求,县审计局抽调人员参加承德市第二检查组对丰宁满族自治县十八大以来(包括2013年、2014年)未审计、未检查的扶贫资金进行专项检查。此项工作结束后,县局按照县政府的要求对剩余乡镇进行了检查,共涉及项目381个,15个乡镇、42个村、158户。检查组在检查过程中,采取了听取汇报、查阅档案和账目、入户走访、现场核查等方式。此次检查共查处违规资金19826.75万元。其中,归还原渠道资金713.10万元,管理不规范资金7.05万元。审计促进整改落实问题资金1067.41万元,移送县纪委监委进一步处理资金18039.19万元,共提出审计建议3条,并督促所涉及问题的单位积极整改。

2018年8月17日,河北省审计厅厅长杨晓和来丰宁调研,县审计局局长徐仕鹏作了2018年扶贫审计工作汇报,丰宁的扶贫审计工作得到了杨晓和厅长的肯定,同时对扶贫监督平台建设工作作了重要指示。审计局每季度将各部门上报的23张报表上传至监督平台,并将平台筛查的疑点及时反馈至各部门,并督导核实。

【加强经济责任审计】 县审计局以引导被审计领导干部树立科学的发展观和正确的政绩观,推动县域经济科学发展,促进领导干部守法守纪履职尽责为目标,坚持党政同责、同责同审,有序推进有重点的全覆盖;继续坚持"经济责任审计+"的模式,积极探索领导干部自然资源资产离任审计。根据县委组织部的委托,年内共完成南关蒙古族乡、小坝子乡、县广播电视台、县委办公室、县委办公室督考办、王营乡政府经济责任审计项目9个,提出审计建议15条。

【重点项目投资审计】 2018年,全年共完成丰宁抽水蓄能电站进场路财务收支及工程决算、丰宁汽车客运站项目工程决算、园林局中小企业园区带状公园工程决算、县委党校改扩建工程附属项目工程及财务决算、丰宁2016年中小学校舍改造等8个项目的审计,其中:政府投资项目审减工程造价1840.6万元。提出审计建议5条。

【配合市局完成外出审计任务】 2018年,丰宁审计局配合承德市审计局完成秦皇岛市青龙满族自治县扶贫资金审计1项;完成围场满族蒙古族县自然资源资产审计1项;完成丰宁本县领导干部自然资源资产审计1项;完成省委第十一巡视组抽调巡视鹰手营子矿区1项;完成省委第五巡视组抽调巡视双滦区1项。

【刊印《丰宁满族自治县审计局文明单位创建工作纪实》】 2018年11月,县审计局刊印了《丰宁满族自治县审计局文明单位创建工作纪实》一书。该书分为领导组织建设、思想道德风尚、业务工作实绩等8个专栏,选取图片200多张,以图文并茂的形式详细记录了审计局在学习十九大、党风廉政建设、三大攻坚战、志愿者行动、助力旅发大会等方面的工作,充分展现了新时代丰宁审计人的风采。该书的出版印刷,既是对县审计局党建工作的完善和发展,更是对丰宁审计全方位、立体化的集中展示。

【审计信息宣传工作】 审计信息

宣传工作,不仅是宣传审计成果、展现审计风采的重要平台,而且是总结经验做法、指导审计实践的重要媒介。局党组高度重视审计信息宣传工作,从写作素材、文字功底、对外宣传三个方面入手,不断提升审计信息宣传工作水平,传播审计好声音,弘扬审计正能量。年度内共撰写审计信息50篇,其中,中国审计杂志刊登2篇;中国审计报刊登8篇;国家审计署网站刊登1篇;河北省政府官方网站刊登4篇;河北审计杂志刊登5篇;河北省审计厅审计工作通讯1篇、审计厅审计简报刊登10篇;河北省审计厅门户网刊登18篇;承德市审计局门户网选用37篇,丰宁县政府门户网刊登12篇。

【审计亮点工作】 自2016年起,审计署授权各省市审计机关确保实现有重点、有步骤、有深度、有成效的审计全覆盖,更好的发挥审计在党和国家监督体系中的重要作用。2018年初,丰宁审计局领导班子针对县域预算执行审计实际情况,果断提出"面对新要求、利用新技术、运用好新方法、解决好新问题"的预算执行审计思路。坚持"全面审计与重点事项核查相结合"的原则,采取"集中分析、分散核查"的审计方式,积极探索运用计算机开展预算执行审计,加大重大政策措施落实情况,以及公共资金、国有资产、国有资源、领导干部经济责任履行情况的审计力度,消除审计监督的盲区和空白点,逐步实现部门预算执行审计全覆盖。

按照上述思路,2018年初在开展县本级预算执行和决算草案审计时,审计人员创新审计方法,充分利用计算机辅助进行财政大数据分析,通过AO的"SQL查询器"对各部门、各单位提供的电子数据进行全面分析、分散核查的方式,与财政国库数据、预算指标进行比对筛选,查找问题。重点分析了国土局、教育局、国有林场管理处、发改局等12个预算部门的预算执行、财政资金及存量情况,实现有深度、有重点、有成效的预算执行审计全覆盖,大幅度提升了工作效率。

2018年10月,财金股股长冀海英撰写的学术论文《利用计算机辅助审计提高工作效率》在河北审计杂志(2018年10月〈总第302期〉)发表。利用计算机进行辅助审计,具有快速、高效、准确查找问题线索,通过数据分析直接挖掘问题,审计效果明显提高。延伸审计预算部门,只要是电子记账都能参照上述做法,具有普遍的推广价值。利用计算机AO的"SQL查询器"进行数据分析,直接得出数据分析结果,大大的提高了工作效率,真正意义上实现了预算执行审计全覆盖。

【打造高素质审计队伍】 2018年,审计局党组结合文明单位创建、平安建设宣传月、"12·4"国家宪法日等活动的开展,积极推进审计执法队伍规范化建设。根据县政府安排,对人民群众反映强烈的问题进行了专项审计调查,为县委、县政府正确决策提供了科学依据,避免了群众上访事件的发生。

始终把加强党风廉政建设作为推进审计工作的"防火墙"和"压仓石",形成了层层有责任、层层有目标、层层有压力、层层抓落实的廉政建设工作机制;研究制定《丰宁县审计局2018年度党风廉政建设主体责任清单》和《2018年落实党风廉政建设责任制及推进惩防体系建设责任分解实施方案》,层层签订党风廉政建设责任书,明确廉政建设责任主体,"一岗双责"要求得到有效落实;从强化理想信念入手推动全员廉洁自律,严格执行中央"八项规定"和机关"十不准"要求,真正做到依法审计、廉洁审计。

将"提高全员素质、搞好审计服务"作为基本学习目标,树立和践行"责任、忠诚、清廉、依法、独立、奉献"的审计人员核心价值观,并成为全局干部职工认同并自觉为之奋斗的目标使命、价值取向、道德操守和职业习惯。

【全力推进脱贫攻坚】 按照县委、政府统一安排部署,审计局全力投入脱贫攻坚工作,努力推动这项政治工程、民心工程,切实将县委政府的行动部署落到实处。

高度重视,深入调研,扎实推进帮扶工作。审计局党组高度重视精准脱贫工作,选派帮扶责任人10人,结对帮扶黑山嘴镇平山村贫困户18户。年内,局党组专题研究驻村帮扶工作6次,听取驻村帮扶工作队汇报5次。局党组先后5次深入平山村调研谋划帮扶工作,分别召开了村两委成员、党员、村民代表相关人员座谈会,认真了解社情民意,倾听群众心声,对帮扶工作进展情况进行调度总结,交流经验,查找不足,研究落实下步各项帮扶工作任务。先后8次组织结对帮扶干部职工到结对帮扶的贫困户家庭,为他们带去米面油等慰问品,仔细询问他们的生活状况,认真了解困难和问题,谋划帮扶措施。通过这些活动,增强了帮扶对象的脱贫信心和决心,为帮扶村精准脱贫打下坚实的基础。

全体动员,强化措施,扎实推进精准扶贫档案规范化管理提升工作。加强学习,吃透政策。4月底,组织帮扶责任人将《丰宁县脱贫攻坚应知应会知识160问》《承德市扶贫脱贫基础工作规范提升专项行动案例及解析150题》以及上级扶贫政策学懂吃透,对产业就业、医疗救助、易地搬迁、教育扶持等每一项政策都入心入脑，做扶贫政策明白人。规范档案，完善基础。按照上级政策和档案目录标准，要求工作组对帮扶对象的档案资料，进行科学整理，做到账账、账物、账卡相符，确保档案内容齐全完整、填写规范、数据真实、线上线下信息一致。走访入户，精准核查。带领全体干部先后7次进入18户贫困户家中进行帮扶入户对接，进一步宣讲政策、拉近感情、摸清底数、详细掌握情况、脱贫措施、帮扶工作成效等情况，做到一次查清、一次解决、一次整改到位。

积极谋划，跑办项目，夯实农村基础设施建设。为从根本上解决村民饮水浇地困难，在县水务局的大力支持下，2018年春已打出2眼深井，解决了村民饮水困难，同时解决了200亩耕地灌溉问题；协调交通局、美丽办投资16万元，建村级水泥路702米；投资8000余元，为水泉自然村安装路灯11盏。10月下旬，按照县委、县政府的要求，积极投入到"小黑屋"治理的工作中，11月上旬完成了平山村全部"小黑屋"的治理工作。

撰稿/李松岳

安全生产监督管理

【整体目标完成情况】 2018年，全县安全生产形势总体保持平稳。1－12月份，除矿山发生1起死亡1人事故外，尾矿库、烟花爆竹、危险化学品等高危行业和机械、建材、纺织、商贸、轻工等重点行业，均未发生生产安全事故，没有生产经营性交通事故，城市消防方面未发生导致人员伤亡的火灾事故。

【"行政执法年"活动情况】 2018年是"行政执法年"，安监局以此为抓手，严格执法。累计出动执法人员573人次，检查企事业单位362家次，发现隐患380条，整改隐患380条，整改率100%。行政执法立案24起，处罚82.4万元。组织执法人员培训2次，58人参加；开展观摩执法2次；筹集资金配置执法终端装备6套。

【金属非金属矿山安全管理】 2018年，县安监局进一步夯实了企业安全基础，完善了体制机制建设，重点整治了地下矿山采空区，完善了风险分级管控和隐患排查治理双重预防工作机制，建立健全了从主要负责人到各岗位作业人员的全员安全生产责任制。对尾矿库加强排洪构筑物检查和坝坡整治，在汛前完成尾矿库现场隐患治理，继续实行县乡领导汛期包库制度，确保尾矿库安全度汛。以落实《尾矿库生产运行作业规范》为抓手，规范尾矿库生产运行作业管理，严格冬季放矿筑坝管理。

【危险化学品安全管理】 安监局按照危险化学品安全综合治理10个方面40项工作要求，明确责任分工和完成时限，加强组织协调和督导推进，完成阶段性综合治理任务。组织开展动火作业安全管控专项执法检查，开展自动化系统功能符合性审查。突出重点企业，加大执法处罚力度，严厉打击非法生产经营行为。持续开展危险化学品企业主要负责人和安全管理人员安全教育培训。

【烟花爆竹安全管理】 安监局严格落实烟花爆竹安全标准，加强储存、经营环节安全管理。加大烟花爆竹销售旺季安全检查力度，严查批发企业"六严禁"（1.严禁经营超标、违禁、非法产品；2.严禁超许可范围经营及向零售点销售专业燃放类产品；3.严禁在仓库存放不属于烟花爆竹的爆炸物等危险物品；4.严禁将执法收缴的产品与正常经营的产品混存；5.严禁储存超量、堆放超高以及通道堵塞；6.严禁购买和销售未张贴流向登记标签的产品）和零售点"三严禁"（1.严禁销售超标、违禁、专业燃放类产品或非法产品；2.严禁在许可证载明的经营场所外存放烟花爆竹；3..严禁超许可证载明限量存放烟花爆竹）等违规行为，严格落实零售点"两关闭"（1.关闭存在"下店上宅""前店后宅"等形式与居民居住场所设置在同一建筑物内的零售点；2.关闭与人员密集场所和重点建筑物安全距离不足、集中连片经营、在超市内销售、未按规定专店销售的零售点）措施。结合岁末年初临近烟花爆竹销售旺季，认真谋划科学分配了烟花爆竹零售网点，并对资质证照，安全措施等加强全过程执法监管。

【交通运输安全管理】 交通局督促交通运输企事业单位，规范经营行为、加强内部管理，全面落实安全生产主体责任。大力实施交通运输从业人员安全素质提升工程，加大安全生产教育培训力度，着力解决从业人员安全意识、知识、技能与安全发展不相适应的问题。深刻汲取省内外事故教训，认真开展隧道施工及运营、危化品运输、城市客运等重点领域专项整治。

【建筑施工安全管理】 县住建局继续开展以深基坑、高支模、脚手架、起重机械等危险性较大分部分项工程为重点的安全生产专项整治。采取切实措施，加强"气代煤"工程的安全监管。进入冬季停工期后，住建局将工作重点逐步转移到对各施工项目单位停工期间扬尘覆盖、物料堆放和值班值守的监督检查上来，同时，加强对液化气站、热力公司和小区物业公司的安全检查力度，确保冬季供暖安全。

【特种设备安全管理】 县市场监管局持续开展特种设备安全隐患排查整治，加强督导检查，依法查处各类非法违法行为。对电梯、液化气充装设备、压力容器、起重设备、场内机动车、大型游乐设施、客运索道等特种设备进行检验检测，发现隐患32条，整改32条，立案2起，处罚11万元。

【消防安全管理】 县消防大队贯彻落实《消防安全责任制实施办法》，持续开展夏季消防检查和冬春火灾防控。强力推进电气火灾综合治理，集中排查整治突出火灾隐患，督促整改一批重大火灾隐患。全面推进社会单位"四个能力"(1、检查消除火灾隐患的能力;2、扑救初级火灾的能力;3、组织疏散逃生能力4、消防宣传教育能力)升级建设，深化"创建消防安全社区"活动，深化消防宣传"七进"(进社区、进家庭、进农村、进企业、进学校、进党校、进景区)工作，提高公众消防安全常识知晓率。对各类消防违法行为实施处罚40起，罚款37.81万元。入冬后，消防队启动了全县冬季火灾防控工作，召集各部门、各重点企业详细部署了冬季火灾防控要点。同时开展了预防和遏制"小火亡人"事故活动。

【教育系统安全管理】 县教育局以落实《国务院办公厅关于加强中小学幼儿园安全风险防控体系建设的意见》为核心，持续开展校舍安全、食品安全、校车安全、消防安全综合整治，加强应急演练，预防校园欺凌、开展"平安校园行"活动，制发了《学校安全管理二十一条》，持续对全县所有学校开展隐患大排查大整治攻坚行动，维护了全县教育环境持续安全稳定。

【安监队伍正规化建设情况】 抓规范运行，提高机关效能。安监局进一步加强了机关制度执行和安全监管过程的管理，严格规范权力运行;根据新形势新任务要求，适时对领导班子成员分工进行调整，修订和完善了《进一步规范安全生产监管监察的有关工作程序》《县安监局行政权力清单、责任清单、运行流程图》等内部管理规范，建立了主体明确、程序规范、权力清晰、易于操作的责任运行机制;重新修订完善了局机关内部管理实施细则和各项规章制度，建立了制度执行情况监督管理机制，制度执行好坏直接与奖惩挂钩;坚持每月召开1次局长办公会议和局务会议，加强工作交流与沟通;坚持重大事项集体研究决定制度，对生产安全事故调查处理、违法违规企业行政处罚、行政许可事项等问题，全部提交局长办公会议集体讨论决定，确保权力规范运行。结合行政权力运行监控机制建设，利用县行政服务中心网络平台，对安全生产行政许可权力的受理、审查、审核、审批等环节，全部实行了网上运行和网上监察，并将涉及到许可范畴的工作事项，全部纳入县行政审批服务中心规范运行，实现了权力公开透明、方便了群众，提高了工作效率。主动接受监督。在向社会公开监督举报电话的同时，通过到基层企业走访、召开座谈会、发放调查问卷、征求意见函等方式，加强对干部职工落实制度规定和履职尽责情况的监督。安全许可和行政执法工作做到了程序规范，标准严格，没有发生吃、拿、卡、要、报以及其他违规违纪现象。

【转变作风提高服务水平】 县安监局立足安全监管实际，按照县委、县政府改善政务服务进一步优化发展环境"九项工作制度"(1.审批服务承诺制;2.首问负责引导制;3.一次性清单告知留痕制;4.容缺办理制;5.重点项目"绿色通道"制;6.陪办跑办制;7.中介违规"黑名单"制;8.领导包保问责制;9.责任倒查制)规定，进一步提高行政审批效率，提升政务服务水平，持续优化发展环境，全局着力从转变作风、强化服务、优化政务环境方面对标落实。对行政审批事项进行了全面梳理，优化了审批流程，并及时与行政审批局进行了对接。同时，按县政府办公室《关于印发丰宁满族自治县人民政府推广"双随机"抽查规范事中事后监管实施意见的通知》要求，建立了"双随机"(随机抽取检查对象，随机选派执法检查人员)抽查机制，及时更新了市场主体名录库和执法检查人员名录库。常态工作中，认真接待来信来电和来访，24小时受理安全生产方面的举报。对企业和群众反映的安全生产方面的问题，做到及时调查、依法处理、按时反馈。对直管范围内的生产经营单位认真梳理，按照综合协调、统一安排、集中检查的原则，科学制定执法计划，将对同一企业的不同执法项目，统一协调相关股室合并进行，在确保检查效果的基础上，最大限度地减少到企业检查的次数，减轻企业负担。实行许可事项提前告知制度，提示、引导企业及时换证验证、办理有关手续，避免了因办理审批手续迟滞而影响生产。

撰稿/张国良

统计工作

【完成常规报表任务】 2018年，县统计局严格按照国家统计制度方法要求，不断加强对各专业基层统计数据质量的控制，认真对主要统计指标数据进行分析和评估，准确、及时地完成了2017年全县统计年报工作及2018年的综合、GDP核算、固投、房地产、建筑业、工业、农业、能源、县域经济、服务业、劳资、民营经济等专业的常规性统计工作任务。

【做好各项抽样调查工作】 按照上级统计部门的部署，组织开展了全县住户调查样本轮换及试记账工作、城镇化发展、人口和劳动力变动、妇女儿童发展、高新技术产业调查、粮食产量抽样调查、畜禽监测、小康社会统计监测、小微企业调查、工业品出厂价格调查等专项调查工作。

【第三次全国农业普查工作获得省级表彰】 按着"三农普"普查方案圆满完成各阶段工作任务。县统计局获得省级先进集体称号，全县6人获得省级先进个人。完成了第三次全国农业普查结果核定和修订及数据开发利用等工作。

【第四次全国经济普查工作有序进行】 2018年，县政府印发了《丰宁满族自治县人民政府关于开展第四次全国经济普查工作的通知》，成立了领导小组，组建了县级普查机构，成立"四经普"办公室，明确了职责分工，召开了动员大会。落实了普查经费。6月底完成了乡镇普查工作机构组建和普查区的划分工作。县经普办业务人员参加了省、市第四次经济普查试点和业务培训。完成两员选聘、普查小区划分、地图绘制工作，并通过各部门数据合并，形成全县清查底册。组织全县第四次全国经济普查业务培训，分三批完成了500余人的普查指导员、普查员的业务培训。9月10日全县开始清查登记工作，每一名普查员开始"地毯式"入户登记，利用1个月的时间，完成了全县8144家单位的核实、填报和9422个个体户登记工作。完成了编码、审核、验收、查疑补漏等工作，通过省、市验收。12月31日零时全县第四次全国经济普查登记工作正式开始。

【切实提高基层基础统计工作】 为加强统计"双基"规范化建设，县统计局统一为全县26个乡镇、1个街道、1个开发区，制作了《统计站工作职责》《统计数据采集审核报送制度》《统计数据质量责任追究制度》《统计资料管理制度》4种统计工作、报表制度；为全县"四上企业"（规模以上工业企业、资质等级建筑业企业、限额以上批零住餐企业、国家重点服务业企业这四类规模以上企业的统称）制作了《统计法及其实施条例规定的"七不准"》制度；为309个村制作了《行政村统计工作制度与职责》制度，使基层统计更加规范化，基层统计工作有章可循。

【切实提高统计信息服务水平】 2018年，统计局共撰写统计分析和信息121篇，其中市网采用70篇，采用统计工作动态33篇，门户网采用信息34篇，省网工作交流采用信息3篇，《数海扬帆》采用散文2篇。

【全力支持帮扶工作】 2018年，统计局在人员紧张的情况下，抽调精兵强将驻石人沟乡北沟村帮扶。领导班子成员率先垂范，深入一线研究帮扶工作，组织全局干部职工先后11次深入帮扶村走访慰问贫困户。局筹措资金20余万元，支持帮扶村治理"小黑屋"和老旧房屋改造。足额支付驻村干部下乡补助，为驻村工作队解决空调1台和部分办公用品。为全村开展"庆脱贫迎新年，扮靓美丽庭院"集中行动购买鼓励性奖品340份和宣传标语16条。邀请县医院内科、外科、妇产科、儿科、超声影像科等16名专家，开展了送医下乡义诊活动。

撰稿/赵雪松

工业和信息化及民营经济管理

【全力完成主要经济指标】 民营经济稳步增长。2018年，民营经济单位数发展到20514家，同比增长1.5%；从业人员72179人，同比增长2.2%；实现增加值82.9亿元，同比增长7.3%；实现营业收入361亿元，同比增长6.8%；实现利税总额28.5亿元，同比增长3.5%；实缴税金7.36亿元，增长-31.4%。完成市下达的民营经济增加值增速6.8%的目标。

规模以上工业各项指标稳步回升。全年规模以上工业完成总产值52亿元，同比增长8%；现价增加值18亿元，同比增长5.5%；实现利税10.2亿元，比上年增长30.3%；实缴税金完成7.2亿元，同比增长3.0%。规上工业完成市下达的增加值增速5.5%的目标。

万元GDP能耗超额完成目标任务。超额完成承德市下达丰宁2018年公共机构人均综合能耗同比下降2.4%、单位面积能耗同比下降2.4%、人均水耗同比下降3.8%的节能工作目标任务。

【加强工业项目管理】 2018年，县工信局谋划推动重点工业项目20个，总投资410.8亿元。恒钏建材发泡陶瓷生产项目，已完成建设任务的80%；鑫润矿业资源整合项目、顺达矿业集团十八台铁矿氧化铁红生产项目、沃华筑嘉建筑材料砂石骨料生产项目，均按要求完成建设。

【加强信息化基础设施建设】 以贫困帮扶为契机,积极协调各通讯公司,不断加大通讯基础设施建设。截止到年底,全县309个行政村中,各通讯公司综合实现移动信号、4G信号、光纤宽带全覆盖,部分通讯公司尚未实现全覆盖。其中移动信号完成联通、移动、电信综合全覆盖,4G信号达到行政村联通、移动、电信综合信号全覆盖,光纤宽带已完成309个行政村联通公司、移动公司、电信公司综合全覆盖。

【进行智慧城市项目建设】 智慧城市项目采用PPP模式,由丰宁满族自治县拓科智慧城市科技有限公司具体施工。雪亮工程、智慧交通已完成各点位复勘及数据汇总;坝上地区已完成立杆,凤山、石人沟、天桥已完成立杆,12月31日前坝下地区完成所有立杆工程;大阁镇及中心城区雪亮及智慧交通工程,基础浇筑工程已完成约130个点位,11月底前完成所有基础浇筑。平台类,智慧政务部分已完成政府办需求调研;财政局的OA系统需求已对接,正在进行方案设计;行政审批局需求正在进行调研;精准扶贫已与扶贫办对接,精准扶贫平台原型已完成,年底完成需求确认;信息平台、大数据中心平台框架方案已完成。数据机房已进行基础装修及硬件环境改造,12月初具备设备进场条件,数据机房2019年1月25日可基本交付。其中,为迎接旅发大会召开,坝上游客接待中心板块按时建设完成,在旅发大会上受到领导好评。

【开展"双创双服"活动】 根据"双创双服"(创新、创业,服务发展、服务民生)活动安排,制定了《精准服务重点工业企业活动实施方案》《小微型企业创业创新基地培育活动实施方案》,成立服务企业工作组。对企业实施三级包联,明确了25家重点工业企业,由县级领导分包企业,明确牵头责任单位、负责人和联系人。对每个企业进行建档立卡,协调领导定期走访及企业主动联系等方式进行沟通,掌握分包企业情况,并对重点工业企业帮扶情况进行跟踪督导,并定期反馈问题解决情况和企业满意度情况。

【做好节能和大气污染防治工作】 2018年初,县工信局按照市机关事务管理局要求,组织全县公共机构统计上报各单位能源消耗情况,并进行了数据分析。2017年,全县共有174个公共机构,全部上报了数据,上报率100%。2017比2016年人均综合能耗消耗量下降2.31%;单位面积综合能耗消耗量下降10.76%;人均水耗量下降5.59%。均完成了上级下达的目标任务。

节能监察工作。按照河北省节能监察监测中心《关于对全省钢铁、水泥企业开展书面节能监察的通知》要求,2018年5月,配合市节能监察中心,对丰宁满族自治县天宝水泥制造有限责任公司开展了书面专项节能监察工作,该企业已将相关表册报送市节能监察中心,正在审理中。

大气污染防治工作。2018年,燃煤工业锅炉改造任务共计5台,分属于鱼儿山镇的龙海矿业有限公司、大阁镇的鑫源矿业有限责任公司、五道营乡的河北绿洲动物药业有限公司、丰鑫实业有限公司等几家企业,改造任务已经全部完成。工业企业料堆场扬尘治理,年初制定方案,建立管理工作台账,明确目标任务和完成时限,确保按时完成目标任务。开展持续监督检查,采取边检查边整改的方式,发现一起治理一起。对达不到整治要求的企业下达了限期整改通知书,要求企业制定具体整改措施,明确整改时限,督促相关企业在整改期间采取有效措施防治扬尘污染,年底前已完成治理任务。积极开展新能源汽车推广工作,完成电动巡逻车8台、移动警务车5台,共计13台新能源汽车推广。

【努力做好改制企业后续工作】 认真开展信访隐患排查工作。不定期开展安全隐患排查摸底活动,做到重点人员有名单、底数清、数字准,时刻掌握重点稳控人员思想动态,重点是涉军群体稳定工作及改制信访遗留问题处理。认真开展国有资产(砖厂办公楼和厂区、建材厂厂区、物资公司办公用房、乡镇企业局办公用房、大理石公司、下坝煤矿山林3000余亩、石油公司家属院15套)调查、管理,所有改制企业,国有资产全部按照国有资产管理办法严格执行。

【积极开展扶贫工作】 2018年,工信局帮扶草原乡和顺店村,年初派驻3名在职干部驻村帮扶。建档立卡贫困户118户,年内动态脱贫36户。

通过入股缘天然公司、县级光伏、村级电站、种植欧李、生态护林员、"三户一保"公益岗、新建畜舍、建青储窖、购买大牲畜等多种形式,发展产业,增加贫困户收入。推动落实政银企户保、交通、水利、电力、通讯、文化、社会保障等行业的扶贫政策,全年共修建水泥硬化路面2条,全长0.9公里,投资27.9万元;投资30万元,打深井2眼,架设低压线路3000米,确保了全村的用电安全。落实帮扶责任,班子成员到村调研若干次,为该村基础设施建设献计出力。落实帮扶资金2万元,改善村基础设施;为驻村工作组落实3万元解决经费不足,购置空调1台,协调企业争取资金5万元用于帮扶。全面实施结对帮扶工作,利用双休日为村整理档案,全局干部职工共帮扶118户贫困户,入户调查走访7次,并为贫困户送去米面盐等生活用品。

撰稿/张树恒

农村经济管理

【农村承包地确权登记颁证等工作】 全县确权登记颁证工作共涉及农户84965户,国土二调集体耕地面积135.36万亩,应确权面积133.46万亩。截止到2018年底前,实测面积136.49万亩,二次公示无异议面积135.43万亩,占应确权面积的101%;完善承包合同83580份、建立登记薄80400份,分别占应确权农户数的94%、90%。2018年5月底前,完成了县级数据库和土地承包管理信息系统建设及县级自检工作,2018年6月中旬申请了市级核查验收,6月下旬开始档案数字化加工整理工作。累计完成土地流转31.66万亩,占二轮承包面积的36.3%。农村集体经济产权制度改革实施意见已下发、组织已成立,6个试点村工作已按程序进行,清产核资正在组织村级培训。

撰稿/毛建谊

国土资源管理

【土地储备情况】 2018年,县国土资源局土地储备中心共收储新增土地16宗,收储土地总面积1075.6308亩,补偿费共计9301.3838万元,其中土地补偿费为8475.4915万元,地上物补偿费为825.8923万元。

2018年土地储备中心共收回17宗国有存量土地,收回总面积为198.25亩,补偿费共计7544.6697万元,其中土地补偿费为3432.1247万元,地上物补偿费为4112.545万元。

【国有土地供应情况】 严格按照《招标拍卖挂牌出让国有土地使用权规范》(试行)《协议出让国有土地使用权规范》(试行)《国有土地划拨目录》等规范性文件的要求,办理国有土地使用权出让、划拨。2018年,办理拍卖、挂牌出让土地77宗,出让面积2765974.23平方米(合4148.96亩),土地出让总价款24.5744亿元,净收益10.0535亿元,政府纯收益6.1003亿元。划拨供地21宗,划拨总面积为30.0919公顷(合451.3785亩)。协议出让16宗(为改变用途、增加年限、已建成建筑物边角超土地证范围),出让面积28.1348公顷(合422.022亩),补缴土地价款7743.86万元。隆达小区经济适用住房上市交易补办出手续5宗,补缴土地出让价款10.3810万元。

【城乡建设用地增减挂钩情况】 根据《河北省城乡建设用地增减挂钩试点管理暂行办法》、河北省国土资源厅《关于将废弃砖瓦窑用地等农村废弃建设用地纳入城乡建设用地增减挂钩试点管理有关问题的通知》《河北省国土资源厅关于进一步支持贫困地区脱贫攻坚的通知》等文件精神,将丰宁24个乡镇涉及53个行政村,项目拆旧区总规模365.2533公顷(合5478.80亩),复垦后可用于增减挂钩节余指标349.3383公顷(合5240.07亩)土地,进行城乡建设用地增减挂项目立项组卷上报,复垦方案设计全部复垦为耕地。截止年底前,省国土资源厅已批准增减挂钩项目16个批次,项目总规模185.9337公顷(合2789.00亩),可用于增减挂钩指标175.8163公顷(合2637.24亩)。

2018年《河北省国土资源厅关于下达增减挂钩节余指标跨省域调剂任务的通知》,下达丰宁增减挂钩节余指标跨省域调剂任务790亩。经市国土资源局调整,将隆化县200亩、围场满族蒙古族自治县650亩指标,调整到丰宁满族自治县。截止到2018年底,丰宁增减挂钩节余指标跨省域调剂任务1640亩。丰宁满族自治县大元国控有限公司正在组织拆旧区复垦,已复垦完成502亩(土城镇张百万村102亩,南关乡石灰窑村209亩,云雾山村191亩),尚未验收。其他项目正在进行复垦中。

《丰宁满族自治县城镇低效用地再开发规划2017－2020》成果已完成。2018年5月18日,经丰宁满族自治县第八届十五次政府常务会议通过并实施。

【土地转用征收工作】 2018年,丰宁已完成的土地转用征收12个批次和1个单独选址项目。涉及到51个地块,完成转用征收土地总面积254.5168公顷合3817.75亩,其中耕地151.7849公顷合2276.77亩。包括2018年度第一批次、第二批次、第三批次、第四批次、第五批次、第七批次、第八批次建设用地、第九批次、第十一批次、第十二批次、第十三批次、第十四批次和河北建投丰宁喇叭沟风电场工程用地项目。拟转用征收土地主要包括满堂园区、教育园区用地和旅发大会用地。

【农用地转用工作】 2018年,丰宁已完成农用地转用6个批次,涉及到14个地块,完成转用总面积29.6035公顷(合444.05亩),其中耕地8.7301公顷(合130.95亩)。2018年度第一批次、第二批次、第三批次、第四批次、第五批次、第六批次土地转用,拟转用土地主要用于易地扶贫搬迁项目，截止到年底，2016年、2017年易地扶贫搬迁项目已全部办理完农用地转用手续。

临时用地和设施农用地工作。2018年共审批临时用地、设施农用地56宗，其中临时用地审批3宗，设施农用地审批53宗。

【占补平衡项目立项和验收工作】 2018年7月，丰宁贫困县项目立项、验收下放到县政府审批。截止到年底，全县共占补平衡项目立项17个，高标准农田建设立项2个，占补平衡项目验收9个。其中：占补平衡项目立项土地总面积235.3814公顷，新增耕地面积205.2797公顷，可用于占补平衡面积197.7013公顷；高标准农田建设项目立项面积189.3977公顷，新增耕地面积39.2217公顷；占补平衡项目验收面积150.4448公顷，新增耕地面积141.9447公顷。

【土地复垦验收工作】 2018年，完成土地复垦验收107.3685公顷。包括张唐铁路承德段、张承高速承德段、河北建投丰宁森吉图风电场二期和新天绿能丰宁水泉风电场土地复垦验收。

丰宁划定的基本农田面积为109.8730万亩。

【农垦国有土地确权发证工作】 农垦国有土地确权发证工作，涉及鱼儿山牧场和孤石牧场。按照省、市要求，丰宁于2018年8月启动农垦国有土地发证工作。截至2018年11月30日，共颁发不动产证书377本，发证面积15.75万亩。其中：鱼儿山牧场应发283宗，应发面积7.48万亩，已发212本，面积6.88万亩；孤石牧场应发210宗，面积为9.4745万亩，已发证165宗，面积8.87万亩。发证比例均超过90%，达到省市考核要求。

【耕地质量等级调查评价与监测和等别定级工作】 2017年耕地质量年度更新成果已通过验收，验收成果已启用；2018年耕地质量等级调查评价与监测、2018年耕地质量等别定级工作，于2018年10月通过公开招标方式，确定了工作单位——承德市弘正土地规划咨询有限公司。该项工作已上报承德市汇总单位，等待省厅验收。

【土壤质量调查和耕地分等定级调查工作】 丰宁满族自治县土壤质量调查和耕地分等定级调查工作，于2018年10月通过公开招标方式，确定了工作单位——承德市弘正土地规划咨询有限公司。该项工作正在做前期分析、资料收集整理等工作，预计于2019年4月底前完成。

【卫片执法和土地例行督察整改工作】 2016-2018年例行督察图斑105个，下发丰宁2017年度土地卫片剩余违法图斑157个。国土局针对下发的所有图斑，进行了外业测量、调查、完善、整改。图斑中主要是省旅发大会项目、易地扶贫搬迁项目、张承高速连接线、半虎线公路、村民广场、民宅、种植大棚。其中旅发大会项目已全部完成土地征收，易地扶贫搬迁项目已经取得转用手续，设施农用地正在补办手续。下发丰宁矿产疑似违法图斑25个，通过外业实地核查发现伪变化图斑6个，合法图斑18个，违法图斑1个（违法图斑为抽水蓄能电站开采砂石料）。

【调整土地利用总体规划】 2018年河北省第三届旅游发展大会在丰宁、围场召开。为满足旅发大会项目用地需求，2018年3月31日，完成丰宁满族自治县土地利用总体规划修改调整。将凤山镇乌拉海营村等18个地块，共248.2255公顷规划建设用地规模调出，分别调整到外沟门青石砬村等108个地块，共落实规划建设用地规模248.1465公顷。规划修改后，丰宁满族自治县建设用地总规模指标、城乡建设用地规模指标和耕地保有量不变，不涉及基本农田。

2018年，为支持深度贫困地区脱贫攻坚的需要，保障易地扶贫搬迁顺利进行，经与河北省国土资源厅沟通，同意丰宁土地利用总体规划再次进行调整，以解决易地扶贫搬迁用地需求。此次规划调整，将近期无用地计划的159.0064公顷新增建设用地规模调出（其中城乡建设用地规模152.0064公顷，交通水利及其他用地规模7.2656公顷），共调出37个地块；调入地块194个，总规模153.3385公顷，用于易地扶贫搬迁、民生及公共设施。规划修改不涉及基本农田，修改前后基本保护面积不发生变化。土地利用总体规划修改方案已上报省厅，待批复。

【编制完成村级土地利用总体规划（试点）】 为贯彻落实相关决策部署，适应新形势下农村土地利用和管理需求，按照省厅文件要求，丰宁村级土地利用总体规划试点村，确定为大滩镇小北沟村。村级土地利用总体规划（试点村）2018年5月召开村民代表大会，7月通过专家评审，11月完成省厅备案。

村级土地利用总体规划的编制，统筹安排农村各类土地利用，优化用地结构和布局，加强村庄建设和管控，为大滩镇小北沟的发展提供了切实可行的规划依据。

【土地整治规划修改完善】 因部

分土地开发整理项目不符合土地利用整治规划，为满足土地开发整理项目的立项、报备、验收等需求，2018年3月县国土资源局对《丰宁满族自治县土地整治规划》进行修改完善，2018年5月底通过市局评审并上报省厅完成备案。

【"十三五"土地整治规划调整】 为落实市局下达的高标准基本农田建设规模294700亩，补充耕地规模23400亩的任务，按照程序编制"十三五"土地整治规划。2018年10月26日，完成丰宁满族自治县"十三五"土地整治规划调整方案，报省厅备案。本次规划划分了农用地整理重点区域、农村建设用地整理重点区域、土地复垦重点区、高标准农田建设区域。规划编制后，土地整治项目共计917个，整治规模为79770.58公顷，可新增耕地面积11446.13公顷，总投资规模为478450.43万元。

【土地整治情况】 2018年，市局下达丰宁占补平衡任务3000亩，均已超额完成任务。

2018年已下达立项批复项目30个，新增耕地7202亩，可用于占补平衡面积6962亩，其中占补平衡项目28个，可用于占补平衡面积6375亩；高标准农田建设项目2个，可用于占补平衡面积587亩。2018年，完成占补平衡报备项目16个，新增耕地面积3570亩，已全部生成编号可用于占补平衡指标使用。2018年验收占补平衡项目13个，新增耕地面积3385亩，已取得验收批文。

土地综合整治示范项目完成情况。丰宁土地综合整治示范项目主体工程已完成40%，因气候等原因，为保证工程质量，已停工。2018年11月30日，县政府下达高标准农田项目2个，其中黑山嘴镇季栅子村高标准农田项目总面积74.7575公顷，新增21.8267公顷；黑山嘴镇大金营等2村高标准农田项目总面积114.6402公顷，新增耕地17.3950公顷。

农民自行开垦情况。经调查，农民自行开垦土地共涉及地块22块，总面积2019.5445亩。其中一期15块，面积1358.1645亩，耕地等别为14等；二期7块，面积661.38亩，耕地等别为13等。市、县已完成项目前期核实工作，并报省厅审核，待省厅审核通过后可作为占补平衡指标使用。

【建设用地指标使用情况】 2018年，申请新增建设用地指标287.9512公顷，其中农用地221.3940公顷（耕地196.0452公顷）、未利用地42.9296公顷，指标分别使用2016年省留计划指标、2017年省留指标、省2016年新增建设用地指标，涉及21个征收转用批次2个单独选址项目。

【建设项目用地选址、审查和用地预审工作】 县级用地预审，完成草原风电场、大滩镇天然气集中供气工程、永利医院等6个建设项目的县级预审。

县级用地初审、省级预审，完成万胜永乡70兆瓦集中式光伏扶贫电站项目、大滩镇50兆瓦集中式光伏扶贫电站项目、草原乡30兆瓦集中式光伏扶贫电站项目的县级初审，初审完成后上报省厅，省厅预审全部完成，已取得预审批文。

完成旅游基础设施项目等各类建设项目选址意见和项目规划审查意见56宗。

【年度图斑变更调查工作】 丰宁2017年度变更调查，于2017年11月5号下发监测影像及监测图斑，共计下发670个监测图斑。2017年11月6日至2017年11月30日，由承德金润德勘测有限公司与县国土局执法监察队负责完成外业图斑核实工作。2017年12月1日至2018年3月31日，河北省第一测绘院负责完成内业图斑上图变更工作，并上报省级核查。2017年度变更调查工作，已于2018年6月上报国家并通过国家级核查，2017年度变更调查数据库已于2018年9月下发，10月份启用新数据库。

2018年度变更调查工作已基本完成。作业单位为承德金润德勘测有限公司。国家共分3批下发变化图斑987个，丰宁在规定时间将987个图斑按要求上报了数据。1月28日，县局主要领导带人到省厅对丰宁上报233个与省厅不一致图斑进行了对接，对接结果达到了最初目标。2月11日，作业单位对省厅变更调查质检单位提出的28个未通过的图斑，再次进行了对接。对接完成后，作业单位将各国土资源所提供的临时用地、设施农用地及宅基地审批材料上交省厅审核。

【丰宁第一次全国海洋经济调查工作】 丰宁第一次全国海洋经济调查，涉海单位清查工作自2017年5月开始。2017年9月6日确定县级调查机构并签订合同，2017年9月5日领取调查数据，国家共下发丰宁涉海单位252家。截止到2018年5月15日，已按省、市相关要求完成清查工作。市国土资源局于2018年9月20日召开承德市第一次全国海洋调查县级成果验收会，丰宁海洋调查成果已通过验收。成果资料上交后，该项工作全部完成。

【丰宁第三次全国国土调查工作】 丰宁第三次全国土地调查工作，依据市局安排,2018 年 2 月 1 日县政府下发了通知(丰政[2018]8 号),并成立了领导小组;利用电视台、广播电台和在人员密集地点发放宣传材料等方式,进行了广范的宣传,向各部门收集了相关资料;启用了丰宁满族自治县第三次全国土地调查领导小组办公室印章;领导小组办公室在广范征求各相关部门意见后,组织编制并印发了《丰宁满族自治县第三次全国土地调查实施方案》;共落实"三调"经费 541 万元,其中省级经费 341 万元,县财政预算经费 200 万元,其他经费县财政局已批复使用新增建设用地有偿使用费列支。8 月 10 日,丰宁第三次全国土地调查项目,在县交易中心进行了公开招投标,中标单位为河北省第一测绘院,中标价为 1449.7205 万元。耕地质量等级调查评价和耕地分等定级调查评价工作,由国土资源局耕地保护股正在开展招投标工作。

2018 年 9 月 28 日,省、市"三调"工作会议后,县召开"三调"工作会议,全面部署"三调"工作。按全国第三次国土调查工作安排,城镇村庄内部土地利用现状调查,要求 2018 年 12 月底前完成。10 月,作业单位对 26 个乡镇政府所在地的村建设用地进行航测,并对航测情况进行细化,已完成 DOM 及 10 个建制镇的细化工作。11 月 21 日国家将内业信息提取成果下发到县,要求县级地类样本成果上报时间为 2018 年 12 月 21 日、县级调查成果上报时间为 2019 年 2 月 21 日。

截止到年底,全县地类样本采集已完成,共采集 39 个地类,78 个样本图斑;城镇内部土地利用现状调查涉及 10 个建制镇,面积 24.80 平方千米,已全部完成,并按要求于 2018 年 12 月 21 日提交省三调办;城镇内部土地利用现状调查工作完成后,于 12 月 10 日至 15 日分别对 10 个镇的调查成果进行了审核,作业单位对会议所提出的问题逐一记录并进行了整改。12 月 20 日,召开会议对全县地类样本采集和城镇内部土地利用现状调查工作所提交成果进行了审核,同意作业单位所提交的成果,并提出了修意见,出据了会议纪要。

【地质灾害防治工作】 2018 年 5 月 22 日,县下发了《地质灾害防治方案》及《地质灾害应急预案》。全县地质灾害隐患点 121 处,其中滑坡 1 处、崩塌 24 处、泥石流 96 处。在汛期前给相关单位送达了地质灾害防治函,对重点地质灾害隐患点检查警示牌设立情况,做好汛期前宣传培训工作,发放两卡 2500 余份。严格落实"三查制度"(汛前排查、汛中巡查、汛后核查)。及时更新群策群防网络体系,并和气象局联系,把监测人员列入丰宁气象预警预报平台。同时,地环股利用河北省地质灾害防治信息网,随时发布地质灾害防治信息。2018 年地质灾害防治工作已经安全度汛,没有灾害发生,没有人员伤亡、财产损失情况发生。

【地质灾害治理项目及山体修复治理项目完成情况】 丰宁北部特大泥石流治理项目已经完工,正在做验收资料,年底前通过省厅验收。

杨营子铁矿矿山环境治理项目已经完工,正在做验收资料,争取年底前通过省厅验收。

小坝子乡海子沟村泥石流治理项目设计完成,已报县财政进行投资评审。

苏家店乡对窝铺村及张木楠沟地灾治理项目,已报县财政投资评审,待评审定额后,向县政府申请项目资金。

【积极谋划地质灾害治理项目及矿山环境治理项目】 地质灾害治理项目及矿山环境治理项目共计立项 33 个处。其中,地质灾害治理项目立项 19 个,预算资金 3118.2526 万元;灭失矿山迹地立项 14 个,预算资金 4955.21 万元;共计申请省级资金 8073.4626 万元。待省国土厅及省财政厅批复资金后进行项目实施。

【"打非治违"专项行动】 2018 年,国土资源局与公安、城管、乡镇等部门联合执法,先后在主城区、旅发大会沿线、卫星监测违法占地图斑等重点部位,开展集中强制拆除行动 11 次。累计出动执法人员 760 余人次,执法车辆和大型机械 70 台次,拆除违法用地 115 宗,拆除面积 423 亩。在重点区域内展开"打非治违"专项行动,依法规范矿产资源开采秩序。对企业进行了拉网式排查,通过检查共发现、制止、查处 25 起,移交司法机关 4 起,罚款 38 万元。

【规范不动产登记】 科学设置岗位职责、细化业务流程,积极探索不动产登记管理的新方法、新路子,深挖工作潜力,充分调动工作人员主观能动性,严格落实岗位责任制、一次性告知制、首问责任制、限时办结制。把握好每个审核环节,遇到重大疑难业务问题及时请示沟通,确保无责无误登记。截止到 2018 年 12 月 3 日,不动产登记中心共计受理现场业务咨询 1500 余次,电话咨询 300 余次;出具不动产查询证明 2356 份;受理司法查封 106 宗;全年共计发放不动产登记证书 3364 本(其中换证 39 本,首次登记 181 本,转移登记 3102 本,变更登记 42 本);共计发放不动产登记证明 5490 份(其中抵押首次登记 903 份,预购商品预告登记及抵押预告登记4523份,抵押变更登记29份,顺位抵押35份),共计收取登记费57.50万元。

【推进不动产统一登记数据整合工作】 丰宁不动产统一登记数据整合工作,2017年10月13日完成项目招标,中标单位为北京新兴华安智慧科技有限公司,中标价格为349.8188万元。截止到2018年11月30日,共整合完成房地产数据21433条,林权数据6639条。以上数据已向省厅完成汇交等待验收。截止2018年11月30日,已将2016年、2017年登记档案共计13000多本,整理装订归档。

【推进不动产登记"一窗受理、集成服务"改革】 2018年10月启动改革工作以来,通过与相关部门反复协商研究,充分借鉴先进地区经验,完成了《不动产交易、税收、登记"一窗受理"实施方案》的制定,正在征求涉及部门意见。对申请材料和流程等进行了整合和优化,剔除重复材料,形成了一套一次性材料清单。2018年12月31日前实现"一窗受理、集成服务"工作目标。

【积极做好房地产遗留问题处置工作】 按照《中共承德市委办公室、承德市人民政府办公室关于解决房地产开发遗留问题的实施意见》《丰宁满族自治县人民政府关于印发〈关于解决房地产开发历史遗留问题实施方案的补充意见〉的通知》精神,办理补缴土地出让价款手续1335户(其中:京北新城小区1280户、民宗局住宅小区16户、建行住宅小区39户),其他老旧小区正在办理土地首次登记手续。

针对已建成项目建筑物边角超土地使用证范围部分,通过调整用地范围线方式解决了4宗,完善了小区登记发证手续。

针对2011年以来的26个小区超容积率问题,2018年已清理完成项目14个,补缴土地出让价款4933.7325万元。正在法院强制执行3个,正在走司法程序7个,2个规划部门正在办理验收手续。

【解决房地分别登记的历史遗留问题】 在实施不动产统一登记后,过去的房地分别登记的历史遗留问题逐步显现。为化解社会矛盾,切实维护权利人合法权利,确保不动产登记工作顺利进行,国土局与相关部门研究制定解决意见,并报上级部门通过实施。房地产开发遗留项目共有"办证难"项目25项,涉及9645户。截止到2018年11月30日,已有22个项目完成了首次登记,因住户提交材料不积极,通过小区发布公告等方式办理分户登记1568户,完成比例16.25%。有问题的集资建房小区初步统计36个,已完成首次登记8个,分户登记正在办理中。

【房地一体确权发证情况】 房地一体确权发证工作于2013年5月开始至2018年8月结束,并于2018年11月19日通过省级质检验收。全县26个乡镇共计调查106713宗地农村宅基地和1245宗集体建设用地。截止到2018年11月29日,已分两批次完成数据汇交,16个乡镇共计42073宗地宅基地和582宗集体建设用地。剩余10个乡镇64640宗地宅基地和663宗地建设用地,按照省厅的汇交时间表,预计在2019年2月28日前完成汇交工作。

【解决权属争议情况】 2018年,全年共接待来信来访8件,通过协商调解全部解决。农村集体土地所有权争议纠纷6件,已受理2件,剩余4件正在办理中。

【完成矿产资源规划编制工作】 年内,丰宁第三轮矿产资源规划编制工作已经基本完成。根据省厅最新政策"生态红线、自然保护区不得设立勘察和开采区块(包括地热和矿泉水),环首都圈禁止开采(除地热、矿泉水)水泥浆、水泥生产辅料用矿产资源的其他非金属露天开采矿山"要求,待县政府与省厅对丰宁环首都圈内的勘察、开采区沟通后,按照承德市国土资源局的要求,12月底前完成第三轮矿产资源规划的专家评审和批复。

【矿山环境治理绿化情况】 2018年,全县矿山企业春季绿化,植树沙棘237.36万棵,栽植油松12.53万棵,栽植杨柳4500棵,栽植风景树380棵,栽植棉槐及刺槐共计49700棵,栽植爬山虎4650棵,种植果树630棵。共复绿面积635.23亩,投入治理资金共计1397.506万元,整体达到了矿山复绿效果。

【矿产资源储量管理工作】 做好储量登记及相关工作。建设项目压覆矿产资源初审9个,储量未变动情况说明10个;为县域公路建设,风电、电力、光伏项目压矿查询做好服务。一季度完成了2017年度矿产资源储量统计数据库、2017年储量动态数据库上报工作。完成2018年生产矿山储量动态监管工作,生产矿山6个编制储量年度报告。

【矿产资源勘查工作】 严格探矿权登记管理制度,落实省政府冀办传《关于严格控制矿产资源开发加强生态环境保护》的通知([2018]25号)文件精神,强化审批管理,全年完成探矿权保留初审10个,探矿权延续初审8个,探矿权变更登记初审1个。做好2018年市局注销丰宁12个探矿权实地核查工作,已做矿山关闭治理初步预算,上报县财政。完成市局要求对矿产资源相关工作的基础数据统计。

【矿业权年检信息公示工作】 截止到2017年底,全县持采矿证矿山110个,应参加2017年度矿业权年检公示信息矿山92个。2018年3月底,全部完成年检信息公示工作,配合市局完成实地核查工作。

【矿管管理工作】 完成了2017年度110家矿山开发利用情况统计报送工作,省国土资源厅已审查通过,现已报国土资源部核实。

2018年5月9日,河北省委办公厅、省政府办公厅下发《关于严格控制矿产资源开发加强生态环境保护的通知》,将矿产开发项目的矿业权许可审批调整至省级主管部门。年内,办理采矿权延续初审10个,采矿权整合初审1个(顺达杨营整合),采矿权抵押及解押初审2个,采矿权转让变更初审3个,注销采矿权1个(杨木栅子板金沟铁矿),采矿权延续两年初审7个。

【深度整治露天矿山污染】 依据《河北省露天矿山污染持续整治三年作战计划》任务要求,29家露天矿山正在停产整治;3家矿山已经完成绿化治理,已向县大气办提出书面验收申请;自然恢复2家,关闭矿山1家,破产清算1家,矿权纠纷1家;其余矿山正在按照方案进行治理。对25家关闭矿山进行实地勘查立项治理,需要工程治理的矿山6处已立项,立项资金1017.40万元;对35处灭失迹地进行调查,有7处需要工程治理进行立项,立项资金为2507.04万元,资金申请已经提请县政府,待资金到位后进行勘查、设计、治理。

【打击盗采、越界开采等非法开采行为专项整治】 通过排查,发现龙翔矿业公司涉嫌擅自改变开采方式采矿和界外采石。国土资源局已立案并下达了《行政处罚决定书》。日常巡察发现3起非法采砂案件,已经移交公安机关。另外村民私挖滥采矿产资源行为呈上升趋势,存在重大安全隐患。监察局督导各国土资源所加大巡查频率,及时发现、制止非法采矿行为,并按照规程进行处理,严防因盗采矿产资源引发的安全事故发生。

【安全生产工作】 2018年初,依据县安委办及市国土局2018年安全生产工作指南及工作要点,制定了丰宁国土局《2018年安全生产工作指南》及《2018年度工作要点》,重新制定了《实行安全生产"党政同责、一岗双责"的实施办法》,进一步明确领导及股室安全生产职责,明确时段工作,清晰责任。将安全生产工作落实到具体股室,层层签订了目标责任书。

按照市国土局及县安委会对安全生产工作的具体部署,扎实开展两会期间安全生产大排查大整治活动、重要时期安全生产风险隐患大排查专项治理活动、安全生产宣传月、安全生产承诺活动,进一步深化安全生产大排查大整治攻坚行动和重大隐患排查整治等活动。

重点加强了对15个生产矿山(包含做三同时工程矿山9个)的检查及监管。加强对矿山实测监管工作力度,要求生产矿山做好矿山实测承诺,所有矿山签订安全生产承诺。在重点检查的基础上,以采矿权审批登记数据库为依据,以矿山实测图纸为基础,以国土所巡查、局机关领导包片排查为手段,对县域内各类非法违法勘查开采行为进行全面排查。发现问题及时转交执法监察局处理,有效地维护了矿业开发秩序。

撰稿/孟笑

环境保护

【大气污染程度明显减轻】 2018年,县环保局将大气污染治理作为最急迫的环保任务,调结构、控燃煤、抑扬尘、治尾气,综合运用法律、经济、科技、文化和行政等多种手段,从能源、工业、建设、交通等多个领域,打出"组合拳",使出"杀手锏",各项工作有序推进,大气污染程度明显减轻。2018年优良天数281天,空气质量综合指数为4.31,同比下降6.1%,列全市第一;PM2.5平均浓度为36微克每立方米,同比下降16.3%。

【扎实推进燃煤锅炉整治行动】 2018年,市下达丰宁淘汰县城建成区35蒸吨及以下、城乡结合部和农村地区10蒸吨及以下燃煤锅炉任务共计94台(含工业锅炉4台)。县确定了燃煤锅炉改造名单,建立了责任清单,明确了责任单位和责任人,制定了拆除计划。完成淘汰119台,其中拆除取缔27台,煤改电64台,煤改气23台,煤改空气能1台,煤改生物质能2台,煤改太阳能2台。

【加大散煤市场的监管力度】 县环保局从市场巡查、市场准入、市场检查、举报查处四个方面入手,使县域散煤管控工作有了明显的成效。全年共出动执法人员1185人次,出动车辆291车次,检查散煤经营户255户次。检查实际经营户18户,已抽检网点18户,共抽检42个批次抽检覆盖率100%。立案查处散煤运销案件17起,查扣不合格散煤49.46吨。

【加快推进气代煤、电代煤工作】 加大型煤推广力度。全县13个配送网点先期启动7个农村配送点,年底前已全部落实选址。2018年省市下达"双代"目标任务200户,已完成电代煤200户。陕京四线天然气工程正在进行核准前期准备工作。

【强力推动"散乱污"企业集中整治行动】 严格对照"散乱污"企业界定标准,对本行政区域内"散乱污"企业开展全面彻底的地毯式排查,确保全覆盖、无死角,无遗漏。2018年共排查出"散乱污"企业24家,已完成关停取缔24家。同时,为保障治理成果,建立了治理长效机制,发改、工信、电力、环保等部门保持密切配合、协调联动,坚持发现一处、打击一处,进一步加大巡查力度,防止新上"散乱污"企业。

【积极落实治霾不力"回头看"问题】 围绕省市大气污染综合治理重点工作,聚焦解决突出问题和薄弱环节,层层传导工作压力,对2017年落实治霾措施不力问题清理整改开展"回头看"。对落实压减产能不到位、散煤治理管控不到位、燃煤锅炉治理不到位等8个方面的问题逐一排查,巩固拓展了专项清理工作成果。

【扎实推进工业污染防治和机动车尾气治理】 加大工业挥发性有机物治理。对隆兴防水等工业挥发性有机物生产企业加大日常监管和检测力度,确保达标排放,完成率100%。强化油气回收治理。全县37座加油站均全面完成油气回收治理工作;开展加油站油气回收治理设施专项执法检查,确保油气回收装置稳定运行。加大机动车尾气治理。将淘汰黄标车和老旧车作为机动车尾气治理核心工作,全县淘汰老旧车160辆。同时,加大机动车环保监管能力建设,在县内设立有老旧车、黄标车限行标志7块,禁止黄标车在县城区9街、6路通行。

【积极推进关闭矿山环境恢复】 2016年至2018年,共关闭矿山25处,其中7处已经完成治理;12处属于地下开采矿山,地表破坏较小,属于自然恢复状态。

【水污染防治效果明显】 2018年,县环保局立足京津冀水源涵养功能区,以不断提高河流水环境质量为目标,重点开展水污染防治工作。县城集中式饮用水水源地水质达标率为100%,潮河天桥出境断面水质均值达到地表水二类水质要求,滦河出境断面水质达到三类水体要求。

【构建水污染防治责任体系】 按照"党政同责、一岗双责、失职追究"的要求,构建水污染防治责任体系,重点落实"河长制"管理措施。2018年4月底全部完成351块河长信息公示牌安装设立任务。5月17日对全县54名乡镇级河长进行培训。河长制办公室编制的《河长制工作手册》,概括了全县三级河长的管辖区域及联系方式,164条河流、9座水库、2座水景观基本数据,使各级河长对分管工作一目了然。

【开展饮用水水源地的环境综合治理】 利用省级环保专项资金,完成了集中式饮用水水源保护区标志和标识、界碑、交通警示牌等设置。在水源地一级保护区埋设界标15个,二级保护区界标8个,安装保护区交通警示牌3个,保护区宣传牌2个。在水源地安装远程监控系统,实施24小时监控。开展了保护区内非法排污口和违法建筑清理。先后投资20余万元,完成对水源地周边及河道内的生活、建筑垃圾和废料的清理工作。同时,安排专人对水源地周边不定时巡视检查,发现有倾倒垃圾现象,及时制止并上报。水源地周边的排污口整改已经完成。完成了二级保护区内的6家养猪场搬迁工作。为确保潮河水质稳定达标,提升县城生活污水处理标准,拟建日处理3万吨污水处理厂1座,正在进行前期工作。清源污水处理厂提标改造项目,采用PPP形式实施,已完成项目可研及批复、环评编制及批复等前期手续。

【开展水污染防治专项整治行动】 重点进行工业企业污水达标排放整治、城区河道清理整治、集中式饮用水源水质安全整治,严厉打击暗管偷排、随意倾倒、故意停运或不正常运行污染治理设施等影响大、群众反映强烈的环境违法行为。针对潮河1-3月份水质超标问题,主要领导亲自调度、系统排查,集中开展了县城污水管网跑冒滴漏专项整治,严厉查处了县城污水处理厂违法排污问题,采取强力措施应急处置,确保了4月份出境断面水质达标。同时,为确保主要河流水质,县委、县政府主要领导亲自参与,靠前指挥。5月,县长杨宪军带领国土、环保、水务等部门人员对潮河流域非法采砂进行了现场集中清理行动。8月24日,县委书记方志勇率公安、水务、国土、环保、林业、城管、森林公安等部门人员,对凤山镇、波罗诺镇非法采砂场进行了依法强拆,极大地震慑了全县屡禁不止的各类违法采砂行为,保证了县域出境断面水质,为全面打赢水污染防治攻坚战提供了坚强的领导和组织保障。年底前，根据县委、县政府《丰宁满族自治县采砂集中清理整治攻坚行动方案》要求，共集中清理整治违规砂场101家，所有涉河砂场均已完成断水、断电、主要生产设备拆除；对部分暂不能及时清运的积存料堆，要求严格按相关环保要求进行有效苫盖，并督导及时清运。为防止因市场价格催动攀升反弹，对屡禁不止的非法采砂行为给予了严厉打击。截止到11月20日，共针对涉及河道非法采砂的单位（个人）行政立案处罚4件，罚没涉案资金4.1万元。

【谋划和推进农村环境整治工作】 年内，全县所有河道清理动用机械2900台次，人工1400余人次，共清理各类垃圾31.02万立方米。

对各乡镇政府、学校、卫生院以及旅游区等展开拉网式排查，确定污染点源，积极谋划治理方案。报送中央储备库项目40个，农村环境综合整治项目库16个，报送市局重点水污染减排项目1个，报送2018年密云水库上游潮白河流域水源涵养区横向生态补偿项目17个，预计总投资17.45亿元。

结合美丽乡村任务要求，争取深度贫困村污水处理专项资金575万元，对人口相对集中、环境问题较为突出的黑山嘴镇大金营村、五道营乡五道营村生活污水进行集中收集和处理，污水管网铺设及主体工程已全部完工。拓宽外联渠道，获得中华环保基金会的项目支持，利用美国卡特比勒基金86万元，解决南关乡石灰窑新村生活污水集中处理问题，已建成日处理能力80吨的污水处理站1座并投入正常运行。积极落实7月11日书记办公会议精神，分别启动了南关蒙古族乡横河、两间房2个村的生活污水集中收集和处理项目。为有效衔接交通道路施工，对2个村的污水收集主管网采取边勘测、边设计、边施工的办法，主管网铺设工程已全部完工，2个项目已完成实地勘测和选址，完成了工程设计和预算评审，已具备招标条件，必保列入密云水库上游潮白河流域水源涵养区横向生态保护补偿资金项目。全面开展涉水项目排查工作。积极配合省环保厅牵头组织的潮河流域环境保护规划编制工作，协助完成三轮现场调研和资料收集，多次与规划编制组进行有效沟通，使规划更多地融入丰宁元素，为丰宁未来发展留足了空间，提供了遵循。加大力度对已建成的农村生活污水集中处理设施的运行监管，确保稳定运行达标排放。

【多形式多部门联合执法】 采取不定时间、不打招呼、直奔现场、直接查处、直接曝光的执法方式，加大非工作日和夜间检查力度，开展“执法大会战”等专项执法行动。双随机检查企业33家，出动人次72人，出动车次36次。行政处罚19件，罚款83.3万元，均已执行到位。

根据河北省《关于开展环境保护领域职务犯罪专题预防活动实施方案的工作意见》《关于加强环境保护行政执法与刑事执法衔接配合工作的实施办法》，环保、检察、公安协调联动，形成了环境违法犯罪追究、环境犯罪联合调查和案件移送机制，形成了严惩环境违法犯罪的高压态势。2018年共办理环境污染刑事案件3起，抓获犯罪嫌疑人10人，刑事拘留5人，取保候审5人，移送起诉9人；办理行政案件1起，行政拘留1人。

【创新监管手段】 安装污染防治在线自动监控设施2家，实行全天候无缝隙监控。建立企业环境管理责任体系，在21家企业实施环保监督员制度。开展了企业实施环境污染责任保险制度试点。在重点企业开展了环保信用评价并向社会公开评价结果，多家企业主动向社会公开环境监测信息，规范企业环境管理，提升了企业环保守法水平。

【加强环境应急管理】 始终把防范污染事故、保障环境安全放在重要位置，加强环境监测预警，重新修定了《丰宁满族自治县突发环境事件应急预案》。强化危险废物环境监管，深入实施环境隐患排查治理，关停重污染物排放企业。建立环境风险源数据库，完善大气、辐射等环境专项应急预案，开展环境突发事件应急演练，加强应急值守，对全县26个乡镇辐射源集中检查10次，未发现安全隐患。

【快速推进环保督察问题整改】 河北省委、省政府环保督察“回头看”共交办丰宁问题83件，属实45件，已立案46件；整改完成46件，立案4件；处罚金额24.88万元。2018年8月20日起开始的京津冀大气污染“2+26”重点城市蓝天保卫战专项行动，截至年底，共排查出问题21件，全部完成整改。2018－2019年秋冬季大气执法专项行动前三轮反馈问题，承德市执法督查交办问题13个，已完成整改9个，正在整改4个；河北省执法督查交办问题24个，已完成整改15件，正在整改11个。前三轮共立案查处4件。

同时，畅通群众信访投诉渠道，提升12369环保热线服务水平。年内，接受和转办各类信访案件92件，已办结92件，办结率为100%。

【稳步推进省、市两级建设项目环保“三同时”验收“清零”专项行动】 为加强省、市两级审批环评项目的事中事后管理，彻底扭转“重审批、轻监管”“批建不符”“久拖不验”等突出问题，对2017年以前丰宁辖区内省、市两级环保部门审批的未验收项目开展了“清零”行动，对省批的40个项目分类处理。其中9个项目，因矿山企业停产，不具备验收条件，要求企业提供停产报告，恢复生产前必须验收合格，才可恢复生产；有3个项目进行注销；有5个项目处在施工期，不能验收；有23个项目已督促企业自行验收。对市批的36个项目也进行分类处理。其中有4个项目企业提供了停产报告，恢复生产前必须验收合格，才可恢复生产；有21个项目进行注销；有8个项目已督促企业自行验收；有2个企业处在施工期，不具备验收条件；有1个项目已验收完毕。

【稳步推进生态环境大排查大整治专项行动】 按照省、市《生态环境大排查大整治实施方案》要求，丰宁环保局负责燕山、坝上生态环境普查整治专项行动。全县共排查疑似点位1328个，发现问题17个，已明确了牵头领导和责任部门，并按要求和时限进行整改。

【扎实推进全国第二次污染源普查工作】 第二次全国污染源普查是重大的国情调查。为了摸清各类污染源基本情况，了解污染源数量、结构和分布状况，掌握行业污染物产生、排放和处理情况，县环保局认真贯彻落实国家、省、市关于第二次全国污染源普查的安排部署和相关要求，紧密结合工作实际，履职尽责。按照“应查尽查、不重不漏”的原则，对丰宁区域内的全部工业企业和产业活动单位、规模化畜禽养殖场、集中式污染治理设施、生活源锅炉、入河排污口和加油站等逐一开展普查。按照时间节点完成了第二次全国污染源普查各阶段工作。

【按时完成国家重点生态功能区环境质量状况考核工作】 丰宁属防风固沙生态功能区，环境状况考核结果对国家生态转移支付资金的确定至关重要。在生态环境指标体系中，有二氧化硫排放强度、化学需氧量排放强度等6大项，涵盖了污染源治理、现场监督检查、大气站运行等大量业务，任务涉及政府办、水务、发改等9个部门，自查工作专业性强，需要做大量的综合协调工作。在财力十分拮据的情况下，安排国家重点生态功能区生态环境质量监测评价与考核的经费100万元。同时，对其他的建设类项目，不仅有严格的环保准入门槛，还有环保资金投入的门槛。由于组织保障有力，措施配套，如期通过了环境保护部代表国家组织的现场核查，确定生态补偿转移支付资金额度为15821万元，环比增长7.6%（注：2017年度为14703万元）。

【按时完成滦河源省级自然保护区整改工作】 在“绿盾2018”自然保护区监督检查专项行动中，确认滦河源自然保护区内5个违法违规项目需要整改，年底前已全部完成整改。

春沐酒店。该项目是利用丰宁水务局孤石水库业务办公用房（项目建设时已获得环保、国土部门的审批）进行旅游经营活动。经整改已恢复原有办公用途，不再对外经营，水务局也做出了相应承诺。

阳光山谷度假村。项目建设时已办理了国土规划等部门的相关手续。该项目已经编制环评报告表。环保部门按照新环保法对企业进行了处罚，并补办了环评审批手续。

传奇庄园、红格尔庄园。该2个项目环保部门按照新环保法对企业进行了处罚，并补办了环评审批手续。国土规划等部门正在补办相关手续。

圣境仙踪采摘园项目。该项目是占用耕地的农业观光采摘项目，按照新环保法对企业进行了处罚，并补办了环评审批手续。

【稳步推进环境监管能力建设】 切实加强建设项目环境管理，严格环保准入关。强化环评审批，严格控制高耗能、高污染项目建设，年内审批建设项目78个，因选址不合理等原因否决项目16个，建设项目审批把关率和“三同时”执行率均达到100%。

健全监督性监测体系，提升预警监测能力。完成了环境空气自动监测站新址建设（原环保局办公楼上）和跨省、县断面的例行监测及国控企业污染源监督性监测。建立了覆盖大气、水、土壤、重金属、核与辐射等门类的环境监测体系。县环境监控中心通过了省技术监督局的认证复评审（30项）；投资2260万元的25个乡镇及开发区环境空气质量自动监测站建设项目，6月底全部建成并通过专家验收，已全部联网运行；投资238万元的农业重点区域及主要河道监控设备已经并网投入使用，自9月16日至年底已发现秸秆焚烧火情132起。

加强环保机构建设。以财政购买服务第三方劳务派遣的方式，为环保分局配备的15名工作人员已于11月初上岗（环保机构改革过程中遗留的12名临时工亦已参照上述方式得到安置）。乡镇（开发区、街道）环保所按照万人以上5人、万人以下3人的标准，于7月30日组建完成，共确定具体工作人员109人，均已进入工作状态。

撰稿/李林

拆迁工作

【完成道路交通建设拆迁工作】 2018年，为保障全县道路交通建设顺利开展，县拆迁办公室完成6项拆迁工作：

进行张承高速拆迁占及建设工程所涉地方问题扫尾及内业整理工作。

完成长选线的征地拆迁工作；完成111线大坝梁隧道的征地拆迁工作；完成迎宾路收尾工作；完成南关连接线的机耕道征收工作；完成南杨线的登统评估工作。

完成省道外金线一期112线至窄岭的放线及地上物、林木的登统工作。

完成新丰路北延暨112线拓宽工程的房屋测量工作，正在进行合法宅基地面积确认；奶牛小区已签署置换协议12户，剩余3户正在开展工作。

完成金融街15户拆迁户的回迁安置工作、制定原燃气设备厂片区18户拆迁户的回迁安置方案。

做好半虎线、御大线、111线"三改二"、水电路补偿资金发放及工程扫尾工作，资金发放顺利，扫尾工程完工。

【完成旅发大会所需拆迁工作】 2018年，为保障河北省旅游发展大会在丰宁顺利举行，县拆迁工作部门完成了外沟门至草原战备路的征地拆迁工作；完成了坝上慢行系统的征地拆迁工作；完成了茶盐古道征地拆迁工作。

【完成城市建设拆迁工作】 2018年，拆迁办公室完成城市建设拆迁工作5项：

完成汽配城地块750亩的苗木及地上物登统及征收工作，现补偿协议的签署工作已全部完成，完成全部补偿款发放工资。

完成撒袋沟门村棚户区改造500户（含小学）、白塔村972户的实地测量登记工作；完成天鸿街至华泽街路段19户临建的登统及补偿工作、7户苗木户、9户地上物的评估工作并签署了补偿协议；完成苗圃片区242户和嘉新村466户的入户调查和房屋测绘工作；完成九龙养老生态健康城8号地块养殖小区36户的登统工作。

完成福环教育园区730亩的31户苗木、52户房屋及地上物的评估工作，补偿协议签署工作已全部完成，年底完成补偿款发放工作。

完成新行政审批中心拆迁工作。

配合做好"双违"整治的拆迁工作。

【完成环保督查项目建设拆迁工作】 2018年，拆迁工作部门完成了环保督查项目天鸿街两侧养猪场的拆迁补偿工作；完成了环保督查项目土城镇水源地二级涵养区养猪场的拆迁补偿工作。

【协助完成相关拆迁工作】 2018年，拆迁工作部门协助开发区完成拆迁征地工作；协调各杆线单位完成各项目的杆线迁改工作；积极稳妥的推进东湖、小西沟等8个片区的旧城改造工作。同时，负责拆迁成本的核算工作及审核拆迁安置补偿方案及政策咨询的解答，对拆迁过程中出现的各类问题，均给予明确答复。

撰稿/刘晋成

城乡规划

【开展城乡总体规划修编工作】 2018年，为全面贯彻落实河北省"五级两规一导则"（"五级"即省、市、县、镇乡、村，"两规"即城乡规划和土地利用总体规划，"一导则"即建设导则）体系建设，丰宁规划局起草了《丰宁满族自治县"五级两规一导则"体系建设实施方案》《丰宁满族自治县城乡总体规划修编及建立"多规合一"信息平台工作方案》《丰宁满族自治县"城市双修"工作实施方案》，县委、县政府以红头文件下发，做到工作任务清晰、时间节点明确、目标考核量化，为城乡总体规划修编、土地利用总体规划编制、村镇规划体系建设、规范性文件出台奠定了有力的基础。同时，西安80坐标城区地形图已转为2000国家坐标系，人口、经济等基础资料已收集完成。丰宁满族自治县城乡总体规划修编及"多规合一"信息平台招标工作已完成，总规纲要也已编制完成。

【编制完成《县域乡村建设规划》】 按照省、市、县要求，委托河北诚致城市规划设计有限公司编制了《县域乡村建设规划》，明确了乡村体系，划定了乡村居民点、管控边界、确定了乡村基础设施和公共服务设施建设项目，编制成果相关部门已进行评审，县规委会已审议通过，县政府已批准实施。

【编制完成《农村人居环境整治规划》】 县规划局及时指导各乡镇，督促设计单位加快编制进度，完成了2018年确定的61个村（包括10个深度贫困村）农村人居环境整治规划编制工作，年底完成全县85%的保留村村庄规划任务目标。4月，着手安排此项工作，建立工作台账，及时上报各项数据，按照《编制导则》的要求，完善、细化村庄建设规划，形成完整的专项规划，并作为指导各村建设的依据。

【开展镇、乡总体规划编制和修编工作】 按照省政府"五级两规一导则"体系建设要求及县委、县政府工作安排，规划局开展镇、乡总体规划编制和修编工作。积极协调设计单位和各乡镇对接,督导各镇、乡人民政府对镇总体规划和乡规划编制情况进行了梳理,对不适应新要求的组织进行修编。其中,五道营乡、南关蒙古族乡在城市规划区中,但未包括在城市建设用地范围内,要新编制总体规划;除大阁镇、土城镇(在城市规划建设用地范围内)以外其他镇乡要进行总体规划修编,合理确定规模、明确发展目标,对空间布局等作出科学安排。因上位规划尚未修编及编制资金未列入财政预算,此项工作仅凤山镇、杨木栅子乡、万胜永乡、南关蒙古族乡进行了编制,其余乡镇尚未全面推进。

【规划审批情况】 截止到2018年12月底,县规划局共组织召开规委会7次,审议建设项目共101个,其中方案类项目53个,选址类48个,审议总体规划1个;对预出让土地93宗,出具了规划条件。共核发选址意见书12份,建设用地规划许可证45份,用地面积1736087.6平方米,约合2600亩;建设工程规划许可证40份,建筑面积1295637.75平方米。共收取配套费9278.9282万元。及时完成了河北省投资项目在线审批监管平台,及河北省城乡规划许可信息管理系统数据上传、规划局权力清单修订、承德办事一次成上报工作、承德市行政执法事后公示公开项目上传、丰宁综合治税数据上传、河北政务服务网+互联网2016-2018年项目数据上传工作。

【居民建房审批工作】 2018年,共完成26户居民建房审批工作,均属于D级危房或胜利街拆迁改造房。规划局严格按标准把关审批,没出现一起违规批建,投诉事件。年内,规划局恢复了对大滩镇等5个坝上地区乡镇的居民建房规划审批和管理工作。

【易地扶贫搬迁安置地规划选址和审批工作】 2018年,全县易地扶贫搬迁安置工作全面开展。规划局负责安置地规划选址和审批工作。从年初开始,由发展改革局牵头,与国土局配合,对2018年搬迁村实地踏勘,确定选址地点,深入各乡镇、村、安置点,并指导乡镇和设计单位搞好安置小区的规划编制工作。为确保全面开工建设,按期完工奠定了基础,2018年规划局对全县6个安置小区规划方案进行了技术审查。2016年、2017年全县共24个易地扶贫搬迁集中安置小区项目。2018年5月,用地手续完成后,规划局及时办理了县城易地扶贫搬迁和黄旗镇城根营异地搬迁规划许可、黑山嘴镇窄岭村集中安置小区、大滩镇小北沟村集中安置小区乡村建设规划许可手续。其他20个集中安置小区,各户住宅规划审批,依据中共丰宁满族自治县委办公室、丰宁满族自治县政府办公室《关于居民建房审批权责的意见》,由所在乡镇政府正在完善居民建房规划审批。

【规划监管情况】 加强批后管理的力度,严格按"一书两证"(建设项目选址意见书、建设用地规划许可证和建设工程规划许可证)进行批后管理,着重实施"五项检查",即查放验线,查建筑结构,查建筑层高,建筑立面效果图,对规划区内擅自改变建筑结构、位置、面积,对少报多建的违法行为进行全方位的监督。对2018年审批项目进行监督检查,共计验收工程项目12个。对2005年至2012年的历史遗留问题进行解决,已解决完成24个项目;解决房地产办证难、入住难、拆迁难项目51个;鱼儿山牧场项目正在逐步解决;集资建房办证问题3个已解决完成。

【对外窗口形象明显提升】 强化服务,依法行政。充分发挥窗口作用,做到职能到位,一个窗口对外,责任到人,规范高效,简化审批流程。推行首问负责制、一次性告知制、限时办结制、网络化管理制、创建服务型窗口、和谐窗口,规划部门对外窗口形象明显提升。

【抓实信访稳定工作】 建立长效机制,解决根本问题。规划局始终坚持群众利益无小事的原则,结合工作实际,做细做实信访维稳工作,积极化解矛盾纠纷,切实维护群众的合法权益和合理诉求,多措并举做好信访工作。规范行政行为,建立健全了业务审批制度、一次性告知制度,最大限度减少因行政不作为、乱作为而引发的信访问题,从源头上防范信访事项的发生。

积极解决采光纠纷,化解信访矛盾。近年来,随着城市化建设进程的不断加快,采光纠纷矛盾进一步突显。积极解决采光纠纷,化解信访矛盾一直是规划部门信访重点工作。2018年,规划局深入开展矛盾纠纷排查化解工作,对群众反映强烈的问题,逐一建立台帐,明确责任股室、责任人和化解措施。对于《河北省信访局信访综合业务信息系统》上出现的信访问题,派专门人员每天进行梳理,及时作出合理答复,最大限度地把矛盾纠纷化解在初始和萌芽状态。2018年主要涉及悦海酒店、原酱油厂改建、佳馨附属用房等信访事项,接访680多人次,另接待信件来访4项。通过政策法规解释、及时组织协调,确保了信访的稳定。

【机构改革】 根据县委改革委员会方案，县规划局与国土资源局合并，成立自然资源和规划局，保留规划局牌子和机构，2018年1月31日上午10时正式挂牌，单位名称为“丰宁满族自治县规划局”。

撰稿/王学民

城市管理

【全面加强依法行政能力建设】 2018年，县城管局从深化党建和党风廉政建设工作入手，不断完善责任落实机制、协调解决机制、奖惩考核机制、责任追究机制，从全面提升干部职工干事创业的责任意识入手，全面加强城管执法人员依法行政能力建设。局督查室每天对全体职工出勤上岗、着装、执法执纪等情况进行监督检查；每周对业务部门职能目标任务完成情况进行督查考核、每月进行综合评定；局领导班子不定时对全体职工落实目标责任制情况进行检查抽查，及时进行告诫提醒。从提升城市管理水平、树立良好城市形象入手，依托“云企信”“先锋城管微信群”等集管理、服务、考核为一体的精细化管理工作平台，对干部职工开展城市管理执法工作进行动态监督，切实解决了干部职工“不想为、不能为、不敢为、不作为”方面的倾向性问题。

【全面提升综合执法服务效能】 2018年，县城管局按照省、市、县关于深入推进城市管理执法体制改革，改进城市管理工作要求，结合城区实际及现有工作职能，积极整合现有资源，全面建立了以集中行使城市规划监察管理、环境卫生监察管理、市容市貌监察管理、广告监察管理、市政设施及公用事业监察管理工作职能为一体的城市管理综合执法网格体系，使城市管理综合执法工作实现了信息上互通、执法上互补、管理上互动、工作上互助、成绩上互享，形成了“一张网统筹”格局。同时，根据省、市、县统一部署安排，积极摸底，结合丰宁实际，提出了科学、合理的意见和建议，为改革的深入推进做好了前期工作。年内，按照改革要求，配齐了执法记录仪等执法装备，进一步规范了执法程序；采购了执法制式服装和标志标识，统一了城管形象，并以换装为起点，开创了城市管理综合执法工作的新征程。

【全面提升城乡人居生活环境质量】 从限制垃圾落地时间、量化道路浮尘重量、提高道路机械化清扫率、延长清扫保洁时间和拓展环卫保洁区域等方面入手，持续深入开展“洁净城市”创建活动，城乡人居生活环境质量明显改善。

提升服务能力。在一期基础上拓展城区服务面积，将经济开发区、南关蒙古族乡5个行政村及所辖自然村生活垃圾收集清运工作纳入环卫市场化服务范围；按照城乡一体化要求，在御大线沿线大滩镇、鱼儿山镇、外沟门村开展环卫市场化服务工作。同时，采取日常检查、错时巡查和每周督查相结合的方式，有目的、有计划、有重点的对路面作业、垃圾收集清运、公厕清掏保洁等服务工作进行督查考核，发现问题及时下发督办通知限时整改，全面提升了市场化服务效能。

提升作业质量。指导市场化服务公司采取“错时错峰”方式开展清扫作业，城区内可开展机械清扫作业道路全部实现机械化清扫，主干道日作业频次均不低于4次，次干道日作业平均不低于2次；非冰冻期，平均每周开展一次洗城行动，日洒水降尘作业率均不低于6次。采取“网格化”管理开展保洁作业，保洁员对责任路段进行不间断流动巡查，发现落地垃圾即保即清。采取“链条式”方法开展垃圾清运，垃圾收集车辆每天对1450个生活垃圾收集点产生的垃圾进行定点、定线、定面限时清理，确保了日产日清。采取集中治理方式，不定期对城区出入口、主次干道、小街小巷、城中村、物管小区及旱河等区域存在的影响城区整体环境卫生质量行为，进行全方位的集中整治，彻底消除了“脏、乱、差”现象。2018年，城区主次干道清扫保洁作业时间平均达到了16小时；道路机械化清扫作业率达到80%以上；清扫保洁作业率达到了93%；生活垃圾日产日清作业率达到了98%，无害化处理率达到了99.32%。先后开展集中整治行动6次，出动环卫作业人员400余人次，各种环卫作业车辆80余台次，清理死角死面200余处，清理边坡(沟)11000余延长米，清理各类积存垃圾、建筑垃圾等900余吨。

【全面提升市容秩序管理水平】 严格落实城市管理“721”工作法(即70%的问题用服务手段解决，20%的问题用管理手段解决，10%的问题用执法手段解决)，管理事项因人而立，管理措施因人而变，管理效果以满足市民需求为标准，创新建立“以学促管、以收促管、以案促管、错时管理”等举措，市容秩序管理效果不断提升。

集中攻坚抓整治。以集中攻坚的态势，先后6次会同市场监督管理局、公安局等职能部门采取逐街逐路、逐个点位进行规范的方式，对城区内主次干道、商业街区、公园广场等从事经营行为的各类摊点、未经审批设置的临时性摊点及店外露天烧烤污染空气质量行为进行全面取缔；对占用城市人行道乱堆乱放杂物、摆放销售非机动车辆，违规设置灯箱广告及利用建(构)物张贴、涂写小广告等行为进行专项清理,有效维护了城市正常秩序。

错时管理抓根治。城管局4个城管执法大队10个城管执法中队,按照"网格化"和"路长制"责任区域划分,实施全天候错时管理、节假日轮休管控,管理工作紧盯违法违规行为出现,做到发现一处治理一处,保持一处;加强数字化城管派遣案件的第一时间处置,派遣一件处置一件,全年派遣案件4051件,已随时处理的之外,在规定时间内结案3910件,案件限时处置率达到97%。城区占道经营、马路市场、店外油烟烧烤污染问题得到有效治理。

"第三次处罚"抓执法。实行以扣促管,对第一次教育、第二次警告无效者,在完毕法律程序基础上采取强硬执法手段暂扣经营物品及设施设备。实行以案促管,加大对违法违规行为的案件办理,并对违法违规案件通过门户网站等载体进行公示。年内,共取缔未经审批临时性销售摊点61个;整治规范城区主次干道商户经营秩序800余户次;清理占道经营、店外摆物行为300余户次;规范临时性销售摊点300余个;拆除违规设置户外牌匾、灯箱80块;清理乱贴乱涂广告12000余处;处理乱堆乱放、乱拉乱挂等问题600余个。

人本服务抓疏导。贯彻70%的管理问题靠服务解决理念,真心服务市民群众。每天出动非机动车辆管理人员50人次,对城区主次干道非机动车辆停放秩序进行规范和管理,确保道路畅通。按照便民、利民、惠民原则,对城区内批准设置的4处便民市场经营秩序进行规范,按照经营项目和经营类别规划经营摊位、明确了出闭市时间,确保在方便市民购物的同时,提高附近居民生产生活质量。年内,累计规范非机动车辆乱停乱放行为3000余次,对23起拒不配合规范行为的个人,会同交警部门对当事人进行了批评教育;累计下达整改告知书7份,会同交通部门对14户违规占用人行道摆放、销售非机动车辆商户进行整治和规范。划行归市,引导安置74户临时性销售摊点到便民市场进行定点经营。

【全面规范城乡建筑市场管理秩序】 按照省、市、县关于开展"双违"整治工作要求,全面落实违法建设巡查、拆除、控制等工作制度,强化"以拆促管",探索违建治理新举措,用"铁"的办法规范城乡建设秩序。

设定铁的目标。紧咬全县拆除违法建筑8.582万平方米,清理违法占地图斑80%以上的既定目标,不动摇、不放松,集中力量、以点带面、强力推动"双违"整治工作顺利进行。

下定铁的决心。以"一盘棋"的工作思路强势推动整治进程,对城区及旅发大会沿线未批先建、私搭乱建、违法占地等"双违"问题从快、从严进行重点整治,在完备法律程序的基础上坚决予以拆除。

组建铁的队伍。优化队伍力量,抽调精干执法人员,建立"三个一"工作推进机制。即组建一套领导班子、一支拆除队伍,成立一个攻坚小组,形成了垂直领导、分片治理、条块结合、部门联动的作战格局。

采取铁的措施。在全面拉网式摸底排查的基础上,坚持以动员自拆为主,强制拆除为辅的原则开展集中整治工作。在充分做好动员工作和发出责改通知无效的情况下,一律按照制定的强拆方案依法依规进行强制拆除。

严守铁的纪律。整治行动中,城管局专项行动领导小组始终坚持一把尺子量到底,严守工作纪律和规定,在完备法律程序基础上严格做到公开、公平、公正执法,以强有力的政府公信力、执行力,使被整治对象认清形势、配合整治,实现了平稳快速推进。年内,累计出动执法人员1000余人次,执法车辆和大型机械500余台次,拆除违法建设138户251处9.58万平方米,腾清用地面积12.7万平方米。在完成既定目标任务基础上,超额拆除违法建筑1.58万平方米,完成拆违任务的120%。丰宁的"五铁"做法得到承德市委、市政府有关领导的充分肯定,并在全市范围内进行通报学习。

【全面加强户外广告牌匾治理】 编制《城区户外广告管理办法》,采取"文化融入、店面特色、楼体增彩"的设置理念,组织开展中心城区户外广告规范化设置和治理工作。

强化设置标准宣传。组织城区20余家户外广告公司,召开中心城区户外广告设置专题会议,明确城区户外广告设置标准、建设要求、备案程序,全面规范城区户外广告设置工作。

强化违规广告处置。开展户外广告专项清理,全年共拆除违规大型广告牌15块,拆除非公益性乱拉乱挂条幅(标语)300余条,收缴移动落地灯箱广告175个,清理违规、破损广告1200多处,指导权属单位以宣传精神文明建设等重点活动为主题,更新宣传画布8000余延长米。

【实施城市道路修补及环卫设施更新工程】 从改善民生入手,投资70余万元,对城区主次干道、小街小巷存在的破损路面、破损人行道、塌陷边沟、损毁污水井等进行修复。全年累计修补破损路面18余处

2117.2平方米，整修边沟216延长米，整修污水井151个，整修雨水篦子170个，改造更新污水管网232延长米。从解决面源污染入手，投资20余万元，对垃圾收集设施进行粉饰和更新。累计粉饰生活垃圾收集设施700余个，在主次干道购置布设240升铁制垃圾筒600个、环保果皮箱200个。

【实施城市道路照明亮化及节能改造工程】 从提高亮灯率入手，投资420万元，对土城收费站连接线及胜利街、振丰街、气象街道路进行亮化，共安装路灯350盏；对迎宾路南大桥至南山湾半虎线大桥道路进行亮化，共安装路灯100盏；对华泽街至白塔新丰路道路进行亮化，共安装路灯150盏；对滨河路南延及新丰路北延道路进行亮化，共安装路灯110盏；对宁丰路中波台至华泽街道路路灯进行升级改造，共升级改造路灯100盏；对新丰路、爱民街高压纳中华灯进行升级改造，共升级改造中华灯100盏。从节能减排入手，投资122万元，对县城原有高压纳灯进行更换，共更换LED路灯600盏；投资607.48万元，对城区现有路灯等亮化设施安装数字化智能远程监控系统，使开闭时间、亮化效果实现智能控制、合理化优。

【实施厕所改造工程】 投资300万元，在城区老计划局、小川广场分别新建水冲公厕1座；对滨河路、清真寺、老汽车站后门、双新南胡同、第二小学、四新村平顶山高层周边原有6座旱厕进行改造，全部改建为水冲式公厕。截止到2018年11月，除小川公园1座水冲公厕新建工程因季节原因，经县政府批准延期至2019年完工外，其他公厕均于2018年11月30日交付使用。

【实施垃圾处理设施建设工程】 争取京冀对口帮扶资金支持，投资900万元，在南关生活垃圾填埋场下游建设日处理能力60吨的粪便无害化集中处理场1座。该工程于2018年10月完成工程建设、设备采购及联动调试等工作。经呈请政府批准，将采用向社会购买方式进行运营和管理。该工程的实施，彻底解决了城区及经济开发区、南关蒙古族乡等周边粪便处理难、污染地下水源等问题。投资54万元，对南关生活垃圾填埋场现有拦截坝体进行加固。加固工程于2018年5月开工、9月底竣工，坝体整体加高2米、加宽4米。该工程的实施，保证了坝体的安全性、稳定性，消除了安全隐患。

【做好旅游沿线环境整治提升工作】 按照承担迎接河北省第三届旅游产业发展大会目标任务，在旅游沿线全面开展环境整治提升工作，全力打造宜居宜游的生态环境。城管局选派30名骨干执法人员分区包片深入一线，指导御大线沿线乡镇建立健全了农村环境管理、垃圾处理等长效机制；指导环卫市场化服务公司开展环境治理百日攻坚，先后出动环卫人员900余人次，各种作业车辆300余台次，清理各类积存垃圾3000余吨，全面提升了旅游沿线环境质量，为以崭新形象迎接第三届旅游产业发展大会胜利召开奠定了坚实基础。县城管局被承德市委、市政府评为承办第三届河北省旅游发展产业发展大会先进集体。

【做好城管舆论宣传工作】 坚持把加强信息宣传作为提升城管形象、展示城管风采的一项重点工作，积极拓展与各级宣传部门和新闻媒体的沟通渠道，提高宣传的层面与档次。国家级刊物《城建监察》杂志和《河北省法制日报》《承德晚报》、丰宁门户网、丰宁电视台等各级报刊、网络和新闻媒体，多次宣传报道丰宁城管工作。同时，积极利用热线电话等交流媒介强化互动和反馈，增强交流的深度和广度，增加重大活动出镜率，找寻日常工作亮点，做到了事务性工作留影留声，充分发挥了舆论宣传的正面导向作用，广大市民群众对城管工作的认识、了解及支持率大幅度提升。年内，共在各类媒体投稿20余篇，相关媒体刊发14篇。其中：国家级刊物《城建监察》杂志刊发2篇，各类门户网站刊发转载6篇，市县各类《工作简报》刊发3篇，丰宁电视台专题报道城管工作3期。

【做好建议提案和信访事项办理工作】 坚持把做好人大代表、政协委员建议提案和信访案件及市民建议投诉办理工作，作为提高城管工作、服务县域经济发展大局的支撑点。2018年，共受理人大建议、政协提案11件，受理信访案件62件，全部在规定时限内办结并按要求落实。建议、提案和信访投诉事项的高效办理，受到了人大代表、政协委员及反映人的一致好评。针对反映人提出的爱民街民庆胡同污水管网老化、造成66户居民排水难问题，及时指定专人进行勘察设计，并筹措资金对老旧污水管网进行了全面升级和改造，快捷、高效的办理工作受到了周边群众的一致认可，群众信任度及满意率大幅提升。

【做好精准扶贫开发工作】 2018年，城管局选派业务精、能力强的干部职工，深入帮扶村鱼儿山镇土城沟村、山嘴村、双井子村、同胜永村，杨木栅子乡高栅子村、官场沟门村，大滩镇大西沟村，土城镇马家窝铺村、张营子村、三间房村、土城村，开展扶贫攻坚。充分利用每月一次的田间地头走访活动，指导帮扶村抓好农林产业及基础设施建设，培育主导产品，提高特色产业开发效益，为贫困群众增产增收出谋划策。同时，以改善村情村貌、提升村民生活幸福指数为抓手，按照民生优先的原则，积极出资为民办实事、办好事。先后为帮扶村提供垃圾清运汽车1辆、垃圾清扫保洁三轮车4辆，铁制垃圾桶60个；投入资金5万元，协助帮扶村修建垃圾池4座、公厕1座，出资3万元对高栅子村"小黑屋"进行了粉刷、修缮。全局52名帮扶责任人先后9次深入贫困户家中走访慰问，个人先后出资500元购置大米、白面、食用油、家用电器等慰问品为贫困户送温暖，受到当地民众一致好评。

撰稿/王云峰

行政审批

【政务服务各项工作取得显著成效】 2018年，丰宁政务服务中心共受理咨询业务5.2万件次，受理各类行政许可及行政事业性服务事项53242件，办结53169件，按时办结率和群众满意率均在99%以上；交易中心进场交易318宗，其中，政府采购172宗、建设工程132宗、土地交易14宗，交易额15.223亿元。各项改革工作经验和做法先后在人民日报经济网、中国网、中国资讯网、东方网、承德日报、市政府专报等多家媒体上刊发。

【深入推进相对集中行政许可权改革】 丰宁行政审批局于2017年4月底对外挂牌，2018年4月底完成机构组建、人员配备、事项划转等工作，正式开始运行。机构编制及人员配备情况。行政审批局为政府工作部门，内设9个股室，下设政务服务中心（公共资源交易中心）为正科级全额拨款事业单位，内设10个股室。核定编制70人，行政13人、事业57人；年初通过调任、招考、划转等形式配备工作人员70人。其中，局机关领导班子4人，一正三副，政务服务中心配副主任1名。

事项划转及进驻情况。对照河北省行政许可事项通用目录，丰宁保留行政许可事项257项。按照省、市对划转部门和事项的要求，结合县内实际情况，确定第一批划转事项191项，实际完成划转191项，划转率达到100%。按照"两集中、两到位"（一个行政机关的审批事项向一个处室集中、行政审批处室向行政审批服务中心集中，保障进驻行政审批服务中心的审批事项到位、审批权限到位）的要求，公安、税务、国土、环保、规划、不动产等所有政务服务事项全部进驻中心或分中心办理，达到"应进必进"。

启用行政审批局审批专用印章。完成事项划转移交后，立即封存原审批部门审批印章24枚，启用行政审批局审批专用印章，实现"一枚印章管审批"。自运行以来，行政审批局共受理行政许可事项11030件，办结11024件，办结率99.9%。

制定行政审批运行新机制。为确保行政审批局高效、规范运行，按照"精简、统一、高效、便民"的原则，建立行政审批与管理、监督相分离的科学运行机制。出台了《丰宁满族自治县行政审批新机制运行管理暂行办法（试行）》《优化发展环境"九项工作制度"》《行政审批现场勘察实施办法》推行岗位责任制、首问负责制、服务承诺制、即时办结制、容缺办理制等各项审批机制，探索实行"一表申请、一窗受理、关联审查、多证联办"的审批新模式；建立健全行政审批及事中事后监管运行机制和措施保障机制，实现行政审批与监管的有机衔接。

【全面推行"办事一次成"改革】 为进一步深化"放管服"改革，以"便民便企、提速增效"为目的，在全县开展"办事一次成"改革。着力通过梳理政务服务事项、编制目录清单、优化办事流程、邮寄送达服务等手段，努力为人民群众和市场主体提供最全面、最优质、最便捷、最高效的政务服务。

全面梳理政务服务事项，编制公布事项目录清单，实现群众"办事一次成"。对照试点县梳理的政务服务事项，组织专人对全县政务服务事项进行梳理，全县保留政务服务事项825项，其中，行政权力事项（行政许可、行政征收、行政给付、行政确认、其他类）710项，公共服务事项115项。在事项梳理的基础上，分三批编制完成"办事一次成"事项目录清单，通过政府门户网站、单位公开栏等形式向社会公布。三批公布"办事一次成"事项598项，其中：行政权力事项（包括行政许可、行政征收、行政给付、行政确认、其他类）483项，占事项总数的68%；公共服务事项115项，占事项总数的100%。对已公布的"办事一次成"清单，加强日常监督，严格按照简化后的程序办理，让群众在网上就能查询怎么办，办理结果实行免费邮寄，让群众办理最多跑一次。

优化行政审批事项，实现群众办事流程最优、环节最少、时限最短。按照实现"办事一次成"的要求，重新优化审批流程，其中压缩审批环节117个，涉及104项事项，精减材料101个，涉及76项事项；压缩审批时限，占法定审批时限的

48%。其中,企业开办时间由20个工作日压减为4.5个工作日;投资建设项目审批时限由65个工作日压减为20个工作日。

强化配套措施,为群众"办事一次成"提供服务保障。积极推行代办服务。政府通过购买服务的方式,招考劳务派遣人员18人,充实代办服务窗口。出台了《丰宁满族自治县行政审批局代办工作实施办法(试行)》,全面推行"自愿委托、代办服务"模式,重点项目实现全程免费代办、上门帮办。年内,为重点企业和群众代办事项298件次,节约成本20万元;实行证照免费邮寄送达服务。出台了《丰宁满族自治县行政审批局证照免费邮寄送达服务实施办法(试行)》,采取单一来源采购的形式,与县邮政部门签订邮寄送达协议,对法律法规允许的非涉密证照和文件资料,经申请人同意,采取邮政EMS的方式送达。自7月以来,共邮寄265件。

加强软硬件服务设施建设,改善为民服务环境。在政务大厅面积不足的条件下,保留人社、交警分中心作为补充,按照业务受理、自助服务、休息等候等要求,科学设置功能区,重新调整窗口布局,完善大厅功能。积极筹建2万平方米新政务服务大厅,项目已经开工建设。

【深入推进"互联网+政务服务"工作】 按照国务院、省、市总体安排部署,制定出台了《丰宁满族自治县"互联网+政务服务"实施方案》,编制完成政务服务事项目录清单和实施清单,统一规范事项基本要素,强化历史数据和电子证照信息入库,为下步推进"一网通办"奠定坚实基础。

完善应用一体化在线政务服务平台。做好政务服务事项清单录入与动态调整工作。2017年首批录入河北政务服务网事项481项,2018年,根据行政审批事项取消、调整、下放情况对事项清单进行动态调整为462项,确保权力同源、统一规范、完整准确。按照2018年底县级政务服务事项网上可办率不低于50%的目标要求,积极组织各部门调整事项办理深度级别,年底前,二星级行政权力办理事项占全部行政权力事项的90%以上。高度重视网民留言回复工作,明确专人负责,每天查看网民留言情况,有网民进行咨询、投诉、建议的及时协调相关部门按时做好回复。网民留言都得到了及时回复,留言按时办结率达到100%。

推进政务服务事项网上办理。自市行政审批系统开通以来,县行政审批局通过系统共受理事项1532项,办结事项1531项。同时完成了证照关联和要件带入功能设置,凡涉及办理结果为证照的事项,均已与证照进行了关联,凡是申请要件为身份证及营业执照等证照类型要件的,均设置了要件带入功能。11月,开通各职能部门行政审批系统,积极组织人员对2016年以来的历史数据和电子证照录入系统,解决历史信息复用问题。年底前历史数据入库16890件、电子证照入库22300件。

推动"互联网+政务服务"平台向基层延伸。9月,按照全省统一标准,编制丰宁乡镇(街道办)政务服务事项清单、实施清单和办事指南,收集乡镇(街道)简介、办公地址、特色照片、联系电话等信息,做好事项上传前期准备,为下一步平台向基层延伸打好基础。

【持续提升政务服务水平】 县行政审批局不断创新服务举措,努力提升服务经济、服务企业、服务基层、服务群众的能力。

实行并联审批。制定出台了《并联审批管理办法》,制作并联审批流程图,对于重点项目和民生工程,组织各进驻窗口实行审批手续一次性集中告知、集中施工图纸会审、集中勘察现场联合验收,最大限度地提高审批速度,杜绝不廉洁问题,年内,已组织并联审批56次,提高审批效率30%。

全面推行"多证合一"和"全程电子化办照"。在工商登记制度改革的基础上,整合公章备案、税务登记、社会保险等涉及市场准入的登记事项,实行"50证合一",大大缩短了企业办证时间;实行全程电子化办照,企业申请人只需在网上填写一套表格,通过网上受理、互联互通、信息共享,就可直接取得证照,有效降低了企业办照成本,激发了社会投资创业的活力。

创新服务方式。成立企业发展服务中心,与政务服务中心合署办公,负责协调解决企业项目审批、扶持政策、企业管理、投资融资及生产经营等方面遇到的各种实际问题。通过编制工作流程,整合企业信息,建立政企联动服务新机制,打造线上服务平台,为企业提供"一站式"优质服务。中心成立仅一个半月时间内,完成开发区50家企业基本信息的采集工作,中心受理企业诉求13件次(企业电话诉求9次,到窗口诉求4次),已协调解决10件,正在解决3件。实行微笑服务、预约服务、延时服务、上门服务、假日服务等多种服务方式,大厅共开展延时服务120件次,假日服务18件次,上门服务16件次。窗口工作人员牺牲许多节假日和休息时间加班加点为服务对象办件,默默工作,无私奉献,赢得了群众和企业普遍认可,共收到群众和企业赠送锦旗9面。

规范公共资源交易平台建设。

制定出台《公共资源交易管理办法(试行)》,按照交易项目"应进必进"的要求整合进场交易项目。年底前,工程建设项目、政府采购、土地使用权及矿产权交易、医疗设备采购、产权交易及国有投资项目、扶贫开发项目、公共事业项目,统一进入交易平台进行交易。交易平台率先实行交易受理、交易组织、交易见证、交易评审分段式管理,交易活动实行政策标准、信息发布、操作流程、收费标准、监督管理"五公开",使公共资源交易更加公开、公平、公正,切实从制度上、源头上遏制公共资源交易领域腐败行为发生。年内,丰宁公共资源交易平台建设在市考核中被评为优秀等级。

【提树窗口单位政务服务形象】
牢固树立"以民为本、以客为尊"的政务服务理念,强化窗口工作人员的管理,以提升政务服务窗口整体服务质量和服务水平。

强化制度建设。制定《中心工作人员服务规范》《中心窗口单位和工作人员考核管理办法》等26项规章制度,严格执行"十必须、十不准"(十必须:1.必须做到态度和蔼,热情亲切,语言文明,服务周到。2.必须做到"迎有问声,离有送声"。3.必须做到仪表端庄,穿戴整洁,正装上岗。4.必须做到按时上下班,有事提前请假。5.必须做到遵守规章制度,坚守工作岗位。6.必须做到清正廉洁,勤政敬业。7.必须做到按承诺时限办结审批事项。8.必须做到遵规守纪,照章办事。9.必须做到对服务对象实行首问负责、一次告知。10.必须做到虚心接受服务对象的评议、投诉、举报。十不准包括:1.不准刁难、冷落、训斥、歧视服务对象。2.不准对群众说"不清楚,问别人"。3.不准无故不受理符合条件的审批事项。4.不准超期办理承诺审批事项。5.不准故意延长叫号时间和擅自脱离工作岗位。6.不准接受服务对象的宴请和在工作日内中午饮酒。7.不准向服务对象索拿卡要和接受服务对象的礼金礼品。8.不准对服务对象的评议、投诉、举报实施打击报复。9.不准在工作岗位从事与工作无关的事情。10.不准擅自允许或带领非窗口人员进入窗口工作现场)。建立窗口工作日常监管档案和问题账单,对工作人员工作业绩、工作作风、廉洁自律等情况实施动态监管,并定期向所属单位进行通报。进一步健全中心责任监督管理体系,整合管理资源和落实责任制度,科学合理设置网格,全面推行党风廉政建设网格化管理"五式"运行管理体系,通过网格式定责、绩效式考责、轮回式查责、账单式记责、奖惩式论责,对平时检查考核的结果进行统计,提出奖惩措施,落实奖惩结果,努力做到管理无盲点、监督无遗漏、廉政有保障,服务上水平。

加强学习培训。结合"两学一做",采取集中学习与自学相结合的方式,强化中心警示教育和业务能力的学习培训。全年组织集中学习6次,重点学习党的十九大报告、习近平系列讲话和上级文件精神、相应的法律法规、工作人员行为规范和中心内部规章制度等,使其业务技能和法律意识进一步提升。同时,中心所有人员利用业余时间通过网络或书本抓好自学,建立了内部局域网,为中心与窗口、窗口之间搭建信息传递、相互沟通、互相学习交流平台。自学笔记每人每年达到1万字以上,不断提升人员素质。

培育中心文化。积极组织开展红旗窗口、优秀窗口工作人员评选活动,激发干部职工的工作热情;设立党员责任区、党员示范岗、学雷锋志愿服务站,不断发挥党员的示范带头作用;开设廉政讲堂,加强党性党风党纪教育,提高工作人员的廉政、勤政意识;健全落实综治领导责任制,深入开展平安单位创建活动,确保综治信访稳定;积极开展脱贫攻坚工作,为扶贫村脱贫工作投入资金和项目支持,多次组织包户责任人入户走访调查,及时解决贫困户的生产生活问题;加强领导班子思想意识形态建设,积极开展文明城创建活动,不断弘扬艰苦奋斗精神,培树团结向上、开拓进取的中心文化。

撰稿/逯国海

教 科 文 卫

【综述】 2018年,县委、县政府坚持政策优先支持教育、投入优先保障教育、资源优先满足教育的“三优先”发展战略。年内,四大班子领导与教育局干部分组深入基层学校,参加教师节庆祝活动,慰问教师,发放教育质量奖345万元。第26届中小学生田径运动会,四大班子领导出席开幕式。县人大、县政协关注教育、关心教育,深入基层研究教育、指导教育,精心谋划、全力推动。四大班子的务实举措,为教育发展创造了良好的政治环境。

科技地震工作,立项实施省级科技计划项目4项,争取资金200万元;培育高新技术企业2家、科技型中小企业26家、科技小巨人企业1家、农业科技小巨人企业1家、国家级星创天地1家、省级技术创新中心1家;精准帮扶科技型企业2家;组织开展科技活动周、科普活动日、防震减灾宣传日宣传活动各1次;抓好省级优秀农村专业技术协会、农村科普示范基地、科普示范社区创建工作,争取国家级科普惠农兴村计划项目1项。

年初,丰宁被文化部非遗司列为全国32个非遗保护传承观察点之一。7月,又被文化和旅游部、国务院扶贫和农业开发办确定为全国第一批“非遗+扶贫”重点支持地区(全国10个,河北唯一一个)。为确保此项工作能够顺利开展,丰宁以扶贫开发工作领导小组名义制定印发了《关于设立省级非遗扶贫工作站、非遗扶贫就业工坊的实施方案的通知》,进一步明确了各相关单位的工作职责,从制度上为“非遗+扶贫”试点工作提供了有力保障。以“振兴传统工艺 助力精准扶贫”为目标,以丰宁满族剪纸、滕氏布糊画为龙头,在龙腾艺术馆,土城镇张百万村、亳村沟门村,五道营乡五道营村初步建立了非遗扶贫就业工坊,举办培训50余期,鼓励100余名群众参与进来,其中贫困户参与率超过30%。

全县定点医疗机构全部实行贫困患者“先诊疗后付费”政策及出院“一站式”即时结算服务。为保障“先诊疗后付费”政策真正落到实处,采取加强队伍建设、系统建设,身份识别不清的患者均按照享受政策办理住院,以及定期入户核查、电话调查的“两加强、一应急、一考核”机制保障政策执行落地落实。2018年全县享受“先诊疗后付费”政策的贫困患者28301人。

《丰宁新闻》节目实现日播日新,且日播新闻全部自采,全年播发新闻稿件2000余条。精心组织策划,制定报道方案,严把新闻策划、采编和节目质量关,全方位跟进脱贫攻坚、重大工程建设、三农、医疗卫生、文化教育等方面内容,客观报道各项工作的新思想、新举措、新成果,引导全县广大党员干部群众进一步统一到县委、县政府的工作部署上来。突出栏目引领,先后策划开设《脱贫攻坚进行时》《文明在行动》《凡人俗事》《记者观察》等电视新闻专栏26个,扎实做好《学习贯彻十九大系列报道》《不忘初心、牢记使命》等重大主题宣传,成为常态化栏目。

2018年,档案局围绕县委、县政府的中心工作,本着“三个延伸、三个服务”(向民生档案、民企档案、新民居建设档案延伸,为民服务、为领导决策服务、为经济建设服务)的原则,强化“为党管档,为国守史,为民服务”的宗旨意识,抓好档案业务建设、档案资源建设、档案数字化建设、档案法制建设,抓好档案开放利用、指导全县档案指导升级等各项工作,顺利完成年初预定目标任务。史志编研工作完成了2018年度《丰宁满族自治县年鉴》(2017年内容)编写工作,完成了《河北地方志》丰宁篇的编写任务,丰宁方志的年鉴成果在全国地方志会议(保定)专项平台展出,受到高度评价。

教育体育

【教育机构现状】 2018年,丰宁教育系统有教职工5718人(其中:在职教师3727人、离退休1410人、特岗教师581人),其他教育辅助岗位506人。全县现有各级各类学校317所(其中:普通高中2所、职业学校1所、初中学校13所、直属小学8所、农村完全小学48所、教学点164个、县城公办幼儿园3所、公建民营幼儿园1所,农村中心幼儿园26所、民办幼儿园46所、特教学校1所、九年一贯制民办学校1所、卫生学校1所、进修学校1所、校外教育机构1处),全县农村设26个中心校,13个督学责任区,合计在园在校学生62889人(其中:小学29828人,初中13151人,高中和职校8604人,在园幼儿11306人)。丰宁教育全面贯彻党的教育方针,以办人民满意的教育为宗旨,以促进学生核心素养发展为目标,以

"立德树人"为根本任务,牢牢把握"教育提质"这一核心,努力做好"管理提升、内涵提质、质量提高"中心工作,统筹设计、务实推进,全县干部教师斗志昂扬,拼搏努力,教育教学质量迈上新台阶,教育各项工作取得新成绩,教育事业有了新发展。

【教育发展政治环境不断优化】 县委、县政府坚持政策优先支持教育、投入优先保障教育、资源优先满足教育的"三优先"发展战略。年内县四大班子领导与教育局干部分组深入基层学校,参加教师节庆祝活动,慰问教师,发放教育质量奖345万元。第26届中小学生田径运动会,四大班子领导出席开幕式。县人大、县政协关注教育、关心教育,深入基层研究教育、指导教育,精心谋划、全力推动。四大班子的务实举措,为教育发展创造了良好的政治环境。

【城乡教育优质均衡发展水平明显提升】 全年义务教育保障经费3938万元(其中:中央2362万元,省级1170万元,县级配套406万元)全部落实到位。全力建设好教育工程项目。年内,教育工程项目投资近1.6亿元。所有工程项目如期推进:县城教育优质资源得到不断优化和极大扩充。第七小学及幼儿园投资6500万元,年内建成,2019年投入使用;丰宁四中投入3000万元,已完成维修改造,暑期开始招生,有效缓解了县城初中"大班额""入学难"问题;职教中心"十三五"产教融合综合楼投资2600万元,已完成主体建设,农民工培训浴室投资100万元,已开始建设;丰宁一中二期工程完成设计,第八小学、朝阳民办学校已完成选址和规划;谋划建设第五中学。

农村办学条件极大改善。新建教师周转宿舍5处;维修校舍及卫浴设备、改造运动场等项目45处;改造大滩等8所幼儿园户外活动场地,为11所深度贫困村幼儿园配备桌椅、一体机等保育保教设施,完成了"双基提升"工程教育所承担的任务;为10所学校配备课桌椅2230套、学生用床690套,床垫900张,食堂设备采购投入86.9万元。石人沟的葡萄园、凤山的植物园、杨木栅子的果蔬园等5个校点的校园经济建设工作成绩突出。

学校信息化水平进一步提升。投资649万完成丰宁四中信息化智慧校园建设;投资90万用于标准化考点建设;投资28.8万元建成OA办公系统;利用"授渔计划"资金490万元,建成"双师课堂"20个;继续推进"三通两平台一覆盖"建设;外联投资35万元用于"中华微课堂",投入114万元进行"1+N教学"建设。用教育信息化带动实现教育现代化。

【干部教师队伍能力显著提高】 师德师风有了明显转变。出台并下发了《师德师风建设考核方案及考评意见》,把师德师风列入年终考核。健全师德师风评价机制,落实绩效考核评价办法。加强教育宣传,树立正面典型,激发正能量,师德师风和教育行风有了明显转变。

师资补充和流动机制更加完善。新招特岗教师220人,到期特岗教师通过考核全部纳入编制。依据考核评价结果提拔任用干部。今年调整校级干部45人次,学校中层干部27人次,让一大批思想进步、年轻有为、敢于担当的干部走上学校领导岗位。

教师培训成效显著。全面实施"国培计划"和"省培计划"等教师培训工作,提升教师素质。全年各级各类培训达8777人次。丰宁被评为全省国培项目优秀县,并在会上做经验交流。

教育宣传工作成绩优异。教育宣传中心加大教育宣传力度,全年发表县级信息963条,市级信息87条,省级以上信息85条。宣传教育发展成果,推选教师正面典型,树立良好教育风气。选营中学的赵华军校长被评为省乡村优秀教育工作者;大滩中学的王蕊、南关中学的杨亚丽老师被评为省乡村优秀教师;杨木栅子中心校的成军平、草原中心校的李振佳、窄岭中学的张松波等一线教师,扎根山村,默默奉献,感人事迹在各类媒体报道。

全额落实农村教师生活补助、乡镇工作补助,激发了教师积极性。为在农村工作30年、20年、10年的教师颁发荣誉证书,激发教师扎根农村工作热情。

【小学教育努力创建全县无辍学校】 探索语文单元整体阅读课堂改革,4月甘肃陇南来丰学习,5月参加北京研讨活动,6月全国年会171项展览作品获奖;连续3年承办承德市中小学教育改革与发展现场会;全年参加市级各项评优82人次,2人获省级一等奖,2人获国家级一等奖;全国青少年创客大赛10个代表队全部获奖,其中7个一等奖,县教育局获优秀组织奖。年内,全县教学成绩积分82.08,比预定目标高出3.5个百分点。

【初中阶段重视教学管理】 强化过程管理,变一次考为多次考;深化课堂改革,关注知识结构和学习能力建设。年内中考全市八县第四名,500分以上263人,较去年增加81人;优生510人,较去年增加97人;及格生2263人,较去年增加178人;得分率超越平泉市,实现了教育提质工程的预定目标。

【高中阶段对标升学率】 强化教学管理,细化高考备考。成立了新高考改革领导小组,制定教师队伍建设规划,先后派出10余人到上海等地考察学习,组织教师进行新高考改革培训。丰宁一中被河北大学认定为优秀生源地,被省政府评为河北省文明校园。高考一本上线382人,上线率30.2%,较去年净增61人;本科上线1113人,上线率88.1%,较去年净增90人,实现了“双增长”;实验中学本科上线129人。

【职业教育坚持升学、就业、农民工培训并重】 县职教中心被确定为“国家中等职业教育改革发展示范学校”,被评为省名牌中职学校和省德育工作先进集体,评选为省教学诊断与改进试点校和省职业教科所实验基地;与北京合作,建成汽修实训基地。农民技能培训经验在全省推广,在全国职教会议上作典型发言。全年农民工技能培训1962人,新型职业农民培养1172人,参训者人均年收入显著提高。

特殊教育启动了二期提升计划,出台了《关于加强特殊教育的指导意见》,特教中心与各乡镇中心校联合行动,采取特教入学、送教上门、随班就读三种方式,最大限度保障适龄残疾儿童少年入学,年内残儿入学率达到98%。

校外教育活动丰富多彩。青少年活动中心设有六大类40余个培训项目,年培训学员8000人次;承办了河北省家庭教育系列丛书巡展活动;承办了河北省茶艺比赛和承德市校外教育现场推进会;与丰宁电视台联合举办汉字听写大赛,丰宁三中、实验小学作为代表参加市级比赛;组织7000多名学生开展研学旅行活动,青少年活动中心被评选为“全国中小学生研学实践教育基地”。

学校艺体教育蓬勃开展。参加了市艺术展演活动;开展了校园文化艺术节;成功举办了教育系统彩色周末;举办了书画、舞蹈、声乐、器乐等单项竞赛活动,13名教师获市级奖励;3名教师获市级音美素质大赛一等奖。全县各校创新开展大课间活动、全县中小学生田径运动会规模空前,方队与团体操异彩纷呈。与课程同步的科技节、中小学篮球、足球、乒乓球等竞赛活动丰富展开,课程文化成为学校一道靓丽的风景。校园足球运动在全县铺开,“校园足球夏令营”活动有声有色,中小学足球队在全市比赛均取得优异成绩;11月份,2名小学生被北京高鑫足球青训基地选拔到基地学习。

【教育扶贫工作顺利通过省考】 对照省厅部署的“43102”工作格局中涉及教育的扶贫任务,全面部署、扎实推进,圆满完成任务。在省考中,全市教育扶贫零问题,丰宁教育扶贫反馈零问题。

制定了教育扶贫工作实施方案,成立了教育扶贫办公室,全面推动教育扶贫工作。成立了教育扶贫工作领导小组和工作监督问责小组,设立了5个工作推进组织,即统筹协调组、控辍保学组、学生资助组、资金项目组和教师队伍建设组,保证教育扶贫工作有领导、有分工、有统筹、有监管。成立了局长包片、股长包乡的包保组织。一把手全面部署安排调度教育扶贫工作;副局长分包东西南北中五个片区,对教育扶贫工作进行督导、指挥、研究、部署,完成扶贫迎检考核任务;包乡股长进村入户,与校长一起落实教育扶贫各项工作,确保教育扶贫“两个聚焦”不出纰漏。控辍保学,完善控辍保学工作机制,实现义务教育阶段无辍学学生,孩子完成义务教育一个不能少;学生资助,完善贫困学生精准资助体系,确保建档立卡学生资助全覆盖,应助尽助,一个不能丢,确保完成“零辍学”和“零漏助”的艰巨任务。

教育扶贫任务圆满完成。全年基础教育工作财政投入7.1亿元,人均1752元,高于全省平均水平;城市教育费附加,完成30%用于职业教育的指标;45个农村薄改项目全面完成,资金使用率达到100%;义务教育巩固率达到99.52%;全面落实学生资助政策,学前资助学生1017人,义务教育阶段全部落实,“两免一补”享受寄宿补助5049人,高中阶段“三免一助”2154人,实现建档立卡全覆盖,做到应免尽免、应助尽助,无错免错助;享受泛海助学等大学新生入学资助学生483人,受助金额282.35万元;为1039名贫困学生签订助学贷829万元;丰宁学生资助和生源地助学贷款工作经验全省推广,国开行将丰宁学生资助中心作为“青年岗位实践基地”,是河北省唯一一处。

教育局选派18名干部驻村帮扶10个贫困村;派出12名干部帮带4个非贫困村;安排362名干部结对帮扶1763户贫困户,圆满完成驻村帮扶和结对帮扶各项任务。

【教育系统安全稳定局面不断巩固】 领导重视、责任到人。局领导班子每季度都召开专题会议,安排部署教育安全工作。年初,局长与各位分管副局长、股长、校长签订“一岗双责”责任书、各位校长与学校教职员工签订39个岗位安全责任书。

安全常规工作常抓不懈,做到“五到位、一留痕”(即安排到位、教育到位、制度到位、排查到位、责任到位、过程留痕）。安全重点工作突出做好“一育三安五防”（即安全教育；设施安全、交通安全、饮食安全；防火灾、防溺水、防踩踏、防欺凌、防侵害）。贯彻落实“一岗双责”安全管理制度，让学校安全工作职责明确，人人有责、人人负责。制定学校安全工作实施方案；开展安全专项治理工作；坚持上好安全教育课，各学校聘用法制副校长，开展法制讲座，开展安全教育活动，使学生受益终生；校车平安运行。

【各项教育全面发展】 学前教育。三年毛入园率达到88.9%，完成了第二个学前教育三年行动计划，创建省级示范园5所，市级示范园6所，保育保教水平稳步提升；多种模式优势互补，办园经验全市交流；县城三所公办幼儿园，办园理念鲜明、育人模式新颖，园所发展各具特色；农村中心幼儿园管理规范，幼儿教学点有了一定提升；公建民营的英才丰宁第四幼儿园运营良好，赢得了市民的好评。

义务教育。小学连续3年承办全市内涵发展现场会，教学成绩比预定目标高出3.5个百分点。直属小学办学理念清晰，逐步达到文化管理层次，育人质量处于引领地位；黑山嘴、胡麻营、土城等中心校教学质量提升很快；大滩、平安堡中心小学管理精细，质量稳定；外沟门督学责任区“五联督导”形成经验。初中教学质量稳步提升，从八县第七名提升并稳定在第四名；强化过程管理，变一次考为多次考；深化课堂改革，关注知识结构和学习能力建设。

高中教育。本年，丰宁一中实现了一本和本科上线“双增长”，对标升学率、强化管理、细化备考，高考一本上线382人，净增61人；本科上线1113人，净增90人，被定为“河北大学优秀生源地”。实验中学强化管理，创新培养模式，本科上线129人。

职业教育。坚持升学、就业和农民工培训并重。与北京合作，建成汽修实训基地，农民工培训经验全省推广，成为国家级示范校、省级名牌校。继孙海宁之后，王淑燕又被评为2018年度全国最美中职生。

特殊教育。积极开展工作，通过特教入学、送教上门、随班就读三种方式，确保残障儿童入学率达到98%。

思政体卫艺教学。开展了大课间、艺术节、足球夏令营等艺体竞赛活动。丰宁四小2名学生签约北京高鑫足球青训基地。全国创客大赛丰宁10个代表队全部获奖，其中7个一等奖。逐步强化劳动和实践育人，开展综合实践课程。石人沟的葡萄园、凤山的植物园、杨木栅子的果蔬园、鱼儿山惠兰小学的养殖园等学校劳动实践基地充分发挥了育人功能；石人沟小学被评为“市优秀园林单位”和“市劳动实践示范基地”。青少年活动中心开设了六大类40多个项目，年培训学员8000多人次；承办了全省家庭教育丛书巡展和茶艺比赛活动，承办了全市校外教育现场推进会；举办了汉字听写大赛，开展了7000多人次的研学旅行活动，被确定为“全国中小学生研学实践教育基地”。

【各级教育党组织领导能力不断增强】 组织建设更健全。经组织部批准，成立了教育系统党委，召开了全县教育系统第一届党员代表大会，选举产生了第一届党委领导组织和纪委组织，各支部顺利完成换届选举，党的组织建设更加健全。全年召开民主生活会2次，组织理论中心组学习12次，党员政治意识、责任意识有了明显提升，各级党组织的领导合力得到不断加强。年内度发展入党积极分子19人、发展对象27人、预备党员27人，预备党员转正23人。郑海宏老师荣获第五届“希望工程烛光奖”。

纪律保障更得力。积极开展党风政风“清洁行动”和“微腐败”专项治理工作，净化党风、政风和行风。在四项整改“回头看”中，共查出4大类599个问题，“扶贫领域”自查自纠6大项116个问题，以上问题全部完成整改。全年受理群众来电来访举报23件次，受理中央、省、市、县交办群众举报、投诉案件22件，全部得到妥善处理。诫勉谈话13人，行政纪律处分2人，解除纪律处分3人。

坚持党建带团建。出台了《丰宁满族自治县中学共青团改革方案》《丰宁满族自治县少先队改革方案》，召开系统团代会和少代会，推进了团队建设。职教中心团支部被授予“全国五四红旗团支部”称号；丰宁二小冯敬琦同学被评为“全国优秀少先队员”，承德市唯一一人。积极做好关爱留守儿童工作。联系团县委建成亲情小屋5处，“快乐阅读”图书角300个，发放捐助衣物累计400多箱，争取社会爱心捐助累计100多万元，全部用于帮扶农村留守儿童和贫困儿童。

教育工会活动广泛开展。全县所有农村学校建成了教工之家，为9所农村学校装配了健身房，组织开展了教工朗诵比赛、乒乓球赛、趣味运动会等活动，丰富了教职工业余生活。

撰稿/任超、韩伟

科学技术

【实施科技项目】 2018年，全县立项实施省级科技计划项目4项，争取资金200万元；培育高新技术企业2家、科技型中小企业26家、科技小巨人企业1家、农业科技小巨人企业1家、国家级星创天地1家、省级技术创新中心1家；精准帮扶科技型企业2家；组织开展科技活动周、科普活动日、防震减灾宣传日宣传活动各1次；抓好省级优秀农村专业技术协会、农村科普示范基地、科普示范社区创建工作，争取国家级科普惠农兴村计划项目1项。

【国家农业科技园区管理工作】 “河北丰宁国家农业科技园区”核心区控制性详规通过公开招投标由北京市农林科学院编制，重点规划农业科技实验展示区，按照“院校基地、科技小镇、专家驿站、农业硅谷”来定位，规划面积近3500亩，是承接京津院校技术承载地，院校科技实验成果转化地，全县农业技术源泉地，是集科研实验、试验示范、成果转化、科普教育、休闲娱乐、农事体验、农业环保于一体的一、二、三产融合循环可持续高端农业园，达到引领丰宁农业产业，辐射周边县（区）的作用。实施环首都现代农业科技示范带农业科技成果转化项目2个，争取资金80万元。

【科技项目管理工作】 组织实施省级科技计划项目5项：

功能性杏仁乳开发与产业化示范项目，由水星乳品有限责任公司承担，与中国农业大学食品科学与营养工程学院合作，项目的主要研究方向是杏仁功能成分分析与提取、杏仁成分功能性评价和功能性杏仁乳配方设计及产品开发，该项目也通过了验收。

丰宁平安高科实业有限公司菊苣产业创新团队，是由平安高科实业有限公司承担的创新创业人才团队建设专项项目，团队将完成技术研发、成果转化、人才培养、平台建设任务。

食用菌产业科技协同创新创业平台建设，由承德市御今农业发展集团有限公司承担，此项目与北京市农林科学院植物保护环境保护研究所合作，针对丰宁食用菌产业存在的问题共同合作搭建食用菌产业科技协同创新创业平台，开展食用菌菌种的良种繁育技术研究、引进食用菌优良珍稀品种。提升丰宁地区食用菌产业的栽培技术水平，增加当地农民收入引领河北乃至全国食用菌产业的发展。

高寒地区设施茄果类蔬菜安全生产技术与优质新品种引种示范项目，由承德丰大农业发展有限公司承担，本项目和中国农业大学合作，针对现有设施蔬菜生产质量安全难以保证、产品品质不明显等突出问题开展的技术研发和示范工作。

冷凉山区春夏蔬菜高效生产技术示范与加工出口蔬菜基地建设，是由承德青绿园食品有限公司承担的现场办公项目，通过项目实施，蔬菜产品全部达到无公害食品标准，部分产品还要达到绿色、有机标准，合理利用自然资源，节约宝贵的水资源，不断恢复和提高土壤肥力，建立良好的农业生态系统，空气、植被、土壤等生态环境得到有效保护，充分利用本地资源和农村闲散劳动力，增加蔬菜产品的花色品种，满足人民群众对品种多样、优质、营养、无污染的农产品的需求。

【申报实施承德市科学技术项目】 2018年内共申报2项市科技项目：丰宁满族自治县交通运输局承担的“隧道钻爆法施工粉尘控制技术研究”项目；由丰宁满族自治县众鑫农业有限公司承担的“厅市会商专项——丰宁县众鑫食用菌产业科技示范”项目。

【创新型企业培育工作】 强化企业创新主体地位，继续开展科技型中小企业和高新技术企业培育认定工作。年内，完成26家科技型中小企业的申报认定工作，为确保全年目标任务的完成，把此项工作列入全县乡镇目标考核之中，将任务分解到各乡镇。实施新一轮科技型中小企业成长计划，按照分类分级帮扶原则，在全县科技型中小企业中，遴选成长性好、科技含量高、发展潜力大的2家企业（御今集团、荣达农业）进行重点帮扶，通过精准重点帮扶，使其做强、做大、做优，推动其成长为高新技术企业。通过加强科技创新服务体系建设，引入专业科技服务机构专业服务人员开展全方位服务，全年完成2家高企认定和1家高企复审工作，年内全县高新技术企业4家，科技小巨人企业4家，农业科技小巨人9家，科技型中小企业104，省级星创天地5家，国家级星创天地1家。

邀请国家省市知识产权行业专家4人来丰宁授课。全县70余家科技型中小企业、26个乡镇分管科技的负责人及专利技术持有人近100人参加培训。走访相关企业，落实省市县专利补助政策，协助企业申报自主知识产权专利产品，全年新增发明专利3项，有效发明专利总数共计26件，万人发明专利拥有量0.63件。引导企业与北京科研单位和高校科技合作。同时落实省市县科技政策兑现奖励，对2017年符合科技创新政策奖励项目经过公开征集按程序评审，6个单位的4类23个项目获奖，已建议县政府从科学技术经费中列支140.9075万元资金兑现奖金。

【科技扶贫工作】 制定落实科技扶贫政策，引领科技资源服务脱贫攻坚。制定了《丰宁满族自治县推行科技特派员制度促进农村创新创业实施办法(试行)》《丰宁满族自治县农业科技精准扶贫三年行动实施方案(2018－2020年)》"和《丰宁满族自治县科技特派员派出方案》,成立了以梁军局长任组长的科技扶贫工作协调领导小组,指导部门、企业科技扶贫工作实施,解决科技扶贫工作中重大事项,建立了部门联动推进科技扶贫的工作协商机制。

组建科技扶贫专家团队,带动发展富民产业。坚持科技扶贫精准施策,瞄准171个贫困村需求,立足丰宁坝上、接坝、坝下的海拔落差大、气候多样性、产业多而散的实际情况,积极与北京市科委、北京市科协对接,在北京的支持下,在不同产业分别建设了高级别专家工作团,到年底共组建科技专家扶贫团队12个,专家团通过现场指导、集中授课、沙龙论坛、微信平台等形式支撑丰宁产业发展、技术提升、品种引进、创业辅导,助推脱贫攻坚。

搭建科技扶贫创业载体,提升科技支撑产业发展能力。围绕培育县域农业主导产业和优势特色产业,加强农业科技园区、星创天地、科技示范基地建设,年内,全县共有省级以上农业科技园区2个、国家级星创天地1家、省级星创天地5家、市级优秀农村科普示范基地6家。

加强科技技能培训,提高贫困人口科学文化素质。2018年,全县共选派25名农业科技特派员到17个重点乡镇的27个深度贫困村开展科技服务工作,健全了县乡村农技推广体系,解决了农技推广最后一公里问题,这些科技特派员从农牧局、林业局等事业单位和农业龙头企业选派,实现了科技特派员深度贫困村全覆盖。累计引进转化专利技术成果10项、农作物新品种31个、标准化集成技术成果8项,开展农业科技服务、科技技能培训90场次,接受科技服务、科技技能培训人口达到4756人次,发放《农民科学素质手册》《现代养猪技术》《蔬菜育苗技术》《奶牛养殖技术》等科普资料21686套,实现了171个贫困村贫困户全覆盖,受益人口达4万余人。

派驻干部驻村帮扶,助力全县精准扶贫脱贫攻坚。派出副局长张晓东到胡麻营镇塔沟村配合县检察院组成驻村帮扶工作组。工作组制定了《塔沟村脱贫致富规划》,为塔沟村谋划实施了300亩设施硬果西红柿项目、生态林果项目。局机关定期研究各项帮扶工作,机关干部与尚未脱贫贫困户建立了一帮五联系帮扶机制,帮扶责任人每两个月进行一次入户走访,并为他们送去慰问品、改善住房条件。2017－2018年,科技局帮助引进各项资金项目300万元用于先后帮扶的古房村和塔沟村,2018年投资7万元为塔沟村购置了会议桌椅1套、建设科普橱窗4个、修缮房屋2处等实事。

【防震减灾工作】 认真学习宣传、贯彻落实防震减灾法律法规,严格依法行政。在"5·12"主题日期间,开展防震减灾宣传活动。共计发放宣传品1000余份,现场解答服务群众100余人次。落实"双随机一公开"监督检查要求,开展执法检查1次,共抽查企业3家,并将执法结果进行了公示。对3个强震观测点进行了维护检查,保证了设备的正常运行。

【院士工作站建设】 聘请中国农业大学张福锁院士、李德发院士和沈阳农业大学李天来院士分别在承德首正生物科技有限公司、承德九运农牧有限公司、承德丰大农业发展有限公司建立了植物营养、动物营养和蔬菜种植方面的3个院士工作站,而且同时获得省委组织部、省科技厅和省科协联合批准,丰宁院士工作站建设工作取得突破性进展。

【协同创新工作】 年内,引进林果、蔬菜、奶牛、食用菌、中药材、杂粮、肉羊7个北京专家科技特派员团队,引进专家31人,建立9个企业工作站;挂牌成立京冀畜牧兽医院士专家服务中心,引进院士专家15位;引进中国制冷学会北京制冷学会专家15人,支撑了丰宁农产品冷链储藏运输技术。年内,共引进院士专家80余名,支撑全县农业主导产业和特色产业发展。

【科技政策体系制定与完善】 年内,制定出台了《丰宁满族自治县科技创新三年行动计划工作方案(2018－2020)》《关于加快推进科技创新的若干措施》《丰宁满族自治县推行科技特派员制度促进农村创新创业实施办法(试行)》《丰宁满族自治县科技特派员考核管理办法(试行)》《丰宁满族自治县农业科技精准扶贫三年行动实施方案(2018－2020年)》等科技政策,这样完备的科技政策体系在全省各县尚属首创。

【党建、党风廉政建设、依法行政工作】 将思想政治工作与业务工作紧密结合,贯穿到了科技工作的各个方面,根据全年工作任务,进一步明确了班子成员的分工,量化了目标责任。按照县委部署,深入推进"两学一做"学习教育常态化制度化,认真开展"不忘初心、牢记使命"主题教育活动。坚持"两个维护"、树立"四个意识"和"四个自信",坚持不懈的加强政治建设、思想建设、队伍建设和作风建设。坚持党建工作和中心工作一起谋划、一起部署、一起抓落实。在思想、政治、行动上与党中央保持高度一致。

坚持读原著、学原文、悟原理、掌握基本精神、基本内容、基本要求、做到学而信、学而思、学而行。深入学习贯彻习近平总书记系列重要讲话精神，学习宣传贯彻党的十九大、十九届一中、二中、三中全会精神和习近平新时代中国特色社会主义思想，通过观看"榜样3"等录像、学习报告、听专家解读、支部书记讲党课、召开专题组织生活会等形式，努力掌握习近平新时代中国特色社会主义思想精髓、核心要义。

落实党风廉政建设责任制，贯彻落实《廉政准则》，强化"网格化"管理。认真贯彻落实党风廉政建设主体责任和监督责任，建立责任分解机制。年初将党风廉政建设责任任务层层分解，逐级签订责任书，明确责任任务，并结合本局工作实际，形成有效的工作落实机制，每位班子成员建立"网格化"管理工作档案，督促班子成员落实"一岗双责"，履行党风廉政责任，认真完成季度任务清单的工作任务，严格财务手续，严格执行财务制度和财经纪律，确保"网格化"管理落到实处。深入开展"四项工作"整改"回头看"工作，推进中央、省、市巡视巡查专项行动，建立长效制度机制。开展纠"四风"和作风纪律专项整治活动和懒政怠政不作为不在状态活动，按时上报每月自纠自查台账及工作进展情况，做到一人一事一档。

撰稿/杜明芝

气象观测

【气候概况】 2018年平均气温7.4℃，与历年平均气温(7.2℃)偏高0.2℃，年最高气温36.8℃，出现在6月5日，最低气温-24.8℃，出现在1月26日；年降水398.7毫米，比历年平均值(446.5毫米)偏少11%。年度气温正常，降水正常。2月显著偏低，10、12月偏低，7月偏高，8与显著偏高，3月异常偏高，其余月份气温属于正常范围；2017年12月、2018年2月、3月、12月异常偏少，5月、8月、10月显著偏少，1月、9月偏少，4月、7月、11月偏多，6月降水接近常年。

【业务工作】 强化信息网络建设和日常维护，保障设备安全稳定运行，网络安全水平和数据传输效率不断提升。地面、农气观测错情0.0‰，各种报表出门合格，酸雨考核评为优秀。完成光电式数字日照计设备安装和软件升级，所有站点均在动态管理系统中登记，新建一套自动站备份设备，观测标准化得到进一步提升。加强业务人员培训，有2人参加省局综合业务职业技能竞赛，申报优秀集体和优秀个人3个，检查组验收完成。地面观测业务有序开展。

在全市率先完成14个骨干站的升级改造工作，全县26个乡镇全部实现多要素监测。年内全县共有区域自动气象站72个，其中17个两要素、19个暴雨站、27个六要素，9个四要素。进一步推进了气象现代化建设。

【气象服务工作】 气象局始终把气象为当地经济建设和为农服务放在首位，做好为县委、县政府及相关部门的决策服务。按照"以人为本、无微不至、无所不在"的服务理念，制定了各项防御、应急预案，通过广播电视、短信平台、互联网、大喇叭、电子显示屏、微博、微信等发布《重要气象专报》《专题气象报告》《气象灾害预警信号》《降水信息》等气象信息，努力为当地经济社会发展提供优质的气象服务。2018年，气象局共发布《气象灾害预警信号》169次，各类预报、预警、雨情短信149条，制作《防火气象报告》33期、《重要气象报告》10期、《专题气象报告》22期、《气象信息周报》53期、《雨情信息》29期、《气候预测》12期、《农业气象专题分析》7期，《黄旗贡米气象服务专报》6期、《马铃薯气象服务专报》3期、《坝上及周边主要景点旅游适宜度预报》3期。

【防灾减灾】 入汛前气象局与防汛办共同开展汛期气象灾害防御工作专项检查；开展气象灾害防御基础普查、城市内涝损失调查、林业气象灾害风险调查等。强化防雷监管职能，对全县石油、化工、易燃易爆场所、贮存场所及学校等人口密集的公共场所进行年度检测，对不合格的防雷设施责令整改。协同安监、旅游等部门一同开展安全生产大检查，确保防雷装置安全管理。

严格落实省市关于防雷体制改革任务。加强各部门间协调互动，完善政务事项服务清单，施行网上公示。按照"双随机"实施方案开展工作，通过市政府抽查小组的验收。气象灾害防御工作有序开展，积极推进气象信息员队伍融入建设，及时更新了各村最新选举出的村书记、村主任名单。开展了气象灾害预警信息服务对象收集备案工作，并组织全县气象信息员培训，通过培训进一步明确了信息员的权利和义务，提高了业务水平和责任意识。

积极组织、参加了"世界气象日""雷锋日""平安建设""安全生产月"等系列科普宣传活动。

【人工影响天气工作】 丰宁是十年九旱之地，气象局抓住有利降水时机,进行火箭人工增雨,年内共增雨30点次,发射火箭弹153枚。为春季防火、春播生产和增加地下水资源打下了良好的基础。

【做好旅发大会服务准备工作】 为提高气象灾害防范、处置能力,保障气象灾害应急工作高效、有序进行,确保大会如期圆满召开,联合市气象局制定了《"第三届河北省旅游产业发展大会"气象服务工作应急预案》及《第三届河北省旅游产业发展大会气象保障服务方案》。

【扶贫工作】 2018年气象局帮扶王营乡门营村,帮带西官营乡鹰首屯村。驻村工作组扎实做好贫困户识别工作,宣传精准扶贫、精准脱贫相关政策,将"一宣五帮"职责牢记心中并切实做到了每月最少入户一次宣传党的方针政策、询问贫困户待解决问题。在六一儿童节来临之际,来到门营小学看望慰问师生,向师生们致以节日的问候和祝福并分发了学习用品。

单位领导到门营村指导调研工作13次,鹰首屯村3次,结队帮扶人入户走访10次,将结对帮扶连心卡、致贫困户的一封信、扶贫相关政策明白手册等发放到贫困户手中,重点告知每户医疗、低保、农业、教育养老等享受到的扶贫政策,了解收入情况,整理政策包,为其打扫卫生、帮助秋收及清理小黑屋,改善贫困户住房条件。节假日挨家挨户送去米、面、油等慰问品。督导鹰首屯村的建档立卡档案完善任务,协助治理小黑屋。

拨付帮扶资金5万元用于门营村小黑屋治理,建设窑沟自然村护村坝300米。工作组向交通局申请150米村部边沟盖板工作已竣工验收。向水务局申请到蛤蟆沟自然村自来水改造工程已竣工验收。

【党风廉政建设工作】 气象局成立了专项整改领导小组,制定了《丰宁满族自治县气象局"一问责八清理"专项行动整改"回头看"实施方案》。对中央巡视和省委巡视、市委巡察反馈问题及"一问责八清理"专项行动、基层"微腐败"专项整治、扶贫领域腐败和作风问题专项治理发现问题的整改情况进行全面检查,着力解决问题处置不到位、整改落实不到位、追责问责不到位、构建长效机制不到位等问题。大力开展创建精神文明建设先进单位活动,制定了精神文明建设规划,继续保持承德市级精神文明建设先进单位荣誉称号

撰稿/赵娟、周黎明

地震监测

【机构人员】 丰宁地震台是河北省地震局直属台站,属于承德中心台直接管辖的区域台,实行台长负责制。现有职工9人,在岗职工7人,退休2人,在职职工中高级工程师1人,工程师3人,技师1人,助工1人,新入职1名。在河北省地震局各下属台站中属于人员结构相对年轻,业务素质相对较高的台站,能够胜任各种仪器的标定、调试、修理等各项工作。

丰宁地震台负责监测本地区和相邻地区地震活动情况,为地震监测和地震预报部门提供第一手的观测资料。为防震减灾三大工作体系服务,当好地方政府经济建设和地方生命线工程建设的好参谋,是地震台的工作职责和任务。

【现有手段和观测环境保护】 地震台现有观测手段为:甚宽频带地震观测仪一台套、地磁绝对观测FHD－2B型质子磁力仪1套、CNEM08－I型电扰动观测仪1套,数字化石英摆倾斜仪1套、VP型宽频带倾斜仪1套,三门学科5台套仪器。位于达二营的丰宁地震台电磁观测站有中国地震局地质研究所极低频实验仪器两套。

观测环境的好坏将直接影响观测数据的可靠度,近而影响地震预报的准确度和政府的决策。在观测仪器周围不允许有铁磁性物质和高大的建筑物和震动源。地震台根据《中华人民共和国防震减灾法》《地震监测设施和地震观测环境保护条例》的具体要求,宣传保护地震观测环境的重要意义,通过视频实时监控系统对台站进行监控,有效的保护了地震观测环境,提高了地震监测资料质量。

【监测工作】 以严谨的科学态度认真完成地震监测工作,年初在学习执行中心台规章制度的基础上,结合本台站的特点制定了丰宁地震台值班制度和资料奖惩制度。在日常工作中,全台人员认真学习业务知识,遵守各种制度,圆满地完成了这一年的工作任务。水平摆数据全年完整率达98.50%,垂直摆数据全年完整率达99.90%。FHD数据全年完整率达99.78%。落实了修订后的《中华人民共和国防震减灾法》的实施,协助地方政府做好防震减灾工作。制定丰宁地震台地震应急预案。协助地方政府完成基础建设项目、生命线工作的防震咨询工作。完成主管部门和地方政府交给的其他任务。

【科研及奖励】 丰宁台的工作人员经过一年的努力工作,取得了以下成绩:2018年度形变水平摆资料获省局优秀;2018年度电扰动资料获省局优秀;2018年度形变垂直摆资料获省局优秀;2018年度FHD地磁资料获省局优秀;2018年度考核

孙贵成同志获省局优秀;2018年度极低频获省局第一名;鞠永《中国大陆地区强震活动特征统计》一文在《地震地磁观测与研究》2017年第3期发表;丁成《FHD质子磁力仪月报快速生成软件》一文在《地震地磁观测与研究》2017年第4期发表;2018年丰宁台职工获批河北省地震局地震科技星火项目2项,其中青年项目1项,面上项目1项。

撰稿/孙贵成

文化体育

【努力开辟"非遗+扶贫"试点工作新路径】 2018年初,丰宁被文化部非遗司列为全国32个非遗保护传承观察点之一。7月,又被文化和旅游部、国务院扶贫和农业开发办确定为全国第一批"非遗+扶贫"重点支持地区(全国10个,河北唯一一个)。为确保此项工作能够顺利开展,丰宁以扶贫开发工作领导小组名义制定印发了《关于设立省级非遗扶贫工作站、非遗扶贫就业工坊的实施方案的通知》,进一步明确了各相关单位的工作职责,从制度上为"非遗+扶贫"试点工作提供了有力保障。以"振兴传统工艺,助力精准扶贫"为目标,以丰宁满族剪纸、滕氏布糊画为龙头,在龙腾艺术馆,土城镇张百万村、毫村沟门村,五道营乡五道营村初步建立了非遗扶贫就业工坊,举办培训50余期,鼓励100余名群众参与进来,其中贫困户参与率超过30%。通过课上培训和课下练习相结合的方式,工坊内学员的剪纸技能初见成效,在参与传承保护非物质文化遗产的同时,掌握了一门新的致富技艺,起到了"扶志"和"扶智"的作用。8月22日至24日,国家文化和旅游部非遗司、省文化厅领导来丰宁调研,对丰宁推进"非遗+扶贫"工作给予了充分肯定。11月20日,"传承德泽·丰芜康宁"承德满族非遗展示月活动在北京恭王府隆重开幕,丰宁满族剪纸、滕氏布糊画、铁艺灯笼、传统木作技艺、黄旗武会、吵子会、竹板落子、萨满舞等多项国家级、省级非遗项目在北京恭王府集中亮相,通过静态展览与动态展演,将丰宁满族特色非遗项目展示给全国观众。中央电视台、新华社、中新网、人民网、河北电视台等各大媒体争相报道。同时,丰宁还在恭王府搭建了满族剪纸销售平台,进一步打开了丰宁"非遗+扶贫"的营销渠道,推动传统工艺助力精准扶贫取得新的突破。

【深入实施各项文化惠民工程】 年初,文体广电系统实施了大调研活动。由各分管局长带队,深入基层对26个乡镇的公共文化体育设施情况、非遗和文物保护情况进行了深入调研,认真撰写调研报告,进一步摸清了各乡镇深度贫困村的实际情况。结合调研报告,积极谋划实施了一系列文化体育惠民项目:

申请省级公共文化服务体系建设补助资金256万元,用于27个深度贫困村"七个一"工程;

申请中央补助地方公共文化服务:"送戏下乡"资金78万元,在全县26个乡镇开展了219场"送戏下乡"惠民演出;申请农村文化建设资金158.22万元,用于农村基础文化设施建设;

申请中央、省级三级区人才选派资金24万元,用于各乡镇贫困村业余文艺骨干辅导培训;

投入74.16万元在309个行政村(每村12场,共计3708场)开展公益电影放映;

投入128万元为27个深度贫困村、37个拟脱贫出列村购置了体育健身路径,实现了全县309个行政村体育健身路径全覆盖;投资73万元在大滩镇大滩村、黑山嘴镇厢黄旗村建设乡镇体育健身工程;

申请省级专项资金30.9万元,为309个行政村(每个行政村1000元)补充更新了图书;投资53.98万元为脱贫出列村购置了图书,实现每个村至少1500册图书标准;协调县美丽乡村办公室为每个脱贫出列村配备了电子阅览室;投资18万元,为12个乡镇文化站购置了图书。

【切实落实帮扶责任】 作为驻村帮扶派出单位,文广新局承担杨木栅子乡后店村、高栅子村帮扶任务。针对全局2个帮扶村实际情况,制定了相应的帮扶政策。投资14万元为杨木栅子乡后店村建设文体广场、图书室和文化活动室,配备了文化活动设备和体育健身路径,为驻村工作队购置了1台打印机;投资9.5万元用于杨木栅子乡高栅子村文化基础设施和民俗展馆建设。还向团县委申请了54件大衣,发放给后店村、高栅子村深度贫困户。同时,严格落实组织部驻村办要求,及时为驻村工作队员发放差旅、通讯补助,提供后勤保障。

为确保驻村帮扶工作取得实效,全体班子成员深入开展摸底调查,走村入户、了解民心、民意、民情,摸清了群众最急、最盼、最缺的事情。做到了三个深入:深入到村干部家中,了解村"两委"班子现状及存在的问题;深入到致富能手家中,了解所驻村的经济发展现状、农民增收渠道、资源优势和发展潜力等;深入到贫困户家中,了解困难群众家庭生活状况和急需解决的问题。同时,文广新局还组织14名结对帮扶责任人与驻村工作队一起,先后6次深入帮扶对象家中,走访慰问,宣传讲解党和政府的相关扶贫政策，与贫困群众交流感情，认真填写《结对帮扶记录本》、“连心卡”，张贴结对帮扶公示牌，帮助贫困户整理了庭院，粉刷了墙壁，硬化了房屋地面，对存在“小黑屋”的贫困户进行了集中排查整治。针对已脱贫的农户，文广新局又派出了19名结对帮扶责任人，开展结对帮扶，及时了解已脱贫群众家庭生活状况，宣传国家相关扶贫政策，帮助整治家庭环境卫生，在自己能力范围内帮助解决生产生活中的问题，进一步提升了群众的满意度。

同时，文广新局还承担汤河乡西湾子村帮带任务。12月4日，组织人员到汤河乡西湾子村进行实地调研，与汤河乡政府、西湾子村“两委”对接，召开了座谈会，研究西湾子村脱贫攻坚进展情况，制定帮带措施，帮助解决实际问题。12月13日，为西湾子村农家书屋配置了5个书橱，1个阅览桌，5把阅览椅。组织图书馆专业人员对西湾子村农家书屋和文化活动室进行整理，对图书进行了分类、上架，管理制度和借阅制度上墙，使农家书屋和文化活动室的职能得到进一步发挥。同时，对西湾子村文体活动广场进行实地查看，准备对老旧健身器材予以更换。

【不断激发贫困群众脱贫攻坚内生动力】 通过“送戏下乡”“农村公益电影放映”等文化惠民工程，深入基层广泛宣传脱贫攻坚各项政策，提升脱贫政策的覆盖率和知晓率。

年内，在县城举办了14场“彩色周末”文艺展演活动，组织各机关单位通过专场演出的形式向广大市民宣传脱贫攻坚政策；以“暖心行动”“国家扶贫日”“文化进万家”为抓手，开展文化下基层活动，精心编排《十九大精神传到咱农家》《精准脱贫谱新篇》《工作组下乡来》《新农村，新变化》《李保国》等优秀文艺作品，通过文艺演出、流动图书、文物展览、花会展演等形式，为乡镇干部、驻村工作队和广大基层群众送去了丰富多彩的文化服务，在活跃广大基层群众的精神文化生活的同时，进一步激发了广大乡镇干部、驻村工作队员和贫困群众脱贫攻坚的内生动力。

【举办各类文体活动】 圆满完成河北省第三届旅发大会接待演出任务，在中国马镇、神仙谷七彩森林景区举办了满族工艺品展览。投资600万元举办了“2018丰宁草原音乐节”活动，投资300万元举办了“2018坝上草原牛仔节”活动，投资300万元举办了“丰宁首届灯光艺术节”活动，举办的草原嘉年华马术系列活动被省体育局评为省级体育产业示范基地。

与怀柔区文委、怀柔区文化产业发展促进中心合作，携手举办了“奋进新时代 开启新征程——怀丰两区县庆祝改革开放40周年暨重阳书画作品展”“庆祝改革开放40周年暨怀丰两地迎新年书画摄影作品联展”“怀丰携手共建 助力脱贫攻坚——影视外景地建设暨非遗IP开发交流研讨会活动”，为促进怀丰一体化，推动两地实现文化交流、产业对接、资源共享、优势互补、互利共赢的新局面营造了良好的氛围。

以“4.23世界读书日”“国际博物馆日”“文化和自然遗产日”“全民健身日”“燕赵少年读书”“农民读书读报节”为契机，积极开展了大型专场宣传展览展示活动，举办了全县职工乒乓球、羽毛球、足球、毽球、门球、庆三八女子趣味运动会、全县职工趣味运动会等全民健身体育活动，引导广大群众积极参与到全民阅读、全民健身和文化遗产保护中来。

【县城三馆免费开放服务水平不断提升】 县满族博物馆、文化馆、图书馆基础设施建设不断完善，免费开放服务水平进一步提升。满族博物馆更新了文物库房监控设备，增添了全景监控设备，为馆藏文物的安全提供了良好的监控环境；实施了外置楼梯工程，安装三楼、四楼、五楼的消防安全门，消防设施进一步完善。对文化馆一楼小排练厅进行升级改造，增加了灯光、音响设备，图书馆补充更新图书505种，1100余册，免费开放基础设施和服务水平得到有效提升。

为进一步加强馆际交流，满族博物馆先后与吉林市博物馆、平泉市博物馆、隆化县博物馆携手举办了《吉林满族绣品展》《三人书法展览》《丰宁滕氏布糊画展览》《全县不可移动文物图片展》等临时展览。春节期间，为加强文化传承和社会服务，营造新春佳节欢乐祥和的节日气氛，图书馆举办了“明春节礼俗，树文化自信”年俗文化展。共制作展牌40块，此次展览从“春节溯源”开始，对“腊八”“小年”“守岁”“拜年”等民俗文化作详细介绍，让广大群众进一步了解中国传统民俗文化，坚定文化自信。文化馆充分发挥基层文化阵地作用，在县城、凤山、天桥、五道营、鱼儿山等乡镇开展了文艺骨干、广场舞爱好者培训，进一步提升了全县的文艺爱好者的表演水平。

【文化遗产保护成效显著】 凤山关帝庙古建筑群消防工程、防雷工程完工投入使用，牌楼和东西配殿修缮工程已获国家文物局立项批复，正在积极撰写保护修缮方案，争取2019年施工；实施了碑刻古迹拓印和长城烽燧调查工作，进一步完善了全县不可移动文物档案；为全县12名长城保护员更新文物保护装备;对县域内的国家级、省级、部分县级重点文物保护单位进行了4次巡回检查和古建筑消防安全大排查工作,与重点文物所在地乡镇签署了文物保护消防安全责任书,进一步完善了县、乡、村三级文物保护体系。

年内,丰宁满族剪纸成功入选国家传统工艺振兴目录。丰宁满族剪纸、滕氏布糊画、蝴蝶舞等非遗项目列入2018－2020年度“河北省民间文化艺术之乡”名单。全县9名市级非遗传承人入选第5批省级非遗项目代表性传承人名单,年内,全县省级以上传承人已达18人。6月,文体广电局被文化部和旅游部授予“全国非物质文化遗产保护工作先进集体”荣誉称号。

【对外文化交流成果丰硕】 组织满族剪纸随“河北文化代表团”出访比利时、波兰、俄罗斯,将丰宁满族特色非遗项目向世界人民展示。组织布糊画、满族剪纸、彩砂画、满族舞蹈等参加了第五届河北省特色工艺美术精品大赛、第十一届河北省民俗文化节国萃非遗传统展览、汤河川满族风情节、平谷桃花节、2018京津冀手工艺类非遗项目巡展、河北省第三届园林博览会、第九届中国西部文化产业博览会、第五届中国非遗质文化遗产博览会、天津市第七届滨海新区文化产业博览会、第二十四届中国义乌国际小商品博览会、承德市第十二个非遗展演活动暨第三届“百家争春——京津冀工艺美术节”、河北省园林博览会、“传承德泽 丰芜康宁”北京恭王府承德满族非遗展示月等国际、国内大型文化展览交流活动,积极展示丰宁特色满族文化的魅力,进一步提升了丰宁的文化知名度和区域影响力。

【文化广电新闻出版市场发展健康有序】 加强对县广播电视台、广通公司、中波台、数字影院市场、出版物印刷、音像制品等部门和行业的监管,对县城辖区内49家歌厅、网吧、书店、印刷厂等人员密集场所进行了安全隐患排查,以图书、音像制品、电子出版物、网络出版物等产品为重点,打击盗版侵权行为,净化版权环境。深入开展“扫黄打非”“扫黑除恶”“宗教整治”“安全生产”专项行动,开展“两节”“两会”和十九大期间广播电视播出秩序整治、校园周边环境治理、高中考期间文化市场专项整治行动活动,加强农村电影放映管理,落实农村老放映员生活补助发放工作。全年共出动执法人员1132余人次,检查经营单位380余家,责令改正6家,排查整治安全隐患3起,确保全县文化广电新闻出版市场健康有序发展。

【文化体制改革不断深入】 经县机构编制委员会同意,注销河北梆子剧团,将河北梆子剧团在职职工划入宣传文化中心统一管理;裁撤丰宁县剧场4名自收自支编制,进一步强化和完善了文体广电系统编制管理;根据《中共中央办公厅、国务院办公厅印发〈关于深化文化市场综合行政执法改革的指导意见〉的通知》精神,谋划实施丰宁文化市场综合行政执法改革,进一步整合文化市场执法职能和执法队伍,不断健全文化市场综合执法制度建设,推动全县事业单位分类改革不断深入。县文联机构改革持续推进,方案已出台,等待县委、县政府批示。

【《丰宁文化艺术志》评审会召开】 2018年1月3日,《丰宁文化艺术志》评审会在丰宁满族自治县文体广电局二楼会议室召开。县委宣传部常务副部长焦春江,县文体广电局,县广播电视台、县文联领导,《丰宁文化艺术志》主编,文化界老同志,文体广电局领导班子成员以及各股室负责人,原文体广电局老领导,文联各协会主席,《丰宁文化艺术志》编辑部编纂人员共50余人参会。

自2014年开始,文广新局两任领导班子成员以及县文化界人士组成的专家组召开座谈会,经过多次商议,决定重新编修。文化艺术志,历经3年时间,在第一部《丰宁文化艺术志》(1988年编写未付梓出版)编写的基础上,完成了长达百余万字丰宁历史上第一部正式出版的文化志书。

主编马铁松介绍修志经过和编写体会,评审会上,与会人员围绕篇目、资料、体例、行文等进行了深入、全面、细致的点评,对《丰宁文化艺术志》修改提出了许多针对性的意见和建议。

【不断强化文体广电系统党风廉政和干部队伍建设】 年内,文体广电局积极组织开展了“四项工作”整改回头看、“一问责八清理”“扶贫领域腐败和作风问题治理”回头看、脱贫攻坚宣传推进和“激发贫困群众脱贫攻坚内生动力”等专题活动,把《宪法》《习近平在纪念马克思诞辰200周年大会上的讲话》《习近平三十讲》《传统工艺助力乡村振兴》等作为全体党员领导干部和职工集中学习的重要内容,将学习教育融入到日常工作中,做到边学、边做、边改,并及时将成果转化、运用,不断强化党风廉政责任制和干部队伍建设,为全县文体广电事业的发展营造了良好的氛围。

撰稿/林艳红、崔柏荣、杨琳、宋文涛、李立红、高峰、王月、范瑞红、杨柏成、舒清

卫生和计划生育

【健康扶贫取得扎实成效】 2018

年,全县医疗卫生系统全面落实先诊疗后付费政策。全县定点医疗机构全部实行贫困患者“先诊疗后付费”政策及出院“一站式”即时结算服务。为保障“先诊疗后付费”政策真正落到实处,采取加强队伍建设、系统建设,身份识别不清的患者均按照享受政策办理住院,以及定期入户核查、电话调查的“两加强、一应急、一考核”机制保障政策执行落地落实。2018 年全县享受“先诊疗后付费”政策的贫困患者 28301 人。

【严格控制贫困患者住院自付比】 全县定点医疗机构严格控制目录外药品、检查及耗材使用,严格执行自费药品、自费诊疗项目患者签字制度,严格执行住院费用“一日清单”制度,合理控制医疗费用,保障县域内贫困患者住院平均自付比例在 10%以内,特殊情况未达到报销比例的由医疗扶贫救助资金支付。年度内全县贫困患者平均住院自付比例为 8.12%。

【集中开展大病专项救治工作】 按照上级要求在原有 9 种大病的基础上,增加 12 种疾病进行集中(专项)救治。县医院、中医院为大病定点救治医院,定点医院成立救治专家组,开通绿色通道,制定诊疗方案,合理规范救治,并对贫困患者大病实行优先救治。年内全县贫困患者罹患 21 种大病 1473 人,均得到救治。

【扎实开展家庭医生履约服务】 全县建档立卡贫困人口全部纳入家庭医生签约服务范围,实现农村贫困人口签约服务全覆盖,做到建档立卡贫困人口慢病患者“应签尽签”,对高血压、糖尿病、结核病、严重精神障碍等慢性病患者规范管理。并推出医疗优惠服务政策,对签约患者的门诊、住院检查费用在城乡居民医保报销的基础上,个人自费(药费除外)部分再减免 10% ~20%的比例,鼓励群众签约。全县签约贫困人口及脱贫不脱策人员 9.6 万人,其中慢病患者签约 1.7 万人。

【加强村卫生室基础建设工作】 实施村卫生室达标工程。2018 年利用专项资金 245 万元,对 29 个贫困村卫生室进行标准化建设,其中新建村卫生室 20 所,修缮 9 所。统筹资金 684 万元,为 171 个贫困村卫生室统一配备基本医疗设备。实施村医培养工作。针对全县村医老龄化严重,面临断档的突出问题,2018 年向秦皇岛卫校输送 52 名定向培养人员,所有定向培养人员毕业后充实到当地辖区推荐的村卫生室服务,解决全县村医老龄化和空白村无村医的情况。自 2017 年至 2018 年定向培养村医已达 149 人。

【驻村帮扶工作稳步推进】 按照县委要求,2018 年县卫计局 74 名工作人员结对帮扶窟窿山乡 358 户贫困户,对未脱贫户进行了 6 次走访活动,活动内容包括了解致贫原因及家庭情况,入户宣讲健康扶贫政策以及节日慰问等。

2018 年县总计投入资金 23.17 万元,为窟窿山乡 3 个帮扶村开设农家院、修建公厕及垃圾池,改善驻村工作队居住办公环境,以及为窟窿山乡 4 个帮扶村及凤山镇坝汉沟、佟栅子、大滩三扎拉 3 个村的贫困户进行“小黑屋”治理。

【医疗管理水平全面提升】 2018 年在东西部协作工作中,把握京津冀协同发展机遇,全县 8 家医疗机构均与北京、天津、河北等 18 家京津冀医疗机构建立合作关系,管理和服务能力明显提高,患者就医费用显著降低,满意度进一步提升,以支柱学科为龙头,多学科协作,全面提升医院的诊治水平和综合能力。各协作单位,通过捐赠图书、设备,专科建设支持,以及双方进行学术会议、交流、培训等,有效提升全县各医疗卫生单位管理水平及技术水平。

【示范县成果巩固加强】 巩固公立医院改革示范县成果,全面提升公立医院服务能力和管理水平,为群众提供安全、有效、方便、价廉的基本医疗服务。丰宁卫生系统加强医药卫生综合体制改革领导,落实《加强基层医疗卫生服务能力建设的实施意见》和“雨润工程”等配套政策。为改革工作提供组织保障和政策支持。加大控费、监管力度,医疗费用增幅控制在指标以内,其他各项控制指标与去年同期相比逐渐下降。(药占比:县医院为 34%,比去年同期下降 1.03%,中医院为 29.5%,比去年下降 2.41%,百元耗材:县医院为 33.3 元,比去年同期下降 3.75 元,中医院为 22.84 元,比去年同期下降 4.41 元,医疗费用增幅:县医院为 13.95%,中医院为 10%,县外转诊率控制在 10%以内。)

加强技术培训,年内,累计培训乡村两级中医药专业技术人员 2800 余人次,年内 26 所乡镇卫生院和 60%的村卫生室能够提供基本的中医药服务。举办中医药拜师大会,开展中医药人员全员培训和中医药适宜技术推广活动,16 名带教老师与 78 名师承学员建立了师承关系。年内完成 3 所“国医堂”建设并通过验收,全县“国医堂”共建成 10 所。完成市级中医药先进单位创建,并通过省复审达标;完成

2所国家级群众满意乡镇卫生院（黑山嘴、黄旗卫生院）创建工作。石国彦、李俊生两位院长在国家级第二届“寻找百姓健康守门人”活动中获得优秀院长称号。

【服务能力不断提升】 做实做好国家基本公共卫生服务项目工作，提高服务质量和水平，提高群众获得感。不断加大公共卫生投入，2018年人均基本公共卫生服务经费提高到55元。规范实施基本公共卫生服务项目，建立城乡居民健康档案30.77万份、建档率85.13%，为33156名65岁以上老年人进行了免费健康体检，对42052名高血压、5906名Ⅱ型糖尿病、1318名严重精神障碍患者、232名结核病患者等重点人群进行了跟踪随访和健康管理。推行基本公共卫生服务支付方式改革工作，改变按辖区常住人口平均分配公卫资金支付方式，根据服务数量、质量和群众满意度等考核结果拨付资金，实行“费随事走，以事定费”的基本公共卫生服务购买方式。2018年公共卫生14大项工作全部完成国家、省、市目标要求。

【重点项目稳步推进】 年内重点推进的项目主要有：中医院迁址新建项目、园区医院建设项目（妇幼保健院建设项目和疾病预防控制中心建设项目）、汤河中心卫生院建设项目、杨木栅子乡卫生院建设项目、永利医院建设项目、农村改厕项目、污水处理项目等。项目总投资：16605.2万元，申请中央资金6200万元，省级资金585.2万元，县级财政投入资金8615.4万元，申请北京市对口帮扶资金404.96万元，企业出资800万元。年底前均已开工建设，项目按照操作流规范执行。

【结核病防治工作】 积极应用新诊断技术，对肺结核患者和疑似患者转诊至所在定点医疗机构确诊并进行追踪；对结核重点人群开展结核症状筛查。病人发现，初诊登记1195人，其中查痰1195例，查痰率100%。全县登记活动性肺结核150例，登记率39/10万，登记管理率为99%。2018年1－11月登记涂阳病人60例，涂阴（结核性胸膜炎）登记90例，系统管理率为100%。生物学快速检测169例，阳性18例，传统培养218例，培养阳性2例，新诊断技术的应用大大提高了丰宁阳性病人和耐药病人的发现。丰宁县卫计局与教育行政部门密切合作，组织了在学校开展“一讲一告知”的结核病防治知识进校园活动，2018年全县共3个学校出现结核病病例：丰宁一中、实验中学，丰宁二中。累计筛查师生695人，X光胸片全部正常；结核菌素阳性的11例学生及2例老师，疾控中心已告知进行预防投药治疗。

【积极开展地方病防治工作】 完成了大滩镇，南关蒙古族乡，波罗诺镇，西官营乡，黑山咀镇碘缺乏监测工作，抽取8～10岁40名，非寄宿学生200名，100名孕妇家中食盐，300名重点人群的尿样进行尿碘监测；在大滩镇、土城镇、凤山镇、五道营乡开展了布病监测工作，共检测血清血403人；对大滩镇二道河村和骆驼沟村进行大骨节病监测107人，克山病内外硒环境调查监测，共采集家庭发样30份，土壤20份。

顺利完成了中国成年人慢性病与营养监测项目（2018年），制订了切实可行的具体工作流程，在大滩镇、天桥镇、王营乡的6个村，共调查300户，624人，圆满完成实施方案既定目标要求。

开展全县死因监测工作，2018年全县各级医疗机构共网络直报死亡卡片2096张，平均报告死亡率为568.02/10万，审核率100%。慢性非传染性疾病监测与管理，全县慢病建档人数为46150，其中高血压40625例，管理率为74.19%，糖尿病5525例，管理率为、51.38%；重性精神疾病管理工作，全县共有病人1585人，管理1368人，管理率为86.31%，规范管理率为38.99%。

【进行重点职业病监测和水质监测工作】 枯水期和丰水期的饮用水卫生监测，每期各设监测点62个（农村集中式供水53个、县城供水6个、学校3所）并对水质监测数据进行了网络直报，完成率100%。完成了县城集中式生活饮用水水质监测，共采集检测水样4次（每季度一次）。脱贫攻坚农村饮水安全全覆盖水质监测项目，覆盖丰宁县309个村，共完成自采水检测458份，复检63份；工程水检测129份。

【做好综合监督执法工作】 年内，协助县行政审批局对138户次（公共场所103户、医疗机构35户）提出行政许可的单位进行了现场验审，严把卫生许可准入，严格按照卫生行政许可标准进行审验，并及时出具了验审报告。

为保障《河北省第三届旅游产业发展大会》顺利召开，制定了旅游产业发展大会应急保障工作方案，成立了以所长为组长的“旅发大会”卫生监督保障组。分3个专项督导组，在坝上旅游区奋战40天，对旅游度假村、农家院卫生设施达标进行监督检查。通过卫生监督执法人员的艰辛努力，使新、改、扩建宾馆空气质量、公共用品消毒、饮用水水质达到了标准。全面完成了“旅发大会”期间卫生安全保障工作，未发生卫生安全事故。

国抽“双随机”(随机抽取检查对象,随机选派检查人员)完成率100%。按照“双随机”抽查工作要求,制定了丰宁“双随机”抽查工作方案及“双随机”工作计划、工作制度,合理确定“双随机”抽查比例、抽查频次和方式,公开了“双随机”抽查事项清单,建立了执法人员库及抽查对象数据库,对抽查的单位随机抽取了卫生监督执法人员进行检查。对“双随机”抽查的单位实行了全程记录。对“双随机”抽查工作任务。

【抓好妇幼重大公共卫生项目工作】 “育龄妇女增补叶酸预防神经管缺陷项目”工作,为全县目标人群发放叶酸27912瓶;“农村妇女宫颈癌、乳腺癌检查项目”工作:2018年全县宫颈癌任务数TCT检查3000人,宫颈癌HPV检查2000人,乳腺癌700人,截止9月底已全部完成;“贫困地区新生儿疾病筛查”项目工作,2018年全县新筛率%97.14,听力筛查率96.88%;“贫困地区儿童营养改善项目”工作,2018年全年对适龄儿童发放营养包35490盒。

【出色完成指令性任务】 2018年,县医院认真落实政府民心工程,承担全县大部分离休干部的诊治工作,截止到2018年12月31日,共接待离休老干部住院596人次,累计垫付医疗费达2004.8万元。认真落实国家对贫困患白内障人员实施光明工程和复明工程,2018年通过河北省“复明工程”对42例贫困白内障患者进行免费手术治疗;通过承德市“光明工程”对68例白内障患者进行免费手术治疗。

按照《健康河北——全民素养促进行动“十三五”规划》的要求,全面贯彻落实健康促进医院的各项工作,成立了健康促进医院领导办公室,制定了详细的实施方案,经过所有人员的共同努力,健康促进医院的创建工作取得了较好的成效,并作为承德市的典型在会上进行交流。

保质保量完成县委、县政府和上级主管部门及相关部门交给的指令性任务,如传染病防治(尤其是承担全县结核病的防治工作),完成学生体检2600人,征兵体检370人;大型活动的医疗保障(例如:旅发大会、中考、高考、扶贫检查、重大节日)的义诊等工作。

【完成健康扶贫任务】 县医院成立健康扶贫办,对健康扶贫工作进行指导、督导、检查、协调,对贫困住院患者实行“零押金”的住院方式,采取各种措施控制自负比例在10%以内,因特殊原因超比例部分由医院兜底,切实减轻了贫困人口的就医负担,解决了贫困人口因病致贫问题。截止到12月底全县受益贫困人口为19834人次:其中门诊特殊病10841人次、住院患者8993人次、发生总医疗费用8837.9万元,基金支付5423.1万元、大病保险基金支付51.97万元、医疗救助2377.8万元、县级贫困基金救助195.9万元。

扎实推进“雨润工程”“春雨工程”“三级医院对口帮扶县医院”工作的落实。承德市中心医院、市口腔医院、秦皇岛市第一医院共派出13名临床专业专家对丰宁县医院开展帮扶工作。县医院共派出15名医疗专家帮扶7所乡镇卫生院。将对口帮扶和健康扶贫工作结合起来,成立组织、制定实施方案,建立健全帮扶管理制度,签订帮扶协议、确定支援方式及目标、人员安排,时间节点;每位帮扶专家均填写《派驻医师基层服务工作报备表》,制定工作计划,按计划开展工作,制定严格的考勤考核指标并加以实施。支援工作的各位专家在丰宁县医院按时出诊,管理住院患者,开展示教手术、示教查房、讲座培训。共接诊门急诊患者1600余人次;管理住院患者150人,开展示教手术12台次;参与会诊35次;共授课230课时;接收我院2名医务人员到市中心医院免费进修。对帮扶工作及时总结,并进行成效评估。

【加强教学和科研工作】 落实医学院临床教学工作部署,进一步建立健全教学管理制度,强化监督检查机制,保证各个教学环节规范进行。继续抓好教学与科研、教风与学风建设。严格医学生毕业技能考核,强化临床思维培训和技能训练。确保各项教学培训任务的圆满完成。共接收承德医学院临床理论课教学学生32人,实习生38人。全年共完成理论课教学840学时,见习带教182学时。

新技术、新项目的开展。重新修订了新技术新项目审批及管理方案,对新技术新项目开展情况进行适时监管。截止到12月底共做急诊PCI手术40余例。出版国家级学术论文3篇,省级学术论文1篇。选派25名技术骨干到上级医院进修学习;30人次参加学术会议,短期培训班9人次,接收基层医院进修人员1人次。

把握“京津冀”协同发展机遇,解放思想、更新观念,加强与北京、天津等上级医院的协作关系。做强原有专科、支持特色学科,规范开展了急诊PCI、肿瘤、介入诊疗项目,启动胸痛、卒中中心建设,现卒中中心已经挂牌,胸痛中心、120急救指挥中心、妇儿诊疗中心正在建设中,以支柱学科为龙头,多学科协作,全面提升医院的诊治水平和综合能力。

【加强行业作风建设】 深入贯彻落实卫计委“九不准”,持续做好院务公开工作。深入开展患者满意度调查,通过住院患者满意度测评、召开住院患者及家属座谈会、聘请社会监督员、患者回访中心回访等多种形式,广泛征求社会各界的意见和建议,有的放矢的改进工作。促进了医患和谐,赢得了社会的广泛赞誉。截止到12月31日共收到锦旗37面,感谢信1封,拾金不昧好人好事2起,退还失主现金人民币1000多元,银行卡4张合计人民币10多万元。共回访出院患者15074人次,回访率达100%,成功回访12541人次,回访成功率83.2%,满意度达99.8%,回访受到表扬的个人125例、科室20例;有意见的科室29例,个人1例;提出合理化建议1条。

【县医院不断发展壮大】 截止到12月31日,在全院干部职工的共同努力下,医院的各项指标发展稳中有进,门诊人次398744人次,比去年同期增加115593人次,增长率为40.8%;急诊人次59315人次,比去年同期增加6668人次,增长率为12.7%;入院病人23688人,去年同期增加1838人,增长率为8.4%;手术4129例,比去年同期增加293例,增长率为7.6%;共体检14327人次,比去年同期增加1977人次,增长率为16%。

医疗总收入29013万元,同比增长3416万元,增长率为13.35%;其中药品收入为10126万元,同比增长938万元,增长率为10.22%。

医疗总支出32390万元,同比增长3310万元,增长率为11.38%,其中人员支出9547万元,同比增长1906万元,增长率24.95%,卫生材料支出6245万元,同比增长348万元,增长率5.91%,药品支出10105万元,同比增长912万元,增长率9.93%,商品和服务支出为3584万元,同比增长516万元,增长率为16.83%。

【中医院医疗工作持续发展进步】 全年共选派学科带头人、技术骨干3个月以上进修学习11人,短期培训190人,外请专家讲座18次,外请专家会诊手术300例(眼科142例、外科48例、内三103例、肛肠科4例、五官科3例)中医网络视频培训30次,院内培训40。结合年初制定《2018年继教管理计划》,开展急诊急救、三基培训、读书温课活动。开展全院危急重症全院大会诊4次,全院疑难危重症死亡纠纷病历大讨论2次。开展输血应急演练及急诊急救应急演练活动各1次,开展输血竞赛1次。全县骨干医师10人培训8次,为乡镇免费培养人才8人。

【中医院驻村帮扶和结对帮扶工作不断深入】 年内,中医院共派出3名医务人员到波罗诺镇石灰沟村进行驻村帮扶,为石灰沟村争取了太阳能光伏发电项目、村卫生室建设项目。共派出126名医务人员,利用下夜班和休班时间,分期分批组织到凤山、胡麻营、波罗诺、选将营、南关、石人沟共6个乡镇12个村625户贫困户家中进行入户走访,了解贫困户的基本情况、发放连心卡、宣传党的扶贫政策、为贫困户购买生活用品、免费体检等,使扶贫工作真正落到实处。2018年11月至12月份又分别把凤山镇抄梁山村和波罗诺镇老营盘村两个非贫困村确定中医院的帮联单位。院领导班子成员又先后多次对两个村进行入村座谈、讨研,了解具体情况、分析致贫原因并制定了相应的帮扶措施。

【开展京津冀协同发展工作】 中医院与北京解放军空军总医院、解放军海军总医院、解放军总医院(301)建立远程会诊关系。人民医院、空军总医院、北京广安门医院建立长期进修协作关系。人民医院、安贞医院、中日友好医院积水潭医院、同仁医院建立长期技术指导协作关系。与北京东直门医院建立长期中医帮扶技术指导协作关系。与河北省儿童医院合作儿童先心病筛查项目到年底已将近4年,与北京人民医院合作宫颈癌疫苗项目近5年。年内又与北京怀柔中医院建立了技术合作关系。

【积极开展中医特色护理工作】 县中医院制定激励机制,鼓励科室根据收治病种开展各种中医护理技术,每科开展中医护理技术不少于4项,全院共开展12项护理技术加强中医护理的业务培训工作,现全院临床科室开展的中医护理技术有穴位按摩、中药保留灌肠、中药塌溃、中药熏洗、耳穴压豆、穴位贴敷、中药泡洗、拔火罐、艾灸、小儿推拿、小儿捏脊、穴位按摩催乳疗法等,请医院中医专家为全体护士讲授《中医诊断学》,并培训18项中医护理技术,要求熟练掌握,人人过关。根据科室需要选派护士长和护理骨干到上级医院参观学习。

进一步提高护士长的管理能力,加强护士长的培训工作,全年共有22人次参加护理管理培训班。加强护士业务素质的培养,选送1名手术室护士到附属医院进修学习,2名护士到附属医院ICU学习,1名护士到河北省中医学院学习小儿推拿,2名护士到石家庄第四医院学习乳房保健。5月18日组织4名护理人员参加承德卫计局组织的急诊急救技能大赛,有2名队员分别获得了个人单项优秀奖,与县医院合作获得了综合项三等奖。

【文化建设独具特色】 年内，中医院围绕医院文化建设开展了一系列的活动。为纪念“7·24”中医院医疗质量日及庆祝2018年“8·19”中国第一个医师节，根据《丰宁中医院2018年文化建设年实施方案》要求，组织开展了“医者心路”交流活动、“医师节表彰联谊会“庆祝活动、评选优秀医师活动、医疗文书评比活动、输血应急演练、急诊急救应急演练以及迎元旦联欢会等，进一步推进了中医院文化建设，促进了医疗工作全面发展，弘扬大医精诚精神，展现医师风采，表彰奖励在医疗战线做出突出贡献及在此项活动中表现突出的先进个人及科室，以此激励广大医师爱岗敬业，无私奉献，积极进取，崇尚医德医术的良好风尚。

【经济收入和各项医疗指标不断增长】 2018年度，中医院医疗总收入11510万元，比去年同期10360万元增长11%，门急诊人次216743人次，比去年同期增长27.1%，出院人数13038人，比去年同期增长5.9%。手术1378例，比去年同期下降14.5%。病床使用率67%，按607张床计算，比去年同期增长4%。

撰稿/于宁、段亚闹、王立新、李志明
赵魏、樊双禄、王淑森

广播电视

【以新闻立台为本】 2018年，丰宁广播电视台《丰宁新闻》节目实现日播日新，且日播新闻全部自采，全年播发新闻稿件2000余条。精心组织策划，制定报道方案，严把新闻策划、采编和节目质量关，全方位跟进脱贫攻坚、重大工程建设、三农、医疗卫生、文化教育等方面内容，客观报道各项工作的新思想、新举措、新成果，引导全县广大党员干部群众进一步统一到县委、县政府的工作部署上来。突出栏目引领，先后策划开设《脱贫攻坚进行时》《文明在行动》《凡人俗事》《记者观察》等电视新闻专栏26个，扎实做好《学习贯彻十九大系列报道》《不忘初心、牢记使命》等重大主题宣传，成为常态化栏目。

【专题和新闻合力攻坚】 电视各栏目通过采编人员共同努力，栏目运行平稳，内容丰富，《基层党建》专栏采制30多期，报道全县基层组织建设和美丽乡村取得的成绩，展示了各乡镇的喜人变化。“两会”专题报道实现创新，《两会关键词》《微观两会》《大巍跑两会》《两会特写》等全方位报道了“两会”盛况。倾力做好省第三届旅发大会的从筹备到召开期间的宣传报道，把盛会盛况传递给广大受众。全年完成专题制作播出102期，其中围绕全县重点工作制作“聚焦两会专题特别报道”4期，“党委书记话党建”28期，“精准扶贫－县委书记访谈”及各类“扶贫政策解读”40期，相关“扶贫专题片”7部，“旅发大会及丰宁首届山花节系列专题报道”5期，“纪念马克思诞辰200周年系列讲座”3期，“改革开放四十年特别节目”4期。《五力齐发拔穷根、决战决胜奔小康》《守望相助话帮扶、手足情深促合作》《披肝沥胆扶贫路，改天换地民生情》等有关党建、扶贫攻坚、异地移民搬迁、舍饲禁牧等专题汇报片10部。录制本土美食类节目《满族味道》12期、全县中小学生《汉听大赛》8期。

【电台全面发声】 对广播电台改版以来，丰宁交通广播101四档直播节目每天播出9个多小时，实现了全天24小时不间断播出；《丰宁之声》以全新视觉播报县内、国内和国际时讯，电波覆盖人口达到20万。

【新媒体同步发力】 截止年底手机台总访问量1500多万人次，注册用户24000多个，每天的活跃用户3000多人。电视台微信公众号共有用户20000多个。年内对手机台客户端进行了2次整合升级，页面设置大气简洁更美观实用，框架构造合理，用户操作便捷。对原有的一些基本功能板块集中整合，在手机台开启页增加了扶贫口号，开辟《我身边的扶贫故事》《扶贫进行时》《文明丰宁》《中国传统节日》等专栏，在轮播图显著位置对改革开放40年来所取得的辉煌成就进行展播。利用文字、图片、视频等形式编辑制作了40多篇有关旅发大会的宣传报道。“精彩专题”实现了对时政新闻的文字、图片、视频等内容的综合性报道和解读。全年365天新闻早餐每天不间断及时编发各类资讯，实现了与电台、电视台同步直播，与政府门户网互联互通，不管身在何地，全方位、多角度、立体的宣传报道能随时随地了解丰宁大事。

【大力拓宽上宣渠道】 积极邀请中央、省、市台主流媒体记者来丰宁进行采访，通过联合报道、主动配合等形式对丰宁生态、城市建设等进行宣传报道。不断加强向省市电视台的供稿率，使一些重大活动、重点工作在中央、省、市广播电视台及时得到宣传。“缓解旱情、保住墒情，丰宁局地雪花飘”等7条新闻在央视《新闻联播》《新闻直播间》《东方时空》等栏目播出，“扶贫法官赵江辉：生命闪光在扶贫路上”“丰宁东山神庙村：山沟沟里种下致富瓜”

等38条新闻在省电视台播出,“丰宁联合执法开展整治双违行动”“省旅发大会闭幕馆投入使用”等148条新闻在市电视台播出。电台积极与省市上级电台建立合作机制,全年在省市电台发稿110余条。让丰宁的发展在电波中拓展,充分反映了丰宁对外开放政策和招商引资环境的良好局面,为全面推进全县政治经济文化建设提供强有力的支持。

【探索创新宣传形式】 提升广播电视节目质量,不断满足观众需要。电视方面在倾力办好《丰宁新闻》《魅力丰宁》《关注》《文化丰宁》等自办节目的同时,新引进电视前沿的《记者再报告》《观点致胜》《有话直说》《非常幽默》《非常故事会》《知音人间》《迷局》等7档电视节目和近百部电视剧丰富荧屏。广播方面四档直播节目从早7:30到晚上6:30不间断播报新闻、生活、娱乐等不同主题时段电波,满足听众需要。手机台《新闻早餐》每天准时推送全国热点和本地新闻,成为手机用户的时讯大餐;《主播夜读》每天晚9点准时推送,成为满足用户需求的新的亮点。发挥手机台优势功能开展图文直播活动。对丰宁满族自治县人民代表大会第二次会议、诗意丰宁浪漫山花杏花春雨小江南、纪念五四运动99周年表彰大会暨优秀青年事迹分享会、第三届河北省旅游产业发展大会旅游项目观摩行程、河北省乡村旅游发展及助推脱贫攻坚会议、丰宁满族自治县第26届中小学生田径运动会开幕式等11场活动进行了图文直播。探索和实践新的媒介传播方式。在今年的两会中,除了常规的报道形式,手机台首次采用H5的新形式推出《丰宁电视台主播宝阳的朋友圈》,以主播的视角报道一年来丰宁各个方面所发生的变化,收到了很好的效果。又开办了图解两会专栏,仅用一张图片就让大家对整篇政府工作报告一目了然。为构建现代立体传播网络,打造丰宁最具权威性、影响力和传播力的融媒体平台,探索全媒体时代舆论宣传做出了有益的尝试。主动发声,敢于全新推介自己。年内成功策划举办了“小朋友大舞台”“第二届广电车展”“第三届汉字听写大赛”等主题活动,在丰富荧屏节目的同时,提高了县级台的收视率和影响力。

【内争外联加大资金投入】 2017年县政府支持资金270万元,建设多功能演播厅一个,于2018年1月份竣工,并完成项目验收工作,建成后的演播厅集制作访谈类、综艺类功能于一体,制作了15期“小朋友大舞台”综艺类节目。争取省综合文化服务中心覆盖工程和县乡村三级联网工程广播器材购置项目资金316.5万元,实施农村应急广播系统设备采购安装工作,经过设备安装工程调试年底前完工。届时将使应急广播系统覆盖全部307个行政村,建成后将极大地提高广大农村地区应急防火、抗旱、防灾减灾预警能力,同时为丰富农村群众的业余文化生活服务。投资6万元对转播发射台道路及其他基础设施进行了维修,购置了一批维修备件,为电视节目的安全播出提供了技术保障。全年始终坚持初播必审、重播重审、再播再审制度,对自采自编节目和引进节目严格审核入库,确保两个频道节目安全优质。播出部安排双岗24小时值班,全天候在岗,强化应急事故处置演练,确保了安全播出。

【自觉服务助力脱贫攻坚】 做好宣传,为脱贫攻坚营造舆论氛围。牢固树立“四个意识”,权威发布党和政府的声音,抢占舆论制高点,把全县开展“脱贫攻坚”帮扶工作作为全年宣传报道工作的重中之重,认真组织开展好“脱贫攻坚”系列宣传活动。在电台、电视台、手机台开设《脱贫攻坚进行时》专栏,超前谋划、主动作为,每月策划涉及产业覆盖、产业带头人、脱贫攻坚党旗红、驻村工作队、激发内生动力、自强不息、夯实脱贫基础等方面专题报道。通过政策解读、评论、访谈、新闻特写、深度报道等形式,及时全面准确展现全县广大干部群众一心抓精准脱贫工作全景图。《丰宁新闻》节目播出前始终安排脱贫攻坚宣传口号的内容,游走字幕常年游走播出脱贫攻坚宣传口号。让全县开展“脱贫攻坚”活动内容在“电视上有影像、电台上有声音、手机上能传播”,努力营造全社会共同关注、支持和参与脱贫攻坚的强大舆论氛围。派驻骨干力量到小坝子乡沙坨子村开展脱贫攻坚驻村帮扶工作。广播电视台党组坚持把精准扶贫脱贫帮扶工作作为一项政治任务,列入年度工作重要议事日程。单位党组每季度至少召开一次会议,听取驻村工作队工作情况汇报,专题研究驻村帮扶工作。台领导班子积极到帮扶村调研指导,结合村里实际情况,与村两委班子一起,探讨脱贫致富路径,协调解决重要问题。精心谋划,合理制定脱贫攻坚工作计划,确定帮扶措施,积极协调各部门为沙坨子村办实事、争取产业发展项目资金支持。

精准施策,积极开展对接帮扶。坚决贯彻落实省市县有关部署,认真落实“精准扶贫、不落一人”的要求,按照工作安排,广播电视台共安排职工34人,负责小坝子乡沙坨子村1个贫困村和槽碾沟村、鹿角沟村、小坝子村3个非贫困村共170

户贫困户开展结对帮扶工作。由台领导带队和全体职工一起前往结对帮扶贫困户家中，认真做好与结对贫困户帮扶对接，实地详细地了解贫困户的家庭人口、年收入、致贫原因等基本情况，与结对帮扶贫困户沟通交流，实时做好信息记录。及时做到为群众宣传党和政府扶贫政策，传递党的关怀和温暖。单位利用元旦、春节、七一等重要节日和入户走访期间到帮扶村贫困户家中开展送温暖活动。

年内单位支持帮扶村情况有以下七项：年初为沙坨子村10户贫困户送去米、面、油各一份；为沙坨子村1户贫困户实施危房改造，购置水泥6吨，空心砖2万块；组织全体职工为贫困户捐赠衣物400余件；为沙坨子村改造建造围栏1000延长米；协调完成低压线路改造工程；职工自愿捐款为贫困村贫困户和非贫困村贫困户共170户，每户送去慰问金200元，共计34000元，用于小黑屋环境卫生治理；“两节”来临之际开展“迎新年送温暖”双覆盖走访活动，帮扶责任人入户宣讲扶贫政策，完善结对帮扶公示牌内容，沟通思想，为每个贫困户口送去面粉等慰问品，确实解决生产生活中困难，做到了真扶贫、扶真贫。

【开展立体宣传报道】 在2018年“两会”宣传报道工作中实现了创新，全方位、多角度报道了“两会”盛况。手机台移动客户端首次采用“H5＋视频”的新形式推出《丰宁电视台主播宝阳的朋友圈》。H5是一种时下喜闻乐见的宣传形式，与当下每个人生活联系最紧密、最贴合民众生活的社交软件，采取这种形式，能迅速拉近与观众的距离与联系；电视台主播，在普通观众的心里，具有一定的神秘感，她的朋友圈里都有一些什么人、每天都发生了什么事情，都会让观众产生强烈的好奇心，从而达到广泛传播的目的。《朋友圈》的制作是采用PS制作朋友圈样式的图片素材，后期用AE制作动态浏览效果，以主播的视角，集中将一年来丰宁各方面的发展变化，以及群众最关心、最关注的的民生热点进行梳理，全面展示在基础设施建设、生态环境建设、脱贫攻坚、教育、卫生医疗、农民工培训、农民工讨薪、城市建设、决战旅发抢抓工期、美丽乡村等方面所取得的成就。完整作品的展现，为构建现代立体传播网络，打造丰宁最具权威性、影响力和传播力的融媒体平台，探索全媒体时代舆论宣传做出了有益的尝试。

【手机台荣获“2018年度特别策划、优秀文化传播手机台”奖励】 丰宁手机台始终坚守意识形态阵地，弘扬主旋律，宣传正能量，发挥“轻媒体、快传播”优势，举办特色活动，实现了微信、微博、qq空间等主流社交媒体的同步传播，扩大广播电视台的传播力和影响力。丰宁手机台策划推出的《丰宁汉字听写大赛》栏目，在北京举办的“和合相融、服务赋能、第二届广电融媒发展论坛暨市县融媒体中心建设实战研讨”会上，在全国200多家手机台中脱颖而出，荣获“2018年度特别策划、优秀文化传播手机台”奖励。在研讨会上对融媒建设谋划以及取得的成绩进行了分享发言，得到了与会人员的一致好评。

撰稿人／于晓勇

档案　史志

【加强档案业务工作】 2018年，县档案局制定了“双随机一公开”工作实施方案和抽查计划，并于上半年随机抽取人员对随机抽取的县人大办、县水务局、县民政局、县交通局进行档案执法检查，检查结果为各单位不存在违反档案法的行为。抽查事项清单和检查结果在县门户网站公开。

按照《河北省机关档案工作目标管理认定办法》，制定了2018年目标管理认定工作计划，共6个单位，其中丰宁农村商业银行股份有限公司做好晋升为“AAAA”，丰宁烟草专卖局、千松坝林场晋升“AAA”，丰宁人民银行晋升“AA”，承德供电公司丰宁分公司晋升“★★★★”，丰宁顺达矿业集团有限公司晋升“★★★★”，并深入到晋级单位进行业务指导，为年底前验收做好各项准备工作。

重点建设项目档案验收工作有序进行。3月份对丰宁抽水蓄能电站进场路工程竣工档案进行验收。

【精准扶贫档案工作有序推进】 县档案局会同县扶贫办联合向各乡镇和全县各扶贫工作组转发了《河北省精准扶贫档案管理办法》。工作人员深入到乡镇、村和县直扶贫成员单位指导精准扶贫档案工作，举办县直相关部门、乡镇、村档案管理人员参加的精准扶贫档案工作培训会议。培训的主要内容就是县直部门、乡镇、村精准扶贫档案规范化管理方法。深入到各乡镇村建立精准扶贫档案规范化管理试点。深入到乡镇、各部门指导文书档案整理，到县铁路拆迁办指导拆迁档案整理。

【继续加强档案管理工作】 认真做好财政局档案接收进馆前准备工作。完成本县内形成的新闻、专题节目和反映本地情况的照片、录音、录像、光盘等的采集、刻录工作，刻录光盘6张。通过函电代查、主动服务、微机检索等多种查阅方式，及时向党政机关、企事业单位及个人提供高效、便捷的档案信息服务，充分发挥了档案馆“资政惠民”的作用，累计接待利用者258人次，提供档案2125卷次；申报的《档案助力〈中国共产党丰宁历史〉第二卷编纂发行》获河北省开发利用档案优秀服务成果二等奖、《关于认真研究馆藏为干部档案审核提供原始依据》获三等奖。档案馆数字化建设。认真做好档案条目的微机入工作，录入档案条目22622条；完成数字化全文扫描206535幅。完成《满族民间艺术档案搜集、界定与整理》科研项目评奖申报工作。开展精准扶贫档案指导工作。通过电话、微信、下乡现场指导等方式对黄旗镇城根营村、东营子村，大阁镇四道河村，凤山镇、凤山镇元宝山村等乡镇以及建设局、卫计局等县直机关精准扶贫档案工作进行业务指导，累计下乡、下单位80多人次，取得了很好的效果。完成了2018年档案数据统计上报工作。

【深入农村开展对接帮扶工作】 2018年3月，档案局组织调整了扶贫工作队成员结构，由档案局、教育局混合编队，进村以来，本着谋事、干事、干成事、干成老百姓最需要干的事的原则，一心扑在贫困群众身上想问题，谋发展，这项工作充分体现了党和政府的意图，赢得了干部群众的信任和好感。2018年，档案局组织全局干部职工到村协助驻村工作整理村级档案和户档，多次组织全局党员干部到帮扶村汤河乡羊草沟门村进行对接帮扶，入户调研、张贴帮扶责任人牌。为扶贫村部添置空调和三张床，解决了驻村工作组的实际困难，做到为群众排忧解难。档案局在2018年严格按要求把握工作流程和每一个环节，与县乡党委的步调严密合拍，按着“两不愁三保障”原则严密掌握工作节奏，让干部群众评得舒心，退出甘心，对新时代扶贫工作主动配合，充满信任和期待。评议过程中，没有出现较大的罢场、缠访、缠斗等尖锐矛盾问题，保持了工作环境和干部群众情绪的基本稳定。局班子成员多次深入到村，与工作组一并深入到户摸底，对村资源、基础设施、贫困情况及原因、致富能手等进行详细调查了解。与村两委进行认真研究，制定帮扶规划。借助燕山大峡谷旅游开发的优势，发展生态旅游、农业采摘观光游，平地改善水浇地，坡耕地种药、种草种树和山杏大扁榛子等干果，适度发展肉驴肉牛等养殖业。

【全面加强史志业务工作】 2018年，史志办基层年鉴仍保持“全国独一份”的美誉。这项工作自1988年至今30年，2018年又与断档的单位领导和编辑沟通，进行催写，入档率达到90%左右。部门志相继开编。《县人大志》正在刊印，《文化志》完成定稿，《科技志》完成初稿。丰宁年度综合年鉴工作，自2005年开始至今走过了12个年头。年内，2017年年鉴已由出版社出版。2018年年鉴于8月底完成初稿，年底前完成印刷。

史志馆建设初见成效，史志利用率逐年提高。2015年10月17日，丰宁成立史志馆。史志馆的成立，为丰宁各项建设提供了方便。2018年为农村干部解决待遇查阅了很多可靠的依据，据反馈信息所知，解决待遇率100%。乡镇志由于各乡镇精准扶贫工作任务重，时间紧，无力抓修志工作，致使志书编写工作进展缓慢。2018年，在八间房村志完成后，凤山镇上官营村村志已完成初稿。年内，按省党史研究室要求，统计抗战健在者名单上报。落实市纪委书记批示，看望慰问了重点优抚对象赵汉文，续写了回忆录。抢救性挖掘整理丰宁参加革命战争老战士口述史资料，并进行了采访，年内采访4人，资料正在整理。完成了两篇改革开放口述史采访资料，改革开放口述史征编工作还在进行。完成河北省党史研究室关于征集在全国、全省受到表彰或宣传推广的典型经验任务。上报河北省基层党史部门基本情况统计表。

举史志办全办之力，与县内各界人士合作，在县委宣传部领导下历时一年编纂完成了《丰宁满族史》一部62万多字大部头史书，已于2018年7月出版发行。

年内，完成了河北省和承德市年鉴供稿任务。全体人员集中时间，利用4个月时间，完成了《河北方志志》丰宁篇的撰写任务，文字达10余万字。地方志工作年末评比考核，名列全市第二名。

【丰宁地方志成果在全国地方志工作会议上展出】 2018年12月14日至15日，全国地方志工作会议在河北省保定市卓正国际酒店召开。会上，专题展出了《丰宁满族自治县志鉴工作简介》平台，平台展示了丰宁三十年来的地方志、年鉴全部成果，内容包括图片、县志、部门志、专业志、乡镇志、县级综合年鉴、部门和乡镇基层年鉴以及为社会服务的编研成果。14日，中国社会科学院院长、中国地方志指导小组组长谢伏瞻，中国地方志指导小组办公室党组书记高京斋，党组副书记、办公室主任冀祥德，河北省委常委、常务副省长袁桐利，原河北省人大常委会副主任、河北省志总纂龚焕文等领导参观了展览。在参观丰宁展台时，对国家级贫困县丰宁克服困难，艰苦奋斗，坚持三十年修志编鉴不动摇，做到县、乡两级全覆盖，为基层地方志工作做出榜样给予高度评价。龚焕文说，丰宁地方志工作是河北省地方志六大特色之一，明年我要去丰宁看看。河北省地方志办公室主任杨洪进指出：丰宁为河北省地方志工作做出了重大贡献，贫困县克服困难做到这种程度，实在太可贵了！丰宁能做到，别的县为什么做不到？浙江省地方志办公室主任潘捷军参观时说，这么好的典型，应该大力推广。此次展览，由河北省地方志办公室派出专车搬运丰宁地方志档案柜7套35节参展，参展规模前所未有。

【扎实抓好党建的基础工作】 一年来，县档案局通过学习教育，使党员素质能够明显提高，干部作风进一步转变，使党的基层组织建设进一步加强。抓好支部班子的学习。每月组织集中学习一次，做到带头抓、带头学、带头用，形成良好的学习氛围。把支部班子的学习，作为加强支部思想建设的首要任务来抓，以支部班子的学习带动全体党员和全局职工的思想政治学习，使档案局支部班子努力成为学习型、务实型、创新型、和谐型的集体。坚持“三会一课”制度。注重加强党的会议精神的学习和贯彻。保证每月一次的党支部会，每季度一次的党员大会和党课的召开，加强对积极要求入党的同志和新进党员进行党的基本知识的教育，完善组织生活，保证在职党员100%参加组织生活，离退休党员每半年参加一次。深入了解职工群众的思想动态，并通过各种形式的座谈会，充分了解他们对局里的意见和建议，及时掌握他们的思想动态，稳定档案史志职工队伍。

撰稿/刘倩

旅　　游

【大力推进项目建设】 2017年初河北省委、省政府决定,2018年7月第三届省旅游产业发展大会(简称旅发大会)在丰宁、围场、御道口召开。围绕筹备旅发大会,按照“全域化规划、全景区建设、全要素构建、全社会参与”的工作思路,围绕“生态保护优先、国际化视野打造”的原则,全县共谋划总投资135亿元的“四个组团项目、三大风景片区、多个旅游节点”建设工程,2018年全力推进这些项目建设,旅发大会前全部达到规定进度,有效地提升了丰宁旅游品质和竞争力。

【接待服务设施上档升级】 围绕旅发大会,新上一批景区、酒店、小镇项目,其中:永太兴疏林草原生态旅游度假区项目,计划投资27.5亿元,已完成投资8亿元,年内游客中心已竣工,茶盐古镇回迁区正在交房,行宫酒店在建中,天成号驿站已投入运营;京北房车营地项目,计划投资1.6亿元,已完成投资9000万元,年内房车区基本完成,湖边新建20个露营帐篷,豪华帐篷酒店在建中;神仙谷满族文化园项目,计划投资1.6亿元,已完成投资1.6亿元,两座特色酒店、美食广场、工艺品店、游客服务中心、满族民俗展等正在进行内部装修;俄罗斯风情小镇项目计划投资4亿元,已完成投资1.5亿元,年内正在进行酒店等建筑的内部装修;契丹部落之小北沟旅游综合体项目计划投资2.4亿元,已完成投资5000万元,年内正在进行内部装修;中国马镇项目计划投资80亿元,已完成投资17亿元,两座酒店、满韵骑风剧场、烤羊美食街、舞马世界景区已投入使用,并计划于12月开展冰火节活动,增加冰雪健身、冰雪休闲、冰雪旅游项目,着力打造京津冀地区知名冰雪主题世界。这一系列新项目的建成,改变了丰宁旅游接待设施低端、单一、季节性强的局面,集生态观光、休闲度假、户外运动、文化体验于一体的坝上黄金旅游地带初具规模。到11月底,全县累计接待游客245.7万人次,同比增长11%;收入14.6亿元,同比增长12%。

【基础设施建设不断完善】 扎实推进“厕所革命”,在重点旅游场所、旅游景区和旅游线路建设35座旅游标准化厕所。完成京北第一草原中国马镇游客服务中心、永太兴疏林草原景区游客服务中心、神仙谷七彩森林游客中心、皇封山驿站游客服务中心4座高规格游客中心建设。在御大公路沿线和京北第一草原景区增设42块引导标识牌。完成中国马镇、永太兴疏林草原、神仙谷七彩森林等景区配套停车场建设。投资1.8亿元建设智慧旅游指挥中心,配备相应设施设备,智慧旅游系统初具规模。另外,积极争取国家贫困县旅游基础设施建设项目,年内九龙松景区及国家“一号风景大道”沿线旅游基础设施建设两个项目已通过省发改委和省旅发委上报国家发改委进入国家项目储备库。

【美丽乡村建设成效显著】 结合国家“一号风景大道”整体打造,深入推进御大线美丽乡村建设,涉及4个乡镇、17个行政村、46个自然村、民居改造2367户,形成“庭院相映成趣,屋舍俨然有序,林木花草点缀,村落融于山水”的风景画卷,优化旅游环境,提升旅游底蕴,打造光彩靓丽的丰宁新形象,为乡村游发展奠定坚实基础。

【不断探索创新旅游扶贫模式】 成立旅游扶贫工作领导小组,组织专家对大滩、二道河子、孤山子、扎拉营、小北沟、元山子、北梁、喇嘛波罗8个重点旅游村以及年初确定的23个资源或区位条件较好的乡村旅游提升村扶贫村进行调研,起草了旅游产业扶贫方案和扶持政策。争取国家、省、市对口部门的专项资金445万元改善乡村旅游基础服务设施,借助旅发大会,种植花海,美化环境,招商引资,项目带动,探索创新旅游扶贫模式,取得显著效果。

孤山子、二道河子、元山子、小北沟、喇嘛波罗等31个村旅游产业规模不断扩大,到2018年累计建成农家院615家,床位3.9万张。130个贫困户、313口贫困人口通过租马、务工、开办农家院等途径增收。其中贫困村小北沟、元山子绝大多数贫困户都有来自旅游方面的务工和经营收入,旅游在脱贫方面起到重要作用。

丰宁旅投公司(永太兴项目)与外沟门村,金诺旅游公司(神仙谷项目)与喇嘛波罗村已经确定结对帮扶关系,神仙谷景区建成开业后,带动附近喇嘛波罗聚源城自然村9户贫困户通过花海地租及景区务工取得收入。企业正在谋划将该自然村村民房屋整体租赁经营,届时全村将全部吃上旅游饭。永太兴疏林草原项目涉及2个村4个组860口人，采取“旅游＋美丽乡村”的扶贫模式，由企业把景区内的滦河沿自然村41户136人的民房全部集中改造成具有民族特点的民宿，同时安置村民全部到景区内务工，引导群众发展农家游。天成号驿站项目通过提供服务员、保洁员、售货员等岗位，已解决天成号村民13人就业。

大滩镇小北沟按着“绿水青山就是金山银山”的理念，采取“旅游＋美丽乡村”的扶贫模式，与旅游公司合作共同建设运营契丹部落旅游综合体项目。项目总投资1.6亿元，项目主要内容包括皇封山驿站景区、“雄库鲁”轻奢帐篷营地、景区内村民搬迁等内容。运作模式有几个特点：联合组建公司。由村公司和企业公司联合组建九凰旅游开发有限公司。村民入股。股份分为：资源股，以本村资源（耕地、草场、山林等）折算成股；土地股（农村宅基地）；房产股（新村房屋折股）；资金股（村民投入资金）；政府投入股（各类项目、扶持资金基础设施投入）。村民有产权，但不参与经营。统一经营。小北沟村抬头沟自然村，该村自2014年通过美丽乡村改造提升，建立了旅游合作社，2018年全村已有52家农家院入社，有床位3000张，每年可接待游客10万人次，年收入能达到500万元左右。这个村的旅游资源、经营基础比较好。其中通过实施异地搬迁，规划把景区内涉及到的3个组的村民全部搬迁，原来村民的房子由村负责统一规划改成民宿后，由公司统一经营、统一核价、统一营销、统一接待、统一结算，真正使村民搬得出，稳得住，能致富。分享红利。村民不但享受分红福利，而且还通过维护公共设施，维护环境卫生，安全保卫等到企业务工等方式获得收入。经营亏损，小北沟村和村民不承担债务。年内，全村的1.2万亩耕地全部流转给九凰公司经营，每亩400元，村民每人每年最低可获得纯收入4000元，村民租赁马匹每年每匹获得的纯收入是5000元。公司经营用工全部是小北沟村民，估算下来每名村民年纯收入能达到1万元左右。

在旅发大会闭幕后召开的全省乡村旅游扶贫推进会上，大滩镇、小北沟村、永太兴疏林草原生态旅游度假区项目分别被评为全省旅游扶贫示范乡镇、旅游扶贫示范村和旅游扶贫示范项目。

【不断提升丰宁旅游品牌形象】 年内，与省旅发委建立捆绑营销模式，联合在央视进行旅游形象宣传。县政府投入80万元将京北第一草原景区与避暑山庄等打捆在中央电视台新闻频道《朝闻天下》栏目投放宣传广告。

在中央（省级）和本地等主要媒体进行旅游宣传和报道。重点围绕第三届河北省旅游产业发展大会，协调配合包括河北省电视台、承德市电视台、承德日报、承德晚报等省市各级媒体对丰宁重点项目、特色景区、脱贫带动等实例进行新闻宣传。承德日报旅发大会特刊图配文整版刊发稿件《一副跨越发展的壮美画卷——丰宁加快旅游业发展纪实》；光明日报、承德日报等集中报道小北沟村旅游扶贫事例，承德日报“旅游扶贫承德样板”系列报道刊发文章《丰宁小北沟村：资源入股带动村民致富》。

开设官方微信进行旅游宣传推广。开通“丰宁旅游官方平台”微信公众号，利用新媒体传播途径加强旅游政务信息、旅游新闻、旅游服务信息发布，进一步拓展丰宁旅游的宣传渠道。

自主设计开发制作本地宣传品。为宣传丰宁旅游资源、推介旅游线路、开拓旅游市场，编写《诗画丰宁》专集对全县旅游资源进行集中概述；印制《丰宁满族自治县旅游导览图》，为游客提供丰宁旅游吃住行等一系列服务引导。

【举办活动】 成功举办“2018丰宁坝上草原音乐节”，吸引数以万计游客慕名前来，极大拓展了坝上草原的品牌影响力，对面向全国推广丰宁旅游品牌起到重要推动作用。

成功举办“2018超级马力丰宁坝上国际牛仔嘉年华”，为来自京津冀及周边地区的广大马友献上了包括团体赶牛赛、全能牛仔竞技等6个项目的精彩马术表演。成功举办“中国马镇首届丰宁坝上草原文化节”，集中展示了坝上地区集马文化体验、休闲度假、草原避暑观光、民族艺术展演、冬季冰雪旅游、湿地生态等为一体的多功能旅游新业态项目的良好发展态势。

【参与展会】 积极参与全省旅游发布活动。丰宁全域旅游创建被推荐至“2018河北优秀全域旅游创建单位”评选，智慧旅游项目被推荐至“2018河北智慧旅游项目”评选，中国马镇被推荐至“2018十大旅发大会新业态项目”评选，京北第一草原被推荐至“不得不游的最具人气景区”评选，满韵骑风被推荐至“不得不看的精品演出”评选。

积极参与节庆活动。2018年五一期间，丰宁草原旅行社和银河旅行社受邀参加由河北广播电视台主办的“风从丰宁来”——河北省第四届户外旅游节第一届满族文化节，展示丰宁丰富旅游资源。

【推介线路】 综合考虑旅游交通、旅游资源禀赋等因素，重点打造两条精品旅游线路:第一条为风情草原休闲旅游线路,北京——大草坪——燕山大峡谷(洪汤寺)——九龙松——喇嘛山——京北第一草原,这是连通丰宁重要景区与客源地北京的核心旅游线路;第二条是"茶盐古道、风情画廊"百里旅游观光线路,以御大线打造国家"一号风景大道"为基础,以清代茶盐文化为内涵,将大滩——鱼儿山——万胜永——外沟门——御道口沿线打造成连接内蒙、围场、张家口的大草原旅游线路。

【不断加强旅游市场综合监管】 整合旅游、市场监管、物价、公安、交通、城管、住建、农牧、林业、水务、环保、安监等部门职能力量,在京北第一草原设立旅游管理处,2018 年全县抽调相关部门骨干 40 多人成立旅游综合执法队开展联合执法,对家庭旅馆超范围经营、租黑马、黑店、黑导游及虚假宣传等扰乱旅游秩序问题进行严厉打击;对欺客宰客、不明码标价、乱扔垃圾、抢客、拦客等行为要严格管理和处罚;坚决打击宾馆酒店、度假村等规模经营场所违法占地和私自开荒破坏草地、湿地、林地行为;规范各专业村马队管理及马匹出租秩序管理;规范家庭旅馆的服务质量和旅游商品质量,切实打造让游客住的舒心、吃的放心、买的开心的旅游环境。

【认真做好行业管理和标准化规范化建设工作】 年内,承办省市各级旅游培训班 2 次,组织了丰宁非物质文化遗产传承中心 AAA 景区、九龙醉酒文化产业园 AAA 景区的申报评定工作;举办了旅游行业协会改选,实现了政会分开,并发挥了行业协会的职能作用;对旅行社、景区及星级宾馆进行常态化执法检查 15 次,对星级宾馆、旅行社双随机检查 3 次,重点检查旅行社安全生产责任制落实情况、旅游租车、安全风险管控、不合理低价游等;景区安全、票价优惠政策执行情况、是否存在强买强卖行为等;星级宾馆安全、服务质量提升情况等。妥善处理旅游投诉事件,累计处理投诉 25 次,其中国家 12301 旅游投诉平台 12 次,961890 热线 3 次,口头处理 10 次,旅游投诉同比下降 20%。

【积极开展"安全生产月"活动】 围绕"生命至上、安全发展"主题,积极采取措施,充分利用各种媒体进行宣传,普及安全知识,弘扬安全文化,营造关心安全生产、参与安全发展的良好舆论氛围。在县旅游局内积极开展安全生产月宣传推广工作,通过张贴宣传标语、发放宣传资料、现场解答等方式,宣传旅游安全法律法规和安全常识。要求星级酒店、A 级景区、旅行社组织旅游从业人员安全培训及开展安全警示教育活动,不断提高自身的安全防范意识,严禁无证上岗。注重实效,深入排查,确保安全无事故。结合安全知识培训,组织各旅游企业开展安全自检自查自纠活动,防范事故发生。

【切实加强综治维稳工作】 加强法制教育,提高法制意识。组织干部职工系统学习《宪法》《公务员法》等法律法规知识,同时在执法人员培训学习网上组织执法人员进行学习,增强职工法律意识,严禁干部职工参与邪教组织,杜绝集体上访等事件,严禁参与赌博、吸毒等违法活动,12 月 4 日在景区开展法制宣传日活动,深入宣传法律法规,提升景区工作人员的法律意识。认真开展扫黑除恶专项行动。充分利用各旅游企业 LED 显示屏、横幅标语、微信群等载体广泛宣传发动,公开举报电话和信箱,营造良好社会声势和舆论氛围。全面抓好涉黑涉恶线索摸排,对重点领域的重点问题,如涉及旅行分社及网点的旅游包车、景区景点的欺行霸市、强买强卖等可能存在的现象进行重点排查,本着"有黑扫黑、无黑除恶、无恶治乱"原则,全面排查治理。认真开展平安景区创建工作,围绕"无重大安全责任事故、无重大游客投诉事件、无群体性事件、无邪教组织和非法宗教活动和提高人民群众安全感、提高游客满意度"的目标,切实加强旅游景区社会治安综合治理的宣传教育,通过平安景区创建工作的开展,景区游客投诉率明显下降、旅游环境明显优化、景区整体形象明显提升。

撰稿/宁桂艳

社　　　　会

人民生活

【人口与人民生活】 2018年末，全县户籍人口408470人，比上年增加1319人；其中：城镇人口97655人，乡村人口310815人。年内出生3958人，人口出生率为10.05‰，比上年增长了0.65个千分点；死亡人口1594人，死亡率为3.76‰；人口自然增长率5.7‰，比上年增长0.59个千分点；符合政策生育率为95.1%。

城乡居民收入快速增长，全县城镇居民人均可支配收入23660元，比上年增加1720元，增长9%。农村居民人均可支配收入8528元，比上年增加914元，增长12%。城乡居民居住条件进一步改善。

（统计局供稿）

精神文明建设

【全域创建群众性精神文明】 2018年，全县新一轮创建省级文明县城.利用刊播“讲文明·树新风”公益广告，县级主流媒体、电子显示屏、户外广告等形式形成常态化宣传。开展《市民文明公约》和《市民行为守则》修订宣传，新的《公约》和《守则》贴近实际，已成为广大市民日常生活的行为规范。提升公共场所文明，“俭以养德·餐桌”。完善城市功能，实施城市环境、老旧小区改造、道路改造等项目实施，促进了城市公共环境、公共秩序、公益活动、公共关系等创建指标的落实。开展“礼让斑马线”道路交通秩序综合整治，加强交通安全知识宣传和交通违法行为治理，改善了城市交通环境。创建文明单位。着眼夯实创建基础，在文明单位开展“七个一”（举办道德讲堂、组建学雷锋志愿服务队、建立思想道德公益广告牌、开展网络文明传播志愿服务活动、确定一个帮扶对像、开展文明餐桌活动、积极参与文明城市和卫生城市创建。）创建活动，指导各创建单位建好平台、开展活动、营造氛围，争当培育和践行社会主义核心价值观的排头兵。对全县文明单位创建工作进行提炼，对文明单位实施动态管理。扎实开展文明单位复检和评选推荐工作，丰宁国税局等6个单位被评为省级文明单位，胡麻营镇河东村被评为全国文明村镇。27个单位被评为市级文明单位。文明家庭创建。着眼弘扬中华优秀传统文化，将创建活动延伸到每个家庭，大力开展以传承好家风、好家训为内容的文明家庭创建活动，推进孝心养老工作，在广大市民中开展节俭养德、全民节约行动，在传统节日期间推进“我们的节日”主题活动，实现传统文化与现代文明的有机结合，提高市民的文明素养。

【推进乡风文明】 2018年，围绕创建文明乡镇，以实施村级综合文化服务中心建设为重点，开展“十五个一”（即建设一个好班子、配备一名以上专兼职宣传员、成立一个道德评议会、组建一支学雷锋志愿服务队、评选一批十星级文明户、制定一套村规民约和总结推广一批家风家训、安装一个金喇叭、组建一支农牧民文艺演出队、建设一个文化广场和小戏台，建设一个宣传栏、制作悬挂一批弘扬核心价值观的图说张贴画、设立一个善行义举四德榜、建好一个基层大讲堂、组建一支宣讲队伍、发展一个集体经济项目，与“十个全覆盖”工程）建设，推进移风易俗和乡风文明，农村的文化设施、乡风民风的改观。突出“七个一”建设。全县126个村开展村级综合文化服务中心建设，投入资金2142万元，投入设备资金772万元。共建设和修缮文化广场103个村，建设和修缮文化广场近15万平米，安装公益广告3000多块，文化活动室126个。实施村级综合文化服务中心，提升全县乡村精神文明建设。突出道德风尚培育。以“道德银行”建设为统揽，推进农村移风易俗、弘扬时代新风，谋划建设“扶贫爱心超市”，推进农村精神文明“十个一”建设（即每个村点上都有一名义务宣传员、一个道德评议会、一支志愿服务队、一批文明示范户、一部村规民约、一组家风家训、一支农民文艺演出队、一个文体活动小舞台、一面社会主义核心价值观文化墙、一个善行义举光荣榜，推进农村精神文明建设取得新进展。）道德银行功德榜》展示农村的善行义举和好人好事，重新修订“一约四会”（“村规民约”，“四会”即：红白理事会、道德评议会、村民议事会、禁毒禁赌会），建立红白理事会，营造崇尚文明的良好风尚。开展“十星级文明户”创建，命名县级十星级文明户6300户，引导农民群众自我管理、自我教育、自我提升。开展“好家风”评选活动，以良好的家风建设带动村风民风的改善。突出实施扶贫帮困“志愿行动”。组织全县各级文明单位干部职工、社会公益组织和志愿者走访慰问扶贫对象3660户，救助困难户、农村五保户、退伍军人、散居孤儿、失能老人等450户，捐助资金100多万元，捐助生活用品折合价值80多万元，寻找致富途径近千条，帮助困难家庭解决实际问题300多个，让困难群众增强了摆脱贫困的信心和能力。

【汇聚“大爱丰宁”正能量】 拓展“大爱丰宁”主题道德实践活动，广泛培育宣传各类道德典型，提升广大市民的道德水平，提高干部群众的精气神。培育先进典型，引领文明风尚。宣传全县各类先进典型，召开“紫塞先锋·丰宁道德模范先进事迹巡讲报告会”。实施“一个道德模范带动一个道德模范群体，一个道德模范群体塑造一个道德典型品牌”模式。向上向外宣传典型，利用“文明丰宁”网站和微信公众号，多种形式宣传各类典型，营造向典型学习、向榜样看齐的浓厚氛围。树立“好人好报”的价值导向，走访慰问生活困难的道德典型20多人，救助生活物资折合资金达2万多元。用各种活动载体加大诚信教育力度，让诚信理念深入人心。组织协调市场监督管理局开展诚信企业评创活动，组织协调市场监督管理局等部门开展“食品诚信宣传周”。在快递行业开展了“建设诚信网络快递·助力文明城创建”，增强了行业诚信经营、文明经营的自觉性。2018年，共评选诚信经营企业6家，诚信经营示范店10家。健全重大失信事件联合惩戒制度，对严重失信行为和事件进行联合惩戒。为推进社会主义核心价值观落地落小落实，在县城四路八街、公园广场、乡镇农村等地，以图片、道旗、展牌等形式将社会主义核心价值观生动化、形象化、具体化，中小学生熟记社会主义核心价值观24字内容，进一步推动核心价值观落地生根。

【志愿服务】 2018年，围绕建设美丽丰宁总目标，推动志愿服务制度化、常态化、长效化，打造志愿服务品牌，全县志愿服务工作呈现蓬勃发展态势。在第三届河北省旅发大会上，组织300余名志愿者，活动中志愿者开展会议报到、引领、会议、参观点位、演出会场等服务，保障了会议的顺利进行。在创建省级文明县城和重要时间节点，开展维护交通秩序、维护旅游秩序等志愿服务。对县城小区环境卫生、小广告、空巢老人、留守儿童，街道办、教育局、团县委等县直各部门开展各种志愿服务。建立健全共产党员志愿服务组织，全县共产党员志愿服务组织达到了70多个，有1万多名党员加入到志愿服务队伍中。各级党员志愿服务组织和个人以扶贫帮困为重点，与贫困村、贫困户建立对接台账，实现了与脱贫对象的精准对接，确保志愿服务有的放矢。

【未成年人思想道德建设】 2018年，着眼立德树人，着力在未成年人思想道德教育、课外实践活动和典型引导等方面下功夫，营造未成年人健康成长的良好环境。拓展农村青少年课外活动空间，巩固已建成的12所乡村学校少年宫，推进2018年4所乡村学校少年宫项目建设，县财政拿出16.5万元，对11所乡村学校少年宫实现了全覆盖。以“学生利用率高、社会支持率高、群众满意率高”这“三高”为目标，乡村学校少年宫电子档案录入，整合博物馆、图书馆、现代企业、爱国主义教育基地等资源，组织学生走进基地、接受教育，拓展全县青少年课外活动范围，丰富广大青少年的课外文化生活。开展“中国梦”主题教育，把“中国梦”教育融入到课堂教学、社会实践和校园文化的各个环节。进行优秀童谣传唱、诗文书画征集和童心向党歌咏比赛，让社会主义核心价值观在未成年人中入脑入心。“向国旗敬礼，做一个有道德的人”“争做美德少年”和“缅怀革命先烈”等网上签名寄语，引导未成年人增强责任意识。培养树力未成年人以德为先的先进典型，丰宁二小、丰宁四小、丰宁三中获评“承德市文明校园”荣誉称号。丰宁37名学生获得文明委表彰新时代好少年荣誉称号，推动了全县未成年人思想道德建设工作不断上水平。

撰稿/许巍

民　政

【引进资金】 2018年，县民政系统全年到位资金2.4亿元，比去年增加0.5亿元，达历年来最高。完成了夕阳红老年公寓新建、大阁民政事业服务中心和烈士陵园改建项目；投资229万元对殡葬管理所进行尾气处理装置改造提升；为解决农村低保户、建档立卡户等困境老人的养老问题，拟投资5000万元，在南关、选将营、黑山嘴、鱼儿山4个乡镇建设农村老年公寓，年底已办完前期手续，正在设计施工图纸，计划2019年4月开工建设。

【救灾】 2018年，丰宁先后遭受干旱、洪涝、冰雹等自然灾害，民政部门及时查验上报灾情，妥善安置受灾群众，累计下拨救灾资金850万元，确保了受灾群众基本生活。农房保险工作又有新举措，2018年农房保险保费由政府全部承担（省厅支持7元、县政府补贴5元），实现了群众免交保费，并将最高理赔金额提高到了3.5万元，同时将城镇居民日常居住的房屋列为参保对象，这一做法得到省民政厅的肯定,在全省的经验交流会上进行了典型发言。全年理赔412户、78万元;一元民生理赔3人、11万元。

【社会救助】 2018年,对全县低保、特困供养3万份档案进行规范提升,对省考反馈问题进行举一反三,对全县低保贫困户进行核查,拟注销389人;为解决漏保问题开展深入排查,拟纳入低保3635人。进一步精准认定低保和特困供养对象,解决城乡特殊困难家庭实际困难,先后出台了《丰宁满族自治县委脱贫攻坚社会救助兜底保障工作方案》《丰宁满族自治县城乡特殊困难家庭救助工作方案(试行)》,两个方案的实施,完善了社会救助机制,充分发挥了扶贫攻坚中的兜底作用。自5月起,城镇最低生活保障标准提高至月人均600元,补差标准提高至每人每月329元;农村低保保障标准提高至4200元/年,补差标准提高至245元、275元、350元3个档次。农村分散特困供养标准提高至6000元/年,城镇分散特困供养提高至9600元/年,均超出省定标准。全年累计发放低保资金8100万元,特困供养资金1819万元。落实临时救助政策,对申请临时救助的困难群众,及时入户核查,全年共救助困难群众1417人,发放资金1070万元。为保障困难群众的基本生活,春节前发放救助面粉600吨。为特困供养人员每人发放棉大衣、棉被各一套,冬季取暖补贴650元。

【医疗救助和贫困大学生救助】 2018年,审核低收入和医疗费用过高家庭,对低保、特困供养、建档立卡、低收入群体等重点对象,实行医疗救助全覆盖,共救助23324人,发放资金1141.5万元。为238名学生发放救助资金72.3万元。通过福彩助学,为16名贫困学子发放助学金8.64万元。

【精准识别"回头看"】 2018年结合扶贫领域腐败和作风问题专项治理,再次开展精准识别"回头看"。按照省市扶贫领域腐败和作风问题集中核查要求,制定了《民政系统扶贫领域腐败和作风问题集中核查专项行动方案》,成立6个核查小组,对全县低保、特困供养情况进行全面核查,县扶贫工作督导组进行了辅助核查,经过一年的集中核查,新增农村低保457人,注销1302人;新增城乡分散特困人员378人,注销199人,一些错保、漏保问题得到纠正。年底,全县共有农村低保25748人,城乡分散供养特困人员3717人。在2017年精准识别工作基础上,开展了省审计问题整改工作,并进行了举一反三,对发现的违规发放城乡低保资金、特困供养资金、残疾人两项补贴以及未按标准发放城乡医疗救助资金等问题全部整改到位,并追回了全部违规发放资金。

【社会救助】 通过政府购买服务的形式,为全县乡镇(街道、开发区)公开招录基层社会救助专职工作人员81名,招录兼职人员319人,年内人员已全部上岗,并已发挥作用,省民政厅已在全省推广丰宁经验。

【退役军人管理】 2018年优抚对象审核,新增优抚对象138人,注销72人,全年累计发放优抚资金2462万元;免费为重点优抚对象体检,对重点优抚对象实施医疗救助,发放医疗保障金71万元。接收退役士兵、转业士官、退役义务兵共91人,对符合安置条件的15人进行了安置;为退役士兵免费提供技能培训,举办了招聘会。按照"六有"标准(即有机构、有编制、有人员、有经费、有办公场所、有工作用车)于2018年1月29日成立了退役军人管理服务中心,全县348个乡镇和村级退役军人管理服务站全部完成了挂牌。通过退役军人数据信息采集和多轮的"回头看",录入退役军人数据12060条。为军属、烈属、退役军人等家庭悬挂光荣牌12612个。为退役军人发放《优待证》。协调相关部门,在全县公开服务窗口设置了优先优待标识,在旅游景点实行免门票费政策。提高公益岗工资待遇,每人每月达到1780元,安排公益岗94个(其中:城镇兵68个、志愿兵26个),安排政府购买服务岗位17个。八一建军节期间为退役军人和优抚对象发放慰问金166万元。

【社会事务管理】 完善农村留守儿童、困境儿童及孤儿信息库,2018年发放孤儿基本生活保障金141.42万元;开展了困难残疾人、重度残疾人排查认定,为5232名困难残疾人发放生活补贴389.7万元,为3433名重度残疾人发放护理补贴285.7万元;对失能、半失能老人认定,为6699名失能、半失能老人发放补贴213万元;为8433名高龄老人发放补贴323万元。对流浪乞讨救助工作,开展"寒冬送温暖活动",对重点地段定期巡查救助,联合交通、公安、卫生等部门及时对流浪乞讨人员开展生活、医疗和返乡救助。全年救助四川、辽宁等流浪人员300余人。对社会组织的管理,完成了32个社团和民办非企业的年检工作。2018年办理结婚登记2374对,离婚登记1217对,补发婚姻登记证2383对,合格率、合法率都达到100%。

【基层政权和区划地名】 推动南

关撤乡建镇和外沟门、南关更名，110个村的路街命名、路街牌、住户门牌的制作安装；开展第十一届村委会换届选举，全县320个村（居）委会已全部完成选举。

撰稿/李高阳

扶　贫

【脱贫项目库建设】 2018年，县扶贫办公室做好统筹规划，解决“项目等资金”问题。按照“村级项目申请、乡镇项目审核、县级项目审定并入库”的规定，建立了2018－2020年脱贫攻坚项目库，制定《丰宁满族自治县脱贫攻坚项目库管理办法》。2018年项目库在6月底完成，根据实际情况于10月份和12月份两次进行了规范和动态调整。2018年脱贫攻坚项目库共储备4大类，2276个项目，总投资36.49亿元。其中扶贫专项资金项目1054个、产业扶贫全覆盖补贴项目435个、涉农整合资金项目762个、东西部扶贫协作项目25个。

【精准对接】 启动贫困村产业和产业配套项目。县扶贫办直接实施项目合计14400万元。其中产业扶贫和贴息项目、产业化资产收益扶贫项目9814万元。其中产业发展到户项目97个，涉及贫困户3673户、资金1770万元；基础设施180万元，光伏扶贫电站建设资金4800万元；贴息项目350万元；其他到村产业项目10个2714万元。资金拨向2018年计划出列村、易地移民搬迁村后续产业、27个深度贫困村及非贫困村贫困户适度倾斜。重点支持食用菌、蔬菜、肉驴、生猪等种植养殖产业发展，项目已基本完成并通过验收，扶贫资金拨付95%，整合资金达到80%。同时进行了2017年近100多个项目（包括彩票公益金项目）三方验收报帐。

【项目管理】 2018年，重新修订和完善相关项目和资金管理制度。重新制定《丰宁满族自治县统筹整合使用财政涉农资金管理办法》，配合产业办研究细化《丰宁满族自治县扶贫攻坚产业全覆盖项目实施方案》。修改完善《丰宁满族自治县扶贫专项资金项目实施管理办法》和《丰宁满族自治县扶贫专项资金项目指导意见》，对加强项目流程管理，保证项目工作规范、科学、可操作性强。下发《关于进一步规范股份合作项目扶贫项目管理的意见》的通知，加强管控入股分红项目，增设评估、担保、公证、发放股权证等措施，完善相关合同的文本，保证风险可控。两次为全县村干部和驻村工作组成员举办“财政扶贫资金项目申报、验收、报账业务培训班”，培训扶贫项目的相关业务知识，指导村级项目工作，为项目验收报账奠定基础；指导乡镇村对资金规范管理，项目规范实施，规范有序的基本模式。

【光伏扶贫】 在2017年的基础上，于2018年12月25日全部建成并网。实现了贫困村全覆盖，工程标准高，建设进度快。用了100天的时间完成了全部建设。建设模式新。创新了“两垫两还”（企业垫付资金先行建设，县整合财政涉农资金分3年返还企业90%，另外10%从电站运行第4年开始至第20年逐年等额返还”和“企业循环垫付3年光伏收益金，电站并网发电后从收益结算中逐年返还）的模式，即“企业垫付资金先行建设，通过“两垫两还”模式，有效缓解了政府资金压力，实现了“电站未发电，群众先得钱”，保障了贫困户收益最大化。9月份制定了《光伏收益分配方案》《生态扶贫公益岗实施方案》，对有劳动能力的贫困户设立“三护一保”（立护林护草员、河道管护员、村组保洁员）等公益岗位8162个，每人每年可增加6840元工资性收入，实现一人上岗，全家脱贫。对无劳动能力户、弱劳动能力户、边缘户、退出不稳定户，通过如打扫自家院落等力所能及的劳动，获取劳务收入，保证每户年增收3000元以上。以上两项2018年全年已发放到位，共发放5批71216户次，9176多万元。

【资金整合】 2018年整合范围资金66461.55万元，统筹整合计18项，合计42357.17万元，占纳入整合范围资金到县规模数的比例为63.7%。全年出会议纪要5次，制定上报方案三次，批复各单位文件26个，做到了手续规范。

【易地移民搬迁】 2018年7月下旬对全县搬迁规模进行了再次核实，经核实，全县易地扶贫搬迁规模建档立卡6680人，同步搬迁4202人。2018年度易地搬迁贫困人口享受后续扶持政策实现全覆盖。对全县28个集中安置区，实施了“两区同建”（安置区和小区同步配套建设）模式，配套建设产业扶贫园区。通过入园务工、资产分红、光伏收益、社会保障等多种形式，实现“综合覆盖”，双项目带动率达到100%。

【金融扶贫】 丰宁小额信贷扶贫累计发放小额信贷4044.7万元。其中信用社发放小额信贷240.7万元，带动贫困户46户；工商银行发放小额信贷3804万元，带动贫困户1616户。为1429户建档立卡贫困户进行扶贫小额贷款贴息共计298万元。

【社会扶贫】 省、市、县各级帮扶单位驻村帮扶工作扎实有效。2018年,全县共计进驻工作组171个,其中省直工作组46个;市直工作组43个;县直工作组82个。各驻村工作组围绕落实驻村帮扶任务在精准扶贫、精准脱贫上做了大量工作,涌现出了一批精准扶贫的好典型。各驻村工作组深入调查走访,为帮扶村把准脉、开好方;科学制订帮扶工作计划;根据贫困户实际情况制定帮扶措施;利用部门优势,召开定点扶贫协调会,协调职能部门倾斜资金,有力促进帮扶村项目落地,为贫困群众脱贫致富奠定基础,有力的改变了贫困村基础设施,改善了贫困群众生产生活环境,社会帮扶工作取得可喜成绩,全员参与的大扶贫格局业已形成。帮扶单位直接投入3057.2万元,其中省直1801.6万元,市直769万元,县直486.6万元。帮助引进各类资金12143万元,其中省直6240万元,市直889万元,县直5014万元。帮助引进项目289个,其中省直105个,市直49个,县直135个。

【重点领域扶贫】 2018年,县印发《关于丰宁满族自治县国奶扶贫工程实施方案的通知》,成立丰宁满族自治县国奶扶贫工程领导小组。共建立了26个乡镇工作群;9个乡镇家长群(线上健康教育群),每日推送科学育儿知识,完成线上健康教育36760人次。全县完成7批次以上资助奶粉的审批和发放工作,共计资助362(次)婴幼儿,发放资助奶粉6931罐,资助总价值达154.9576万元。其中,有98人(次)婴幼儿享受全额资助,资助罐数656罐,资助价值达194176元;有264(次)婴幼儿享受差额资助,资助罐数6275罐,资助价值达1355400元;利用社会扶贫网搭建社会帮扶平台向社会爱心人士发布扶贫需求、帮扶渠道、政策宣传、帮扶成效等多层次、全方位的扶贫信息。2018年在中国社会扶贫办注册爱心人士180名,通过中国社会扶贫网向社会发布爱心需求52条;"万企帮万村"精准扶贫行动有序推进。27个深度贫困村帮扶民营企业实现全覆盖,帮助发展扶贫产业,改善基础设施,帮扶成效明显。

【基础工作规范提升】 全县27个乡镇(开发区)作为此次专项行动共核实错评人员23932人、漏评人员1255名、错退人员453名。贫困户基本信息、政策性收入、月收入、帮扶措施和成效通过连心卡和一封信的形式对贫困群众进行了告知。2018年共退出贫困户15904户35188人,其中2018年底脱贫(享受政策)户14013户31404人,2018年底脱贫(不再享受政策)户1891户3784人。建档立卡系统中实际标注脱贫14010户31397人,有3户7人在乡镇上报退出申请后死亡,已在系统中自然减少,其中一般贫困人口退出5581户15038人;低保贫困人口退出7212户14903人;特困供养户退出1217户1456人。,2018年8月动态调整中全县贫困人口清退2230人,脱贫人口清退3156人,贫困人口补录1255人,脱贫人口补录904人。脱贫人口回退236户453人,脱贫人口标注不享受政策5001户14794人。返贫51户170人;脱贫人口回退236户453人;新识别贫困人口140户329人,自然减少贫困人口3464人;自然增加贫困人口360人。未脱贫标注1832户3631人。全县标注脱贫(不再享受政策)1525户3362人;不享受政策回退177户650人;2018年脱贫回退92户164人;返贫6户15人;自然减少5061人;自然增加3653人;新纳入贫困人口154户361人。

【建档立卡】 建档立卡系统数据清洗从2018年10月份开始,对建档立卡系统内的建档立卡数据进行修改完善。采用县里下发文件进行指导,乡镇集中开展数据修改,县级后期对错误数据修改情况进行检查;将乡镇人员抽调到县城集中开展错误数据修改工作,县扶贫办集中进行指导修改。通过以上两种方式,共计修改错误数据120588条。对于县内就读的建档立卡家庭学生,与教育局沟通统一进行学生建档立卡资格审核,与教育局做好系统数据对接工作。对于外地就学的本县建档立卡贫困家庭学生,出具建档立卡系统截图。2018年开展建档立卡学生批量审核19次,共计审核建档立卡贫困家庭学生5400余人。与各职能部门间开展建档立卡数据对接。定期开展数据交换与数据对比查询。2018年共计开展建档立卡数据比对110余次,提供人社局、住建局、残联等单位建档立卡系统数据40余次。电子档案规范化管理,按照上级下发的扶贫档案管理要求和目录进行整理,打造出档案管理精品村,统一目录、模块管理、现场观摩等使全县扶贫档案管理规范化、科学化。规范管理五证一册(低保证、五保证、合作医疗证、养老保险证、农业综合补贴证、扶贫手册)。由驻村工作组牵头,乡镇包村干部指导、村干部配合,严格《扶贫手册》等相关证册的填写,真实记录家庭收入及各项扶贫政策落实情况。按照县委工作要求,牵头建设了电子档案平台,组织县直部门、各乡镇完成了电子档案数据的统计汇总工作。

撰稿/李云辉

【民建中央推动脱贫】 2018年，民建中央郝明金主席上任后，对丰宁的扶贫工作进行了再部署、再推动、再投入。5月24日，承德市长常丽虹、丰宁县委书记方志勇、统战部长徐树星及相关领导，就脱贫攻坚工作与民建中央进行对接，民建中央主席郝明金、副主席李世杰等领导参加了接见。5月30日，民建中央副主席李世杰主持召开了民建中央暨京津冀民建组织对口帮扶丰宁县工作会。

8月13日，民建中央主席郝明金、民建中央副主席李世杰到丰宁就脱贫攻坚情况进行调研，国务院扶贫办、国家交通运输部、京津冀三地民建主委、民建会员企业陪同参加调研活动。会上，中华思源工程基金会、中国社会福利基金会结合“授渔计划”共向丰宁捐赠2000万元，用于丰宁新农村建设、电商扶贫、医疗卫生、助学等项目。年底，民建中央及京津冀三地民建组织领导先后到丰宁调研、对接帮扶工作、落实帮扶项目440余人次，其中副厅级以上领导赴丰宁40余人次。

【落实项目推进脱贫】 2018年，民建组织、会员企业参与到丰宁实施的项目9个，预计投入资金5380万元。中华思源工程基金会落实项目3个：思源救护项目，投资80万元，在贫困村援建13个村级卫生室；思源助学项目，中华思源工程基金会为丰宁捐赠儿童安全教育平台软件32套；思源扶贫，丰宁元始种植有限责任公司2个农产品作为“电商扶贫优秀农特产品”入选并在电商网站推广。中国社会福利基金会“授渔计划”落实项目3个：捐资480万元用于资助丰宁县职业技术教育中心贫困学生生活费，连续资助4年；捐资320万元用于资助丰宁部分中小学400名贫困学生生活费，连续资助4年；投资200万元开展“互联网+教育”双师课堂项目，连续资助4年，现已完成6个学校教室装修。民建会员企业亿博集团在南关蒙古乡两间房村和北黄土梁村建立矮化香椿种植基地，拟投入资金900万元，年内已注册成立了亿博基业农业股份有限公司丰宁分公司。同时在两间房村、横河村流转土地380亩，栽植香椿苗17万株，用工400余人次。民建河北会员企业在丰宁注册成立韵天承旅游发展有限公司，在万胜永乡万胜永村开发休闲旅游项目，年内已完成“三通一平”，投资1000万元，预计2019年6月底营业。天津农科院林果所拟投资2000万元在大滩镇建设丰宁工作站，年内项目规划书已完成。

【京津冀联动精准对接脱贫】 按照民建中央脱贫攻坚会议要求，京津冀三地民建组织按照地理位置分片帮扶丰宁27个深度贫困村。民建河北省委帮扶7个深度贫困村，引进帮扶物资173.12万元，用于慰问贫困户，助学、种植产业等；民建北京市委帮扶10个深度贫困村，引进帮扶物资61万元，帮助壮大产业1个（丰大农业有限公司）；民建天津市委帮扶10个深度贫困村，引进帮扶资金152万元，用于卫生室建设、种植、养殖产业发展等。

【定点帮扶】 民建中央定点帮扶丰宁黄旗镇乐国窝铺村，民建中央下派驻村第一书记罗锋到村开展帮扶工作。罗锋组织民建中央干部职工及爱心人士捐助10万元款物在该村建立了“民建爱心超市”，村民通过参加村集体活动，获得一定数量的爱心值券，凭券兑换相应物品。“爱心超市”模式得到了全县干部群众的广泛认可，明年即将以试点方式在全县贫困村中展开。民建中央注重智力扶贫。2018年民建中央社会服务部捐资15万元，用于培训丰宁农村致富带头人100人、乡村医生100人和村干部500人。8月，经民建中央推荐将丰宁县列为北京世园会贫困地区产品展示区成员单位

撰稿/张艳华

人　　物

逝世人物简介

张克政(补记)

张克政,(1935－2017)1935年5月出生,中专文化,高级农艺师,河北省平泉县人。1955年8月参加工作。

1955年8月至1958年6月,任丰宁县农业局技术员;1958年6月至1960年10月,错划为右派分子劳动改造。1960年10月至1961年10月,任兴隆红旗焦化厂化验员;1961年10月至1968年12月,任鱼儿山国营林场技术员;1969年1月至1979年6月,在平泉县南五十家子公社农民;1979年6月,错划右派问题彻底改正平反,恢复公职,在丰宁县种子公司任技术员;1981年1月至1982年6月,任丰宁县农业局化验员;1982年6月至1983年11月,任农业局秘书;1983年12月至1985年5月,任农业局局长;1985年5月至1990年11月,任丰宁县科学技术委员会主任。

1983年12月,在政协丰宁县第三次会议上当选为政协副主席。

1984年9月,在政协丰宁县第二届委员会第一次会议上当选为政协副主席。

1987年4月,在政协丰宁满族自治县第一届委员会第一次会议上当选为政协副主席。

1990年5月,在政协丰宁满族自治县第二届委员会第一次会议上当选为政协副主席(驻会)。

1993年3月,在政协丰宁满族自治县第三届委员会第一次会议上当选为政协副主席(驻会)。

1993年9月,在政协承德市第九届委员会第一次会议上当选为常务委员。

1996年3月,经中共承德市委组织部批准退休、离任。

2017年2月1日逝世。享年82岁。

杨英森

杨英森(1923－2018),1923年10月出生,汉族,籍贯丰宁县汤河乡中沟门村。

1945年2月参加工作,1947年8月入党。

1945年2月至1945年8月当八路军。

1945年9月至1947年11月在红石砬村当公务员。

1947年12月至1948年在下庙区任秘书。

1949年至1952年,先后任王营子区,五道营区区长。

1953年至1960年任丰宁县政府农业科长。

1961年2月至1961年12月,任选营工委书记。

1962年1月至1967年2月,任农村工作部部长。

1967年3月至1969年2月,在五七干校学习。

1969年3月至1969年12月,任窄岭宣传队队长。

1970年1月至1972年7月,任县修造厂党支部书记。

1972年8月至1974年9月,任县安全生产办公室副主任。

1974年10月至1979年2月,任窄岭工委书记。

1979年3月至1981年10月,任县革委会副主任。

1981年10月至1984年5月,任县政府副县长。

1984年5月至1985年9月,任县政府顾问。

1985年10月离休。

2018年2月去世,享年85岁。

解自轩

解自轩(1928－2018),1928年出生,初中文化,籍贯丰宁县胡麻营镇塔前村。

1947年1月参加工作,1948年2月加入中国共产党。

1947年1月至1952年10月,先后任丰宁县窄岭区青年书记,丰宁县公安局文书、副股长、股长。

1952年11月至1954年12月,任热河省人民检察院助理检察员、检察员。

1955年1月至1959年12月,任承德地区检察院分院科长、党组成员,承德地委政法部干事、科长。

1960年1月至1968年12月,先后任丰宁县下庙区区委书记,县监察委员会书记,县委常委。

1969年1月至1972年12月,先后任丰宁县窟窿山公社主任,凤山区主任,丰宁县县革命委员会办公室主任。

1973年1月至1982年5月,任丰宁县县革命委员会副主任,县委副书记。

1981年11月至1983年12月任政协丰宁县第一届委员会主席,党组书记。1983年12月离职休息。

2018年8月1日逝世,享年90岁。

杨春元

杨春元(1930－2018),1930年11月出生于今丰宁县今黑山嘴镇西两间房村。

1948年8月参加革命工作,1952年12月入党。

杨春元1947年1月至1951年4月,在丰宁县马架子金矿当工人。

1951年5月至1953年6月,在丰宁县总工会工作。

1953年7月至1968年10月,历任丰宁县委宣传部干事、副部长,下庙区委书记。

1968年11月至1974年8月,任丰宁县生产指挥部副主任、县委党校校长。

1974年9月至1981年1月,任丰宁县委办公室副主任,凤山区区委书记。

1981年2月至1982年4月,任丰宁县委宣传部部长。

1982年5月至1983年11月,任丰宁县委副书记。

1983年12月至1990年10月,历任丰宁满族自治县政协主席、党组书记、顾问。

1990年11月离休。2018年10月25日逝世,享年88岁。

李树鹏

李树鹏(1936－2018),1936年12月出生于丰宁县波罗诺镇,满族。1954年8月参加革命工作,1956年12月入党。

1954年8月至1955年4月,任丰宁县第八区人民政府公务员、秘书。

1955年5月至1960年3月,任丰宁县委农村部干事。

1960年4月至1963年7月,任丰宁县委办公室秘书。

1963年8月至1968年11月,任南辛营公社秘书。

1968年12月至1976年4月,任丰宁县革委会政治部秘书、组织部秘书。

1976年5月至1978年11月,任丰宁县文教局副局长。

1978年12月至1983年11月,任中共丰宁县委办公室副主任,其中1980年兼任县档案局局长。

1983年12月至1987年6月,任中共丰宁县委办公室主任。

1987年7月至1990年3月,任中共丰宁满族自治县委统战部部长。

1990年4月至1996年11月,任政协丰宁满族自治县委员会副主席兼统战部长。

1996年12月退休。2018年12月30日逝世,享年82岁。

滕　腾

滕腾(1932－2018)1932年6月出生于丰宁县黄旗;1949年1月,参加中国人民解放军,任一野四军补训团卫生员;1949年10月,任师部卫生部护士、手术室护士;1952年3月,任十师三十团文化教员;1955年4月复员。

1955年9月,任丰宁县剧团会计、秘书;1960年5月,任内蒙古正蓝旗建筑工程队绘图员、设计员;1965年5月,任正蓝旗牧区建设队技术员、副队长;1973年4月,任正蓝旗建材厂生产办公室主任;1974年11月,任正蓝旗水泥厂生产技术主任、厂长助理;1980年2月,任丰宁县水泥厂生产技术主任,副厂长,厂长;1984年4月,任丰宁金凤大理石公司经理;1988年8月,从丰宁县工业局离休。

1990年,62岁的滕腾开始以满族传统工艺“补花”为基础,研究创作“滕氏布糊画”,集绘画、堆绣、绢人、唐卡、刺绣、建筑、裱糊、景泰蓝等众多工艺精华之大成。其作品先后获得中国民间文艺山花奖等各类奖项百余次,被称为“华夏一绝”。2002年,作品《和平昌盛图》《凤凰宝相瓶》被选入人民大会堂。2002年,被河北省文联授予“德艺双馨”艺术家称号。2003年,被联合国教科文组织及中国民间文艺家协会授予“民间工艺美术大师”“中国民间工艺美术大师”称号。2005年,作品《老鼠娶亲图》《十二生肖图》被中国国家博物馆收藏。2006年,经国务院批准授予“中国工艺美术大师”称号。2008年,获得第九届中国工艺美术大师作品暨国际艺术精品博览会“百花杯”特等奖。2009年,获得第十届中国工艺美术大师作品暨国际艺术精品博览会“百花杯”金奖。2014年布糊画被列入国家非物质文化遗产。

滕腾是丰宁县政协第一届委员会委员、第二届政协常委,第四、第五、第六、第七、第八届政协委员;经县政协第七届委员会决定,聘为终身县政协委员。1999年,被评为河北省特等劳动模范。

2018年11月6日因病辞世,享年86岁。

鲍延椿

鲍延椿(1938－2018),1938年1月出生于丰宁县凤山镇陶来营村,1955年8月参加工作,1986年12月加入中国共产党。

1955年8月至1972年7月,任小学教师。1972年7月至1979年3月,在丰宁县文化馆任创作员。1979年3月至1982年5月,在县河北梆子剧团任编剧。1982年5月至1994年4月,在县委党史资料征集办公室任编辑。1994 年 5 月退休。

鲍延椿创作的剧本《终身大事》《校园灯光》《霜天秋叶》和《楚江恨》先后获得多种奖项。参与编辑了《丰宁革命斗争史展览》《丰宁满族文史展览》，主编《丰宁党史资料》12 期和 30 多万字的《党史梗概初编》。编写了《丰宁革命斗争史话》，主持编辑了《正吉纪念集》，与人合作译注了《民国丰宁县志》（手稿本），先后刊印了个人创作的《涧草岩花》和《山情谷韵》两部诗文集。

鲍延椿于 2018 年 11 月 20 日病逝，享年 80 岁。

张俊生

张俊生（1934－2018），1934 年出生于辽宁省北票县。1954 年承德农校毕业分配到丰宁县，先后在大滩区农业站、坝上农科所丰宁农业推广中心、丰宁县农广校等单位从事农业先进技术推广和农业科研工作，历任副站长、副所长、所长、副校长等职务。

1959 年出席省水利积肥积极分子代表大会。1978 年被河北省委、省革命委员会授予科技工作先进个人称号。1979 年被河北省委、省政府授予农业劳动模范。1981 年被选为中共河北省代表大会代表。1987 年被评为省农广校办学先进工作者。1988 年被行署记三等功。1989 年被承德地区行署命名为成人教育先进工作者。

1954 年至 1962 年，参加新式农具推广和农作物新品种推广。

1962 年至 1972 年，先后选种出 18 个小麦新品系。其中“东升 10 号”和“东升 9 号”两小麦品种在大面积种植中获得房产稳产。

1969 年至 1972 年间，在北梁公社的南沟生产队运用有性杂交的方法，进行马铃薯新品育种。

1979 年至 1983 年，进行新品种实验，进行新品种推广，获得显著经济效益。到 1988 年累计推广面积达 65864 亩。社会技术经济效益大 325 万元。

1972 年至 1984 年，他主持坝上农科所的全面工作，建立起 38 个大队农试场，开展了以试种子试验为中心的科学实验工作。为坝上农业生产和新品种培育做出重大贡献，

1986 年调入中央农业广播学校河北省丰宁分校任副校长。共培养毕业生 358 名，平均每个村儿 1.2 人。

1994 年退休，2018 年 12 月去世，享年 84 岁。

离休干部逝世人员名录

2018 年全县离休老干部逝世人员名录（20 人）

孙福山　刘九祥　庞树林　陈宝清
李振永　刘元臣　洪志远　何殿举
代德奎　王　祥　曲瑞廷　刘仕文
张福池　薛成福　徐　善　赵进奎
宋志高　智友明　郭　凤　刘福俊

（老干部局供稿）

省级劳动模范逝世人员名录

2018 年全县省级劳动模范逝世人员名录（3 人）

张俊生　刘忠耀　滕　腾

（老干部局供稿）

乡 镇 概 况

大阁镇

【脱贫攻坚】 2018年,大阁镇把脱贫攻坚工作作为首要任务,集中全部人力财力物力攻坚,围绕"两不愁三保障"目标,聚焦"五个一批""六个精准"等要求,推进产业全覆盖、基础设施提升、危房改造和易地移民搬迁等工作,使脱贫攻坚取得了阶段性成果。全镇落实扶贫攻坚基础工作规范提升专项行动,重新确定建档立卡贫困人口2314户6055人,贫困发生率5.6%。全年实现脱贫1202人,全镇现剩余未脱贫人口219户436人,贫困发生率1.6%。六道沟、四道河、帐房沟3个贫困村实现整村脱贫出列。

落实责任,合力攻坚。成立脱贫攻坚领导小组,建立村级工作专班,全面抓好精准识别、精准退出、产业就业、扶贫政策等各项工作落实。落实"五包一"包保贫困户制度,开展遍访贫困户、帮助贫困户解决实际问题活动。把准识别标准和退出底线,运用"三会一公示"模式,甄选"四类重点"人员、建立"六类重点"人员问题台账,全镇新识别贫困人口5户8人、剔除识别不精准人口478户2974人、退出491户1112人,圆满完成了年度各项目标任务。

产业覆盖,稳定增收。按照"项目全覆盖、公益岗就业、光伏产业兜底"路子,健全利益联结机制,采取自主经营、入股分红、直接带户、土地流转、劳务用工等方式,让贫困户实现产业覆盖,稳定增收。实施京冀对口帮扶、产业覆盖项目6个,实现了173户贫困户带户分红资金29.27万元。土地流转贫困户796户,户均每亩增收600~1000元。建档立卡贫困户1121户入股合作社,每户入股分红增收500~1000元。54户贫困户通过"政银企户保"5万元扶贫贷款入股缘天然乳业,每户入股分红增收2500元。4个贫困村实施了总投资1750万元的500千瓦村级光伏电站项目5个,项目建成后每个电站预计年收益30~50万元,直接带动贫困户100户,每户增收3120元。全镇选聘119人担任生态护林员和公益林护林员,年工资收入8000元。利用县级光伏收益,选聘332名有劳动能力的贫困人口担任护草员、护水员、护站员、保洁员"三护一保"公益岗,每月收入570元。对667户无劳动能力户、弱劳动能力户、脱贫不稳定户,通过开展力所能及的劳动,保证每户月收入260元,实现了全覆盖、不落一人。

政策兜底,稳定脱贫。落实各项扶贫政策,确保贫困户学有所保、病有所医、老有所养、困有所帮。教育扶贫:107户建档立卡户子女享受了国家"雨露计划"、65户建档立卡户子女受益于"泛海行动计划","两免一补""三免一助"受益率达到100%。健康扶贫和医疗扶贫:落实贫困人口"先诊疗、后付费"、取消住院治疗起付线等政策,基本医疗保险、大病保险参保和医疗救助政策落实率达到100%。继续为建档立卡贫困户代缴城乡居民基本医疗保险每人每年220元,全面开展家庭医生签约服务工作,贫困人口签约率100%。城郊10个村卫生室达标率100%。社会保障兜底扶贫:全镇享受低保政策464户618人,享受特困供养政策93户93人,农村养老保险、高龄补贴、优抚金、残疾补贴等政策补助资金及时足额发放到位。

加强基础,改善条件。达四沟村易地扶贫搬迁共34户75人,其中集中安置28户63人已全部实现入住,分散安置6户12人已完成司法公证。全镇符合改造政策的"四类户"全面落实政策,应改尽改;协调镇内企业捐资助建30万元,对不能满足现实改造需要的危房户按照标准,能改则改,全年共实施危房改造172户。通过县级支持镇财政列支资金110万元,改造"小黑屋"120户。

实施农村安全饮水工程。年内,实施了六道沟、撒二营等村人居饮水工程,全镇14个村149个居民组自来水安装率达到80%以上。农村基础设施建设:投资300万元实施了国道111线——达二营西环线5400米通村水泥路大修工程;投资150万元实施了账房沟、达四沟、达二营、撒二营4个行政村3400米通组水泥路建设。推进农村环境卫生综合治理行动,年内,清理生产生活垃圾1万余吨、建地埋式垃圾箱12个、配备垃圾箱110个、选聘保洁员198名。

对接帮扶,助力脱贫。承德市发改委为撒二营村争取教育文化建设项目资金77万元,用于改扩建村小学基础设施;承德市热力集团帮扶30万元、金地满城房地产捐助30万元、顺达永固商砼无利息借款50万元,用于支持六道沟村村级光伏电站建设;北京建伟得隆投资有限公司捐资30万元、丰宁景山房地产开发有限责任公司捐资20万元、丰鑫实业和昌达农业分别捐资5万元，全部用于支持帐房沟村村级光伏电站建设；鑫源矿业有限公司无偿捐赠30万元，用于帮助全镇实施危房改造项目工程；县人社局为四道河、达四沟两村争取就业扶贫专岗34个，解决了这两个村贫困户中一半以上闲置劳动力就业问题、户均增收3600元；结对帮扶，走访慰问贫困户2100余户次，送米、面、油等慰问品、慰问金合计30余万元。

【城乡建设】 按照"依法依规、和谐拆占"的工作要求和城乡建设规划，推行拆迁征占"一线工作法"，推进拆迁征占工作。年内，棚户区改造工程顺利启动。撒袋沟门、白塔两个村的棚户区改造工程涉及近1400户拆迁户，完成初步调查摸底工作；规划汽配城建设项目，完成征地700亩；规划大学城项目，完成征地500亩。交通路网征占拆迁工作有序进展。完成华泽街至天鸿街路段拓宽工程完成征地和租地工作；新丰路北延工程涉及白塔段70户、撒袋沟门段35户以及112线拓宽工程撒袋沟门段45户拆迁工作已完成入户摸底工作；协议拆迁奶牛小区13户，线外14户；解决张承高速连接线六间房段9户房屋震损问题和完成河东村5户拆迁户安置分配选房方案；在河东村征收15.1亩土地，用于龙盛街和滨河路建设，征收40亩土地用于县城垃圾处理厂建设；协调征占"一主四副"工程涉及土地60亩和6户的苗木补偿工作，化解13起信访矛盾纠纷问题，保证了项目建设的顺利竣工。村容村貌持续改善，推进城乡绿化。美丽庭院创建工作在巩固去年成果的基础上，重点打造了"一所、一户、两支队伍"，共创建美丽庭院1926户，推动创建工作向纵深开展。实施社会造林210亩，让见缝插绿、全民参与绿化成为常态。

【生态环保】 成立镇环保所，配备5名工作人员，履行了镇域环保职能；成立了以镇长为总河长的管理组织，明确了副总河长、村级河长、镇级管水员工作职责，设立村级管水员80名，签订工作责任书，三级网格化管理制度全部落实，巡查区域安装河长制管水员公示牌24块。定期巡查河道，动用人工、机械及车辆等费用46万元，清理潮河河道垃圾4.9万立方米。完成70个环保测点任务并进行后期系统录入。共改造燃煤工业锅炉共计6台，改造白塔村等电锅炉取暖4台，超额完成了燃煤锅炉改造任务。

【平安建设】 突出"一个重点"。以"扫黑除恶"专项斗争为契机，对发生在拆迁征占工作中的各种势力的讹诈、恶意阻工、抢栽抢种等行为，配合县拆迁办和公安机关，出重拳、用狠招，对苗头性倾向性问题形成强力震慑作用，打压歪风邪气，营造良好的拆迁征占环境。落实"两个机制"。强化信访工作机制和领导包案接访责任制，对年初排查出的46个重点人员、15个重点案件，严格落实"五包一"工作机制，切实把信访隐患化解在萌芽状态，确保不出现进京进省越级访。做好"三项工作"。结合普法宣传，在各村开展各类宣传教育活动10次；圆满完成全国两会、中非合作论坛等重点时期的安保工作；教育、卫生、文化、民政、农保、双拥、统计、档案、民族宗教等社会事业各项工作统筹兼顾，"三防一禁"、安全生产等工作常抓不懈，全年没有出现一起安全生产事故，为全镇发展营造了一个和谐稳定的氛围。

【党风廉政建设】 坚持以构建惩治和预防腐败体系为重点，坚持不懈抓党风廉洁建设和反腐败斗争。工作中认真落实党风廉政建设主体责任，把党风廉政建设当主业，书记履行主体责任，纪委书记履行监督责任，在镇机关实施网格化管理、图表式分解、链条式传导，反向追责，全镇网格化管理模式得到有效落实。加大查办案件力度，坚持有案必查。年内共接到扶贫领域问题线索6件，县纪委处理2件，镇纪委立案处理4件，给予党纪处分7人。做好四项整改"回头看"，注重真抓实改。对省市巡视巡察的27件信访件、65个扶贫领域腐败和作风问题、72个微腐败问题、2个"一问责八清理"问题已全部整改到位，对1名村主任给予留党察看一年处分，并责令其辞去村主任职务，对2名村组干部给予了党内警告处分，对15人给予了诫勉谈话处理，对21人进行批评教育处理，对41人给予了提醒谈话。完成整改3件，诫勉谈话2人，批评教育1人。

【党的建设】 2018年以来，全镇上下深入学习贯彻落实党的十九大精神，坚持党的群众路线，加强党的建设，党建工作迈上新的台阶。在加强领导班子作风建设方面，党委把学习贯彻习近平新时代中国特色社会主义思想、学习党的十九大精神作为首要政治任务，通过"送理论下基层""干部大讲堂"等形式，开展各类学习宣传活动。党委班子全年研究基层党建工作6次，专题研究党风廉政建设工作3次，进村入企调研21次，讲党课2次。对省委第五巡视组反馈意见进行"举一反三"，对发现的6个方面9个问题已经全部整改到位，清仓见底。在加强组织队伍建设方面，依法完成14个村的"两委"换届选举工作，书记主任一人兼占60%，50周岁以下村支部书记占57%，实现“一人兼”和支部书记年轻化。加强5个市县驻村扶贫工作队管理，确保驻村干部保质保量完成脱贫攻坚各阶段工作任务。全年发展党员18名，其中非公企业一线职工党员3名。在工作创新方面，实施“树旗亮星”“双带双促”“脱贫攻坚党旗红”和评先创优活动，表彰优秀党支部10个，先进基层党组织5个、优秀党务工作者10名、优秀共产党员43名。重点打造水星乳业、鑫源钼矿两个市级非公企业示范党支部，采取结对共建方式，建立非公企业党支部12个，覆盖全镇84家企业。开展党员奉献基地建设活动，投资30万元购各类树木3.5万株义务栽植，其中党员认领1451株，规模“党员示范林”3个。

撰稿/陈树斌

新丰路街道办事处

【服务民生促进和谐】 2018年，新丰路街道办事处全力推动苗圃片区、嘉新村片区城中村改造工程。年内，已完成苗圃片区245户入户宣传、房屋测绘登统工作，共有76户户主签订拆迁协议腾空房屋，占总数的31%，发放拆迁补偿奖励440万元；完成嘉新村片区466户前期入户调查、测量工作。稳步推进老旧小区改造工程。全年确定改造5个小区（阳光水岸、花石小区、康宁家园、信合家属楼、前街3号楼）。年内完成2个（信合家属楼、前街3号楼），其他3个小区的改造工程因季节、工程量、工期短等原因，申请延期列入2019年改造计划。

查民情、解民忧，扎实做好民生保障工作。年内新增低保65户，112人，注销583户，1251人，户内减人87户，106人，户内增人6户，5人，恢复2户4人，提标3户，发放低保金80.3万元，享受低保人群为971户，1761人；年内新增高龄120人，减少134人，享受高龄人员860人，发放高龄补贴35.34万元，慰问困难高龄老人、困难失能老人75人、发放慰问金1.65万元；特困供养人员13人，发放补贴10.99万元；办理农房保险2157户；为33名重点优抚对象发放了面、油、挂历，对66名优抚对象抚恤金发放进行认证；为6名优抚对象建立医疗补助档案；办理临时救助119人，救助金额23.15万元。

做好残疾人工作，年内享受残疾人困难生活补贴197人，享受残疾人重度护理补贴184人，新增残疾人两项补贴53人，注销残疾人两项补贴60人，享受托养服务补贴的7人，发放资金4200元；为888名残疾人进行基本信息调查摸底并数据更新、审批发放给53名残疾人辅助器具。

做好劳动保障工作。办理医疗保险保费收缴工作10882人，收缴资金97.21万元；安置就业困难80人，新增就业300人，引进人才2人；办理企业退休人员认证855人；办理养老保险补贴392人，超额完成2018年新增参保指标，帮助3名下岗人员办理小额贴息贷款30万元。

【扎实推进综治维稳工作】 抓矛盾纠纷排查化解。健全了矛盾纠纷排查化解的组织机构体系，建立了社会矛盾排查发现、协调化解常态工作机制。在辖区范围内全面摸排掌握各层面、各领域影响社会稳定的突出问题和风险隐患，坚持科学治理、系统治理、源头治理和综合治理，矛盾隐患从根本上得到有效化解。全年共排查各类矛盾纠纷26起，成功调处化解22起，调解率100%，成功化解率84.6%，成功化解1起多年积案（胜利社区高凤兰长达16年的缠访案件）。为群众提供法律援助事项15起，提供法律咨询86件，开展法制宣传教育活动20场次，参与群众1000多人，对辖区内174名社区矫正人员和刑释解教人员进行帮扶、帮教和法制宣传，矫正率和帮教率均达到100%，解除服刑人员147人。确保辖区内的社会稳定。综治工作半年考核占全县第一名。

抓涉军重点群体稳控。加大对辖区内15名重点涉军人员的稳控工作，逐一建立台账，全部落实“五包一”包保责任，切实做到责任到人。积极开展帮扶救助，走访慰问工作，重点人员基本稳定。

加大“扫黑除恶“力度。紧扣“平安，和谐”“黑恶必除，除恶务净”的工作目标，积极开展扫黑除恶宣传活动，召开街道班子专题会议4次，召开全体工作人员大会3次，张贴公告22份，悬挂标语54条，展板24块，发放扫黑除恶宣传单2000余份，让平安建设和“扫黑除恶”家喻户晓。

【扎实做好民兵武装、退役军人管理服务工作】 民兵武装工作。整组8863人，成立30人民兵应急排。兵役登记967人，确定预征对象78人，体检上站35人，体检合格19人，政审合格18人，送部队双合格16人。退役军人管理服务工作。街道、社区成立专门退役军人事务管理站，负责退役军人的管理服务工作。核实退役军人个人信息数据1078人，其中符合政策安置工作条件的退役士兵768人，农村籍或自主就业退役士兵229人，军转干部46人，享受优抚补助的优抚对象35人；悬挂光荣牌2088枚，其中光荣军属牌52枚，光荣之家牌4枚，光荣退役军人之家牌2032枚；八一期间慰问退役军人455名，发放慰问金6.31万元；将8名生活困难人员纳入最低生活保障。开展退役军人信息采集工作。年内，完成审核2444人的个人身份信息，政治面貌、对象类别，基本生活状况等基础信息和照片的采集工作。完成总人数的94%。

【结对帮扶工作】 街道35名干部结对帮扶鱼儿山镇乔家营村、同胜永村2个非贫困村，结对帮扶贫困户144户（其中乔家营21人、92户，同胜永14人、52户），全年帮扶责任人平均入户8次以上，慰问现金10900元，米面160袋，油139桶，肉15公斤，鲜牛奶36箱，奶粉121袋，水果645公斤，购买衣服9件1690元，书包3个。组织全体干部、社区工作人员捐赠衣物568件，为残疾群众办理残疾证4个，以实际行动提高了贫困户的认可度。

【圆满完成计划生育各项指标】 全年出生501人，符合政策生育率98.86%，节育措施率83.3%、综合避孕节育率84.56%，人口出生率11.64‰，人口自然增长率10.94‰；办理了一胎子女登记卡183人，二胎子女登记卡220人，为66户家庭办理了《独生子女父母光荣证》。为200户、324人发放了独生子女18周岁以内奖励42800元；为65名企业下岗职工退休独生子女发放奖金19500.00元。完成2018年全国流动人口卫生计生动态监测抽样入户调查信息上报等工作；完善了基层计划生育育龄妇女小组长的调整、上报、录入工作；完成河北省药具管理服务信息平台的数据录入工作，上报审核通过率、随访信息录入率、实用药具人员信息完整率均达到100%，流动人口药具普及率达到95%以上，流动人口药具获得率达100%。

【认真贯彻落实党风廉政建设责任制】 坚持遵循“教育是基础，法制是保证，监督是关键”的指导思想，严格按照《党章》、中央“八项规定”和《中国共产党党员领导干部廉洁从政若干准则》等有关规定执行；建立领导机制、考核机制、追究机制“三位一体”的党风廉政建设责任制运行体系。成立了以工委书记为组长的党风廉政领导小组，制定了2018年党风廉政建设工作要点，细化党风廉政建设和反腐败工作任务分工，把党风廉政建设层层分解、细化、量化，层层签订责任书，形成一级抓一级，层层抓落实的领导体制；紧紧围绕落实“两个责任”，明确工委主体责任和纪委监督责任，认真践行监督执纪“四种形态”，特别是用好第一种形态，让好咬耳扯袖、红脸出汗成为常态。认真落实县纪委建立推行“九项工作制度”“正风肃纪”等活动，狠刹形式主义、官僚主义、享乐主义和奢靡之风，确保各项制度执行到位。

【统筹推进各项工作见成效】 社区“两委”换届高效完成。按照“让上级党组织放心、让群众满意”的要求，在换届过程中，坚持“党管换届”“优质换届”“规范换届”“清正换届”的原则，选优配强社区“两委”班子，10个社区全部实现社区党组织书记、居委会主任100%“一人兼”，实现“两委”成员双向进入，交叉任职的目标。社区“两委”首届换届选举工作高效完成。

文明县城创建工作稳步推进。认真贯彻落实县创建办关于创建省级文明县城任务要求，扎实推进综合文化站、10个社区综合文化服务中心和31个自管小区卫生环境整治、小广告清理、公益广告设置、背街小巷整治、志愿服务等工作。创城期间累计发放倡议书2万份，宣传单1万份，宣传纸抽5000余个、文明社区创建宣传扑克1万余副，张贴各类宣传展牌1200条块，订购更新垃圾筒200个，粉刷墙面和楼道2000平方米，清理小广告1万余条、拆除不规范牌匾30余处、协调交警清理小区报废车辆16台、组织街居干部、小区居民和党员志愿者、青年志愿者、低保户、廉租房住户、计生小组长义务劳动100余次，600多人参与了志愿服务，清理垃圾200余吨。

【全力打造社区文化品牌】 开展“粽叶飘香迎端午”活动。在端午节来临之际在7个社区开展了“粽叶飘香迎端午”文艺展演、包粽子比赛、社区文明家庭和好邻居评选等系列活动，增强了社区居民归属感。加强社区文化阵地建设，满足群众精神文化需要。6月28日在剧场组织了“服务居民生活，共建和谐社区”暨“迎七一庆党日”大型文艺汇演活动。县领导、县直机关、退休老党员、老干部、社区居民、在校学生等各界人士1000余人参加了此次活动。文艺汇演通过快板、三句半、诗朗诵、舞蹈、戏曲、歌曲等广大群众喜闻乐见的形式，宣传了党的十九大精神和丰宁改革开放以来发生的巨大变化、社区工作、邻里互助等内容，丰富了社区居民的业余文化生活，展现了新时代社区以民为本、为民服务的情怀，激发了广大社区干部群众爱党爱国、热爱家乡、共建和谐社区的热情。

撰稿/潘国军、李玲杰

凤山镇

【稳步助力脱贫攻坚】 2018年，凤山镇谋划的6项扶贫产业项目进展顺利:北关村道地药材良种繁育基地项目,铺设水泥路280平方米,铺设园区砂石路6600平方米,新建棚室种植基地55亩,打96米机井1眼,种植苍术300亩,赤芍10亩,黄芩30亩;张承高速沿线产业结构调整项目,沙锦营、八郎沟、朱首营种植食葵400亩;佟栅子种植露地蔬菜58亩;巩固扩大沿112线蔬菜产业带项目,在沙锦营、刘营、佟栅子、铁营等村种植露地蔬菜520亩,在陶来营村新建蔬菜冷棚8.1亩。张承高速沿线休闲采摘、林药间作和食用菌项目。上官营村新建43个食用菌大棚,共计16000平米;坝营村打深140米机井1眼,配备修建智能滴灌系统,修园区砂石路5250平米,栽植苹果、梨等大苗1381株;八郎沟村种植猕猴桃170亩;沙锦营村栽植苹果、梨等71亩;佟栅子村种植林下药材2000亩;沙锦营村配套水利设施,打井眼1眼。怀特休闲养老基地配套种养殖项目,已完成新建牛舍900平方米,存栏100头。建羊舍320平方米,存栏160只。中草药种植项目,下坝、朱首营、元宝山共新建种植基地180亩。

【打造魅力宜居城镇】 镇区供水、污水管网及污水处理场PPP项目推进有序,即将投入试运行。县政府2018年1月已批复凤山镇为凤山镇城区供水和污水处理PPP项目实施机构和项目签约主体。年内该项目已完成厂区主体工程,污水管网完成3000米,工作站已装修完。继续埋设主管网,调运设备,将于2019年初投入试运行,2019年6月全部完工。

修建出镇路至隆凤连接线、东外环、车站路至北大仓3条公路,路基建设已完成。凤山镇政府出镇路至隆凤连接线总长600米、宽15米,共投资150余万元;东外环路长1560米、宽9米,总投资1200万元;车站至北大仓沿线公路长1500米、宽25米,总投资1000余万元。这3条公路修建完成后,将有效地扩大镇区面积,缓解交通压力。

垃圾填埋场项目已具备垃圾填埋条件。设计总库容为62万立方米,有效库容为50万立方米,垃圾处理量按55吨/日计,服务年限为20年。截止到2018年底,已完成总工程量的80%,将于2019年初正式投入使用。

凤山镇中心幼儿园规划方案已完成,设计方案已定型,选址定为石桥村,占地面积15亩,将于2019年开工建设。凤山镇中心幼儿园建成后,能容纳360名幼儿,将是凤山镇第一所官办标准园。建成后有利于疏散老城区人口,极大缓解幼儿入学难问题,对于提升凤山区域学前教育水平、促进区域教育水平整体提升有良好的促进作用。

凤山中学扩建工作正在筹划。为满足教学要求,计划向学校南征地35亩,新建5000平方米综合办公楼1栋,新建400米标准塑胶运动场1个(带有主席台、看台),新建三层学生餐厅1栋、新建2000平米学生宿舍楼1栋。

年内,还投资800万元,完成关帝庙消防设施建设及小川故居修缮。

【落实产业精准覆盖】 2018年年初全镇计划退出贫困人口3260人,现实际退出3472人,其中正常脱贫1213户2267人,标注脱贫不享受765户1205人。各村基础设施及公共服务得到改善,建立了标准化卫生室,有专职村医长期出诊,推动家庭医生签约,通过医疗扶贫和医疗救助,提升了农村建档立卡贫困人口医疗保障和医疗救助水平,切实遏制和减少因病致贫、因病返贫现象发生,促进精准脱贫。

依托县产业全覆盖政策和财政扶贫资金补贴政策,在全镇范围对产业扶持政策进行宣讲,贫困户或有意愿带动贫困户致富的企业或合作社进行项目申报。2018年申请产业全覆盖补贴项目21个,其中包括种植中草药、蔬菜冷棚、特种种植大榛子等贫困户自建补贴项目10个,涉及18户贫困户;大户、企业、合作社申请补贴项目11个,采取直接带户形式带动贫困户172户;财政扶贫资金(贫困户自建)补贴项目9个,涉及贫困户56户;分户光伏安装161户,集中光伏受益1952户,集中光伏带动795户;政银企户保扶贫小额贷款入股缘天然公司,带动全镇91户贫困户脱贫,年户分红2500元;财政扶贫资金入股昌达农业发展有限公司蔬菜冷棚种植项目,共带动889户贫困户。

【切实增进民生福祉】 始终把群众对美好生活的向往,作为各项工作的出发点和落脚点。充分发挥便民服务大厅的作用,将民政、计生、信访、城建、社保、农经等与群众密切相关的服务窗口集中,为群众提供更便捷的服务。增设退役军人管理服务站,做到办公场所固定、规章制度上墙、专职人员配备,更好的为退役军人做好各项服务。积极做好社会救济、救灾、助残、解困工作,民政事业稳步推进。

重视社会保险和劳务输出工作,2018年先后开展农民工技能培训10期,培训500余人,超额完成200人,95%的农民工都能持证上岗,切实提高了经济收入;全镇养老保险新增参保670人,总人数达15832人;今年全镇建档立卡3066人,年内就业1117人,就业培训人数350余人;养老保险、失业保险、农村养老保险、农村新型合作医疗、劳务输出等完成了县下达的目标任务。

重视文教卫计工作，成功举办三八文体活动，举办“颁金凤舞、古镇流风”凤山镇第四届文化体育展演赛；各村不同场次举办“巾帼助力脱贫，提升内生动力”等题材广场舞；举办“迎新年诗词朗诵”文艺联欢会。朱首营村非遗“竹板落子”参加恭王府非遗展演；新建凤山村文化站，经省市验收合格；镇文化站积极向县文广新局申请，为沙锦营、坝汉沟、佟栅子等9个村，争取到近两万元的鼓乐器材，改善了村里的文化娱乐环境。截止到2018年底，累计完成计生押金退返254人，金额131730元。

获第三次农业普查“省先进集体”奖励；扎实做好第四次全国经济普查摸底工作，聘用普查指导员8人，普查员35人，其中PDA录入员8人，完成个体户865个，单位438个。镇域内房屋建设的现场勘查、审批、备案等相关工作进展顺利。

全年批新建69处，原拆原建81，协调解决镇域居民建房纠纷30余起。妇联工作取得实效，获省、市两级妇联组织示范镇，市级维权工作先进集体，上官营村获省级“三有两突出”基层妇联示范组织；朱首营村自筹自建省级示范妇女之家通过省市检查验收；利用妇女之家平台进行拉花、插花、面点培训，受训妇女达300多人；发挥巾帼示范引领带动作用，王丽娟的养鸭场，黄丽红、董凤云的草莓蔬菜大棚分别带动了20多名妇女就业。认真部署完成“县级工会规范化建设达标创优工作”，被河北省总工会授予“示范乡镇工会”称号。各支部评选表彰“孝心儿女”“脱贫之星”“十星级文明户”“美丽庭院”等典型142人，其中文明家庭王建华、榜样母亲张来喜、美丽庭院隋秀兰获得县级表彰。

【逐步推进美丽凤山建设】 贯彻落实科学发展观，紧紧围绕年初的工作目标，坚持“管理与治理并重”的工作方针，大力度开展环保工作。在县环保局的帮助下，遏制违规采砂行为，进行砂场集中整治。对辖区内13个砂场下发限期整改通知书，责令按照县环保部门要求进行整改，经过此次整改辖区内采砂、洗砂加工设备已全部清理完毕，采砂坑及弃料堆已平复并恢复原貌。

开展露天烧烤集中整治行动，进一步防治大气污染。对前期排查的点位进行动态清零，要求经营业主自觉按照法律规定进行室内烧烤作业，形成整治高压态势，确保实现全面杜绝露天烧烤违法行为的工作目标。加强秸秆禁烧巡查，累计完成22171亩留田秸秆综合利用项目的工作开展和项目验收。

对全镇辖区内涉及燃煤锅炉的29家企事业单位进行集中改造，年内已完成煤改电4家（朱首营小学、刘营小学、上官营小学、凤山民政事业服务中心），完成清洁能源改造1家（燕北浴池），企业停产停业1家（红霞浴池）。尚未完成改造的其他企事业单位均等待凤山镇集中供暖工程建设完成后接入管网，完成燃煤锅炉改造工作。

启动危改工作，本着务求实效、群众自愿、公开公正、优先改造最困难群众的最危险房屋为原则，将2017年剩余79户未完工或未开工农户作为2018年改造任务。严格按照《农村危房改造专项资金管理办法》规定，设立专户存储，专款专用，并建立了严格的报账制度和公示制度，加强对项目资金的监管，确保危改资全高效安全运行。

开展“农村环境集中治理和小黑屋整改十日攻坚”“农村环境集中治理周末攻坚”行动，对通村、通组路两旁的蒿草、生活垃圾、建筑垃圾；村管辖区域内的所有河道、群众习惯倒垃圾的重点区域的生活垃圾、柴草垛、粪堆、蒿草；电线杆、桥栏、墙壁等物体上乱贴乱涂的小广告逐一清理。要求各户搞好自家房前屋后、室内外卫生，确保整洁通畅，无乱搭乱建；窗明几净，家具器物摆放美观，窗帘被褥整洁干净；厨房通风透气，灶台干净无油渍，厕所卫生无异味；屋外柴草堆放整齐，猪圈、羊圈、牛圈无污染，切实改善了农村人居环境，打造魅力宜居乡村。对农村老旧房屋进行糊棚、吊顶等专项改造。

【全面加强基层党建工作】 开展“不忘初心、牢记使命”专题学习教育活动，紧紧围绕脱贫攻坚和生态提升，“常规工作抓规范，重点工作抓攻坚”；开展“两学一做”常态化制度化及十九大精神的学习、宣传等活动，深入学习党章和习近平总书记系列重要讲话精神、学习宣传贯彻十八届五中、六中全会精神、党的十九大、十九届一次、二次全会精神。按照学习计划集中学习和自学相结合，干部学习与党委理论中心组学习相结合，提升镇村干部素质。

发挥党支部和党员作用，助力脱贫攻坚。加大112、张承高速沿线200米范围内种植结构调整力度，培育野生猕猴桃、中华软枣、葡萄、中草药、苹果梨、火龙果、花卉苗圃等高效农业；大力推进扶贫产业全覆盖，部署开展“微产业扶贫”，班子带头示范，推进帮扶责任人与贫困户“农户种养、会员消费”的“一带五”连接机制的建立，使贫困户获得稳定收入。

成立项目攻坚领导组织，打破

分管领导和所站界线，加强协调办理，全力推进重点项目进展；成立重点工作督导组织，促进重、难点工作的督办、落实。

严肃党内政治生活。严格落实“三会一课”制度，于3、4月份组织各支部全部召开组织生活会和民主评议党员。严把党员入口关，严格按照《发展党员工作手册》及镇党委下发的《发展党员预审意见》做好发展党员工作，杜绝三年不发展党员、优亲厚友等，建立长效机制，把农村致富带头人等列入优秀人才库，从中培养优秀年轻党员，把优秀党员培养成后备干部，2018年共培养、发展党员15名。

开展“党员示范林”创建活动。按照县委组织部统一苗木调拨，全镇在绩效考核一、二类24个村共栽植苗木3450棵，并强化日常浇水、除草、配坑等管护，成活率达到95%以上；同时开展“村庄绿化我先行.党员示范做表率”活动。要求每个支部安排每名党员在庭前屋后，于4月20日前完成3~5棵果树栽植任务，打造瓜果飘香、生态宜居的美丽家园。

开展两室建设“回头看”工作。召开会议安排部署2018年须开工建设的12个村和2017年续建及未建设的5个村，要求各村按要求保质保量完工。截至年底各村均已完成规划、选址等工作，网络广播喇叭、宣传栏及社会主义核心价值观等内容展板均已经安装完成，文体健身娱乐器材正在配备中，所有村未完成工程项目将于2019年开春立即启动建设。

认真开展扫黑除恶工作。利用3天时间与34个村书记主任开展谈话活动，逐村展开摸排，对扫黑除恶工作进行再安排再部署，同时对党的十八大以来接收的基层党建信访件进行了全面梳理，确保扫黑除恶工作有力开展。

开展丰富多彩的七一活动。组织全镇干部职工于7月1日当天开展登元宝山活动。开展了镇村干部参加的“拥抱新时代.同心跟党走”文艺演出活动。开展重温入党誓词及预备党员宣誓活动。开展专题党课活动，聘请党校刘金英老师讲了党史课，镇党委书记围绕“脱贫攻坚过程中如何发挥党员先锋模范作用”给党员干部讲党课，激励广大党员坚定信念。

【打造风清气正党员干部队伍】 扎实开展“一问责八清理”“不作为、乱作为、慢作为”和“微腐败”专项整治。党委书记认真落实负全责、首责、总责的第一责任人责任，党委书记分别与班子成员、各所站科室负责人签订《党风廉政建设责任书》。加强《中国共产党廉洁自律准则》《中国共产党纪律处分条例》《关于新形势下党内政治生活的若干准则》和《中国共产党党内监督条例》的学习。针对个别班子成员中午饮酒问题采取提醒谈话的方式，要求加强自我约束，真正做出样子、树起标杆；针对下乡调研、服务工作中有接受村干部、企业、群众送当地土特产山问题，进行了有针对性的整改；针对在公务接待中，存在超标准接待问题，办公室后勤接待进行了集中整改；针对服务群众中作风不优，存在态度冷漠、语气生硬、缺乏耐心，对待来访群众推拖，接待不及时，不讲方法，引起群众不满的，要求立行立改；针对计生服务、社会保障、司法调解、公章管理、扶贫工作推进等服务性工作中，存在的跟进、保障不足，政策解释不清，造成群众往返奔走，形成不必要的费用支出的情况，由当事干部作出书面检查。

完成了4个季度的网格化管理工作任务，有效落实“第一种形态”常态化运用。工作中凤山镇共查出扶贫领域腐败作风问题47个，微腐败问题114个，一问责八清理问题9个，巡视巡查整改问题8个。其中扶贫领域腐败作风问题中涉及低保识别4个问题、危房改造15个问题、扶贫涉农资金使用不规范5个问题需要进一步追缴相关资金、完善相关档案，由分管领导组织安排镇村工作人员积极整改完善，且所有问题的责任人都已经由镇党委给予相应处理。切实做到担责有力、履职有据、监督有序、问责有效，党风廉政建设取得实实在在的成效。工作中抢抓阵地，纠风正气，扎实做好思想文化等意识形态领域工作。用好“门户外网”和“凤山镇公众号”、承德日晚报等媒体，全年累计发表文章、报道115篇。工作中高度重视完成了中央、省委巡视反馈意见的整改工作，接受了市委第六巡视组对凤山镇的巡视巡察。成立专项工作领导小组4个，对“四项整改”回头看工作中涉及的四方面178个问题逐个会诊挂牌整改，对涉及的责任人严肃处理，确保“四项”整改回头看工作保质保量顺利完成。深入开展党风廉政建设，以党风促政风，切实打造风清气正的党员干部队伍。

撰稿/江小球、邱慧静、于婧、石玉娥

黑山嘴镇

【经济总量稳步增长】 2018年，黑山嘴镇完成财政收入281万元，占计划的120%；其中国税完成267万元；地税完成15万元；完成固定资产投资6亿元，占计划的100%；完成招商引资3000万元，占计划的100%。

【基础设施建设稳提高】 总投资1106.7万元，完成大兰营至季栅子村13公里乡级公路改造拓宽项目和喇嘛栅子等村组路硬化工程；投资300万元完成涉及6个行政村的10公里乡村道路硬化工程；总投资500万元完成季栅子至西山神庙8.1公里道路改造及西山神庙、老米沟门、小兰营3个村1580米护路坝工程。

【产业项目获增收】 全镇积极调整产业结构，在种植业和养殖业上下功夫。打造"两个千亩"种植基地。在窄岭等村种植辣椒700亩；在三道沟门等村种植大榛子350亩；在老米沟门等村发展设施农业400亩；在厢黄旗等村种植娃娃菜400亩；在小兰营等村种植中草药200亩。积极争取200万元资金注入明来养殖合作社让其先发展起来积极带动贫困户。同时引进2家黑猪养殖企业，预计投资3000万元。

【社会事业全面进步】 扎实推进村卫生室建设、救灾救助、双拥优抚、新农合参保、危房改造等惠民工程。对全镇2014－2018年以来贫困人口重新进行梳理，系统开放后全镇户内减少人员422人、增加309人、回退9户20人、整户漏评2户3人、整户标注不享受政策169户282人。将8户分成16户，将64户合成32户。数据清洗中修改系统错误数据8300条，确保动态信息精准无误。高度重视防火禁牧和安全生产工作，特别是在春季森林草原防火工作中，镇村和各所站干部以及全镇广大群众倾注了全部力量，确保了全镇没有发生一起重大火险火灾。

【脱贫攻坚成效明显】 大力实施产业扶贫全覆盖，把产业扶贫做为重中之重，力争让每一个贫困户都能通过产业带动，获得生产经营性收入或财产性收入，实现稳定脱贫。2018年共实施产业全覆盖重点项目14个，覆盖200户建档立卡贫困户，加速推进易地扶贫搬迁，按照"两不愁、三保障"的目标要求，窄岭村、东沟村、喇嘛栅子村，已完成了搬迁协议的签订、拆旧复垦协议签订、自筹款收缴等前期工作。严格按照标准，完成建档立卡贫困人口精准识别"回头看"工作，认真落实各项扶贫政策。

【农业结构调整迈出新步伐】 在八间房村、黑山嘴村建冷棚230亩。窄岭村、小兰营村两村共种植辣椒700亩。养殖业引进金厢道食品有限公司，在大兰营村、小兰营村拟投资1000万元，占地300亩，建标准化养猪场1处；金满厢有限公司在老米沟门村投资3000万元建设，占地400亩建设养猪场1处。这两个项目土地流转工作已经完成，正在跑办相关手续。

【社会治安不断加强】 坚持"打防结合、预防为主"的方针，大力开展严打整治斗争，切实加强基层基础建设，认真做好矛盾纠纷的排查调处工作，积极构建社会治安防控体系，社会治安状况保持了平稳的态势。年内，镇派出所共接处警119余起，立治安案件42起、行政转刑事案件1起、调处各类纠纷60余起，救助5起、打击各类违法犯罪人员42余人，其中行政拘留9人，行政罚款30人，移送起诉1人。法庭共收案427件，未结案12件，调解率34.24%，判决率39.45%，微诉率23.33%。司法所调解各类纠纷70余起，安置帮教11人，社区矫正18人。

【民计民生政策落到实处】 认真贯彻落实各项惠民政策，年底低保911户1162人涉及资金349万元；五保164户涉及资金103万元；优抚184人涉及资金117万元。对辖区内危房改造"应改尽改"，2017－2018年度危房改造确定536户，年内已经全部完工。录入系统27户，将在2019年6月份之前全部改造完成。完成贫困劳动力113人培训；贫困劳动力转移就业人员367人；引导性培训1077人；劳务输出106人。

【宜居乡村建设取得新成果】 在全镇范围内开展"美丽黑山嘴宜居乡村"为主题活动，通过广播、条幅等加大宣传力度，开展了为期3个月的近万人参加的环境整治行动，对全镇境内的陈年垃圾、各条道路等进行全面彻底的清理，共清理卫生死角240余处，清理出垃圾280吨。同时建立环境保护长效机制，利用新聘任463名保洁员采用划片包户包点的方法，进一步提升乡村规划建设水平、生态建设水平、乡村文明建设水平。

【安全环保督查常抓不懈】 领导包村，干部包户，村干部组成小队，常态化巡查，秸秆禁烧，污水排放，扬尘噪音，严防死守。全年共发放安全环保宣传资料1000余份，组织安全环保队20支，每天1次巡查，发现问题15余起，依照相关法规、村规向辖区内企业、个体户发出安全环保整改通知书10余份，纠正安全环保违规问题，关停各种违规企业3家，切实提升了镇内群众生活质量。

【创新党建工作方法】 镇党委创新实施"1＋3"内引外联工作机制，增强了各村党建力量。坚持"用责任制管责任人，以责任人带一班人，以一班人活一盘棋”的党建工作理念。重点打造了党建片区示范带，严格规范全镇23个基层党支部党内组织生活，使“两学一做”“党员统一活动日”“三会一课”制度等常态化开展。同时加大干部学习力度，年内组织学习87次。

抓好“两学一做”学习教育常态化制度化和基层党组织标准化建设，优化《村“两委”目标管理责任制考核办法》，制定完善《黑山嘴镇机关管理制度》，强化日常监管，推行绩效管理。严把党员入口关、出口关，新发展党员10名，入党积极分子26名，按期转正10名。

【狠抓党风廉政建设】 利用中心组学习时间组织班子成员、普通党员干部学习《中国共产党纪律处分条例》《中国共产党党员领导干部廉洁从政若干准则（试行）》《关于党政机关厉行节约制止奢侈浪费行为的若干规定》等党内规章制度，解决干部的思想认识问题，着力构建不敢腐、不能腐、不想腐的长效机制。全年共办理案件2件，立案2起，纪律处分2人。在“四项整改回头看”工作中，巡视巡察4个、“一问责八清理”10个、微腐败124个、扶贫领域腐败和作风42个，出现问题已全部整改完成，整改中建立健全2项机制制度。年内，黑山嘴镇代表县两次迎接市级检查。

撰稿/李秀梅、李楠、王禄、兰晓萌、李金华、李桂平、王喜丽

鱼儿山镇

【全镇经济稳步发展】 2018年，鱼儿山镇全年完成固定资产投资4.2亿元，占全年任务的105%，引进域外资金3220万元，占全年任务的107%，完成税收958万元，占全年任务的128%，较好地完成各项工作目标任务。

【重点产业项目推动经济发展】 2018年，鱼儿山镇积极谋划，认真研究。经过实地考察，谋划了2个重点项目。一个是河北翰泽有限公司千头驴养殖项目，注册资金1000万元，项目总投资3200万元，该项目建设占地45000平方米，棚舍已建成并投付使用，饲养德州黑驴400头。该公司与贫困户建立利益联结机制，贫困户利用财政产业扶持资金1万元入股企业，由企业购买肉驴进行为期5年的饲养经营，企业每年给予入股贫困户700元/年的股金红利，以此方式带动100户贫困户脱贫；另一个是省国土厅驻头道沟村工作组引进承德凯丰大果沙棘种植公司投资1200万元，种植大果沙棘4200亩，已完成鱼鳞坑13.5万个，完成围栏10000余延长米，蓄水池4个，打机井1眼，储备浇地水管8000余米，春季开始栽植沙棘苗木，预计未来通过雇工可增加本地贫困户收入的同时，每年可增加村集体收入20余万元。

【精准施策助力脱贫攻坚】 2018年，鱼儿山镇以“规划到村组、扶持到项目、效益到农户、责任到人头、分组抓落实、大兵团攻坚”为路径，以规范提升、省考问题整改为抓手，全面推进产业项目覆盖到户、到人，脱贫攻坚工作取得新突破。

脱贫减贫情况。全镇2018年计划退出贫困人口为1060人。全镇2018年共退出贫困人口为628户、1130人，其中正常脱贫586户、1064人，未脱贫标注脱贫（不再享受政策）为42户66人。动态调整方面，自然减少8户、23人，自然增加2人。

项目落实情况。实施财政扶贫专项资金项目29个，产业全覆盖项目13个。争取项目补贴资金629万元，通过入股旭缘养殖、乐拓养殖、种植露地菜等项目的覆盖，使全镇贫困户每户都有两项以上的产业项目扶持，真正实现稳定脱贫。基础设施项目的建设让贫困户生产生活环境也得到了改善。

迎接省考第三方评估组。2018年鱼儿山镇代表县迎接省第三方评估组的考核。针对此项紧急任务，第一时间召开班子会议和全镇干部会议，成立迎检工作组、部署迎检具体事项。并且安排全镇干部、村干部下乡入户对政策包、连心卡、扶贫手册进行再次核对，并重点宣讲了扶贫政策。为了做好迎检工作，全镇共成立12个由镇干部和引导员组成的入户工作组，带领第三方评估人员入户走访，实现每个分组都熟悉政策、了解户情。省考第三方评估组为鱼儿山镇反馈了三方面6个问题，镇党委、政府迅速反应、积极整改，党政主要领导带头入户核实情况、宣讲政策，相关部门积极核查、配合整改。同时，针对第三方反馈的问题，进行了全方位的举一反三、自查自纠，对扶贫领域存在的各方面问题进行全面梳理，对发现的问题进行全力整改。以最快的速度将点对点、举一反三问题全部归零。

“道德银行＋扶贫爱心超市”建设情况。12月中下旬，在县委宣传部、县文明办的精心指导下，鱼儿山镇组织民建中央、砼磊地产、顺达集团、北京亿亩地农业发展集团、平安高科五家企事业以无偿捐助物资和钱款的方式，共投资约35万元，在大河东村、同胜永村、东滩村、岗子村、鱼儿山牧场建立5个扶贫爱心超市。年内，镇域范围内已经辐射到“东西南北中”，赢得了群众的广泛支持。扶贫爱心超市依据积分兑换制度发放爱心积分卡，群众可

以拿爱心奖励积分兑换相应物品，年内，初定的为5个爱心积分约等于1元。超市由各村成立的道德评议委员会进行管理，道德管理员暨爱心超市管理员负责做好爱心物资的登记、造册、兑换。此模式的推广为推动乡风文明建设、激发贫困人口脱贫斗志发挥了重要作用。

【民生工作全面推进】 民政工作。2018年全年发放各类救助、补助资金682.1877万元（其中：残疾人补助23.7534万元，低保404.6375万元，五保40.8807万元，高龄9.921万元，救灾资金10万元，发放给生活困难群众面粉800袋，发放生活困难群众行李100套，优抚补助45.5951万元，危房改造201户（2017年度140户，2018年度61户），2017－2018年度完成140户的改造任务（其中：自建93户、帮建47户）拨付危房补助资金147.4万），其他未改造完成户将按照县总体部署按时完成。

文教卫工作。2018年加大了文化工作方面的投入力度，通过文广新局为深度贫困村头道沟村申请资金13万元，用于该村文化站建设，为贫困村大河东村申请了1.65万元图书款，充实了该村农家书屋。省文化厅还为双井子村和东滩村分别配备了价值两万元的大鼓、音箱、调音台等文化器材。2018年平安堡中学，取得了中考成绩全县农村中学第二名，荣获教育局“中考优胜单位”和“教学质量先进单位”称号。鱼儿山中心校获“综合考评先进单位”“教学质量提升先进单位”“学生单项综合素质测试先进单位”“教育宣传工作先进集体”“安全稳定工作先进单位”称号。

健康扶贫方面，实行先诊疗后付费工作，所有住院患者均免押金，出院后一站式结账报销，住院自付费比例控制在10%以内，另外把2017年住院自付费比例超过10%的部分全部退还给患者本人或者家属。家庭医生签约、健康体检等公共卫生项目也在有序推进。国医堂项目的竣工，对镇中医卫生事业的发展起到了决定性的作用，为群众提供了更广阔的中医服务项目，中医理疗受到了广大群众的好评。

【社保政策全面落实】 2018年度全镇农村基本养老保险参保率达到了96.5%。对60周岁以上老人及时发放了养老金，截止到2018年12月，全年共办理待遇人员核定201人。及时注销死亡人员108人，其中缴费注销人数28人。退休认证7人。对2018年医疗保险和保费收缴政策做到了100%入户宣传。

【旅发大会建设带动绿色旅游产业加速发展】 2018年，鱼儿山镇承担了河北第三届旅游产业发展大会的建设任务。全镇各级干部在县委、县政府的领导下，团结一心、攻坚克难。层层压责任，形成联合包组；层层抓落实，主动调解群众纠纷。不辱使命地完成了京北房车营地、帐篷酒店、御大线美丽乡村等建设任务，得到省、市、县领导的高度认可，并且鱼儿山镇被评为全市承办第三届河北省旅游产业发展大会先进集体，1名同志荣立二等功，1名同志荣立三等功，1名同志获得嘉奖，5名同志被评为优秀工作者。

通过御大线美丽乡村建设工程，岗子村、乔家营村实现了绿化、亮化、美化、硬化，从根本上改善了村民居住环境、丰富群众业余文化生活，也为发展绿色旅游业提供了坚实基础。在旅发大会的带动下，仅岗子村在2018年就新建了6所农家院、1家饭店、1家超市，群众获得了实际收益，同时也为贫困群体提供了就业机会，实现农户自身发展带动农户脱贫。生态旅游带动经济发展，助力脱贫攻坚的模式逐渐形成。同时鼓励企业投资经营旅游产业，让农户得到稳定租金和工作机会，实现企业与农户互利共赢：房车营地租用村集体荒滩土地135亩，该荒滩土地租金将分发给村集体，为村集体和群众（贫困户）增加土地流转资金收入；企业聘用有劳动能力的本地贫困户到营地做保洁环卫、绿化维护、安全保卫等工作，贫困户得到工资性收入，帮助他们实现稳定脱贫，实现“企业发展助推脱贫攻坚”的有机合作新模式。

【综治工作保障社会稳定】 扫黑除恶工作。镇专门成立专项领导小组，并且制定镇级扫黑除恶工作方案，召开学习动员部署推进会议。在2018年年初工作大会和“两委”换届新班子培训会上，对全体镇、村干部进行宣讲培训，利用“安全教育日”“反邪教宣传主题日”进行入户宣传6次，发放宣传手册1000余册，形成全镇上下一起扫黑除恶的工作状态。

综治中心建设。2018年年底鱼儿山镇完成全镇综治中心规范化建设，全镇9个行政村实现了全覆盖，9个村均设立了综治信息平台室、治安防控室、矛盾纠纷调处室、群众接待室和见义勇为工作室。

【营造百姓安居的社会环境】 抓好安全生产工作，按照省、市、县的要求，严格落实安全生产责任制，对镇内学校、加油站、尾矿库、非煤矿山、饭店等容易发生安全问题的场所，定期进行安全生产联查，并完善了安全生产制度，加大安全生产检查力度，开展了大整治大排查、尾矿库排查、砂场安全生产排查等安监检查活动，全年共进行安全巡查220次，提出整改意见13条，并对被检查单位进行逐一复查。对辖区所属企业实施全方位安全生产监管,确保不发生安全生产事故,维护了社会和谐稳定。

【保障食品药品安全】 进一步建立和完善食品药品安全管理制度,抓好重大节日、法制宣传日,食品安全宣传周等关键节点的宣传和"农村集体聚餐""有毒野生蘑菇食物中毒防控""校园食品安全知识"等宣传活动,组织开展了中秋、国庆期间食品安全监管大检查,认真做好备案管理、日程督查和巡查工作。在全镇干部的共同努力下,群众增强了食品安全防范意识,形成共治共享的食品安全监管氛围,2018 年全镇无食品药品安全事故发生。

【理论学习进入常态化】 镇党委以推进"两学一做"学习教育常态化工作为抓手,推动"不忘初心、牢记使命"主题教育等活动有序开展。以"七五"普法为契机,组织广大党员干部系统的学习了《土地法》《农村土地承包法》《中国共产党廉洁自律准则》和《中国共产党纪律处分条例》等各项法规,通过深入开展法制学习活动,各级干部在工作中真正做到了知法尊法。深入开展"脱贫攻坚党旗红"活动。坚持"以党建带扶贫,以扶贫促发展"的工作思路,深入开展挂牌示范、夺旗争星工作,贯彻实施"五大工程",确保精准扶贫工作做到哪里,基层党组织建设工作就开展到哪里。继续深入学习十九大及十九届二中、三中全会精神,组织开展了鱼儿山镇党委中心组——党的十九大报告精神专题学习班和各级书记讲党课活动。通过学习教育的开展,全镇党员干部和广大群众的思想进一步统一到党的十九大战略部署上来,力量进一步凝聚到实现十九大确定的各项任务上来,为新时代建设山清水秀、富足和谐鱼儿山提供了合力。

【加强基层党组织建设】 "两室"建设实现提档升级,推动岗子村投资 135 万元,建筑面积 640 平方米的村级活动中心完成主体建设,预计明年 5 月份投入使用。党员队伍建设更加合理,年度内发展党员 9 名,转正 7 名,培养入党积极分子 22 名,培养村级后备干部 20 名。党员活动更加丰富,8 月份组织大河东村全体党员赴赛罕进行了参观学习,并拍摄了宣传原村党支部书记专题片 1 部。今年 4 月份镇党委投入 1.5 万元购置了马甲和帽子,组织机关支部与各村党支部成立了党员志愿者服务队,结合旅发大会、党建示范林建设、脱贫攻坚开展了 10 余次志愿活动,党在基层的向心力得到了显著加强。分批壮大村集体经济措施初见成效。大河东村党支部投资 450 万元的村级旅游接待中心,已完成主体建设,正在内装修,计划 2019 年与天津吉大开展合作经营,可增加集体收入 10 万元;岗子村投资 285 万元,面积 1310 平米的旅游接待中心也基本完成了主体建设,预计 2019 年 6 月份投入使用,可增加村集体收入 10 万元。

【两委换届工作圆满完成】 按照党管换届的工作要求,鱼儿山镇于 2018 年 9 月底顺利完成全镇 9 个行政村的两委换届工作。通过两委换届工作,新当选村两委干部 49 人,这批干部平均年龄 46 周岁,比上届下降 6.7 岁,文化程度在高中及高中以上的有 35 人,占干部总人数的 71%,其中有 6 人具有大专以上学历。新进班子 27 人,村党支部书记年龄在 50 周岁以下的有 6 人,占比 67%,村书记、主任"一人兼"的有 6 个村,占比 67%,女性委员 10 人,占比 20%。新进班子的成员年龄都基本上在 50 岁以下,大多数是当地的致富带头人或返乡能人。通过换届选举,一批有文化、双带能力强的同志进入村两委,为农村基层组织注入了新的活力。

【强化党风廉政建设】 镇党委以推动从严治党向纵深延伸为工作重心,以从严查处扶贫领域和涉农领域违纪问题为重点,上下一心,凝心聚力,严格落实"网格化"管理制度,切实做好党风廉政建设和反腐败各项工作。继续抓好《廉政准则》《中国共产党纪律处分条例》的学习和贯彻,全年组织廉政学习 4 次,同时结合四项工作整改"回头看"工作的要求,深入开展自查自纠行动,通过自查自纠,全体镇村干部党性也得到了进一步锤炼和升华;健全制度强化监督。进一步完善从严治党相关制度,强化权力的制约与监督,调动了班子成员的积极性,保证各项决策科学民主;深入开展四项工作整改"回头看"活动。共计处理自纠自查问题 6 个,其中包括危房改造问题 4 个,护林员工资问题 1 个,财政滞留资金 1 个,这些问题都运用执纪监督第一种形态处理。加大违纪案件查处力度,诫勉谈话 18 人次,提醒谈话 1 人次。

撰稿/曹硕、金伟、陈宗祥、于傲

大滩镇

【旅游业发展迅速】 2018 年,大滩镇随着第三届河北省旅发大会的召开,旅游也出现空前繁荣兴旺的景象。全镇马队实现公司化经营,景区秩序更加规范,达到骑马"零"死亡,受伤现象比往年减少;马主收入比往年增加,收到很好的社会效益。对非法出租草地摩托打击效果显著。继去年成立草地摩托联合执法队后，年内继续对景区内非法出租的四轮草地摩托车加大查处力度，并集中销毁了数百辆草地摩托，对景区秩序管理起到了显著作用。加强对湿地公园、草地和草坡的管护初见成果。通过设立标识牌、挖阻拦沟等方式，有效制止了游客驾车践踏草原、草坡等不文明行为。加强安全监管。加大对门店经营商户、度假村、农家院、游乐场的监管检查力度。在整个旅游季期间，特别是重大赛事、重要活动期间，联合上级各职能部门，采取有效措施，出重拳，对制假售假、食品安全、消防安全、特种设备安全进行全面检查，取得了良好的效果，全年没有发生一起安全事故。

【种植业又有新发展】 全镇在立足稳定时差蔬菜种植面积的基础上重点打造万亩节水灌溉菜花、西兰花种植基地；种植中草药赤芍、金莲花、板蓝根等1500亩，在县、乡级及以上道路两侧可视面200米范围内集中连片种植油菜花、格桑花等观光作物8000余亩；旅发大会沿线村种植观光花卉15000亩；错季食用菌种植试验取得成功，建设食用菌棚室50个，种植菌棒150万个，具备大面积推广条件，未来将成为全镇农业产业新的增长极，依托产业全覆盖政策，实现助力精准扶贫脱贫。

【生态建设力度加大】 在三防一禁方面，突出抓宣传，全镇出动车辆560余台次，制作防火马甲300套、防火旗2000余面、撰写防火禁牧标语500余条、明白纸10000余份，大力宣传防火禁牧工作，让群众了解防火必要性以及理解禁牧是为了统筹兼顾生态建设和经济发展作出的选择，是为推进规模化养殖、集约化经营、标准化生产创造条件，从而实现“禁牧不禁养”禁牧更增收的目标。突出抓履职，全镇聘用生态护林员91名、临时护林员170名，为护林员配备标志、标识300余件，每人配发工作日记本，记录每天巡逻情况。镇防火办将巡查情况作为履职考核的重要指标。突出抓装备支撑。年初以来投入5万余元经费购买了4台风力灭火机22台割灌机。共清理路边25000米、地边24800米、林边45200米、清理隔离带3条，共14000米，较好的完成了五项清理工作。突出抓生态管护社会化禁牧试点，2018年6月下旬以来，大滩镇在借鉴崇礼成功经验的基础上，大胆尝试，试点聘用第三方来实施生态管护工作，成效明显、效果突出，取得了成功，为坝上接坝地区禁牧工作创出了一条新路。全年打击偷牧放牧行为159起，散撒放牧得到有效遏制。

【“三厂”建设稳步推进】 为进一步改善人居环境，拟建设供水厂1座，污水处理厂1座，垃圾填埋场1座，总投资达3.6亿。邀请北京环科院、北大环保所、石家庄城乡设计院等环保业界知名设计院对大滩镇“三厂”建设进行实地考察，对选址、工艺、可行性进行了充分的调研。同时对“三厂”建设进行推进，现垃圾填埋场已申报国家旅游基础设施建设项目报送至国家发改委，申请国家专项资金。前期手续已基本完成，具备招投标条件。

【加大生态建设监督力度】 中央环保第七督查组对承德地区进行了为期4轮的环保督查，其中涉及到大滩镇环境保护问题两个，均已整改完成，未留问题。积极配合上级工作，拆除违规砂场4个，保障生态环境。排查全镇燃煤锅炉，建立燃煤锅炉环保台账。在全县散乱污企业排查过程中，拆除“散乱污”违规企业1家。针对滦河流域，孤石生态核心区进行了为期1个月的违规建设大排查大整治行动。对全镇128个卫星摄取点位进行了全覆盖实地走访调查，对全镇2015年后新建，改扩建的项目进行了全部摸排。录入燕山、太行山脉生态红线系统。对有问题的，无手续的违规建设项目予以叫停，上报。

【生态造林持之以恒】 年内，在大滩、小北沟、元山子等村社会造林200余亩，千松坝在二道河村万亩造林行动，国家一号风景大道沿线两侧节点、重点项目沿线种植景观树木万余株，达到了既提升环境又能保持水土防风固沙的效用。

【高标准农田改造项目提升耕地质量】 年内，在喇嘛波罗村、大下营村高标准农田改造25000亩，投入1700万元高标准农田补助资金。通过项目实施，耕地质量等别提高，粮食产能增加。

【交通运输、基础设施建设迅速发展】 围绕提升群众衣食住行品质，加大农村基础设施建设投入力度。新修通村通组路16.89公里，总投资592.6万元，其中财政扶贫资金投入71.6万元。投资50万元的大滩主变更换工程、投资99万元的旅发大会主会场电缆入地工程、投资96.82万元乔家营至北梁互联互带工程按期完工。实施农村饮水安全巩固提升工程，自来水工程改造5处，解决了385户居民饮水问题，改造房屋483户、改造墙体31257米，街道硬化23000㎡，大幅度提高村容村貌，共聘用547名公益岗，对所属22村的环境进行清理保洁，在维护环境的同时，创造了多个就业岗位，提高户内收入。新建村级文化广场9处(完工7处)，农村书屋、村级卫生室、环卫公厕等基础公共服务设施达到验收标准。

【党组织建设和廉政建设出现新面貌】 通过实施"六大提升工程"，抓班子强队伍聚合力，党建工作打了一个很好的翻身仗。抓战斗力提升工程。坚持党管换届、优质换届原则，牢牢掌控换届主动权，严把候选人质量关。全镇22个行政村一人兼、50周岁以下、高中以上学历、年轻致富带头人比例均超额完成县定目标，其中全日制本科有2人进入新一届村班子，一批40岁以内、有激情、有致富头脑的年轻人走上了领导岗位，成为生力军。抓硬件设施提升工程。完成小北沟、留字号、老羊圈、十号、四扎拉、南窝铺6个村党群活动服务中心新建、扩建、提升工程，新开工大滩、大营子2个村建设工程，全镇整体硬件设施为全县最好，小北沟村党群活动服务中心成为全市一流党建场所。新建7个广场，22个村宣传文化广场实现了全覆盖，上述硬件工程累计投资达970万元。小北沟村作为先进远程教育站点代表县先后迎接省、市检查、同时承办了"聚焦县区、对标先进"现场会和各项观摩活动。抓"党旗红"提升工程。深入开展"脱贫攻坚党旗红"活动、"党员带头服务旅发""生态建设与保护我先行"三项活动。小北沟村通过支部书记、驻村第一书记"一帮五"，其他干部和致富党员"一带一"形式，带动贫困户早日脱贫。春季组织镇村党员义务栽植示范林2460棵，成活率超过90%。抓干部思想素质提升工程。坚持把思想政治教育放在突出位置，认真开展学习教育活动。通过听党课、学讲话、学扶贫脱贫的各项政策、集中收看专题教育片等形式，强化"四个意识"，坚定"四个自信"。抓宣传文化提升工程。强化意识形态工作主体责任，通过组织"脱贫之星、孝心儿女、文明家庭"评选等文明创建活动、举办大型花会及广场舞汇演等文化活动、制定村规民约、成立孝心养老理事会、红白理事会以及张贴展牌等，弘扬乡村文明，牢牢掌握意识形态工作的话语权和领导权。抓廉政意识提升工程。严格落实"三会一课"制度，规范执行"四议两公开"，严把发展党员程序关、政审关。持续用力抓制度建设和党风廉政建设，全面落实两个责任，对作风建设严查严管。2018年全镇立案6件，其中扶贫领域4件，给予党内警告处分4人，诫勉谈话11人，全镇通报批评3人，提醒谈话20多人次。

撰稿/尹宏伟、张涛

土城镇

【经济指标完成情况】 2018年，土城镇全年完成生产总值114.9亿元，固定资产投资完成1.5亿元，全年完成财税收入3500万元，增长24%；农民人均纯收入3172元，增长2.8%。

【脱贫攻坚工作】 2018年土城、三间房、张百万、榆树沟4个贫困村(1个深度贫困村)脱贫出列，全镇脱贫人口739户1787人，现有建档立卡贫困人口311户739人，贫困发生率为4.12%。土城镇脱贫攻坚工作圆满接受了国家专项资金绩效考核，省第三方评估考核、产业项目、驻村帮扶、教育医疗等各类省级专项考核，顺利通过市县验收。迎接了全市农业农村观摩会，精心筹备了全省易地搬迁土地复垦、全市村集体经济发展观摩会，工作成效得到了各级领导的充分肯定。

在贫困户中安排生态护林员90名，每户年增收8000元；完善医疗救助，免交合作医疗每人每年220元，扩大贫困群众医疗救助范围，提高救助标准；加大教育扶持，根据贫困家庭子女实际，分别享受学龄前补贴，"两免一补""三免一助"、雨露计划和劳动力就业培训等补贴；政策保障兜底，及时为各类贫困群众发放低保335.74万元，五保97.8万元，高龄补贴51.12万元，经济困难高龄失能老人补贴38.88万元，残疾人困难补贴25.58万元，重度补贴14.54万元；临时救助80.67万元，将各种政策落到实处。

【产业项目】 按照"三带一厂一站多园区"的工作路径，构筑"三加三"的产业体系，截止到2018年底，全镇设施果蔬种植面积达到4760亩，杂粮中药材种植面积达到6000亩，时差蔬菜种植面积达到1万亩以上，特别是投资7400万元的张百万红泽育苗厂一期项目，新建年育苗4000万株占地370亩的高温育苗厂；三间房村集中连片打造11个村的农光互补产业，资产收益带动贫困户643户，户均增收3120元；带动公益岗就业318户，户均增收6840元；实现了产业有发展，集体有收益，农民有收入的三赢目标。

【民生工作】 改善住房条件，全镇危房改造549户，对90户没有能力改造的贫困户实行帮建，在三间房村探索建设特困户集中幸福互助院8间。张百万、榆树沟、张营、苇子沟、李泉窝铺等5个行政村10个自然村实施易地搬迁，共计搬迁185户498人；改善生活环境，实施老旧房屋改造，整治小黑屋213户。加大农村环境治理，建设地埋式垃圾池64个，购置垃圾箱115个、垃圾清运小车544个，在偏远自然村设置临时垃圾收集点21个，建公厕22个，户厕1761个；安装路灯120盏，绿化村庄87.5亩，墙体改造6450延米。硬化土城、三间房等5个村主街道17.1公里，街巷18300平米，安装变压器13台；各村配备卫生室，文化书屋，文化广场和教学点。主动协助相关部门贯通四间房村至九龙松旅游线；建设治超站，缓解大车佣堵现象，保障道路畅通；解决饮水安全，实施苇子沟、土城、三间房3个村623户1588人饮水安全工程，彻底解决了群众安全饮水问题；解决人口就业，通过农光互补、发展食用菌、光伏电站、生态护林员、扶贫微工厂、能人返乡创业等多种途径，实现全镇贫困户2项产业以上覆盖600户，户均增收4100元，其中3项产业以上覆盖302户、户均增收6000元，4项产业以上覆盖264户、户均增收8500元，5项产业以上覆盖229户、户均增收9100元，6项产业以上覆盖106户、户均增收10000元。文化旅游部非遗司副司长王臣阳调研毫村沟门、张百万"非遗+扶贫"工作，充分认可扶贫就业增收模式。

【特色亮点工作】 以构建"三条产业带"助力全镇实现产业有发展、贫困户有收益、集体有收入的"三赢"目标。"三条产业带"即张百万、苇子沟、榆树沟建瓜果产业带；三间房、四间房、土城村建果蔬观光采摘产业带；千佛寺、毫村沟门、张营、柳条沟、洞上建果蔬观光采摘休闲产业带。

产业有发展。张百万村区域三点连一线建瓜果产业带，麒麟西瓜、网纹蜜瓜、草莓种植达到2460余亩；三间房区域，蔬菜、香瓜、大蒜、角瓜、麒麟西瓜等种植面积达2500余亩；洞上区域蔬菜、玫瑰花、苹果等种植面积达1000余亩。

贫困户有收益。产业带可带动户贫困1100户，户均增收5000元；（其中地租平均每亩1000元，产业带户分红每年1000元，务工收入每月每人平均3000元~4000元）。

集体有收益。把项目资金、部门帮扶、援建项目资金转化为村集体资产，年内三条产业带所在的村集体资产最高可达到200万元，占整个园区投资一半，村集体每年最高可获得租金收入15.75万元。土城镇产业项目得到中央、省民建中央充分肯定，2018年8月13日下午，全国人大常委会副委员长、民建中央主席郝明金，河北省人大副主任、承德市委书记周仲明一行参观考察了苇子沟村红盾帮扶产业园区西瓜冷棚项目，对产业发展给予了高度评价及充分肯定。

【实现"保姆"式服务】 土城镇把服务企业发展当成应尽的职责，为张百万红泽育苗厂提供全程保姆式的服务，营造良好的发展环境，主动服务，协调各种征占地，帮助跑办各种手续，尽最大努力将此项落户到张百万村。年内，一期项目投资7400万元的张百万红泽育苗厂，新建年育苗4000万株占地370亩的高温育苗厂1处，可以直接吸纳贫困户及其他农户进厂务工600户，户均年增收8000元，可以通过产业全覆盖补贴直接带动贫困户及脱贫不稳定户1400户，户均连续3年分红增收3000元。

红泽育苗厂是一家现代化大型农业综合服务公司，可实现全镇贫困户带户全覆盖。该厂规模效益及带户情况得到县委书记方志勇和县长杨献军的充分肯定。

【实现农村垃圾长效、长态化】 在全镇推行张百万垃圾小车成功经验，财力保障较好的村每户配发1部垃圾小车，财力保障较差的村每七户配发1部垃圾小车，每周由每户轮流负责7户的垃圾收集和清运，有效节约了财力，年内全镇垃圾小车覆盖率已经达到50%。各村不断完善各类卫生设施，新建地埋式垃圾池24处（总数达到53处），新购置大垃圾箱（容积为3立方米）20个，明确各村保洁员卫生责任区，全部上墙公示，接受群众监督，由村保洁员定时对全村垃圾进行收集。镇政府每年拿出15万元资金，同专业保洁公司签订垃圾清运合同，每天对重点村垃圾箱进行清理，将镇卫生保洁人员由垃圾清运的责任人转变为监督员，实现了村庄和河道的干净整洁。实现垃圾清运市场化，有效提高了群众满意度。

【全县唯一率先完成土地复垦任务】 年内，张百万村在全县唯一率先完成土地复垦任务。积极谋划搬迁户脱贫产业。按照移民搬迁真正实现搬得出、住得下、能致富、不反弹的要求，积极发展扶贫产业。张百万、苇子沟、榆树沟三点连一线建设瓜果产业带，年内该区域麒麟西瓜、网纹蜜瓜、草莓种植达到2000余亩；解决搬迁户搬出后家庭收益问题。李全窝铺村投资80万元建肉牛育肥厂一处。提高搬迁户生活质量。在扶贫搬迁新村建公园广场，栽植花草树木，建公厕与地埋式垃圾池，每户发放一个保洁车，雇佣专职保洁员，确保搬迁小区美、亮、绿、新。做好旧部拆除与土地复垦工作，张百万易地搬迁工作得到各级领导充分肯定，市农业农村观摩会参观了张百万易地搬迁，国家扶贫办罗处长在参观考察过程中给予充分肯定。

【采用"非遗+扶贫"新模式】 土城镇亳村沟门、张百万走"非遗+扶贫"道路，荣获丰宁满族自治县首届剪纸大赛暨"非遗+扶贫"剪纸传承人群技艺大赛优秀组织奖，文化旅游部非遗司副司长王臣阳到亳村沟门村、张百万村考察"非遗+扶贫"，并给予充分肯定。

【加大危房及小黑屋改造力度】 全镇全年危房改造共549户，小黑屋整治78户，满意度100%。针对五保户住房难问题，在三间房先期试点，由村出资为五保户建幸福院，建好后此房归集体所有。三间房村共出资16余万元，解决4户五保户住房难问题，出资6余万元解决了5户五保户"小黑屋"问题。增加五保户幸福感。

【抓好党建工作】 年内，镇党委先后召集多次会议研究部署党建工作，解决党建问题12个，班子成员45人次到村调研党建工作，党委约谈党建工作推进不利的基层所站，村两委干部12人次。培养党员致富带头人12人，安排承担脱贫帮扶任务党员85名，全镇13个村集体经济实现了"零突破"。土城镇选拔3名优秀干部充实到机关重要所站任站长。主动接受省市县政治体验，对巡视组反馈的整改意见照单全收并及时整改。改造村级场所13个，完成村两室标准化建设13个。开展"优秀党员带富帮扶"互助活动，慰问党员62人次，办实事65件。

撰稿/王颖、李天依、韩振英、郭丹

黄旗镇

【优化产业结构调整】 2018年，黄旗镇压缩籽粒玉米种植面积3500亩，超额完成县里下达的任务。发展杂粮种植9846亩，食葵种植8966亩，设施蔬菜种植960亩，露地蔬菜种植2030亩。借助产业全覆盖政策，全镇有君会、绿佳源等五家合作社享受79万元蔬菜补贴。有黄旗皇、福茂、禾林、金谷香、米奇皇等6家合作社享受195万元有机质提升补贴。

【持续抓好有机农业】 有机地块面积持续增加。全镇有机地块检测及认证规模达6511亩，新拓展种植基地1122亩。通过上级支持，以黄旗皇种植公司为实施主体的"黄旗有机小米园区"落地实施，项目占地16亩，完成生产车间等主体建设，上半年投入使用。通过与保定玖辛检测中心的协商合作，解决了黄旗小米糊化温度和粘稠度两项指标的检测问题，为黄旗小米地标和商标的使用做好了准备工作。2018年11月6日，在北京国际有机食品和绿色食品博览会上成功召开了黄旗小米推介会，进一步增进了产业交流、拓展了合作空间，为全县产业发展和脱贫攻坚贡献了力量。

【生态环保力度加大】 按上级要求，黄旗镇成立环保所，配齐人员和编制，确定相应工作职能。在生态红线保护区内，点位核查35个，并采集数据建立台账。河长制组织机构全部健全，并充分发挥职能，做到村级河长日查、镇级河长周查，发现问题当天整改。完成清理整治违法经营砂场4处。累计清理河道及两岸垃圾近4万余立方米。饮水及水利项目。全年实施饮水改造项目11个，解决7个村11个居民组270户群众的饮水困难。修建护村堤坝2710米，打灌溉机井36眼，配套设施13处。完成潮河源、连桂等4个村坡改梯项目5130亩。完成社会造林260亩；公益林、天保林认定面积20.1万亩；完成风沙源治理项目2831亩；京水工程5000余亩。

【人居环境整治取得突破性进展】 完善道路基础设施建设。完成南沟门、潮河源两村通村路4.3公里建设任务。投资170万元完成村民期盼以久的潮河大桥建设；同时投资187万元完成东营子中桥和连桂小桥建设。国道111线2170米隧道工程建设进展迅速，计划2019年隧道全线贯通。

巩固提升小城镇建设。重点实施9个行政村主街道硬化，硬化面积3.8万平方米，安装维修路灯140盏，改造墙体1.2万米，绘文化墙1000多平方米。在全镇推进环境卫生整治，投资近100万元对全域范围垃圾进行清理，拆除残垣断壁和违章建筑400多处，营造干净整洁的村庄环境。各村建立了卫生长效保洁机制，聘用保洁员227名，配备垃圾桶等卫生设施191个。

【民生保障取得新进展】 2018年年底统计，全镇新识别低保39户44人。全年发放救灾款32.9万元，面粉30吨，涉及1125户。社保工作共输出贫困户劳动力128人，农村贫困劳动力就地转移532人。农合参保率96%，农保参保率98%。劳动力就业培训76人，贫困人口技能培训114人。完成农村承包地土地确权颁证工作。

落实对农村食品安全管理工作的监管责任，同时做好药品药械、保健品、安全监督。安全生产排查隐患10余起，实现全年安全生产零事故。

【三防一禁工作保生态】 防火工作中印发宣传纸1万份，制作宣传旗1900面，全年无重大火灾发生。汛期成功安全度汛。镇域18个村全面做好疫情控制工作，没发生任何一例疫情，在非洲猪瘟疫情防控期间拨付防疫资金 1.7 万元。加强督查、严厉打击野外散撒放牧，全年处理 25 人次，全镇散撒放牧现象明显减少。

【脱贫攻坚成效显著】 2018 年，全镇完成贫困户脱贫 778 户，1615 人，实现了城根营、东营子、西村、南沟、乐国窝铺、大院、乐国 7 个村整村脱贫出列。现有贫困户 394 户，855 人，贫困发生率由 2017 年 17% 降至 5.7%。完成扶贫基础数据提升全部工作，在城根营村成功召开全县"扶贫基础数据提升"现场观摩会；东营子代表县政府接受市级检查验收。连桂、城根营两个村成功接受省级扶贫第三方评估考核和产业项目专项考核。潮河源村修路项目成功接受国家财政专项扶贫资金绩效考核。数据清洗后，全镇整户标注脱贫不再享受政策 19 户 38 人；不享受政策回退 16 户 48 人；自然减少 197 人；自然增加 155 人；分户 3 户 10 人；合户 66 户 116 人；新识别 6 户 12 人。

产业增收脱贫效果明显。全年产业扶贫叠加覆盖贫困户 1401 户，分红 119 万元。其中县级产业全覆盖项目 20 个，争取补贴资金 278.6 万元，提取 30% 资金 24.4 万元带动贫困户 84 户。申请京冀对口帮扶项目 3 个，帮扶资金 1688 万元，带户 1065 户，分红 95.34 万元。龙头企业黄旗皇、原始种植公司使用农业专项资金，带动贫困户 838 户，每户收益近千元。

县级光伏电站奖补对全镇贫困户实现全覆盖，受益 1171 户，全年发放光伏奖励补助资金 399 万元。安排贫困户生态公益岗 442 名，月工资 570 元。

危房改造，全镇 2017－2018 年共改造各类危房 332 户，其中新建 57 户，维修 275 户，共发放补助资金 445.9 万元。投入资金 63.4 万元，对全镇 206 户小黑屋进行了彻底治理，改善了贫困户居住条件。

政策保障兜底确保稳定脱贫。对没有劳动能力的分户老人等特殊群体，采取低保、五保、养老保险、残疾补贴、高龄补贴等政策保障兜底，全年发放各项政策性补贴 450 万元，确保 3334 人稳定脱贫。

易地扶贫搬迁进展顺利。城根营村集中安置区 114 人顺利实现了搬迁入住；哈拉海湾村 417 人于 11 月份实现了分房交钥匙；小河村集中安置区建设完成，现已具备分房入住条件。全镇分散安置共 9 户 22 人，除 1 户改变搬迁意愿，其他 8 户 21 人全部完成搬迁手续办理。

【亮点工作脱颖而出】 黄旗镇在基层党建创新上，以城根营"党建＋"模式为典型。党建＋脱贫攻坚，坚定脱贫信心。党支部通过"一任联四任""一户带四户"使基层党建和脱贫攻坚紧密融合在一起。党建＋产业发展，实现共同富裕。该村集体流转土地 1200 亩，建设四个产业园区，采取"六统一分"的模式，实现产业与脱贫共赢。5 月份，城根营村的发展模式接受以北京市委书记蔡奇和省委书记王东峰为代表的现场观摩，充分显示出了城根营村党建创新试点正确的发展模式。

在基层党建宣传创新上，依托民建中央乐国窝铺"爱心超市"发展模式。现以推广进驻东营子、城根营 2 个行政村。首家民建爱心超市位于乐国窝铺村村部，由全国民建会员、会友、机关干部和社会各界爱心人士通过爱心捐赠的方式筹集物品。超市实行爱心值兑换制度，凡参加村集体活动，帮助处理村各项事务，有见义勇为行为，立足于村的发展，提出好的切实可行的意见建议并经采纳，宣传村的好人、好事、好产品并取得成效，在某方面表现突出获得村级及以上荣誉，为村的发展作出各种贡献的村民，可获得一定数量的爱心值券，凭券兑换相应物品。年内，村民累计兑换物品 78 件，价值近万元。超市的建立能有效改善村民生活生产条件，引导村民树立文明新风、养成良好生活习惯、培养村集体活动参与意识，让群众亲自参与到推进农村精神文明建设和美丽家园美丽乡村建设中来，并为扶贫扶志做出一定的贡献。

【教育卫生工作上新台阶】 2018 年 24 名黄旗中小学生代表县政府在北京恭王府参加了非遗项目的表演。教育基础设施建设逐步完善，教学质量取得可喜成绩，黄旗中学毕业班综合成绩排名全县前列，在校生巩固率 100%。医疗卫生体系不断完善，全镇村卫生室实现标准化建设全覆盖，家庭医生签约完成常住人口的 65%，解决了百姓看病难的问题。

【促进平安乡镇建设】 成立了"深化创建平安乡镇"活动领导小组，制定活动方案，在全镇广泛开展了"深化平安"宣传活动，发放宣传资料 3.2 万份，使平安乡镇、平安校园建设思想深入人心。来访接待案件 180 余件，接访群众近 480 余人次。全年受理群众信访办结率达 100%，其中群众息诉息访率达 90% 以上；矛盾纠纷排查化解建档率 100%，化解率 90% 以上。

【全面强化党的建设】 2018 年，黄旗镇党委深入贯彻学习十九大精神，健全党委中心组学习制度，组织开展学习和讨论 12 次，牢固树立

"四个意识",巩固提升了班子成员的履职能力和责任担当意识。机关管理方面,制定《黄旗镇16项规章制度》,严抓干部工作纪律,使全镇形成风清气正、踏实肯干、力争上游的大氛围。在村级考核方面,制定《黄旗镇党建联查互评考核细则》,建立"查、评、述、考"工作机制,用量化打分的办法加强村级考核,达到激励先进、鼓励后进的目的。将意识形态工作和精神文明工作列入了党委年度工作要点,制订《黄旗镇党委贯彻落实意识形态工作责任制工作方案》,成立由党委书记任组长的黄旗镇意识形态工作领导小组,建立健全党委统一领导、党政齐抓共管、宣传部门组织协调、各相关部门积极配合,共同做好意识形态的工作机制。全镇安装宣传牌、喷布400余块,使社会主义核心价值观深入了人心。创建城根营村为市级精神文明村。完成连桂、二道桥子、老虎沟门等9个村"综合文化服务中心"建设任务。依托民建中央在乐国窝铺、东营子、城根营3个村建设"民建爱心超市"。对"四个专项"整改回头看发现的问题,分类梳理建立台账。对省市巡视巡察中发现的2个问题,列出任务书、排出时间表、明确责任人,扎实推进整改任务落实。对"一问责八清理""微腐败""扶贫领域腐败和作风问题专项治理"等专项行动中发现的71个问题全部完成整改。全镇自立案件7件,党纪处分11人,诫勉谈话6人,共追回违纪资金26.2万元。制定专项资金使用纠错及整改办法相关制度,从源头治理,真正达到风清气正的工作环境。

【加强村级组织建设】 圆满完成农村党组织和第十一届村委会换届工作,全镇书记主任一人兼占比83%,村党支部书记50周岁以下占比50%,高中以上学历占比88%。同步完成村监会、民调会、妇代会等相关组织的换届。筹措资金80余万元完成东村、上窝铺、哈拉海湾、老虎沟门、石栅子、潮河源6个村720平方米村部建设,村级两室建设达标率95%。对2017年以来的党员档案和《党支部工作手册》等档案材料进行了集中自查整改,培训支部书记3次、调阅档案3次、集中学习整改3天。统一设计具有黄旗镇特色的党建档案标签,对全镇18个村支部书记进行了档案规范化培训。坚持发展党员联审制,确保发展党员工作严肃、规范、民主,严格按照《细则》规定做好发展党员工作,全年发展党员12名,其中农村支部党员10名,机关党员2名,35周岁以下党员8名,为各支部注入了新鲜力量。

撰稿/韩秋杰

波罗诺镇

【种植业结构调整出现新局面】 2018年,波罗诺镇高产作物推广效益显著。年内全镇推广先锋系列玉米2000亩,"农华101"1000亩,大大提高了玉米种植效益。波罗诺镇蔬菜产业已发展公司3个(绿康蔬菜种植有限公司、建峰蔬菜种植有限公司、源河食用菌种植有限公司)、规模专业合作社6个(嘉禾、平丰、映山红、春晖、宪文、昊兴),共建日光温室95个、蔬菜冷棚46个,共新增设施蔬菜面积90亩投资200万元、建棚30个,年内投入使用。露地蔬菜种植已完成1700亩,其中:蔬菜种植公司和合作社种植600亩、散户种植1100亩。

【脱贫合力攻坚取得阶段性成效】 规范提升后全镇精准核定建档立卡贫困人口977户2211人,贫困发生率为18.12%。到2018年底,经过村级评议、镇级初核、县级核查、系统标注等各项程序,525户1189人顺利脱贫,杨树林、石灰沟、西沟3个贫困村整村退出。年底,全镇还有贫困人口431户1004人,贫困发生率为8.23%。为实现这一目标,突出做了四方面工作:

突出抓好扶贫产业。紧紧围绕"六个精准"要求,积极探索肉鸭、蔬菜、林果等特色产业扶贫模式,实施产业项目12个,投资4000多万元,覆盖贫困户1153户,覆盖率94.6%。光伏扶贫。石灰沟、老庙营、杨树林、西沟4个500千瓦村级电站11月末并网发电,其中老庙营村500千瓦电站由国电投集团出资捐建;波西、河南村集体光伏电站项目建成,年增加集体收入15万元以上;官梁村先期启动的88.4千瓦光伏项目,使141户贫困户年均增收1300元;肉鸭产业。岔沟门村采取"村建企租"模式,利用彩票公益金项目资金100万元,建鸭棚5栋,年租金收益20万元,带动贫困户128户,户均增收近2000元。肉鸭养殖项目,北京三元公司投资400万元,在波东村建鸭棚20个,吸纳150贫困户入股,户均年可增收1000元。河南村养殖大户带动贫困户20余户打工,形成务工收入,户均增收3000元以上。蔬菜产业。波东村新建日光温室12栋,带动贫困户260户,每户分红收益1000元以上;生态林果。河南村"百亩果园"项目,流转土地100亩,林药间种,带动20户贫困户,户均增收1000元。老营盘村火龙果栽培项目,直接带动30户贫困户。生猪、肉驴分户养殖。西沟村、石灰沟村、岔沟门村、波西村、老庙营村333户贫困户利用每户5000元的财政扶贫资金,分户养殖生猪、肉驴,每户增收3000元以上。

突出抓好政策落实,易地扶贫搬迁加速推进。全镇易地扶贫搬迁规模为13户38人,其中西沟村3户10人(建档立卡2户6人,同步搬迁1户4人),官梁村10户28人(建档立卡8户20人,同步搬迁2户8人),两个村的集中安置户全部在县城人才家园安置,目前已拿到新房钥匙;分散安置3户9人全部选择在镇内完成安置,年内分散安置旧房已拆除,都已入住新房,安置补偿款已全部发放到位。生态脱贫。吸纳贫困户护林员140人,每人每年工资8000元,通过工资性收入实现脱贫,利用光伏扶贫公益岗集中安置307户贫困户实现村内就业增收。2014－2017年脱贫享受政策户347户享受光伏补贴,每户增加劳动收入1500元以上。另外,着力发展后续产业,采取资金入户、合作经营等模式,保证了每户基本都有2个以上项目带动。教育扶贫。全镇255人享受"三免一助"政策,59人享受"两免一补"共补助资金2.95万元;48名学前儿童教育资助1.68万元,完成"雨露计划"49人的补贴发放工作。按照"政府＋培训＋就业"的方式,大力开展农民劳动技能培训和引导性就业培训,为全年培训建档立卡贫困人口58人,年人均增加收入1万元以上。医疗脱贫。严格落实贫困人口统筹补贴政策,新农合、大病保险、医疗救助实现了"一站式办公"。实施贫困人口"先诊疗、后付费",建档立卡贫困人口住院救助起付线全面取消,基本医疗保险、大病保险参保率和医疗救助政策落实比率全部达到100%,在镇服务大厅设立一站式办公服务窗口,提高了为民服务效率。住房和社会保障。经过改造实现安全住房250户。在全县老旧房屋及"小黑屋"专项治理行动中,改造房屋139户。全镇享受低保政策894户1088人,享受特困供养政策118人,全年累计发放低保五保金397万元,充分发挥了政策兜底的保障作用。

【乡村面貌变化明显】 狠抓退出村基础设施提升。杨树林村在2017年打造成省级美丽乡村的基础上,重点抓长效保洁和美丽庭院创建,实现了提档升级;石灰沟村全村安全饮水解决,卫生室新建投运,建起了大戏台和文化广场,修护村坝150延长米,新修通组路5.13公里,植树500棵,整修残垣断壁270延长米。累计投资220多万元,彻底解决了基础设施落后,村庄环境差的问题。西沟村建牌楼1座,新建标准化卫生室1处;广场1200平米,戏台1处,平桥1座,整修残垣断壁2500延长米,水泥路420米,安装路灯23盏,共投资160多万元,多年的脏乱差问题得到解决。狠抓深度贫困村"双基提升"工程。老庙营村建高标准公厕3座,50个户厕,建成500平方米文化广场,80平米乡村大舞台;岔沟门村建高标准公厕10座,户厕50个,完成通村通组路10公里,街巷硬化870延长米,建村卫生室1处,安全引水工程全部完成;狠抓全镇的环境卫生整治:争取中央水污染专项治理资金616万元,建设卫生垃圾填埋场1处,占地25亩,日处理垃圾11吨,总容量6.2万立方米,2018年初投入运行。实行政府购买服务方式,建立镇村垃圾一体化清运体系。组织和动员护林员、公益岗、党员志愿者全面全方位开展了环境整治清理垃圾专项行动,消灭了村、组、山沟、河道内多年的积存垃圾,取得了明显成效。在集中整治后,以各村为单位对所有区域明确了卫生保洁责任人,使整治效果得以持续和巩固,村庄环境的进一步好转,为改变群众传统落后的生活习惯和生活观念将起到潜移默化的作用。

【生态环境持续改善】 大力开展植树造林,增加森林覆盖率。上半年动员全镇117名护林员和34名镇机关干部在波东村义务植树40亩,动员社会力量种树共410亩,落实了管护责任,确保树木成活。强化防火和禁牧工作,层层落实责任,半年来波罗诺镇没有较大火灾发生。积极鼓励舍饲养殖,坚决打击散撒放牧。建设水利项目,防治水土流失。组织各村清理河道2000多米,有效疏通了河道。驻石灰沟工作组积极跑办,协调相关部门投资40万元,修水泥路800米,新建大坝300米。大力推行煤改电项目,全镇煤改电33户,完成安装33户,11个行政村的村部改造全部完成。33户均能正常使用。按照全县的总体安排和部署,采用镇村垃圾一体化清运方式,建立健全环境卫生保洁机制,全镇11个村初步实现了垃圾分类处理,有效减少了二次污染。健全保障制度,争取中央水污染专项治理资金616万元,建设卫生垃圾填埋场1处,占地25亩,日处理垃圾11吨,总容量6.2万立方米,12月底开始验收,保证2019年投入使用。卫生填埋垃圾场投入使用后,将垃圾统一运送到填埋厂进行无害化处理。

【各项惠农工作稳步推进】 积极开展春节慰问困难群众活动,发放慰问资金5万元。城乡低保工作规范运行。2018年4月份对波罗诺镇3年未上报低保人员进行入户核实,累计上报309户310人,全镇农村低保817户、880人,城镇低保34户、52人,高龄老人80岁236人,90岁27人,困难残疾人99人,重度残疾人94人,优抚对象124人。农村五保供养工作开展顺利。及时将符合条件的119人纳入城乡特困人员,同时对生活不能自理,无房居住的五保老人,按照审批程序,及时办理了集中供养入住手续。城乡医疗救助全力推进。把救助政策切实落到实处。全年已累计救助189人、发放救助资金31.5万元。社会保障工作深入人心。城乡社会养老保险人数逐年递增,2018年新参保农村养老保险人员125人,参保缴费人数达4887人,参保率为97.2%;城乡居民医疗保险正在征缴中。县劳动人事局出资,为每村配备一名社保协理员。完成89名企事业退休人员的认证工作。全镇贫困劳动力建档立卡人数2358人,对未就业的630人,年内完成202人转移就业,300人得到培训,对有创业愿望的51人单独进行创业培训,介绍就业岗位人次670人次,自主创业人数10人,带动就业人数10人,劳务输出30人。

【着力打造风清气正的政治生态】 把开展"四项工作整改回头看"活动,作为落实主体责任和从严治党的有力抓手,建立组织,制定方案,多措并举,统筹推进。梳理出巡视巡察整改问题13个,其中个性问题1个,共性问题12个,按照要求全部整改完成。并按照要求在整改台账签字背书。查摆"一问责八清理"问题28件,对相关责任人采取了批评教育,提醒谈话等多种处理方式,保证了整改效果。自查"微腐败"问题55个,上缴微腐败资金4800元,移交县纪委立案处理2人。突出抓好扶贫领域腐败和作风问题专项治理整改"回头看",整改问题63个。年初,进一步修定了机关管理各项制度,严格值班值守各项规定,立足实际,调整工作分工和包村任务,最大限度的调动干部工作积极性,为圆满完成各项工作任务打下了基础。

撰稿/杨光、张佳蔓、佟艳艳

天桥镇

【全心助力脱贫攻坚】 2018年,天桥镇除村级光伏增加村集体经济收入外,着力抓好省级集体经济示范村下山嘴村150万元蔬菜暖棚项目,年内已完工,待验收后立即正常运转,年可增加村集体收入8万元;上方营村成立了民富果园种植合作社,贫困户以土地入股占90%股份,村占10%股份,待产生收益后每年村集体经济增收5万元;龙潭村成立了连翘种植合作社,13名党员带头种植连翘800亩,党员、贫困户或以土地或以资金以每股1900元入股,产生收益后村占10%的股分,户均增收达到2000元。

【真心为民办事服务】 产业链党组织作用发挥明显。全镇成立专业合作社16个,产业链上建立功能性党组织8个,"共享党员"44名,带动全镇建档立卡300户分红;成立天桥煤炭物流园区非公企业党组织,实现党建带工青妇建,增强企业活力,安置本地贫困户就业60余名。

基础设施不断提升。在2017年加强村两室建设的基础上,2018年重点抓长效机制,确保有人办事,有地办事,办成事,办好事;全年新投资68万元的4个村文化村覆盖工程全部完成,党员示范林已经成为各村新的劳动、教育、宣传基地,生态效益、经济效益已日益突显。

宣传氛围更加浓厚。开展了文化助力扶贫、扶智扶志、孝心孝行等激发贫困户内生动力的系列活动,各村成立了孝心养老理事会,通过捐赠的形式设立了养老公益金,制定了规章制度,并开展了各具特色的活动;全镇9个行政村投资近4万元安装脱贫攻坚宣传牌90面、条幅36条,牌匾18个,孝心孝行宣传画45副,各村宣传橱窗定期更换。成功承办丰宁首届山花节"杏花春雨小江南"开机仪式;承接两次县级美丽庭院观摩。

【在产业就业上闯出新路子】 产业全覆盖项目。产业全覆盖上,2018年共发展产业项目5个,总投资73万,带动54户,其中:蔬菜扶贫项目:建设2个项目,总投资50万元,覆盖22户贫困户。生态林果扶贫项目:建设2个项目,总投资20万元,覆盖27户贫困户。中草药扶贫项目:建设1个项目,总投资3万元,覆盖5户贫困户。依耘柴鸡养殖专业合作社基础设施项目带动48户贫困户。还有两个项目可带动120户贫困户增收,待项目验收后,资金可直接拔付到户。

光伏扶贫项目。通过光伏项目带动全镇454户贫困户每户每月增收260元,年收益3120元,带动257户有劳动能力的贫困户以"三护一保"务工的形式月增收570元,年增收6840元;同时对全镇309户脱贫不稳定户以每年增收1200元至1600元形式再次进行产业覆盖;有49户贫困户安装户用分布式光伏,每户每年收益近3000元。

财政扶贫资金项目。7个村85户贫困户通过分户养殖每户补贴4000元,户均增收1500元。

【不断开展就业培训】 截止到2018年底,录入社保精准扶贫系统建档立卡户有劳动能力1178人,2018年总计培训7期,参训农民工360人,其中贫困农民工167人,涉及中式面点、焊工、电工养殖、蔬菜种植、电商、果树栽培等7个方面,劳动力输出293人。

【全面落实扶贫政策】 教育扶贫。用好教育阶段各项资助政策，支持贫困家庭的学龄子女完成从学前教育到高中的学业教育。2018年全镇建档立卡享受学龄前补贴84人，两免一补168人，三免一助111人，申报雨露计划102人。

医疗保险和救助。2018年度全镇城乡居民养老保险缴费率达到98%，城乡居民医疗保险缴费率96.1%，均达到目标任务数，农村建档立卡贫困人口医疗救助政策落实比例100%，享受医院报销三重保障线政策，解决了因病致贫返贫的难题。

农村危房改造。加大农村危房改造力度，2017年至2018年危房改造330户，其中四类户302户，非四类户28户，已经全部改造完成，四类户拨款完毕。开展老旧房屋改造51户，小黑屋治理130余户，实现住房安全目标。

兜底保障。全镇共有536户696人享受低保、65人享受五保待遇，209人享受残疾人补贴。困难群众养老保险金和高龄补贴落实到位。

易地扶贫搬迁。全镇易地搬迁共涉及4个行政村10个自然村的293户763人，其中建档立卡165户432人，同步搬迁128户331人；集中安置280户739人，分散安置13户24人。在2018年11月13日底完成分房领钥匙。分散安置13户，24人，其中投亲靠友11户，镇搬迁办动态跟踪管理，确保搬的出，稳的住。

【抓紧在农村基础设施建设和环境卫生综合治理】 农村居民安全饮水。针对农村饮水困难，共实施2个自来水项目，打井5眼，惠及3019人。全镇退出1183人建档立卡贫困人口不存在饮水安全问题。

全镇9个行政村通动力电比例达到100%，全镇行政村4G信号覆盖率达100%、光纤通达率100%。

农村道路硬化、亮化。全镇3个非贫困村、6个贫困村全部实现了道路硬化，安装了路灯。年内新打水泥路面7.35公里（上方营村、下方营村、天桥村），安装路灯76盏，新建文化广场7个，图书室2处，文化活动室4处。

新建卫生室2个（深度贫困村上方营村、一般贫困村天桥村）每村10万元，并配备了4万元的医疗设备；修缮卫生室2个（前沟门村、小辽东村），每村6万元，户改厕70余户。开展潮河流域水环境治理、农村环境卫生整治工作。一年来，全镇投入经费10余万元制作河长制大型宣传牌1块，并多次雇佣人员、机械对辖区内潮河河道以及农村生活环境进行治理，并积极研究制定环境卫生保洁长效机制。9月，随着生态公益岗的聘用，潮河河道卫生以及各村农村环境治理得到了极大的改善，督考办多次督导暗访环境卫生整治情况，给予高度评价，环境卫生长效机制运行良好。

【努力做到精准帮扶】 天桥镇有6个贫困村，共进驻六个对口帮扶工作组，其中省、市帮扶工作组各1个，县工作组4个。驻村工作队入村后，按照“一宣五帮”的工作职责，走村入户了解户情、宣传党的方针政策，宣传教育、医疗、住房、产业等扶贫政策，使贫困户对政策知晓率达到100%，并帮助将政策落到实处，精准施策、精准脱贫。换届期间帮助选出建强村两委班子，帮助提升治理水平，帮助谋划工作思路，谋划脱贫攻坚工作。帮助在村的基础设施、社会服务、产业发展等方面出谋划策、出钱出力。帮助协调解决各类矛盾纠纷，推动社会的和谐稳定。帮助有诉求的群众办实事、办好事。帮扶单位除了帮助出谋划策外，还出钱出力，以实际行动助力脱贫。

在基础设施方面，上方营驻村帮扶单位省高院协调解决资金近70万元，用于果园打井、架电、村部建设及户改厕；天桥村帮扶单位市教委争取资金20万元解决天桥村自来水资金不足问题；县市场监督管理局协调北雁商城为下山嘴村广场篮球场建设解决资金6万元。

在社会服务、救助方面，五道沟门帮扶单位县医院组织全院骨干医生到五道沟门村对全体村民进行义诊，及时检查出1名先心病患者并帮助协调及时进行救治；市教委组织开展了“送教下乡”活动，捐赠体育器材、桌椅书包。联系大爱清尘农民工尘肺病救助公益组织，为尘肺病患者进行救助；通过市红十字会争取到“博爱进万家”爱心礼包发放给贫困户。县市场监督管理局协调北雁商会商城、承德银行，平安高科、农产品种植大户到帮扶村进行对接，实地谋划贫困村产业，为养殖户解决资金不足帮助协调贷款支持。在村级经费方面，县市场监督管理局对所帮扶村每年给1万元用于弥补村级经费不足，两年累计9万元。

在捐款捐物方面。帮扶责任人数次入村入户，为贫困户送去米面油、慰问金等，折合资金5万元。

【党的建设实现“一村一品”】 深入推进“两学一做”学习教育常态化制度化，以“三会一课”制度为抓手，掀起学习贯彻十九大精神、习近平系列讲话精神热潮，全年共组织观摩学习2次，镇级中心理论组学习10次，县级以上宣讲活动2次，班子成员轮流讲党课6次，观看专题片3次。坚持“逢学必考”制度，用铁打的考试纪律，严肃学习风气，提高镇村干部的重视程度及学习兴趣。

同时各村创新载体，结合党员活动日因村制宜开展“脱贫攻坚医疗志愿者先行”“劳务输出站、搭建就业桥”、弘扬“红白”理事文明风、党群“手拉手”共摘“贫困帽”、基层堡垒作用强等主题鲜明的“一村一特色”的党建活动，基层堡垒作用日益增强。

【优化党员队伍结构】 党员培养上结合脱贫攻坚党旗红“致富先锋”“能人返乡”双工程及村两委换届，继续挖掘培养技术型、实用型的优秀党员，纳入村级后备干部人才库；党员发展强推“双培养三优先”：即依托产业培养党员成技术骨干，将技术骨干培养成为党员；优先发展青年致富带头人、优秀村(副)主任、共青妇等骨干力量成为党员。年内推介市级农村实用型人才1名、市级青年致富带头人1名，推送河北省委《共产党员》刊物基层组织人才报道1篇，两委换届实现1人兼比例77.8%，50周岁以下55.6%，文化程度比例均达标。

撰稿/邵立勇、赵振海、丛云飞、王静、赵然、张冉、谭彬、方萍

胡麻营镇

【扶贫工作】 2018年，胡麻营镇围绕精准施策，做好动态管理。结合规范提升专项行动，严格精准识别、精准退出程序，积极开展贫困户动态调整，全年共新识别建档立卡贫困户10户23人，脱贫退出545户1189人，胡麻营、小龙潭沟、大龙潭沟3个村实现整村脱贫出列。

强化产业扶贫，提升内生动力。充分利用产业全覆盖政策，共实施种、养殖产业项目16个，累计发放补助资金220余万元，带动300余贫困户户均增收1500～3000元，同时发挥贫困户自身能动性，选聘生态护林员77人、扶贫公益岗309人、劳务岗236人。通过发展产业，每个贫困户实现覆盖产业项目2～3个，有效激发了贫困户脱贫致富的内生动力，增强了农户致富渠道。

积极宣传落实各类教育扶贫资助政策，全镇共落实学龄前补贴、“两免一补”“三免一助”等贫困学生415人。依托健康扶贫，健全社会保障。实现建档立卡贫困人口家庭医生“签约服务”全覆盖，将全镇“因病致贫、因病返贫”的贫困患者全部纳入扶贫救治范围。

推进危房改造，改善人居环境。2018年完成危房改造242户，对134户“小黑屋”进行了集中整治，进一步提升了群众满意度。精准推进易地扶贫搬迁。着力抓好李窝铺村220户、610人(其中建档立卡户121户、346人，同步搬迁99户、271人)的整体搬迁工作，年内已完成分房工作，同时正在加紧谋划整村土地流转发展后续产业，保障搬迁群众持续增收。

【农业工作】 坚持以农业增效、农民增收和农村发展为目标，持续做优、做强特色产业。不断加快产业结构调整。结合产业全覆盖工作，全镇新增产业结构调整面积1730亩。

加快推进产业化重点项目建设。引进远鹏农业发展有限公司在姜营村实施了总投资3000万元的同仁堂万亩中草药种植基地项目，年内已完成项目前期审批手续，进行土地流转；总投资434.9万元的后大庙旅游基础设施建设项目开工建设，现已完成工程量的70%。

稳步推进硬果西红柿、山地林果产业发展。种植硬果西红柿630亩，继续实施农业政策性保险，提高抗风险能力；继续巩固胡麻营、河东、塔沟三处山地果园基础，进一步完善了水、电、路等配套设施。

【社会救助工作】 2018年，全镇城乡低保保障标准根据县局的提标要求，按照程序开展年度提标核查，截止年底，纳入保障范围的农村低保对象788户1031人，全年发放农村低保资金3184295元；城镇低保对象17户27人，全年发放城镇低保资金103680元。落实全镇161位残疾人“两项补贴”制度。2018年全年发放残疾人生活补贴资金106260元，残疾人护理补贴9660元。

抓好农村低保户及特困人员，一般贫困户救助粮发放工作。农村低保缺粮户80户240人，特困人员140户140人，其他贫困户180户540人发放救助粮25吨。特困供养工作进一步加强，全镇农村特困供养对象140人，其中分散供养对象140人，按照500元/人/月特困供养标准，全年发放特困人员救助供养资金84万元、照料护理费用23万元。

切实做好城乡临时救助工作。2018年支出城乡临时救助资金19.3350万元，救助69人次。

【加大公共卫生服务力度】 抓好居民健康档案的建立工作：2018年建档的总体要求是求质量，求效果，高质量完成每一份居民健康档案。对已经建立的居民健康档案进行一次认真细致的回头看，查漏补缺，健康评价必须正确规范，特别是体格检查与实验室检查结果要相符。对65岁以上老年人，2017年未完成建档的，2018年必须完成；2018年达到65岁的老年人，继续体检建档。正常门诊病人建立健康档案。门诊发现的慢性病人，优先建立健康档案。慢性病人的随访工作由保存人员和村医完成。在核定档案准确无误的情况下，再建立电子档案，电子档案重点由刘利娟，以及其他人员协助完成。0～3岁儿童的档案，接种卡、纸质档案、电子档案必须相符。结核病人、重症精神病人、高血压、糖尿病人的电子健康档案必须优先录入。完善孕产妇的健康档案。

【党组织建设】 胡麻营镇党委辖支部21个，分别为农村支部16个，企业支部2个、机关支部1个，卫生支部1个，老干部支部1个。2018年，坚持"用责任制管责任人，以责任人带一班人，以一班人活一盘棋"的党建工作理念，全面推进党的思想、组织、作风和制度建设。

深入推进"两学一做"教育常态化、制度化。制定详细的学习计划，组织全镇党员学习党章党规和习近平系列讲话，全年共开展书记讲党课2次、班子其他成员到所包村专题讲党课8次，通过学习教育，党员意识得到强化，宗旨意识得到加强，党员敢于亮明身份，服务群众有底气、有精神。

以换届为契机，选优配强村两委班子，按照省市县委要求，精心组织召开好新一届村两委换届工作，深入调查摸底，掌握选情民意，采取一村一策、一村一案，明确时间节点、严肃换届纪律，通过换届选出了一批能干事、敢干事、干成事的村干部，同时不断加强党对基层的领导和年轻干部的培养，8个村实现了书记、主任一人兼，50周岁以下党支部书记7人，圆满完成了村两委换届任务。

强化农村干部和党员管理。坚持"三会一课"，不断提升党组织凝聚力，抓好换届后村干部的集中培训，实行农村脱产干部坐班制、值班制和外出请销假制度，让村民办事找得到人，办得成事。坚持党务公开和村务公开制度，对惠农政策、低保评议、账目收支等事务及时进行公开，主动接受群众监督。注重后备党员力量的培养，2018年转正预备党员12名，新发展党员13名，培养入党积极分子15名。积极组织党员开展志愿服务活动，各村深入开展了党员示范林创建活动，共栽植树木2575棵。

深入推进"脱贫攻坚党旗红"活动。加大五大工程推进力度，全镇在家党员全部挂牌示范，积极推进党员结对帮扶工作，村两委班子成员带头帮扶村内贫困户，使党员在脱贫攻坚这场战役中充分发挥先锋模范带头作用。

撰稿/申亚倩

万胜永乡

【积极实现产业全覆盖】 2018年，万胜永乡推广杂粮种植，在4个村推进传统杂粮胡麻、莜麦、荞麦种植2285亩，覆盖全乡457户，由原始种植有限公司负责无偿提供有机肥每亩25公斤，种植指定的品种，每户贫困户种植杂粮5亩，和企业签订收购协议种植荞麦以2元回收，种植小黄胡麻以4元回收，确保贫困户"零风险"并获得收入，预计户均增收800元。

谋划政策性产业项目，辛房村由瑞丰农牧有限责任公司投资1000万元续建万合城蔬菜交易市场项目，2018年新建恒温库1344平米，新建储藏窖6000平米，带动辛房村及周边新增种植市场蔬菜1500亩。带动贫困户93户，户均增收1000元。由丰宁满族自治县益民蔬菜种植专业合作社和瑞丰农牧有限责任公司采用膜下滴灌有机质提升的方式种植西兰花、菜花580亩，带动贫困户126户，户均增收1350元。下洼子村在御大沿线可视面200米范围内种植食葵1300亩，带动贫困户8户。种植赤芍200亩，带动贫困户128户，户均增收424元。贫困户分户养殖肉驴16户，户均增收500元。12户贫困户种植食葵240亩，预计户均增收1000元。6户贫困户分户种植露地菜140亩，户增收1000元。万胜永村御大沿线可视面200米范围内种植食葵300亩带动贫困户分户种植。8户贫困户分户养殖肉驴11头，预计户均增收500元。干沟尧村贫困户投资40万元新建圈舍940平方米，发展肉牛养殖产业，建成后带动周边50户贫困户脱贫致富。7户贫困户分户养殖肉驴14头，预计户均增收500元。万顺肉羊养殖场带动贫困户40户，户均增收500元。

光伏项目，县级集中式光伏覆盖全乡贫困户298户，户均增收2600元，村集中光伏覆盖下洼子村、干沟尧村、辛房村3个贫困村每个村72户贫困户总计216户，分布式光伏覆盖全乡54户贫困户，其中打造了红石砬和天成号两个光伏专业村。

【不断壮大集体经济】 全乡逐步改变以土地出让收益为主的单一模式，在发展实体产业上下功夫。下洼子村芍药基地项目已完成300亩，在红石砬村建农光互补项目1处，万胜永村集体出资150万入股的窑洞游项目已开工建设，干沟窑村乐拓养殖有限公司发展圈舍养羊，每年村集体收入30万元，这4个项目成为各村村集体经济新的增长点和百姓全面脱贫后巩固阶段的有利保障。

【全面打赢扶贫攻坚战役】 经过持续努力，2018年脱贫退出和动态调整之前，全乡有建档立卡未脱贫户509户1027人，经过全年脱贫退出和动态调整之后，万胜永乡脱贫退出274户507人；正常脱贫234户467人；基础提升标注脱贫不享受政策20户40人。剩余未脱贫户235户504人。贫困发生率10.4%。低保户388户580人；特困户13户14人，低保覆盖率11.9%。

【推动劳务输出】 全力以赴扶持项目建设，努力解决项目实施中遇到的各种难题，保证矿山企业能够正常运转，同时加强农民工技能培训，安排劳务输出，在万隆矿业、平宁矿业、汇鑫矿业、风电项目、光伏项目中打工，增加贫困户务工收入。2018年，在万隆矿业、平宁矿业、汇鑫矿业、风电项目、光伏项目中打工，务工人数120余人，月增加贫困户务工收入2800余元。

【有效利用帮扶政策】 依托低保、特困、医疗、教育等扶贫政策，让特殊人群享受稳定的帮扶政策。全乡共有农村低保388户580人，特困户13户14人。免缴住院报销518人次，报销金额272.4万元，享受门诊报销1059人次，报销金额4.4万元，享受特殊门诊报销:24人次，报销金额7.1万元。九年义务教育“两免一补”152人、高中阶段“三免一助”142人，大中专职业院校“雨露计划”共补助51人。发展生态护林员50人，“三护一保员”133人。生态护林员每人每年工资8000元，三护一保员每月工资570元。

【突出旅发大会建设】 为保障旅发大会用地，在全乡范围内果断推行集体土地产权制度改革，用最短的时间、最低的地价（或零地价），完成了旅发大会全部用地的征占、租赁。为解决旅发大会村干部思想不稳定问题，提前启动并成功完成四个村两委换届选举工作，把不作为的村干部及时拿下。克服人员少、基础差、战线长、各种工作交织叠加等困难，白天抓旅发，晚上抓扶贫，实现了“两促进、两不误”。共拆除沿线场院50余个、规模圈舍13个，破旧厕所23个，废旧墙体12000余延米。除一处圈舍动用了部门力量进行强拆，其余全靠自身力量完成。沿线13个自然村351所民居1户不落，全部改造完成，通户水泥巷道20412平方米，安装路灯140盏，购买垃圾箱120个。采暖及炊事炉具改灶300户。户厕改造120户，新建公共厕所11处，新建简易垃圾填埋场4处，新建文化广场3处。使该区域民居基础设施提前发展了10至15年，为脱贫工作打下了坚实的基础。靠自身力量，投资近150万元，确定了支部组织、党员带头、群众参与、适度补贴的思路，本着干净整洁、简单实用、就地取材的原则，采取乡村干部分别包户的方式，逐户制定改造方案。完成了350户美丽庭院打造任务。将旅发大会旅游发展作为长远发展目标。把产业和生态作为旅发大会重要支撑。打造重要花海节点4处，沿线绿化节点13处，建生态公园3处，光伏扶贫农贸市场1处，光伏专业村2个，旅游专业村1个，村级农光互补光伏电站1处，并抓住机遇争取项目对1处破旧水库进行了维修美化。在打造旅游节点项目的同时，带动贫困户脱贫。借民居改造机遇，对沿线全部村庄布局进行重新规划，所有院外户厕和小型圈舍全部拆除，并留足公共区域，用于基础建设和绿化，彻底结束了延续几十年的无序、脏乱状态。在沿线率先推行卫生保洁市场化机制，建立市场化垃圾清理长效制度，确保了区域内卫生长效、干净、整洁。及时出台政策，严格限制改造后的私搭乱建行为，并成功引进企业发展特色民俗窑洞游，并已开工建设，与大滩旅游联合发展万胜永乡小天路旅游，各村均与企业签署了合作协议，大力引进企业在广义号村建鹰猎文化小镇，年内规划已经完成，明年将开工建设，为后旅发时代打下坚实基础。

【切实解决群众关心的问题】 强化基础设施建设。投资160万元修护村护堤坝2300延米。打深水机井12眼，投资36万元。新修通组水泥路19公里（含4孔、52米混凝土桥1座）。至此所有通组水泥路全部打通。实施台区改造和电力增容工程，高压改造20000多米，低压改造10000多米，新增200千伏安变压器1台，改造200千伏安1台，新增100千伏安变压器2台，改造100千伏安1台，通过多次协调解决了两个易地搬迁点的电力问题，而且，天成号作为省在丰宁唯一的一个标准化台区建设完成，基础设施建设得到明显改善。

【让党的建设氛围更浓厚】 通过村级广播平台、展板报刊平台、电视及手机平台，形成了“三位一体”的党建宣传大格局。定期播出十九大精神、扶贫政策宣传70余次；安装大型党建标志性宣传牌1个；新安装党旗红宣传牌、宣传刀旗100余面，固定扶贫扶智宣传标语300余处。发表组工信息8篇，电视台专题播出党建+旅发大会1期，网评文章全部完成，让党的思想飘进千家万户。建立学习教育常态化机制，特别是把村级换届与“扶贫领域腐败和作风问题专项整治活动”相结合，书记带头讲党课4次，组织全乡党员干部收听收看县级领导及县级部门讲党课、讲扶贫政策4次。“七一”重温入党誓词,慰问困难老党员11人和离任老村干部3人,组织党员干部清理卫生,为旅发大会献礼。

【着力加强党风廉政建设】 严格落实乡党委主体责任,把党风廉政建设作为党建工作的重中之重,与年度重点工作同研究、同部署、同检查、同考核,确保责任落实到位。严格实施网格化管理,层层签订《责任书》,逐级传导压力;突出抓实“第一种形态”,强化对乡村干部的日常教育管理监督,党委班子成员开展约谈谈话提醒100余人次,及时纠正苗头性、倾向性问题。坚持严格纪律尺子,初步核实问题线索4件,立案审查2件,给予诫勉谈话10人、党纪处分2人。以开展“微腐败”专项治理、“一问责八清理”、扶贫领域腐败和作风问题、巡视巡查问题整改,“四个专项回头看”作为契机,深入推进全乡党员干部作风建设,查纠“见人见事见钱见物”范围问题40个,按照县专项办要求全部完成了整改,做到了一人一档。对4个村存在的典型问题进行了通报,并给于一名村干部党内警告处分。针对存在的典型问题,进一步完善机关干部纪律作风、财务管理、下乡补助发放、村级三资管理、惠农资金管理等方面相关制度措施。

撰稿/敖世杰、王金玉

草原乡

【种植业又有新发展】 2018年,草原乡土地流转总面积达到30000亩,流转面积达到在册耕地的一半以上。主要种植土豆、蔬菜、中草药,亩效益均在2000元以上,增收驱动明显。在种植业上,把节水农业作为发展导向之一,积极发展膜下滴灌蔬菜种植,全年种植面积达7500亩。推动发展冷链,新建总建筑面积2600平方米的两个保鲜库建成运营,保障了蔬菜产业发展。

【种植业和养殖业又有新进步】 在养殖业上,实行规模化养殖和分户式养殖相结合的发展模式,既鼓励扶持龙头企业、大户发展,也支持分户庭院式建设,真正将群众增收放在首位,形成“小规模大群体”局面。年内全乡农业种植合作社达20家,养殖合作社19家,农机合作社2家。

【生态建设稳步提升】 生态立乡理念得到广泛认可。严格执行禁牧政策,在加大对散撒放牧打击力度的同时也积极引导群众转变思想观念,把县产业全覆盖圈舍补贴政策与禁牧政策相结合,年内草原乡29户贫困户共建圈舍4500余平方米,获得产业全覆盖补贴15.39万元,每户获得补贴5400元。此举不仅减小了禁牧压力,也对促进贫困户脱贫起到了积极作用。在加大植树造林力度的同时也加大管护力度,全乡选聘29名能够胜任护林防火工作的贫困户成为生态护林员,年工资8000元。注重村庄绿化,逐步改善人居环境,4个村村庄绿化面积达1万平方米。加大“三防”工作力度。高度重视大气污染防治、“河长制”工作,成立了相关组织,明确了目标,分解了任务,推动了落实。草原乡根据县光伏扶贫电站受益分配和生态扶贫公益岗相关政策,对无劳动能力或劳动能力弱的贫困户,设立最低门槛,通过打扫自家及房前屋后卫生、改善居住环境等力所能及的劳动,获得补助收入每户每月260元。对有劳动能力的贫困户设立护草、护水、卫生保洁等岗位,户均增收570元。全乡共选聘“三户一保”员共147人,促进以就业扶贫的形式带动脱贫。

【基础设施不断改善】 加强与县相关部门对接,全力推动基础设施建设步伐。多丰公路草原段已经基本完工,修通组水泥路4.3公里,巷道0.6公里,安装路灯43盏,极大的改变了群众的出行条件。打人畜饮水井9眼,改造院墙3500延长米,村基础设施条件明显改善。

【减贫成效显著】 草原乡2018年退出贫困人口201户436人。其中草原村45户84人,公宝同村45户102人,和顺店村36户93人,东窝铺村75户157人,草原村整村出列。东窝铺、草原、公宝同、和顺店4个行政村共有43个自然村,50个居民小组,2237户6641人。其中东窝铺为非贫困村,草原、公宝同、和顺店为贫困村。草原乡共有贫困户(未脱贫户、脱贫户)1013户2363人,贫困发生率35.58%。2014年全乡共脱贫151户439人,2015年脱贫239户589人,2016年94户202人,2017年脱贫124户335人。截止到2018年底,全乡五年累计脱贫800户1980人,现剩余未脱贫户213户383人,贫困发生率5.77%。这些剩余贫困户是草原村5户10人,公宝同村25户37人,和顺店村82户165人,东窝铺村101户171人),未脱贫出列贫困村两个。

【社会事业建设全面进步】 惠农惠民政策落实到位。通过“一卡通”落实到位各种补贴资金634.46万元,其中发放粮食补贴440万元、退耕还林补贴197.46万元。社会保障体系建设加快。参加农村养老保险的人数达到3152人,参加城乡医疗保险达到5560人,两项工作参保率均已达到95%以上。完成贫困劳动力登记录入574人,通过农民工技能培训100人,其中贫困人口40人;劳务输出65人,其中贫困人口26人。

【人口和计划生育工作健康发展】 认真落实人口和计划生育政策,深化宣传教育,完善服务条件,统筹协调解决人口问题。2018年全乡共出生婴儿66人,自然增长率2.82‰,计划生育率达到93.94%。2018年度新婚13对,免费孕前优生检查37对,完成奖励扶助16人。

【安全生产工作进一步加强】 进一步加大对安全生产的投入,强化安全监管,严密防范杜绝各类重大安全生产事故的发生。全年开展以安全生产、道路交通安全、矿山安全等专题教育为主的培训会6次,开展专项检查10次,全乡全年内无一次安全事故发生。另外国防动员和民兵预备役工作得到进一步加强,圆满完成夏季征兵任务,应征入伍1人,完成任务数的100%。工会、共青团、妇联、统计等各项工作均按上级要求圆满完成目标任务。

【充分发挥领导班子的核心作用】 坚持民主集中制,严格执行"三重一大"决策制度,在重大决策、重要人事任免、重大项目实施和大额资金使用上,坚持深入调研,广泛征求意见,严格依法依规,坚持集体讨论、集体表决。着眼解决党建工作"谁来抓、抓什么"的问题,持续推行责任、任务、问题"三个清单"制度,有力有效推动全乡基层党建工作全面进步、全面从严、全面过硬。做好党员管理工作。按照《发展党员细则》,严格发展党员程序,全乡新发展预备党员4名(其中女党员1名),转正党员5人,培养入党积极分子11名。同时,认真落实"困难党员扶助金"发放工作,开展了重大节日走访慰问活动。做好党费收缴工作,建立党费收缴台账,今年共收缴党费6519元,完成全年党费收缴任务的100%。

【严格落实党风廉政责任制】 建立责任体系。乡主要领导同乡每位领导干部和下属各村级党支部签订党风廉政建设责任书,与每位乡干部签订廉洁自律承诺书;认真组织机关干部学习《廉洁自律准则》《纪律处分条例》和《廉政准则》,严格落实微腐败整治工作,提高了领导干部廉洁意识、自律意识。全面实行网格化管理。党风廉政建设全面实行网格化管理,每月上报全乡各项事务的公务支出与重要事件,每季度制定工作任务清单,召开工作调度会议,进行廉政谈话,每季度进行工作总结。网格化管理制度已经成为全乡工作的重要载体。强化信访稳定建设。草原乡十分重视信访稳定工作,年初制定了"化积案、消大案、案件不出乡"的工作目标。全年有效化解了1起信访案件,成功调处了25起矛盾纠纷,全部做到信访群众满意而归,息诉罢访。积极监督和管理好村级财务。实行村级财务乡代管制度,认真组织开展了各季度村级财务清理检查和公开工作,及时纠正违规、超标现象。定期召开村务监督委员会工作例会,对村务监督过程中碰到的问题提出解决的办法。同时针对纪委的网格化管理模式,不断完善乡村管理机制。严格村级"三资管理",按月及时审接账目,坚持专人负责,严格把关,村级事务按照"四议两公开"管理机制严格落实,促进农村三资规范化管理和农村干部廉洁自律。

撰稿/马丽娜

小坝子乡

【特色产业大幅增长】 2018年,小坝子乡鹿角谷旅游开发有限公司在鹿角沟村承包荒山1600亩,种植适宜生态脆弱区的文冠果182亩。打井3眼,修砂石路10913平米。直接带动贫困户54户。户均增收1000元。晟基鸿业生物科技有限公司在海子沟村流转260亩土地种植适宜小坝子乡气候、土壤、环境的黑枸杞,着力打造小坝子规模化、产业化黑枸杞种植园区。通过土地流转及务工等方式带动小坝子贫困户。直接带动9户13人,户均增收3000元。

【大胆探索试行股份制中药材种植】 在小坝子村流转土地400亩,种植中药材(桔梗、黄芪、苍术、柴胡等)让百姓得地租的同时,按15%进行分红,创新土地流转模式。使农民在自己的土地上拿地租,给老板打工,成为股东。

【龙头企业不断发展壮大】 因地制宜,发展舍饲养殖业,保护生态,实现生态市场化。小坝子乡采取"龙头企业+农户"的模式,在全乡范围内建圈舍5万平方米发展舍饲养殖,积极引导由破坏生态为代价的"散撒放牧"的传统粗放型的生产生活方式向经营化、精细化的舍饲圈养方式转变。以乐拓牧业为龙头,带动全乡9个合作社,进行股份制养羊,即采取4年本利平的方式,入股分红,引导百姓转型;乐拓牧业万头育肥羊场建设项目,占地100亩建设标准化育肥羊舍10栋。总面积12平方米,建草料库2栋,建筑面积1800平方米,青贮池2个。已经完工投入使用。华威旅游发展有限公司、承德鑫坝梁农业发展有限公司、瑞顺中药材合作社在三个村种植中草药1163亩，直接带动贫困户85户户均增收1000元；欣贸种植有限责任公司、承德铁成旅游开发有限公司、营川专业合作社分别在槽碾沟村、鹿角沟村种植食葵和油菜花打造小坝子乡花海1770.4亩，直接带动贫困户94户，户均增收1000元。

【发展有机农业产业】 北京春播公司在槽碾沟村建48个冷棚种植有机蔬菜，其中种植23棚西红柿，2棚黄瓜，2棚豆角，21棚叶菜，完成露天蔬菜种植10亩，其中包括西兰花、白菜等。相关排水、滴灌、施肥器、防虫网、棚膜、遮阳网、监控等配套设施已经完成。福昌园商贸有限公司在沙坨子村种植大萝卜400亩，带动贫困户9户，户均增收1000元。

【继续加大社会造林力度】 坚持把生态文明建设作为工作的重中之重，致力于加强生态建设和保护。4月12日全县干部职工来小坝子乡进行义务植树活动，共栽植油松108亩11900余株。全乡春季造林210亩，成活率达90%以上。

【扶贫攻坚成效显著】 2018年上半年，按照市、县统一部署，开展了扶贫脱贫基础工作规范提升工作，最终确定全乡贫困户579户1074人（含需标注脱贫不享受政策35户58人），其中一般贫困户267户547人、低保贫困户283户488人、特困供养贫困户29户39人。经入户核查、村两委会议评议、村民代表会议评议、县乡验收和村乡两级公示、县公告，全乡2018年正常脱贫225户（464人），标注脱贫不享受政策35户（58人），共退出260户（522人），其中，富二营村整村退出，完成年初签订的减贫计划。一年来，主要通过以下几种方式增加贫困群众收入。

光伏及生态扶贫。全乡设立了170个生态扶贫公益岗位，带动贫困户170户380人；光伏收益奖励补助带动贫困户348户566人；生态护林员带动贫困户38户110人。实现了光伏+生态扶贫对贫困户的全覆盖。

产业就业扶贫。就业方面，县外就业44人，年收入2000～20000元不等；县内就业121人，年收入2000～30000元不等。贫困户自主发展产业方面，发展肉牛养殖23户53人、养驴33户66人、养猪21户44人，年收益2000～10000元；土地流转95户205人，年收益500元～3000元。贫困户参与经营产业方面，共有441户（805人）贫困户使用财政专项扶贫资金入股到9个公司（或合作社），户年收益500元以上。产业直接带动贫困户方面，年内全乡贫困户（2018年退出前）已实现两项以上的产业全覆盖，有两项产业覆盖的18户29人，占比3.31%，有三项产业覆盖的186户333人占比27.21%，有四项产业覆盖的34.19%，有五项及以上产业覆盖的192户387人，占比35.29%。户年平均增收5805元。

易地移民搬迁。2018年易地扶贫搬迁涉小坝子村8个自然村，共涉及63户125人，建档立卡37户64人，同步26户61人。其中建档立卡2户3人分散安置，同步1户1人分散安置，其余人员均为行政村就近安置，年内新房主体已经建设完成，预计2019年可以全部入住。

教育扶贫。全乡建档立卡贫困户在校学生：享受学前教育补贴10人，每年补贴700元；享受两免一补政策36人，小学生23人每年补助寄宿生生活费1000元，初中生13人每年补助寄宿生生活费1250元；享受三免一助政策28人，每年获得2000元助学金；享受雨露计划30人，每学期获得补贴1500元；享受泛海行动政策7人，每年获得补贴5000元。医疗扶贫。全乡建档立卡贫困户均享受免缴城乡基本医疗保险（每人每年180元）政策。2017年10月1日～2018年9月30日全乡建档立卡贫困户门诊统筹报销465人次，累积报销5万2410.65元；门诊慢性病报销23人次，累计报销13万1761.16元；一站式住院报销259人次，累计报销234万1727.10元。

社会保障兜底扶贫。全乡低保贫困户283户409人，每月获得最低生活保障金245元，54人为二级以上残疾每月获得最低生活保障金275元；特困供养贫困户32人，每月获得600元特困供养金；2个孤儿每月获得补贴700元。

【文化建设全面展开】 全乡以综合文化服务中心项目建设为依托，通过上级项目资金扶持，投入40余万元完成了槽碾沟村、鹿角沟村、沙坨子村文化广场、简易戏台、文化活动室、宣传栏等建设工程，实现了“十五个一”标准化建设，为各村开展文体活动、创建精神文明奠定坚实基础。

【切实加强基层党组织建设】 全面酝酿村“两委”换届选举工作，坚持及早谋划到位、专题研究到位、安排部署到位的“三个到位”工作思路，5月初率先完成了试点村小坝子村的“两委”换届选举工作。9月份全面完成其他村的“两委”换届工作，一人兼比例达到67%，村党支部书记50周岁以下达到50%，高中以上文化程度83%，实现了换届程序规范有序、换届氛围风清气正，达到了优化班子结构，强化班子队伍的目标。

【认真落实党风廉政建设目标责任制】 加强对党员干部的严格要求、严格管理和严格监督。强化纪律审查，依纪依法履职尽责，正确运用“四种形态”，把纪律和规矩挺在前面，开展线索处置5件，乡初核了结1件，立案4件，结案5件。其中给予党内警告4人，严重警告1人，为脱贫攻坚提供可靠政治力。

撰稿/刘艳春

窟窿山乡

【加快发展设施农业】 2018年，窟窿山乡在高楼村创建有机蔬菜种植基地1处，面积700亩。继续推进农业产业结构调整，创建农业生产示范基地，其中富东肉牛养殖基地1个，累计完成投资2300万元，建圈舍2万平米，存栏基础母牛5000余头。生猪养殖基地1个，累计投资56万元，存栏300头。苗木种植基地1个，面积400亩。引进金土地薯类专业种植项目1个；尚果农业、苏牧养殖等项目顺利推进。林业可持续发展能力提升，截至到2018年底，各村创建党员示范林，全乡村庄绿化覆盖率均达40%以上。继续深化农村改革，全面推进农村土地确权登记工作，覆盖全乡7个村、43个村民组、1663户。年内，全乡土地确权的工作有序进行，内业统计微机录入工作已全部结束。

【不断加快畜牧业发展】 窟窿山乡高楼村的富东肉牛养殖有限公司，投资2300万元，新建圈舍超10000平米，存栏基础母牛达5000只。苏牧养殖有限责任公司投资500万元，在高楼村建养羊圈舍3000平米，明年可存栏10000只。高楼村投资142万元，建占地18亩，鸡舍2栋的肉鸡养殖项目已建设完成。高楼村建生猪养殖场1处，猪舍面积1100平米，饲养量达300头，养殖规模开辟新方向。

【脱贫攻坚取得新成绩】 全乡7个村共有贫困户753户1648人，其中县帮扶3个村、市帮扶2个村、省帮扶1个村，分别建档立卡、因村因户制定帮扶措施，实现了结对帮扶全覆盖。2018年干湿沟村和窟窿山村两个贫困村共脱贫出列157户292人，非贫困村脱贫67户108人。按照县委、县政府产业全覆盖的扶贫战略，依托产业发展，有劳动力人员进行技能培训，增加就业机会和创业收入；政策兜底人员，自身发展产业能力不足，采取入股富东养殖项目的形式，达到脱贫。窟窿山村在村东省道S244北侧，投资141万元集中建设165千瓦光伏发电项目，81户贫困户每户利用扶贫资金5000元，全部入股村成立的嘉恒新能源有限公司，户年均受益1000元左右，实现光伏产业脱贫。另外，扶贫办下达扶贫资金50万元，在窟窿山村小学西侧建近5000平方米扶贫集贸市场一处，项目建成后，可带动20户贫困户增收。

【农村环境展现新风貌】 按照农村环境卫生整治目标要求，结合扶贫公益岗，根据本乡建设实际，对各村环境卫生加大力度整治，累计清理垃圾3万余立方米。高楼村、冒哈气村、窟窿山村、五员外村、干湿沟村、黑山嘴村、王营村利用宣传部综合文化服务中心建设，投资100余万建设各村文化活动场所，满足人民日常文化活动需要。

【全力保障社会稳定】 维护稳定大局，积极做好涉法信访工作。立足解决突出信访问题，特别在十九大期间，在全乡集中开展处理信访上访问题专项治理，及时化解，妥善处置影响社会稳定的矛盾纠纷，切实维护广大人民群众的合法权益。全年共受理各种信访案件12件，并已结案息访，结案息访率达100%，同时做好人民调解工作，全年共调处民事纠纷40起，调解率和成功率均为100%，全年未发生到市、赴省、进京信访问题。促进了全乡社会和信访稳定。

采取有效措施，严厉惩处各类违法犯罪。公安机关深入开展“扫黑除恶”严打整治斗争，以保民生促稳定为重点，侦破严重危害人身安全和公共安全的刑事治安案件，以维护社会稳定，营造良好的经济发展环境为中心，加大对各类犯罪的打击力度，共破获各类刑事案件32起，治安案件20起。

围绕平安创建，认真落实社会治安综合治理各项措施。把开展平安创建活动作为维护社会稳定的龙头工作来抓，落实了相关部门的工作责任，实施村居稳定“五项工程”，狠抓村警务室建设，完善10项工作制度，促进了基层综治工作水平的提高；加强治安防控体系建设，在7个行政村建立健全了平安互助网治安报警网络，校园周边治安秩序整顿和社区矫正工作，年内全乡社区矫正人员5人，安置帮教人员4人，对流动人口和租住房屋进行清理整顿，不断提高依法管理水平。各村配置了“一村一警”，确保了社会治安和谐稳定。

打好与“法轮功”“全能神”邪教组织斗争，坚持露头就打的高压态势，不断加大专案侦察和打击力度。积极探索帮教转化工作的新方法，认真落实“三级管理”，“五道防线”举措，健全帮教网络；加大对

"法轮功"人员的防控堵截力度，对重点部位，场所加强布控巡逻；开展反邪教警示教育活动，倡导科学，健康，文明的社会新风。

【不断增强基层党组织堡垒作用】组织各村党支部建立健全党员承诺制度、党员联户帮扶制度等长效机制。切实加强流动党员管理，动员他们积极为家乡招商引资提供信息支持、智力支持。共收集到各种有效信息25余条。注重活动的开展。按县委要求重点开展了群众路线教育实践活动，在问题整改上下功夫，加强了对后进村五员外的转化帮扶工作并代表全县接受了市委组织部的抽查得到了市委组织部领导的认可。为配合群众路线教育实践活动的开展，还组织观看了爱国主义影片，广大党员干部重温入党誓词等活动。

【不断提高党员干部素质】 乡党委始终把转变领导干部作风作为首要任务抓紧抓好，努力提高领导干部的执政能力，不断加强领导班子自身建设，真正做到重实际、说实话、办实事、求实效，保持同人民群众的血肉联系，不断增强班子的凝聚力和战斗力。力求建成"学习型、服务型"党委。坚持党委中心学习组学习制度和干部职工星期五政治学习日制度，认真举办党员干部、入党积极分子培训班。全年共举办了村级干部培训班2期，入党积极分子培训班1期。推行了服务群众"首问负责制""一站式服务制""党建工作问责制"等便民服务措施，开展了党委书记带头接访，下访活动，及时解决涉及老百姓切身利益的问题，真正做到"为人民服务，让人民满意"。

【不断提升党员整体素质】 以党员发展为突破口，严格发展程序，拓宽发展渠道。把非党村干部作为党员发展工作的突破口，培养和吸收非党村干部加入党组织，增强党在群众中的渗透力和影响力2018年发展非公有制企业干部入党1名；把35岁以下、具有初高中以上文化程度的返乡青年、退伍军人、外出务工青年以及青年妇女作为党员发展的重点，确保党员队伍不断吸收新鲜血液。把农村经济发展的青年能人作为发展的突破口，鼓励他们运用掌握的知识为农村经济发展服务，逐步把他们发展成为党组织成员进一步成为农村致富的带头人。全年窟窿乡共发展党员5名，培养积极分子21名。着力提高党支部的战斗力。坚持"两推荐三公示"即群众推荐、党员推荐、积极分子公示、预备党员公示、预备党员转正公示的原则，把好党员"入口"关。

撰稿/孙怀明、卢艳秋、王兴华、梁春雪、兰继玲、潘亚军、张延成、苏娜娜、李金奎、张淑琦、赵静、王浩博

外沟门乡

【聚焦旅发大会】 2018年，外沟门乡自省第三届旅发大会分会场确定乡内开展以来，乡党委、政府严格按照县委、县政府的要求，带头秉承"苦干一年，提速十年"的宗旨，紧扣旅游兴乡的主题，大力发扬"5+2、白加黑"创业精神，树立"不等、不靠、不拖、不空谈，苦干、实干、巧干、大胆干"的工作作风，只争朝夕，备战旅发大会；合力攻坚，打造永太兴景区。

承办旅发大会，是县委、县政府对外沟门建设发展水平的一次重大检阅，是对外沟门乡干部办事能力的一次重大考验。对此，乡党委提出了"一届要比一届好"的总体目标，抓时间、抢速度、克服坝上地区特殊气候等诸多困难，以敢于攻坚克难的气魄，步调一致的行动，集全乡之智、举全乡之力，强化对项目的跟踪问责，现场调度抓落实。一方面推行项目建设"六个一"管理模式，即一个项目一个责任领导，一个现场一个责任领导，一个项目一套人马具体负责，一个项目一天一查，一个项目一周一调度，一个项目一月一总结。把各项工作目标分解落实到人头，形成了横向到边、纵向到底，层层有人抓、事事有人管的工作格局。另一方面立足办好旅发大会接待工作是取得成功的关键这一出发点，严密组织，精心安排，统筹协调，充分考虑各种可能出现的不利因素，提前制定预案，加强演练，确保旅发大会接待工作万无一失。同时，加强对涉旅人员培训，努力将规范化管理和个性化服务融入接待工作全过程，做到了周全、细致、严谨、热情，实现了让来宾和游客高兴而来，满意而归，受到与会领导和代表的高度评价。

承办旅发大会既是难得的机遇，也是一次巨大的挑战。在克服时间紧、任务重、项目多、要求高、战线长、难度大等困难的基础上，自加压力，忘我奋斗，用心、用情、用力应对每一个工作难题。对大营子、青石砬、外沟门等3个御大沿线村进行了集中打造，投资2000余万元，流转土地5000余亩。在御大沿线打造花景观，筹建三岔口湿地公园、华美金凤鸟雕塑公园、永太兴景区小木屋和景区二级路，为发展生态旅游奠定基础。铺设水泥路13.8公里，改造房屋397户，修建广场2个，建高标准水冲厕3座。沿线40余户贫困户通过投工投劳，年均增收3000元以上。同时，河北省旅投公司建设的滦河沿茶盐古镇整村拆迁建设在11月达到入住条件，全村已经入住新的回迁房。游客服务中

心和行宫酒店主体结构已经施工完成，并且顺利完成了省旅发大会相关领导的午餐接待。

旅发大会的成功举办，不但使外沟门人真抓实干、不屈不挠的精神赢得了外界的喝彩，更使外沟门发生了翻天覆地的变化。参观的游客都说外沟门的实景比宣传的好的太多了，不枉此行，领导们调研后赞誉，没想到外沟门能在这么短的时间内干出这么好的成效来，旅发大会促进了基础设施大建设，对外形象大改观，文明素质大提升，文体产业大繁荣。

通过承办旅发大会，实现了“苦干一年，提速十年”的阶段性目标，在旅游主导产业强势兴起的未来，独特的旅游资源、焕然一新的乡村面貌和别具一格的地方风土人情，使外沟门的知名度显著提升，“软实力”显著增强，更加开放、更加包容、更加和谐和的外沟门发展形象将得到全面展现。同时，通过旅发大会的承办，人流、物流、资金流、信息流正向这里聚集，为形成南有九龙松、北有古行宫的格局提供了难得的历史性机遇。

【确保扶贫攻坚成效】 年初，召开百余名乡村干部群众参加的产业发展大会，学习政策与先进，实施产业发展百攻坚行动，从基础上下功夫把扶贫产业工作做扎实。全乡共实施产业项目21个，其中产业全覆盖项目11个，扶贫专项资金项目8个，京津冀对口帮扶项目1个，彩票公益金项目1个，通过产业带动实现贫困户稳定增收，人均纯收入增加3000元以上。突出发挥龙头产业带动作用。生态旅游业，河北旅投重点打造永太兴疏林草原观光景区，投资5亿元，完成游客服务中心和行宫酒店建设，旅游接待水平明显提升，接待游客数量明显增多。项目建设期间吸纳乡内30余户贫困户务工，户均增收4000元以上；大果沙棘产业，河北远绅公司投资2600万元，完成1万亩大果沙棘种植。利用600万元扶贫资金进行水利配套，每年按3%为贫困户分红，可为外沟门村解决63户贫困户年增收2000元以上；利用321万元北京对口帮扶资金建设沙棘产业园，每年按8%为贫困户分红，可为曹窝铺、大营子解决142户贫困户年均增收2000元；中药材产业，全乡现已种植板蓝根、黄芪、柴胡等中草药4000余亩，其中青石砬村黄芪种植基地规模达2000亩以上，大营子村完成300亩赤芍种植园建设。依托县产业全覆盖支持政策，中草药种植获得补贴资金72.2万元，带动153户贫困户年均增收1200元以上。设施蔬菜产业，由海飞农业公司在骡子沟村投资500万元，完成日光温室20座，发展设施蔬菜。带动39户贫困户，户均增收3000元。光伏产业，投资1500万元，在大营子村、骡子沟村、外沟门村建设500千瓦村级光伏电站共4座，可带动贫困户户均年增收3000元以上。肉羊育肥产业，积极与县乐拓牧业公司合作，充分利用乡内空置羊舍，由县财政担保，农商行为大营子贫困户贷款进行肉羊育肥，项目运行后，可解决大营子村150户以上贫困户年增收3000元以上。年内该项目正在进行贫困户审核，计划年内实施；入股带动作用明显。通过入股海飞养殖、福海养殖、乐拓牧业等企业、合作社，带动399户贫困户（含享受政策户），每户年入股分红增收500元以上。

【推动脱贫稳步发展】 在做好旅发大会的同时，全乡上下都把把脱贫攻坚工作摆在重中之重的位置来抓，力求精细益求精。对年内出列的贫困村和贫困户，要出实招、用真功，让他们有“看得见、摸得着”的变化，对下步出列的村和贫困户，要做好作战图、倒排时间表，提前谋划。

乡党委、政府严格落实主体责任制，建立党政一把手负总责的工作机制，实行党委书记、政府乡长双组长工作制，对扶贫攻坚工作亲自研究、亲自部署、亲自参与；一方面成立由党委副书记牵头，政法书记和武装部长配合的乡扶贫工作领导小组，抽调精干力量组成强有力的专业队伍。强化对各村扶贫工作的督导考核，激励先进、鞭策后进，切实加强对扶贫攻坚工作的指导；另一方面着力打造一支强有力的工作队伍，班子成员带头做表率，上下一致，团结一心，攻坚克难，特别是2018年做到了“旅发”与扶贫工作两不误、两促进；全年召开党政班子会议23次、专题会议15次、全乡规模会议9次，为扶贫工作顺利开展打下了坚实基础。现有贫困村4个（外沟门、大营子、骡子沟、曹窝铺），其中大营子村为深度贫困村。截止到2018年12月，共有贫困人口456户、950人。经过贫困退出动态调整，退出284户590人，另有3户户主死亡，减少7人，全乡剩余贫困人口169户353人，贫困发生率5.67%。年内实现骡子沟、曹窝铺两个村整村出列。

【多元扶贫有效推进】 在教育扶贫上，加强对“两免一补”“三免一助”“雨露计划”等教育扶贫政策的宣传，使全乡适龄学生都能享受教育扶贫政策，全乡未发现因贫辍学现象。全年享受“雨露计划”“泛海行动计划”的贫困户分别为27户、5户。“两免一补”“三免一助”受益率达到100%。在医疗扶贫上，全面落实“先诊疗、后付费”、一站式服务住院报销、签约家庭医生等基本医疗政策,住院报销比例提高到95%。在大病保险参保、医疗救助、家庭医生签约服务政策落实达到100%。继续为贫困户代缴城乡居民基本医疗保险每人每年220元。全乡6个村卫生室达标率100%。乡卫生院为贫困户免费体检一次。在住房扶贫上,2018年实施危房改造77户。易地扶贫搬迁涉及外沟门、骡子沟、曹窝铺、青石砬、大河西等5个村,共99户227人,集中安置91户210人,其中建档立卡34户64人,同步搬迁57户146人;投亲靠友分散安置8户17人。在社会保障兜底扶贫上,全乡享受低保政策566户745人,享受特困供养政策56人。低保、五保户享受电费补贴7.8元/月、物价补贴每年100.5元;退伍军人分级享受优抚待遇每月610~1400元;残疾人分级享受残疾补贴待遇每月105~126元;残疾护理补贴每月55~60元。继续为贫困户代缴免交养老保险100元,对于60岁以上老人发放养老金每月108元。在就业扶贫上,组织90余名贫困人口参加了中草药种植培训,创业4人,带动就业30人。全乡共选聘69人担任生态护林员,年工资收入8000元。利用县级光伏收益,9月份选聘188名有劳动能力的贫困人口担任"三护一保"公益岗,月收入570元。通过光伏奖励补助248户建档立卡户,通过打扫自己院落等力所能及的劳动,月收入260元。发挥驻村帮扶作用,助力脱贫攻坚。省工商银行,为大营子村捐赠180万元用于支持村级光伏电站建设,带动贫困户年均增收3000元以上;累计投入20万元,为贫困户捐赠被褥四件套、洗涤用品、粮油等;投资30万元,为大营子小学进行装修改造、捐赠"爱心书屋";投资5万元,用于城子沟自来水建设;省陡河发电厂,累计投入10万元为贫困户捐赠粮油等生活必需品。捐赠21.7万元为贫困户修建户厕,捐赠10万元为村安装了地秤;市烟草专卖局,累计捐赠120万元,用于修建水泥路、自来水、路灯等基础设施工程。投入6万元用于捐赠贫困户粮油等生活必需品。县人大办,累计帮助协调争取资金700余万元,用于骡子沟美丽乡村建设、发展设施蔬菜、基础设施工程等,村容村貌发生巨大变化。帮助争取北京市怀柔区人大共同帮扶联系外沟门乡,争取怀柔区5家企业帮扶资金130万元,用于支持外沟门村大果沙棘、骡子沟村设施蔬菜产业发展,同时救助乡内6名特殊困难户和4名困难教师。争取投资56万元,建设幸福院一处;帮助联系千松坝林场为骡子沟村种植山樱桃3000亩。累计直接支持资金50余万元,用于支持骡子沟村改善办公条件、老旧房屋改造、基础设施建设等。各帮扶单位均派出精干力量驻村帮扶,精通帮扶政策,研究分析致贫原因,制定帮扶措施,帮扶成效显著。同时,各帮扶单位充分发挥各自优势,帮助帮扶村解决实际困难与问题,受到帮扶村百姓一致好评。

【社会事业全面进步】 对全乡涉及到的21个点位进行了排查,按照环保要求完成燃煤锅炉改造,各施工工地对杂物、物料堆放进行了综合整治,利用护林员队伍和各村组代表组长等实时监控并严厉打击焚烧秸秆等露天焚烧行为,对河道水面漂浮物进行打捞,确保河道清洁、无杂草、无白色污染物、水面无明显漂浮物。

2018年的社保工作主要包括医疗、养老、就业三大方面。医疗保险:2018年征收医疗保险5396人次,其中一般贫困户免缴1484人,低保贫困户交72元148人,普通户交180元3764人,(均不包括在校学生)基本实现全覆盖。办理社保卡350张。养老保险:2018年适龄缴费人员3542人,其中建档立卡贫困户免缴435人。年内全乡领取养老保险1160人。养老保险认证:退休职工养老保险认证30人,城乡居民养老保险认证每月1次。劳动力就业:全乡劳动力人口约3525人,其中贫困劳动力483人。技能培训(中草药种植)90人,其中普通劳动力42人,贫困劳动力48人;引导性培训286人(贫困劳动力);提供招聘信息50余次,发放宣传单1000余张,宣传丰宁大型招聘会3次,填写就业服务跟踪卡285张。办理就业失业登记证50人。创业4人,带动就业30人。

按照营造安全有序、整洁美观的人居环境的要求,全乡上下共同强力推进环境卫生综合整治,加强各村村庄内外、房前屋后,居民宅院,村落广场等公共空间卫生死角的清理,组织各村村民清楚村落沟渠河塘垃圾,清除野广告和乱写乱画,清理乡村道路两侧的建筑和生活垃圾。通过一年的努力,外沟门乡共清理各类垃圾2万余立方米,拆除牛羊圈舍和场院等违规违建和临建100余处,拆除围栏等640余米,在清理垃圾和拆除临建违建的同时,对部分区域进行了绿化,绿化400多亩。

认真落实人口与计划生育目标管理责任制,切实加强对人口与计划生育的领导。截止到年底,全乡总人口6229人;已婚育龄妇女907人,新出生32人,男孩18人,女孩14人,其中一孩政策内出生21人,二孩政策内生育8人,政策内多孩3人,政策外2人,出生统计求实率100%;已婚育龄妇女综合避孕率

76.41%；自然增长率2.93‰；全乡奖扶100人，特扶6人，手术并发症1人，补助资金已发放到位。建立流动人口信息平台，录入流出人口信息，做到信息共享，办理流动人口办证率达到80%。

双拥工作，8月9日承德市荣复军人医院到"时代楷模"承德征兵宣传形象大使王锐的老家青石砬村开展视驻地为故乡、视群众为父母的义诊活动，为117名群众开展了B超、心电图和肝功等多项综合体检，医务人员又根据村民的身体情况开出了相应的处方，提供了二万余元的药品，受到了群众的一致赞扬。八一建军节前，为全乡的每名退役军人发放了100元的补贴。

【纪检监察保驾护航】 2018年的党建工作是开好一个会，打造一个点，布好一条线，全力推进六项重点工作。

开好一个会，就是党建工作动员会。2018年3月乡党委召开了乡、村和组三级干部大会，邀请包乡领导县人大常委会刘海平主任参加。会上邀请黄旗城根营、土城张百湾和凤山镇沙锦营3个村的支部书记介绍了治村和发展产业的经验，刘海平主任做了总结，这次大会极大了鼓舞了乡村干部士气，明确了今后发展的方向。

打造一个点，在旅发大会结束后，在大营子村承办了全市党建观摩会。从"两室提升"和"党员引领"两方面入手对大营子村党支部开展档提升，打造成"阵地建设强、党员干部硬"的市级村党支部。在村"两室提升"工作中，将重点建设"两厅+三室"的格局，两厅为：红色展厅和多功能厅，三室为：便民服务室、村级图书室、文化活动室，即方便群众办事，又是党员干部的学教阵地。

布好一条线。大营子村作为党支部进档提升示范村，按照该村的标准在御大线沿线的外沟门和青石砬村全面推广。青石砬村新建两室，建筑面积300平方米，外沟门村计划新建两室为楼房，建筑面积500余平方米。

撰稿/戚迹、姜楠

苏家店乡

【脱贫攻坚效果明显】 2018年，苏家店乡建档立卡贫困村有4个村（苏家店村、小庙子村、干沟门村、白云沟村），建档立卡贫困户94户、186人。非贫困村中有贫困户29户52人。全乡总计贫困人口有123户238人，贫困发生率4%。坚持党的领导，充分发挥基层组织战斗堡垒作用。始终坚持"党建带扶贫，扶贫促党建"，以党支部为核心，扎实推进基层服务型党组织建设，始终把扶贫开发工作与基层党组织建设紧密结合起来，做到"双推进、两不误"。整合村党支部第一书记、驻村工作队员等力量，多级联动，全面打通联系服务群众"最后一公里"，使农村党支部真正成为带领群众致富，推动发展的战斗堡垒。积极落实各项政策，用足用好生态、教育、医保、兜底政策，广泛动员贫困户参与企业入股、土地流转，多渠道增加收入。

【生产生活条件得到迅速改善】 小庙子村后梁2平方公里小流域治理，发改、水务部门已立项，年内实施；1800亩土地整理项目国土部门已设计完成，并争取财政资金20万元用于护村坝建设；苏家店村苏家沟20平方公里小流域治理项目已开工建设，1580亩的土地开发整理项目国土部门已经设计完成；又争取财政资金50万元用于打井、修桥、修坝；与承德颈复康药业公司协调在滦河流域打造万亩山桃山杏经济林景观带；积极协调完成干沟门村3个居民组5个自然村300口人的移动通讯问题。

【持续打造绿水青山】 坚持"节约优先、保护优先、自然修复为主"的方针，完成5000亩经济林建设和3000亩的封育，落实好苏家沟20平方公里小流域综合治理项目，谋划2万亩的干沟门村封育工程。同时坚定不移的推进全面舍饲禁牧，坚决守住生态保护底线，最大程度保护生态建设成果。坚决落实河长制，对滦河生态综合治理进一步加强，持续打造绿水青山，早日建成生态水源涵养示范区。1800亩土地整理项目国土部门已设计完成，并争取财政资金20万元用于护村坝建设；苏家店村苏家沟20平方公里小流域治理项目近期开工建设，1580亩的土地开发整理项目国土部门已经设计完成；坚持把持续抓好生态建设和保护作为执政的永恒的主题，立足当前，建管并重，着眼长远，疏堵结合。

【聚才集智惠民生】 明确村党组织书记为脱贫攻坚第一责任人，将扶贫成效纳入年度党建目标考评。开展机关干部和贫困户心连心活动，慰问贫困户127户、米面粮油3.3万元，发放棉被100余套。以肉牛养殖、山猪养殖、中华蜂养殖、光伏发电等脱贫项目，实现脱贫产业全覆盖，年内共获得省级肉牛示范园区补贴资金210万元、标准化肉牛养殖补贴60万元。肉牛补贴资金10万元，贫困户入股分红115户。在驻村工组的大力帮扶下，打灌溉井4眼、建便民桥2座。2680亩土地整理项目、4.4平方公里的低产田改造项目、20平方公里的小流域综合治理项目已立项。

【龙头企业造富百姓】 苏家店乡重点扶持丰北农牧业有限公司、德泰牧业公司、恒福牧业公司3家龙头企业,带动贫困户参与养殖肉牛、改良品种,3家龙头企业共存栏良种肉牛1456头全部舍饲规模养殖。贫困户贷款5万元参与肉牛经营,企业壮大的同时,贫困户年收益预计增加4500至9000元,3家企业现已带动115户贫困户入股获分红。积极配合河北裕至源饮品公司投资2.06亿元的月牙山天然矿泉水扩建项目6月中旬开工建设,10月投产。

【民政工作】 全乡农村医疗保险参保率96%,养老保险参保率99%。低保人员639户828人,农村五保43人。发放五保金20.7万元;完成医疗救助40户,发放救助金6万余元;全年完成危房改造22户。基本做到病有所医、老有所养、住有所居、弱有所扶。

【不断加强教育投入】 投资96万元改造学校运动场,投资90万元改造门卫房、校门口、楼房防水、更换门窗,投资近20万元购置少年宫设备、科学仪器、改造校园监控。6名教师分别获得丰宁百名模范教师、丰宁先进德育工作者、丰宁优秀少先队辅导员、丰宁优秀班主任、丰宁教育系统安全稳定先进个人、丰宁教育系统优秀党务工作者称号,4名教师获得教育工会优秀教师奖,8名教师获得丰宁县优质课评比优秀奖,25人次获得外沟门督学责任区优质课评选优秀奖,有42名学生获得丰宁县作文评比一、二、三等奖,苏家店中心校获得丰宁优秀德育先进集。2018年度苏家店中心校党支部被中共丰宁满族自治县教育和体育系统委员会评为"先进基层党组织",苏家店中心校分别荣获丰宁满族自治县教育和体育局的"安全稳定先进单位""教育宣传工作先进集体""教学管理工作优秀单位"等荣誉称号。

【围绕主责抓班子】 落实第一责任抓党建,并逐级与各村党支部书记签订党建目标责任书,形成"书记抓,抓书记"的工作格局。抓好乡党政班子自身建设。认真贯彻落实民主集中制,开展"转优促"活动,深入开展"两学一做"活动和学习十九大精神专项活动,通过自查自纠、批评与自我批评的方式发现不足、改进作风,打造一支强有力的班子。抓好村干部队伍建设。充分发挥村党支部书记的引领作用,加强村班子的考评监督和人才培养力度,培养村级后备干部13名。采取书记讲党课、老师讲课、党建巡回宣讲、实地参观学习、举办乡村班子学习交流会等多种形式培训党员干部268人次,为党建工作注入强劲动力。抓好村两委换届准备工作。做好村级两委换届前的摸底和准备工作,摸清底数、谋划人选、找准问题、化解矛盾,确保顺利选出能力强、作风硬,群众靠得住、党委信得过的村两委班子。

【突出重点抓提升】 以开展"脱贫攻坚党旗红"活动、"基层党建百日攻坚行动"和即将进行的村两委换届为重点,提升基层党组织的战斗力和凝聚力。抓好阵地建设。在百日攻坚行动中全乡6个村"13个专项行动"全部高标准完成,得到了徐树星部长的充分肯定。优化党员队伍。严格制定党员发展计划,严把党员"入口关",年内全乡共发展党员6人,培养积极分子15人。在全乡开展"微腐败"及"一问责八清理"两个专项活动中,结合扶贫领域监督执纪问责,进一步贯彻落实中央八项规定,强力整治"四风",打造风清气正的党员队伍。党建助推产业。形成了"党支部+公司+基地+贫困户"的产业扶贫模式,大力发展肉牛养殖、时差蔬菜、山泉水深加工等产业。机关单位党支部、党员与农村党支部、非公企业党支部、党员进行结对,共同谋划解决乡村发展难题。

撰稿/于倩倩、杨海龄

四岔口乡

【种养业不断发展】 2018年,四岔口乡种植露天蔬菜1800余亩,中草药种植1072亩。青贮种植3885.3亩。通过狠抓禁牧舍饲,培育出一批舍饲养殖大户,新建肉牛养殖小区1个,可存栏肉牛700头,新建舍3000平方米。

【着力改善生态环境】 积极实施造林项目,在三岔口村、缸房营村、头道河村、永利村进行了社会造林430亩。超额完成县定200亩社会化造林任务。开展全民义务植树活动,共植树2万余株,造林面积85.3亩,建党员示范林2个。全力抓好禁牧工作,按照"砍羊、控牛、调结构"的思路,对全乡的散撒放牧行为进行集中整治,效果明显,羊只数量明显减少,年内,存栏羊只不足3000只,存栏牛1.5万余头。随着禁牧长效机制的严格落实,生态环境将得到进一步改善,为下一步发展旅游业打下了坚实的生态基础。

【扎实开展脱贫攻坚工作】 基础档案提升工作圆满完成。乡党委、政府高度重视、扎实部署、明确责任,对全乡建档立卡贫困户、低保户、特困户、危房户、搬迁户进行识别认定,档案提升工作取得明显成效。将所有贫困户、脱贫户档案装订成册并进一步规范,同时完成各村综合类、精准识别类、帮扶成效类、精准退出类档案整理工作,并按程序在全乡范围内核查出漏评人口61户85人,错评人口191户343人,错退人口3户7人,新识别贫困人口1户1人,自然减少贫困人口43人,自然增加5人。2018年脱贫退出和动态调整之前,全乡有建档立卡未脱贫户869户、1920人。脱贫退出工作精准无误。严格按照村评议、乡审核验收的工作步骤确定脱贫退出435户、1010人(含35户72人未脱贫不再享受政策户)。此次贫困人口退出全部以户为单位,经过外力帮扶和自身努力,家庭人均收入稳定超过国家现行扶贫标准,且同时满足不愁吃、不愁穿、饮水安全、义务教育阶段无因贫辍学学生、新农合缴纳率100%、住房安全有保障等硬性条件。退出户均通过易地搬迁、政银企户保、光伏资金覆盖等产业支持达到脱贫预期。全乡现有未脱贫户431户906人。

扶贫产业良性发展。争取财政第一批扶贫资金57.99万元,完成了修坝600余延长米等产业配套设施;财政扶贫资金29万元带动58户搬迁贫困户入股昌达农业;变更7.5万元,带动16户贫困户发展养驴产业;完成新建村级光伏电站4座,带动420户贫困户人均增收3000元;完成贫困村村部光伏建设,使村集体收入增加3万元;新聘用建档立卡生态护林员80人,户均增收8000元;利用光伏资金配备公益岗168个,户均增收4360元。通过政银企户保金融扶贫带动贫困户100余户,户均增收2500元。完成了总投资83万元的北京对口帮扶白石砬村节水灌溉项目,打机井8眼,并安装滴灌喷灌设施。本年度产业全覆盖种植项目10个,产业结构调整项目1个,养殖项目5个。共带动贫困户79户实现了稳定增收。我乡已完成对贫困户的产业全覆盖,能够实现如期稳定脱贫。

【易地移民搬迁工作有序推进】 全乡搬迁439户,1031人(2016年97户230人,2017年304户706人,2018年38户95人),其中享受建档立卡政策260户、624人,享受同步搬迁政策179户,407人。2016、2017两年本村集中安置小区已经完工,并于2018年5月份完成分房(共涉及40户、87人),钥匙全部交到村民手中。2018年本村集中安置点已经开工(共涉及14户38人),能够按时完成搬迁任务。对于县城集中安置人口(共涉及352户837人)。

【基础设施持续改善】 全年修建村组水泥路10公里。完成村内路面硬化1万多平米,新建广场4座,新安路灯80盏,完成李起龙村、缸房营村墙体改造2200多延长米。同时,进一步规范明确了管水员、护草员、保洁员、生态护林员和护站员的职能和责任区,签订了协议,初步形成了卫生长效机制,村容村貌焕然一新,缸房营村尤为明显。为全乡4个自然村安装了自来水,实现了饮水安全。完成三岔口、榆树林、头道河、白石砬四个村的扶贫光伏电站建设,实现并网发电。特别是三岔口村光伏电站,采取工信部中小企业局捐助100万,财达证券捐助100万,县里补助125万的方式投资建设,为贫困户增加了收入的同时,为三岔口村增加了集体积累。6个贫困村村部屋顶光伏项目已经并网发电,产生了效益。河道管理成效明显。按照全面推行河长制决策部署,构建了组织体系,完成乡总河长、河长及行政区域内河湖分级,分段河长设置工作。各村调整配齐了河管员,河道卫生显著提高。发现河道内非法采砂3起,及时上报县河道管理处进行了处理。项目建设全力保障。完成土城变电站110千伏送出线路工程,永久占地3.61亩、临时占地356.97亩。完成大滩镇(北控——慧通)80MW集中式光伏扶贫电站项目送出线路工程永久占地3.5亩。森吉图风电场项目在四岔口乡的占地补偿等工作顺利完成。

【群众获得感显著提升】 全乡共有农村低保户671户845人,特困户48户48人。依托政策,在低保兜底的基础上,实现了产业全覆盖。全年有487人次享受医疗救助政策,救助款24.4万元。完成危房改造房屋171所、小黑屋改造73所。2018年,全乡贫困人口中就近及外出务工人口达517人,总收入840余万元,人均增收1.6万元。新增劳务输出39人,组织农村劳动力参加技能培训80人,组织返乡农民工培训20人,劳务帮扶转移就业15人,培养致富带头人24人,为建档立卡贫困劳动力介绍就业岗位97人次,对300个贫困户进行了电子商务培训。城乡居民医疗保险参保率97.6%。积极宣传医疗报销新政策,使患病群众充分享受报销政策,降低因病返贫的发生率。对全乡留守儿童建立档案并录入系统进行监管。全乡低保金、五保金、优抚金、危房改造资金、高龄补贴资金、残疾人两项补贴资金等全部实现农商行代发,发放情况准确及时。

环保工作不留死角。严格落实"党政同责、一岗双责",严格实施环境保护网格化管理。乡大气污染监测站建设完成实现并网运行。新成立了乡环保所,配齐了工作人员,明确了环境保护职责。建立"横向到边、纵向到底”的网格化环境监管体系，做到环境监管不留死角、不留盲区、不留隐患，确保环境安全。按时完成了燕山——坝上地区省卫星遥感66个被监测点位的实地核查工作。燕山银业新改造燃煤锅炉1台，乡域内工矿企业燃煤锅炉治理工作全部完成。强力开展省级直管滦河河道“一河一策”2018年度目标任务省巡发现问题整改工作，拆除头道河村2处养殖点，清除永利村2处、榆树林村1处弃土沙堆。

【为发展提供安全稳定有序的环境保障】 抓实抓好安全生产工作。始终坚持把安全工作作为各项工作的重中之重来抓。坚持“安全第一、预防为主、综合治理”的方针，充分利用明白纸、标语等方式，大力开展安全宣传教育，全年共悬挂条幅标语50余条，印发安全生产宣传单1000余份；扎实开展安全文化建设活动。加强安全隐患经常性排查机制，对国家电网新源公司丰宁抽水蓄能公司、燕山银业有限公司、四岔口小学、施工工地、危房、地质灾害点、加油站、商店、饭店等场所不定期的进行排查，发现隐患就地排除。全年累计检查企事业单位63家次，发现存在问题与事故隐患20多个，责令企业整改10余次。

【全力推进矛盾纠纷化解机制】 坚持发挥基层组织的“第一道防线”作用，大力开展矛盾纠纷的排查调处工作。一年来，共排查调处各项纠纷、矛盾20多起，信访问题16起，办结率、反馈率均达100%。特别是历时三年的永利村与外迁移民司法诉讼案件，经过乡党委、政府的全力推动，在相关部门的共同努力下，经省高院复审，得到平稳解决，消除了信访隐患。按照“服务重点项目，惩戒教育并重”的原则，在县政府统一安排部署下，强力启动了拆除违建工作，拆除了蓄能电站上游头道河村违建1处、永利村蓄能电站灰窑沟违建1处、永利村蓄能电站11号公路西侧及3号公路北侧部分违建，起到了处理1个、教育一片的效果，有效遏制了私搭乱建的势头。

【认真抓好扫黑除恶工作】 多种渠道，广泛宣传。设立举报箱，公开举报电话等畅通信息渠道，同时由班子成员牵头，联合派出所对辖区内重点群体开展“问题”和“苗头”的双重梳理和排查，做到心中有数，目标清晰。共接到群众举报和排查事件3起，上报公安机关1起，纪委1起，为村“两委”换届顺利完成和社会稳定保驾护航。

【防火、防汛、防疫工作成效显著】 防火工作：共发放森林草原防火明白纸3000余份，悬挂防火旗帜2100余面，书写宣传标语300余条，安排防火宣传车两台在防火戒严期全天候不间断巡查宣传。积极开展春秋季“五项清理”工作。组织护林员全面清理可燃物、易燃物、堆积物、垃圾等，共清理林边1.9万米，地边1.6万米，矿边1800米，坟边107处，清理路边2.8万米。通过80名生态护林员、62名临时护林员及乡村干部群众的严防死守确保了森林资源和人民生命财产的安全。防汛工作：认真贯彻“以人为本，重在预防”的方针，从思想、组织、队伍、技术、物资等方面着手抓落实，扎实有效的开展防汛工作，在干部、群众的共同努力下，确保了安全度汛。防疫工作：春秋两季认真开展了以防治重大动物疾病为重点的动物防疫工作，顺利完成各项指标，免疫率达100%，没有发生重大疫情。特别是非洲猪瘟疫情发生以来，按照上级安排部署，严防严控，采取有效措施，确保了群众财产安全。

【扎实推进基层组织建设】 加强阵地建设。投资60余万元，完成榆树林、三岔口两个村村部建设230余平米。加强班子建设。坚持用好的作风选人，选作风好的人，顺利完成村“两委”换届工作，8个行政村中的6个村实现了书记主任“一人兼”，组织开展了新一届村“两委”班子成员培训。加强思想建设。为了使村“两委”班子开展工作时，对党的政策方针把握更为准确，乡党委开展了党委委员下基层活动，与村“两委”班子谈心谈话，讲授相关业务知识，规范了村级各项事务运行。加强制度建设。完善制度让“三会一课”严起来，创新形式让“三会一课”活起来，立足实际让“三会一课”实起来。通过坚持和完善“三会一课”制度，不断提高党员的思想政治素质和业务素质。制定工作计划，与各村签订责任书，明确目标任务，严格按照“五个好”标准，建设各党支部。严格“四议两公开”工作法，强调不经党支部提议的事项，不召开村“两委”会议商议，不经村“两委”商议的事项，不召开党员大会审议和村民代表大会进行决议。从源头上杜绝事务不公开、不透明、提升了村班子信任度，使村“两委”干部团结一致，有效地推动了各村工作的开展。加强党员队伍建设。重点抓好乡机关优秀干部、农村有志青年、妇女和致富能手的党员发展，组织入党积极分子参加培训，做好预备党员转正等各项工作，全年共发展入党积极分子5名，预备党员5名。

【村风民风进一步向善向好】 以孝道文化为纽带，以法律和村规民约为依托，以改善村风民风为目标，积极开展孝心养老扶贫行动，突出子女孝老养老主体作用，教育和督促子女履行好赡养、照顾老人的义务，通过舆论引导、成立孝心养老理事会、健全老人维权机制等措施，有效改善了贫困老人生活状况差、子女赡养不到位、自身无力脱贫等问题，营造尊老、爱老、敬老、孝老的社会风尚。学习好的经验做法，制定了建立“爱心超市”实施方案，2019年将会逐步落实。

撰稿/李敏

五道营乡

【经济建设持续健康发展】 2018年，五道营乡围绕“一区一带”扶贫产业格局，重点培育奶牛、肉牛、肉羊、林果、中草药、食用菌等8个特色产业，探索龙头企业（合作社）带动，贫困户参与调结构、入股分红、利益联结等路径，以产业就业带动实现贫困户百分之百全覆盖和两项以上增收措施。

抓重点项目建设。年内推动建设总投资2.3亿元的爱尚羊屠宰加工、国超肉牛基地、翔宇食用菌等13个重点项目，培育产业化龙头企业11家，发展农民专业合作社36家，流转土地4069亩，通过吸纳务工、直接带户等方式，可带动715余户年均增收700～1800元；

抓光伏扶贫。建设4个贫困村村级光伏电站、3个村部屋顶20千瓦光伏电站、75户符合条件的贫困户安装分布式屋顶光伏和省法院捐建290千瓦帮扶光伏电站，全部并网发电，实现对全乡贫困户全覆盖。

抓金融扶贫。争取政银企户保和政融保项目资金2500万元以上，用于发展肉牛奶牛产业，采取入股经营、贴息补贴等方式带动1000余贫困户，户均增收1000元以上。

抓财政资金扶贫项目。以每户5000元标准，928户入股3家企业、2个合作社，户均年分红500～1000元；72户发展养驴，户均补贴3000～6000元。通过这些举措，进一步壮大基地规模，产业体系不断优化，年内农业产业化率达到50%以上，农民人均纯收入4200元以上，使每一个贫困户都有生产经营性收入或财产性收入，实现光彩脱贫、体面脱贫、稳定脱贫。

【扶贫脱贫工作成效明显】 实施易地扶贫搬迁工程，彻底拔“穷根”。长胜堡村113户211人就地集中安置迁入移民新村，年内部分村民完成入住；117户350人到县城人才家园安置，6户6人自行安置；同时村成立2个合作社发展种养殖，拟建3000平方米肉牛养殖小区1处，把600余头存栏牛集中饲养，解决人畜混居和产业跟进问题；申报成功“省级森林公园”，改造100亩果园1处。驸马山自然村14户41人到县城集中安置，2户5人自行安置，现已完成入住。基础工作规范提升，动态管理更加精准。按照“户、策、卡”规范要求，针对精准识别、精准施策，一次解决问题，一次性终结。同时完善规范了村档户档和基础工作规范提升档案，建立动态管理台账和电子档案，全程留痕。通过精准识别、精准结对、精准计划、精准项目、精准代办、精准退出六项举措，确保精准脱贫。全面落实“三保障”等政策，兜底成效明显。低保五保方面：全乡共有543户708名低保人员、86名五保人员享受补贴；救灾救助方面：2018年发放431户救灾款资金25万元，同时发放了救灾物资；临时救助53户资金4.8万余元，切实解决基本生活问题。医疗救助方面：为全部建档立卡贫困户免缴城乡居民医疗保险，签约家庭医生，进行免费体检，建立健康档案，落实一站式诊疗政策，二次报销救助贫困户83人3.12万元，保证了及时医治和基本生活。教育培训方面：“雨露计划”资助职业院校贫困学生35人补贴5.25万元；“三免一助”“两免一补”资助高中、中学、小学、学前共553人补助46.2万元；年内组织村党支部书记培训3次24人次，组织各类培训1000人次，劳务输转3000人次，贫困户技能培训200余人次。生态保护脱贫方面：落实公益林补偿、天然林禁伐政策补偿资金211.06万元；建档立卡贫困人口任护林员90人，年工资8000元。危房改造方面：全乡年内“四类户”危房改造121户，10月份新排查四类户、非四类户危房、小黑屋110户，年内完成50%以上，其余达到开工条件。安全饮水方面：在基本解决安全饮水的基础上，投资370多万元，为脱贫出列村南台子村打井9眼，实施了长胜堡移民新村和五道营村自来水工程，安装自来水630余户，实现1600多人受益。三道营村和邓栅子村已列入实施计划。深入开展整改“回头看”工作。扶贫领域作风和腐败问题均已整改完成；国考、省考反馈问题整改，乡党委举一反三，将2013年以来实施扶贫项目核查发现的9个项目档案资料不完善问题全部整改。

【村级基础设施和基本公共服务水平不断提高】 加快推进路网建设。完成长胜堡通村路加宽项目2公里，翻修中桥3座，完成在南台子、兆茨沟、八道沟等处修水泥路23公里，村级路通行能力进一步提升。进一步优化路网结构，抓好九龙松——喇嘛山旅游环线三级公路占地拆迁及协调工作。五道营（深度贫困村）15公里街巷硬化列入年内实施计划。推动区域内电网升级。在农网改造基础上，协调电力部门进行变压器增容，九道沟新增5台(套)400千伏变压器，保障户用光伏和电代煤改造任务落实。提高网络通讯覆盖和联通力。积极推动五道营北六沟、驸马山南沟移动机站建设和长胜堡移民新村有线电视和网络到户，方便和提升群众生活。加快推进农村面貌提升。8个行政村相继完成各阶段美丽乡村建设，五道营村打造红砖主题文化一条街，村庄面貌明显改善。全部建立长效保洁机制，落实公益岗保洁员18名，生态扶贫公益岗226名，全部上岗，年内开展大规模卫生清理达到8次，清理垃圾2000余方，整修垃圾场2处，残垣断壁、违章建筑进一步得到拆除，新修公厕10座、户厕110余座，道路畅通干净，庭院整洁卫生，村庄的净化绿化美化水平显著提高。

【特色亮点工作】 人大代表进家入站，架起群众"连心桥"。作为全县4个试点单位之一，五道营乡在高标准建设人大代表之家的基础上，制定代表活动计划，组织学习培训活动3次、代表座谈4次，每季度定期召开乡人大主席团会议。分别于6月份、7月份，组织乡全体人大代表对群众反映强烈的农村平安网建设问题、河长制巡河护河工作进行专题视察，促进两项工作得到改进和加强。2018年11月7日，五道营乡人大集中组织人大代表进家入站述职活动，26名代表分别在5个选区进行述职并接受选民评议，共收到选民意见建议8条，代表述职比例达50%以上。

借力"政融保"政策模式，发展肉牛产业助力脱贫攻坚。五道营乡把产业扶贫作为脱贫攻坚的治本之策，率先开展"政融保"肉牛养殖项目，国超农业、富民种畜、嵩鼎养殖三家公司融资1000万元，改扩建圈舍24000多平方米，购置肉牛3000余头，通过直接带动和吸纳务工方式，带动720余户贫困户，实现单项产业对全乡贫困户全覆盖。2019年五道营乡将进一步确立"稳定奶牛、壮大肉牛"的产业结构调整思路，再实施5个肉牛养殖场建设项目，增加存栏5000头左右，以产业发展助力扶贫增收。

整村推进"电代煤"，让群众清洁取暖温暖过冬。五道营乡九道沟村是2018年全县唯一的"双代"改造工作整体推进村。项目采取"电代煤"方式，总投资600余万元，安装蓄能式电锅炉189台套，新增400千瓦变压器5台套，供电干线和峰谷电计量表全部更换。工程已全部完成，投入使用，达到了既清洁温暖，又节能实用的效果，群众认可满意，在省、市住建部门检查调研中，得到各级领导首肯。11月12日，河北省委常委、常务副省长袁桐利就冬季清洁取暖工作到九道沟村考察调研，给予了工作肯定，指出要总结推广经验，破解瓶颈制约，扎扎实实落实好"双代"改造工作。

打造国家级"非遗+扶贫"试点品牌。作为国家级非遗扶贫试点之一，五道营乡在县文广新局非遗中心的指导下，以丰宁满族剪纸传承保护为重点，投资20万余元，在五道营村建立非遗扶贫就业工坊，建筑面积300余平方米，设有展示展览厅1个、培训体验室2个。由国家级非遗传承人张冬阁老师牵头辅导，每周到村开展辅导培训。年内，已培训学员40余人，带动建档立卡贫困户10余户，培训参与占比30%以上。

【特色产业全覆盖】 围绕"一区一带"扶贫产业格局，重点培育奶牛、肉牛、肉羊、林果、中草药、食用菌等8个特色产业，探索龙头企业(合作社)带动，贫困户参与调结构、入股分红、利益联结等路径，以产业就业带动实现贫困户百分之百全覆盖和两项以上增收措施。抓重点项目建设。年内推动建设总投资2.3亿元的爱尚羊屠宰加工、国超肉牛基地、翔宇食用菌等13个重点项目，培育产业化龙头企业11家，发展农民专业合作社36家，流转土地4069亩，通过吸纳务工、直接带户等方式，可带动715余户年均增收700~1800元；抓光伏扶贫。建设4个贫困村村级光伏电站、3个村部屋顶20千瓦光伏电站、75户符合条件的贫困户安装分布式屋顶光伏和省法院捐建290千瓦帮扶光伏电站，全部并网发电，实现对全乡贫困户全覆盖。抓金融扶贫。争取政银企户保和政融保项目资金2500万元以上，用于发展肉牛奶牛产业，采取入股经营、贴息补贴等方式带动1000余贫困户，户均增收1000元以上。抓财政资金扶贫项目。以每户5000元标准，928户入股3家企业、2个合作社，户均年分红500~1000元；72户发展养驴，户均补贴3000~6000元。通过这些举措，进一步壮大基地规模，产业体系不断优化，2018年农业产业化率达到50%以上，农民人均纯收入4200元以上，使每一个贫困户都有生产经营性收入或财产性收入，实现光彩脱贫、体面脱贫、稳定脱贫。

【持续植树造林】 抓造林，增加森林覆盖率，全年共完成工程造林4600亩、山杏改造300亩、飞播造林万余亩，突出林果经济。以三道营、五道营、九道沟、十七道沟村为重点，继续扩大林果种植面积，大力发展林果产业。年内在十七道沟村新栽植苹果梨、杂果等经济林1000余亩。九道沟村注册成立果飘香合作社，入社社员45户，现有以苹果梨为主的果树基地2000亩；五道营村潘国林种植50余亩苹果梨，已达到盛果期，年产果品5万公斤，喜获丰收，效益可观。全乡林果种植总面积达到7000亩，建成集旅游、观光、采摘于一体的靓丽风景线。

【健全水利水保体系】 五道营乡属于干旱地区，水源缺乏，河流大部分是季节性河流，水资源及用水，是人们十分关注的问题，有的村人畜饮水没有保障。为了保证群众的基本生活条件，进快解决人畜饮水难的问题，乡党委、政府把水利水保列入全乡重点工作。在基本解决安全饮水的基础上，投资370多万元，为脱贫出列村南台子村打井9眼，实施了长胜堡移民新村和五道营村自来水工程，安装自来水630余户，实现1600多人受益。三道营村和邓栅子村已列入实施计划。

【加快新农村建设】 加快推进农村面貌提升。8个行政村相继完成各阶段美丽乡村建设，五道营村打造红砖主题文化一条街，村庄面貌明显改善。全部建立长效保洁机制，落实公益岗保洁员18名，生态扶贫公益岗226名，全部上岗，年内开展大规模卫生清理达到8次，清理垃圾2000余方，整修垃圾场2处，残垣断壁、违章建筑进一步得到拆除，新修公厕10座、户厕110余座，道路畅通干净，庭院整洁卫生，村庄的净化绿化美化水平显著提高。

【加快乡村公路建设速度】 年内，完成长胜堡通村路加宽项目2公里，翻修中桥3座，完成在南台子、兆茨沟、八道沟等处修水泥路23公里，村级路通行能力进一步提升。进一步优化路网结构，抓好九龙松——喇嘛山旅游环线三级公路占地拆迁及协调工作。五道营（深度贫困村）15公里街巷硬化列入年内实施计划。

【非遗工作成效显著】 2018年6月，五道营乡在县文广新局非遗中心的指导下，以丰宁满族剪纸传承保护为重点，投资20万余元，在五道营村建立非遗扶贫就业工坊，建筑面积300余平方米，设有展示展览厅1个、培训体验室2个。

县非遗中心和乡文化站、贫困村、传承人经过共同探讨研究，已将丰宁满族剪纸元素运用在陶瓷、铁艺、文化衫等工艺品中。学员作品将在2018年11月20日参加恭王府展览。通过非遗+扶贫工作的开展，让广大群众更加深入的了解非遗、认识非遗，并积极参与到非遗保护传承工作中来，使之成为贫困群众脱贫摘帽致富创收的新途径。

2018年8月22日国家文化和旅游部非遗司副司长王晨阳、国务院扶贫办开发指导司人力资源处处长周建文等领导，带领京津冀各知名文化企业负责人一行在省文化厅和市、县领导的陪同下到五道营乡五道营村调研指导非遗+扶贫工作，并指出将进一步关注此项工作，加大政策项目资金的支持力度；各级要引起重视，总结可复制、可推广经验，挖掘地方特色文化，建立合作新模式，打造文化新品牌，努力探索文化扶贫新路。

【增强党建凝聚合力】 强化学习教育。在2018年扶贫脱贫工作量大、任务重的大背景下，乡党委坚持要求各党支部以“三会一课”为抓手，开展“两学一做”常态化教育，深入学习贯彻落实党的十九大精神和习近平新时代中国特色社会主义思想，学习《党章》、习总书记重要讲话及省、市、县领导讲话精神。党委中心组每月带头学习不少于1次，组织乡、村十九大精神宣讲6次，组织乡级《宪法》宣讲1次，每月组织干部集中学习不少于2次，撰写学习心得体会40余篇，每名干部记学习笔记均1.5万字以上；同时要求干部在业余时间开展自学，网络学习教育目标均已完成；各村级党支部每季度组织党员学习均保证2次以上。开展主题教育活动。6月22日，以迎接建党97周年为契机，乡党委与怀丰水务局、喇嘛沟门乡党委在五道营乡南台子村兆茨榆沟自然村（汤河源头村）开展了“党建引领 扶贫协作 饮水思源 扮靓源头”主题活动，倡导党员干部主动担当，积极参与到扶贫、生态保护等各项工作中，发挥示范带头作用。此次活动共有50余名党员干部参加。严格党员队伍管理。各村均有流动党员台账，并同步建立流动党员微信群，定期发布政策信息，方便党员学习；从严发展党员，年内吸收新党员8名（其中35周岁以下党员6名）；重要时间节点慰问贫困党员和老党员，帮助他们解决实际困难；常态化开展党员义务植树活动，对已创建的“党员示范林”由本村党员义务管护，做到既美化环境、涵养水源、保护生态又能彰显党员的先锋模范作用。

【加强村级阵地建设】 年内，村“两委”换届工作圆满完成。落实党委主体责任，坚持党管换届，把党的领导贯穿到方案制定、候选人提名、审核把关、组织选举等换届全过程和各方面，严格“五选”“十不选”标准，选优配强村领导班子，共选出两委干部44人，其中书记主任“一人兼”5人，占比62.5%；50周岁以下党支部书记3人；两委干部中交叉任职11人。圆满完成了村两委换届工作，切实将一批讲政治有能力敢担当、组织满意、群众认可的村干部选入到脱贫攻坚的主战场。后进支部五道营村也在换届后如期完成整顿转化。村级阵地晋档升级。长胜堡村新建400平方米村部;五道营村、三道营村、邓栅子村和南台子村在两委换届后,都对村部进行了改造升级,五道营乡8个村的阵地建设都高标准达到“九有”标准。扎实推进脱贫攻坚党旗红活动。实施五大工程,推动党建工作与脱贫攻坚深度融合。落实“千企帮千村”计划,龙头产业缘天然集团、驸马山庄集团带动全乡贫困户达到全覆盖;县包联单位干部、乡干部、村两委班子成员、优秀党员和致富带头人与全乡建档立卡贫困户结对帮扶全覆盖,年内相继开展了田间地头走访周、暖心慰问、丰收月入户、“迎新年、送温暖”等入户走访活动,宣讲政策,帮助解决实际困难,群众满意率明显提高;党委组织村干部到产业扶贫、基础工作规范提升、美丽乡村建设对标村学习,培树脱贫攻坚党旗红典型支部2个、能人治村、致富带头人典型5名。

撰稿/张丽媛

南关蒙古族乡

【全力推进脱贫产业发展】 2018年,南关蒙古族乡(简称南关乡),进一步推动设施农业整体协调发展。加强原有设施产业园区提档升级,积极推进食用菌大棚、果蔬暖棚及日光温室项目建设,鼓励贫困户自主经营或参与经营,增加精细果蔬种植面积,延长企业生产链条,从而提高冷棚及温室暖棚的收益,保障贫困户脱贫奔小康。年内,南关乡平顶山片区800亩蔬菜冷棚通过土地流转、大棚务工及产业资金支持带动550户贫困户实现户均增收1000元以上;众鑫农业食用菌产业利用北京对口支援资金和产业全覆盖补贴,通过直接带户、棚室租赁、务工等形式带动177户贫困户实现户均增收1500元以上;亿博集团矮化香椿种植项目通过土地流转、基地务工等形式,带动40余户农户户均增收2000元左右;另外,军德养殖合作社、富赢种植专业合作社、冀北食用菌种植专业合作社等入股分红项目也可带动300户贫困户增收500元。

不断调优农业产业结构,探索发展特色果蔬采摘和中草药种植产业。依托上级产业全覆盖的有利政策,积极内引外联,扎实抓好112国道、半虎线、高速连接线沿线农业产业结构调整,通过吸引大户流转土地种植等形式,大力实施特色果蔬采摘、中草药、食葵种植和观光农业等产业全覆盖项目24个(直接带动885户、间接带动300余户),吸纳贫困户广泛参与产业发展,努力拓展贫困群众增收渠道。

通过大力发展平顶山、云雾山休闲游,高速连接线花海景观游、“杜鹃花开映山红”山花节等旅游产业,全年共接待游客4万余人,努力扩大旅游产业附加值,鼓励群众自主经营农家乐等休闲项目,达到群众增收致富的目的。继续推进传统畜牧业和特色种植产业发展。有效利用产业全覆盖政策,积极推动肉牛养殖示范小区项目建设和油用牡丹、大叶蛋白菊等特色种植产业,依托市场主体建设,探索村级资产和贫困户入股的经营模式,带动全乡肉牛养殖和特色种植产业发展,达到集体经济收入增加和贫困户增收致富的目的。加快推动光伏扶贫产业项目建设。古房、长阁、苏武庙、官队营、横河、黄土梁、两间房7个村的村级光伏扶贫电站建设工作已全面实施,全乡光伏发电装机总容量达到4400KW,按照每500KW实现年收益55万元计算,带动全乡1613户贫困户年增收3000元,稳定增收20年。

继续实施好易地扶贫搬迁后续工程。年内,将军营村六道沟组搬迁点已完成搬迁入住;将军营村西沟组、黄土梁村集中安置小区已完成验收分房,正在搬迁入住;骆驼鞍村移民搬迁县城集中安置已于11月12日完成分房,按照县里统一安排搬迁入住。

【切实推动乡域经济快速发展】 2018年初,全乡共有贫困户1741户4289人,占全县贫困人口的7.6%,通过一年来的努力推动,全年共实现6个村整村出列,全乡共脱贫出列1303户3250人,全部达到稳定脱贫。

【切实做好社会帮扶工作】 南关乡共有脱贫攻坚驻村工作队10个(省级3个、市级1个、县级6个),按照上级要求,乡内成立了精准脱贫驻村工作队党支部,乡党委不定期组织对驻村干部在岗履职情况进行督导检查,严格落实工作日按时打卡和请销假制度;积极与各驻村工作队加强沟通联系,努力争取扶贫资金,2018年累计争取各类扶贫资金1378.88万元,用于贫困村发展扶贫产业及基础设施建设;各驻村工作队严格按照上级要求,对《驻村工作日记》《民情日记》《帮扶村档案》《帮扶户手册》进行认真填写记录,对各贫困户的《扶贫手册》、连心卡、帮扶公示牌、帮扶工作手册等内容进行细化和完善,根据贫困户实际情况认真如实填写并发放到贫困户手中。

【做好贫困人口技能培训】 以市场就业为导向,通过采取“走出去、请进来”等多种形式,全年共组织开展月嫂、面点、木瓦工、种养殖等技能培训12次，开展引导性培训14次，累计培训人员达1500余人次，部分群众已就近就业，群众通过持证上岗，有效增加了贫困人口家庭收入；扎实做好“雨露计划”，教育扶贫政策全面实施，全乡共享受“雨露计划”扶贫助学137人，有效减轻了贫困户的负担；2018年，进一步完善城乡医疗救助制度，提高困难群众医疗救助水平，切实为困难群众看病提供便利，年内通过医疗救助、临时救助等相关政策对大病和贫困人员进行救助378人、补贴金额21.94万元，同时简化报销环节，方便了救助对象，在一定程度上解决了贫困群众因病致贫、因病返贫的问题。

【加大外联招商引资力度】 乡域经济不断增长，综合实力逐步增强。2018年，全乡经济发展态势良好，主要指标平稳较快增长。全乡共完成固定资产投资6400万元，占年度任务的106%；引进域外资金1200万元，占年度任务的120%；财政税收完成350.99万元，超年度任务的45.64%，工业企业和民营经济指标均完成了县下达的目标任务。

招商引资成果显著，重点项目稳步推进。下大力推进总投资60亿元的集营地三产运营、酒店旅居、地产开发运营为一体的“陌上花开”田园综合体项目建设，2018年完成投资4亿元，完成建设用地征地300亩，流转2700亩土地建设花海景观，先期建设的9栋别墅样板房已全部完工；展示中心主体已完成，正在进行内外装修；二期建设的别墅房已完成封顶30栋，完成基础20栋，三层洋房已完成封顶2栋；该项目建成后，将打造成丰宁独具特色的生态养生、田园休闲度假胜地，形成游乐、观光、休闲、田园、度假、体验、运动等复合功能的养生田园牧歌生活胜地。可有效辐射带动县城周边务工及消费水平提升，为乡域经济发展注入强劲动力，为精准扶贫起到积极的推动作用。

积极内引外联，发展特色种植产业。通过民建河北省委引进亿博集团矮化香椿种植项目，在两间房村建设香椿菜种植基地1处，现已在两间房村和横河村流转土地380余亩，完成苗木栽植120亩，计划在横河村建设高标准日光温室1座，采取公司+合作社+种植基地+农户（贫困户）的经营模式，在先期流转380亩土地的基础上，计划明年再流转土地500亩，扩大种植规模，通过入股经营、直接带户及参与务工等形式，辐射带动周边村贫困户，户均可增收2000元，提高项目的扶贫带动效应。积极争取北京对口支援项目资金820万元，用于支持扶贫带动能力强的企业发展，每年通过对口支援项目带动贫困户650户，户均增收1000元，可持续4年。

【突出贫困村基础设施建设】 以改善人居环境为依托，坚持因地制宜、分类指导，规划先行、科学引导，示范带动、典型引路，政府主导、农民主体的原则，积极推进设施农业产业与人居环境整治“双带”工程，逐步实现全乡各村人居环境整治全覆盖，不断完善基础设施建设，不断加强村庄美化绿化，实现村民生活环境稳步提升。加强全乡各村，尤其是两间房、独立营、黄土梁3个深度贫困村的基础设施建设。年内3个深度贫困村道路建设、街巷硬化、外墙保温、院墙整修、自来水入户、门楼装修、文化广场、亮化绿化等工程已基本完工。加强各村的环境卫生整治力度，营造美丽和谐的人居环境。投资400余万元，加大对南片各村基础设施建设和环境卫生整治工作的投入力度；两间房村、横河村先后投资了800余万元，实现了自来水管网、污水管网入户；10个贫困村的村庄绿化、新建公厕、户厕改造、街巷硬化、村庄亮化、清洁能源、改厨改厕等工程已建设完成；全乡实现垃圾处理市场化运行，共新建地埋式垃圾池78个、发放移动式垃圾桶310个、配备挂桶式垃圾清运车1台、设立卫生公益岗580个，基本达到各自然村全覆盖，确保环境卫生整治工作形成常态化。推动实施好长选线连接将军营、横河、两间房、独立营4个村的主要交通道路建设，该工程于6月份开工建设，10月15日实现竣工通车，使公路沿线4个村1100余户居民的出行更加便利。全力支持“陌上花开”田园综合体项目建设，依据建设规划，依托平顶山森林氧吧资源，推动田园观光、旅游度假、休闲娱乐及生态农业有机结合，实现“两间房——横河——黄土梁”区域旅游整体开发；大力推进满蒙文化乡情乡韵建设。利用好文化宣传，支持民间文化活动，巩固发展与硬件建设相适应的软文化，黄土梁、独立营2个村特色村寨建设效果已经显现，逐步形成独具特色的满蒙文化之乡。

【加强生态建设工作】 年内，全乡依托退耕还林等生态项目共植树造林4230亩，栽植山桃、苹果、云杉、杨树等46.5万株，全乡森林覆盖率达到69.4%；在生态管护上，加大对散撒放牧和滥砍滥伐的打击力度，有效利用上级政策，采取“分户联保”的形式，带动贫困户153人参与护林防火工作，在护林禁牧的同时增加了贫困户收入，使护林禁牧工作真正落到实处。

【加强社会主义精神文明建设】

广泛开展公德教育工作。通过广泛宣传、大力推进,全乡各村共创建美丽庭院4500余户,其中五星级美丽庭院达到450余户;全乡各村均成立了孝心养老理事会,并设立孝心养老公益金,建立健全老人维权机制,签订家庭养老赡养协议,促进尊老敬老村风民风的形成;以云雾山村和横河村为试点,设立"道德银行",在解决群众"增收入、富口袋"的同时,解决"健精神、富脑袋"的问题,进一步激发群众脱贫攻坚的内生动力;计划选取试点村,设立"扶贫爱心超市",并召开一次"孝老敬亲、文明家庭、美丽庭院、脱贫致富之星"评选现场会,使其成为推动脱贫攻坚的新动力,引领社会文明的新风尚。

【抓好文教卫计工作】 主动融合、持续培植、立足长远,全力抓好全乡文化旅游、教育、卫计等工作。结合人居环境整治工作,突出抓好平顶山、云雾山、山花节及"陌上花开"花海景观文化旅游产业和黄土梁、独立营2个村特色村寨建设;教育改革不断深化,义务教育均衡发展,教育教学质量稳步提高,全乡中小学入学率和巩固率均达到100%,实现零辍学目标,教学质量进一步提高,校园安全管理进一步加强;公共卫生疾病防控体系和医疗救助体系不断完善,乡村医疗卫生条件不断改善,乡卫生院服务能力得到有效提高,城乡居民医疗保险参保率达95%以上;稳定各项低生育水平指标,加强档案管理和信息化建设,全面推进免费孕前优生健康检查项目,狠抓政策法规落实,全面落实农村计划生育家庭奖励扶助金、独生子女死亡、重残家庭扶助金制度,2018年全乡符合政策生育率100%,育龄群众对计划生育政策知晓率和满意率均达到100%。

【加强社会保障工作】 年内,全乡共落实农村低保1364户1552人,五保144人,享受老龄补贴427人、残疾人补贴552人;累计发放救灾款物合计41万元,发放优抚资金122.88万元;通过"一卡通"发放农资综合补贴219.43万元、退耕还林补贴357.13万元;发放计划生育独生子女费6.65万元,奖励扶助资金31万元,实施民心工程免费为育龄妇女体检3800人次。社会保障、救灾救济等各项事业都取得新的进步,各项惠民政策均得到有效落实,社会大局保持和谐稳定。

【努力壮大集体经济积累】 扎实推进村集体产业发展,努力消除村集体收入空白村,增加集体经济积累,增强发展后劲。通过村集体光伏电站、集体土地流转、资产资源出租出让等方式,多渠道增加村集体收益。截至2018年底,全乡14个村全部都有公共积累,7个村超过10万元,部分村集体经济积累累计达到百万元以上,最终达到村级基层组织"有场所议事、有人员管事、有资金办事"。

【进一步完善村级基层组织阵地建设】 针对各村的发展现状,积极推动两间房、将军营2个村村民服务中心新建和横河村村部改扩建工作,现已竣工投入使用;对其他11个村的村部进行提档升级,独立营村计划新建村部办公用房500平方米,年内已完成招投标手续,预计2019年7月底完工投入使用;争取长阁村、骆驼鞍村村部办公用房在2019年内开工重建。健全村级各类议事组织,建立完善制度和档案,按照上级要求查漏补缺,统一规范档案及相关制度,做到各村档案制度一致,项目齐全规范,全乡各村村级阵地建设全部达标。

【积极推进"脱贫攻坚党旗红"活动】 充分调动基层党员发展产业的积极性,通过党员结对帮扶,发挥党员示范带动作用,年内完成党员与贫困户结对帮扶650户。通过充分发挥基层党组织的作用,举全乡之力将平顶山片区打造成集基层组织阵地标准化建设、"脱贫攻坚党旗红"示范引领、人居环境整治达标、脱贫攻坚产业全覆盖为一体的高标准示范片区。

【接待领导视察】 2018年5~11月,分别迎接了全国人大副委员长、民建中央主席郝明金,河北省常务副省长袁桐利,省人大常委会副主任、市委书记周仲明,市长常丽虹,市政协主席刘文勤及多位县级领导的调研和检查工作;全年共接待县处级领导检查调研达200余人次,接待厅局级、省部级和国家级领导达30余人次以上,各级领导均对南关蒙古族乡工作开展情况给予了较高评价和充分肯定。

撰稿/赵美玲

石人沟乡

【种植业又上新台阶】 2018年,按照国家、省、市、县精准扶贫精神为指导,推动全乡产业全覆盖工作落实,立足乡情实际,以发展食用菌、中草药、蔬菜为主,取得了以产业扶贫的成效。食用菌产业:对亢家沟村、木匠营村食用菌园区加大投入,并引导种植,积极改进种植方式和优良菌种,建设冷棚75个,占地105亩;乡域内完成中药(以柴胡、黄芪为主)种植2000余亩;蔬菜产业:宽沟村完成露天蔬菜(以娃娃菜为主)种植300亩,年收益达到60万元;槽碾沟村流转土地60亩,建设冷棚26个,秋季以栽植硬果西红柿、豆角为主,年收益达到20余万元;以上项目分别以自主经营、入股分红、务工、土地流转等方式,使贫困户增收2000余元,实现了贫困户稳定脱贫、农民稳定增收;粮食种植:全乡落实高效玉米种植25000亩,亩产达到600公斤,取得了可喜成绩,粮食总产9400余吨。

【林果业又有大发展】 2018年底全乡共有林地面积218560亩,林木覆盖率为42%。年内,造林4500亩。四旁零星植树109000株,育苗65000株。木材砍伐量为385方。年末果园面积84公顷,水果产量386吨。林产品有榛子、蘑菇、大扁、山杏这些都是农民收入来源之一。2018年在山神庙村栽植山杏400余亩,完成了年初县有关部门下达的植树造林任务数。

【脱贫攻坚工作取得新成效】 2018年初,石人沟全乡共有贫困户1216户贫困人口3166人,贫困发生率18.6%,年底共申请退出647户1828人,其中包含宽沟村、汤道沟村、北沟村、官木山村、东两间房村5个贫困村整村退出,共计退出300户798人,其余村退出347户1030人,退出后贫困发生率为7.87%。在脱贫攻坚过程中,全乡采取了多种方式:

发展产业促脱贫。设施农业扶贫项目:2018年5月省农科院援建棚一个,由省农科院提供哈密瓜种苗,并提供技术指导,农科院专家曾多次到东山神庙村进行技术指导,已种植成功。开工建设冷棚120个,占地200亩,种植哈密瓜为主,投资冷棚建设资金由彩票基金和省人社厅帮扶资金,直接带动50户贫困户;高营村种植南瓜50亩,直接带动20户贫困户。养殖扶贫项目:通过河北聚顺农业发展有限公司养牛项目带动全乡贫困户600户,其中400户通过财政扶贫资金入股养牛场,每年可收益分红款700元共计分红5年。其余200户通过政银企户保带动贫困户,预计年收入2000元,可连续补贴三年。通过丰宁满族自治县惠康农牧业发展有限公司养牛项目带动全乡贫困户100户,通过财政扶贫资金入股养牛场,每年可收益分红款700元共计分红5年。生态林果项目:建设500亩杏扁园(东山神庙村),直接带动8户贫困户,户均增收1200元。建设果园(凌营村)400亩,直接带动25户贫困户,户均增收1200元。山湾村建设果园50亩,直接带动贫困户2户每户增收1700元。食用菌扶贫模式:建设冷棚75个,占地105亩(亢家沟村、木营村),直接带动33户贫困户。光伏产业:按照县统一安排建设6个500千瓦村级光伏电站,现在均已完工,预计可覆盖贫困户746户。企业带动:通过丰宁水星乳业有限公司产业全覆盖,直接带动134户,每户增收1800元。

生态保护促脱贫。从全乡建档立卡贫困户中正式选聘161名生态护林员,每人每年报酬8000元,形成了“保护生态助扶贫,脱贫小康更护林”的良性循环模式。同时按照《关于加强扶贫公益岗管理的通知》要求,在贫困户中选聘80名管水员、89名草地管护员、225名卫生保洁员、12名光伏管护员,总计覆盖贫困群众406人,达到了生态管护与贫困群众增收的双重目的。

发展教育促脱贫。严格落实“雨露计划”政策,为贫困家庭学生发放上半年补助资金1500元,共计发放146人;共有贫困学子33人享受“泛海助学计划”,一次性获得资助款5000元/人。在了解建贫困户培训意愿和就业需求的前提下,针对贫困户的“扶贫先扶技”因人施策,共计培训89人次,让贫困户拥有一技之长,实现了劳动技能培训与精准扶贫的有效对接。县劳动局为石人沟乡提供扶贫专岗92人,每户年可增收3600元。

政策保障促脱贫。严格落实低保、五保等各项政策措施,积极解决这些特殊人群的特殊困难,确保脱贫奔小康的路上不落下一人,截止到11月份,全乡共有低保户1230户,1448人,其中重残低保206人,五保户221人,补贴标准均已按政策落实。

扎实开展危房改造和小黑屋治理工作。2018年全乡危房改造户共计169户,其中:修缮加固99户,已改造完成99户,原址翻建70户,已改造完成70户,年内均已完工验收并拨付危房补助资金。按照县委的安排部署,为帮助贫困户创造干净整洁的居住环境,大力实施改善贫困户居住环境行动,共排查小黑屋和老旧房屋104户,已完成治理92户,剩余12户因天气原因不具备开工建设条件,待明年开春后,抓紧组织实施。

【乡村基础设施有了新提升】 实施村级综合文化中心建设项目,全乡7个村每村预计投资17万元,建设广场和戏台,丰富群众的文化生活。实施文化活动室和农家书屋建设项目,全乡12个贫困村均按标准建成了文化活动室和农家书屋,8个行政村的电子阅览室配备电脑各2台,特别是在亢家沟、槽碾沟、东山神庙3个深度贫困村中,使用整合资金共20万元,新建了标准化文化活动室和农家书屋。电力设施建设逐步完善,完成石人沟村至山湾村、石人沟村至东山神庙村的高压线路整改及沿线行政村的低压整改工作;抽水蓄能电站至金山岭500千伏输电工程顺利开工。道路交通有了新发展,全乡2018年共修建水泥路30.2公里,修建中桥1座、小桥2座;省道223线完成地上附着物登统工作,为2019年开工建设打下坚实基础。乡村面貌进一步改观,石人沟村、官木山村、东两间房村、高营村、凌营村5个村完成道路硬化26075平米;宽沟村、北沟村、官木山村、东两间房村、凌营村、高营村、石人沟村7个村新建或维修路灯248盏;宽沟村、汤道沟村、北沟村、东两间房村、高营村、石人沟村6个村新购置垃圾桶129个;北沟村、官木山村、凌营村各新建宣传栏1处。

【全乡生态环境有了新改变】 将环境卫生整治作为一项重要工作来抓,乡村两级均建立了环境卫生保洁长效机制,通过利用扶贫公益岗,护林防火队员等多重人员队伍,采取分片管理,责任到人的细化机制,使全乡环境卫生明显改观。严格按照上级安监部门的安排部署,在辖区内大力开展安全生产整治工作,定期和不定期的进行安全生产检查,努力把事故隐患消除在萌芽状态,进一步遏制了各类安全事故的发生。全力做好沙场整治工作,全乡共清理沙场13处,年底已无违规沙场运行生产,有力的保护了生态环境。采取多种形式开展造林绿化和义务植树活动,完成社会造林200亩,义务植树2亩,按要求完成了绿化造林任务,改善了生态环境,同时不断加大保护生态、爱护环境的宣传力度,提高了广大群众的造林绿化和生态意识,植绿、爱绿、护林的良好氛围不断形成。

【社会各项事业取得新进展】 持续做好计划生育工作,积极做好“孕前优生”“全面二孩”、药具使用发放等政策的宣传解读,按规定做好奖扶、特扶人员资金发放等工作,全面加强对计划外生育人员的监督。倡导文明的卫生观念,大力推进户厕、公厕改造项目,在东山神庙村投入资金35.4万元,完成户厕改造176座;在槽碾沟村投入资金40万元,新建公厕2座;在汤道沟村投入资金4万元,完成户厕改造20座;在官木山村投入资金31.4万元,完成户厕改造157座。全面完成兵役登记、民兵整组工作,按规定任务完成了征兵工作,为部队输送了3名大学生士兵。平安建设、扫黑除恶、信访稳定工作稳步推进,不断加强宣传力度,开展大走访大排查活动,积极化解处理矛盾纠纷和群众反映强烈的问题,扎实推进扫黑除恶专项斗争向纵深发展,积极有效的服务人民群众,为全乡经济健康发展创造安全稳定的社会环境。

【不断提升党建工作水平】 落实责任。牢固树立“不抓党建是失职,抓不好党建是不称职”的意识,落实“一把手”责任,党委书记对党建的重要工作亲自部署、重点环节亲自协调、重大事项亲自督办;落实党委副书记抓党建具体分管责任,精心谋划年度党建工作要点,具体负责党组织活动协调推进;其他班子成员认真执行“一岗双责”、落实分管领域党建工作的责任。强化教育。落实“两学一做”学习教育常态化制度化,采取多种形式,认真抓好党委领导班子、干部及农村党员的学习培训。抓好春季党员造林建设。全乡14个村完成各类苗木种植2635株,成活率均在80%以上。建成党员示范林7处,分别是宽沟村、汤道沟村、石人沟村、亢家沟村、官木山村、山湾村、凌营村。规范管理。加强党建工作规范化管理,严格落实“三会一课”等党内工作制度,自3月份以来,对各村的支部手册调阅共4次,对支部手册记录所存在的问题已列详单,并通知整改到位。继续开展“脱贫攻坚党旗红”和“农村党建提升年?领航脱贫奔小康”活动,石人沟乡的3个深度贫困村依托帮扶单位的帮助,在第一书记及村党支部带领下分别建立自己的产业,以入股分红、流转土地、劳务带动等形式带领贫困户稳定脱贫。涌现出了被评为河北省千名好支书的亢家沟村党支部书记崔雪冬等先进典型。完成村两委换届工作。5月份完成亢家沟村的两委换届工作,完成一人兼。10月初完成剩余13个村的村“两委”换届,其中有9个村达到“一人兼”,全乡一人兼比例达到71.4%。党支部书记50周岁以下5人,比例达到35.7%。在此次的村党支部书记换届选举中,全乡既有致富带头人、大学生村官,又有民营企业家、女性村书记和退伍军人,达到了“配优配强”两委班子的目的。村“两委”换届完成后,立即组织“两委”班子成员进行业务培训,为其顺利开展工作打下良好基础。

撰稿/刘佳

王营乡

【设施农业产业和养殖业不断发展】 年内,辛营、胡营、安营3个村利用省级壮大农村集体经济试点村项目资金600万元建设暖棚40个。村委会作为建设主体,拥有山地暖棚产权,村委会将暖棚出租给公司或贫困户经营,带动全村280个贫困户通过土地流转、务工等,每户年增收500元。丰宁凌浩中草药种植合作社投资50万元,在胡里沟村流转土地150亩(其中山林65亩,平地85亩),种植黄芩、柴胡等药材。采用直接带户模式,带动贫困户11户,每年增收1000元。丰宁华宇中草药种植有限公司投资40万元,在金营村流转土地200亩,种植小黄芩、柴胡等药材,采用直接带户模式,带动贫困户10户,每户年增收1062元。丰宁比瑞农业发展有限公司投资65万,在王营村黑山沟种植中草药(赤芍、黄芩、苍术)120亩,采用直接带户模式,带动3户贫困户,每年每户增收1140元。丰宁涌泉种植有限公司投资200万,在王营村北沟、西梁流转土地800亩,种植中草药黄芩、柴胡、苦参等,采用直接带户模式,带动32户贫困户,每年每户增收868元。

年内,丰宁满族自治县乐拓牧业有限公司,通过扶贫资金入股97万元,带动辛营、范营、胡营、金营等村贫困户共计194户,每户每年增收500元。

【林果产业发展壮大】 丰宁比瑞农业发展有限公司投资160万,在王营村黑山沟流转土地200亩,种植苹果梨,建观光采摘园1处。采用直接带户模式,带动王营村贫困户32户,每户年增收1682元。丰宁思诺农业发展有限公司投资300万,在胡里沟村流转土地200亩,种植山楂、苹果梨等,建观光采摘园1处。采用直接带户和贫困户土地入股模式,带动贫困户39户,每户年增收1070元。

【完成建档立卡贫困户就业系统跟踪服务】 2018年,王营乡8个行政村,5个贫困村,建档立卡贫困户达到了一人一卡,信息动态系统变更及时,截止到12月底,全乡建档立卡贫困户劳动力656人,建立跟踪服务台账。在北京、天津、山西、承德县外劳务输出务工88人,县、乡、村内零工345人(其中各村生态护林员70人、专职护林员58人,扶贫公益岗203人)。其中引导性培训建档立卡贫困户劳动力361人。

【加大社会救助工作力度】 2018年初王营乡农村低保427户529人,一月份对不符合县城乡低保条件的低保对象144户166人进行注销。2018年新增农村低保6户7人,全年死亡注销26户37人,到12月底乡农村低保共407户499人;

年初全乡城镇低保10户13人,年度内新增城镇低保1户1人,到12月底城镇低保共11户14人;

农村特困供养人员年初共51人,2018年新纳入2人,转集中供养2人,截止到12月底全乡特困供养人员共51人;

2018年全年申报上级临时救助人员53人,民政局下拨临时救助款7万元,全年乡级共救助临时出现困难的人员78人,救助金额66525元;

截止年底全乡80周岁以上的高龄老人165人,9月份对80周岁以上享受低保的高龄老人给予高龄失能补贴,每人每月100元,共106人享受;10月份经专业人员评估认定,全乡60至80岁之间低保对象中有54人符合失能老人条件,于11月已享受困难失能老人补贴,每人每月100元,到12月底全乡共156人享受经济困难高龄老人服务补贴;全乡享受残疾人重度护理补贴的51人,每人每月补贴60元,享受残疾人困难生活补贴的125人,每人每月补贴66元;全乡共有孤儿7名,每人每月享受补贴700元;本年度完善24名困境儿童和47名留守儿童的信息系统录入。

【加强退役军人管理工作】 年内,全乡共有优抚对象68人,其中重点优抚对象43人,已纳入定补范围,在本辖区内,按照上级的文件精神,做好优抚对象的登记工作,严格把关,做到不虚报、不漏报、不重报。截止到11月底,全乡完成200余人的退役军人和现役军人家属、烈士子女、烈属人员信息采集工作。

【发展光伏扶贫产业】 村级光伏扶贫电站项目:在胡营、安营、辛营、王营4个贫困村每个贫困村各建一个500千瓦村级光伏扶贫电站,覆盖288个贫困户,每户年增收3000元。分户式户用光伏项目:该项目覆盖门营、王营、胡营、范营、金营、安营、辛营7个村170户建档立卡贫困户,其中2018年初贫困户30户,每户年增收3000元。村集体分户式光伏项目:在辛营、门营、王营、安营、胡里沟5个贫困村各建一个20千瓦村集体分户式光伏电站,预计每年每村增加村集体经济收入3万元。

【贫困人口技能培训】 王营乡8个行政村,5个贫困村,建档立卡贫困户达到了一人一卡,信息动态系统变更及时,截止到2018年12月底全乡建档立卡贫困户劳动力656人,建立跟踪服务台账。在北京、天津、山西、承德县外劳务输出务工88人,县、乡、村内零工345人(其中各村生态护林员70人、专职护林员58人,扶贫公益岗203人)。其中引导性培训建档立卡贫困户劳动力361人,让他们改变思想,积极参加技能培训,达到就业的目的。包括引导性培训全年共培训了5次,种植培训3次,电商培训1次,共计培训736人次,完成了上级下达的培训任务。同时利用劳务经济带头人的作用,和发布招工信息等形式,发放传单,参加社保局组织的大型招聘会,本地种植有限公司推荐劳动力,全乡引进人才智力10人,城镇新增就业人员20人。

【税收外联和涉农资金财政补贴管理和发放工作正常开展】 乡财政

部门税收人员以高度的事业心、责任感,不畏艰辛,克服重重困难,在群众纳税意识依然淡薄,依法征税的社会环境有待改善的情况下,坚持收支两条线管理制度,密切配合国地税做到应收尽收及时入库,专款专用。完成了年初县政府下达给王营乡的74万元税收任务,其中国税70万元、地税4万元。截止到2018年末完成税收153.82万元。其中,国税完成8.37万元,地税完成145.45万元。

争取2018年扶贫资金总额290.6万元,包括产业扶贫项目4个(乐拓牧业养羊、中草药、林果采摘、2018年产业调整),资金合计219.8万元、农田水利设施配套资金19.8万元、农村卫生室建设资金16.00万元、危房建设资35万元(实际拨付到户28.6万元,退回住建局6.4万元);截至2018年11月末共拨付资金268.7万元,未拨付资金15.5万元(乐拓养羊),(现已退回扶贫办),实际支出率94.6%。粮食直补资金收入111.008006万元,由县级财政打卡发放到农户,由于部分农户社保卡号核对不准确,致使资金未能及时发放到位。争取农村集体经济发展财政资金150万元,已经分别拨付辛营村、安营村、胡营村用于暖棚建设工程项目支出。

【基层党组织建设进一步加强】 年内,抓紧领导班子学习,提高班子成员政治理论水平。年初制定干部学习计划自主学习,每周五下午按规定时间集中学习,班子成员带头领学,逐字逐句学习党的十九大精神和习近平总书记系列重要讲话精神等内容。通过组织开展乡党委书记讲党课和村支部书记讲党课,进行十九大精神宣讲和系统学习,促进全体乡村党员统一思想,提高了党员干部的思想觉悟和政治素质,确保学习成果扎实深入。扎实开展"四个专项回头看",乡内成立领导小组,召开专题会议,及时学习传达相关文件精神。采取教育引导相结合的方式,严格进行自查自纠,对乡内基层所站,采取"自己查找、领导点评"的方式,深入查找问题根源,对所查找出的工作纪律、财务审计、扶贫领域监督执纪问责等方面的问题,乡党委将问题分解到班子成员,落实责任,明确整改时限和要求,按照上级要求认真进行整改落实。

撰稿/王伟然

北头营乡

【农业结构调整实现新变化】 2018年,北头营乡推进农业产业化发展。北二营村承北牧业有限公司调整种植结构种植食葵180亩,续建暖棚38座,种植西红柿、豆角等;北头营村贫困户自主发展中草药种植种植苦参16亩;樱桃沟门村发展猪苓种植720平方米;续建果园两处,栽植果树110亩,完成社会造林230亩;成立了种植养殖专业合作组织11个,其中示范社2个,提升社3个。

【利用扶贫资金发展产业】 全乡75户贫困户参加政银企户保,每年增收2500元。三牧农业和驸马山庄有限公司直接带动贫困户92户,每户分红资金3500元;中国人民解放军32178部队出资90万元帮扶河南营村发展肉牛养殖产业,带动贫困户62户,户年增收3000元。

利用涉农整合资金发展产业带动贫困户增收。支持5户贫困户自主发展中草药种植,24户贫困户发展猪苓种植;支持发展经济林110亩,带动贫困户7户;涉农整合资金300万元入股乐拓牧业有限公司带动全乡300户贫困户,年分红700元;涉农整合资金100万元入股川北养殖有限公司带动全乡100户贫困户,年分红700元;扶贫资金入股缘天然乳业带动全乡98户贫困户,每年分红1000元。2018年推进结构调整,注重增产、增收、增效的产业发展,北二营村承北牧业有限公司调整种植结构种植食葵180亩,续建暖棚38座,种植西红柿、豆角等;北头营村贫困户自主发展中草药种植种植苦参16亩;樱桃沟门村发展猪苓种植720平方米。

【开发光伏发电】 全乡享受光伏奖励补贴714户,每户每月增收260元,公益岗247人,月增收570元;有4个贫困村集中式光伏电站已经完成,每个电站带动贫困户72户,户平均年增收3000元;安装分布式光伏31户,户均年增收3000元。

【全面开展扶贫攻坚工作】 2018年底全乡7个村共退出340户773人。其中2个贫困村整村退出贫困户144户294人,2个深度贫困村出79户264人,3个非贫困村退出117户215人(樱桃沟门村55户179人、东南沟门村24户85人、河南营村59户124人、松树岭村85户170人、北二营村70户112人、北头营村23户52人、大坝沟门村24户51人)。退出的340户773人中,人均纯收入均稳定超过国家扶贫标准,并且都有持续稳定的收入来源,确保吃穿不愁、饮水、住房、教育、医疗均达到贫困退出标准。其中整村退出有两个村(河南营村、松树岭村),按照贫困村退出6项指标以及县级验收结果,2个退出村综合贫困发生率均在2%以下,实现安全饮水,通动力电,通硬化路,具备基本公共服务设施,人居环境干净整洁6项指标均已达标。

易地移民搬迁顺利进行。2018年搬迁34户69人，现已经完成地梁部分，预计2019年6月竣工入住，搬迁后，将彻底改善基础设施条件差的现状。

技能培训系统展开。组织农民工技能培训班1期，月嫂培训班1期，累计培训108人次。为贫困寄宿制学生100人次发放了生活补助。为1751人发放医保补助金21.39万元。贫困户医疗救助507人次，计53.88万元。发放二次医疗救助金127人次，计32.15万元。门诊统筹补助767人次，计1.34万元。享受危房改造86户。转移农村剩余劳动力950人。

【充分发挥驻村扶贫工作组的作用】 全力改善驻村工作组人员的工作和生活条件。全乡基础设施条件较差，4个扶贫村的村部都没有取暖设备，针对这种情况，为更好地开展扶贫工作，乡政府用财政经费出资15万元改善和维修4个扶贫村的村部，让驻村工作组人员全部搬入村部工作和生活，工作和生活条件得到较大改善，为驻村工作组人员安心做好扶贫工作提供了基本保证。文化扶贫。暑期邀请廊坊师范学院教师和学生进行文化帮扶，数信学院社会实践小分队，开展为期3周的文化建设活动，对小学生进行素质拓展、趣味教学等活动，美术学院社会实践小分队给中小学生上美术启蒙课。教各村妇女练习广场舞等，联系北京蔚蓝基金为乡村小学捐赠价值10万元的图书，丰富了业余文化生活。爱心助学。廊坊师范学院驻东南沟门村工作队全体成员借助自己的私人关系，找资金、拉赞助，终于联系到了一家企业愿意为设立东南沟门村爱心助学基金捐赠1万元人民币为启动资金，激励孩子们好好学习，摆脱贫困，走出山村，将来成为国之栋梁，为祖国改革发展添砖加瓦。

【推动产业发展促进脱贫】 推进农业产业化发展，带动脱贫。继续抓好河北承北牧业有限公司的项目建设，总投资1500万元。完成土地流转600亩；建设办公场所1处；建猪舍4栋，母猪存栏达到500头，发展合作社养殖基地50亩；完成沼气池建设400平米。建设暖棚45个，种植豆角、西红柿等品种；种植食葵作物180亩；流转贫困户土地及吸纳贫困户到公司打工，带动20户贫困户。加大农业产业结构调整。近两年北头营乡依据全县产业全覆盖政策，大力引导农户调整种植结构，其中北头营村11户贫困户利用山坡地种植中草药苦参125亩，樱桃沟门等村种植油葵273.5亩，发展林果150亩，种植猪苓1380平方米，带动贫困户109户。东南沟门村发展冷棚50个，带动贫困户50户。发展养殖业。全乡现有肉牛3200头，主要集中在樱桃沟门、松树岭、河南营等3个村，20头以上的养殖大户45户，养殖合作社10个，其中3个养牛合作社，吸纳110户贫困户入股，2个养羊合社社，吸纳80户贫困户，每年按10%分红；2018年通过县武装部联系中国人民解放军32178部队，出资90万元，直接带动贫困户66户，户年增收3000元。

【充分利用政策助力脱贫】 引导89户贫困户分散养驴，每户享受5000元产业资金补贴。对没有发展能力的贫困户，引导他们入股农业龙头企业和参加政银企户保，98户贫困户入股缘天然乳业，每年分红1000元，75户贫困户参加政企银联保，每年增收2500元。聘用生态护林员77名，每年增收8000元。利用光伏政策享受劳动奖励补贴714户，每户每月增收260元，发展公益岗247人，月增收570元。

【做好民政优抚工作】 全乡共有农村低保657户815人，城镇低保12户15人，共发放城乡低保资金242.013万元。有80周岁以上老人188人，共发放高龄补贴73070元，共有五保人员94人，发放五保金63.7842万元。共有孤儿6名，发放孤儿基本生活费50400元。残疾两项补贴其中生活困难的136人，重度护理92人，残疾人两项补贴共发放16.7919万元。经济困难的失能老人199人。优抚对象79人。共发放优抚事业费合计457541元，对符合条件困难群众进行临时救助。

【文化教育健康发展】 全乡有就读学生家庭347户356人，其中学前23人，小学129人，初中101人，(合计230人享受两免一补政策)，高中76人，享受三免一助政策；大学27人，享受雨露计划。送教上门三人，义务教育阶段达到“零辍学”，建档立卡贫困户“零漏助”。投资19.01万元，对河南营教学点进行改造提升。包括新建厕所、新修院墙、硬化校园等。2018年3月，全体师生告别拥挤的平房宿舍，学生搬进标准化的宿舍，教师住上公寓化的周转房。投资25万元，对中心校的宿舍平房进行改造，建农村少年宫、会议室、健身房和教工之家。投资1.4万元，更换大坝沟门教学点栅栏。

【做好“三防一禁”工作】 以燃煤管控、面源污染源防治为重点，组织专门人员，配备车辆加强巡查，严控扬尘及焚烧秸秆垃圾现象，加强巡查频次，没有发生焚烧垃圾秸秆现象。严格落实各项措施,确保了全乡未出现火情火险。夏季防汛,对险工险段认真排查,及时采取应对措施,确保了安全渡汛。扎实开展防疫工作,防疫密度达到上级要求,全年未发生各类疫情。坚持不懈地抓好禁牧工作,严格落实县禁牧政策,强化禁牧政策宣传,加大执法力度。加强对各种农业工程项目的保护和管理,生态环境进一步改善。在安全生产、食品药品安全、应急管理方面,认真落实上级要求,明确分工,落实责任,强化措施,健全网络,狠抓落实,确保了无任何问题发生。

【做好信访稳定工作】 以强化综治责任“谁主管,谁负责”的原则,定期进行专题研究,对重点信访人员全部实行领导包保责任制,并与7个行政村签订了综治、信访工作目标责任书,将综治工作纳入乡村干部管理机制,使全乡形成了综治工作齐抓共管的良好局面。全乡共排查出矛盾纠纷8起,调解化解8起,没有出现到县以上集体上访情况。通过多次耐心做思想工作,化解扶贫易地搬迁等一些矛盾纠纷问题。达到了大事不出乡,小事不出村,营造了和谐的环境。

【村两委换届工作顺利进行】 认真做好“两委“换届的前期准备工作,乡党委成立调研组,深入各个行政村,通过随机访谈、召开座谈、逐个约谈等多种方式展开摸底调查工作,全面掌握群众最真实的心声和诉求以及村干部的心理状态,开展矛盾纠纷排查化解工作,确保把最优秀的人选进村两委班子。在村两委换届初期培训工作人员50余人,截至9月20日,全乡7个行政村两委换届全部完成,完成村书记主任一人兼5人,完成率达到71.4%,新当选女村书记1人,50岁以下的村书记4人。

【加强党风廉政建设】 乡党委从抓制度、抓责任、抓落实入手,切实加强党风廉政建设。定期组织全乡党员干部,集中时间学习新修改的《中国共产党纪律处分条例》及问责条例等相关规定,端正干部对廉洁工作的认识,形成廉洁共识。严格执行网格化管理,建立廉政责任制。明确基本任务、实现途径、工作方式、责任内容等,转变干部作风。开展好“四个专项”回头看工作。全乡共整改扶贫领域问题35件,整改上级部门巡察巡视交办问题7件,组织处理“微腐败”专项工作自查自纠问题8件,整改“一问责八清理”清查出的问题12件,全乡扶贫领域问题积量达到最低水平。在四个专项回头看工作中,乡纪委对8人次进行了诫勉谈话,对21人提醒谈话,立案审查违纪案件2件,处分违纪党员3人。

撰稿/李海丰

汤河乡

【高标准规划建设旅游景区】
2018年,汤河乡境内除了几家种植企业,没有任何工业企业,还是一块未开发的处女地。县委、县政府高度重视汤河的开发建设,确定了汤河温泉生态小镇以保护和谐生态、尊重自然景观、弘扬民族文化的开发建设原则,充分尊重原始汤河水域贯穿汤河温泉小镇的良好基础条件,在整合和合理配置区域优势资源的基础上,对景区基础设施进行规划与改造,计划利用3年时间将汤河温泉生态小镇打造成为以禅修养生与运动健身相结合为主线,以精品温泉滑雪、特色美食小镇、专业灵修内观、野游运动绿道、原始野奢养生为亮点,人工与自然完美结合、原始与发达并存、国家5A景区水平的综合性人文生态度假目的地。年内,正在积极筛选开发投资主体。

【扎实推进脱贫攻坚工作】 根据贫困村较多等实际情况,明确全乡干部全员抓扶贫,下沉到一线,统筹村“两委”、工作组全部力量推动脱贫攻坚工作。在精准识别工作中,按照“应尽必进、应出必出”的原则,严把标准和程序关,2018年度实现脱贫765户1656人,上庙、下庙、料坡道、田营、大草坪、中沟门6个村整村出列。

实施集体光伏项目14个,分布式光伏99个,共带动1387户贫困户每年增收3000元以上;积极争取涉农整合项目资金400万元建设养驴场项目,做到了年内立项、年内施工、年内达产,年内已建养殖棚舍13000平方米,肉驴存栏700头,共带动400户贫困户每户每年增收700元;产业全覆盖方面实施了常瀛公司采摘园项目、宏森木业采摘园项目、福林中草药种植项目,共带动207户贫困户年增收1000元以上;继续落实缘天然人股分红项目,共带动全乡539户每年增收1000元;继续落实政银企户保项目,带动131户每年增收2500元以上。通过以上项目全乡建档立卡户一项产业覆盖已达100%,两项产业覆盖达80%以上。

【重点项目建设有序进行】 协助拆迁办做好山水林田湖和南杨线公路等县级重点项目工作,收储土地200余亩,拆除房屋20余栋,发放补偿款近4000万元,化解各类矛盾纠纷100余起,确保了工程项目顺利进行。通过积极协调、跑办顺利完成南杨线杨树沟至上台子段县级路改造项目。

【加快推进基础设施建设】 依托“双基”提升，加大村级公共基础设施建设，年内共道路硬化3.9公里，修建公共厕所6所，安装路灯78盏，墙体改造600延长米，村庄绿化4个村810余亩，配备垃圾桶275个。为全乡11个自然村新修了自来水，为1个自然村维修了自来水；为两个村新修节水灌溉机井17眼。制作宣传栏21处，硬化文化广场5400平方米，建戏楼1处，戏台5处，文化活动室1处、100平方米，农村书屋8个，电子书屋6个，为两个村配备了相应的体育活动器材。为14村卫生室配备了医疗设备。

【切实做好社会保障工作】 2018年全乡农村合作医疗参保达到率98%以上，新农合参保率98%以上，积极推进全乡劳动力就业工作，在春季开展农民工培训、乡级培训、介绍岗位就业、引导性培训等方面稳步推进，就业人口逐年增长。

充分发挥民政政策兜底保障作用。2018年办理临时救助103人，发放临时救助金9万元；2018年全乡农村低保812户，978人；特困供养人员99户99人；城镇低保11户18人；享受高龄补贴248人；享受经济困难高龄、失能老人服务补贴253人。8月发放退役军人八一慰问金3.05万元。完成全乡345名退役军人信息采集录入工作。年内完成年度危房改造219户，共完成拨款288万元。完成危房改造档案整改工作。

【做好社会安保工作】 全力以赴做好防火工作，落实乡村组干部包保制度，加大宣传力度，全年共签订责任书357份，张贴临时标语3500余条，刷新固定标语30条，悬挂横幅36条，悬挂防火旗1400面，发放宣传单12000份，出动防火宣传车2700台次，完善应急机制，专业扑火队成员食宿在乡，24小时坚守待命，全年未发生大的火情。大力做好畜禽防疫灭病工作，积极预防畜禽疫病的发生和蔓延，注重春秋季节常规防疫，使免疫密度达到100%，尤其在“非洲猪瘟”防控工作中，成立了组织，有效保护了群众的生命财产安全。精心组织防汛工作，大力加强基础设施建设，筹备储存各项防汛物资，加固桥梁，提高全乡的防汛抗洪能力，提高群众的防洪抗灾意识，以确保全乡人民安全度汛。严格落实河长工作。积极进行河道整治，严格履行河长巡查制度，对河道卫生、涉河违建、乱排乱倒等行为坚决打击，有效的维护了绿水青山生态和谐。下大力抓好安全生产工作，履行党政一把手第一责任人职责，严格落实“谁主管谁负责”和“一岗双责”责任，全年未发生大的安全生产事故。

【加强综合治理工作】 按县综治办、信访局的要求乡建成了综治中心，雪亮工程视联网信息平台、群众接待大厅、指挥调度室、综合协调室、矛盾纠纷调解室、治安防控室的四室一厅一平台的规范化建设，大草坪、杨树沟、上台子3个临京村率先安装了雪亮工程视联网设备，并在大草坪村与北京交界安装了人脸识别系统；从民兵组织整顿入手，制定整组工作实施方案、下发任职命令、对全乡14个村民兵连组织进行调整，对不符合要求的民兵干部进行了调整，配齐了排班干部，编组应急分队30名，对口专业分队20名；高标准完成了国家两会、省市县两会、暑期安保、6.4敏感日、以及临时安排的涉军等安保任务；积极化解矛盾纠纷，保证社会形势稳定，特别是在脱贫攻坚过程中，全乡工作人员齐心协力化解了大量的矛盾纠纷。

【不断强化党委主体责任】 汤河乡领导干部定期学习宪法、行政法、党内法规制度等相关法律，提高了学法、用法的主动性和积极性，更好地促进了依法执政和依法办事的能力。通过健全党委理论中心组学习制度，定期组织开展学习和讨论等方式，巩固、提升班子成员的学习效果。结合“网格化”管理工作，修改完善《机关工作制度》《干部请销假制度》等多项制度。使干部日常行为有章可循、有制可遵，形成了以制度管人的格局。扎实开展“反四风”“一问责八清理”专项行动，稳步推进两学一做”学习教育、“扶贫领域作风和腐败问题专项治理”行动、巡视巡查整改、民主生活会整改等工作，引领班子成员形成务实廉洁创新的工作作风。发挥党委统揽全局、协调各方作用，支持乡人大主席团扎实开展工作。

【加强村级组织建设】 在广泛宣传动员，深入调查摸底基础上，坚持“党管换届”原则，扎实开展业务培训，坚持“五选”“十不选”，严格“两委”换届程序，实现14个村“两委”优质、规范、清正换届。完成一人兼的村8个；50岁以下的村书记为8人；高中以上学历9人，其中大专及以上的4人，选出了好干部，换出了好风貌。2017年发展的党员8名2018年如期转正；2018年新发展党员7名，其中35周岁以下的4人，高中以上学历的2人春节、七一期间慰问生活困难党员和离任村干部15人；创建党员先锋示范林2处、庭院林10处，栽植树木1870棵；组织各支部开展“纪念建党97周年”活动，七一期间，各支部开展第一书记讲党课、重温入党誓词、党员谈心谈话会、组织生活会等活动，增强了党员意识，锤炼了党性。

【提升服务水平】 在原有基础上，继续补齐设备，完善制度，加强管理，对工作人员进行定期培训，增强服务水平，强化宗旨意识，为群众提供更加优质、便捷的服务。村干部实行轮流坐班，制定坐班安排表，做好签到及履责日志记录，严格请销假，建立首问负责制度，乡党委对落实情况严格督查考核，将坐班制的执行情况列入各村“两委”年度工作考核内容，将考勤与工资补贴、奖金挂钩。按照工作组管理办法，工作队员坚持吃住在村，严格落实“扶贫工作日”制度，严格考勤，乡党委定期对工作组工作情况进行抽查，保障工作组切实发挥作用，全年各级帮扶责任人为困难群众送去约20万元的粮、油、面等生活慰问品，共走访贫困户5500人次。派出单位直接投入资金243.2万元，用于基础设施建设。

【积极推进党风廉政建设】 认真落实党风廉政建设主体责任和监督责任，建立责任分解机制，将党风廉政建设层层分解，明确责任到人，做到全覆盖。深化党风廉政建设“网格化”管理，加强对权力运行的监督。每月按时报送监督部件详细信息，针对存在的问题提出合理建议，完善各项制度程序。以落实“第一种形态”为抓手，开展常态化监督。针对存在轻微违纪问题的党员干部开展警示谈话和诫勉谈话，做到早提醒早警示，全年提醒谈话7人次、诫勉谈话9人次。加强纪委队伍建设，乡纪委配齐5名纪委委员，14个行政村配齐纪检委员。

撰稿/张文辉、徐坦

杨木栅子乡

【不断夯实脱贫出列基础】 2018年，杨木栅子乡下辖11个行政村，其中：2个非贫困村（官场沟门村、东坡村），9个贫困村（含1个深度贫困村歪脖沟村），户籍人口3044户8219人（其中：建档立卡人口1132户2929人，低保户589户703人，五保户89户89人）。2018年，按照国办系统基础资料，扎实开展规范提升、精准识别和建档立卡“回头看”工作，通过下户核查和对全乡人口进行过筛式全覆盖排查走访，对照“两不愁、三保障”识别标准，全乡共识别建档立卡贫困户725户1811人；整村出列杨木栅子村、后店村两个村，退出贫困人口297户798人；年度内按照规定清退不再享受政策户79户203人；剩余建档立卡贫困户349户810人将于2019年底全部脱贫出列。与此同时，根据乡情建立完善防范返贫机制，突出抓好产业扶贫和就业扶贫，稳步实现档案资料规范化管理、户下环境逐步改观、政策落实精准和扶贫认可度明显提高，为全面实现稳定脱贫夯实了基础。

【不断提速农村经济发展】 在全乡全面推广山樱桃种植项目，已覆盖5个行政村，总种植面积达到1.67万亩；在候栅子村垚森蔬菜种植合作社发展露地蔬菜种植200亩。按照林药兼做、林养结合的方式，在富贵山村推广发展苦参、柴胡种植150亩。鼓励歪脖沟村守滢养殖合作社扩大建设规模，2018年内新注入资金100万元用于养殖业发展，先后带动9个村100户贫困户参与经营和入股分红，全乡牲畜养殖牛已达到2456头、羊2375只。同时，大力推进贫困村500千瓦光伏电站建设项目进程，截止到2018年12月底，全乡9个贫困村500千瓦集中式光伏已全部并网运行，集中式光伏项目的实施带动全乡630户贫困户实现了稳定增收。

【提升惠民服务效能】 2018年，全乡共实施卫生、文体、林业、农牧、水利等项目22个涉及资金517.5813万元，截止2018年12月底已全部实施完成。

从改善贫困群众居住条件入手，实施危房改造工程，2018年共改造危房255户，竣工率验收达到100%。

从提高村民就业途径入手，先后组织开展种植养植、拉花、瓦工、木工、修理工等专业技能培训3期，累计培训贫困人员136人次，持证上岗率达到100%。同时，乡政府引进丰宁和欣劳务派遣公司，随时对有劳务输出意向的群众提供就业输出服务，农村劳动力新增转移就业人员达到114人。

从解决贫困人员医疗问题入手，加强医疗救助补贴等的政策落实，2018年全乡共享受医疗救助补贴3856人，补贴金额达11万余元。

从增强村民幸福生活指数入手，指导各行政村健全完善了环境卫生管理机制，并根据乡情村情合理配备了保洁人员及垃圾收集设施。同时，按照县关于做好环境综合治理及生态保护等工作的安排部署，先后3次在全乡范围内开展环境综合治理行动，累计出动人员600余人次、各种作业机械80余台次，清理河道水系2万余延长米；清理房前屋后乱堆乱放杂物173处；清理道路两侧可视面范围内垃圾、杂草200余吨。

从改善出行条件和村民生活需求入手，依托交通部门专项资金，先后投资1122.52万元实施了16条四级水泥公路硬化工程，解决村民出行难问题；依托卫计和文体部门专项资金，先后投资41.85万元实施了9个村标准化卫生室及11个村农家书屋改扩建工程，满足了村民就医及生活娱乐需求。

【助推经济快速发展】 引入北京援助项目资金510万元，对杨木栅子村、候栅子村河道进行综合治理，年内，杨木栅子村项目段已完工，候栅子村段完成总工程量的80%。项目实施共涉及587户(其中：贫困户156户441人)，可保护两个村庄及700亩耕地不受洪水威胁。

引入承德居易旅游发展公司对杨木栅子乡进行整体开发，年内已完成房地产、旅游、农业3家子公司注册及后店村、黑牛山村、杨木栅子、东坡村4个村5220亩土地流转工作，1400余万元土地流转资金已全部发放到位，其中覆盖建档立卡贫困户80户。

引入香港应善良基金会资金19.63万元，对富贵山村2千米道路进行了硬化。指导富贵山村借助发改部门项目资金，实施主体道路亮化工程，共计新建安装路灯30盏；借助国土部门项目资金83万元，实施100亩垫地工程。

借助"千企帮千村"活动，引入景山房地产开发有限公司投入帮扶资金158万元，对富贵山村4300延长米残垣断壁全面进行了整理和修缮；引入顺达集团投入帮扶资金400余万元，对歪脖沟村河道进行了整理，并修筑护村坝1200千米，延伸外环路500延长米。

充分发挥扶贫专项资金使用效能，指导黑牛山村使用扶贫资金19.8万元对所属3个自然村1200米巷道进行了硬化。同时，部分行政村积极发挥外联优势，多方跑办筹措资金用于基础设施建设提升，官场沟门村争取社会帮扶资金，先后对2处广场进行了硬化，总面积达650平方米。

【加快农业产业建设步伐】 在全乡全面推广山樱桃种植项目，已覆盖5个行政村，总种植面积达到1.67万亩；在候栅子村垚淼蔬菜种植合作社发展露地蔬菜种植200亩。按照林药兼做、林养结合的方式，在富贵山村推广发展苦参、柴胡种植150亩。鼓励歪脖沟村守滢养殖合作社扩大建设规模，2018年内新注入资金100万元用于养殖业发展，先后带动9个村100户贫困户参与经营和入股分红，全乡牲畜养殖牛已达到2456头、羊2375只。同时，大力推进贫困村500千瓦光伏电站建设项目进程，年内，全乡9个贫困村500千瓦集中式光伏已全部并网运行，集中式光伏项目的实施带动全乡630户贫困户实现了稳定增收。

【加大内引外联力度】 引入奥伦达部落，以开发生态旅游观光体验，创建国际森林生态康养小镇为抓手，促进乡村振兴。

实施国际森林生态康养小镇建设项目。该项目是奥伦达部落特色小镇全球百镇规划中重点项目之一，计划总投资50亿元。小镇总体定位为：以生态身心康养、有机农业、旅游文创、体育文化为主导产业，融合中草药种植、中医养生、田园观光、林下经济、山谷温泉等多元化产业，打造国际级心身健康生态特色小镇。年初，该项目团队聘请多家国内外专业机构实地考察，总规方案已完成内部审核，首期建设区域控规已完成初稿；森林产业体系及农业产业体系初稿方案已确定，正在进行集团内部审核；项目涉及范围内生态红线调整工作已完成，首期建设用地范围内600亩土地调规工作已报省厅审批。大一期收储土地494亩已签署收储协议，首期建设用地林地占用组卷手续及土地组卷手续正在整理过程中。收储土地范围内地上附属物(树木)补偿工作已完成。年内建设目标：森林康养运营体验区(含森林片区)开工建设，争取实现正式运营；摘牌建设用地300亩，并实现部分区域开工建设；5200亩农业产业项目和相关产业配套设施启动建设，相关农业种植项目完成种植；力争年内实现八达岭机场到丰宁小镇(杨木栅子乡)飞行串联。

发展有机农产品加工厂项目。以承德初禾农业开发有限公司为依托，借助扶贫车间项目，重点发展本土有机杂粮、畜禽，并通过收购野山菌、中草药等农商产品，孵化形成"天河"系列有机品牌。同时，以公司示范种植与贫困户自主种植相结合方式，促使品种、技术、标准、品控一体化，通过集体内供、线上线下销售三种方式打出拳头品牌，带动本地群众增收致富。

发展景观农业建设项目。利用已流转基本农田5200亩、荒山林地2300亩，种植地道黄芩100亩、景观花卉500亩、有机花卉4500亩、蔬菜100亩、林下100亩，采取就地务工方式带动贫困群众脱贫致富。发展食用菌种植项目。引入丰宁满族自治县正诺种植专业合作社，建设大棚59个，发展食用菌种植规模50万棒(法人代表白景琴)。由省金融办援建的扶贫产业园区归村集体所有，合作社为经营主体租用扶贫产业园区，贫困户承包大棚，龙头企业负责和贫困户签订最低保障协议、平价赊用菌棒、提供技术指导、园区管理、产品回收，确保贫困户实现零投入、零风险、与市场零距离。保障每个菌棒收入1元，每户纯收入至少1万元以上(计划带动25户群众增收)。

发展西洋参种植项目上。引入丰宁满族自治县柏叶芃农业发展有限公司(法人代表袁宝军)，在侯栅子村利已流转土地100亩用于西洋参种植。按照资产收益模式(种植园区归村集体所有,每年返还村集体不少于8%)带动贫困户脱贫,公司深加工解决就业,带动农民致富。

【筑牢安全稳定大门】 杨木栅子乡是丰宁的西南大门,南与北京怀柔区喇叭沟门、宝山镇相邻,西与张家口赤城县相邻,地理位置特殊,信访、安保及防火等工作压力较大。对此,乡党委、政府始终坚持"安全第一,预防为主,综合治理"的方针,立足事故防范,严格履行"一岗双责"制度,以扫黑除恶专项行动为着力点,通过开展各项安全检查执法等活动,加大宣传,突出重点,强化监管,着力隐患整改。开展安全生产拉网式大检查。截止12月底,共开展大检查4次,整改安全隐患15处。开展专项整治行动。深入开展综治维稳及扫黑除恶集中宣传8次,处理各类矛盾纠纷28起,调处率达100%,满意率达97.9%。抓好重点时期及法定假日检查。在国家、省市召开重要会议时期,在1个主路卡口,4个交界小径卡口设置检查站,共检查入京车辆1025台,核查4900余人次,确保了辖区及卡口未出现进京、赴省信访人员。四是抓好"双违"集中整治。对现存的9处违法建设行为进行了集中整治,协调国土、城管等部门开展集中拆除行动2次,累计出动执法人员30余人次,拆除违法建筑453平方米,在有效震慑抢栽抢种、突击抢建的同时,规范提升了乡建设秩序。

【党组织思想作风建设水平全面提升】 以继续开展"两学一做""双创双服"及纠正"四风"和作风纪律整顿等专项活动为抓手,全面落实党委领导班子、干部及党员学习教育常态化、制度化责任。每月采取网络远程教育或集中领学方式,强化思想政治理论学习,提升素质能力,全年先后开展各类培训25期次,座谈讨论12期次,党员及领导干部参训率达到100%。尤其是自2018年9月份以来,乡党委和怀柔区宝山镇党委,各村两委和宝山镇优秀支部建立了双向对接交流机制,定期开展双向交流活动,对标学习先进经验;同时,乡党政领导班子及部分支部书记、主任参加了怀柔区党校组织的专题培训,在增强共识的基础上全面提升了业务素质和工作能力。

【党组织标准化建设全面展开】 坚持立足实际、有序推进、突出特色的基本思路,全面推进基层党组织规范化建设。同时,对全乡11个行政村的村级活动场所进行规范提升;对党建等基础性档案按照标准化要求进行统一规范。其中:组织部投入阵地建设经费4万元,指导官场沟门村对420平方米的党群活动中心进行提档升级;借助文明办资金85.5万元,先后对5个行政村党群活动中心的标志标识、宣传展板、制度规定等软件设施进行了更换,购置了图书、书橱、电脑等硬件设备,全面提升了村级场所服务职能。

【村"两委"换届选举圆满完成】 按照县组织部门安排部署,提前对全乡11个行政村"两委"班子换届选举工作进行摸底,全面掌握选情。10月初,村"两委"换届选举工作圆满结束,选出了结构合理、队伍精干,群众公认的村"两委"班子。其中:党组织换届选举党员参选率达到90%以上。新当选党组织书记4人;新当选村民委员会主任4人,新当选村民委员会委员3人;九宫号等7个行政村书记、主任"一肩挑"。2018年,全乡新发展预备党员12名、按期转正预备党员7员、培养发展入党积极分子15名。

撰稿/张晟、赵晓丰

选将营乡

【发展以合作社为龙头的种养业】 2018年,选将营乡继续将设施冷棚硬果西红柿种植作为农业发展的主导产业,持续扩大中草药、露地时差蔬菜、杂粮、食葵等高效农业种植面积。千亩设施冷棚种植园区已经形成。选将营乡在原有冷棚1047亩(其中硬果西红柿867亩、食用菌130亩、选将营村网纹瓜50亩)的基础上,2018年新发展设施大棚448亩(其中冷棚硬果西红柿324亩、半暖棚16亩、暖棚5亩、网纹瓜103亩)。在松木沟村发展露地蔬菜83亩。化吉营村、经堂村发展中草药种植200亩。以多家合作社为龙头,以娘娘庙、朗栅子、偏道子、化吉营村为重点全乡发展食葵3000亩。全乡压减玉米种植面积4000亩,养殖肉牛3215头,肉羊9324只,生猪1965头。

【脱贫攻坚成效显著】 2018年初,全乡共有建档立卡贫困人口1058户2781人,贫困发生率19.90%,县审定2018年退出贫困人口为576户1541人。经过基础档案规范提升及年底扶贫退出工作,现有建档立卡贫困户456户1176人,所有退出人口人均纯收入均稳定超出国家脱贫标准,确保全部实现"两不愁,三保障"。郎栅子、经堂、偏道子3个村,贫困发生率、基础设施、基本公共服务、人居环境、集体经济收入等均达到退出标准。在脱贫攻坚成效考核中,经堂村和娘娘庙村通过市级考核验收,偏道子村通过省级第三方评估,杨树底下村通过省级实地考核,三道营村通过国考专项资金检查。

年内，圆满完成千亩设施冷棚硬果西红柿园区建设，通过“两金”（土地流转得到租金，通过到大棚务工得到薪金）带动农户550户，实现经济效益230余万元。利用扶贫专项资金入股昌达农业、乐拓牧业及缘天然乳业，每户增收1000元。户用光伏和村集体光伏，实现贫困户全覆盖。三道营村投资240万元的恒温库京津冀对口帮扶项目建设完成。130名生态护林员，户年增收8000元，336名生态公益岗，每人每月工资570元。

【做好后续产业扶持】 全乡4个易地扶贫搬迁自然村，涉及91户260人，其中建档立卡48户141人，同步搬迁43户119人。杨树底下村大、小徐家沟已分完楼号，等待装修。小南沟村已入住完毕。二旨沟村正在清理院落，准备入住。针对4个自然村的实际情况，乡政府因地制宜制定了不同的后续产业扶持计划：三道营小南沟、二旨沟新村全部安装分户式光伏，并结合冷棚产业实现脱贫。杨树底下大、小徐家沟自然村易地搬迁贫困户全部以扶贫资金入股县昌达农业，以入股分红+劳务输出的模式实现脱贫致富。

【加强脱贫攻坚宣传】 着力加强扶贫工作的宣传力度，全力配合省市县对原省高院驻经堂村扶贫工作组第一书记赵江辉同志先进事迹的宣传报道工作，协助拍摄微电影《我心中的家》，以此先进为引领，在全乡范围内表彰和谐家庭、美丽庭院、好婆媳、孝心儿女等40户，发放荣誉证书和物品奖励40份。乡内设立孝心基金，用于奖励每季度评选出的孝心儿女。10个行政村均已成立孝心养老理事会，建立了65周岁老人台账，发放孝心养老倡议书1000余份，孝心养老协议模板已经形成，计划春节前后，子女回家之际与其签订协议。10个村通过去年和今年的综合文化服务中心覆盖工程，综合文化中心全部建设完工，达到了全覆盖。

2018年全乡符合学龄前儿童免保教费幼儿51名，符合“两免一补”学生339人，符合三免一助学生145人，全年共发放助学补助63.32万元。严格落实“雨露计划”政策，2017年秋季和2018年春季共为167人次的职业教育贫困家庭学生发放助学金25.05万元。积极推进健康扶贫，实现全乡所有建档立卡贫困户免缴合作医疗保险，363人享受慢性病政策，开通了一站式住院报销、免交住院押金、先诊疗后付费、签约家庭医生等服务。

【建设整洁美丽乡村】 年内，选将营乡把生态环境保护作为一项长期性工作来抓，在发展经济的同时，扎实做好环境保护工作。2018年，全乡各村共清理生产生活垃圾20000余方；全乡范围内坚决禁止焚烧秸秆、垃圾；加大禁牧工作力度，对散撒放牧行为坚决打击，发现一起，严惩一起，绝不姑息；建成大气污染监测站，随时对乡内大气环境进行监测；取缔非法砂石料场。

【社会民生事业全面推进】 年内，全乡现有农村低保862户1100人，城镇低保12户25人；特困供养人员94人；2018年全乡新农合、新农保参保率95%以上；完成2017～2018年度全乡91户验收合格危房的鉴定组档、系统录入和资金拨付工作；完成改后存危房屋整治33户，小黑屋治理167户；为69名患有大病或意外伤害群众办理临时救助，拨付救助资金38万余元；办理就业失业登记证110人，办理年检手续210人；引进人才智力工作，完成18人目标；转移就业3800余人，在增加农民收入的同时有效解决劳动力剩余问题；中考取得新成绩，连续两年全县第一；实行护林防火包保责任制，全年没有重大火灾火情发生；加大安全监管力度，确保了食品药品、学校等重点领域安全；7名适龄青年光荣入伍；人口和计划生育工作。生育率100%；农村计划生育奖扶252人，发放资金24.19万元，特扶6人，发放资金2.688万元；环保、统战、武装工作扎实开展，节能减排达到了目标要求。

【实现各村平稳换届】 2018年，选将营乡严格落实基层党建工作责任制，在村两委换届工作中结合自身实际，制定了科学严谨的换届选举工作方案，在正式选举前，专门组织各村支部书记、换届选举委员会人员进行了选举程序的学习培训，保证了换届工作的平稳有序开展。全面掌握各村换届选举情况，及时化解选举中出现的问题，严格按照规定的程序进行认真指导，顺利完成了全乡的换届选举工作，其中“一人兼”比列达80%，50周岁以下支部书记比例达80%，圆满完成换届任务，提升了村级党委干事创业的能力和水平，强化了基层党组织的战斗堡垒作用。

【规范乡村制度管理】 建立和完善党员学习制度。组织学习习近平新时代中国特色社会主义思想和党的十九大精神，扎实推进“两学一做”学习教育常态化制度化。严格组织生活制度，把“三会一课”制度作为学习教育和深化全面从严治党的重要抓手，进一步完善制度，规范管理。明确各支部党建目标任务，从党组织制度、党员发展、党费收缴、党报党刊征订等方面细化量化

2018 年党建工作目标，确保目标清晰，责任明确。加强党员队伍建设，严把党员“入口”关，2018 年全乡按照规定发展党员 8 名，培养入党积极分子 17 人。以基础规范提升工作为契机，强化各村党建、扶贫等档案管理的规范化。健全村财乡管机制，进一步完善农村“三资”规范管理。加强驻村管理，每月召开一次驻村帮扶工作交流会，严格落实请销假制度，落实各项帮扶责任，做好扶贫宣传。

撰稿/武敬立

西官营乡

【着力打造三大产业】 2018 年，西官营乡重点发展乡村旅游、林果经济和设施农业三大产业，着力打造五个千亩工程，即：食用菌工程、时差蔬菜工程、林果工程、中草药工程和食葵工程。

扶持种养殖大户和企业带头人。乡党委政府高度重视种养殖大户和龙头企业带头人，在政策、资金、项目上进行扶持，使其成为产业发展和创业致富典型，从而带动全乡贫困户致富增收。

此外，在其它 6 个非贫困村中，帮助种养殖大户成立了养鸡、养牛、养羊合作社，带动贫困户参与产业经营、务工和土地租用，年内实现脱贫人口 1000 余人。

发展旅游产业。以旅游产业发展为龙头，规划黄土梁水库至张承高速出口路段，建成总面积 798.38 公顷的生态旅游产业带，与鸳鸯湖景区形成旅游聚合效应，实现区域旅游产业协同发展。依托忙牛河和水库优越的自然条件，以观光农业为主题特色，打造集旅游、休闲、农产品加工为一体的现代农业产业园区。

【不断改善全乡生产和生活条件】 乡党委、政府积极跑办，争取项目，不断加大对道路交通、水利设施、环境卫生、文化休闲等基础设施的投入力度。改造提升：2018 年，结合“两清一拆”工作，维修路基 3.2 公里，新修护村护地坝 2100 延长米；栽植补植路树 1800 株，栽植果树 8 万余株，安装路灯 40 盏，整修残垣断壁 3300 延长米，修建长城垛 5800 延长米，清理垃圾 14530 立方米，整修破旧院落 3210 户。

【脱贫攻坚见成效】 全乡经过努力攻坚，脱贫减贫加快。专项提升后全乡共有贫困户 833 户，1783 人，年初计划退出 1090 人，全年共脱贫退出 563 户 1152 人（包括脱贫不享受政策的 39 户、92 人），实际退出比预计多 62 人。在 4 个贫困村中，年内整村脱贫 2 个村，产业发展、基础设施、公共服务等全部达标。全乡贫困户脱贫以产业带动为主，政策性收入为辅，扶贫扶志相结合，全面激发群众内生动力。

【落实扶贫项目】 2018 年新谋划的 3 个扶贫产业项目进展顺利：投资 1000 万元的北京中农春雨农业综合体项目落地张太河沟村，流转土地 700 亩种植有机食品，其中高寒苹果 210 亩，2 棚 10 年生大苗车里子 240 棵，2 棚有机草莓，其余种植有机玉米，苹果林下养殖短腿柴鸡，每亩可养殖 150～200 只。此项目已经安排 185 万北京对口帮扶资金，以直接带户形式覆盖 148 户贫困户，每户分红 1000 元。

北泽牧业投资 500 万元在西官营村新建 18 亩肉牛养殖基地，可存栏肉牛 500 头，种植储青 280 亩，该项目可带动贫困户 160 户，连续五年每年分红 700 元，并且 5 年后每户归还 1 万元本金。

新地源有机肥厂，年产有机肥 2600 吨，可带动 120 户贫困户，每年分红 1000 元。

其他产业带动方面，在光伏全覆盖基础上，年内实施财政扶贫资金项目 9 个，争取项目补贴资金 285.6 万元，通过入股佳乐鲜、乐拓养殖、畜宝合作社、分户养驴、肉牛养殖、新型有机肥等项目的覆盖，让全乡贫困户每户都有两项以上的产业项目扶持，真正实现稳定脱贫。

【驻村帮扶及结对帮扶见成效】 加强驻村工作管理，实行扶贫周例会制、驻村纪律检查制度，由包村负责人、驻村工作队及村“两委”成员组成直接联系服务群众工作组 10 个，每周深入到村组户中，围绕脱贫攻坚帮助群众解决实际困难，在档案基础规范提升、动态管理、扶贫退出、小黑屋整治、迎接省检、国考等各项工作中发挥了突出作用。帮扶责任人管理方面，实行帮扶责任人督导检查制度，对派出单位发送工作提示函，督促帮扶责任人按期入户走访，落实帮扶责任，建立办实事台账。截至 12 月底，工作队和帮扶责任人共走访联系群众 1599 人次，收集到群众反映的问题和困难 211 件，投入各类帮扶物资 36 万元以上，为群众办理实事 156 件。帮扶帮带单位及时与村对接，就基础设施、小黑屋治理、产业覆盖等工作提出解决对策，落实帮扶资金，为 19 年整乡脱贫铺好路。

【教育、医疗和住房政策全面落实】 教育扶贫方面，全乡学前教育入园率 96%，义务教育入学率 100%，所有贫困家庭实现“一人一档”，学生均享受学龄前补助、两免一补、三免一助、雨露计划等相应政策。医疗卫生：各村建立了标准化卫生室，有专职村医长期出诊，推动家庭医生签约，通过医疗扶贫和医疗救助，提升了农村建档立卡贫困人口医疗保障和医疗救助水平，切实遏制和减少因病致贫、因病返贫现象发生。全乡1238户建档立卡户全部享受免交农村合作医疗，享受先诊疗后付费，提高基本医疗保险、大病保险报销比例95%，全乡整年门诊医疗报销534户约14万元；门诊慢性病报销50户25余万元；临时救助27户7.3万元。住房保障：2018年，四类户共改造172户，均已完工并拨付资金264.3万元；非四类户共16户，均已改造完成；改后存危6户，小黑屋改造206户。政策兜底：全年发放各类民政救助、低保、五保、残疾补贴等补助资金465.9万元，对低保对象进行了全面核查，做到了应保尽保。发放退耕还林补助资金39.8万元，农业综合补贴资金188.67万元，天然林补助32.6万元，公益林补助17.13万元，发放独生子女一次性奖励金1.2万元，奖扶特扶资金26.9万元。

【不断加大农村基础设施建设】 在乡财力紧张的情况下，自筹资金140多万元、总投资340万元完成胡营梁道路加宽，由原来的4.5米扩建到6米，长度6.8公里；争取以工代赈项目，在后片5个村投资400万元修护村护地坝5500米；水务局贫困村河道整治项目在西官营村投资188.7万元整修河道3000平方米，新修堤坝1800米；投资151万元完成鹰首屯村、千松沟村饮水安全工程；宣传部文化中心覆盖工程二批各村新建广场3000平米，新建乡村大舞台和宣传栏各4个；西官营村投资60万元硬化路面，何营村新安装路灯20盏，张怀营村新安路灯22盏；年内的脱贫出列村西窝铺村硬化主街1100米，墙体改造2100延米，新修长城垛600米，文化活动室1处，村容村貌彻底改善，一系列基础设施建设项目的实施，切实改变了百姓生活条件，提升了生活质量。

【加强财税金融管理】 充分利用现有资源，大力培植新兴财源，搞活地方经济。坚持量入为出的原则，统筹合理地调度资金，强化预算管理体制，严格按照年初财政预算报告执行，推行零基预算和部门预算，不搞赤字预算。大力压缩非生产性开支，三公经费管理严格控制在预算范围内。针对办公用品管理混乱的局面，实施集中购买，专人管理，限额使用的办法，有效地控制了办公经费的增长。为了更好地发挥有限的财政资金的作用，对全乡范围内的所有资金都纳入财政综合预算管理，并按照“保平衡、保稳定、保工资、保重点”的原则，进行统筹安排，确保了乡镇机构的正常运转。通过一年来的艰苦努力，财政运行平稳，达到了年初的预定目标，实现了本年度的财政收支平衡。加强乡镇财政信息化建设，及时发放粮补、退耕还林以及草原奖补等各项惠民资金。2018年共发放农业支持补贴资金1541602.48元，涉及农户3206户，涉及亩数17518.21亩。发放退耕还林面积4428.3亩，发放金额398547元。发放草原奖补资金1806341.4元。

【社会保障逐渐完备】 年内，危房改造顺利完成，危房改造项目193户，全乡共发放救灾款物合76万元，发放社会最低保障金320余万元，发放“五保”供养金102人，51万元；发放高龄补贴247人，9万余元；优抚军属129人，发放优抚金近55万元。全乡养老保险覆盖率达95%，农民工培训132人。

抓好城乡居民合作医疗工作。2018年门诊诊疗人次9065人，住院868人。其中先诊疗后付费的建档立卡户300人，2018年居民养老保险、医疗保险缴费率均达到95%以上，摸清群众就业底数及需求，培训农民工168人，引导就业75人。

【社会治安】 严厉打击电信网络犯罪，有效遏制各类违法犯罪活动。深入开展打击治理电信网络新型违法犯罪工作，积极配合公安局开展对电信网络新型违法犯罪的专项打击活动。全乡出动工作人员20多人，成立专项行动领导小组，对各村逐家逐户进行排查，并出动宣传车三辆，粘贴标语150条，制作固定标语3处，横幅20条，发放明白纸12000份。按照省、市、县政法委要求，制定网格化管理工作机制，确保更有效的遏制电信诈骗违法犯罪活动。

【信访工作】 做好群众信访和维稳工作。2018年全年受理网上信访案件7件，共接待信访群众147人次，通过依法公正解决调处，所反映的问题均得到合理的解决和处理。全乡重点管理社区矫正人员32名，安置帮教人员27人，确保辖区社会稳定。截止到11月底，全乡完成固定资产投资6000万元，占全年任务的100%，新谋划实施重点项目3个，引进域外资金500万元，完成税收64.42万元，占全年任务153%。

【文教卫生条件大幅度改善】 2018年继续加大文化、教育工作的投入力度，西窝铺村新建文化活动室和农家书屋，文广新局共补助3.5万元图书款充实各村农家书屋，每村配备了价值两万元的大鼓、音箱、调音台等文化器材。全乡教育事业呈现出了良好的态势：西官营中心校在全县综合考评中获得第1名,小考成绩全县第1名,荣获综合考评优胜单位、安全稳定先进单位、教学管理先进单位、课程建设先进单位、教育质量提升先进单位称号。

投资150多万元改善办学条件,共完成村级小学新建改建校舍4处共73间;新建西官营、何营2处一类达标幼儿园;5个小学房舍设备及教学器材全部达标。其中,投资95万元改建西官营小学教师周转宿舍14间,硬化校园1000平方米,改建学生浴室,完成煤改电取暖工程和少年宫建设;投资38万元完成何营小学室外硬化、水房改造、校园警卫室改造、教师伙房改造。

乡卫生院改建、新建周转宿舍6间120平米,新进彩超、全自动生化仪等先进医疗设备,基本保证群众小病不出村,一般治疗不出乡,实现了新型农村合作医疗全覆盖。

【加强党建工作】 年度内主持召开党建专题会议12次,谋划全年发展、脱贫攻坚、驻村帮扶、意识形态,党风廉政建设,定期调度,统筹推进;开展党委理论中心组专题学习研讨每月一次,班子成员每人记有学习笔记,并撰写心得体会四篇,带头讲党课四次,党委委员、驻村第一书记讲党课4次;开展"不忘初心牢记使命"专题组织生活会一次,中央巡视整改落实情况专题民主生活会一次;工作重心主动下沉到基层,现场进行业务指导和工作督导,现场解决群众难题.

【不断强化党风廉政建设】 乡党委以推动从严治党向纵深延伸为工作重心,以从严查处扶贫领域和涉农资金违纪问题为重点,全力推进"四个专项治理"工作,严格落实"网格化"管理制度,切实做好党风廉政建设和反腐败各项工作。继续抓好《廉政准则》《中国共产党纪律处分条例》的学习和执行,全年组织廉政学习4次,同时结合"四项整改回头看"专项治理工作,对四个专项进行了多轮复查,举一反三、发掘工作过程中深层问题,通过此次专项行动,全体乡村干部党性也得到了进一步锤炼和升华;健全制度强化监督。进一步完善相关制度,强化权力的制约与监督,调动班子成员的积极性,保证各项决策科学民主;加大违纪案件查处力度,年内协助上级纪委查办案件3起,自办案件1起,给予党纪处分4人;严格财务管理,控制"三公"经费支出,加强公务用车管理,进一步规范村级"三资"管理工作。

【加强党的基层组织建设】 2018年,乡党委始终把提高基层党组织的战斗力和凝聚力贯穿于党建工作始终,以基层组织建设年等活动为契机不断加强党的基层组织建设。圆满完成村两委换届任务,通过依法民主选举,把一批政治素质好、致富能力强的优秀党员干部选进村级班子,优化了村级两委班子结构,为各项工作的开展提供了强有力的组织保证。按照《整顿涣散基层党组织实施方案》,对乡内后进支部进行了重点整顿。改变了后进村一盘散沙、信访告状多的局面,形成了两委班子团结干事的工作氛围。不断加强村级阵地建设。各村建设公共厕所及垃圾池,四统一对各村档案管理进行了严格规范,对村级开展组织活动等项制度进行重新明确。

【培树优秀党员典型】 积极开展党员学习教育活动。全乡上下形成了日常学习与自学有机结合的浓厚学习氛围;认真做好党员发展、管理工作。严格按照"改善结构,慎重发展"的原则发展党员,对外出半年以上的党员进行调查摸底,建立名册,流动党员得到有效管理。培树优秀党员典型。按照县委组织部打造牤牛河党建示范带的安排部署,培树和涌现出了一大批先进党组织和优秀党务工作者。

撰稿/孙磊

附:乡镇领导干部名录

大阁镇

书记	张亚东	蒙古族
镇长	袁晓峰	满族
人大主席	李亚民	
副书记	刘杰(3月23日任职)	满族
纪委书记	武志国	满族
政法书记	王志华	满族
组宣部长	李淑侠(女)	满族
武装部长	张文泉(兼)	满族
副镇长	张文泉	满族
	白天宇	蒙古族
	孟庆全	满族
人大副主席	孙华(女,1月离任)	满族

新丰路街道办事处

书记	吴艳宏(女,3月23日离任)	满族
	贾秀龙(3月23日任职)	满族
主任	贾秀龙(3月23日离任)	满族
	于占洋(3月23日任职)	满族
纪检书记	竹广春	满族
副主任	李晓菊(女,3月23日离任)	满族
	林玉臣	满族
组宣部长	赵燕(女)	蒙古族
武装部长	闫增禄	满族
人大工委主任	王娜(女)	满族

凤山镇

书记	王建利	满族
镇长	赵东旭	满族
人大主席	侯治军	
副书记	于占洋(3月23日离任)	满族
	孙玉璞(6月5日任职,正科级)	满族
纪委书记	潘国军(3月23日离任)	满族
政法书记	孙雪宁(女)	满族
组宣部长	申淑敏(女)	满族
武装部长	吴国军(兼)	蒙古族
副镇长	吴国军	
	金优玉(女)	回族

人大副主席　刘明伟　满族

黑山嘴镇

书　　记　王九伟　满族
镇　　长　付春生
人大主席　李秀梅(女)　满族
副 书 记　李　楠(女)　蒙古族
纪委书记　张凤江(6月5日离任)
　　　　　张建国(6月5日任职)　满族
政法书记　王　禄
组宣部长　孙　琳(女,6月5日离任)　满族
　　　　　兰晓萌(女,6月5日任职)　满族
武装部长　韩庆会　满族
副 镇 长　秦海龙　满族
　　　　　敖　宇　满族
人大副主席　兰晓萌(女,兼6月5日任职)　满族

鱼儿山镇

书　　记　李津华　满族
镇　　长　夏利丰　满族
人大主席　王建永　满族
副 书 记　史广忠
纪委书记　杨　岭　满族
政法书记　修艳琴(女)　满族
组宣部长　李金龙　满族
武装部长　张　伟(兼)　满族
副 镇 长　张　伟　满族
　　　　　贾文豪　满族
人大副主席　李桂芬(女)　满族

大滩镇

书　　记　常建军
镇　　长　孙旭东　蒙古族
人大主席　薛有岭　满族
副 书 记　孟　圆(女)　满族
　　　　　段　旭(3月23日任职)　满族
政法书记　赵秀山(1月29日离任)　满族
　　　　　刘宏伟(1月29日任职)　满族
纪委书记　殷　鑫(3月23日离职)　满族
组宣部长　王劲松(女,1月29日离任)　满族
　　　　　郭　宁(1月29日任职)　满族
武装部长　赵秀山(兼,1月29日离任)
副 镇 长　赵树山(1月29日离任)　满族
　　　　　孙志远　满族
　　　　　刘志伟(1月29离任)　满族
　　　　　何江涛(3月23日任职)　满族
　　　　　王怀明(1月29日任职)　满族

人大副主席　张　鑫　满族

土城镇

书　　记　郭爱国　满族
镇　　长　张树东　满族
人大主席　马秀东　满族
副 书 记　王立凤(女)　满族
纪委书记　陈书军　满族
政法书记　李金龙　满族
组宣部长　杜　林　满族
武装部长　李金龙(兼)　满族
党委委员、副镇长
　　　　　赖明德　满族
　　　　　孙国楠　满族
人大副主席　王晓丛(1月29日离任)　满族
　　　　　赵秀山(1月29日任职)　满族

黄旗镇

书　　记　赵金宇　满族
镇　　长　李志强　满族
人大主席　张岚杰
副 书 记　先　伟(女)　满族
纪委书记　邢丽萍(女)　满族
政法书记　乜金炜　蒙古族
组宣部长　程　伟　满族
武装部长　杨秀明　满族
副 镇 长　方利华　满族
　　　　　刘　日
人大副主席　程　伟(兼)　满族

波罗诺镇

书　　记　张树龙　满族
镇　　长　杨　浩　满族
人大主席　罗东瑞　满族
副 书 记　刘福海　满族
纪委书记　邵　磊(3月23日离任)　满族
　　　　　王　莹(3月23日任职)　满族
政法书记　井　臣　满族
组宣部长　高玉凤(女)
武装部长　丁光勇(兼)　满族
副 镇 长　徐昌青　满族
　　　　　丁光勇　满族
人大副主席　滕宇佳(女)　满族

天桥镇

书　　记　常立红(女)　回族
镇　　长　张惊鹭　满族
人大主席　邵立勇　满族

副 书 记　齐晓福　满族
政法书记　霍树仁
纪委书记　丛云飞　满族
组宣部长　王　静(女)　满族
武装部长　赵振海(兼)　满族
副 镇 长　邹新国(3月23日离任,保留正科级领导职务待遇)　满族
　　　　　张海燕(女)　满族
　　　　　赵振海　满族
人大副主席　周树国　蒙古族

胡麻营镇

书　　记　石国君　满族
乡　　长　才运先　满族
人大主席　空　缺
副 书 记　郭　勇　满族
纪委书记　王庆瑞　蒙古族
政法书记　赵金刚(3月23日离任)　满族
　　　　　胥东升(6月5日任职)　满族
组宣部长　张秀英(女)　满族
武装部长　张东洋(6月5日任职)
副 镇 长　李百万　满族
人大副主席　张东洋(6月5日离任)

万胜永乡

书　　记　刘兴印　满族
乡　　长　郭志国　满族
人大主席　陈　飞　满族
副 书 记　班晓宇　满族
政法书记　张建军　满族
纪检书记　崔广禄　满族
组宣部长　武　凯　满族
武装部长　敖世杰(兼)　满族
副 乡 长　栾丽静(女)　满族
　　　　　敖世杰　满族
人大副主席　陈建伟(3月23日离任)　满族

草原乡

书　　记　李海军　满族
乡　　长　王瑞磊　满族
人大主席　万国辉　满族
副 书 记　钱显超　蒙古族
政法书记　石兆龙　满族
纪委书记　李海英　满族
组宣部长　马立娜(女)　满族
武装部长　石兆龙(兼)　满族
副 乡 长　胡松涛　满族

闫宝华(女) 满族
人大副主席 王钊 满族

小坝子乡

书记 康振华(女,3月23离任)满族
王艳国(3月23日任职)满族
乡长 王艳国(3月23日离任)满族
李文超(3月23日任职)满族
党委副书记 李维成 满族
人大主席 陈国峰 满族
纪委书记 丛侃 满族
政法书记 何江涛(3月23日离任)满族
张成吉(3月23日任职)蒙古族
武装部长 何江涛(兼,3月23日离任)满族
副乡长 刘万煜 满族
孙浩治(女) 满族
组宣部长 李金秋(女) 满族
人大副主席 石玉侠(女) 满族

窟窿山乡

书记 程秀东 满族
乡长 崔兴 满族
人大主席 孙怀明 满族
副书记 顾传慧(女) 满族
纪委书记 张彦成 满族
政法书记 兰继玲(女) 满族
组宣部长 潘亚军 满族
武装部长 王清华(兼) 满族
副乡长 王清华 满族
卢艳秋(女) 满族
人大副主席 梁春雪(女) 满族

外沟门乡

书记 孙凤柱 满族
乡长 赵凤强 满族
人大主席 徐建飞 满族
副书记 戚迹 满族
政法书记 徐凯 满族
纪委书记 王昊颖
组宣部长 黄丽莉(女) 满族
武装部长 毕显峰
副乡长 李洪波
于涛 满族
人大副主席 黄丽莉(女,兼) 满族

苏家店乡

书记 王虎龙 满族
乡长 毛建民 满族
人大主席 徐海立 满族
副书记 李志军 满族
纪委书记 许天生(6月5日离任)满族
政法书记 白阳 蒙古族
组宣部长 董丽媛(女) 满族
武装部长 白阳(兼) 蒙古族
副乡长 张建国(6月5日离任)满族
孙丰华 满族
许天生(6月5日任职)满族
人大副主席 王海燕(女) 满族

四岔口乡

书记 乔国明 满族
乡长 韩明宇 满族
人大主席 王月东(1月29日离任)满族
空缺
副书记 刘杰(3月23日离任)满族
梁新然(6月5日任职)满族
纪委书记 陈绍辉 满族
政法书记 高向峰 满族
组宣部长 胡雪松 满族
武装部长 高向峰(兼) 满族
副乡长 武彦军 满族
边继磊 满族
王海峰 满族
人大副主席 胥东升(6月5日离任)满族
空缺

五道营乡

书记 王福军 满族
乡长 南建华 满族
人大主席 杜银峰 满族
副书记 赵冬冬(女) 满族
纪委书记 刘利申(6月5日离任)满族
政法书记 张楠(1月29日离任)满族
金昕光(1月29日任职)满族
组宣部长 闫静(女) 满族
武装部长 张楠(兼,1月29日离任)满族
金昕光(兼,1月29日任职)满族
副乡长 张晓伟(女) 满族
王宏伟 满族
人大副主席 温占平(女) 满族

南关蒙古族乡

书记 孙志强 满族
乡长 赵斧均(1月29日离任)蒙古族
白佳瑞(1月29日任职)蒙古族
人大主席 贾玉良(1月29日离任)满族
王月东(1月29日任职)满族
副书记 刘杨(1月29日离任)满族
丛建敏(1月29日任职)满族
纪委书记 孙岳
政法书记 赵春波 蒙古族
组宣部长 苗丽(女) 满族
武装部长 金昕光(1月29日离任)满族
张楠(1月29日任职)
副乡长 岳晓丽(女) 满族
金昕光(1月29日离任) 满族
人大副主席 李宇哲(女) 满族

石人沟乡

书记 郭金伟(1月29日任职)满族
乡长 韩海龙 满族
人大主席 刘玉才(3月23日离任)满族
空缺
副书记 杨正文 满族
纪委书记 姚鑫 满族
政法书记 苏东超 满族
组宣部长 刘益全 满族
武装部长 苏东超(兼) 满族
副乡长 赵桂龙 满族
任晓丽(女)
人大副主席 刘子超(女) 满族

王营乡

书记 崔永(3月23日任职)满族
乡长 崔永(3月23日离任)满族
王智慧(3月23日任职)满族
人大主席 刘金宝(女,6月5日任职)
副书记 丛建敏(1月29日离任)满族
刘杨(1月29日任职) 满族
纪委书记 李雪(女) 满族
政法书记 崔佳俊 满族
组宣部长 科颜玲(女) 蒙古族
武装部长 崔佳俊(兼) 满族
副乡长 杨新超(女,3月23日离任)满族
葛亮 满族
刘兴禄(6月5日任职) 满族
人大副主席 王东利(1月29日离任)满族
王劲松(1月29日任职)满族

北头营乡

书记 徐艳萍(女,1月29日离任)满族
吕湘军(1月29日任职)满族

乡　　长　吕湘军(1月29日离任)满族
　　　　　李亚男(女,1月29日任职)满族
人大主席　赵玺武　蒙古族
副书记　姜　倩(女)　满族
纪委书记　刘明生　满族
政法书记　杨晓平　满族
组宣部长　王　欣(女)　满族
武装部长　周晰泽(兼)　满族
副乡长　刘金屏(女)　满族
　　　　　周昕泽　满族
人大副主席　张　锐　满族

汤河乡

书　　记　徐海军　满族
乡　　长　郭金伟(1月29日离任)满族
　　　　　杨晓林(1月29日任职)满族
人大主席　张清阁
副书记　张亚才　满族
纪委书记　尹雪玲(女)　满族
政法书记　王东奎　满族
组宣部长　刘金宝(女,兼6月5日离任)　满族
　　　　　周海慧(女,6月5日任职)　满族
武装部长　王东奎　满族
副乡长　温汉瑞　满族
　　　　　宋晓慧(女,6月5日任职)满族
人大副主席　周海慧(女,6月5日离任)满族
　　　　　孙　琳(女,6月5日任职)满族

杨木栅子乡

书　　记　佟少春　满族
乡　　长　欧立国　满族
人大主席　王亚飞　满族
副书记　杨春光　满族
纪委书记　曹文臣　满族
政法书记　姜艳茹　满族
组宣部长　段莹莹(女)　满族
武装部长　姜艳茹(兼)　满族
副乡长　刘志刚(12月7日离任)满族
　　　　　李志新　满族
人大副主席　孙瑞华(女)　满族

选将营乡

书　　记　倪桂艳(女)　满族
乡　　长　宋高杰(1月29日离任)满族
　　　　　毛宏鹏(1月29日任职)满族
人大主席　高金萍(女)　满族
副书记　边广跃　满族
纪委书记　谭里娜(女)　满族
政法书记　孙向斌　满族
组宣部长　孙慧明(女,3月23日离任)满族
武装部长　孙向斌(兼)　满族
副乡长　王国枫　满族
　　　　　张铁良　满族
人大副主席　段　薇(女)　满族

西官营乡

书　　记　刘贵川　满族
乡　　长　王国永　满族
人大主席　陈钢贵(6月5日离任)
副书记　赵德宝　满族
纪委书记　李海坤　满族
政法书记　林艳波　满族
组宣部长　贾婵媛(女)　满族
武装部长　白金辉　满族
副乡长　王志强　满族
　　　　　王志刚　满族
人大副主席　贾婵媛(女,兼)　满族

(干部调整时间由县委组织部提供)

文　　献

鼓足干劲　攻坚克难　狠抓落实
以脱贫攻坚统领经济社会发展全局
奋力开创新时代建设美丽丰宁新局面

——2018 年 6 月 14 日在县委七届四次全体(扩大)会议上的讲话

中共丰宁满族自治县委书记　方志勇

同志们:

这次县委七届四次全会的主要任务是,以习近平新时代中国特色社会主义思想为统领,深入学习贯彻习近平总书记新时代扶贫开发系列重要讲话和重要指示精神,认真落实中央和省市重大决策部署,总结上半年工作,深入分析当前形势,对今后一个时期脱贫攻坚以及相关工作进行再安排、再部署,动员全县上下鼓足干劲、攻坚克难、狠抓落实,坚定不移推动丰宁高质量发展,奋力开创新时代建设美丽丰宁新局面。

下面,受县委常委会委托,我讲几点意见。

一、总结成绩、鼓足干劲,我们必须再接再厉、苦干实干

今年以来,县委常委会认真学习贯彻党的十九大精神,深入贯彻落实省、市委重大部署,团结带领全县上下,致力于"聚焦三大任务、打好六场硬仗、强化五个保障",抢抓机遇,拼搏进取,攻坚克难,推动经济、政治、文化、社会、生态文明建设和党的建设取得了新成绩。预计到 6 月底,全县完成地区生产总值 41 亿元;固定资产投资完成 48 亿元;完成财政收入 7.5 亿元,一般公共预算收入 4.1 亿元,主要经济指标将顺利实现"双过半"。

(一)坚持学用结合,做到十九大精神入脑入心。县委始终坚持用习近平新时代中国特色社会主义思想武装头脑、指导实践、推动工作。坚持把学习贯彻党的十九大精神作为首要政治任务和头等大事来抓,结合"两学一做"学习教育常态化制度化,推动全县各级党组织和党员干部更加自觉地以新思想引领新实践。多次召开县委常委会议、县委理论学习中心组会议、全县干部大会,采取县级领导深入包保乡镇宣讲等形式,推动学习宣传贯彻向纵深发展,让党的十九大精神在丰宁落地生根。

(二)坚持精准施策,决战脱贫攻坚取得新成效。发展壮大特色主导产业,带动其他富民产业同步推进;今年新增产业项目 291 个,覆盖贫困户 5467 户、1.2 万人;全县剩余 149 个村级集中式光伏电站全部开工,可带动贫困户 8940 户,光伏扶贫实现全覆盖。坚持扶贫与扶志、扶智相结合,群众自主致富动力不断增强。完善《脱贫产业全覆盖支持政策》,通过推行"政银企户保"等途径,解决扶贫产业融资难题。开展基础工作规范提升行动,高标准抓好扶贫档案等基础工作,为精准扶贫、精准脱贫夯实了基础。

(三)坚持合力攻坚,筹备旅发大会取得新进展。实施旅发大会产业项目、美丽乡村建设、生态环境建设、宣传、接待、旅游环境整治六大攻坚战,加快推进旅发大会各项筹备工作,现已完成总工程量的 90%,预计各项工作在 7 月 10 日前完成。

(四)坚持绿色发展,推动县域经济实现新提升。全县开工千万元以上重点建设项目 67 个,完成投资 53.51 亿元,产业项目实现强势开局。与怀柔区签订《深入推进重大事项和重点领域合作方案》,合肥常青、北京雁阳、鑫益华等 13 个新项目相继开工建设,为县域经济发展增添强劲动力。加快推进潮河流域县城段"一主四副"综合治理工程,带动县城功能日益完善。随着国道 111 线黄旗镇至选将营乡杨树底下二级路改建工程、九龙松至喇嘛山三级路改建、南杨线三级路改建等工程加快推进，县域通行能力进一步增强。

（五）坚持生态立县，落实生态优先展现新作为。出台《国土绿化三年行动实施方案》，完成植树造林3.1万亩。大力实施农业节水、水土流失综合治理工程，农业发展基础逐步夯实。深入实施“水十条”“土十条”，扎实推进水污染防治工作，建立完善县、乡、村三级河长制管理体系，流经水质达标率、集中式饮用水源地水质达标率保持100%；加大大气污染防治力度，持续落实大气“1+18”政策体系，实现乡镇环境污染监测点全覆盖。

（六）坚持统筹推进，全面深化改革实现新突破。细化分解159项重点改革任务，由县级领导牵头推动，明确责任单位和完成时限。出台共青团、妇联、总工会、科协等部门深化改革实施方案，制定国有企业薪酬管理、深化律师制度改革、基层医疗卫生服务能力建设等实施意见和办法，保证了各项改革顺利推进。

（七）坚持以人为本，各项民生事业加快推进。20项民心工程相继开工，群众得到更多实惠。农村低保线达到4200元，月人均补差水平230元，农村养老保险、老龄补贴及时发放到位。坚持以解决问题为核心，带着感情做好群众工作。深入开展扫黑除恶治乱专项行动，依法严厉打击和惩治违法犯罪活动，圆满完成全国和省“两会”安保工作。坚持安全生产和食品药品安全常抓不懈，有力维护了全县大局的和谐稳定。

（八）坚持从严从实，加强党的建设迈上新台阶。认真履行全面从严治党的政治责任和主体责任，研究制定《扶贫领域干部管理使用办法》，关心激励扶贫一线干部。完成49个村“两委”换届试点工作。充分发挥巡视巡察利剑作用，严肃查处典型案件，持续巩固风清气正的政治生态和发展环境。

在肯定成绩的同时，我们也清醒认识到，与上级的要求、群众的期盼相比，我们的工作还存在很多问题：干部作风不实、服务水平不高、发展环境不优等问题仍然存在，少数干部干事创业的担当精神和进取意识还需要进一步增强。特别是在脱贫攻坚工作中，还存在着贫困识别不精准，扶贫档案资料不完善、不规范，产业项目覆盖率低，涉农资金拨付不及时，帮扶责任人落实责任不到位，村干部、帮扶干部对扶贫政策不熟悉，脱贫质量不高，贫困户政策知晓率低等问题。针对这些问题，县委常委会将在今后的工作中，积极采取措施，认真加以解决！

回顾县委常委会半年来取得的成绩，是党中央和省市委坚强领导的结果，是全县广大党员干部群众，特别是乡镇村基层同志和扶贫工作队同志苦干实干的结果，更凝聚着全体县委委员的心血与汗水。在此，我代表县委常委会，向全县各级党组织、广大党员干部群众、各界人士和老领导、老同志，表示衷心的感谢，并致以崇高的敬意！

二、统一思想、攻坚克难，我们必须实之又实、细之又细

当前，脱贫攻坚已经进入啃硬骨头、攻城拔寨的冲刺期，全县上下必须坚持以脱贫攻坚统领经济社会发展全局，以县级领导牵头的12个专班为抓手，以“抓落实”为鲜明导向，采取力度更大、针对性更强、作用更直接、效果更可持续的措施，确保2018年底考核进入好或较好档次；2019年底全县脱贫甩帽；2020年同步实现全面小康。重点抓好六个方面：

（一）抓住产业扶贫主脉，持续推动产业扶贫全覆盖。产业是发展的基础，是脱贫的主要依托。一要做强扶贫产业。通过成立肉羊和肉驴、中药材和食用菌、杂粮、肉牛和奶牛、蔬菜及林果等六个产业发展工作专班，明确6名县处级领导分别牵头，发展壮大六个扶贫特色主导产业。二要突出龙头带动。发挥龙头企业带动作用，探索新型利益联结机制；创新带动路径，将贫困户嵌入扶贫产业链中，实现群众收入固定化；鼓励贫困户以承包土地经营权、林权等要素入股企业、合作社等新型经营主体，让贫困户与企业结成利益共同体，使贫困户稳定增收。三要强化政策支持。不断完善全县《脱贫产业全覆盖支持政策》，县财政每年预算资金2亿元作为引导资金，支持奶业、蔬菜、杂粮等10余种特色主导产业发展；严格执行《丰宁满族自治县财政扶贫资金管理办法》，提高扶贫资金使用效率，将有限的资金用在刀刃上。同时要积极培育新型农民主体，激发贫困户参与发展产业的热情，切实推动村集体经济发展，努力实现扶贫产业可持续发展、农民可持续增收。

（二）做大做强园区经济，以综合实力提升助推脱贫。以河北丰宁经济开发区为平台，以京北中小企业总部基地为载体，主动承接产业转移，主动引进项目、资金、技术和人才，特别是抢抓京津冀协同发展机遇，重点面向北京大开放，吸引大项目，争取大投入，迅速增加经济总量和财力，提高县域自身抓脱贫攻坚的综合实力。一要通过项目入园、科技引领、龙头带动、链式发展，实现企业集中布局、产业集群发展、资源集约利用、功能集合构建，提高县域特色产业的整体发展水平。二要按照产业园区化、技术高端化、生产低碳化、服务公共化的思路，引进一批高技术、高效益、低能耗、关联性强的重大龙头项目，大力发展循环经济，延长产业链条。三要认真落实入驻经济园区优惠政策，吸引一批成长性好、发展前景好、科技含量高的企业入驻，加快推进产业结构升级，切实提高县域经济发展的质量和效益。

（三）大力实施民生工程，不断提升老百姓幸福指数。坚持把解决重大民生问题作为脱贫攻坚之本，加快实施各个民生项目，让发展成果更好地惠及老百姓。一是加快易地扶贫搬迁。紧紧围绕“十三五”确定的搬迁目标任务，明确时间节点，倒排工期、挂图作战，以县城集中安置区为示范引领，带动全县如期完成搬迁任务，让群众搬出“穷窝”斩断“穷根”。二是开展农村整治提升行动。按照到2020年美丽乡村全覆盖目标，今年在全县的176个村，集中开展人居环境整治提升行动，下大力打造美丽乡村，改善农村生产生活条件，为实施乡村振兴战略奠定坚实基础。三是加强基础设施建设。按照量力而行、尽力而为的原则，稳步推进全县各类基础设施建设。加大省道外金线凤山至滦平界二级路改建、外沟门至四岔口三级路改建、外沟门至多伦界战备路等工程推进力度，争取早日开工建设，逐步完善县域道路交通网络体系。加快推进农村饮水安全全覆盖工程，确保工程覆盖率、水质达标率实现“双百”。不断提升群众幸福感、获得感。

（四）推动生态文明建设，坚决打赢污染防治攻坚战。生态环境是关系党的使命宗旨的重大政治问题，也是关系民生的重大社会问题。一是严守生态底线。统筹山水林田湖草系统治理，切实改善生态系统功能。坚定不移地实行禁牧和天然林“限伐”政策；持之以恒地推进生态护林员制度，抓好公益林、天然林和森林草原管护工作；结合创建国家级园林县城，积极引进社会资本参与绿化行动，持之以恒抓好社会造林，不断提高全县森林覆盖率。实施草地围栏封育、退耕还林还草、改良饲草基地等工程，加大草场建设和保护力度。二是强化生态保护。以中央环保督察“回头看”为契机，主动作为、再加力度，坚决打好污染防治攻坚战。要层层压实生态环境保护责任。要聚焦群众反映强烈的突出环境问题，深入开展蓝天、碧水、净土三大行动，铁腕治理大气污染、水污染、土壤污染，让丰宁的天更蓝、山更绿、水更清、景更美。三是加强区域共建。对接国家和京津两市相关部门，争取国家生态建设、生态补偿资金和项目，完善生态跨区域补偿机制。加强与京津在大气污染联防联控、防护林建设、天然林保护、水源地保护、水环境治理、清洁能源使用等各个领域的合作，营造尊重自然、顺应自然、保护自然的浓厚氛围。

（五）提振精神精准发力，拼搏30天打赢承办旅发大会攻坚战。距离省旅发大会开幕还有30多天时间，要抓住关键要素、综合施策推动、拼搏三十天，办出一届高水平的旅游盛会。一要加速做好工程扫尾工作。按照“精细、精致、精品”的理念，持续抓好各个旅发大会项目建设；要注重完善细节，科学安排进度，强化施工监管，按照时间节点、目标要求，确保项目按时竣工；要坚持速度和质量并重，突出抓好工程扫尾工作，着力打造精品工程。二要加快实施生态恢复。紧紧围绕旅发项目建设破坏的重点区域，明确责任主体、完成时限，加快做好生态恢复工作；要统筹山水林田湖草等生态要素，实施好生态修复和环境保护工程；实施万亩花海工程，沿“国家一号风景大道”打造“最美彩色风景线”，提高丰宁的美誉度和知名度。三要推动基础设施提升。要结合承办本次旅发大会，加快完善重点旅游景点道路连接线、游客服务中心、旅游厕所、停车场、信息网络、标志标识系统等基础和公共服务设施，让游客进得来、待得住、玩得好。四是提高会务整体水平。与承办会务接待的公司，全力做好无缝对接；对志愿者工作职责、文明礼仪、县情等内容进行集中培训，对志愿者服务小组组长进行重点培训；力求将规范化管理和个性化服务融入会务工作全过程。通过周全、细致、严谨、热情的服务，打造具有丰宁特色的旅游记忆。

（六）聚力改革开放创新，持续发展县域经济惠民生。激发改革、开放、创新“三大动力”，加速推动丰宁高质量发展，全面提升县域经济综合实力，为全面打赢脱贫攻坚硬仗蓄势。一是借力改革解难题。在落实好中央和省市深化改革具体要求的同时，牢牢抓住制约县域经济发展瓶颈，用改革的手段，加大土地制度改革力度，综合用好用活土地、宅基地等基础生产资料，推动农村产业发展；深化农村集体产权改革，激活村集体土地、林地、草地等资源性资产发展，通过探索第三方参与资源开发、利用、管理的方式，将村集体产业发展壮大。二是扩大开放促发展。加强与怀柔区产业对接合作，吸引更多优质资源、高端要素向丰宁流动，打造怀柔产业延伸基地、企业外迁基地、科技成果转化基地。积极参与京津和沿海发达地区项目合作推介会，主打绿色、有机、生态品牌，提升丰宁品牌知名度，以丰富资源优势吸附产业项目落地。三是强化创新添活力。引导产业转型升级，通过科技创新、技术创新、管理创新，提高产能效益。加快双创示范基地建设，夯实产业创新基础。加大科技创新驱动，借助“互联网+”思维，创新有机农产品销售、项目招商、扶贫产业带动等方式，为县域经济发展注入强劲动力。

三、众志成城、迎检甩帽，我们必须全力以赴、奋发作为

全县上下要坚持问题导向，紧紧围绕考核目标，抓重点、补短板、强弱项，以较好成绩通过扶贫考核验收，确保到年底实现 80 个村、12000 户、30000 人以上稳定脱贫，确保脱贫成效真正获得群众认可、经得起实践和历史检验。

（一）明确考核导向，对照指标逐条狠抓落实。迎接国考和省考是对我们扶贫工作的综合考量，更是检验我们脱贫攻坚成效如何的重要举措。综合各方面情况来看，今年年底迎接国家扶贫成效考核是全县脱贫攻坚的必答题，全县上下务必要倒逼责任落实，高质量、高标准通过检查验收。要搞清楚"考什么"，向已经通过验收的周边县区取经，迅速制定迎检工作方案，层层明确考核指标，层层分解任务，将责任明确到人。要弄明白"怎么考"，紧紧围绕考核指标、考核方式、考核方法开展业务培训，让大家都明白这次考核内容、标准，有针对性的做好迎检准备工作。要搞好"自验收"，结合 2017 年国家和省考县情况，自我审视工作，进一步查找存在问题，为顺利通过考核奠定基础。

（二）围绕精准识别，全力提升基础工作水平。精准识别是精准扶贫、精准脱贫的基础和前提，贫困底数不清，会使扶贫项目不能精准覆盖贫困人口，导致一些扶贫项目更多是在"扶农"而不是"扶贫"。为此，基础工作规范提升行动真正的目的是精准识别。要认真做好规范完善档案资料工作，用规范档案指导精准识别各项工作，一个环节都不能少、一个环节都不能漏，完善好贫困户纸质档案和电子档案，确保档案内容齐全完整、填写规范、数据真实、信息一致。要认真制定精准帮扶方案，逐村逐人把脉问诊、制定帮扶方案，做到产业帮扶、生态脱贫、危房改造、医疗保障、教育扶持、低保兜底等政策真正实现对号入座。要经常性开展贫困户、非贫困户和非贫困村满意度调查，让群众评议打分，及时补齐短板漏项，不断提升群众满意度。要加强动态管理，持续抓实基础工作，真正做到脱贫工作务实、过程扎实、结果真实。通过开展基础工作规范提升行动，实现脱贫攻坚各项基础数据进一步精准，基础档案等工作高质量达标。

（三）强化自查自纠，举一反三力促整改提升。全面对标对表习近平总书记重要指示和党中央的新部署新要求，结合国家和省考核评估情况，坚持自查自纠全覆盖，全面深入查找问题，坚决彻底抓好整改。既查摆落实扶贫责任"人"的问题，看是不是存在认识不到位、履职不到位、推进落实的力度不到位等问题；又要查摆扶贫项目使用方面"钱"的问题，对所有环节、所有项目、所有扶贫资金进行过细查、过细审；更要查摆群众反映扶贫方面"事"的问题，对群众信访举报和网络曝光的问题进行认真核查处置，决不放过任何一个问题、一条线索，分类列出问题清单。对自查自纠出来的问题要建立问题清单、台账，实行销号管理，明确整改时限、措施和责任人，切实做到问题不整改不放过、整改不全面不放过。要把问题整改落实和脱贫攻坚任务结合起来，统筹做好脱贫攻坚各项工作，确保今年年终考核取得好的成绩。

（四）逐级压实责任，凝聚脱贫攻坚强大合力。深入贯彻落实省委提出的"五级书记抓扶贫"重要指示，聚全县之力，攻脱贫之坚。要精准落实三级书记主体责任，县处级领导包保责任，县直部门职能和帮扶责任，村级脱贫直接责任，干部包联责任，保障落实责任等六个责任。要严格执行《脱贫攻坚期间干部问责办法》，通过"一请辞二问责四免职"（在贫困村退出验收时出现不过关的，所包保的县级领导主动请辞；对县驻村工作组第一书记、推动落实不力的相关干部，给予问责处理；对帮扶县直部门"一把手"、承担扶贫任务不过关的县直部门"一把手"、乡镇党委书记、村支部书记，给予免职处理），建立县处级领导、县直部门和乡镇、村同奖惩、共进退的考核机制。通过层层签订责任书，形成上下贯通、横向到边、纵向到底的责任体系，为打赢脱贫攻坚战提供坚强保障。

（五）突出宣传引导，不断增强群众满意程度。群众满意度不仅是考核脱贫攻坚工作最重要的指标之一，也是检验各级各部门日常工作的重要指标。要有针对性的加强对脱贫攻坚政策的宣传和解读，认真落实各项扶贫惠民政策，确保让群众真正得到实惠。要宣传群众身边的致富典型，激发群众内生动力，形成脱贫光荣的舆论氛围。要充分发挥驻村帮扶工作组作用，以满足贫困群众实际需求为根本出发点，以增强群众获得感为根本落脚点，真正把好事实事办到群众心坎上，确保驻村帮扶工作"两率一度"实现大幅度提升。要认真做好干部结对帮扶，帮助贫困户做几件看得见、摸得着的实事好事；派出单位"一把手"要带头入户走访，切实帮助贫困户解决困难。要统筹做好贫困村与非贫困村、贫困户与脱贫户的矛盾化解工作。通过开展以上工作，确保群众满意度达到 95% 以上。

四、牢记使命、狠抓落实，我们必须勇于担当、负重前行

脱贫攻坚时间紧、任务重，必须真抓实干、埋头苦干。全县党员干部都要做好"打硬仗、啃硬骨头"的思想准备，积极投身脱贫攻坚一线，勇挑重担、主动作为、狠抓落实，以良好成绩向全县人民上交一份满意答卷。

一要牢固树立“四个意识”。要旗帜鲜明讲政治，坚决维护以习近平同志为核心的党中央权威和集中统一领导，牢固树立“四个意识”，坚决落实中央和省市关于扶贫攻坚的各项决策部署。要高标准落实县委制定的脱贫攻坚方针政策，以奋发有为的精神状态，抓好各项工作落实，加快推动丰宁脱贫攻坚步伐。要服务全县大局，充分认清当前脱贫攻坚工作的严峻性和复杂性，进一步端正服务全县脱贫大局的意识，不断加强理论学习，提升工作水平，全面充分履行岗位职责，以实际行动践行党员干部的光荣使命。

二要营造良好干事氛围。加强扶贫领域督导考核，加大县委有关脱贫攻坚工作重大事项的跟踪、督办、问效力度，建立集组织部、督考办、推进办于一体的督导考核体系。创新督导方式，统筹使用通报、专报、督办单、提示函等方式，加大督导考核力度。树立鲜明用人导向，坚持在脱贫一线锻炼、选拔、培养干部，优先提拔重用在脱贫攻坚工作中涌现出来的好干部。建立健全容错纠错机制，为敢于担当的干部撑腰鼓劲，激励广大干部新时代、新担当、新作为，在全县上下营造团结一致、昂扬向上的干事创业氛围。三要优化干部队伍作风。要深入贯彻落实关于建立健全推动工作落实长效机制，确保中央和省市委重大决策部署落地见效的《决定》，严格执行九项工作制度，打造一支扎实肯干、作风过硬的干部队伍。要强化服务意识，加快推进“双创双服”活动，构建以孵化平台为重点，以服务企业、改善民生为核心的体制机制；要下大力度推进“丰宁办事一次成”改革，为群众和市场主体，提供全面、优质、高效、透明、规范的政务服务，努力实现县域营商环境的全面优化，巩固全县上下政通人和万事兴的良好局面。

四要抓好基层组织建设。以建强基层党组织为重点，深入推进基层党组织建设，不断增强基层党组织的政治引领力、组织覆盖力、群众动员力、发展推动力、自我锻造力。做好村“两委”换届选举，把政治素质过硬、发展本领过硬、协调能力过硬、服务水平过硬的优秀人才，推选到村“两委”班子。要全面加强驻村工作队管理，坚持把纪律挺在前面，切实提升驻村工作队帮扶业务水平。要深入推进“脱贫攻坚党旗红”活动，带领贫困群众发展产业，鼓励党员领办创办致富项目，吸引各类人才到村创业发展。要推动发展村级集体经济，彻底消灭村集体“零收人”空白村。

五要铁腕正风肃纪反腐。各级党组织和党委（党组）书记，要认真履行全面从严治党的主体责任，把党风廉政建设和反腐败斗争引向深入。要坚持把严肃政治纪律放在首位，加强对规范和严肃党内政治生活落实情况的监督检查，严把选人用人政治关廉洁关，营造风清气正的政治生态。要释放纪委监察委机构改革活力，不断创新方法，加大正风肃纪力度，为全面从严治党、提升脱贫成效提供重要纪律保障。要加大对扶贫领域执纪监督问责力度，推动全面从严治党向基层延伸。要加大巡察监督力度，通过日常监督、常规巡察、专项督察，形成有力震慑。要及时通报扶贫领域典型案例，用身边事教育身边人，增强党员干部廉洁自律意识。要充分发动群众，建立多层次、多渠道、全方位的监督体系，形成反腐高压态势，为全县脱贫攻坚工作保驾护航。

同志们，做好下半年工作，任务艰巨、责任重大。让我们更加紧密团结在以习近平同志为核心的党中央周围，高举习近平新时代中国特色社会主义思想伟大旗帜，锐意进取、顽强拼搏，撸起袖子加油干，为决胜全面建成小康社会，奋力开创新时代建设美丽丰宁新局面而努力奋斗！

丰宁满族自治县人大常委会工作报告

——2018年2月1日在丰宁满族自治县
第八届人民代表大会第二次会议上

丰宁满族自治县人大常委会主任 刘海平

各位代表：

我代表县八届人大常委会，向大会报告工作，请予审议，并请县政协委员和其他列席同志提出意见。

2017年，县八届人大常委会牢记宪法和法律赋予的神圣使命，在县委的坚强领导下，坚持以习近平新时代中国特色社会主义思想为指导，以服务全县改革发展稳定大局为己任，以富民强县和民生福祉为根本，充分凝聚共识，锐意改革创新，主动务实作为，依法行使职权，发挥了地方国家权力机关的作用。县八届人大一次会议以来，组织召开常委会会议8次，主任会议18次，听取审议"一府两院"工作报告17项，开展执法检查、视察和调研10次，依法作出决议决定11项，提出审议意见75条，圆满完成了八届人大一次会议确定的各项目标任务，为推动全县经济社会发展和民主法治建设进程做出了积极贡献。

一、着眼全局，高点站位，着力推动决策部署落实

一年来，常委会始终坚持与县委思想同心，目标同向，紧贴决策部署，紧跟工作节奏，有的放矢开展工作。

持续推进生态立县战略深入实施。常委会把生态环境建设和保护作为全县最大民生工程和最高政治站位来对待，持续推动生态环境建设和保护。针对坝上和接坝地区散撒放牧禁而不止，严重破坏生态建设成果的实际，常委会听取了县政府关于舍饲禁牧和生态保护工作情况的报告，提出了建立政府购买社会化服务的办法，坚定不移实施全县"三全"（全县禁牧、全年禁牧、全天候禁牧）禁牧的审议意见。常委会和政府有关部门专门组成调查组，深入牲畜饲养量较多的贫困村、贫困户开展详细调查研究，调查数据显示，禁牧对贫困户脱贫没有大的影响，消除了部分干部群众存在的禁牧影响脱贫的思想顾虑。县政府快速行动，成立组织，专题部署，联合执法，调集百余名执法人员，在坝上接坝乡镇开展禁牧百日攻坚行动，禁牧工作取得了阶段性成果。县城集中供水水源地建设与保护既是生态问题，又是民生问题，常委会开展调查研究，组织常委会组成人员及部分人大代表实地视察，听取政府专题报告，并就县城水源地上游养殖小区污染防治、农业面源污染治理、垃圾污水处理、备用水源建设等10个关键性问题对政府有关部门主要负责人进行了专题询问。督促政府加大县城集中供水水源地建设与保护力度，保证了县城水源水质。听取审议了县政府关于环境质量状况和年度环保目标完成情况的报告，提出了强化生活垃圾处理、严防建筑废料随意倾倒、严禁化粪池沉淀物偷排偷放等审议意见。

推动全面夯实脱贫攻坚产业基础。让贫困地区和贫困人口同全国一道进入全面小康社会是我们党的庄严承诺和政治宣言。我县作为深度贫困县，扶贫攻坚任务繁重而艰巨。为推动固牢精准扶贫产业基础，常委会围绕产业扶贫开展专题调研，听取审议了县政府关于扶贫产业项目全覆盖工作情况的报告，提出了做强做优扶贫产业、加大扶贫政策落实力度、激发贫困人口脱贫内生动力等建议。县政府全力构建"政银企户保"扶贫联动机制，探索推广十大产业扶贫模式，印发了脱贫攻坚产业全覆盖补贴项目指南，完善了脱贫产业全覆盖支持政策。通过大元国控等多个投融资平台，帮助解决龙头企业、农民合作社和贫困户发展资金问题。广辟农产品销售渠道，加快特色农产品销售。健全农业风险防范体系，加大政策性农业保险支持力度。围绕奶牛养殖、肉羊繁育、有机蔬菜杂粮种植和光伏发电等，实施了一批拉动引领型和全覆盖型产业扶贫项目，形成了产业集群式发展与贫困户快速增收的双赢局面。

依法审议决定重大事项。常委会紧扣事关丰宁政治、经济、文化和社会发展中带有全局性、根本性、长远性以及事关人民群众切身利益、迫切需要解决的重大事项，依法审议并作出相关决定。在重点投资方面，作出了同意2017年政府债务限额和新增第一、第二批政府债券资金支出安排的决定，在确保债务风险可控前提上，支持了开发区、交通、教育、卫生、环保、市政等重大工程建设。在扶贫攻坚方面，作出了同意将异地扶贫搬迁项目建设方式及建设资金列入财政预算的决定，保证了我县异地扶贫搬迁项目顺利推进。在生态治理方面，作出了同意将潮河流域县城段“一主四副”综合治理项目财政支出列入跨年度预算的决定，推动了县城基础设施建设及周边生态环境改善。在国资管理方面，《县政府向县人大常委会报告国有资产管理情况的办法（草案）》完成意见征求，已报县深改领导小组。

二、突出重点，务实作为，着力增强监督实效

围绕要事大事选题立议，运用调研、视察、听取专项报告、专题询问、工作评议等方法依法开展监督。

加强经济运行监督，推动平稳健康发展。常委会听取审议了县政府关于2017年上半年国民经济和社会发展计划执行情况的报告，视察了抽水蓄能电站等重大建设项目，建议政府加强经济运行预警，密切关注地区生产总值、规上工业增加值、固定资产投资、城乡居民可支配收入、财政收入等关键性指标运行态势；进一步优化营商环境，扎实推进重大项目建设，蓄积后发优势；抓重点补短板，努力提高经济运行的质量和效益，促进三次产业协调发展。

加强预算决算监督，提高财政保障能力。常委会听取审议了县政府关于2017年上半年预算执行情况的报告、关于2016年决算（草案）的报告、2016年度县本级预算执行和其他财政收支情况的审计工作报告，提出了要突出财源建设，强化税收征管、严格预算管理、抓好审计监督、提高财政资金使用效率等建议意见。县政府高度重视，进行专题研究，提出积极应对措施，有效促进了财政保障能力建设。

加强旅游产业监督，助力全域旅游发展。借助省第三届旅发大会举办机遇，以高端项目引领旅游新业态，推动全县旅游产业扩规模、上档次、出精品、强管理、增效益。组织常委会组成人员和部分市县人大代表，沿国家1号风景大道实地视察了包括京北第一草原旅游度假区、永太兴疏林草原生态旅游度假区等在内的四个组团项目、三大风景片区和多个旅游节点建设情况，听取了县政府和相关部门的情况汇报，提出了高起点规划、高品位建设、高质量运营的建议。县政府高度重视，采取务实有效措施抓落实，第三方管理机制引入解决了马队管理多年难以克服的顽疾，县处级领导包办项目机制加速了在建项目建设进度，提高了旅游行业的整体运营管理水平，营造出了高质量承办旅发、高水平服务旅发的浓厚氛围。

加强民生领域监督，促进社会和谐发展。常委会积极回应社会关切，听取审议了县政府关于教育质量提升工作情况的报告，提出了优化县城教育资源，合理布局乡村学校网点，推进学校标准化建设，统筹配置师资力量，改革办学体制，净化学校周边环境的审议意见，政府和相关部门多措并举，立行立改，高考成绩实现历史性突破。听取审议了县政府关于县城管理工作情况的报告，建议政府构建以法规和标准化为支撑的综合管理体系，推进县城管理体制机制创新。县委、县政府及时研究出台了县城管理执法体制改革工作实施方案，开展了整治交通秩序、改善卫生状况、加快路面建设为重点的管理和建设工作，县城建设和综合管理跃上了新台阶。组织常委会组成人员和部分县人大代表视察了美丽乡村建设，建议县政府科学合理规划，因地制宜设计，高质量抓好建设，大力度培育产业支撑，促进了美丽乡村建设有序开展。

加强执法司法监督，确保严格执法和公正司法。配合省人大开展了秸秆综合利用和禁止露天焚烧专项执法检查。配合市人大开展了《体育法》《全民健身条例》实施情况专项执法检查，并形成专题报告呈报市人大。听取审议了县人民法院关于司法改革工作情况的报告，针对工作中存在的人案矛盾、队伍老化、执行困难等问题提出了审议意见。听取审议了县人民检察院侦查监督工作情况的报告，针对侦查监督欠规范、监督制约机制不完善、侦查监督信息共享不充分等问题提出了审议意见。建议两院加大司法改革力度，狠抓队伍建设，规范司法行为，完善监督机制，推进阳光司法，强化执法联动，提高司法公信力，为全县经济发展和社会稳定提供坚强有力的司法保障。

加强持续跟踪监督，确保监督意见落实到位。新一届常委会从延伸监督链条入手，实行常规监督与重点监督相结合、监督事与监督人相结合，事前、事中与事后监督相结合的监督方式，切实解决个别部门过去存在的对人大审议意见重文字轻落实的问题。听取审议了县政府在精准扶贫产业项目全覆盖、舍饲禁牧和生态保护、县城管理、旅游业发展、教育质量提升等五个方面落实常委会审议意见的专项报告，常委会组成人员以无记名划票方式进行了工作满意度测评，并将评议结果呈报县委，增强了监督工作的权威性和实效性，实现了由程序性监督向实质性监督的历史性转变。

三、立足急需，服务实践，着力推动生态保护立法

随着京津冀水源涵养功能区核心区的确立，我县的生态保护工作随之上升到国家层面，但由于缺乏有效的法律支撑，主体不理顺、程序不规范、导向作用不突出等问题制约着生态保护深入开展。常委会审时度势，积极回应全县人民群众对良好生态环境的热切期盼，发挥民族自治县的立法优势，开展了《丰宁满族自治县封育禁牧条例》的制定工作。条例草案起草组广泛征求意见，深入立法调研，专赴张家口崇礼区考察学习，会议研究修改6次，拿出了《丰宁满族自治县封育禁牧条例（草案）》初稿，并经县政府常务会议、县委常委会议原则通过。县八届人大常委会第七次会议审议了《丰宁满族自治县封育禁牧条例（草案）》，并依法依规按程序报批。

四、履职尽责，践行使命，着力激发被任命人员内生动力

常委会坚持党管干部与人大依法任免有机统一，健全完善人事任免制度，落实向宪法宣誓制度。县八届人大一次会议以来，常委会依据人事任免规定，决定任命副县长4人，决定任命委办主任、局长23人，任免法检两院工作人员13人，任免人大常委会委室主任3人，接受市县人大代表辞去代表职务2人，补选增选市人大代表2人、县人大代表3人。采取供职发言、听取审议工作报告、年终递交述职报告等方式，切实增强了被任命人员的宪法意识、人大意识和责任意识。

五、创新机制，优化服务，着力发挥代表主体作用

常委会不断改进代表工作方式，完善代表服务机制，搭建代表履职平台，保障和支持代表发挥主体作用。

做好代表教育培训。组织常委会组成人员、乡镇人大主席和街道人大工委主任分批次参加全国人大组织的教育培训。组织举办了市县人大代表培训班，邀请有关专家学者进行专题讲座，提高了代表的履职能力和水平。

创建代表履职平台。常委会将“人大代表之家”创建纳入重要工作日程，党委高度重视，政府积极参与，上下协调联动，高质量完成了28个“人大代表之家”的创建工作，县、乡镇和街道的“人大代表之家”实现了全覆盖，为人大代表依法开展各项活动奠定了坚实的基础，基层人大的工作活力显著增强。

提高建议办理质量。常委会坚持把代表满意、群众认可作为承办单位办理好建议的唯一标准，采取重点督办、分工督办、现场督办、跟踪督办等方式，加大建议办理力度。“一府两院”主要领导高度重视，各承办单位认真负责。代表对意见建议办理满意率有新的提高。

六、夯实基础，修炼内功，着力提高履职能力和水准

常委会坚持与时俱进，按照履职新任务、体现新作为的目标和要求，加强思想建设、制度建设和作风建设。

加强学习教育。常委会坚持把思想政治建设摆在一切工作的首要位置，一以贯之抓落实。认真学习十九大精神，学习习近平新时代中国特色社会主义思想和省市委人大工作会议精神，切实增强常委会组成人员和人大机关干部的责任感和使命感，提高了人大依法履职的能力和水平。

加强制度建设。新一届常委会坚持以制度创新引领工作创新，精心组织了对机关管理原有各项制度的系统性修改和完善，并汇编成册印发执行，促进了常委会机关管理科学化、法制化和规范化。依法制定了城建环保和民族法制两个专门委员会的工作规则及常委会各工作委员会的主要职责和工作要求，乡镇人大以创建“人大代表之家”为契机，构建起较为健全完善的制度保障体系，形成了用制度管人、管事、管权和改进作风的长效工作机制。

加强作风建设。扎实开展“塞罕坝精神”和“两学一做”等学习教育活动，树立忠诚、为民、务实、干净、担当良好形象。领导同志经常深入一线，帮助谋划发展思路，协调解决困难和问题。扎实开展扶贫攻坚，常委会机关围绕帮扶村的基础设施、产业发展、环境治理、技能培训等开展全方位精准扶贫工作，脱贫效果显著。

做好志书编纂。编辑人员多方搜集资料，认真考证史料，经过近3年艰苦努力，史料详实，体例规范，融历史价值、收藏价值和使用价值为一体的《丰宁满族自治县人大志》即将出版。同时选送人大代表的10幅精品书画，参加了全省人大系统迎十九大大型书画艺术展，彰显了人大代表的风采。

各位代表，常委会取得的每一项成绩，都是县委正确领导的结果，是全体县人大代表履职有为的结果，是常委会组成人员、人大专门委员会、常委会工作机构以及机关工作人员辛勤工作的结果，成绩的取得离不开县“一府两院”的鼎力支持，离不开乡镇人大主席团的密切配合，离不开全县人民和社会各界的积极参与和热情帮助。在此，我代表县八届人大常委会向大家致以崇高的敬意和衷心的感谢！

同时，我们也清醒地看到，面对人民群众反映强烈的突出问题，我们在增强监督工作刚性、督促审议意见落实、推动相关问题解决方面还需持续发力；面对经济社会发展和全面深化改革对自治县立法提出的新要求，我们的立法步伐还需进一步加快，以良法促善治方面还需要进一步努力；面对广大代表不断提升的履职能力需求，我们在加强代表履职服务保障、推动代表建议办理落实、更好发挥代表主体作用方面还需要进一步增强；面对新时代人大工作的新任务，常委会自身建设亟待进一步提高，“火线”意识、“一线”意识有待进一步增强。在新的一年中，我们将自觉接受人民群众的监督，虚心听取代表们的意见建议，不断加强和改进各项工作，更好履行宪法法律赋予的职权。

2018 年的主要工作

县委七届三次全体（扩大）会议，明确了 2018 年经济社会发展的总体思路和举措。常委会要紧紧围绕“聚焦三大任务，打好六场硬仗，强化五个保障”全面做好人大各项工作。总体要求是：全面贯彻落实党的十九大精神，以习近平新时代中国特色社会主义思想为指导，坚持党的领导、人民当家作主、依法治国有机统一，坚定不移地用新理念推动人大工作创新，扎实开展“基层基础落实、监督质量提升”两大主题年活动，高标定位，求实善为，敢于担当，依法履职，不断开创人大工作新局面，为决胜全面小康、谱写新时代中国特色社会主义的丰宁篇章作出新的贡献。

一、夯实履职基础，活跃县乡（镇）人大工作

认真贯彻落实县委《关于加强县乡人大工作和建设的意见》精神，全面领会文件实质，推动人大工作增动力、添活力、上水平。县人大、各乡镇人大和街道人大工委要结合实际逐项列出落实清单，明确落实内容、工作标准和完成时限。发挥好“人大代表之家”阵地作用，组织开展代表学习、视察调研、交流履职经验等项工作。加强对乡镇人大工作的联系与指导，优化基层人大工作环境，提升基层人大整体工作水平。

二、提高监督质量，强化监督能力建设

一是突出监督重点。围绕扶贫攻坚、生态环境、全域旅游和民生问题依法开展持续监督，针对乡村振兴关键环节、基础性财源性项目建设、人民群众普遍关心的热点难点问题开展重点监督。二是延伸监督深度和广度。依据即将出台的《县政府向县人大常委会报告国有资产管理情况的办法》规定，加强国有资产管理监督；组建预算审查监督专家组，推进县级预算联网，加强和改进对全口径全过程预算决算审查监督；发挥好城建环保、民族法制两个专委会作用，成立司法监督咨询委员会，开展专项监督。三是狠抓督办落实。适时听取县“一府两院”落实常委会审议意见的报告，并依法对落实情况进行再调研再视察，推动审议意见落地生根。四是认真探索人大代表议案建议更加务实有效的办理机制。下决心彻底扭转重答复轻办结的状况，推动人大代表建议真正落到实处。五是加强履职评议。每年安排四分之一的市县乡人大代表向选区选民报告履职情况，接受选民监督。常委会每年安排四分之一的政府组成部门主要负责人和“一委两院”被任命的班子成员开展履职评议，采取听取报告、座谈、了解服务对象、专题询问和工作评议等方式，对被任命人员履职情况进行综合体检。

三、增强决策能力，依法决定重大事项

按照中央关于各级政府重大决策出台前向本级人大报告的制度性安排和工作要求，落实好即将出台的《丰宁满族自治县人大常委会讨论决定重大事项的规定》。继续围绕关系全县改革发展稳定、关系群众切身利益和社会普遍关心的重大问题行使好重大事项决定权，及时做出与县委同向、与发展同步、与“一府两院”共鸣、与人民群众愿望相符的决定决议。

四、推进生态立法，保障立县战略实施

按照县第六个五年立法规划确定的时间节点，全力推进《丰宁满族自治县封育禁牧条例》的立法工作。加强与县政府及各部门配合沟通、与省市人大汇报协调，确保立法进度和质量，为全县生态环境保护、经济社会发展和民生福祉提供法治保障。

五、严格法定程序，做好人事任免和代表工作

坚持党管干部与依法任免有机统一，依法做好各项人事任免工作。通过制度机制建设密切常委会组成人员与代表、代表与人民群众之间的联系，畅通人大代表和人民群众诉求渠道。开展主题实践活动，激发县乡人大代表更好发挥主体作用。

六、注重制度创新，抓好常委会自身建设

一是创新工作制度。健全完善以常委会议事规则为核心的制度体系建设，依法修订完善各项监督工作制度和办法。二是创新工作方式。围绕重大问题开展专题调查研究，建立常委会会议审议重点发言人制度，安装电子表决系统等。三是加强学习教育。认真学习十九大精神，加强党风廉政建设，提高机关干部政治业务素质，提振干事创业精气神，努力打造风清气正、勇于担当、务实清廉的机关干部队伍。

各位代表，时代赋予我们的使命光荣而艰巨，人民寄予我们的期望殷切而厚重，让我们在县委的坚强领导下，以新思想引领新航程，以新理念铸就新作为，坚持不忘初心，牢记使命，凝心聚力，真抓实干，为建设山清水秀、富足祥和丰宁，继续作出新的更大的贡献！

政府工作报告

——2018年2月1日在丰宁满族自治县第八届人民代表大会第二次会议上

丰宁满族自治县人民政府县长 杨宪军

各位代表：

现在，我代表县人民政府，向大会报告工作，请予审议，并请各位政协委员和列席会议的同志提出意见。

一、2017年工作回顾

2017年是本届政府的开局之年。一年来，在县委的正确领导下，在县人大、县政协的监督支持下，依法履职，勤勉施政，攻坚克难，狠抓落实，较好地完成县八届人大一次会议确定的目标任务，为决胜全面建成小康社会，开创新时代建设美丽丰宁新局面奠定了坚实基础。

（一）经济总量稳步增长，综合实力逐步提升。预计完成地区生产总值106亿元，增长7%；城镇和农村居民人均可支配收入21785元和7511元，分别增长9%和10%。全部财政收入12.1亿元，增长13.5%，县级一般公共预算收入6.15亿元。金融机构存款余额176.2亿元，增长19.2%，贷款余额160亿元，增长20.8%。开工千万元以上重点项目66个，列入省、市重点项目27个，完成投资64.6亿元，经济发展后劲不断增强。

（二）脱贫攻坚成效明显，民生保障更加有力。扎实开展脱贫产业全覆盖攻坚年活动，总投资16亿元，实施乡镇扶贫项目202个，全年带动贫困户户均增收1560元。“政银企户保”、农业政策性担保中心等政府性金融扶贫平台贷款余额6.2亿元，为脱贫产业注入资金活力。易地扶贫搬迁加速推进，24个集中安置区中的7个完成分房安置，9个达到入住条件。光伏扶贫实现良好开局，22个村级集中式光伏电站在全市率先并网发电，153个贫困村集体户用光伏和1640户贫困户分布式光伏工程竣工。严格按照标准完成建档立卡贫困人口精准识别“回头看”工作。生态、教育、医疗、低保等扶贫政策有效落实，全年实现脱贫人口31150人。

（三）改革开放深入推进，经济发展活力显著增强。“放管服”改革深入推进，“双随机、一公开”监管体系全面推行。行政审批局挂牌运行，加快行政审批“流程再造”，“简证便民”专项行动取得实效。全年完成转用征收土地4125亩，为项目落地打下坚实基础。开发区先后集中签约项目9个，入驻企业累计达到85家，集聚产业效应不断凸显。与怀柔区合作不断加强，在产业、旅游、生态、劳务协作等七个方面建立了合作机制。成功举办了省政府现场办公会议，争取支持重点项目318个，已落实资金30.4亿元、贷款51.8亿元。坚持县庆搭台、经济唱戏，集中签约合作项目14个，展示了丰宁形象，增添了发展活力。

（四）生态立县深入人心，人居环境持续改善。立足京津冀水源涵养功能区，大力推动山水林田湖草项目建设。完成造林20万亩，草原治理22万亩。《丰宁满族自治县封育禁牧条例》通过县人大常委会审议并按程序上报。投资6.88亿元的潮河流域县城段“一主四副”综合治理工程全面开工建设。汤河流域综合治理工程加快实施。完成生态保护红线划定工作。全域河流水库实现“河长”全覆盖，主要河流地表水环境质量保持稳定，集中式饮用水水源水质达标率100%，解决2.04万人饮水安全问题。持续加强大气污染综合治理，制定了符合我县实际的“1+18”治理方案，拆除改造燃煤锅炉72台，完成农村供热燃煤“双代”改造1040户。全县PM2.5均值44微克/立方米，同比下降2.2%，空气质量达标天数278天，比去年增加19天，大气环境质量持续保持京津冀领先水平。

（五）有机农业规模持续扩大，产业化水平不断提高。有机“双创”工作获得国家认监委高度认可，成为全国有机产业扶贫试点县。新启动有机园区建设13个，累计投入资金突破9亿元。农业产业化经营率达到63%。市级以上龙头企业达到54家。农民专业合作社不断发展壮大，丰鑫实业富兴养殖合作社获评国家级示范社。“黄旗小米”地理商标成功注册，成为国家地理标志保护产品。“缘天然”被认定为中国驰名商标。黄旗皇小米、维乐夫菊苣获得全国农产品博览会金奖。奶业、生猪两个产业化联合体荣获首批省级示范称号。

（六）新型工业持续发展，工业发展后劲不断集聚。实现规上工业增加值28.3亿元，同比增长5.1%。抽水蓄能电站上水库大坝成功封顶，风电开工建设65万千瓦，实现并网发电10万千瓦。远景能源智能风机制造产能达到500台，鑫益华等5家汽车配件生产企业成功签约。顺达集团百万吨选厂技改项目达产见效。尾矿新型材料生产规模持续扩大，产值突破亿元大关。不断加大对中小企业发展的扶持力度，落实涉企收费清理及减费政策，大力开展银企对接活动，中小企业担保中心在保余额3700万元，不断解决企业发展融资难题。

（七）旅游服务业快速发展，第三产业活力增强。以承办全省旅发大会为总领，总投资135亿元，实施"四大组团项目、三大风景片区、多个旅游节点"建设。永太兴行宫和茶盐古镇组团完成主体建设，鱼儿山现代牧场组团加快推进，契丹小镇和满蒙文化体验组团加快施工，海留图行宫进行内部装修。草原风景片区、国家牧场风景片区、花海风景片区完成土地流转。丰宁特色产品展示展销中心建成运营。天桥煤炭物流园建成投运。我县被文化部列为全省唯一的非遗保护传承观察点。成功举办国际公路自行车赛及国际马术系列赛事活动，体育与旅游产业实现融合发展。全年接待游客221万人次，实现旅游总收入12.8亿元，分别增长13%和11%。服务业增加值对经济增长的贡献率达到43.5%。

（八）基础设施建设扎实推进，城乡面貌明显改观。张承高速县城连接线、省道半虎线"三改二"竣工通车，城乡联系更加畅通。扎实开展农村公路"三年攻坚"行动，建成农村公路476公里。多丰铁路全线通车运营。完成爱民街东延和胜利街拓宽改造。通过环首县国家园林县城评估考核。"双违"和"一区三边"整治行动初见成效。北新区承载功能不断增强。经济开发区京北中小企业总部基地运营良好，小学、幼儿园、医院加快建设，产城教融合发展局面正在形成。丰宁中国马镇被列为全省首批培育特色小城镇，凤山镇石桥村被列为中国传统村落，胡麻营镇河东村被命名为全国文明村镇，黄旗镇西村和南关乡云雾山村被命名为"中国少数民族特色村寨"。启动46个省级美丽乡村建设，京北第一草原、凤山、黑山嘴三个精品片区建设强力推进，农村面貌大幅改观。

（九）社会事业全面进步，人民生活更加幸福。教育质量提升工程深入实施，高考成绩实现历史性突破，理科成绩包揽承德市前两名，均被清华大学录取。第六小学、第四幼儿园投入使用。成立了教育发展基金会，顺达集团承诺分十年注资5200万元，当年注资700万元，以后每年注资500万元，奖励优秀教师和资助贫困学生。公立医院改革示范县通过省级验收，医疗服务能力不断提升。下大力解决房地产遗留问题，办证难、入住难、拆迁难等问题逐步破解。全年城镇新增就业3810人，培训农民工6275人，其中贫困人口3750人。乡村基层公共服务平台建设基本完成，服务于民更加便捷高效。圆满完成了党的十九大等重要时期信访安保任务，安全生产、食品药品安全形势持续稳定。国防动员、双拥共建和优抚安置工作不断加强，实现省级"双拥"模范县九连冠。邮政通讯、广播电视、外事侨务、民族宗教、档案史志、统计调查、粮食物价、儿童青年、气象地震、妇女、残疾人等工作取得新成绩，社会大局保持和谐稳定。

（十）民主法治不断加强，政府自身建设不断提升。认真学习贯彻党的十九大精神，严格落实中央"八项规定"，驰而不息纠正"四风"，政府系统作风建设不断加强。坚持依法行政，落实政府法律顾问制度，"七五"普法工作全面开展，广大干部依法行政能力不断提高。认真执行人大及其常委会的决议，自觉接受人大及其常委会的法律监督、工作监督和政协民主监督，高度重视人大代表议案、建议和政协委员提案办理工作，全年承办人大代表议案、建议199件，政协委员提案68件，办复率100%，满意率不断提高。

各位代表，回首过去的一年，奋斗的历程难以忘怀，取得的成绩来之不易。成绩的取得是县委坚强领导，县人大、县政协鼎力支持的结果；是各级干部锲而不舍、攻坚克难的结果；更是全县人民同心同德、拼搏进取的结果。在此，我代表县人民政府，向全县人民，向人大代表、政协委员，向工商联、各人民团体，向驻丰部队、政法干警，向驻丰各单位，向所有关心支持丰宁发展的各界人士，致以崇高的敬意和衷心的感谢！

各位代表，在肯定成绩的同时，我们也必须清醒地看到，我县经济社会发展还存在着一些不容忽视的问题和困难：全县尚有贫困人口56708人，贫困面大，贫困人口多，贫困程度深，农民致富渠道窄，"造血"功能弱，决胜全面小康的任务十分艰巨；产业结构偏重，现代农业、新型工业、生态旅游业都还处于发展培育期，新旧动能转换亟待加速；京津冀水源涵养功能区建设任务繁重，生态建设和保护压力依然很大；生产型、财源型大项目落地少，经济外向度低，开放的水平和层次不高，投资创业和群众办事仍有不少显性隐性门槛，发展环境仍需优化；新的财源增长点尚未形成，刚性支出逐年强劲，实体经济困难较多，保工资、保运转、保民生的压力进一步加大；城镇带动能力弱，基础设施建设欠账多，旧城改造任务重，城市化水平低，城市发展仍需加强；个别政府工作部门和工作人员不担当、不作为，政策措施落实不精准，“四风”问题和消极腐败现象依然存在；由于上级政策调整、用地指标收紧、投资主体变化、前期论证不足等诸多原因，去年政府工作报告中有部分工作和民心工程未完成年度目标任务，还需要我们持续用力，久久为功。对上述问题，我们一定坚持问题导向，高度重视，敢于担当，因症施策，认真加以解决。

二、2018 年重点工作

各位代表，中国特色社会主义进入新时代。在这一新的历史时期，做好政府工作，必须坚持把高质量发展作为经济工作的主线和根本要求，贯穿于经济社会发展的各领域、全过程；必须坚定不移地践行以人民为中心的发展思想，以造福人民为最大政绩；必须树立“绿水青山就是金山银山”的理念，坚持走生态优先，绿色发展新路；必须坚持以项目建设为总抓手，以百折不挠的韧劲抓开放，夯实发展基础；必须坚定不移地贯彻全面从严治党要求，从严从实转变作风，恪尽职守，担当尽责；必须立足丰宁实际，整合资源，精准发力，集中财力办大事，奋起跨越敢争先，以更加饱满的热情，更加优良的作风，更加扎实的工作，努力铸就丰宁更加辉煌灿烂的明天！

今年政府工作的总体要求是：认真贯彻党的十九大精神，以习近平新时代中国特色社会主义思想为统领，遵循“创新、协调、绿色、开放、共享”新发展理念，坚持稳中求进总基调，以供给侧结构性改革为主线，围绕脱贫攻坚和生态提升两大任务，统筹推进稳增长、促改革、调结构、惠民生、防风险各项工作，持续推进生态环境、县域经济、城乡统筹、民生事业、社会文明新跨越，为全力开创新时代建设美丽丰宁新局面而努力奋斗。

综合研判各方面形势和条件，充分考虑与“十三五”规划目标相衔接，为调整优化经济结构、推进高质量发展留出空间等因素，今年全县经济社会发展的主要预期目标是：完成地区生产总值 113 亿元，增长 7.5% 左右；财政收入 13 亿元，增长 7.3%，一般公共预算收入 6.58 亿元，增长 7%；城镇居民人均可支配收入 23745 元，增长 9%；农村居民人均可支配收入 8262 元，增长 10%。为实现上述目标，重点抓好以下十个方面工作。

（一）以改善民生为出发点，继续打好脱贫攻坚战。把“脱贫攻坚”作为头等大事和第一民生工程，以精准建档立卡为基础，逐户确定脱贫措施，落实好各项扶贫政策，必保 3 万贫困人口稳定脱贫。

全力推进产业全覆盖。整合资金 2 亿元以上，实施乡镇扶贫重点项目不少于 300 个，总投资不低于 20 亿元，基本实现贫困人口全覆盖。进一步完善扶持政策，实现项目资金到户和权益资本到户，每个贫困户对接 1 ~ 2 个产业，在扎实推进肉牛、杂粮、中药材、时差蔬菜、生态林果、奶牛肉羊等产业扶贫模式的基础上，通过自主经营、入股分红、土地流转、就地务工等方式，让每一个贫困户都有生产经营性或工资性收入，实现稳定脱贫。继续抓好光伏扶贫工程，确保大滩、万胜永、草原 4 个大型集中式光伏扶贫电站建成并网发电，完成 148 个村级光伏扶贫电站建设，带动贫困人口稳定增收。

严格落实扶贫政策。做好新识别后的贫困人口易地扶贫搬迁工作，实施好“五区同建”工程，确保 2016 年建设的 14 个集中安置区今年实现入住，2017 年建设的 10 个集中安置区 2019 年实现入住，同时做好入住后的管理服务工作，确保贫困户搬得出、稳得住。把教育扶贫作为治本之计，切实落实国家“两免一补”政策，开展好大学生生源地助学贷款工作，阻断贫困代际传递。加大农民工技能培训力度，把扶贫与扶智、扶志相结合，让有劳动能力的贫困人口掌握实用技术，形成自我发展能力。大力实施健康扶贫工程，整合基本保险、大病保险、医疗救助、慈善救助等保障政策。实施好北京对口帮扶丰宁健康扶贫工程，对因病致贫、因病返贫的贫困人口实施慢病签约、大病救治、兜底保障。继续坚持低保、贫困“两线合一”政策，做到应保尽保。

努力破解资金瓶颈。把金融扶贫作为放大资金效益、撬动社会资本、壮大产业规模的发力点。发挥“政银企户保”金融扶贫平台作用，新增担保额度不低于 2 亿元，优先支持农业龙头企业，带动贫困户增收。实施财政性资金存款与银行业金融机构信贷投放挂钩，鼓励商业银行加大涉农扶贫贷款支持力度。充分发挥大元国控集团作用，加强与农发行等政策性银行对接，争取扶贫资金支持，破解农业产业融资瓶颈制约。加强涉农资金整合工作，规范立项管理，及时审批，严格项目实施，提高资金的使用效益。发挥好省市驻村帮扶工作队桥梁纽带作用，加强与省市部门对接和跑办，争取更多的项目和资金支持。严格资金使用管理，确保脱贫工作得到群众认可、经得起历史检验。

（二）以生态环境为第一竞争力，深入实施生态立县战略。立足京津冀水源涵养功能区建设，坚决保护生态,科学建设生态,创新经营生态,坚持走生态优先、绿色崛起之路。

严格生态环境保护。深入落实“河长制”,加大推进重点流域水环境治理。抓好汤河流域综合治理,年内完成河道综合治理22.5公里。推动实施潮白河流域和滦河流域河道生态修复及清洁型小流域综合治理项目。积极对接国家部委和京津两市,争取国家生态建设补偿资金和项目支持。开展纳污坑塘、入河排污口、潮滦河干流河道采砂治理专项行动,确保出境断面水质达标率100%。坚决保护好县城集中饮用水水源地,对二级保护区内的养殖小区实施取缔,对水源地上游的养殖小区必须进行达标排放治理和逐步搬迁。严格控制坝上地区地下水开采,推广使用农业节水设施,逐步解决坝上地下水位下降问题。加强土壤污染治理,严格科学使用化肥、农药。持续推进大气污染综合治理,制定实施三年作战计划,强化企业排污执法,落实“网格化”环境监管职责,坚决取缔“散乱污”企业,不断提升全县生态环境水平。

加强生态环境建设。高标准抓好山水林田湖草生态综合治理项目和水源涵养功能区造林绿化项目建设。推进再造三个塞罕坝丰宁百万亩造林工程。全年完成造林20万亩,其中发展经济林5万亩以上。实施草地围栏封育、退耕还林还草、改良饲草基地等工程,加大草场建设和保护力度,完成人工种草4万亩。加强森林草原防火体系建设,保护好生态建设成果。力争喇嘛山水库开工建设。开展畜禽养殖污染专项整治,实施好畜禽粪污资源化利用整县推进项目。实施好矿山损毁山体复绿工程,完成国道111线和御大线沿线矿山修复治理。以坚定的决心、有效的举措,严格执行“三全”禁牧,积极探索引入社会化管理模式,确保禁牧创出新机制,取得新成效。

推动生态文明体制改革。加快建立自然资源资产统一登记工作体系,明确产权归属。建立健全水源涵养功能区规划和开发保护制度,推动生态保护和环境治理市场化改革,加快推进环境污染第三方治理。启动水权确权登记工作,科学分配水资源使用权,提高水资源利用效率。加快发展绿色信贷,加大对节能低碳、生态环保等绿色企业和项目的信贷支持力度。

*(三)以京津冀协同发展为契机,全面推进改革开放。*以经济开发区为平台,以项目建设为抓手,积极承接京津产业转移,不断放大竞争优势,增强内生动力,在重点领域和关键环节改革上取得更大突破。

全力承接非首都功能疏解。抢抓京津冀协同发展重大机遇,围绕北京非首都功能疏解,加大对京津地区的招商力度,特别是深化与怀柔区的合作,开展医疗、教育等人员培训交流工作,吸引更多优质资源、高端要素向丰宁流动,紧抓产业对接,积极承接符合我县发展规划的外迁企业,打造怀柔产业延伸基地、企业外迁基地、科技成果转化基地。经济开发区发挥中小企业总部基地作用,年内实现新增入园企业15家以上,主营业务收入增长20%以上。凤山产业园区积极引进战略投资者,在承接非首都功能疏解项目建设上取得实质性进展。

强力推进项目建设。以项目建设为引擎,全年安排总投资1609.8亿元的重点建设项目155个,做到前期推动一批、开工建设一批、投产运营一批。充分利用国家对贫困县、民族自治县的扶持政策,瞄准国家和京津冀三地的“十三五”规划,以及各类“实施意见、专项规划、专项政策”等,深入研究政策趋向,精心谋划包装项目,放开手脚、锲而不舍,以“功成不必在我”的胸怀跑国家部委、省直厅局、央企京企争取项目和资金支持。对于引来的项目,明确牵头领导和部门,加强后期服务,切实解决项目建设过程中的难题,确保项目如期落地。

持续深化各项重点改革。深化“放管服”改革,推进“证照分离”“照后减证”。完善网上政务服务平台,推行“互联网+政务服务”。加强行政审批规范化建设,优化服务流程和标准,为企业和群众提供便利。全面推行“双随机、一公开”监管,营造公开透明健康的发展环境。按照“成熟一个,推进一个”的原则,加快商务系统国有企业改制工作。全面推进行政事业单位国有资产体制改革,实现国有资产的优化配置。推动大元国控集团有限公司做大做强,充分发挥国有资产作用,进一步提升政府调控能力。深化预算管理制度改革,围绕促进高质量发展和保障民生优化支出结构,逐步使绩效管理覆盖所有财政资金。

*(四)以争创全域旅游示范县为目标,大力发展旅游服务业。*以承办河北省第三届旅发大会为契机,拓展旅游文化产业布局,加快推进全域旅游发展,带动第三产业上档升级。

全力承办好旅发大会。坚持容缺审批、挂图作战,确保永太兴疏林草原生态旅游度假区、海留图行宫、俄罗斯风情小镇、小北沟旅游综合体、神仙谷满族文化园、京北房车营地、皇封山驿站、天成号驿站等项目按时完工。完成永太兴景区进场路、御大线鱼儿山段改线工程,确保旅发大会召开前竣工。在鱼儿山牧场打造5万亩农业观光区,以海留图国家湿地公园为中心打造10万亩草原风景区。把御大线沿线作为重中之重，绿化、美化同步推进，改善民居面貌，建设3万亩花海景观区，打造国家1号风景大道。坚决圆满完成旅发大会观光、接待、闭幕等各项任务，办成一届精彩、震撼、超越的旅游产业发展盛会，全面提振草原旅游品牌。

持续推进全域旅游。力促绿谷生态田园度假综合体和福悦康养旅游度假区开工建设。启动喇嘛山、平顶山、黄土梁水库等自然资源生态旅游综合开发。加快南杨线二级路改造工程建设，带动燕山大峡谷整体开发。完成南杨线杨树沟至上台子三级路改造，打造杨木栅子国际心身康养小镇。完成九龙松至喇嘛山三级路改造，形成九龙松——喇嘛山——京北第一草原旅游环路。实施外沟门至四岔口三级路改建和外沟门至多伦界战备路工程，将永太兴景区、抽水蓄能电站等旅游资源串联，加快景区开发建设，带动周边乡镇发展。谋划推动坝上通用机场和军民融合机场，打造航空培训和飞行体验基地。以京北第一草原为重点，持续开展全县旅游环境秩序与安全管理行动，加大对丰宁旅游的全面宣传推介，不断提升景区形象。

发展做好旅游+产业。按照"政府引导、市场运作、社会参与"的思路，举办好环中国国际公路自行车赛、国际赛马、音乐节、热气球赛等文化体育赛事活动，进一步打响坝上草原马文化、京承皇家御道两大品牌。不断培育打造具有满族特色的文化创意产品，逐步实现由文化产品向文化产业迈进，争创国家级满族文化保护区。加快热河古生物化石保护区项目建设，做好恐龙等古生物化石开发保护工作，推进化石小镇建设。抓好电子商务进农村、进社区，培育电商龙头企业，借力宣传旅游产品。实施好智慧旅游工程，搭建智慧旅游大数据一站式服务平台，实现体育、文化、电商与旅游产业深度融合，提高第三产业发展水平，为经济社会发展注入新活力。

（五）以转型创新为突破，加快新型工业化步伐。走"科技含量高、经济效益好、资源消耗低、环境污染少"的新型工业化道路，培育引进战略新兴产业，促进企业技改升级，培育创新动能，为县域经济发展提供强力支撑。

大力发展清洁能源和高端加工制造业。继续抓好抽水蓄能电站建设，加快建设上下水库和引水系统。确保河北建投、大唐国际、远景能源、大唐新能源等风电场实现并网发电100万千瓦，力争承德市百万风电基地三期开工，加快清洁能源基地建设步伐。推进北方智慧风电产业园二期建设，打造从核心零部件到总装的完整产业链。抓好凤鸣山酒业白酒生产项目，年内实现投产运营。力促总投资8亿元的北京住总装配式建筑生产项目开工建设，提升建筑效能。确保北京易合菲高低压电气设备制造出口项目投产运营，增加我县出口贸易额。确保总投资13亿元的合肥常青、鑫益华、瑞宝全、北京大地海通、北京雁阳汽车配件生产项目建成投产，打造汽车配件产业园。

加快传统产业转型升级。积极引导传统矿山企业改变传统开采模式、延伸链条、提质增效。积极推动顺达集团氧化铁红生产项目开工，抓好鑫润矿业资源整合项目建设。加大尾矿新型建材产品的推广力度，继续扩大县内建筑使用规模。抢抓北京疏解非首都功能机遇，扩大我县尾矿新型建材产品的京津使用市场，打造京北砂石骨料供应基地和新型建材产业示范基地。抓好恒钏建材发泡陶瓷生产项目，争取一期工程建成投产。确保沃华筑嘉建筑材料一期500吨砂石骨料生产车间建成生产。

着力培育创新动能。充分发挥好全市"1+9+N"科技创新政策包引领作用，进一步深化科技体制改革，加快建设创新型丰宁。通过对外招聘，提供优厚待遇和发展空间，吸引高端人才来丰工作，加强人才储备，提高我县持续发展能力。鼓励企业与企业之间、企业与高校科研院所之间进行技术对接，加强合作，推动科技成果转化为经济效益。实施科技型中小企业成长和高新技术企业培育计划，激发和弘扬优秀企业家精神，培养具有创新能力和社会责任感的企业家队伍。

（六）以实施乡村振兴战略为引领，打造幸福宜居乡村。按照产业兴旺、生态宜居、乡风文明、治理有效、生活富裕的总要求，加速农业农村现代化发展，确保乡村振兴战略开好局、起好步。

加快发展现代农业。持续抓好总投资21亿元的现代有机农业园区建设，在完善现有园区基础上，新建有机农业园区10个以上，不断扩大有机规模。抓好总投资5000万元的中农春雨有机农业示范基地建设，打造700亩种养结合有机农业示范区。抓好5000亩特色林果和万亩中药材基地建设。大力发展农产品深加工项目，提高农产品附加值。确保爱尚羊屠宰深加工及肉牛肉羊养殖基地建成投产。继续加强农产品品牌建设，以昌达、荣达、丰大为重点，力促丰宁蔬菜提档升级；以黄旗皇、元始农业为重点，打造以黄旗小米为主的省级有机杂粮园区；以缘天然为龙头，持续提升丰宁有机奶品牌知名度；以丰鑫实业、驸马山庄为重点，不断推进生态肉精深加工。结合电子商务进农村示范项目，持续搭建、完善销售平台，拓展农产品销售市场，逐步把丰宁打造成为京津的奶、菜、肉供应基地。确保

“国家有机产品认证示范县”和“全国有机农业示范基地”成功通过验收。

夯实乡村发展基础。实施好通村、通组路工程，为脱贫攻坚提供支持。确保省道外金线凤山至滦平段开工建设，推动外沟门至凤山段完成前期工作。抓好农网改造升级，不断提升农村供电能力。继续扩大乡村通讯信号覆盖范围，逐步消除通讯盲区。完成孤石牧场办社会职能改革。落实农村承包地“三权分置”制度，完成农村土地承包经营权确权登记颁证工作，启动农村集体资产清产核资，做好村集体产权制度改革试点工作，让农户的承包权稳下去，经营权活起来，真正盘活农村土地资源。加强农业技术人才培养，实现质量兴农，科技强农。

持续改善农村人居环境。认真开展农村人居环境整治三年行动，抓好农村垃圾、污水治理和村容村貌提升。按照“绿化美化、突出特色、片区推进、量力而行、长效保持”的原则，推进乡村容貌提升。大力抓好农村环境综合整治工程，加大对镇村污水、垃圾处理设施投入，确保凤山污水处理厂竣工投用，大滩、黑山嘴污水处理厂开工建设，积极推动凤山、大滩垃圾填埋场建设，扎实推进深度贫困村基础设施和基本公共服务提升工程，启动城乡“厕所革命”，新建、改建农村无害化厕所3.5万座以上，逐步解决重点乡镇及周边区域农村垃圾污水处理问题。

（七）以增强县城辐射带动能力为发力点，不断提升城镇发展水平。围绕城镇提质扩容，在完善承载功能上求突破，增强发展基础，拓展发展空间，全力打造美丽丰宁。

加强城市建设。牢固树立“规划即法”理念，完成县城总体规划修编、中心城区城市设计编制、中心城区控制性详细规划拓展工作，高质量编制好《河北丰宁经济开发区总体规划》。以九龙生态健康养老旅游城、福环教育综合体等项目带动北新区加快发展。启动北新区路网新改建工程，在北新区形成“三纵六横”路网格局。确保潮河流域县城段“一主四副”综合治理工程年内竣工，高标准打造城市水系景观生态环境。抓好开发区路网、管网等基础设施建设，确保第七小学、幼儿园投入使用，妇幼保健院、疾控中心完成主体工程，深入产城教融合发展。坚持“政府主导、市场运作、尊重历史、分区施策、稳步推进”的原则实施旧城改造，改善老城区人居环境。

完善城市功能。加快智慧城市建设，提升城市建设水平。实施好县城及经济开发区供水和污水处理PPP项目，加强污水处理厂建设，实施老区排水管网雨污分流改造。新建综合农贸市场一座，启动老农贸市场外迁。启动汽配城外迁及整合项目，力争年内实现新建汽配城开工。老城区新增停车场，逐步解决停车难问题。高标准建设滨河路南延、新丰路北延工程，实施好宁丰路、振丰路、裕丰路改扩建工程，拉大扩宽城市路网，疏解城区交通压力，便捷群众出行。实施城市道路智能照明亮化提升工程，不断提高县城亮化水平。以创建国家级园林县城为目标，大力实施县城及周边绿化改造提升工程，推动建设县城恐龙化石公园、满族风情文化主题公园、南山湾湿地公园、满韵龙湖公园，提高城市绿化率，提升城市生活品位。

增强城市发展基础。持续推动京丰高速列入国家高速盘子，为承接北京产业转移，全方位融入北京提供交通支撑。做好国道112线新一中至南关段二级路改建工程前期工作，确保张承高速县城连接线“二改一”工程开工建设，打造县城新外环，优化城市路网结构。开工建设张唐、虎蓝铁路8处车站与公路连接线工程，充分发挥两条能源大通道的运输能力，助力县域经济发展。完成黄梁至土城220千伏风电送出工程，全面铺开连接北京、张家口的柔性直流示范工程，解决全县清洁能源发电送出问题。推动陕京四线——张家口——承德天然气长输管线丰宁段开工，补齐供气短板。加强中心镇和特色镇建设。凤山依托历史文化和产业园区，打造文化旅游特色古镇和经济强镇；大滩与京北第一草原建设同步推进，打造草原风情度假小镇和中国马镇；黑山嘴、胡麻营打造生态旅游和工贸农业综合发展城镇；汤河建设好温泉特色小镇。

（八）以构建平安和谐丰宁为目标，加强社会综合管理。强化管理理念，从加强管理中获得更多的发展空间和更好的发展环境，实现健康和谐发展。

加强社会治安综合治理。构建立体化治安防控体系，深入开展扫黑除恶行动，依法严厉打击和惩治违法犯罪活动。加快推进雪亮工程、综治视联网等智能化建设，建成集城乡管理、公共服务、信息采集、案件侦办、灾害预警等多种功能于一体的应用系统，提高反应和处置能力。深入开展金融风险隐患排查化解行动，严厉查处非法集资、违规金融担保等违法行为，加强金融监管和防控。健全完善社会稳定风险评估、矛盾纠纷多元化解、重点群体服务管理等防控机制，最大限度预防和减少社会矛盾。妥善处理各类突发事件，坚决杜绝重大恶性群体事件发生。做好普法和法律服务，健全群众利益诉求表达渠道，及时解决群众合理诉求，依法维护信访秩序。

加强安全生产管理。牢固树立安全发展理念，开展好安全隐患大排查大整治行动，加强油气管网、危险化学品、烟花爆竹、建筑消防、特种设备、人员密集场所等重点行业领域安全治理。强化食品药品全过程监管，确保人民群众舌尖上的安全。持续用力做好交通安全整治，加快土城、鱼儿山、黑山嘴治超站建设，强化路警联合执法，严厉打击车辆超限超载行为，对煤炭运输等大型车辆进行科学有效分流，防止重大交通安全事故发生。深入贯彻落实《丰宁满族自治县安全生产领域改革发展实施意见》，制定安全生产监管责任清单，推进安全生产宣传教育，努力营造全民安全氛围。

加强城市综合管理。加强住宅小区物业管理，提升群众居住环境水平。大力度规范房地产开发，严格预售管理，解决好房地产开发历史遗留问题。持续做好文明城创建工作，落实好“网格化”管理责任制，整治牌匾乱设、摊点乱摆、广告乱贴等问题。规范交通秩序，严厉整治电动三四轮车、“黑出租”非法运营，出租车不打表，车辆乱停乱放等行为。持续抓好“双违”整治，打击违法建设和违法占地行为，确保城市面貌整洁有序，提升城市形象和文明程度。

*（九）以解决社会关注热点为导向，增强人民群众获得感。*树立民之所望、政之所向的理念，坚持为民导向，大力发展社会事业，增强人民群众获得感。

提高社会保障水平。确保城镇新增就业 3900 人，下岗失业人员再就业 1750 人，农村劳动力新增转移就业 4300 人，城镇登记失业率控制在 4.5% 以内。实现农村劳动力登记实名制。对拖欠民工工资行为零容忍，切实保障农民工权益。积极发展养老产业，新建住宅小区同步规划建设居家养老服务中心，利用农村闲置土地资源，鼓励社会资本兴办养老机构，解决农村困境老人养老问题。落实好特困人员、残疾人、优抚对象等群体的兜底保障。提高退休人员和城乡居民养老金标准。基本医疗保险和城乡居民养老保险参保率保持在 95% 以上。加大临时救助力度，提高救助的时效性，保障困难群众基本生活。

办好教育和卫生事业。扎实推进“三年教育质量提升工程”，继续创造教育佳绩。实施好义务教育薄弱学校改造工程，推进学校标准化建设。抓好老一中九年一贯制学校建设，确保年内投入使用。力促新一中图书馆开工建设。理顺职教中心两校区体制机制，满足普及高中阶段教育需要。严格执行住宅小区配套社区用房和幼儿园建设，探索多种民办园管理模式。完成第五中学、第八小学规划设计，逐步解决择校热和大班额问题。进一步深化医药卫生体制改革，建立现代医院管理制度。推进医共体建设，加强基层医务工作者人才队伍建设，全面提高医技水平。提升中医药服务能力，启动“中医药强县”工程。

统筹发展社会事业。力争党校改扩建工程开工建设。推进宗教事务规范化管理，开展民族团结进步创建活动，维护民族团结稳定。全面落实粮食安全责任制，建立县级粮食应急储备，确保粮食市场稳定。加快公墓建设，提倡文明殡葬。加强社会信用体系建设，营造诚信社会。切实保障妇女和未成年人权益。关心和支持残疾人事业。支持工会、共青团、工商联等人民团体工作。推进广播电视、档案史志、统计、物价、气象等各项事业健康发展。

*（十）以增进人民福祉为宗旨，办好利民便民实事。*今年，我们将继续加大投入，全心全意为群众办好民生实事，切实做到发展向民生看齐、重心向民生倾斜、财力向民生投放，让丰宁父老乡亲生活的更加幸福、更加美好！在继续抓好“一主四副”河道综合治理、县城第七小学和幼儿园、妇幼保健院和疾控中心、粪便无害化集中处理场、省道外金线凤山至滦平界二级路改建等民心工程建设的基础上，今年新实施民心工程 20 项。

公共服务类（8 项）：

1. 总投资 19.14 亿元，实施光伏扶贫工程，完成 148 个贫困村村级集中式光伏电站、4 个大型集中式光伏扶贫电站、1500 户户用光伏电站及所有行政村村级集中式户用光伏电站建设，壮大村集体经济，增加贫困户收入。

2. 总投资 3000 万元，完成老一中维修改造，建设九年一贯制学校，缓解县城中小学大班额及县城寄宿制学生住宿问题。

3. 总投资 2600 万元，开工建设职教中心综合实训楼，解决职教中心实训条件不足问题。

4. 总投资 7994 万元，开工建设中医院迁址改建项目，进一步改善县城医疗布局，方便群众就医。

5. 总投资 595 万元，实施建档立卡贫困人口免费体检和万人免费肿瘤筛查工程，降低因病致贫、因病返贫风险。

6. 总投资 700 万元，完成县城 10 个老旧小区改造提升工程，改善老旧小区环境。

7. 总投资 1000 万元，全面提高城乡低保标准，农村低保标准从年 3600 元提高到 3900 元，月补差标准从 202 元提高到 230 元；城镇低保标准从月人均 550 元提高到 600 元，月补差标准从 309 元提高到 330 元。

8. 总投资 250 万元，实施农民工技能培训综合提升工程，培训农民工 3500 人，提升农村劳动力就业能力，提高收入水平。

城市功能类(5 项):

9. 总投资 3 亿元,启动实施智慧城市建设,年内完成智慧旅游、智慧扶贫、智慧政务模块。

10. 总投资 3.4 亿元,开工建设汽配城外迁及整合项目,疏解老城区压力。

11. 总投资 3181 万元,实施县城街道提升工程,开工建设新丰路北大桥至天鸿街改扩建、宁丰路华泽街至白塔街改造提升、金融街与 111 连接线工程,优化县城路网。

12. 总投资 2000 万元,实施城市道路亮化提升工程,对路灯进行升级改造,实现路灯数字化智能管理,提升亮化效果。

13. 总投资 3900 万元,完成县城绿化改造提升工程,对小川公园、满韵龙湖公园进行重点建设。

基础设施类(7 项):

14. 总投资 1 亿元,开工建设张承高速连接线"二改一"工程,打造县城安全通畅大外环。

15. 总投资 6012 万元,完成重点贫困村通村、通组路 182 公里、巷道 64 公里建设,改善群众出行条件。

16. 总投资 6000 万元,完成外沟门至多伦界战备路工程,改善道路状况。

17. 总投资 1.44 亿元,实施农村电网改造工程,有效提高全县农村配电容量,解决部分偏远乡村生活用电不稳问题。

18. 总投资 6514 万元,新增有线电视用户 3000 户,完成 3.4 万户光纤入户,新增通讯基站 95 个,扩大通讯信号覆盖范围。

19. 总投资 3340 万元,解决农村 4 万人的饮水安全问题,实现农村安全饮水全覆盖。

20. 总投资 820 万元,新改建县城水冲公厕 8 座,在旅发大会沿线新建水冲厕所不少于 20 座。

三、努力建设人民满意政府

面对加快绿色崛起,实现跨越发展的繁重任务,必须切实加强政府自身建设,不断提高行政管理能力和水平,增强执行力和公信力。

坚持务实高效。树立"勤于施政、勇于担当、狠抓落实"的工作作风,把抓落实作为政府一切工作的方法和准则。对已确定的重大专项、重点项目和民生实事,大力推行"三盯一调度"工作机制,即盯住目标、盯住专人、盯住进度,加强调度。全体政府工作人员要坚决克服"等靠、守摊、旁观、功利、本位"思想,坚持积极主动作为,勇于担当负责,以真抓实干的优良作风,创造干事创业的新局面。

坚持执政为民。不断强化宗旨观念,从人民群众最需要的地方做起,切实解决人民群众反映强烈的突出问题,大力整治"慵、懒、散",解决服务意识差、工作效率低问题,解决乱作为、不作为问题。进一步优化营商环境,开展好服务企业、服务发展活动,落实好上级出台的降费减负政策,严格落实"九项工作制度",简化办事程序,以优质的服务凝聚民心。

坚持依法行政。进一步增强政府工作人员的法治观念,严格按照法定权限和程序规范行政行为,把法治思维和法治方式贯穿于政府工作全过程。坚持科学决策、民主决策、依法决策,认真落实县政府常务会议学法制度。主动接受人大法律监督、政协民主监督和社会监督,严格执行县人大及其常委会决议决定。加大政务公开和信息公开力度,让权力在阳光下运行。

坚持廉洁从政。深入落实中央"八项规定"实施细则要求,确保"三公经费"只降不升。坚持用制度管人、管钱、管事,强化对行政机关履行职责的监督检查。严格执行预算管理,做到依法理财。严格落实政府部门监管责任,加大审计监督力度,全面落实党风廉政建设各项规定,强化监督执纪问责,切实做到干部清正、政府清廉、政治清明。

各位代表,新时代开启新征程,新担当展现新气象,新作为再创新辉煌。让我们更加紧密地团结起来,在党的十九大精神指引下,在县委的坚强领导下,紧紧依靠全县人民,不忘初心、牢记使命,以拼搏为美,向行动致敬,为全面建成小康社会,奋力开创新时代建设美丽丰宁新局面而努力奋斗!

民心工程说明

列入政府工作报告中的民心工程包括两部分,分为 2017 年结转的民心工程和 2018 年新实施的民心工程,共计 25 项,估算总计投资 48 亿元,共需财政投资 19 亿元,2018 年需财政支付资金预计 1.5 亿元,年内争取完工 14 项,实现开工 11 项。

一、2017 年结转,2018 年继续实施的民心工程

1. 潮河流域县城段"一主四副"综合治理工程。总投资 6.88 亿元(采取 PPP 模式建设),对潮河及其支流撒袋沟、棠树沟、达袋沟、西南川及红旗桥旱河、九龙桥旱河进行治理,治理段总长 33.75 公里。年内全部完工,打造集防洪蓄水美化绿化亲水休闲于一体的多功能城市客厅。

2. 县城第七小学和幼儿园建设。计划投资 8000 万元(上级专款 1700 万元),在开发区占地 68 亩,建设丰宁第七小学及幼儿园。9 月份投入使用,着重解决开发区及易地扶贫搬迁安置区儿童就近入学问题。

3. 妇幼保健院、疾控中心建设项目。总投资 5600 万元(上级支持资金 1200 万元),项目占地 40.2 亩,4 月中旬开工建设,10 月底完成主体工程。

4. 粪便无害化集中处理场建设。总投资 1130 万元(上级支持资金 605 万元)。在南关乡南关村生活垃圾填埋场下游,占地 50 亩,建设粪便无害化集中处理场一座,日处理能力 60 吨。4 月开工建设,10 月底竣工投用。改善县城人居环境。

5. 省道外金线凤山至滦平界二级路改建工程。投资 7.46 亿元(上级补助资金 3.36 亿),起自 112 线老爷庙,经八郎沟、石人沟、厢黄旗、窄岭、坝州营、五道沟门,终点滦平金台子,全长 45.3 公里(滦平段 5.97 公里),二级路标准,路基宽 10.5 米。8 月底前完成工程招标,年底开工建设。

二、2018 年新实施的民心工程

(一)公共服务类(8 项)

1. 光伏扶贫工程。计划总投资 19.14 亿元,年内完成。一是投资 5.4 亿元(工行贷款 4.32 亿元,大元国控投资 1.08 亿元),年内实施村级集中式光伏电站 148 个,达到贫困村效益全覆盖。二是总投资 12.89 亿元(企业投资),建设 4 个共 18 万千瓦大型集中式光伏扶贫电站,年带动 7200 建档立卡贫困户户均增收 3000 元。三是投资 6000 万元(工行贷款 4800 万元,扶贫资金 900 万元,贫困户自筹 300 万元),实施贫困户户用光伏 1500 户以上,优先带动"三无"贫困户增收。四是投资 2500 万元(整合涉农资金),实施贫困村村级集中式户用光伏工程,年内实现行政村全覆盖,年为村集体增加收入 2.5 万元以上。

2. 老一中维修改造项目。计划投资 3000 万元(上级支持资金 1500 万元),在原丰宁一中改扩建校舍 4 万平方米。学校规模设置为九年一贯制,9 月份投入使用,将有效缓解县城中小学大班额及县城寄宿制学生住宿问题。

3. 职教中心综合实训楼项目。总投资 2600 万元(上级支持资金 1560 万元),在职教中心西侧占地 15 亩,建设 1.2 万平米产教融合综合实训楼。年底完成主体工程。工程交付使用后,将解决职教中心实训条件不足问题。

4. 中医院迁址改建项目。项目计划总投资 7994 万元(上级支持资金 5000 万元),迁址到老县医院,建筑面积 13816 平方米,该项目省发改委已上报国家,待正式批复后实施。争取年内开工建设,预计完工时间 2020 年,将进一步改善县城医疗布局,提升群众就医环境。

5. 贫困人口免费体检工程。一是出资 395 万元(北京对口帮扶资金 245 万元,财政出资 150 万元),年内对全县建档立卡户贫困人口进行免费体检一次(按每人 70 元的体检标准计算)。二是由北京红十字会全额出资 200 万元,对全县 1 万人(含 20% 以上建档立卡贫困人员)进行免费肿瘤筛查。

6. 县城老旧小区改造提升工程。计划财政出资 700 万元,对县城 10 个老旧小区公共基础设施进行改造提升。7 月份开工建设,年底前全部竣工,改善老旧小区环境,提高居民生活水平。

7. 全面提高城乡低保标准。总出资 1000 万元(上级资金),农村低保标准从年 3600 元提高到 3900 元,月补差标准从 202 元提高到 230 元;城镇低保标准从月人均 550 元提高到 600 元,月补差标准从 309 元提高到 330 元。

8. 农民工技能培训综合提升工程。计划投资 250 万元(上级支持资金 150 万元,财政出资 100 万元),全年培训农民工 3500 人(含建档立卡贫困人口 1000 人以上),提升农村劳动力就业能力,提高收入水平,同时对农村劳动力进行实名登记,实现动态管理。

(二)城市功能类(5 项)

9. 智慧城市建设项目。计划建设投资 3 亿元(采用 PPP 模式建设),建设内容主要包括 1 个中心(城市运营指挥中心)、2 个平台(公共信息平台、大数据中心平台)、6 个模块(智慧政务、智慧旅游、精准扶贫、雪亮工程、智慧交通、无线城市),此项目分三年实施,年内完成工程量的 30%(6 月底之前智慧旅游、无线 WIFI 投入使用,年底争取完成智慧扶贫、智慧政务等惠民目标)。

10. 汽配城外迁及整合项目。计划投资 3.4 亿元(企业投资),在大阁镇六间房村,占地 500 亩,总建设面积 6 万平方米,年内开工。主要经营汽车销售、汽车修理、汽车配件、汽车装饰、清洗及二手车交易等功能,疏解老城区压力。

11. 县城街道提升工程。由财政投资 3181 万元,年内开工。一是对新丰路北大桥至天鸿街段进行改扩建。道路全长 761 米,设计宽度 32 米,投资估算 1281 万元。二是对宁丰路南起华泽街北至白塔街与新丰路交叉口进行改造,道路全长 2300 米,设计宽度 30 米,投资估算 1200 万元。三是对金融街与 111 线连接线进行改造,道路全长 650 米,设计宽度 18 米,投资估算 700 万元。

12. 城市道路亮化工程。计划投资 2000 万元(上级支持资金 50 万元~75 万元)。一是实施路灯节能改造项目,对城区现有750盏高压钠灯进行升级改造,全部更换为节能LED路灯。二是实施南山湾以北至111线连接线(含长树沟大桥路段)道路路灯安装和6座桥体亮化项目。三是实施宁丰路华泽街路口以北至白塔路段道路亮化项目。四是对2015年以前建设的单侧路灯,根据城区路网实际,按照美化、节能的标准实施路灯增量建设项目(单侧变双侧)。五是实施路灯数字化智能远程监控系统建设项目。5月份开工建设,年内完成工程总量70%。改善城区亮化美化效果,便捷群众日常出行,预计年可节约电费60余万元。

13.县城绿化改造提升工程。计划投资3900万元,重点对小川公园和满韵龙湖公园进行改造提升,年内竣工。一是投资1200万元(财政分两年支付,平均每年支付600万元),对小川公园按照综合性公园标准进行改造提升,按国家园林县城标准对建成区内道路节点进行破硬增绿,对城区道路节点、南迎宾路(南大桥——南山湾)、影视城南街(影视城——东外环路)进行绿化改造提升。二是投资2700万元(由市场主体出资),对满韵龙湖公园进行改造提升,公园占地81亩。

(三)基础设施类(7项)

14.张承高速连接线二改一工程。投资8000万元(上级补助资金约7000万),对影视城至南山湾段,全长8公里,由二级公路改造成一级路。影视城至112线大桥段4.9公里,年内开工建设;112线大桥至南山湾段3.1公里,年内完成项目前期工作。

15.贫困村通村通组路工程。投资6012万元(上级补助资金5392万元),对重点贫困村通村、通组路182公里,巷道64公里进行改造提升,由相关乡镇作为实施主体,交通部门负责监管和验收,年内完工。

16.外沟门至多伦界战备路工程。投资6000万元(上级补助资金4116万元),全长29.4公里,三级路建设标准,5月开工建设,年内竣工。

17.农村电网改造工程。总投资1.44亿元(国家电网公司投资),在建及续建农网工程81项,年内完工。包括:新建和改造35千伏线路1.8公里;改造变电站一座;新建和改造10千伏线路435公里;新建和改造配变台区93台,总容量18625千伏安;新建和改造低压线路153.3公里。工程实施将有效提高全县农村配电容量,为农村生产生活提供电力保障。

18.通讯基础设施建设和4G移动网络覆盖工程。总投资6514万元,年内完工。一是由联通公司投资584万元,在旅发大会区域,新建LTE FDD站点4处,在原有基站增加4G设备10处,在县城建成区新增基站15个。由电信投资1500万元,在旅发大会区域、黑山嘴镇、胡麻营镇、天桥镇、黄旗镇等地新建基站25个。由移动公司投资2460万元,在旅发大会区域新建基站41座。二是投资1170万元,实施3.4万户光纤入户工程,其中:电信1.5万户,移动1.2万户,联通7500户。三是由广通公司投资800万元,计划新增有线电视用户3000户。

19.农村安全饮水全覆盖工程。投资3340万元(其中上级补助资金2540万元),全年解决4万人的饮水安全问题,实现农村安全饮水全覆盖。

20.县城及旅发大会沿线公共厕所新建及改造提升工程。一是财政出资320万元,在县城新建水冲公厕2座、旱厕改水冲公厕6座。二是投资500万元(北京市对口帮扶资金),在旅发大会沿线新建水冲厕所不少于20座。

相关词语解释

1.集中式光伏电站:是指集中利用土地建设光伏发电电站,将所发电能直接输送到电网,由电网统一调配向用户供电的发电系统。

2.分布式光伏电站:是指利用各家各户或集体房屋屋顶进行光伏发电,供用户自己使用,多余的电量并入公共电网的发电系统。

3.政银企户保:是承德市首创的由"政府+银行+企业+贫困户+保险公司"五方协作、五位一体的金融贷款扶贫模式。

4.河长制:由各级党政负责人担任"河长",以保护水资源、防治水污染、改善水环境、修复水生态为主要任务,构建责任明确、协调有序、监管严格、保护有力的河湖管理保护机制。

5.纳污坑塘:是指存贮含有毒污染物的废水或经监测超标的天然或人工且无防渗漏措施封闭或半封闭的坑、池、塘、井和沟、渠等。

6.放管服:就是简政放权、放管结合、优化服务的简称。"放"即简政放权,降低准入门槛。"管"即公正监管,促进公平竞争。"服"即高效服务,营造便利环境。

7.证照分离:是指只要到工商部门领取一个营业执照,就可以从事一般性的生产经营活动,如果需要从事需要许可的生产经营活动，再到相关审批部门办理许可手续。

8. 互联网+政务服务：就是政府利用互联网思维、技术和资源，大幅提升政务服务智慧化水平，让政府服务更聪明，让企业和群众办事更方便、更快捷、更有效率。

9. 双随机、一公开：即在监管过程中随机抽取检查对象，随机选派执法检查人员，抽查情况及查处结果及时向社会公开。

10. 乡村振兴战略：是习近平同志在十九大报告中首次提出的新时期推进我国"三农"工作新的战略思想，是按照产业兴旺、生态宜居、乡风文明、治理有效、生活富裕的总要求，让农业成为有奔头的产业，让农民成为有吸引力的职业，让农村成为安居乐业的美丽家园。

11. 三权分置：是指农村土地在坚持集体所有的前提下，促使承包权和经营权分离，形成所有权、承包权、经营权三权分置，经营权流转的土地制度改革。

12. 厕所革命：是指对城市、农村及旅游景点等传统厕所进行无害化改造的一项举措，进一步改善城乡卫生环境。

13. PPP 模式：是指政府与私人组织之间，为了合作建设城市基础设施项目，或是为了提供某种公共物品和服务，以特许权协议为基础，彼此之间形成一种伙伴式的合作关系，并通过签署合同来明确双方的权利和义务。

政协丰宁满族自治县
第八届委员会常务委员会工作报告

——2018年1月31日在政协丰宁满族自治县
第八届委员会第二次会议上

丰宁满族自治县政协主席 郭 锐

各位委员：

我代表县政协八届委员会常务委员会，向大会报告工作，请予审议，并请列席会议的同志提出意见。

2017年工作回顾

2017年是新一届政协履职的第一年，也是落实县委《关于支持人民政协全面履行职能更好发挥作用的意见》，承前启后、传承创新的一年。一年来，县政协在县委的坚强领导下，在县人大、县政府和各部门的有力支持下，高举习近平新时代中国特色社会主义伟大旗帜，牢牢把握民主和团结两大主题，带领全体政协委员，全面贯彻党的十八大以来中央一系列决策部署，深入学习贯彻党的十九大精神，紧紧围绕脱贫攻坚和生态提升两大任务，认真履行政治协商、民主监督、参政议政职能，发挥围绕中心、凝心聚力、建言献策、服务大局的重要作用，圆满完成了八届一次会议确定的目标任务，为推进我县经济社会发展作出了积极贡献。

一、广集民智、善纳良言，协商议政献新策

围绕要事重点协商。为全局性工作出力，县政协八届一次会议期间，委员们以高度的政治责任感和使命感，认真听取和讨论了《政府工作报告》，围绕园区建设、招商引资、教育卫生、基础设施、禁牧封育等方面坦诚发表意见、建议，县委、县政府领导到各组参加讨论，与委员面对面交流沟通，一些好的意见和建议及时被县委、县政府科学决策所采纳。围绕旅发大会建言，结合旅发大会筹备工作，县政协组织相关委员进行调研，提出在旅游发展中注入文化符号、避免同质化竞争、精心规划冬季游项目、建立旅游投融资机制等建议。各位副主席围绕旅发大会分包项目，牵头组织深入调研、出谋划策、协调解决问题，有效推进了分包项目施工进度。围绕改善生态环境献策，结合省、市政协京津冀水源涵养功能区建设调研活动，县政协积极筹备、精心研讨，形成《让丰芜康宁之景再现》调研报告，作为省政协重要调研成果呈报省委、省政府，并将我县生态建设和保护的做法作为全省亮点给予肯定和推广。

深入进行专题协商。近年来，随着我县农民生活水平的提高，农村垃圾种类、数量猛增，受经济条件、生活习惯等多种因素制约，农村垃圾、污水处理的难度和压力日益增大，在这一背景下，县政协对农村垃圾污水分散式处理情况进行了专题调研，组织环保、住建等部门委员，先后两次到南关乡、大滩镇了解情况，就我县农村垃圾污水现状向县政府专题进行建议，推动县政府在大滩镇召集相关部门进行了专题协商，调研探讨建立"户分类收集、村集中暂存、乡统一转运、县集中处理"模式，县财政对列入试点的乡镇每年补贴200万元垃圾处理费，乡镇政府与村委会签订垃圾一体化运营工作责任书，明确乡村两级工作任务，推动了这项工作的开展。

积极开展对口协商。常委会持续加强对重要问题的关心和关注，就移民搬迁后续产业发展落实情况、全县经济运行及重点项目建设情况进行协商，并将政协常委的意见建议形成常委会会议纪要，转送给县政府，推动了工作落实。各专委会通过调研、视察、座谈等形式，不断强化与职能部门的对口协商，针对保护地下水资源、土壤污染、取缔三轮车非法营运、关注留守儿童、增强寄宿制学校建设等民生问题调研呼吁，针对县城绿化美化、房地产市场监管、北新区基础设施建设、历史文物保护等热点难点问题积极献计献策。

二、精心组织、务求实效，民主监督谱新篇

提案工作保质保量。充分发挥提案的民主监督作用，县政协在提高提案质量、完善工作机制、改进督办方式、强化监督落实等方面持续用力，具体抓好提案征集、提交、审查、立案、交办、办复和成果反馈各个环节，

全面提高办理实效。领导重视有高度，与县政府建立密切的联结机制，政府主要领导多次直接调度，分管领导积极协调提案办理工作，正是由于政府高度重视、实时过问，法制办、提案委督导协调有力，委员关注，最终促成八届一次会议交办的68件提案办复率和满意率均达到100%。联合督办有力度，对中小企业融资难、美丽乡村编史修志等重点难点提案，各位副主席直接分包领衔督办，委员直接参与，积极主动推动工作落实。联合县政府法制办，加大对提案办理工作的督办检查，督促有关单位认真办理政协提案。部门办理有硬度，住建、教育、发改、公安、林业等部门领导重视、创新方法、解决问题，具备条件办理的坚决办理到位，暂时不具备条件办理的积极创造条件办理，确实不能办理的诚恳答复，有些好的经验做法非常具有借鉴意义。提案办理有成效，委员们近年来提出的保护县城水源地安全提案引起县委、县政府的高度重视，推动了事关县城长远用水的喇嘛山水库项目、县城一主四副综合治理项目的实施，将极大提高县城水源涵养能力、提升县城品味。委员们提出的深化教育、卫生体制改革等建议，部门积极对接，谋划在老一中筹建九年一贯制学校，筹建县城八小和五中，推动出台三年教育质量提升工程等系列措施。卫生方面针对提升中医服务能力的建议，委员谋划总投资5000万的中医院提升项目已上报国家发改委，针对稳定基层医护人员队伍建议，政府加大投入450余万元，补贴乡镇卫生院运转，解决了基层百姓就医问题。

视察监督有序有力。围绕县委、县政府中心工作，年初科学制定协商计划，开展了16次调研活动，各调研活动组织严密，重点突出，达到了预期效果。就如何支持发展传统产业，在县内到企业进行调研后，又专门到平泉进行了学习考察，提出了加强品牌建设、加大政策扶持力度等针对性建议。积极发挥商会作用，服务会员企业，学习天津市山西、温州商会的经验做法，不断壮大商会组织网络、健全规章制度，促进发展实体经济。积极搭建银企对接平台，邀请10位非委员企业家和5位银行负责人参加财贸金融组调研活动，促成委员、企业家、银行负责人面对面协商，取得了良好的效果。专题调研发展林果产业助力扶贫攻坚，学习借鉴外地成功经验和做法，深入兴隆、怀柔区考察，又到黑山嘴、胡麻营就林果产业进行实地调研，开拓了眼界，拓展了发展思路，提出了改变传统的栽种模式，调整林果产业扶贫政策的建议。

聚焦民生尽职尽责。把民生问题纳入重要议题和活动安排，通过深入调研，提出对策，推动涉及人民群众切身利益有关问题尽可能地得到解决。关注热点难点问题，对城镇居民关心的住宅小区物业管理工作深入调研，提出解决历史遗留问题、建立管理机制等建议，促使物业办、业主委员会、物业公司形成工作合力，规范物业行为，提高居民幸福指数。关注焦点重点问题，对委员强烈呼吁，县委高度重视的政银企互保扶贫模式问题，组织委员到隆化、滦平考察学习，先后五次召开座谈会，提出相关建议县政府及时采纳，进一步拓展了政银企互保政策扶持范围，支持所有符合条件的企业、合作社、贫困户。关注民心民意问题，着眼于社会关注、群众所盼的民生问题积极调研，就如何缓解城区教学压力，解决中小学大班额问题进行调研，开展了预防和减少未成年人犯罪的调研视察活动，探索分级诊疗机制推进健康扶贫工作，助推政府对相关工作的重视和逐步解决。

三、主动作为、勇于担当，委员履职展新貌

一年来，县政协积极搭建平台，引导委员认真履职、建功立业，贯彻落实方书记在政协一次全会上的要求，在全体委员中开展以“四引四帮”为主题的实践活动（即：引一个绿色项目、引一笔发展资金、引一个高端人才、引一项科技成果；帮建一个脱贫项目、帮办一件惠民实事、帮扶一个特困家庭、帮助一个困难学生），召开了启动大会，研究并制定了具体实施方案，将此项活动扩大到全体政协委员和政协机关全体工作同志，截至目前，引进总投资5.4亿元的绿色项目9项，引进发展资金1.26亿元，引进高端人才22名，引进科技成果12项，帮建脱贫项目30项，帮办惠民实事43件，帮扶困难户177户，帮助困难学生126名。

争当行业发展“排头兵”。职能部门委员发挥自身优势，利用举办省政府现场办公会议优势，积极跑项目争资金。承担帮扶任务的委员积极谋划和争取扶贫项目，发展富民产业，帮助帮扶村改善基础设施。面对经济下行压力大、企业资金周转困难，委员积极帮助中小企业争取贷款，在产业发展、项目建设、农业产业化引导资金、美丽乡村建设等方面积极融资。个别委员不辞辛苦，多次踏察田野文物、遗址，推进四岔口古生物化石保护区及国家地质公园项目建设。在丰宁满族自治县成立三十周年之际，委员撰写的“文化事业发展三十年”、旅游发展史和全县基础设施建设15万字文史资料编入《丰宁满族史》，倾注委员心血的《丰宁文化志》即将问世，剪纸长卷《满乡风情》接近尾声，16万字的《满乡风情录》一稿已完成。

争当致富带富“领头雁”。委员企业丰鑫实业围绕精准扶贫，投资1.2亿元与土城三间房村合作建设扶贫农场，贫困户入股分红，确保了该村的整体脱贫。委员企业绿源蔬菜专业合作社承接了开发区易地搬迁后续产业发展项目，引进北京对口支援办育苗工厂项目，既发展了蔬菜产业又带动了脱贫致富。委员企业元始农业杂粮产业遍布全县12个乡镇，带动600余户贫困户种植传统杂粮5000亩，户均增收7000多元。以商招商，委员引进北京豪特酒业有限公司总投资1.8亿元在石人沟乡新建凤鸣山酒厂，项目投产后将有效带动当地贫困户脱贫致富。围绕着精准扶贫、精准脱贫，委员们以不同形式在整村脱贫、帮扶贫困学生、贫困户上都有所作为。

争当助力发展"智慧库"。通过委员牵线搭桥，引进高学历高层次人才19人，引进专业专家型人才3人，为我县优势种养殖业提供了有力的智力支持。委员发挥科技优势，引进发展奶牛繁殖关键技术集成示范项目，功能杏仁乳开发与产业化示范项目，分别为信远牧业和水星乳业争取科技资金各50万元。委员企业平安高科引进发展资金4000万元，在鱼儿山、开发区建设京津冀创新园区试点项目，构筑以高科技企业，带动基地建设，助力扶贫的模式。委员积极为扶贫攻坚提供智力支持，职教中心依托自身优势积极开展农民工技能培训，全年培训1188人，在扶贫扶智方面发挥了示范带动作用。

争当干群关系"连心桥"。企业家委员在企业发展的同时，热心公益事业，扶危济困，捐赠物资，架桥修路，改善基础设施，投身美丽乡村建设。教育组委员自发组织爱心团队，为贫困村儿童捐款捐物送温暖。卫生组委员发动医护人员筹集爱心基金为老弱病残患者送医送药，并多次下乡开展义诊活动。文化艺术界委员德艺双馨，几次组织委员深入贫困村开展慰问活动，同时积极搭建交流平台，推动建成丰宁特色产品展示展销中心，宣传、推介丰宁文化产品，创作出满族剪纸、滕氏布糊画、满族传统木作技艺、刻瓷等艺术精品，积极参加5.18廊坊经贸洽谈会、第十届民俗文化节暨京津冀非物质文化遗产联展、省市旅发大会、第二届丝绸之路文化产业博览会等展示交流活动，并在国内大赛中多次获奖。

四、内强素质、外塑形象，机关建设树新风

一年来，县政协不断加强自身建设，积极树立政治觉悟过硬、自身素质过硬、作风纪律过硬的新形象。

一是加强理论学习，坚定政治方向。以创建学习型政协组织为抓手，坚持日常学习与专题学习相结合，不断提高自身政治觉悟和参政议政能力。将每周五确定为学习日，采取专题教学、帮扶村现场教学、自学等多种形式开展学习培训活动。学习党和国家大政方针，集中聘请专家讲解《中央一号文件》等重要文件精神。强化自身素质，组织以"深刻认识中国人民政治协商制度的内涵，增强政协委员的责任感和使命感"为主题的集体学习活动，邀请资深老委员讲解履职经验，引导政协委员加强学习，提高履职能力。党的十九大召开后，政协把学习贯彻党的十九大精神作为首要政治任务，迅速召开常委会议，邀请专家讲解十九大精神内涵，并及时制定大会精神宣传单，在广大政协委员中形成了更新发展理念，树立发展信心，加快推进政协工作又好又快发展的强大合力。

二是加强机关队伍建设，规范履职行为。坚持打造"学习型政协、和谐型政协、讲政治的政协"组织，创造宽松、和谐、活跃的工作环境，通过谈心、走访等多种形式，引导委员围绕政协常委会开展活动。围绕中心，服务大局，政协各位副主席在全县旅发大会分包项目推进、三十年县庆筹备、十九大维稳、精准扶贫等县委交办工作中率先垂范，以身作则，完成了各项工作任务。政协机关出台了十项规章制度，增强政治自觉和行动自觉，一年来，保持和发扬政协优良传统作风，求真务实、廉洁自律，调研视察轻车简从，节约会务成本，以务实俭朴的作风促进各项工作的落实。积极做好对口帮扶工作，主席会议成员经常深入包扶乡镇、村组以及所包扶的贫困户家中，了解其生产生活情况、为贫困户制定脱贫规划，替他们筹资金、想办法、出点子，力所能及地解决一些实际问题。政协机关结合黄旗东营子村村情谋划建设蔬菜大棚、杂粮种植等脱贫产业，2017年度引进外来资金100余万元，整体提升村容村貌，建立结对帮扶机制。

三是积极内引外联，加强交流与合作。传承政协文脉，积极筹划编纂《文史资料》，确定了资料征集大纲，召开了八届政协文史工作会议，组成了编委会，聘任了文史研究员，计划利用三年时间本届政协编写出第五辑文史资料。加强内部交流，编辑了用于委员内部交流的《政协之声》，使委员更及时了解相关信息，展现了委员风采。扩大政协影响力，先后5次接待了省、市政协委员的视察调研，先后与怀柔区、大厂县政协开展联谊活动，交流了工作，增进了友谊。

各位委员，回顾一年来的工作，我们深切体会到，县政协工作之所以能够取得较好的成绩，得益于县委的正确领导，得益于县人大、县政府以及各级各部门的大力支持，得益于全体委员的积极参与和辛勤付出。在此，我代表县政协常委会，向关心、支持和参与政协工作的各位领导、各界朋友、各位委员，表示衷心的感谢并致以崇高的敬意！总结一年的履职实践，我们深切感到，做好新时期的政协工作：

——必须加强政治和业务学习，坚定理想信念。只有深入细致学习习近平新时代中国特色社会主义思想和对政协工作新精神，坚决服从和自觉维护县委的坚强领导和权威，全面加强自身业务素质学习，才能深刻领会习近平总书记关于新时期做好政协工作“懂政协、会协商、善议政”新要求。

——必须发挥委员主体地位和作用，打造履职平台。通过筹划和开展多种实践主题活动，让委员在政协舞台上唱主角，在各行各业中做表率，在遵纪守法上做模范，引导委员在本职工作中争创一流，在政协工作中坚持高标准，更好地施展才华、献计出力。

——必须把握团结和民主主题，促进和谐发展。既要坚持围绕中心、服务大局，又要以人为本、履职为民，为推动经济社会发展增进共识，增强凝聚力。

在肯定成绩的同时，我们也清醒地认识到，对照新形势、新任务和新要求，我县政协工作还存在很多不足，提案和调研工作整体水平还需进一步提高，政协参政议政时效性、科学性、可行性、前瞻性方面还需要进一步加强，委员主体作用的发挥还须不断改进，政协机关平台作用仍有提升空间，针对上述问题，我们将在以后的工作中认真研究，切实加以改进。

2018 年工作重点

2018 年是学习贯彻党的十九大开局之年，面对新形势、新任务，县政协工作的指导思想是：全面贯彻党的十九大精神，把习近平新时代中国特色社会主义思想作为统揽各项工作的总纲，把坚持和发展中国特色社会主义作为巩固共同思想政治基础的主轴，把为决胜全面建成小康社会、夺取新时代中国特色社会主义伟大胜利献计出力作为工作主线，紧紧围绕全县中心工作，充分发挥人民政协协商民主重要渠道和专门协商机构作用，力争协商能力有新提高，民主监督有新突破，参政议政有新作为，成果转化有新举措，机关建设有新加强，为促进全县经济社会和谐发展做出新贡献。

一、学习贯彻党的十九大精神，坚定政治立场。

继续把学习好、宣传好、贯彻好党的十九大精神作为当前和今后一个时期的首要政治任务，组织委员开展主题鲜明、形式多样、务实有效的学习活动，始终做到与习近平总书记为核心的党中央保持一致，与省市县委保持一致，增强政治共识，坚定政治立场。坚决落实中央“八项规定”，抵制“四风”问题，进一步增强委员意识，锤炼道德品行，改进工作作风，严守纪律和规矩，自觉树立和维护政协委员良好形象。把学习贯彻党的十九大精神与推动我县经济社会发展实际紧密结合起来，深刻认识“人民政协是具有中国特色的制度安排”，“协商民主是实现党的领导的重要方式”等新论断，进一步为推进社会主义民主政治建设发挥作用，携手新时代、贯彻新理念、聚焦新目标、落实新部署，为推进全县经济、政治、文化、社会和生态文明建设贡献智慧和力量。

二、围绕全县发展大局，积极献计出力。

主动适应新形势，积极探索主席会、常委会议政建言，专题座谈协商建言等有效机制，制定年度民主协商计划，选准选好议题，努力提高履职质量和履职成效。围绕县委七届三次全会确定的“全力开创新时代建设美丽丰宁新局面”奋斗目标，围绕“聚焦三大任务、打好六场硬仗、强化五个保障”积极建言献策。围绕精准扶贫谋划脱贫致富良策，以培育特色优势产业、壮大龙头企业、改善农村基础设施建设、促进农户持续增收等内容作为政治协商的重点议题，深入开展调查研究，努力为县委、县政府提供切实可行的决策依据。围绕发展生态旅游献计出力，以承办省第三届旅发大会为契机，作为深度贫困县和民族自治地区，研究政策、争取政策、用好政策，为打造京北生态旅游和健康养老福地献智出力。围绕民生热点开展民主监督活动，组织以开放项目、供给侧结构性改革、乡村振兴战略、基础设施建设、教育医疗、社会综合治理等为主要内容的视察调研活动，有针对性的组织委员外出参观考察学习，拓宽委员视野，助推党政重大决策的落实。

三、牢牢把握两大主题，营造宽松和谐的政治氛围。

围绕团结和民主两大主题，把协商民主贯穿政治协商、民主监督、参政议政全过程，完善协商议政内容和形式，着力增进共识、促进团结。一要充当干群关系润滑剂。牢固树立以人为本的理念，从群众最关心、最现实、最直接的问题入手，如实反映群众的愿望、呼声、意见和要求，在党心和民心之间架起联通桥梁，协助县委、县政府做好合民意、解民忧、得民心的工作。二要发挥界别纽带作用。进一步强化界别工作，团结各方面的群众、化解各方面的矛盾、协调各方面的关系，听取不同群体的呼声、反映不同利益的诉求、表达不同方面的意见，努力使委员的活动的界别特点更加突出，立论的界别特色更加鲜明。三要积极搭建政协平台。健全协商民主机制，探索完善视察、调研、提案、大会发言、社情民意信息和界别活动等工作制度和机制，不断提高履职质量和工作成效。探索建立委员联系管理机制，进一步强化委员履职责任。加强与工商联及各参加单位沟通协作，充分发挥好各地商会作用，把商会打造成为对外招商引资上项目的窗口，以商招商，为委员履职搭建平台，扩大对政协工作的参与度。

四、切实加强自身建设，提升工作活力。

一是加强政协机关建设，全面推进机关思想建设、组织建设、作风建设、反腐倡廉和制度建设，不断提高机关同志的理论水平、业务素质和工作能力，保证机关高效有序运行；发挥专委会在政协工作中的基础作用，筹划开展主题活动，为委员营造反映社情民意和撰写提案的条件，进一步激发委员参政议政的热情和创造力，把政协机关建成更高水平的“委员之家”。二是加强委员队伍建设，加强与委员的联系，关心委员事业发展，结合委员的本职岗位和优势特点，组织委员对重点课题进行深入研究，提升履职效果，使委员更好地发挥主体作用，不断增强政协组织的凝聚力和向心力。三是继续开展“四引四帮”主题实践活动，树立委员形象，各位委员要以强烈的使命感和责任感履行委员职责，在各自的岗位上建功立业展现新的作为，为全县发展作出新的贡献，这一活动将继续在八届三次全会上进行评比和表彰。四是抓好提案的征集、办理和落实工作，在继续召开重点提案督办会的基础上，进一步提升提案办理的质量水平和落实成效。

各位委员：新思想引领新时代，新使命开启新征程。让我们以习近平新时代中国特色社会主义思想为指针，在县委的坚强领导下，思想上同心同德，目标上同心同向，行动上同心同行，努力开创政协工作新局面，着力谱写协商民主新篇章，为加快我县全面建成小康社会进程做出新的更大的贡献！

统 计 资 料

丰宁满族自治县 2018 年国民经济和社会发展统计公报

丰宁满族自治县统计局

(2019 年 4 月 25 日)

2018 年,是深入推进供给侧结构性改革、决胜全面建成小康社会的关键一年。面对外部宏观经济环境变化和自身结构性矛盾的多重困难,在县委、县政府的正确领导下,全县各部门深入学习习近平总书记系列重要讲话精神,全面贯彻党的十九大精神,认真落实中央、省、市各项决策部署,牢固树立新发展理念,主动适应把握引领经济发展新常态,扎实推进供给侧结构性改革,统筹推进稳增长、促改革、调结构、惠民生、防风险等各项重点任务。经济呈现了稳中有进、稳中向好的良好态势,社会事业长足发展,民生保障不断增强,为建设"丰宁"奠定了坚实基础。

一、综 合

国民经济平稳增长 初步测算,2018 年全县地区生产总值(GDP)1149383 万元,比上年增长 7.3%。其中,第一产业增加值 253105 万元,比上年增长 5.9%,第二产业增加值 425202 万元,比上年增长 5.8%,第三产业增加值 471076 万元,比上年增长 9.8%。产业结构调整继续优化,第一产业略有上升,第二产业下降、第三产下降。三次产业比重由上年的 22.0∶37.0∶41.0 调整为 24.7∶38.3∶37.0。

经济效益有所增长 2018 年规模以上工业企业比上年增长 9.5%。实现利税 102071 万元,比上年增加 23751 万元,增长 30.3%。城镇居民可支配收入 23660 元,增长 9%,农村居民人均可支配收入 8528 元,增长 12%。全部财政收入占 GDP 的比重为 11.9%,与上年增长 1.4 个百分点。

民营经济增加值平稳发展 实缴税金有所下降 2018 年民营经济完成增加值 829303 万元,比上年减少 147241 万元,增长 7.3%,占全县地区生产总值比重为 72.2%。民营经济实缴税金 73622 万元,比上年减少 33700 万元,增长 -31.4%。

就业再就业形势稳定 2018 年全县劳动力资源 259507 人,比上年减少 5869 人,下降 2.21%。其中:全部城乡就业人员 239636 人,比上年减少 7808 人,下降 3.16%。全部单位从业人员工资总额 105925 万元,比上年减少 5946 万元,下降 5.32%。全部单位从业人员平均工资 48899 元,比上年增加 4449 元,增长 10.0%。年末在岗职工人数为 22358 人(含劳务派遣),比上年减少 3145 人。在岗职工工资总额略有下降,年末在岗职工工资总额 105251 万元(含劳务派遣)比上年减少 5826 万元,下降 5.25%。在岗职工平均工资 49208 元(含劳务派遣),比上年增加 4676 元,增长 10.5%。

限上服务业基本情况 全县限上服务业企业单位共 12 家,固定资产原价 25360.9 千元,同比下降 35.4%,资产总计达 46767.0 万元,同比增长 6.9%;实现营业收入 67349 万元,同比增长 19.2%;营业成本 40734 万元,同比增长 19.6%;税金 525 万元,同比增长 -67.4%;利润总额 4525 万元,由亏转盈;应付职工薪酬 2437.7 万元,同比增长 38.5%,从业人员 715 人,同比增长 9.7%。

图 1:2012 年至 2018 年地区生产总值(万元)(修订后数)

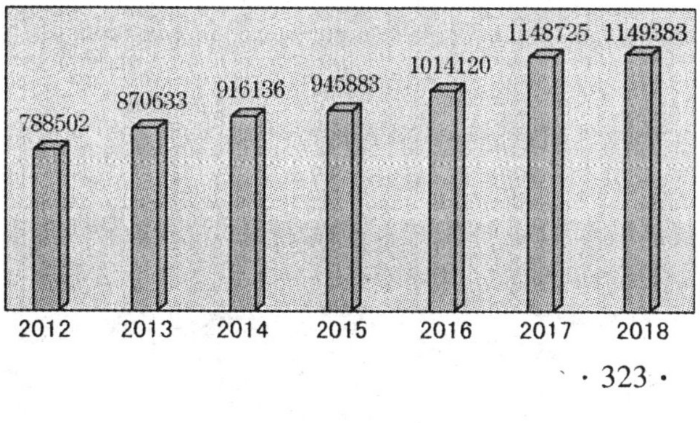

二、农　　业

农业生产平稳增长　种植业效益大幅度提高　全年农、林、牧、渔业完成总产值441306万元，比上年增长3.63%。全年农作物总播种面积79347公顷，比上年减少4324公顷，下降5.2%，其中：粮食种植面积58991公顷，比上年减少2004公顷，下降3.3%，油料播种面积4051公顷，比上年减少27公顷，下降0.7%，蔬菜播种面积12521公顷，比上年减少2007公顷，下降13.8%。粮食总产量164862吨，比上年增加6014吨，增长3.79%。油料总产量5047吨，比上年增产143吨，增长2.92%；蔬菜产量达到75.8万吨，比上年增长1.99%。

表1:　　主要农产品产量

产品名称	产量(吨)	比上年增长(%)
粮　食	190827	1.35
玉　米	105847	16.16
豆　类	3524	135
油　料	4988	-2.96
蔬　菜	574514	19.37
鲜　果	5575	-57.21

畜牧业产值平稳增长　产量略有增长　全年完成畜牧业产值220073万元，增长51.5%。肉类总产量达到49023吨，下降8.3%。牛奶产量63576吨，下降44%。禽蛋产量17328吨，下降15.1%。年末大牲畜存栏21843头，增长4.6%，羊只存栏147466只，下降28.4%。

林业生产有所上升　全年完成造林面积8800公顷。当年零星四旁植树85万株，比上年下降253株，育苗面积达到1983公顷，新增育苗面积703公顷。森林覆盖率54.4%。

产业化经营规模快速发展　杏仁、肉牛、奶牛、蔬菜四大生产基地产销快速增长，全年实现产值211438万元，销售产值201116万元，分别比上年增长22.39%和18.75%。龙头企业不断壮大，年内龙头企业达到31个，实现销售收入235218万元，下降4.5%.

农业基础设施建设得到加强　全年水土流失治理面积1820平方公里，全年农田有效灌溉面积29630公顷，新增节水灌溉面积865公顷。农业机械总动力472693千瓦，增长0.02%，农村用电量9672万千瓦时，增长1.2%。

三、工业和建筑业

工业生产平稳增长　经济效益大幅度提高　2018年全部工业增加值310371万元。其中：规模以上工业企业比上年增长9.5%。规模以下工业企业增加值12000万元，比上年下降0.2%。骨干行业拉动作用明显，远景能源实现产值195200万元，占规模以上工业产值的38%。

经济效益略有提高　全年规模以上工业企业主营业务收入536459万元，比上年增长39.4%；产品销售率99.7%；实现利税102071万元，比上年增长30.3%；其中：利润总额85581万元，比上年增加35333万元。按经济类型分，股份制及其它经济类型企业实现利税57460万元，私营企业实现利税44611万元。

表2:　　规模以上工业主要产品产量

产品名称	单位	产量	比上年增长%
铁矿石原矿量	万吨	199	-83
铁精粉	万吨	43.9	-85.6
白　酒	千升	1405	6
发电量	万千瓦时	257176.69	40.9
钼精矿	吨	8959	-58.8

建筑业生产平稳增长　全年全社会建筑业完成增加值115566万元，增长25.3%。资质以上建筑业9家(不含劳务分包企业)，完成建筑业产值1124061万元，房屋施工面积450513平方米。

图2:　:2013年至2018年规模以上工业利税(万元)

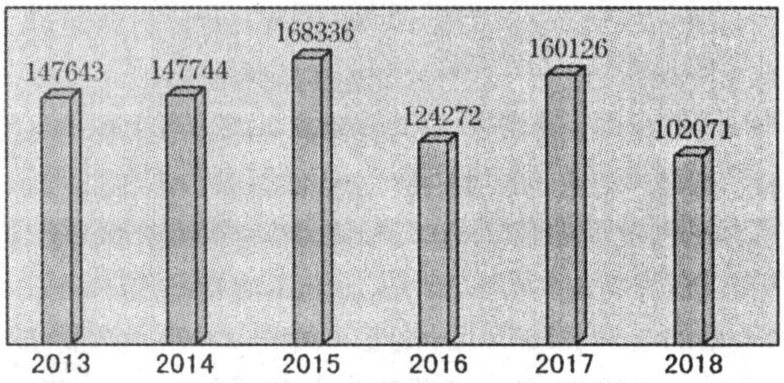

四、固定资产投资

固定资产投资出现负增长　全年完成全社会固定资产投资933920万元，同比增长6.2%。在全部投资中：城乡固定资产投资完成911694万元，同比增长7.7%；房地产完成投资188244万元，同比增长7.2%；农村个人投资22226万元，同比增长-31.6%。

投资结构有待优化　在城乡固定资产投资中，农、林、牧业完成投资36203万元；采矿业完成投资48263万元；制造业完成投资33094万元；电力、热力及水生产供应业完成投资344187万元,其中:电力、热力生产和供应业336617万元,水的生产和供应7570万元;交通运输、仓储业完成投资66848万元,其中:铁路运输完成投资17750万元,道路运输业完成投资23758万元;住宿和餐饮业完成投资16436万元;水利、环境和公共设施管理业完成投资156315万元,其中水利管理业1178万元、生态保护和环境治理业1774万元,公共设施管理业153363万元;居民服务完成投资4205万元;教育完成投资9796万元;卫生和社会工作3403万元元;文化、体育和娱乐业完成投资0万元;公共管理、社会保障和社会组织完成投资4700万元;房地产开发完成投资188244万元。

在城乡固定资产投资中,第一产业完成投资36203万元,同比增长-64.2%,占城乡固定资产投资的4%;第二产业完成投资425544万元,占城乡固定资产投资的10.6%;第三产业完成投资449947万元,占城乡固定资产投资的49%。

图3:2013年至2018年全社会固定资产投资(万元)

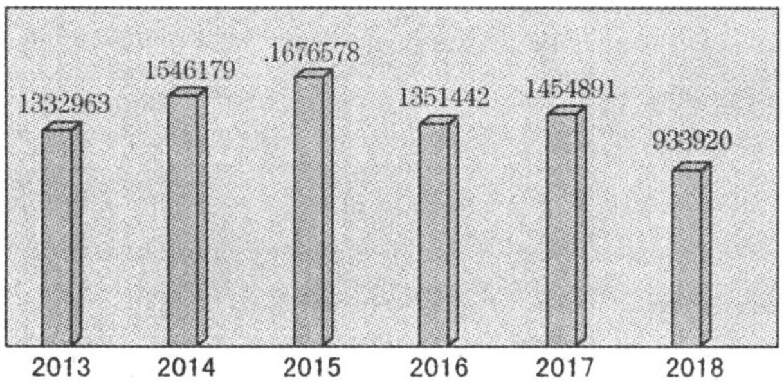

重点项目建设进展顺利 年内施工项目个数达到85个,比上年减少68个。其中:5000万元以上项目50个,5000万元以下项目35个,5000万元以上平均新开22个项目。

五、交通运输和邮电通讯业

交通建设成绩显著 年末全县公路通车里程达到3479.354公里,其中:国省干线530.855公里;县级乡村公路2961.499公里。柏油路公路网覆盖全县26个乡镇。

邮电通讯业平稳发展 邮政全年完成业务总量23226万元,增长1.3%。年末固定电话用户达到23562,比上年增加450户,固定电话普及率为17部/百户,比上年增加了1部/百户。全部固定电话用户中城市用户12068户,农村用户11494户,年末国际互联网用户30957户,比上年增加502户。移动电话用户大幅度上升,年末移动电话用户达到23万部,比上年增加2万部。平均每百人就有71人是移动电话用户。

六、国内贸易

消费品市场平稳增长 全年完成全社会消费品零售总额520540.7万元,比上年增长9%。其中:乡村完成消费品零售额175933.5万元,比上年增加13868.5万元,下降22.8%;城镇完成消费品零售额344607.2万元,比上年增加29302.4万元,增长8.3%。分行业看,批发零售业销售额887213.8万元,比上年增长12.1%;住宿餐饮业营业额105773.3万元,比上年下降36.7%;限额以上零售额31836.8万元,下降27.0%,限额以下零售额488703.9万元,增长11.3%。

图4: 2012年至2018年社会消费品零售总额(万元)

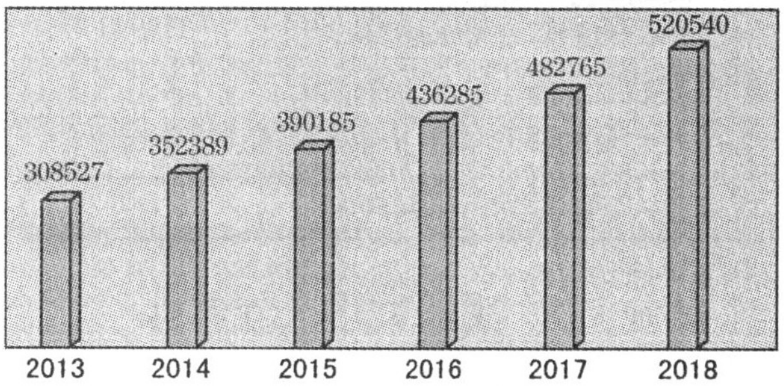

七、对外经济和旅游

对外开放成效显著 对外经济技术合作取得新进展,对内开放成效明显。全年引进县外资金231万美元。出口总额47万美元,上升11.6%。引进人才26人次。

旅游业发展快速增长 旅游项目建设和开发取得新进展。全年共接待游客246万人次,接待水平不断提高,接待规模不断扩大。A级旅游景区(点)达到7个,旅游旅馆500家,月接待能力达到20.5万人次。全年旅游社会效益14.6亿元,比上年提高3.1亿。

八、财政、金融、保险

财政收入快速增长 2018年完成全部财政收入136208万元,比上年增长12.4%,公共财政预算收入74418万元,比上年增长21.0%;财政支出324208万元,比上年增长13%。

金融机构存贷款快速增长 年末全部金融机构各项存款余额1916235万元,比年初增加153752万元,比上年增长8.7%。其中:城乡居民储蓄存款余额1303759万元,比年初增加219931万元,比上年增长20.3%。各项贷款余额1946800万元,比年初增加

346075 万元，比上年增长 21.6%。

保险业快速发展 2018 年保费收入 26166.43 万元，比上年增长 16.3%。其中：财产险保费收入 7946.43 万元，比上年增长 -18.5%，寿险保费收入 18220 万元，比上年增长 42.8%。给付赔款 5668.32 万元，比上年增长 -44.4%，其中：财产险给付赔款 4574.02 万元，比上年增长 -4.6%，寿险给付赔款 1094.3 万元，比上年增长 -79.4%。

表 3: 全县金融机构存贷款情况

指　　标	年末数（万元）	比年初增加（万元）
各项存款余额	1916235	153752
其中：单位存款	610863	-64869
储蓄存款	1303759	219931
各项贷款余额	1946800	346075
其中：短期贷款	275891	10382
中长期贷款	469608	85290

九、科技、教育、文化、卫生事业

科技队伍素质不断提高，各级各类教育进一步发展 年末全县共有各类专业技术人员 5081 人，其中：具有高级技术职称人员 505 人，中级技术人员 2467 人，初级技术人员 2109 人。年末全县有普通中学 17 所，其中：高中 2 所，初中 13 所，九年一贯制学校 1 所；职业技术学校 1 所；小学 53 所，教学点 126 个；特殊教育学校 1 所。普通高中在校生 6100 人，增长 5.3%；初中在校生 13151 人，增长 7.3%；小学在校生 29863 人，下降 2.1%；中等职业学校在校生 2504 人，下降 7.5%；特殊教育学校在校生 221 人，增长 24.5%。小学学龄儿童入学率 100%。教学条件继续得到改善，年末各级各类学校校舍面积 190.380253 平方米，比上年增长 9.4%。教学用计算机、图书、语音室、多媒体教室等各种教学设施也都有了不同程度的增加。

文化、广播电视事业健康发展 年末全县有图书馆 1 座，馆内藏书 2.1 万册。满族博物馆 1 座。广播电台 1 座，广播人口覆盖率 95.0%。年末有线电视用户 4.1 万户，比上年减少 3.0 万户；电视人口覆盖率为 80%。广播电视事业的蓬勃发展，极大地丰富了全县人民文化生活，提高了城乡居民的文化素质。

卫生医疗事业基本稳定 年末全县共有卫生医疗机构 54 个，其中医院 4 所、卫生院及分院 29 所。全县实有床位 1908 张；卫生技术人员 1355 人，比上年减少 163 人。平均每千人拥有卫生技术人员 3.76 人，比上年增加 0.03 人；每万人拥有医院、卫生院病床数 53 张。

十、人口与人民生活

2018 年末，全县户籍人口 408420 人，比上年增加 1319 人；其中：城镇人口 97655 人，乡村人口 310815 人。年内出生 3958 人，人口出生率为 10.05‰，比上年增长了 0.65 个千分点；死亡人口 1594 人，死亡率为 3.76‰；人口自然增长率 5.7‰，比上年增长 0.59 个千分点；符合政策生育率为 95.1%。

城乡居民收入快速增长 全县城镇居民人均可支配收入 23660 元，比上年增加 1720 元，增长 9%。农村居民人均可支配收入 8528 元，比上年增加 914 元，增长 12%。城乡居民居住条件进一步改善。

社会保障工作进一步加强 社会保障工作进一步加强。年末城市居民最低生活保障人数为 2460 人，比上年减少 2290 人；城市低保资金支出 1219.5 万元，比上年减少 903.5 万元；农村居民最低生活保障人数为 25710 人，比上年减少 4172 人；农村低保资金支出 7933.37 万元，比上年减少 677.63 万元。全县参加基本养老保险人数为 41133 人（其中：离退休人数 12416 人），比上年增加 709 人；参加失业保险人数为 11694 人，比上年增加 857 人。参加基本医疗保险人数为 340512 人，与上年增加 316506 人。参加城乡居民医疗保险人数为 354090 人，比上年增加 25 人，占城乡居民的 96.12%。

注：1. 本公报数据为初步统计数据。

2. 公报中涉及的地区生产总值、增加值绝对值为现行价格，增长速度按可比价格计算。总产值绝对值及增长速度按现行价格计算。

3. 全县总人口取自公安局人口报表。

4. 出生、死亡人口、出生率、死亡率取自计划生育报表。

2018年丰宁满族自治县少数民族人口构成情况表

单位:人

序号	族别	人口
1	满族	267750
2	蒙古族	23396
3	回族	2427
4	藏族	21
5	苗族	392
6	彝族	48
7	壮族	274
8	布依族	35
9	朝鲜族	34
10	侗族	8
11	瑶族	38
12	白族	10
13	土家族	48
14	哈尼族	9
15	哈萨克族	1
16	傣族	6
17	黎族	17
18	傈僳族	23
19	佤族	5
20	畲族	100
21	景颇族	2
22	仫佬族	1
23	仡佬族	5
24	锡伯族	3
25	独龙族	3
26	毛南族	2
27	鄂伦春族	2
28	布朗族	2
29	纳西族	4
30	柯尔克孜族	2
31	拉祜族	1
32	东乡族	1
33	达斡尔族	2
合计		293194

注:到2018年末全县总人口为408470人,其中少数民族294690人,少数民族人口占总人口的比例是72.14%,满族人口占总人口的65.5%。

(民族宗教局供稿)

编 后 记

《丰宁满族自治县年鉴》(2019)是丰宁年鉴编写过程中的第十四部年度地方综合年鉴。

本年检至2019年3月开始下发文件征集资料,9月正式完成文字编纂工作。根据年鉴惯例和上级编写要求,年鉴年号与记述内容相差一年,本年鉴实际记载为2018年史实。

在年鉴编写过程中,得到了县委副书记、县长杨宪军,县委常委、常务副县长桑爱民,县委常委、县委办主任张国强等领导同志的高度重视和大力支持。在县财力十分紧张的情况下,拨出专款用于年鉴正式出版和印刷,实现了按中国地方志指导小组办公室提出的"一年一鉴、正式出版"的要求。在年鉴编写过程中,县委宣传部副部长刘海波、新闻科长韩春明等同志提供了年鉴的"特载"资料;统计局赵雪松同志提供了年鉴的统计数据;县档案馆馆长杜雪飞、新任县委史志编研科科长、史志办主任薛有岭同志负责年鉴的综合协调和资金筹措,圆满地主持了年鉴编修工作。

担任本部年鉴编写业务的人员是:主编马铁松负责篇目设计、图片设计、文字修改、全书总纂工作;副主编薛有岭、刘泉协助主编工作。编辑分工是:薛有岭负责概况编写和政治部类编辑;安玉霞负责大事记编写和社会部类编辑;刘泉负责经济部类和统计资料编辑;杨宝珠负责教科文卫部类和乡镇概况的编辑;杨丽娟负责特栽和文献资料征集、图片编排、部分图片摄影工作及机构人员部类编写工作。年鉴所刊发图片均由县直部门和乡镇提供。

由于时间紧迫,水平所限,错误和问题在所难免,敬请读者校正。

编 者

2019年9月